AF547676

GRöLS
Verlage

„Bücher sind wie Fallschirme. Sie nützen uns nichts, wenn wir sie nicht öffnen."

Gröls Verlag

Redaktionelle Hinweise und Impressum

Das vorliegende Werk wurde zugunsten der Authentizität sehr zurückhaltend bearbeitet. So wurden etwa ursprüngliche Rechtschreibfehler *nicht* systematisch behoben, denn kleine Unvollkommenheiten machen das Buch – wie im Übrigen den Menschen – erst authentisch. Mitunter wurden jedoch zum Beispiel Absätze behutsam neu getrennt, um den Lesefluss zu erleichtern.

Um die Texte zu rekonstruieren, werden antiquarische Bücher von Lesegeräten gescannt und dann durch eine Software lesbar gemacht. Der so entstandene Text wird von Menschen gegengelesen und korrigiert – hierbei treten auch Fehler auf. Wenn Sie ebenfalls antiquarische Texte einreichen möchten, finden Sie weitere Informationen auf www.groels.de

Viel Freude bei der Lektüre wünscht Ihnen das Team des Gröls-Verlags.

Adressen

Verleger: Sophia Gröls, Im Borngrund 26, 61440 Oberursel

Externer Dienstleister für Distribution & Herstellung: BoD, In de Tarpen 42, 22848 Norderstedt

Unsere „Edition | Werke der Weltliteratur“ hat den Anspruch, eine der größten und vollständigsten Sammlungen klassischer Literatur in deutscher Sprache zu sein. Nach und nach versammeln wir hier nicht nur die „üblichen Verdächtigen“ von Goethe bis Schiller, sondern auch Kleinode der vergangenen Jahrhunderte, die – zu Unrecht – drohen, in Vergessenheit zu geraten. Wir kultivieren und kuratieren damit einen der wertvollsten Bereiche der abendländischen Kultur. Kleine Auswahl:

Francis Bacon • Neues Organon • **Balzac** • Glanz und Elend der Kurtisanen • **Joachim H. Campe** • Robinson der Jüngere • **Dante Alighieri** • Die Göttliche Komödie • **Daniel Defoe** • Robinson Crusoe • **Charles Dickens** • Oliver Twist • **Denis Diderot** • Jacques der Fatalist • **Fjodor Dostojewski** • Schuld und Sühne • **Arthur Conan Doyle** • Der Hund von Baskerville • **Marie von Ebner-Eschenbach** • Das Gemeindekind • **Elisabeth von Österreich** • Das Poetische Tagebuch • **Friedrich Engels** • Die Lage der arbeitenden Klasse • **Ludwig Feuerbach** • Das Wesen des Christentums • **Johann G. Fichte** • Reden an die deutsche Nation • **Fitzgerald** • Zärtlich ist die Nacht • **Flaubert** • Madame Bovary • **Gorch Fock** • Seefahrt ist not! • **Theodor Fontane** • Effi Briest • **Robert Musil** • Über die Dummheit • **Edgar Wallace** • Der Frosch mit der Maske • **Jakob Wassermann** • Der Fall Maurizius • **Oscar Wilde** • Das Bildnis des Dorian Grey • **Émile Zola** • Germinal • **Stefan Zweig** • Schachnovelle • **Hugo von Hofmannsthal** • Der Tor und der Tod • **Anton Tschechow** • Ein Heiratsantrag • **Arthur Schnitzler** • Reigen • **Friedrich Schiller** • Kabale und Liebe • **Nicolo Machiavelli** • Der Fürst • **Gotthold E. Lessing** • Nathan der Weise • **Augustinus** • Die Bekenntnisse des heiligen Augustinus • **Marcus Aurelius** • Selbstbetrachtungen • **Charles Baudelaire** • Die Blumen des Bösen • **Harriett Stowe** • Onkel Toms Hütte • **Walter Benjamin** • Deutsche Menschen • **Hugo Bettauer** • Die Stadt ohne Juden *und viele mehr….*

Klaus Mann

Der Wendepunkt

Ein Lebensbericht

Inhalt

Prolog

Wo beginnt die Geschichte? Wo sind die Quellen unseres individuellen Lebens? Welche versunkenen Abenteuer und Leidenschaften haben unser Wesen geformt? Woher kommt die Vielfalt widerspruchsvoller Züge und Tendenzen, aus denen unser Charakter sich zusammensetzt?

Ohne Frage, wir sind tiefer verwurzelt, als unser Bewußtsein es wahrhaben will. Niemand, nichts ist zusammenhangslos. Ein umfassender Rhythmus bestimmt unsere Gedanken und Handlungen; unsere Schicksalskurve ist Teil eines gewaltigen Mosaiks, das durch Jahrhunderte hindurch dieselben uralten Figuren prägt und variiert. Jede unserer Gesten wiederholt einen urväterlichen Ritus und antizipiert zugleich die Gebärden künftiger Geschlechter; noch die einsamste Erfahrung unseres Herzens ist die Vorwegnahme oder das Echo vergangener oder kommender Passionen.

Es ist ein langes Suchen und Wandern: wir mögen es zurückverfolgen bis ins fahle Zwielicht der Höhle, des barbarischen Tempels. Das blutige Zeremoniell der Darbringung geht weiter in unseren Träumen; in unserem Unterbewußtsein widerhallen die Schreie vom primitiven Altar, und die Flamme, die das Opfer verzehrt, sendet noch immer ihre flackernden Lichter. Die atavistischen Tabus und inzestuösen Impulse früher Generationen bleiben in uns lebendig; die tiefste Schicht unseres Wesens büßt für die Schuld der Ahnen; unsere Herzen tragen die Last vergessenen Kummers und vergangener Qual.

Woher stammt diese Unruhe in meinem Blut? Unter meinen nordischen Vorfahren mag es Piraten gegeben haben, deren Rastlosigkeit in mir weiterlebt. Welche meiner Schwächen und Laster verdanke ich einem hanseatischen Urgroßvater – Kapitän, Handelsmann der Richter –, dessen Namen ich nie kennen werde? Was ich für mein persönlichstes Drama hielt, ist vielleicht nur die Fortsetzung von Tragödien, die sich einst in der stickigen Gemütlichkeit eines norddeutschen Patrizierhauses abgespielt haben – weit weg, irgendwo am Gestade der Ostsee.

Eine würdig-idyllische Kleinstadt mit engen Gassen und grauen, giebeligen Häusern: beginnt hier die Geschichte? Ich habe nichts mit dieser Stadt zu tun, noch verlangt es mich, sie jemals zu besuchen. Und doch würde ich nicht existieren ohne einen gewissen Senator Heinrich Mann, hochrespektablen Bürger der Freien Hansastadt Lübeck, aber eben doch nicht mehr völlig hochrespektabel, schon ein wenig exzentrisch. Ein Lübecker Patrizier, der wirklich zur Gänze *comme il faut* ist, sucht sich seine Lebensgefährtin unter den Töchtern der Stadt und wählt nicht eine junge Dame aus dem fernen Brasilien, wie der Senator es tat. Sie war das Kind eines deutschen Kaufmanns und einer Eingeborenen. Daß sie als kleines Mädchen den Ozean auf einem Segelschiff überqueren mußte, um nach Lübeck zu gelangen, schien mir das aufregendste Detail ihrer Geschichte. Denn dort, in der nördlichen Fremde, genoß sie eine durchaus „feine“, bedauerlich unromantische Erziehung und bewegte sich bald ganz natürlich unter den blonden Gespielinnen. Doch blieb es reizend, sich den Großpapa vorzustellen – den ich übrigens in Wirklichkeit nie gesehen hatte –, wie er mit seiner exotischen Braut zur Kirche fuhr. Der Senator, sehr stattlich und distinguiert, mit Backenbart, hohem Stehkragen, lehnt, ein wenig befangen, im Fond der prächtigen Kutsche, den er mit ihr teilt. Sie, das dunkle Köpfchen an ihn geschmiegt, darf hinter geschlossenen Lidern noch einmal die Palmen und bunten Vögel ihrer brasilianischen Heimat sehen, während der Wagen, vorbei an viel altem Gemäuer und majestätisch ragenden Türmen, den Weg zum Altar nimmt.

Frau Julia schenkte dem Senator fünf Kinder, zwei Töchter und drei Knaben. Die beiden älteren Söhne hießen Heinrich und Thomas.

Das Mannsche Haus gehörte zu den feinsten der Stadt. Man speiste vorzüglich dort, auch die Weine ließen nichts zu wünschen übrig. Die Familie erfreute sich allgemeiner Beliebtheit, obwohl sie letzthin so viel Pech gehabt hatte, daß es beinah anstößig wirkte. Die Schwester des Senators, Elisabeth, ließ sich von ihrem süddeutschen Gatten scheiden und kam auch mit ihrem zweiten Gemahl nicht aus; noch problematischer stand es um einen Bruder, meinen Großonkel Friedel, einen neurotischen Tunichtgut, der sich in der Welt herumtrieb und über eingebildete Krankheiten klagte. Was aber die schöne Frau Senator betraf, so ließ sich nicht leugnen, daß sie unter den Damen der bourgeoisen Aristokratie oft ein wenig fehl am Platze wirkte. Nicht als ob an ihrem Lebenswandel etwas auszusetzen gewesen wäre! Man fand sie nur ein bißchen zu „originell“. Es lag wohl an der exotischen Herkunft. In Lübeck paßt es sich nicht, so dunkle Augen zu haben wie Frau Julia Mann; Schmelz und Feuer ihres Blickes hatten schon den Stich ins Skandalöse. Sie spielte Klavier, gerade ein wenig zu gut für eine Dame in ihrer Stellung, und sang fremdländische Lieder, die lieblich, aber auch verfänglich klangen: nur gut, daß man den Text nicht verstand ... Die beiden Söhne, Heinrich und Thomas, wären gewiß viel lustiger und strammer geworden, hätten sie eine Mama von gutem nordischem Schlage gehabt, an Stelle der übertrieben pikanten Brasilianerin. Mit den beiden Jungen war nicht viel Staat zu machen; in der Schule fielen sie durch Aufsässigkeit und Faulheit auf, was verzeihlich gewesen wäre, wenn sie sich wenigstens sportlich hervorgetan hätten. Gerade auf diesem Gebiet aber waren sie komplette Versager. Es ging das Gerücht, daß sie sich mit Literatur beschäftigten. Der Herr Senator konnte einem leid tun! Kein Wunder, daß er oft so nervös und deprimiert erschien.

Offenbar stand auch mit seiner Getreidefirma nicht alles zum besten. Senator Mann war wohl nicht mehr ganz so tüchtig und energisch, wie seine Vorfahren es zu sein pflegten. Ein sehr feiner Herr, ohne Frage; vielleicht etwas *zu* fein, zu sensitiv, zu wählerisch, um es mit der derberen Konkurrenz aufnehmen zu können. Als er starb, ganz plötzlich, stellte sich heraus, daß das Vermögen der Familie beinah völlig dahingeschmolzen war. Die alte Firma wurde aufgelöst; Frau Julia verließ Lübeck, wo sie sich immer als Fremde gefühlt hatte. Es war das freiere, südlichere München, welches sie sich nun als Aufenthaltsort wählte. Sie ließ sich dort mit den drei jüngeren Kindern nieder; Heinrich und Thomas folgten, nachdem sie sich irgendwie durch die Schule gemogelt hatten. Jetzt waren sie endlich frei, zwei unabhängige junge Leute im Besitz einer bescheidenen Rente und einer Fülle von melancholischem Humor, Beobachtungsgabe, Gefühl und Phantasie. Beide waren seit längerem entschlossen, sich ganz der Literatur zu widmen, Schriftsteller zu werden.

Sie waren einander sehr ähnlich und doch grundverschieden; ihre Charaktere und ihre Träume schienen kontrastierende Variationen des gleichen Themas zu sein. Das Leitmotiv, das sie gemeinsam hatten und unablässig abwandelten, war das Problem der gemischten Rasse, die schmerzlich-stimulierende Spannung zwischen dem nordisch-germanischen und dem südlich-lateinischen Erbe in ihrem Blut.

Aus diesem primären Konflikt entsprang ihnen ein zweiter, der Antagonismus zwischen „Bürger“ und „Künstler“: auf der einen Seite der Typ des gewöhnlichen und robusten Durchschnittsmenschen; auf der anderen der Entwurzelte, Gespaltene, von des Gedankens Blässe Angekränkelte – Hamlet, der Intellektuelle. Die Beziehung zwischen den beiden ist problematisch, doppeldeutig, geladen mit ambivalentem Gefühl. Eine recht eigentlich *erotische* Beziehung, wenn man Eros, im Sinne des Sokrates, als den Dämon der unstillbaren Sehnsucht, des dialektischen Spieles versteht. Der „Bürger“, das heißt der normale Mann, der sich wohlfühlt in seiner Haut und in dieser Welt, ehrt und bewundert (wenngleich niemals ganz ohne mißtrauische Reserve) die „Macht des Geistes“, die „erhabenen Ideale“, die „reine Schönheit der Kunst“, all jene sublimen Produkte moralischer Fragwürdigkeit, leidvollen Dienstes, stolz verborgener Qual. Der kreative Typ seinerseits empfindet eine seltsame Mischung aus Verachtung und Neid angesichts von so viel ahnungsloser Unschuld. Wie leicht, denkt er, muß das Leben sein für jene, die keinen Traum, keine Sendung haben! Glückliche Toren – sie wissen nichts vom Fluch der schöpferischen Manie, vom Martyrium der Auserwähltheit! Wie glatt und leer ihre Gesichter sind, wie hübsch, ach, wie verlockend! Wäre man doch wie sie! ... Möchte man es wirklich? Würde man mit ihnen tauschen?

Es hängt vom individuellen Fall ab, welches Element in diesem Gefühlskomplex die Oberhand gewinnt: die Sehnsucht oder die Verachtung. Beim jungen Heinrich Mann dominierte der künstlerische Stolz; seine Geringschätzung des Philisters – wenngleich zunächst durchaus vom Ästhetischen her bestimmt – hatte von Anfang an die gesellschaftskritisch-revolutionäre Nuance. So unbedingt und intensiv war diese Idiosynkrasie gegen den deutschen Spießer, den „Untertan“, daß sie zum Ausgangspunkt, zur Basis einer politischen Gesinnung werden konnte. Der soziale

Radikalismus seiner Reifezeit entspringt, scheinbar paradox und doch logisch, dem radikalen Ästhetizismus jener frühen Epoche.

Der jüngere der beiden Brüder hingegen war geneigt, die sehnsüchtige Zärtlichkeit für die Blonden und Lachenden inniger zu betonen als die sinnlich-übersinnlichen Ekstasen des Künstlertums. Er war ein Bohémien mit schlechtem Gewissen, voll Heimweh nach den „Wonnen der Gewöhnlichkeit", dem Paradies des wohlbehüteten Bürgerhauses. Und während Heinrich Mann, der Schüler Stendhals und D'Annunzios, den deutsch-bürgerlichen Geschmack durch den nervösen Elan seiner frühen Prosa befremdete und verletzte, warb der andere, an Fontane, Storm und Turgeniew erzogen, mit diskreteren und delikateren Mitteln. Der wehmütig-humoristische Ton, das Lächeln einer Ironie, die aus Verzicht und Verlangen kommt, wird zum besonderen Kennzeichen, zur stilistischen Spezialität des jungen Autors.

Sie lebten und reisten zusammen, ein ungleiches und doch so brüderliches Paar. Nach längerem Aufenthalt in Italien ließ man sich in München nieder, wo die Mutter mit den drei jüngeren Geschwistern schon seit geraumer Weile ihren Haushalt hatte. Heinrich und Thomas logierten nicht mehr zusammen; vielmehr bezog jeder eine Junggesellenwohnung in Schwabing, das damals noch ein wirkliches Zentrum geistigen Lebens und zudem ein Tummelplatz exzentrischer Originale war.

Frau Julia Mann wohnte mit den zwei Töchtern und dem halbwüchsigen Viktor nicht weit von ihren beiden Ältesten. Die brasilianische Schöne hatte sich unversehens, gleichsam über Nacht, in eine schlichte Matrone verwandelt, als hätte sie Schönheit, Anmut und Lächeln wie Juwelen oder kostbare Andenken ihren Kindern zum Opfer gebracht. Das ältere der beiden Mädchen, Lula, war von scheuem Liebreiz, wart und reserviert; die jüngere, Carla, beeindruckte die Herrenwelt durch sensuellen Charme und leicht gewagte Manieren. Sie wollte Schauspielerin werden, trug kecke Hüte und rauchte Zigaretten. Ihr Bruder Heinrich betete sie an und porträtierte sie später in vielen seiner Bücher. Aber da war es schon zu Ende mit ihren Kapricen und Extravaganzen; die zu tief dekolletierten Abendkleider, die hektischen Flirts, die Bohème-Alluren – sie hatte einen hohen Preis für alles dies bezahlt. Die letzte Szene ihres Dramas spielte sich hinter verschlossenen Türen ab. Sie nahm Gift im Hause ihrer Mutter, die auf dem Korridor zuhören mußte, wie ihr Kind in der verriegelten Stube röchelte und verschied. Die Schauspielerin Carla Mann beging Selbstmord, ehe ihre theatralische Karriere eigentlich begonnen hatte, vielleicht, weil sie im Grunde ihres Herzens wußte, daß ihr Talent für eine Karriere großen Stils wohl kaum ausgereicht hätte. Mit etwas Geringerem aber fand sie sich nicht ab.

Die beiden älteren Brüder dieses reizenden und bemitleidenswerten Geschöpfes begannen ihre künstlerische Laufbahn in aller Ruhe und mit Selbstgewißheit. Heinrichs kühnes und provokantes Talent wirkte zunächst nur auf eine kleine Gruppe eingeweihter Connaisseurs, während die Arbeiten von Thomas schon anfingen, bei einem breiteren

Publikum Aufsehen zu machen. Heinrich, stolz und gehemmt, beschränkte seine gesellschaftlichen Kontakte beinahe ausschließlich auf die Schwabinger Bohème; Thomas fand seinen Weg zu einigen der exklusiveren Münchener Salons. Und während Heinrich sich im Literatencafé mit der befangenen Würde eines verirrten Prinzen bewegte, blieb Thomas in der „großen Welt" stets ein intellektueller Außenseiter, hinter dessen verbindlich-urbanem Auftreten sich Schüchternheit verbarg. Der junge Poet mochte sich in den Häusern der Kommerzienräte und Barone als Zigeuner empfinden; aber er war ein Zigeuner mit untadeligen Manieren – zu höflich und diszipliniert, um seine Verlegenheit oder seinen Spott zu zeigen, wenn eine der mondänen Gastgeberinnen ihn mit jubilierender Herzlichkeit begrüßte: „Ich bin ja *so* glücklich, daß Sie gekommen sind, mein lieber junger Freund! Gerade haben die Gräfin und ich uns über Ihren Roman unterhalten – wie heißt er noch? Budden ...? Mein armes Gedächtnis! Helfen Sie mir doch, liebster Herr Mann! Ist es Buddenbrooks ...?"

Die schönste und geistvollste *femme du monde* der bayerischen Kapitale, Frau Hedwig Pringsheim-Dohm, sollte eine entscheidende Rolle in der Biographie des jungen Hanseaten spielen; denn in dem Renaissance-Palast der Pringsheims gab es, neben vielen anderen Kostbarkeiten, ein höchst liebliches und besonderes Mädchen, namens Katja – die einzige Tochter, Schwester von vier Brüdern, deren jüngster ihr Zwilling war.

Die Pringsheims waren eine ungewöhnliche Familie, auffallend sogar in dem bunt gemischten Milieu der Münchener Gesellschaft vor dem ersten Weltkrieg. Der Professor und seine Gattin stammten beide aus Berlin: er, jüdischer Herkunft, Erbe eines großen Vermögens, das während der sogenannten „Gründerjahre" von seinem Vater im Schlesischen erworben worden war. Sie, aus unbemitteltem, aber gesellschaftlich prominentem Hause. Madame Pringsheims Vater, Ernst Dohm, gehörte zu den Gründern der satirischen Wochenschrift „Kladderadatsch", die in der Bismarck-Zeit einen nicht unerheblichen politischen Einfluß ausübte. Ihre Mutter, Hedwig Dohm, war eine führende Frauenrechtlerin und übrigens auch literarisch erfolgreich. Ihre Romane, die um die Jahrhundertwende viel gelesen wurden, handelten meist von unverstandenen Frauen, die unter ihren banausischen Gatten litten, Nietzsche lasen und das Wahlrecht verlangten. Der Salon der Frau Hedwig Dohm gehörte zu den angeregtesten intellektuellen Treffpunkten des alten Berlin. Franz Liszt, mit dem die alte Dame übrigens eine auffallende Ähnlichkeit hatte, war einer der regelmäßigen Besucher.

Die Dohms hatten mehrere Töchter; eine von ihnen, Hedwig, fiel durch Schönheit und Anmut auf. Sie wurde Schauspielerin und spielte Shakespearesche Heldinnen in Meiningen. Als der große Joseph Kainz dort als Romeo gastierte, war sie seine Julia und sah so unwiderstehlich aus, daß einer der jungen Kavaliere in der Proszeniumsloge, Dr. Alfred Pringsheim aus Berlin, prompt beschloß, sie zu ehelichen. So geschah es. Der junge Gatte baute seiner geliebten Hedwig ein fürstliches Haus in der feinsten Gegend der schönen Stadt München.

Er sammelte Gemälde, Gobelins, Majolikas, Silbergerät und Bronze-Statuetten – alles im Renaissance-Stil. Seine Kollektion war so bedeutend, daß Kaiser Wilhelm II. ihm als Zeichen seiner Anerkennung dafür den Kronenorden zweiter Klasse verlieh. Das Palais in der Arcisstraße wirkte wie ein Museum, war aber mit allem Komfort der Neuzeit ausgestattet. Die Pringsheims waren unter den ersten, die sich in München ein Telephon und elektrisches Licht zulegten. Ihr Haus wurde bald zu einem Zentrum der intellektuellen und mondänen Welt.

Es war übrigens keineswegs nur sein Reichtum, dem der Professor sein soziales Prestige verdankte. Weit davon entfernt, sich mit der Position eines wohlhabenden Dilettanten und Müßiggängers zufriedenzugeben, nahm er seinen Beruf äußerst ernst und machte sich einen Namen in der Gelehrtenwelt. Er war Mathematikprofessor an der Universität München – geachtet als Dozent und Theoretiker. Seine vierte Passion – neben der Mathematik, der schönen Frau Hedwig und den italienischen Altertümern – war die Musik Richard Wagners: der junge Professor gehörte zu den ersten finanziellen Förderern der Bayreuther Festspiele und blieb sein ganzes Leben lang ein enthusiastischer Anhänger des Wagner-Kultes. Sein persönlicher Kontakt mit dem Meister freilich kam zu einem etwas abrupten Ende, als sich der Meister in Gegenwart seines „nicht-arischen“ Bewunderers eine antisemitische Bemerkung entschlüpfen ließ. Das Genie war taktlos und undankbar, und der Professor hatte ein reizbares Temperament.

Der gesellschaftliche Stil des Hauses war zugleich zwanglos und opulent. Die berühmtesten Maler, Musiker und Dichter der Epoche trafen sich dort mit Prinzen vom Hause Wittelsbach, bayrischen Generälen und durchreisenden Bankiers aus Frankfurt und Berlin. Die Wirtin – eine verführerische Mischung aus venezianischer Schönheit *à la* Tizian und problematischer *grande dame à la* Henrik Ibsen – beherrschte die in unserem Jahrhundert so seltene Kunst vollendeter Konversation, wobei sie ihre geübte Beredsamkeit gerne mit Kaskaden perlenden Gelächters begleitete. Sie wußte immer amüsant und originell zu sein – ob sie nun über Schopenhauer und Dostojewski plauderte oder über die letzte Soirée im Hause der Kronprinzessin. Zu ihren Verehrern gehörten Künstler wie Franz von Lenbach, Kaulbach und Stuck, von denen sie sich porträtieren ließ, und Schriftsteller wie Paul Heyse und Maximilian Harden, die ihr die geistvollsten Huldigungen darbrachten. Professor Pringsheim seinerseits – klein von Statur, äußerst agil und lebhaft – schokierte und erheiterte die Gäste mit sarkastischen Bonmots und Wortspielen, oft etwas gewagter Natur. Seine knarrende Stimme ward übertönt vom melodiösen Protest der heiter entrüsteten Gattin: „Ach, Alfred! Wie *schrecklich* du wieder bist!“

Es war in diesem kosmopolitisch geselligen, heiter kultivierten Milieu, daß der ernste junge Romancier aus Lübeck dem dunkeläugigen Mädchen begegnete, dem sein Herz sich zuwendete und ein Leben lang die Treue hielt. Er hatte sie von weitem beobachtet, ehe er sie noch gesellschaftlich kennenlernte. Sie pflegte auf dem Rad zur Universität zu fahren – umgeben von ihren Brüdern wie eine gelehrte kleine Amazone von der Schar ihrer Trabanten. Sie studierte Mathematik und vereinte den schlagfertigen Witz der Porzia mit Jessicas exotisch-süßer Erscheinung. Die Sanftheit des goldbraunen Blicks kontrastierte zur aggressiven Ironie der geschwinden Rede; hinter der kapriziösen Wortgewandtheit der verwöhnten Prinzessin verbargen sich kindhafte Sprödheit und Unschuld. Der junge Romancier war bezaubert. Er sah und beschrieb sie als ein Wunder von Geist und Charme, eine zugleich wilde und delikate Blume von fremder Lieblichkeit. Neben ihrem Zwillingsbruder Klaus, dem jungen Musiker, zeigte sie sich bei Theaterpremieren, auf Festen, in der Oper. Das Gespräch zwischen den beiden wimmelte von geheimen Formeln, zärtlichen Anspielungen, rätselhaften Scherzen. Die zwei seltsamen Kinder schienen in einer Welt für sich zu leben – beschützt von ihrem Reichtum und von ihrem Witz, bewacht und verwöhnt von Bedienten und Verwandten. Daheim, im väterlichen Palast, spielten und kicherten sie miteinander, während das Lachen ihrer Mama von der Terrasse kam wie das Plätschern einer Fontäne und die Melodien aus „Walküre" und „Parsifal" vom Musiksaal zu den Zwillingen herübertönten.

Zunächst verhielt die Märchenprinzessin sich spöttisch kühl gegenüber den Werbungen des jungen Dichters. Allmählich jedoch gelang es seinen subtilen Schmeicheleien und seiner geduldigen Zärtlichkeit, das Eis zu brechen – besonders da der Zwillingsbruder und die majestätische Mama seine Absichten eher begünstigten. Was den Vater betraf, so war er freilich als Gegner zu betrachten: jeder, der ihm das geliebte Kind entführen wollte, hatte mit seinem Widerstand zu rechnen. Es war keine leichte Aufgabe, das gallige Temperament des Alten wenigstens halbwegs zu besänftigen und ihn dahin zu bringen, daß er die Visiten des Freiers mit einer Art von grollender Resignation duldete. Glücklicherweise gab es wenigstens eine Neigung, die der kratzbürstige Gelehrte und sein künftiger Schwiegersohn gemeinsam hatten, außer ihrer Liebe zu Katja – die Liebe zu Wagners Werk. Der Professor machte sich nichts aus Literatur, noch interessierte der Romancier sich für Mathematik oder Majolikas; aber beide waren unter dem Bann von „Tristan" und „Lohengrin". Wenn sie sich sonst nicht viel zu sagen hatten, so konnten sie immer noch Zitate aus den Musikdramen austauschen und sich gemeinsam kostbarer Details aus dem bewunderten Oeuvre erinnern.

Die Romanze zwischen Katja und Thomas entwickelte sich unter dem Schutz Wagnerischer Harmonien. Endlich wurde sie von den Eltern gesegnet und von einem protestantischen Pastor legalisiert.

Das Hochzeitsfest im Hause Pringsheim war ein gesellschaftliches Ereignis großen Stils, wie man sich vorstellen kann. „Ganz München" gratulierte dem jungen Paar; der Professor hielt eine Rede voll beißender Scherzhaftigkeiten; Frau Hedwig schimmerte in großer Toilette wie ein Traum von Tizian, und sogar Frau Julia Mann zeigte in festlicher

Erregung Spuren der alten Schönheit. Die Braut glich mehr denn je einer Märchenprinzessin – die dunklen, versonnenen Augen weit geöffnet unter dem Myrtenkranz. Blaß und jung saß sie zwischen dem grimmig witzelnden Papa und dem Bräutigam, dessen Gesicht mit dem buschigen Schnurrbart gleichfalls recht bleich erschien. Ein hübscher junger Mann, wie allgemein festgestellt wurde – und wie gut er sich hielt, wie gestrafft und zusammengenommen, beinah militärisch. Aufrecht und schlank in seinem gutsitzenden Frack, versuchte er seine Erregung zu verbergen – lächelnd und konversierend, so liebenswürdig und korrekt wie je. Aber die hellen Augen, zugleich zerstreut und durchdringend unter den schräg gestellten Brauen, schienen nichts von der Rede zu wissen, die so glatt und kühl aus seinem Munde kam. Übrigens geschah es auch wohl, daß seine Braut zu antworten vergaß und in Gedanken versunken blieb, während der Vater scherzte und der Gatte parlierte.

Klammerte sich ihr Herz an die Vergangenheit? Gedachte sie all der süßen und vertrauten Dinge, die sie verlieren sollte? Die Spiele mit den Brüdern, die Teegesellschaften der Mama, der Gutenachtkuß des Vaters, die Riten am Frühstückstisch – sollte es mit all dem nun vorüber sein? Die Neckereien, das Gekicher, die Studien, das Familienkauderwelsch, jedem Außenstehenden unverständlich. Es galt, Abschied davon zu nehmen.

Und jetzt? Was wartete ihrer, wenn dies Fest vorüber war? War es ein neues Abenteuer, ein neues Märchen, das nun beginnen sollte? Was meinte er denn, ihr junger Schriftsteller, wenn er von einem „strengen Glück" sprach, das sie gemeinsam erleben würden? Er hatte eine seltsame Art, solche Dinge zu sagen, feierlich und spöttisch zugleich, als machte er sich ein wenig lustig über sein eigenes Wort, über das eigene Gefühl. „Ein strenges Glück" ... wie charakteristisch für ihn diese Formel war! Er verachtete alles Weiche und Schlaffe. Glück – ein gewöhnliches Glück ohne Strenge – wäre wohl ein bißchen weich und schlaff, etwas banal, ein wenig ordinär: so viel verstand die sinnende junge Braut.

Aber warum war sie auserwählt – sie unter allen Frauen –, sein ungewöhnliches und strenges Los zu teilen? Was war es, was sie mit diesem disziplinierten Träumer aus einer fernen hanseatischen Stadt verband? Gehörten sie zueinander, sie und er, weil sie beide „anders" waren – beide distanziert vom Wirklichen, beide problematisch, verwundbar und zur Ironie geneigt? Das satte und sentimentale Behagen trivialen Eheglückes hätte zu ihr so wenig gepaßt wie zu ihm.

Denn offenbar gehörte sie nicht zu jenem Typ der Blauäugigen und „Gewöhnlichen", zu denen die Helden seiner Bücher sich mit so viel zärtlicher Verachtung und ironischer Sehnsucht hingezogen fühlten. Sie war weder blond noch unwissend und robust, sondern dunkeläugig und nachdenklich und nur zu vertraut mit den Schmerzen, die er beschrieb. Ihre Ehe war also nicht die Begegnung zweier polarer Elemente; eher handelte es sich wohl um die Vereinigung von zwei Wesen, die sich miteinander verwandt wußten

– um ein Bündnis zwischen zwei Einsamen und Empfindlichen, die gemeinsam einen Kampf zu bestehen hofften, dem jeder für sich vielleicht nicht gewachsen wäre. Sein Entschluß, die Freuden und Verantwortlichkeiten des normalen Lebens zu akzeptieren, Kinder zu zeugen, eine Familie zu gründen – sein Entschluß, glücklich zu sein: was war es denn im Grunde, wenn nicht ein von moralischem Pflichtgefühl diktierter Schritt, ein Versuch, jene „Sympathie mit dem Tode“ zu überwinden, die wie ein Leitmotiv durch das Gewebe all seiner Träume ging? Weder Disziplin noch Ironie wären stark genug gewesen, jener süßen und gefährlichen Verlockung zu begegnen – Tristans nihilistischer Verzückung, dem Nirwana-Komplex, der tödlichen Faszination aller Romantik. Welche Macht war groß genug, um es aufzunehmen mit diesem dunklen Zauber? War die Liebe das magische Heilmittel, durch dessen Kraft das Fragwürdige und Zerstörerische sich dem Leben dienstbar machen ließe? ... Aber wie schwer muß es sein, das Idiom der Liebe zu lernen! Wieviel Scham wird zu überwinden, wieviel Opfer werden zu bringen sein!?

Bin ich tapfer genug? dachte die junge Braut – sehr zart und kindlich zwischen dem amüsanten Papa und dem feierlichen Bräutigam. Soll alles ganz und gar anders sein von jetzt an? Wird es sehr lange dauern, bis ich mich dran gewöhne?

Alles dauert lang, das Leben hat es nicht eilig. Die großen Entscheidungen mögen in einem dramatischen Augenblick gefaßt werden, aber sie materialisieren und entwickeln sich nur allmählich; es dauert Monate oder Jahre, bis sie die Bedeutung und die vertraute Gestalt der Realität annehmen.

Eine kleine Wohnung in der Franz-Joseph-Straße in Schwabing, nicht weit vom Pringsheimschen Elternhause – war das die große Verwandlung? Der intime Kontakt mit dem barocken Vater, der glänzenden und zärtlichen Mama, den ritterlichen Brüdern ging weiter – beinahe unverändert. Alles schien fast beim alten. Erst nach Monaten wurde klar, daß man schon mitten im neuen Abenteuer, mitten in der Metamorphose war.

Wie schwer und entstellt sie nun erschien, die delikate Märchenprinzessin! Wie verwirrt und hilflos sie war, angesichts der natürlichsten und doch wunderbarsten Verheißung! Nur Geduld, kleine Mutter! – ein paar Monate noch, und du weißt, ob es ein Bub ist oder ein Mädchen ...

Es war ein Mädchen; sie wurde auf den Namen Erika getauft. Sie hatte die dunklen Augen der Mutter. Der junge Vater war über die Maßen stolz auf sie.

Und bevor Erika noch ihr erstes „Papa“ stammeln lernte, traf ein Bruder und Gespiele ein – am 18. November 1906. Zwei seiner Onkel – der Zwilling der Mutter, Klaus, und der ältere Bruder des Vaters, Heinrich – standen Pate bei ihm. Sein voller Name war Klaus Heinrich Thomas Mann.

Erstes Kapitel.
Mythen der Kindheit

1906-1914

Erinnerungen sind aus wundersamem Stoff gemacht – trügerisch und dennoch zwingend, mächtig und schattenhaft. Es ist kein Verlaß auf die Erinnerung, und dennoch gibt es keine Wirklichkeit außer der, die wir im Gedächtnis tragen. Jeder Augenblick, den wir durchleben, verdankt dem vorangegangenen seinen Sinn. Gegenwart und Zukunft würden wesenlos, wenn die Spur des Vergangenen aus unserem Bewußtsein gelöscht wäre. Zwischen uns und dem Nichts steht unser Erinnerungsvermögen, ein allerdings etwas problematisches und fragiles Bollwerk.

An was erinnern wir uns? An wieviel? Nach welchen Prinzipien bewahrt unser Geist die Spuren gewisser Eindrücke, während wir andere in den Abgrund des Unbewußten versinken lassen? Gibt es irgendeine Identität oder authentische Verwandtschaft zwischen meinem gegenwärtigen Ich und dem Knaben dessen Lockenkopf ich von vergilbten Photographien kenne? Was wüßte ich von jenem goldhaarigen Kinde ohne die Andenken und Erzählungen, die vom kollektiven Familien-Gedächtnis – das heißt also von Augenzeugen der älteren Generation – überliefert werden? Wie mag es gewesen sein, die seidige Last dieser Locken zu tragen? Wenn ich versuche, die vergangene Sensation in mir wachzurufen, finde ich mich immer in einem bestimmten Zimmer unseres Münchener Hauses, dem Salon meiner Mutter, den wir Kinder übrigens nur selten betraten. Dort gab es auf einem runden kleinen Marmortisch eine flache Silberschale, in der eine Kollektion alter Photographien aufbewahrt wurde. Es mag unter diesen Familienreliquien gewesen sein, daß ich das Porträt meines ehemaligen Selbst entdeckte. Wahrscheinlich war ich erst sechs oder sieben Jahre alt, als ich, ein pausbäckiger kleiner Narziß, mein eigenes Bildnis zum ersten Male bewunderte. Der Knabe, der Mutters Andenken in der verlassenen Wohnstube durchstöberte, hatte sein goldenes Gelock schon verloren: er trug eine schlichte Pagenfrisur, mit Fransen, die ihm tief in die Stirne hingen. Der Blick, mit dem er das lächelnde Antlitz seiner Vergangenheit betrachtete, war schon von Heimweh erfüllt.

An was also erinnere ich mich? Wer ist der Knabe, den ich im Dämmerlicht jenes Salons wiedererkenne? Ist es der, der die seidenen Locken trug? Oder ist es schon sein „alternder" Bruder, der sehnsüchtig auf eine Lieblichkeit schaut, die einmal die seine war? Erinnere ich mich der Locken oder nur der Erinnerung, die sie im Gemüt des lockenlosen Kindes zurückließen?

Unser Unterbewußtsein reagiert auf gewisse Zeichen, geheime Winke und Stichworte, die herbeigeweht kommen – niemand weiß, woher. Da ist ein Aroma, schwach und doch unverkennbar – ein Gemisch aus Gummi und lackiertem Holz, mit einer ganz leichten Beimischung von Kattun, dem Stoff, aus dem Vorhänge gemacht sind: die Vorhänge eines Kinderwagens. Aber ist es *mein* Kinderwagen, von dessen sanftem schwingendem Rhythmus ich mich jetzt wieder geschaukelt fühle? Oder täuscht mich die Erinnerung? Was ich jetzt für mein Erlebnis halte, gehört vielleicht in Wirklichkeit meinem jüngeren Bruder Golo. Schon immer hatte ich eine gewisse Neigung, ihm sein Eigentum wegzunehmen – Bonbons, Spielsachen oder die bunten Steine und Schneckenhäuser, die wir aus dem Garten ins Haus schleppten; denn ich war älter und größer als er – so mußte er sich's wohl gefallen lassen. Versuche ich nun, ihm den seligen Schlummer seiner ersten Kindheit zu stehlen? Ich mußte schon aufrecht gehen, mühselig, Schritt für Schritt, als er noch das Vorrecht genoß, herumgefahren zu werden. Kein Zweifel, der Kinderwagen, an den ich mich erinnere, ist eben der, um welchen ich Golo damals beneidete. Wie innig wir uns auch bemühen mögen, uns zurückzuversetzen in das Paradies vollkommener Wunschlosigkeit – das Gefühl, dessen wir uns wirklich entsinnen und welches uns zu jeder Zeit beherrscht zu haben scheint, ist immer nur die Sehnsucht nach einem Glück, das mit dem Beginn unseres bewußten Lebens verlorenging.

Der Kinderwagen ist das verlorene Paradies. Die einzig absolut glückliche Zeit in unserem Leben ist die, welche wir schlafend verbringen. Es gibt kein Glück, wo Erinnerung ist. Sich der Dinge erinnern, bedeutet, sich nach der Vergangenheit sehnen. Unser Heimweh beginnt mit unserem Bewußtsein.

Wie könnte ich jemals das geliebte Bild vergessen, das mir so oft half, Schlaf und Vergessenheit zu finden? Nacht für Nacht beschwor ich den Schatten einer Wiege, mit Segeln versehen – einer Zauberbarke, mich weit forttragend: durch dunkle Wälder, über stille Wasser, geradewegs in die purpurne Tiefe eines unendlichen Himmels. Ich muß wohl die beflügelte Wiege als Kind auf irgendeinem Bild gesehen oder in einem Märchen von ihm gehört haben. Sie verfolgte mich durch Jahre – ein Symbol der Flucht, des seligen Entgleitens. Allmählich jedoch veränderte die Wiege ihre Form; sie wurde länger und enger. Das Schiff, das mich jetzt zum Hafen der Vergessenheit trägt, ist aus härterem Stoff gemacht und von düsterer Farbe. Wiege und Sarg, Mutterschoß und Grab – in unserem Gefühl fließen sie ineinander, werden sich beinah gleich.

Der Schlaf, den wir ersehnen, der vollkommene Schlaf, ist traumlos. Wir werden von Träumen heimgesucht, sobald wir gelernt haben, uns zu erinnern und Reue zu empfinden. Im Alter von fünf oder sogar früher war ich schon vertraut mit dem bösen Geflüster der Albträume. Die Stube, die ich erst mit Erika teilte, dann mit Golo, füllte sich nachts mit Gespenstern. Wie ich ihn verabscheute, den blassen Herrn, der fast jede Nacht meinen Frieden zu stören kam. Manchmal trug er seinen Kopf unterm Arm, als wäre es ein Blumentopf oder ein Zylinder. Mir brach der Angstschweiß aus angesichts dieser weißen Fratze, die in so ungewöhnlicher Position freundlich nickte und grinste. Mein Grauen erreichte schließlich einen solchen Grad, daß ich es nicht mehr für mich behalten konnte. Ich besprach die Sache mit unserer Kinderfrau. Anna mit den blauen

Backen. Die Blaue Anna ihrerseits erörterte das Phänomen mit unserem Vater, der der Ansicht war, es sei höchste Zeit, dem kopflosen Ärgernis ein Ende zu bereiten.

Er erschien zur Schlafenszeit in unserem Zimmer – was an sich schon ein ungewöhnliches Ereignis bedeutete – und hielt eine strategische Konferenz mit uns ab. Der enthauptete Gast, so meinte er, war eigentlich gar nicht so sehr fürchterlich – wir sollten uns doch nicht von ihm bluffen lassen. „Schaut ihn doch einfach nicht an, wenn er wiederkommt!" riet der Vater. „Dann wird er wahrscheinlich ganz von selbst verschwinden, weil es doch langweilig und sogar etwas peinlich für ihn wäre, so ganz unbeachtet herumzustehen. Wenn ihr ihn aber auf diese Art nicht loswerden könnt, dann müßt ihr ihn eben mit lauter Stimme darum ersuchen, sich zum Teufel zu scheren. Sagt ihm nur, daß ein Kinderschlafzimmer kein Ort ist, wo anständige Geister sich herumtreiben, und daß er sich schämen sollte. Und wenn das immer noch nicht genügt, so tut ihr gut daran hinzuzufügen, daß euer Vater sehr reizbar ist und häßlichen Spuk in seinem Haus nicht duldet. Dann wird er sich bestimmt aus dem Staube machen. Denn es ist eine in Geisterkreisen wohlbekannte Tatsache, daß ich wirklich sehr schrecklich sein kann, wenn ich einmal die Geduld verliere."

Wir folgten seinem Rat, und alsbald verging der Spuk. Es war ein durchschlagender Erfolg und bewies uns aufs eindrucksvollste, wieviel der väterliche Einfluß sogar in der Gespenster-Sphäre vermochte. Um diese Zeit begannen wir ihn „Zauberer" zu nennen, zunächst nur unter uns; da wir aber bemerkten, daß der Name ihm nicht mißfiel, kam er bald auch offiziell zur Anwendung.

Das Leben eines Fünfjährigen ist voll von Problemen und Komplikationen, verglichen mit dem seligen Dämmern der Babyzeit. Es scheint jedoch paradiesisch im Gegensatz zu der Fülle von Konflikten und Heimsuchungen, mit denen der Erwachsene fertig zu werden hat. In einem Fall wie dem meinigen wird dieser Kontrast besonders auffallend; denn der verhältnismäßige Friede und die Geborgenheit, deren das Kind im allgemeinen teilhaftig ist, scheint verdoppelt durch das idyllische Wesen der Epoche und des sozialen Milieus. Wenn der Knabe vergleichsweise sorglos ist, sogar inmitten allgemeiner Krise, so muß das Kind, das in einer privilegierten und hochgesitteten Umgebung aufwächst, wohl den Eindruck bekommen, daß unser Universum in der Tat nichts zu wünschen übriglasse und alles in allem eine ganz vorzügliche Einrichtung sei.

Die Beklommenheit des Kindes beschränkt sich auf seltene Stunden und auf jene kurzen Augenblicke des Schauderns zwischen Schlaf und Wachen, wenn plötzlich die Ur-Angst, das Grauen der verlassenen Kreatur die junge Seele anfällt. Aber wie sterbensbange dir auch in dieser dunkelsten Minute gewesen sein mag – der frühe Morgen wird dich wieder heiter finden. Du bist ausgeruht; das kalte Wasser, das du dir ins Gesicht spritzst, läßt dich vor Wonne jauchzen; das Frühstück wird dir zum Fest. Ein neuer Tag! *Dein* Tag! *Deine* Sonne! *Dein* Hunger. Und hier hast du dein Butterbrot, dein Müsli, deinen Apfel, womit du ihn wohlig stillst ...

Das Kind ist dem primitiven Menschen verwandt – unschuldig und gierig, ohne Arglist und ohne Gnade, unwissend und schöpferisch. Wie der Mensch der frühlingshaften Urzeit, so wertet und ordnet das Kind alle Phänomene neu, gleichsam zum ersten Male. Naiv und realistisch, immer nur am Nahen und Faßbaren interessiert, errichtet es seine eigene Hierarchie und schafft sich seine Mythen aus dem, was es sieht, hört, schmeckt, berührt. Nichts existiert außerhalb der Sphäre seiner direkten Interessen und unmittelbaren Wahrnehmungen. Wie könnte es an der absoluten Gültigkeit seiner individuellen Erfahrungen zweifeln? Der kindliche Geist vergleicht nicht, sondern nimmt jedes Ding und jedes Ereignis als etwas Einmaliges, Erstmaliges, Absolutes.

Ein Regentag, eine Reise, die physischen Sensationen von Kälte, Hunger, Fieber, Zahnweh oder Müdigkeit; die Wirkung von Melodien oder Liebkosungen – die ganze Skala unseres emotionellen und somatischen Erlebens ist mit Erinnerung belastet. Unvermeidlich kommt der Tag für uns alle – früher vielleicht, als man glauben möchte! – da es keine „neue Erfahrung" mehr gibt, sondern nur noch die Variationen vertrauter Muster. Nach einer langen Zeit intensiven und bewußten Lebens mag man sogar den Punkt erreichen, da man die allgemein menschlichen Charakteristiken in den besonders geprägten Zügen eines geliebten Menschen wiedererkennt. Dann ist man wohl so weit, hinter dem vertrauten Gesicht der eigenen Mutter das Drama und die Schönheit der Mutterschaft zu sehen. Dem reifen, erfahrenen Geist wird der „Typus" wesentlicher als der zufällig-individuelle Repräsentant. Das Kind hingegen verwechselt den zufälligen Vertreter mit der Gattung. Ihm gilt es für ausgemacht, daß alle Mütter *seiner* Mutter gleichen. Wie der primitive Mensch früher Kulturepochen die Impulse und Elemente, die sein persönliches Leben beherrschten – Liebe, Sturm, Wasser, Krieg, Fruchtbarkeit – personifizierte und deifizierte, so ist es für das Kind *die* Mutter, *der* Hund, *der* Garten, *die* Milch, *die* Krankheit.

Sogar die Kosenamen, die das Kind für seine Nächsten erfindet, scheinen ihm die ganze Spezies, den Typ zu bezeichnen. Da wir unsere Mutter „Mielein" nannten, fanden wir es äußerst schrullenhaft von anderen Kindern, sich so ulkiger und ausgefallener Anreden wie „Mutti" und „Mama" zu bedienen. Gibt es irgend jemand, der nicht weiß, wer „Offi" und „Ofey" sind? Man könnte ebensowohl fragen, wer ein gewisser Jupiter war und was er mit einer Dame namens Juno zu tun hatte. Offensichtlich ist Ofey Mieleins Vater, folglich Offis Mann; denn Offi, ganz natürlich, ist Mieleins Mutter, unsere glanzvolle Großmama mit ausdrucksstarker, theatralisch geschulter Stimme, perlendem Gelächter und schönen, kurzsichtigen Augen, vor die sie meist eine Lorgnette hält. Die Lorgnette ist aus goldbraunem Schildpatt und hängt an einer langen Silberkette. Die alte Dame – uns schien sie schon uralt, als sie erst fünfzig war und sich noch sorgfältig die Haare färbte – hat eine unbarmherzige Manier, den Gesprächspartner durch ihre Gläser zu mustern. Nervöse Menschen wurden unruhig unter ihrem durchbohrenden Blick, nicht aber wir. Natürlich nicht! Sie ist ja „unsere" Offi, und die Lorgnette gehört zu ihr wie die Eule zur Pallas Athene oder der Blitz zum Zeus.

Die großen Würdenträger der Hierarchie sind über Kritik erhaben – was aber nicht heißen soll, daß sie Angst und Schrecken einflößen. Sie sind so, wie sie sind und müssen mit schonungsvollem Respekt behandelt werden. Dann kommt man mit ihnen aus. Der Vater zum Beispiel kann sehr generös und scherzhaft sein, wenn man auf seine kleinen Schwächen die gebührende Rücksicht nimmt. Er hat etwas gegen schmutzige Fingernägel und kann es nicht leiden, wenn man sich bei Tische des Daumens zum Aufschieben bedient. „Um Gottes willen, nicht den Daumen!" ruft er dann wohl aus und schneidet eine angewiderte Grimasse. „Wenn schon aufgeschoben werden muß, dann tu's mit der Nasenspitze oder der großen Zehe! Alles ist besser als der abscheuliche Daumen!" Seine Aversionen sind meist von dieser irrationalen und schrullenhaften Art. Von neun Uhr morgens bis zwölf Uhr mittags muß man sich still verhalten, weil der [Vater] arbeitet, und von vier bis fünf Uhr nachmittags hat es im Hause auch wieder leise zu sein: es ist die Stunde der Siesta. Sein Arbeitszimmer zu betreten, während er dort mysteriös beschäftigt ist, wäre die gräßlichste Blasphemie. Keines von uns Kindern hätte sich dergleichen je in den Sinn kommen lassen. Schon mit geringeren Verfehlungen kann man den Vater erheblich irritieren. Es ist quälend, bei ihm in Ungnade zu sein, obwohl, oder gerade weil sein Mißmut sich nicht in lauten Worten zu äußern pflegt. Sein Schweigen ist eindrucksvoller als eine Strafpredigt. Übrigens ist nicht immer leicht vorauszusehen, was er bemerken und wie er reagieren wird. Die Mutter zankt, wenn man Ungezogenheiten begeht – von der Marmelade nascht, die für die Erwachsenen reserviert ist, oder die frisch gewaschene Matrosenbluse mit Tinte beschmiert. Der Vater ist dazu imstande, so eklatante Übeltaten zu ignorieren, während scheinbar ganz harmlose Irrtümer ihn überraschend verdrießen können. Die väterliche Autorität ist unberechenbar.

Ich schreibe diese traditionellen Formeln hin: „Vater", „Mutter", „väterliche Autorität" – und finde sie ungenau, beinah irreführend. Was haben diese Clichés mit einer Wirklichkeit zu tun, die sich aus tausend einmaligen, unwiederholbaren Nuancen zusammensetzt? „Vater" ...: das ist die kitzelnde Berührung eines Schnurrbartes; der Duft von Zigarren, Eau de Cologne und frischer Wäsche; ein sinnendes, zerstreutes Lächeln, ein trockenes Räuspern, ein zugleich abwesender und durchdringender Blick. „Vater" bedeutet eine freundliche, sonore Stimme; die langen Bücherreihen im Arbeitszimmer – feierliches Tableau voll geheimnisvoller Lockung! –; der wohlgeordnete Schreibtisch mit dem stattlichen Tintenfaß, dem leichten Korkfederhalter, der ägyptischen Statuette, dem Miniaturporträt Savonarolas auf dunklem Grund; gedämpfte Klaviermusik, die aus dem halbdunklen Wohnzimmer kommt.

Ja, die Musik, mehr als irgendein anderes Attribut, scheint essentiell zu seinem Wesen zu gehören. Früher einmal hat er Violine gespielt; aber das war vor unserer Zeit, in einer prähistorisch-legendären Epoche. Indessen bezweifelt niemand, daß er auch jetzt noch reizend fiedeln könnte, wenn er Lust dazu hätte. Manchmal pfeift er uns ein Liedchen vor. Keine Geige hat einen reineren Klang. Und nach dem Abendspaziergang, vor dem

Nachtmahl der Erwachsenen, zieht er sich gerne in den dämmrigen Salon zurück. Dort sitzt er dann am großen Bechsteinflügel, halb versteckt hinter der schweren dunkelroten Samtportiere, und läßt die väterliche Melodie ertönen. Wir hören zu, auf der Diele oder im ersten Stock, wo wir mit dem Fräulein essen.

„Er spielt so schön", sagt eines von uns vier Kindern. „Übt er an seinem Schreibtisch zwischen neun und zwölf Uhr vormittags?"

Aber das Fräulein lacht. „Er übt überhaupt nicht", erklärt sie uns, etwas schnippisch. „Er kann eigentlich gar nicht spielen. Er improvisiert nur ein bißchen."

Aber was er da in der schattigen Einsamkeit des Salons dem Klavier anvertraute oder sich von diesem künden ließ, war kaum als „Improvisation" zu bezeichnen. Es war immer der gleiche Rhythmus, zugleich schleppend und drängend, immer das gleiche chromatische Crescendo, das gleiche Werben und Locken, die gleiche Erschöpfung nach todestrunkener Ekstase. Es war immer „Tristan".

Wenn es eine schwere und delikate Aufgabe ist, das Wesen des väterlichen Mythos zu definieren, um wie vieles dunkler und zarter ist das Geheimnis der Mutter! Denn sie ist uns näher als der Vater, der dem Sohne ein Fremder bleibt. Sie ist die vertrauteste Figur, die unentbehrliche. Sie lehrt uns, zu beten und zu schwimmen und uns die Zähne zu putzen; sie macht den Speisezettel, kauft die Geburtstagsgeschenke, sieht die Schulaufgaben durch, geht mit uns zum Rodeln und zum Schlittschuhlaufen. Das mütterliche Haar ist weich und dunkel; die mütterlichen Augen sind goldbraun; die mütterlichen Hände sind zugleich zart und tüchtig: sie können das Loch in deinem Hemd stopfen und, wenn es not tut, sogar deine Haare schneiden. Sie können strafen und streicheln, spielen und liebkosen.

Vater und Mutter sind unzertrennlich und doch durchaus verschieden – ein heterogenes Doppelwesen. Der Vater spricht eher langsam, mit einer gleichmäßigen und sonoren Stimme; die Redeweise der Mutter ist geschwind, und ihre Stimme springt vom tiefsten Baß zu überraschenden Höhen. Sie ißt gern die bitterste Schokolade, trinkt den Tee ohne Milch und Zucker; er hat ein Faible für süße Suppen, Reisbrei und Hafergrütze, lauter Dinge, die sie perhorresziert. Mielein ist praktisch, aber unordentlich; der Zauberer ist weltfremd und verträumt, aber ordentlich bis zur Pedanterie. Der Mutter macht es nichts aus, wenn man sie um drei Uhr morgens stört, aber sie ärgert sich, wenn man die neuen Handschuhe verliert oder zu spät zum Zahnarzt kommt; der Vater weiß nicht einmal, daß man Handschuhe besitzt und daß unsere Zähne ärztliche Behandlung nötig haben, aber er mißbilligt es, wenn wir beim Essen schmatzen oder den schönen neuen Treppenläufer mit schmutzigen Schuhen betreten.

Sie sind so, wie sie sind – sehr liebenswert, sehr gewaltig, aber nicht ohne ihre kleinen Grillen und Tücken. Der Vater, zum Beispiel, legt Wert darauf, daß man ihn ab und zu auf ausgedehnten Spaziergängen begleitet, was um so lästiger ist, als wir bei solchen Gelegenheiten paarweise vor den Eltern wandeln müssen. Die Mutter hat eine sehr unangenehme Art, einen am Ohrläppchen zu ziehen, wenn sie findet, daß man ernstliche Strafe verdient – es tut fast ebenso weh wie die Bohrmaschine des Doktor Cecconi.

Zahnarzt Cecconi (übrigens der Gatte der deutschen Dichterin Ricarda Huch, was uns aber damals keinen Eindruck machte) nimmt in der Hierarchie keine unbedeutende Stellung ein, wenngleich er natürlich nicht zu den zentralen Mythen gehört, wie etwa die Affa. Muß ich wirklich erklären, wer die Affa ist? Ja, es empfiehlt sich wohl in Anbetracht der allgemeinen Uneingeweihtheit, um nicht zu sagen Unbildung. Die Affa also ist die Perle, das Faktotum, das muntere Zimmermädchen mit dem roten, lachenden Gesicht, dem stolzen Busen und den flinken Fingern. Beim Servieren trägt sie ein weißes Spitzenschürzchen; wenn Gäste da sind, schmückt sie sich mit einem steifen Häubchen. Je mehr Besuch kommt, desto animierter erscheint die Affa. – „Sie ist eine geborene Festordnerin“, sagt der Zauberer von ihr. Wenn die Eltern verreist sind, ist es die Affa, die den Haushalt führt; sie hat eine „Vertrauensstellung“. Sie gehört zur Familie. Köchinnen kommen und gehen (sie heißen meistens Fanny, aber es sind doch immer wieder andere); Hausmädchen kündigen. Aber die Affa bleibt. Es hat sie immer gegeben. Sie ist seit Menschengedenken bei uns. Fast so lang wie der Motz.

Wie, auch der Motz darf nicht als bekannt vorausgesetzt werden? Es ist peinlich, einer erwachsenen Leserschaft die Grundtatsachen des Lebens explizieren zu müssen. Der Motz ist eine Grundtatsache. Er hat ein schwarzes, seidiges Fell mit einem hübschen weißen Flecken auf der Brust. Die Erwachsenen sagen, er sei ein schottischer Schäferhund, ein „Rassetier“, etwas überzüchtet. Aber das sind lauter Redensarten. Der Motz ist eben der Motz, ein unentbehrlicher, gar nicht wegzudenkender Bestandteil des Kosmos, wie Zauberer, Mielein und Offi.

Das Seltsame an Kindern ist, daß sie die Notwendigkeit und Richtigkeit der Erscheinungen, die sie umgeben, niemals in Frage stellen, dabei aber alles ungemein komisch finden. Onkel Cecconi ist komisch, weil er mit einem fremden Akzent spricht und Grimassen schneidet. Affa ist zum Totlachen mit ihren grünen, glitzernden Augen, ihrer dynamischen Tüchtigkeit und den imposanten Linien ihrer Figur. („Die Affa hat so eine große, weiche Brust“, bemerkte ich als Fünfjähriger. Woraufhin man mich fragte, ob ich das schön oder garstig fände. „Schön find ich's grad nicht“, erwiderte ich sinnend. „Aber ich seh's gern.“)

Der Motz ist über alle Begriffe drollig, wenn er sich in einen tobenden Teufel verwandelt, was fast immer geschieht, wenn man sich mit ihm auf die Straße wagt. Sanft und folgsam zu Hause, fängt er draußen prompt zu rasen an, erregt vom Geruch der Freiheit. Es ist ein wahres Delirium, in das er verfällt; er geifert, heult, tanzt, springt, dreht sich krampfhaft im Kreise, außer Rand und Band, von Sinnen vor Wonne oder vor Wut – wer weiß es.

Wir sind eine Sensation, wenn wir uns mit dem Motz in der Öffentlichkeit zeigen; übrigens fallen wir auch ohne ihn auf, allerdings nicht so heftig. Gassenkinder haben eine gewisse Neigung, uns Unartigkeiten nachzurufen. „Langhaarete Affen!“ oder „Narrische Bagasch!“ Erwachsene hingegen bleiben stehen und lächeln, was auf seine Art auch recht lästig ist. Sie meinen es wohl nicht schlecht; manchmal bieten sie uns sogar etwas an, einen Apfel oder ein Stück Schokolade. Dagegen hätten wir an sich nichts einzuwenden, wenn die Spender nur den Mund halten wollten! Leider traktieren sie uns nicht nur mit Süßigkeiten, sondern auch mit Geschwätz. „Was für niedliche kleine Racker ihr seid!“ schwätzt die alte Dame, die sich im Englischen Garten unaufgefordert auf der Bank neben uns niederläßt. „Alle vier so drollig und apart! Wer ist denn euer Pappi?“

Natürlich antworten wir nicht, sondern kichern nur und zucken die Achseln. „Na, was gibt's denn da zu lachen, mein Junge?“ Die Urschel, ein wenig pikiert, wendet sich mit ihrer Frage an das größte Kind – nämlich an Erika, die sie, in echt urschelhafter Verblendung, für einen Buben hält. Dies kleine Mißverständnis scheint uns dermaßen ulkig, daß uns gar nichts anderes übrigbleibt, als jubilierend davonzulaufen.

Noch ganz atemlos vor Heiterkeit gesellen wir uns zu unserem Fräulein, das inzwischen, mit einer Kollegin plaudernd, voranspaziert ist. Wir bestürmen sie mit erregten Fragen. Warum will die fremde Urschel wissen, wer unser Vater ist? Und warum nennt sie ihn „Pappi“, wo er doch Zauberer heißt? Und wie, um Gottes willen, kommt sie dazu, uns „niedlich“ und „apart“ zu finden? Was bedeutet „apart“? Ist es ein Schimpfwort oder das Gegenteil?

„Eher das Gegenteil“, bedeutet uns das Fräulein. „Die Dame wollte nur sagen, daß ihr ein bißchen anders ausseht als die andren Kinder.“ Sie prüft uns mit nachdenklichem Blick, um dann, mehr für sich selbst, hinzuzufügen: „Es liegt wohl vor allem am Haarschnitt und überhaupt an der künstlerischen Aufmachung.“

Unsere „künstlerische Aufmachung“, das sind die Leinenkittel mit den hübschen Stickereien aus den Münchener Werkstätten. Mielein hat sie selber ausgesucht, rote Kittel für die Buben, blaue für die Mädchen, wie es sich gehört. Was soll daran nun „apart“ sein? Und warum verhöhnen uns die Gassenkinder, wenn wir uns in unseren schmucken Wämsern auf der Straße zeigen, zwei adrette Pärchen (Erika und ich; Golo und Monika), gefolgt von der Gouvernante, beschützt vom hysterisch kreiselnden Schäferhund?

Wie töricht die Fremden sind! Begreifen sie denn nicht, die frechen Buben und verschrobenen Urscheln, daß wir durchaus in Ordnung sind, weder „apart“ noch „narrisch“? Zugegeben, Monika ist noch ein bißchen klein und unbeholfen; aber so gehört es sich eben für das jüngste Schwesterchen. Was den Golo betrifft, ein Jahr älter als Monika, so ist er auch nicht viel größer, aber entschieden ernster und gesetzter, fast gravitätisch. Ohne Frage, der Golo ist das Muster und Vorbild eines kleinen Bruders, das Brüderchen *par excellence*. – Was gibt es da zu lachen? Oder lassen die fremden Toren es sich gar einfallen, die beiden „Großen", Erika und mich, ridikül zu finden? Das wäre ja noch schöner! Das ahnungslose Pack sollte sich doch lieber der eigenen eklatanten Dummheit schämen, anstatt über uns die Nase zu rümpfen! Denn schließlich, wir sind „echt", sind „wirklich", während die Wirklichkeit der anderen problematisch bleibt. Die anderen sind nur „Leute"; wir sind – wir.

Unser Leben ist vorbildlich, *comme il faut*, da es eben einfach *Leben* ist, das einzige, das wir kennen. Das Leben bedarf keiner Rechtfertigung, keiner Erklärung. Was bliebe denn übrig von der Welt, wenn es „unsere" Welt nicht gäbe? Ein Nichts, ein Vakuum ...

Glücklicherweise können die Fremden uns nichts anhaben mit ihrem Unverstand. Wir brauchen sie nicht; was hätten sie uns zu bieten? Sie sind „affig", „blöd", „falsch" und „eingebildet". Wir kommen ohne sie aus; in unserem eigenen Bereich finden wir alles, was uns wichtig ist. Wir haben unsere eigenen Gesetze und Tabus, unseren Jargon, unsere Lieder, unsere willkürlichen, aber intensiven Vorlieben und Aversionen. Wir genügen uns; wir sind autark.

Die Fanny kocht die Suppe, die Affa deckt den Tisch. Die Fanny ist weniger wichtig als die Affa, aber beide sind unentbehrlich. So auch die dritte Magd, das Hausmädchen. Sie mag noch so häufig kündigen: die kosmische Ordnung sorgt für eine Nachfolgerin, die mit der Vorgängerin fast identisch scheint. Es ist immer das gleiche plumpe Ding vom Lande, aus Passau oder Ingolstadt, die unsere Betten macht. Sie hat große, rote, etwas aufgesprungene Hände, wäßrige, helle Augen und eine niedrige, trotzig gebuckelte Stirn. Ihre wichtigste Funktion in unserem Hauswesen besteht darin, uns Kindern volkstümliche Lieder beizubringen. Ob das Hausmädchen nun Liesbeth heißt oder Therese, ob sie aus Niederbayern stammt oder aus dem Fränkischen, sie ist eine Sängerin und Gesangspädagogin. Von ihr lernen wir all die schönen, rührenden Balladen von verlassenen Bräuten, treulosen Matrosen, gebrochenen Schwüren und Herzen. Wir verstehen nicht ganz, worum es sich eigentlich handelt, aber die Augen werden uns doch naß, wenn wir dem Hausmädchen mit feierlichen Mienen nachsingen: „Mariechen saß weinend im Garten – im Grase lag schlummernd ihr Kind; – mit ihren schwarzbraunen Locken – spielt' leise der Abendwind ..." Wie süß und traurig tönt Mariechens Klage! Sie beschwert sich darüber, daß der Liebste nie schreibt. Hat er sie ganz vergessen? Ja, das hat er wohl, und da die Schwarzbraune es sich nun eingesteht, zieht sie auch gleich die einzig logische Konsequenz – kurz entschlossen, ohne übrigens viel Aufhebens davon zu machen. Hinein in den See mit dem Bankert! – Und hinterdrein springt die gelockte Mama.

Wir finden den Schluß etwas jäh, vor allem tut es uns um das Baby leid: was kann das arme kleine Ding dafür, daß der Matrose so vergeßlich ist? Aber dieses etwas irritierende Detail kann uns doch nicht die Freude an dem schönsten Lied verderben. Wir singen es im Chorus, zweistimmig, mit Gefühl.

„Ich verstehe wirklich nicht, warum meine Tochter ihren Kindern erlaubt, so greuliches Zeug zu singen!“ Dies ist Offis Stimme: sie ist zum Tee gekommen, nun unterhält sie sich mit dem Kinderfräulein. Das Kinderfräulein, man weiß ja, wie sie sind, ist nur zu entzückt, Offi beipflichten zu können. „Wie recht Frau Geheimrat haben!“ ruft sie schrill. „Es ist das Hausmädchen, die Luise, eine ganz ordinäre Person, die gnädige Frau sollte einschreiten, aber auf mich wird hier ja nicht gehört ...“

Mielein ist in solchen Fällen geneigt, unsere Partei zu ergreifen. Nicht zu offen natürlich. „Ihr dürft dem Fräulein Betty nicht widersprechen!“ ermahnt sie uns etwas vage. „Es kann ja sein, daß sie gerade etwas nervös war. Wahrscheinlich, weil sie sich so viel über euch ärgern muß ... Singt uns das Lied doch mal vor, nur, damit wir uns ein Urteil bilden können. Wenn es ein garstiges Lied ist, sollt ihr es nicht mehr singen.“

Mariechen ist ein durchschlagender Erfolg; Mielein und der Zauberer ersticken fast vor Lachen. Endlich bringt der Vater hervor, daß dies, seiner Meinung nach, ein ungewöhnlich rührendes Lied sei; wir sollten es jedoch nicht zu häufig vortragen, teils aus Rücksicht auf Fräulein Bettys Nerven, teils weil die Ballade wirkungsvoller bleiben würde, wenn wir sie für besondere Gelegenheiten aufsparten. Weihnachten wäre vielleicht eine solche Gelegenheit, schlägt einer von uns vor; und die Eltern stimmen lachend bei.

Fräulein Bettys Miene ist säuerlich, um nicht zu sagen bitter, da wir sie von dem elterlichen Entscheid unterrichten.

Das Fräulein kann uns nicht viel anhaben, solange Mielein da ist, um unsere natürlichen Rechte zu schützen. Aber die Lage wurde alarmierend, als die Mutter einen Winter in Davos verbringen mußte, wegen des Hustens und weil sie oft ein bißchen Fieber hatte. Sie schrieb uns drollige und lange Briefe, was es im Sanatorium zu essen gebe, und wie langweilig es für sie sei, jeden Tag so viele Stunden auf dem Balkon zu liegen. Sie schrieb uns, daß sie Sehnsucht nach uns habe und daß wir brav sein sollten. Es waren sehr schöne Briefe, aber doch kein Ersatz für Mieleins Gegenwart. Wenn sie nicht da war, hatten wir niemand, der abends mit uns betete (denn vor dem Fräulein mochten wir unsere Gebete nicht sagen); niemand, der zur Spitze der Hierarchie und zugleich zu uns gehörte, Affa, Fanny, das Hausmädchen, der Motz und wir vier waren schon recht; aber es fehlte uns an Macht und Würde. Der Zauberer und Offi hatten zwar sehr viel Macht; aber letztere erschien doch nur für kurze Inspektionsvisiten, während ersterer, obwohl er mit uns lebte, an unserem alltäglichen Leben kaum Anteil nahm. Wir waren dem Fräulein ausgeliefert, auf Gedeih und Verderb. Sie hatte beinah unumschränkte Machtbefugnis; ihre Herrschaft nahm vorübergehend den Charakter einer Diktatur an.

Das Kinderfräulein ist eine der Hauptmythen meiner Kindheit. Sie ist empfindlich, hochmütig und launenhaft, zuweilen liebenswert, dann wieder erschreckend. Wenn sie sich ärgert oder Kopfweh hat, erstarrt ihr Gesicht zu einer aschfarbenen Maske; aber sie kann auch strahlen. Alle scheinen sich ein wenig vor ihr zu fürchten, sogar die Eltern. Ihre vorwurfsvolle Miene gemahnt uns daran, daß sie im Hause des Baron Tucher wie eine Prinzessin gehalten wurde, die Zöglinge folgten aufs Wort, dort war das Fräulein glücklich. Der Baron (er war blind, wie das Fräulein sich mit respektvoller Rührung erinnert) verzog mit seinen Mustersöhnchen nach Kanada nicht ohne die unschätzbare Gouvernante aufs herzlichste zum Mitkommen aufzufordern. „Wär ich doch mit den Tuchers gegangen!" seufzt sie nun. Wir haben es wohl wieder einmal an der nötigen Ehrerbietung fehlen lassen. „Dann müßt ich mich nicht so viel kränken ..." Sie weint ein bißchen, und auch uns werden die Augen feucht. Wir begreifen, daß die Gute uns ein großes, schweres Opfer bringt, indem sie auf Kanada verzichtet und bei uns bleibt „in diesem saloppen Künstlerhaushalt". Keine andere würde es bei uns aushalten. – Dies wird uns immer wieder aufs eindrucksvollste versichert. „Wenn ich einmal nicht mehr da bin", sagt das Fräulein (man weiß nicht ganz, ob sie an ihren Hintritt denkt oder nur an einen Stellungswechsel), „dann werdet ihr ja sehen, was aus euch wird. Die nächste hält es hier keine vierundzwanzig Stunden aus. – Oder sie sorgt dafür, daß ihr Disziplin lernt. Dann ist Schluß mit der Schlamperei! Ihr werdet Augen machen ..." Uns wird bange ums Herz. Wir flehen das Fräulein an, uns doch bitte ja nicht zu verlassen. Sie ist mild und weise; ihre Nachfolgerin wäre vielleicht ein Drache, ein wahrer Ausbund an Tücke und Grausamkeit ...

Sie waren sich alle gleich. In imposanter Parade folgten sie einander, von der legendären Blauen Anna bis zu jenem hochbeinigen, spleenigen Geschöpf, das wir „Betty-Lilie" nannten, wegen ihres delikaten Teints und Charakters. Die Chronik unserer Kindheit ließe sich in fünf bis sechs Perioden einteilen, nach den wechselnden Regimes der Gouvernanten; man könnte von einer „Blauen-Anna-Periode" oder einer „Betty-Lilie-Ära" sprechen wie von der Elisabethanischen Zeit oder der Victorianischen Epoche. Natürlich unterschieden sich die hohen Frauen in Einzelheiten voneinander, aber was sie gemeinsam hatten, war tiefer und wesentlicher. Alle schwelgten sie in der Erinnerung an einen idealen Haushalt, dem sie einst in führender Stellung angehört hatten, das Palais eines ehrwürdigen Barons oder Kommerzienrates, wo es zugleich sittsam und lustig zugegangen war. Alle bemerkten sie mit demselben gönnerhaften Lächeln, daß unsere Eltern „sehr interessante Menschen" seien, wobei sie diskret auf den Unterschied anspielten, der zwischen unserer Bohemewirtschaft und dem tadellosen Haushalt des Kommerzienrates nun einmal leider bestand. „Andere Kinder" waren kräftig, brav und wahrheitsliebend, im Gegensatz zu uns wilden und heuchlerischen Schwächlingen. „Andere Kinder" verstanden Spaß und wußten eine Tracht Prügel einzustecken; sie putzten sich die Zähne mindestens dreimal täglich, gingen zur Kirche, aßen angebrannten Grießbrei ebenso gern wie Schokoladentorte und waren ihrem Fräulein zärtlich-ehrerbietig zugetan.

Wir konnten andere Kinder nicht leiden. Es war erst viel später, als ich etwa zwölf Jahre alt war, daß wir anfingen, Freunde zu haben. Anfangs hatten wir durchaus an uns selbst genug.

Erika und ich wurden in eine Privatschule geschickt – ein etwas prätentiöses kleines Etablissement von altmodisch-muffiger Gediegenheit, wo die Sprößlinge der Münchener *beau monde* die Kunst des Lesens und Schreibens erlernten. Schule, in diesem vorbereitenden Stadium, bedeutete weder Spaß noch viel Plage. Das bißchen Wissenschaft – Alphabet, Einmaleins, die Geschichte vom Herrn Jesus – war leicht genug zu begreifen. Die Lehrerin, eine alte Jungfer mit glattem grauem Scheitel und säuerlich-pedantischer Miene, konnte als komische Figur aufgefaßt werden. Was unsere Mitschüler betraf, so hatten wir nur wenig Kontakt mit ihnen. Sie waren nicht eingeweiht in die Geheimnisse unserer Spiele; sie schienen eine andere Sprache als wir zu sprechen.

Unsere Spiele waren komplizierter als die Fibel, aufregender als die groben Belustigungen, die unter Kindern sonst wohl üblich sind. Es waren eigentlich keine „Spiele“; vielmehr handelte es sich um eine großangelegte, sorgfältig ausgesponnene Phantasmagorie, ein mythisches System innerhalb des Kindheitsmythos. Es beruhte auf zwei verschiedenen Sagenkreisen, die ineinander griffen und allmählich miteinander verschmolzen. Der erste Kreis umfaßte unsere eigene Welt – das Haus, den Garten, die Eltern, das Kinderfräulein –, während der zweite das Reich der Puppen und der Hunde in sich schloß.

Das erste Spiel ging auf einen sentimentalen Schmöker zurück, den Fräulein Betty uns einmal vorgelesen hatte. Das Buch – es hieß „Kapitän Spieker und sein Schiffsjunge“ – machte uns einen so tiefen und nachhaltigen Eindruck, daß wir heute noch lange Stellen daraus auswendig wissen. Es war nicht so sehr die abenteuerliche Handlung, die uns bezauberte, wie das Milieu, in dem die Geschichte sich zutrug – die zugleich romantische und mondän-luxuriöse Sphäre des großen Ozeandampfers. Das Schiff, in das sich unser Haus und Garten verwandelten, war genau dem Kapitän-Spiekerschen Modell nachgebildet. Affa und die anderen Mädchen wurden in unserer Phantasie zu rüstigen Matrosen; Mielein war eine Art von eleganter Hausdame oder Oberaufseherin, während dem Zauberer natürlich das Amt des Kapitäns zufiel, der sich meistens im Heiligtum der „Betriebskabine“ verborgen hielt. Es gab nur vier Passagiere – zwei kapriziöse Damen, Prinzessin Erika und Mademoiselle Monika, und zwei Herren von hohem Rang und unermeßlichem Reichtum, die Steinrück und Löwenzahn hießen. Es machte Golo und mir großen Spaß, diese zwei großartigen Weltenbummler zu personifizieren und das eigene Benehmen ihrem pompös-spleenigen Stil anzupassen. Sie waren keine frivolen Draufgänger, unsere reisenden Millionäre; vielmehr handelte es sich um zwei Herren gesetzten Alters, die eine schwere Last von Verantwortlichkeiten und väterlichen Sorgen zu tragen hatten. Kurze, aber inhaltsschwere Radiogramme informierten sie über die beunruhigenden Schwankungen an der Börse; atemlose Geheimboten überbrachten furchtbare Bulletins, das Betragen der fernen Söhne betreffend. Diese jungen Leute – typische Repräsentanten frivol-sybaritischer *jeunesse dorée* – verschwendeten Millionen für grandiose Ankäufe von Karamelbonbons und Schokoladentorten, worüber die geplagten Väter, nebeneinander auf dem Promenadedeck spazierend, sorgenvoll die Köpfe schütteln mußten.

Mein Sohn Bob war eine hübsche Puppe aus Zelluloid, sehr süß und albern, mit aufgerissenen, lachenden blauen Augen und schelmischen Grübchen in den rosa Backen. Ich liebte ihn heiß und hätte um die Welt nicht eine Nacht ohne ihn geschlafen. Seine Funktionen in meinem Leben waren mannigfacher und komplexer Art. Erstens war er mein geliebtestes Spielzeug und höchst geschätzter Besitz; zweitens gehörte er zu den Hauptfiguren, nicht nur in der „Gro-Schi" (Großes Schiff)-Welt, sondern auch in dem anderen Legendenkreis, den wir durch die Jahre hindurch entwickelten und weiterspannen. In diesem zweiten Mythos erschien der Zelluloid-Adonis als Sohn und Retter des greisen Königs Motz, dessen Leben und Reich von einer feindlichen Koalition bedroht war – dem grimmen Heere der Amazonen, als deren Anführerin unser Fräulein figurierte, und der Kohorte böser Gassenjungen, die uns auf dem Spaziergang zu belästigen pflegten.

Leider war Prinz Bob nicht so tugendhaft wie mutig. Nach gewonnener Schlacht erging er sich gerne in allerlei üppigen Zerstreuungen, unter denen der übermäßige Genuß von Cremetörtchen die kostspieligste und unmoralischste war. Kurzum, der strahlende Held und Erbe war zugleich ein rechtes Sorgenkind und ein leichtsinniger Taugenichts, der eine Menge skandalöser Unkosten verursachte. Und es war eben in dieser Eigenschaft – in seiner Rolle als schlemmerischer Prinz Charming – daß mein Zelluloid-Bob in der eleganten Sphäre des Passagierdampfers Zutritt fand. Seine liebenswürdige, wenngleich korrupte Persönlichkeit verband die beiden Regionen, den mondänen Dampfer und das kriegerisch-heroische Traumland.

Der blutige Zwist zwischen den edlen Puppen und den garstigen Amazonen schien ebenso unabsehbar wie die ziellose Wasserfahrt unseres Hauses. Die Intrigen und Abenteuer der beiden phantastischen Welten gingen mehr und mehr ineinander über. Golo und ich, die zwei gequälten Magnaten, hatten uns nicht nur über das jähe Auf und Ab der Wertpapiere Sorge zu machen, sondern auch über die strategische Lage an der Motzfront.

„Haben Sie das gelesen, Hochwürden?" fragte ich Golo, der antwortete: „Nein, Durchlaucht. Was gibt's denn Neues?"

„Zehntausend Babys gefallen“, verkündete ich düster. „Sonst nichts. Und zwei Millionen süßer Hündchen gefangengenommen. Vielleicht ist alles verloren, und König Motz muß abdanken – es sei denn, Prinz Bob verzichtet auf seine Kirschkuchen und vollführt einen seiner famosen Streiche.“

„Zu spät! Zu spät!“ klagte mein würdiger Begleiter. „Wehe uns! Es ist aus mit dem guten König. Dort drüben naht sich, kichernd vor Schadenfreude, das Schauerweib, die Amazonenvettel!“

Und er deutete auf Fräulein Betty, die sich vom Hause her hastig näherte.

Spiele und Leben bilden eine Einheit – magisch ineinander verwoben. Die Spiele nehmen die kräftige Farbe der Wirklichkeit an, die Wirklichkeit hat den schillernden Zauber der Phantasien. Die Zeit der Kindheit scheint mir jetzt, in der Erinnerung, eine glänzende Reihenfolge heiterer Zeremonien und zeremonieller Freuden.

Es gibt immer etwas, dem man erwartungsvoll entgegensieht. Am Vormittag freut man sich auf das Mittagessen; während man die Suppe löffelt, träumt man schon vom Pudding. Von September bis Dezember wartet man auf Weihnachten – die wundervolle Minute im dunklen Zimmer, wo wir die feierlichen Lieder singen, bevor die Flügeltüre sich öffnet und den glitzernden Anblick des Zauberbaumes enthüllt; Weihnachten, wenn jeder sich mit gefülltem Gänsebraten und Marzipan überißt; das schöne Wiegenfest des Jesusknaben, der strahlende Höhepunkt des Kinderjahres. Die folgenden Wochen sind noch von Weihnachtserinnerungen erleuchtet, die allmählich in die Erwartung des Osterfestes übergehen. Freilich kann der Ritus der bunten Eier es nicht mit der großen Freude des geschmückten Tannenbaumes aufnehmen; aber Ostern ist auf seine Art doch auch eine große Sache – der heitere Beginn des Frühlings, das Versprechen des Sommers. Denn nun sind ja die warmen Monate schon nahe – der blühende Juni (in den der Geburtstag des Zauberers fällt), der sonnendurchwärmte Juli (der Mieleins Geburtstag als seinen Höhepunkt bringt), der schon etwas überreife, faule, satte August. Es sind diese Monate, die wir in Tölz verbringen eine pittoreske kleine Stadt im Isartal, am Fuß der Alpen.

Wir haben ein Haus in Tölz, das Tölzhaus, und einen großen Garten, wo man Spiele spielen kann, für die es anderwo nicht genug Platz gäbe. Die Ferienwochen sind lang, zunächst nehmen sie sich beinah endlos aus, aber schließlich gehen sie doch zu Ende. Der Sommer liegt erschöpft und seiner selbst ein wenig überdrüssig auf den Wiesen, deren Grün die erste Frische längst verloren hat. Die Spiele im großen Garten werden fade, wenn die Chrysanthemen ihre reife Pracht in den Blumenbeeten entfalten. Man ist froh, daß der Winter vor der Türe steht, mit Schneeballschlachten und Rodeln und den regelmäßigen Sonntagsessen im Hause der Großeltern.

Ofeys kostbarer Renaissance-Palast verlor nie seinen erregenden geheimnisvollen Zauber und war doch auch der vertrauteste Ort, das Kindheitsschloß, das große Haus der Erinnerungen. Es existierte immer, hat nie aufgehört zu sein. Die bescheidene Wohnung in Schwabing, in der ich geboren wurde, ist längst verblichen: wir verließen sie, als ich noch ein Baby war. Unser zweites Heim war in einer Gegend vorstädtischen Charakters gelegen, in Bogenhausen, nahe der Isar. Es muß ein geräumiges und angenehmes Appartement gewesen sein, aber es gewann nie die Würde des Mythischen; in meiner Erinnerung scheint die Wohnung in der Mauerkircher Straße nur ein komfortabler Warteraum, wo wir einige Jahre zubrachten, während das neue Haus im Entstehen war. Was dieses betrifft, eine stattliche Villa am Flußufer, so beherrscht sein Bild den größten Teil meiner Jugend. Und doch bleibt es „das neue Haus" für mich, da ich schon acht Jahre alt war, als wir 1914 einzogen.

Vier Jahre später, 1918, gaben wir das Landhaus in Bad Tölz auf – das geliebte Idyll so vieler Sommer. Tölz ist das Herz, die Quintessenz des Kindheitsmythos; aber seine Realität ist irgendwie fragwürdig, schattenhaft geworden. Ich habe das Haus nicht betreten seit dem Tage, da wir es verließen. Freilich erinnere ich mich noch der Anordnung der Zimmer, der Form und Farbe der Möbel, des weiten Blickes, den man von der Terrasse über das Tal zum Gebirge hatte. Aber alle Details sind verwischt und verwandelt zu tief durchtränkt von Heimweh mythisch-glücklicher Vergangenheit.

Der einzige Ort, dessen legendäre Würde es mit derjenigen von Tölz aufnehmen konnte, war Großvater Ofeys prächtige Residenz in der Arcisstraße, im Zentrum der Stadt München. Aber die „Arcissi", wie das großelterliche Haus bei uns hieß, war noch intakt, noch gegenwärtig, als das Tölzhaus sich längst jener wunderbaren Metamorphose unterzogen hatte, die Tapeten, Fenster, Öfen und Terrassen in die geisterhaft zarte und unzerstörbare Substanz des Mythos verwandelt. Wenn ich versuche, mir das erste Eßzimmer vorzustellen, wo ich in der Gesellschaft der Erwachsenen aufrecht bei Tische sitzen durfte, so ist es der große Speisesaal des Pringsheimschen Hauses, der mir in den Sinn kommt – reich geschmückt mit Gobelins, schönem Silbergerät und den langen Reihen von Ofeys schillernden Majolikas. Unsere ganze Kindheit hindurch bedeutete uns diese Sammlung den Inbegriff von kostbarer Zerbrechlichkeit. Denn man hatte uns eingeschärft, daß jeder dieser bunten Teller, Schalen und Krüge ein Vermögen wert sei: ein Kind, das einen solchen Wunderteller berühren oder gar zerbrechen wollte, machte sich eines unverzeihlichen Verbrechens, einer wahren Todsünde schuldig, es wäre noch schlimmer als Mord oder „Schöpfen". Das will viel bedeuten, denn es war uns aufs strengste verboten, den Partner beim Raufen zu „schöpfen" (will sagen, an den Haaren zu ziehen), eine unfaire Taktik, die, nach Ansicht der Blauen Anna, eine krebsartige Erkrankung der Kopfhaut fast unvermeidlicherweise verursachte. Ofeys Schätze jedoch waren noch heiliger als die Locken und der Skalp unseres Nächsten. Es war ein gräßlicher und dabei doch auch lustvoller Gedanke, daß man etwa durch einen bösen Zauber gezwungen sein könnte, die ganze Pracht des Ofey-Hauses zu zerstören – die Majolikas im Speisesaal und in der großen Diele, die empfindlichen Samtbezüge in Offis „gutem Salonzimmer“ (wie sie ihr exquisites Boudoir stets mit warnendem Nachdruck nannte), die schlanken Bronze-Statuetten in der Bibliothek, die delikaten Atlaskissen, welche die Bänke im Musiksaal bedeckten. Was für ein infernalischer Spaß das wäre! – auf den dicken Perserteppichen mit kotigen Stiefeln herumzutrampeln, die Gemälde von Lenbach und Hans Thoma von den Wänden zu reißen, und das Chaos, die Anarchie selbst in den ersten Stock zu tragen, wo die großelterlichen Schlafgemächer gelegen waren. Offi würde silbrig kreischen und sich ihr schönes kastanienbraunes Haar raufen. Und Ofey? Hier weigerte sich unsere blutrünstige Phantasie, weiterzugehen. Der cholerische kleine Herr könnte sich in seinem Zorn zu Racheakten von wahrhaft alttestamentarischer Furchtbarkeit hinreißen lassen ... Man malte es sich lieber nicht zu genau aus. In Anbetracht von so gefährlicher Reizbarkeit schien es ratsam, die vandalischen Impulse zu überwinden und zivilisiert zu bleiben.

Sie waren charmante Leute, unsere Großeltern, solange man ihre Kostbarkeiten in Ruhe ließ und sich überhaupt hübsch artig bei ihnen aufführte. Offi war anmutig und majestätisch, Ofey steckte voll bizarrer Einfälle und kleiner Spaße, von denen viele „nichts für Kinder“ waren. Wir verstanden sie ohnedies nicht, lauschten aber gerne seiner knarrenden Stimme. Seine Stimme krächzte wie keine zweite; sein bedeutend gewölbter Schädel war von exemplarischer Kahlheit. Er war der glatzköpfige kleine Mann mit den flinken Augen und dem reizbaren Temperament. Er war der Großvater.

Ein zweiter Großvater war undenkbar; Ofey vereinigte alle Charakteristiken und Würden der Großvatergattung in seiner pittoresken und dynamischen Persönlichkeit. Aber Offi hatte eine Rivalin in Omama – der zweiten, und auch etwas zweitklassigen, Repräsentantin des großmütterlichen Mythos. Denn im Gegensatz zu der brillanten Selbstbewußtheit und Eleganz von Mieleins schöner Mama wirkte die alte Senatorin Mann glanzlos und bescheiden.

Eine bleiche, aschgraue Färbung eignete ihrer Stimme, ihrem Teint, ihren Kleidern, ihrer schlichten Wohnung und selbst ihrer ängstlichen Rede. Immer schien sie gequält von abergläubischen Ahnungen und hypochondrischen Sorgen. Wenn wir in ihrer überfüllten Stube den Tee nahmen, was drei- oder viermal im Laufe des Jahres geschah, verabreichte sie uns Berge von staubigem Gebäck und, gleichsam als obligatorische Dreingabe, große Dosen doppelkohlensauren Natrons. Dabei unterhielt sie uns mit schaurigen Geschichten über scheinbar harmlose Krankheiten, die sich ganz plötzlich als unheilbar herausstellen konnten; über „kalte Blitze“, die in Form von durchsichtigen Kugeln auftreten und zunächst ganz reizend anzusehen sind, wenn sie vom Dache abwärts durchs Haus schweben, von Stockwerk zu Stockwerk, bis sie den Keller erreichen, wo sie explodieren und alles verwüsten; oder über Kinder, die die Angewohnheit hatten, häßliche Gesichter zu schneiden und gerade dabei waren, sich eine neue, besonders abscheuliche Grimasse einzuüben, als die Uhr schlug – woraufhin ihre Züge für immer verzerrt blieben.

Wir wußten die Geschichten zu schätzen wie auch die etwas fahlen Leckereien und das heilsame Natron. Auf ihre schlichtere Art, so empfanden wir, war Omama eine fast ebenso vorzügliche Ahnfrau wie Offi.

Beide Großmütter – so unendlich verschieden voneinander – wurden von grausamen Schicksalsschlägen getroffen, die sich seltsam ähnelten und übrigens beinahe gleichzeitig eintrafen, wenn auch ohne ursächlichen Zusammenhang. Trotzdem werden die beiden Tragödien in meinem Gedächtnis stets aufs engste miteinander verbunden bleiben – eine doppelte Heimsuchung, die unserer sonst eher heiteren Familienchronik eine Nuance des Düster-Schrecklichen gibt.

Die Persönlichkeiten der beiden Opfer sind in meiner Erinnerung ganz verblaßt. Ich könnte nicht einmal mit Bestimmtheit sagen, ob ich Mieleins ältesten Bruder, den Onkel Erik, jemals mit eigenen Augen gesehen habe, ehe er sich nach dem fernen Land Argentinien einschiffte, wo er den Tod finden sollte, diesen exotischen, wilden Tod in der Prärie, in der Wüste. Auch Tante Carla, Omamas jüngste Tochter, habe ich kaum gekannt. Man erzählte uns von ihr, sie sei plötzlich einem Herzschlag erlegen. Von Onkel Erik hieß es, er sei „vom Pferde gestürzt“. Das paßte gut zu der Photographie, die auf Mieleins Schreibtisch stand und den Onkel im Reitkostüm auf einem Schimmel zeigte. Seine Miene war energisch und etwas übellaunig – ein rechtes Reitergesicht –, während die arme Tante Carla immer lächelte. Ihr Porträt schmückte das väterliche Arbeitszimmer. Sie hielt das lächelnde Gesicht über einen Blumenstrauß geneigt, dessen Parfüm sehr stark und sehr bezaubernd sein mußte. Das schöne Antlitz der Tante mit den schweren, halbgeschlossenen Augenlidern und den geöffneten Lippen sah aus, als sei sie im Begriffe, vor Wonne in Ohnmacht zu fallen.

Das Drama in Argentinien ereignete sich vor der makabren Szene, der Omama im eigenen Hause beiwohnen mußte; es mag sogar sein, daß Eriks Tod einige Monate oder ein Jahr vor Carlas Selbstmord stattfand. Aber die chronologischen Details sind nebensächlich; in meiner Erinnerung fließen die beiden Katastrophen ineinander. Ich höre den Aufschrei der Offi: „Mein Erik! Mein Sohn! Mein Reitersmann! Ermordet – von einem Pferde –! Verblutet im fernen Land Argentinien!“ – ein Ausbruch, bei dem ich natürlich in Wirklichkeit nicht zugegen war, aber den ich mir so oft und so intensiv vorstellte, daß er schließlich für mich zur Realität wurde. Und während Offis theatralisches Wehklagen das Haus in der Arcisstraße erfüllte, schallte aus einer trübseligen Mietswohnung gerade um die Ecke Omamas herzzerbrechende Klage. „Carla! O Carla!“ seufzt Omama. „Erik! O Erik!“ gellt Offis Ruf.

Schließlich verlassen die beiden trauernden Mütter ihre Behausungen, getrieben von ihrem Jammer und von dem verständlichen Wunsch, der schwesterlichen Nachbarin das furchtbare Ereignis mitzuteilen. Von schwarzen Schleiern umweht, mit schwarzen Handschuhen, schwarzem Regenschirm und der schwarzumrandeten Depesche winkend, eilen sie tragisch beflügelten Ganges die Straße hinunter, jede nähert sich hastig dem Logis der anderen. Sie begegnen sich genau auf halbem Wege zwischen ihren Häusern, ja, sie stoßen beinahe zusammen, rennen einander fast über den Haufen. Beide blind vor Kummer und natürlicher Kurzsichtigkeit.

„O Julie, Liebste!" ruft Offi. „Welch ein Trost, dich zu sehen! Du wirst nie erraten, was mir soeben widerfahren ist!"

„*Dir?*" fragt Omama atemlos, nicht ganz ohne Pikiertheit. „Wovon sprichst du, Hedwig, Liebste? Schließlich war Carla *mein* Kind!"

Das Mißverständnis zieht sich eine Weile hin und produziert Effekte von grauser Komik. Schließlich verstehen sie einander und brechen in erneute, verdoppelte Klagen aus. Die zwei kummervollen Matronen, die hehre Offi und die demütige Omama, umarmen sich, vereint in Schmerz und Verlust.

„Meine betroffene Schwester!" flüstert die eine der anderen ins Ohr. Ihre Tränen und Trauerschleier fließen ineinander, da sie in verzweifelter Zärtlichkeit umklammert stehen. Unversehens, ganz in ihr Leid vertieft, sind sie auf einen der Marmorsockel gestiegen, deren es in der Kunststadt München so viele gibt. Von einem steinernen Helden aus dem Hause Wittelsbach ritterlich bewacht, stehen die beiden, ihrerseits versteinert, mitten auf dem Karolinenplatz, eine zweiköpfige Niobe von schwarzem Crêpe umwallt, ein Doppelmonument der Verzweiflung.

Habe ich jemals den Geschichten Glauben geschenkt, die uns über den jähen Tod unserer Verwandten erzählt wurden. Dies ist eine heikle Frage, die uns tief hinein ins Labyrinth der kindlichen Psyche führt, einer Psyche, in der Leichtgläubigkeit und Skepsis so wunderlich nahe beieinander wohnen. Nein, es kam mir wohl nicht in den Sinn, die „Bearbeitung für die Jugend", in der das Familiendrama uns präsentiert wurde, eigentlich anzuzweifeln, was aber keineswegs sagen will, daß ich diese schonende Version wirklich *glaubte*. „Glauben" setzt einen positiven Impuls voraus, ist eine Handlung, etwas, das man bewußt und vorsätzlich tut; „Nicht-Bezweifeln" ist ein Negativum, Ausdruck einer passiven Haltung, ein Verzicht eher als eine Aktion. Man unterläßt es, vielleicht nur aus Trägheit oder aus Höflichkeit, der Wahrheit nachzuforschen, oder vielleicht einfach, weil man fühlt, daß *es nicht gut wäre, alles zu wissen*.

Kinder, bis zu einem gewissen Alter, sind höflich und behutsam. Ihre instinktive Neugier wird durch die ebenso instinktive Ahnung in Zaum gehalten, daß die Wahrheit störend, ja unter Umständen verderblich sein kann. Außerdem wäre es peinlich, die Erwachsenen auf Lügen zu ertappen. Lieber „glaubt" man weiter ans Christkind, das am Weihnachtsabend emsig die Geschenke verteilt, an den Klapperstorch, der die Babies bringt, und an das wilde Pferd, von dessen Rücken der arme Onkel Erik sich zu Tode stürzte.

Indessen unterschieden wir doch, wenn auch nur unbewußt, zwischen unbedenklichen Geschichten, bei denen man gern verweilte und die man sich immer wieder erzählen ließ, und jenen unheimlich vagen, schaurig ungenauen Überlieferungen, die man besser nicht zu oft erwähnte. Omamas große Erzählung vom „kalten Blitz", der durch die Decke schwebte, war phantastisch, aber doch plausibel: die schillernde Kugel (wir stellten sie uns wie eine besonders wohlgeratene Seifenblase vor) und die Explosion im Keller gaben stets ein anheimelnd-grusliges Gesprächsthema ab. Aber wenn die liebe Alte von dem Herzschlag sprach, dem unsere Tante Carla angeblich erlegen war, dann klangen ihre Worte irgendwie hohl und unzulänglich, und uns Kindern wurde bang zumut.

„Wie ist es denn passiert?" fragten wir wohl, ohne aber eine befriedigende Antwort zu erwarten. „Hat sie sich erkältet und ging dann ohne Mantel in die kalte Abendluft?"

Omamas gutes Gesicht wurde seltsam starr und ausdruckslos. „Nein, mit einer Erklärung hatte es nichts zu tun", sagte sie leise, wobei ihr gequälter Blick an uns vorbei, durch uns hindurch ins Leere zu gehen schien. „Es war ihr Herz. Nur ihr Herz brach ... Weiter nichts. Nun, Kinder, wie wär's mit noch einem Stück von diesem leckeren Sandkuchen?"

Offis Reaktion war noch erschreckender, wenn wir gelegentlich auf jenes verhängnisvolle Pferd in Argentinien zu sprechen kamen. Sie wandte nur ihr schönes, weißes Gesicht zur Seite und saß für eine Weile reglos, wie versteinert. Nach einer langen, fürchterlichen Stille murmelte sie, daß nicht nur die Pferde gefährlich seien in diesen fernen Landen und daß niemand seinen Sohn dazu zwingen sollte, sich in solcher Wildnis anzusiedeln ...

Zweifellos hatte es irgendeine nicht geheure, düstere Bewandtnis mit dem jähen Herzschlag und dem ungebärdigen Hengst. Hier handelte es sich wohl um Geheimnisse, an die man nicht rühren durfte. Wir begriffen dies und achteten das Tabu.

Man entdeckt keine Wahrheit, nach der man nicht erst gesucht hat. Das Forschen ist an sich schon beinah die Entdeckung. Man findet immer, wenn man innig genug sucht; auf jede dringlich gestellte Frage kommt schließlich die Antwort. Oft zu unserem Schmerz.

Das fleißige und generöse Christkind wird von der Flut der Weihnachtsreklamen hin weggeschwemmt werden; an Stelle des Storchenschnabels, der die Neugeborenen durch die Lüfte trägt, tritt ein anderes Symbol. Und eines Tages – nur Geduld, es wird nicht lange währen! – wirst du auch all die melancholischen Details über Tante Carlas Selbstmord erfahren: wie sie das Gift im Hause ihrer Mutter schluckte und dann mit lauwarmem Wasser gurgelte, um die Höllenpein in der verätzten Kehle zu lindern. Ihre

Mutter, unsere beklagenswerte Omama, rüttelte indessen von draußen an der Tür und beschwor die Schauspielerin-Tochter zu öffnen. Aber diese, von Sinnen vor grausamem Stolz, physischer Pein und Verzweiflung, fuhr fort zu gurgeln und zu sterben. Wie allein sie war, wie furchtbar verlassen in ihrer verriegelten Todeskammer! Allein wie ein Tier im Käfig, nein, isoliert wie eine Tragödin auf erhellter Bühne spielte sie ihre letzte Szene, hin und her schreitend, den engen Raum schwankenden Ganges durchmessend, die flache Hand auf den verbrannten Mund gepreßt, die begeisterten, trostlosen, todessüchtigen Augen ins Leere gerichtet. So gut war sie nie gewesen. In keiner der Provinzstädte, wo sie hatte agieren dürfen, war ihr eine so schöne Rolle jemals anvertraut worden. Aber da war niemand, um dieser glanzvollen Nummer, dieser grandiosen Pantomime der Agonie gebührend Beifall zu klatschen. Niemand wohnte der hinreißenden Abschiedsvorstellung bei. Nur die Mutter, deren Wimmern nicht mehr gehört ward von der Sterbenden.

Auch in die traurigen Umstände von Onkel Eriks Tod sollten wir schließlich eingeweiht werden. Er war ein hochfahrender und eigensinniger Herr, unser Onkel Erik, rücksichtslos, impulsiv, ein Kavalier und Verschwender. Als seine Spielschulden die bestürzende Höhe von zweihunderttausend Mark erreicht hatten, gab es großen Krach in der Arcisstraße: dem Ofey riß die Geduld, wutschnaubend kaufte er dem unbeherrschten Sohn eine Farm in Argentinien. Dorthin mußte der trotzige Kavalier sich nun begeben. Es war die Verbannung. Die Details der Tragödie, die sich in so furchtbarer Ferne, gleichsam in einer anderen Welt ereignete, waren nicht mehr zu eruieren ... er wurde ermordet oder in den Selbstmord getrieben.

Bezähme deine Neugier, solange du irgend kannst! Versuche nicht, den Geheimnissen der Erwachsenen auf den Grund zu kommen! Es ist aus Scham und Erbarmen, daß sie dir ihre Geschichten verbergen, ihre finsteren, schmutzigen, verworrenen Geschichten ... Genieße die wolkenlosen Himmel der Unwissenheit! Höre nicht auf die Schlange, die dir zuflüstern will, wie die Kinder gemacht werden und was dem verlorenen Onkel in seinem Farmhaus geschah! Wissen ist unfruchtbar: es bringt kein Glück. Aber was du verscherzest, ist kostbarer als alles, ist unwiederbringlich: das Paradies der Unschuld.

Das Paradies hat den bittersüßen Duft von Tannen, Himbeeren und Kräutern, vermischt mit dem charakteristischen Aroma des Mooses, das von der Sonne durchwärmt ist, der großen, mächtigen Sonne eines Sommertages in Tölz. Die Lichtung, wo wir den Morgen mit Beerenpflücken verbringen, liegt mitten in dem schönen, großen Wald, der gleich hinter unserem Hause beginnt. Gibt es irgendwo auf der Welt noch andere Wälder, die sich mit diesem vergleichen ließen? Gewiß nicht; denn *unser* Wald ist durchaus einzigartig, *der* Wald *par excellenze*, der mythische Inbegriff des Waldes, mit der Tempelperspektive seiner schlanken, hohen, säulenhaft glatten Stämme, mit seinem feierlichen Zwielicht, seinen Düften und Geräuschen, den hübschen Bildungen seiner Pilze und Sträucher, mit seinen Eichhörnchen, Felsen, schüchternen Blumen und murmelnden Wasserläufen.

Und hier sind die vier Kinder mit dem Hund und mit der Mutter, die ein Sommerkleid trägt, ein dekoratives Gewand aus schwerem, rauhem Leinen mit weiten, gepufften Ärmeln und reicher Stickerei: wir nennen es „das Bulgarische“, weil einer der Onkel es einmal aus dem Balkan mitgebracht hat. Die Mutter ist ohne Kopfbedeckung; ihr üppiges, dunkles Haar glänzt im Sonnenlicht. Sie sitzt auf einem Baumstumpf, neben ihr liegt der Motz, dem eine elegant geformte, spitze, hellrote Zunge aus dem geifernden Maule hängt. Er hat im Walde nach Mäusen und Vögeln gejagt, es muß äußerst genußreich für ihn gewesen sein. Noch fliegt sein Atem, aber die schönen, bernsteinfarbenen Hundeaugen sind voll Frieden und Dankbarkeit. Der Motz lacht ein bißchen. Ja, wir können ganz deutlich sehen, daß er still in sich hineinlacht, während Mielein ihm mit zerstreuter Zärtlichkeit den seidigen Nacken liebkost.

„Pfui, Kinder! Wie furchtbar ungezogen ihr seid!“ Dies ist ihre scherzhaft scheltende Stimme. „Ihr *sollt* doch nicht die Himbeeren jetzt schon essen! Wir pflücken sie zu einem bestimmten Zweck! Das wißt ihr doch! Die Affa spielt bekanntlich mit der Idee, höchstpersönlich einen Himbeerkuchen zum Abendessen zu backen. Sie wird fuchsteufelswild, wenn wir ihr nicht genug Beeren in die Küche bringen. Ihr werdet es ja sehen: sie *zerplatzt* vor Zorn!“

Sie spricht so geschwind und gebraucht so drollige Worte, daß wir lachen, anstatt erschreckt zu sein. Besonders der Gedanke, daß die Affa vor Entrüstung zerplatzen könnte, kommt uns unwiderstehlich komisch vor. Sogar Mieleins Drohung, daß sie sich beim Zauberer über uns beschweren werde, macht uns nur wenig Eindruck. „Er wird euch höchstwahrscheinlich umbringen“, verheißt sie uns und muß selber lachen. Sie weiß so gut wie wir, oder besser daß der Zauberer sich wegen der fehlenden Himbeeren kaum sehr alterieren würde, sogar wenn Mielein es sich einfallen ließe, bei ihm Klage zu führen.

„Haben sie wirklich all die kleinen Beeren verschmaust?“ würde er mit einem geistesabwesenden Lächeln sagen, um dann mit hochgezogenen Augenbrauen hinzuzufügen: „Ich hoffe nur, es waren keine giftigen darunter!“

Er ließ es sich oft angelegen sein, uns vor giftigen Beeren und Pilzen zu warnen, ganz besonders vor den gefährlichen Tollkirschen. „Waldmännchen hat Kirschen ohne Stein“, mahnte er uns mit erhobenem Zeigefinger, und es war höchst rührend und sonderbar zu beobachten, wie seine Miene in solchen Augenblicken derjenigen seiner Mutter, unserer Omama, ähnlich wurde. Das besorgte Gesicht des Vaters schien sich in die Länge zu ziehen, als ob es von einem Zerrspiegel reflektiert würde, indes die Augen unter den hochgezogenen Brauen kleiner und dunkler wirkten, als wir sie sonst kannten. Wir waren uns nie ganz darüber klar, ob er bei Unterhaltungen dieser Art seine Mutter absichtlich imitierte, um uns zum Lachen zu bringen, oder ob er sich der Ähnlichkeit überhaupt nicht bewußt war und ganz unabsichtlich die omamahaften Züge annahm, während er uns ganz im Geist und Stil der Omama, vom gefleckten Fliegenpilz und dem unzuträglichen Schierlingskraut erzählte.

Er erschien Punkt zwölf am Rande der Waldeslichtung, um Mielein und uns zum Baden abzuholen. Der moorige Teich, in dem wir schwimmen lernten, der sogenannte „Klammerweiher", lag etwa eine Viertelstunde von unserem Haus und unserem Wald entfernt. Es war eine eher ermüdende Wanderung in der schwülen Mittagsstunde auf dem schattenlosen, geschlängelten „Wiesenweg", der querfeldein zum Badeplatz führte. Aber was für ein Pfad! Was für eine Landschaft! Es gibt keine andere, die mir ebenso liebenswert schiene ...

Ja, dies ist Sommer: Wir sieben – zwei Eltern, vier Kinder und ein tanzender, wirbelnder Motz – auf dem Wiesenweg, langsamen Schrittes marschierend, dem Klammerweiher entgegen. Der Grund, auf dem wir gehen, ist weich und elastisch, es ist sumpfiger Boden: daher die Üppigkeit der Vegetation, das tiefe Grün des saftig wuchernden Grases, das flammende Gold der Butterblumen, der reiche Purpur des Mohns.

Dies ist der Sommerhimmel: in seinem Blau schwimmen weiße, flockige Wolken, die sich zwischen den alpinen Gipfeln zu barocken Formationen ballen. Die Luft riecht nach Sommer, schmeckt nach Sommer, klingt nach Sommer. Die Grillen singen ihr monotonhypnotisierendes Sommerlied. Zu unserer Rechten liegt das Sommer-Städtchen, Tölz mit seinen bemalten Häusern, seinem holprigen Pflaster, seinen Biergärten und Madonnenbildern. Um uns breitet sich die Sommerwiese; vor uns ragt das Gebirge, gewaltig getürmt, dabei zart, verklärt im Dunst der sommerlichen Mittagsstunde.

Seht, und da ist unser Sommer-Weiher, ein kleiner, runder Teich mit hohem Schilf am Ufer. Weiße Wasserrosen, beinah tellergroß, schwimmen auf seiner regungslosen, dunklen Fläche. Das Moorwasser, es ist gold-schwarz in meiner Erinnerung, atmet einen kräftig-aromatischen, dabei etwas fauligem Geruch. Es ist von seltsamer Substanz, das Wasser des Klammerweihers, sehr klar trotz seiner dunklen Färbung, von fast öliger Weichheit, und so schwer, daß man das eigene Gewicht kaum spürt, solange man sich seiner goldenen Tiefe anvertraut. Trotzdem hat ein Bäckergeselle aus dem benachbarten Dorf es fertiggebracht, in unserem Teich zu ertrinken. Wir haben seine Leiche gesehen, schön säuberlich aufgebahrt zwischen Blumen und Kerzen.

Es kam gar nicht selten vor, daß wir abends einen Spaziergang zum Friedhof unternahmen, besonders seitdem unsere frühere Köchin, die dicke Marie, den Herrn Schmiedl von der Friedhofsgärtnerei geheiratet hatte. Die Inschriften auf den Grabsteinen kamen uns komisch vor. Was für kuriose Namen die Toten hatten! Sie hießen „Der ehrbare Jüngling Xaver Hinterhuber“ und „Das fromme Mägdelein Annastasia Bierdotter“. Die Nähe der Verwesung ängstigte uns nicht. Wir lasen, daß „der ehrbare Jüngling“ und „das fromme Mägdelein“ hier „in Frieden ruhten“, aber wir konnten uns nichts drunter vorstellen. Der Tod hatte keine Realität für uns; er war eines jener Geheimnisse der großen Leute, um die man sich besser nicht kümmerte, eine „Erwachsenen-Sage“.

Warum führte uns die Affa, zufällig – wie sie später behauptete – in jene abgelegene Kapelle, wo der ertrunkene Bäcker unter einem Berg von weißen Blüten zur Schau lag? Erst begriffen wir nicht, daß es ein Toter war, dem wir da gegenüberstanden. Wir hielten ihn für ein Gebild aus Marmor oder Wachs, ein frommes Kunstwerk, bestimmt zum Schmucke eines Grabes oder der Kapelle. Aber die Affa klärte uns eilig auf. Ihre Stimme zischte vor Erregung. Erkannten wir es nicht, das Zischen der argen Schlange, da sie uns flüsternd verriet, was es auf sich hatte mit der „Wachsfigur“: daß es der Bäckergeselle war aus dem nächsten Dorf, und daß er nach einem Biergelage hatte schwimmen wollen im Klammerweiher, wobei ihn denn sein Schicksal ereilte. „Ersoffen ist er, jämmerlich ersoffen!“ raunte die Affa. „Und wißt ihr auch, warum er die schwarze Binde um den Mund hat? Weil seine Lippen ganz blau sind und geschwollen! Man kann sie gar nicht anschauen, seine Lippen, ohne daß einem übel wird ...“

Aber was man von ihm anschauen konnte, war nicht häßlich, sondern schön. Von einer fremden, spröden, beunruhigenden Schönheit. Was für empfindliche, edle Hände er hatte! Hände wie ein Prinz: wie kam der Bäckergeselle dazu? Und sein elfenbeinfarbenes Antlitz! Wie vornehm es schien, ja wie majestätisch mit seiner glatten Stirn, den für immer geschlossenen Lidern!

Worauf tat er sich denn so viel zugute, der Schweigende dort zwischen den Blumen und Kerzen? Hatte er denn eine Heldentat vollbracht, indem er im Klammerweiher ertrank? Oder war es die bloße Tatsache, daß er tot war, die ihn so prinzlich und so kostbar machte? Aber die Erwachsenen behaupteten doch, daß wir alle sterben müssen ... Wie konnte der Tod also eine besondere Auszeichnung sein? Warum war sein Anblick so furchtbar und so schön?

Wir standen reglos, versunken in das Bild dieser unbegreiflichen Hoheit, als Affas Stimme uns mahnte: „Zeit zum Nach-Hause-Gehen, Kinder! Jetzt habt ihr ihn ja gesehen ...“

Ja, nun hatten wir ihn gesehen, den Toten, feierlich zur Schau gestellt in der Grabkapelle. Wir würden ihn nicht vergessen. Ewig jung, in vornehm bleicher Verklärung, gesellte sich der Bäckergeselle zu den Mythen der Kindheit.

Zweites Kapitel.
Krieg

1914–1919

Es gab kein blutiges Schwert am Himmel. Aber daß unser Vater die Schwert-Erscheinung ankündigte, war seltsam und bedrohlich genug.

Unser Sommer in Tölz war besonders nett dieses Jahr. Drei lustige Cousinen, Eva-Marie, Rose-Marie und Ilse-Marie, bewohnten das Nachbarhaus gemeinsam mit ihrer zarten Mama, unserer Tante Lula, und ihrem lebhaften kleinen Vater, unserem Onkel Jof, einem bayerischen Bankier. Die drei Mädchen waren gute Kameraden – sehr brauchbar und gefügig. Wir sieben – vier Mannkinder und drei Löhrmädchen – bildeten eine unternehmungslustige kleine Gesellschaft, unermüdlich beschäftigt mit dem Erfinden immer neuer Spiele und Streiche.

Ein Mummenschanz, auf Mitte August festgesetzt, sollte den Höhepunkt der Saison bilden. Wir beabsichtigten, die Erwachsenen mit einer Theateraufführung großen Stils zu überraschen einem wirklichen Fest-Spiel voll Spannung und buntem Zauber. Eva-Marie, die Älteste, leitete die Proben, die in unserem Garten unter dem Kastanienbaum stattfanden. Alles ging glatt, wir konnten schon unsere Rollen, die Affa war mit der Herstellung der Kostüme beschäftigt; da gab es einen störenden kleinen Zwischenfall.

Erst dachten wir, es handle sich nur um eine bedeutungslose Laune des Kinderfräuleins. Es sah ihr so recht ähnlich, unsere künstlerische Arbeit zu unterbrechen, gerade als Eva-Marie dabei war, ihren schönsten Monolog zu rezitieren. Die Miene des Fräuleins schien uns blaß und verzerrt vor Bosheit, als sie uns mit ominöser Höflichkeit bedeutete, daß gerade jetzt kaum jemand sich für unser Schauspiel interessieren würde. „Ihr laßt es wohl besser sein“, sagte sie spitzig.

Was das heißen solle, fragten wir, bebend vor Erregung. „Wollen Sie uns wirklich zumuten, unser großes Unternehmen aufzugeben, nur weil Sie einmal wieder schlechter Laune sind?“

Sie zuckte die Achseln voll spöttischer Überlegenheit. „Mit meiner Laune hat dies nichts zu tun“, stellte sie trocken fest. Und, mit höhnischem Triumph: „Dem deutschen Reich und unserem österreichischen Bundesgenossen ist soeben der Krieg erklärt worden.“ Nach einer eindrucksvollen Pause fügte sie noch hinzu: „Der Kaiser hat persönlich das Oberkommando von Armee und Flotte übernommen“, als ob diese strategische Einzelheit die Absurdität unseres theatralischen Planes endgültig bewiese. „Aber ihr seid ja noch viel zu jung, um die Größe solcher historischen Begebenheiten zu begreifen.“ Dabei wandte sie sich schon zum Gehen.

In der Tat, wir waren viel zu jung. Wir saßen im Gras und staunten. Keiner von uns hat die leiseste Idee, was die Mitteilung des Fräuleins bedeutete. Konnte der Kaiser, in seiner neuen Stellung als Oberbefehlshaber, einfach unsere Vorstellung verbieten? Offenbar war dies ein Problem von entscheidender Wichtigkeit. Wir besprachen es lange, bis wir uns schließlich dahin einigten, daß es sich in einem so heiklen Falle empfehle, die Eltern zu Rate zu ziehen. Es war am späten Nachmittag – die Stunde, da die Eltern meist nach dem Tee noch etwas auf der Terrasse saßen. Dort fanden wir sie, aber der Teetisch war nicht gedeckt. Mielein saß, etwas in sich zusammengesunken, auf einem der Liegestühle mit einer riesigen Zeitung vor sich ausgebreitet wie eine Landkarte, die sie mit zusammengezogenen Brauen studierte; der Vater stand am anderen Ende der Veranda, ziemlich weit von Mielein entfernt, feierlich vertieft in den Anblick von Bergen und Himmel. Es war ein Sonnenuntergang von ungewöhnlicher Pracht, beinah beängstigend großartig, der flammende Horizont verschwenderisch in purpurne, bläuliche und silberne Töne getaucht. Die zackigen Kurven der Bergspitzen hoben sich in eisiger Klarheit von diesem fiebrig belebten Hintergrunde ab.

Der Vater wandte seinen Kopf nicht gegen Mielein, auch bemerkte er unsere Gegenwart nicht, als er mit gesenkter, ernster Stimme sagte: „Nun wird auch bald ein blutiges Schwert am Himmel erscheinen."

Danach hatten wir nicht mehr den Mut, unsere Fragen zu stellen. –

Krieg schien aufregender als jedes andere Spiel, das uns bisher vorgekommen war. Der große Spaß bestand darin, daß die Erwachsenen mit hektischem Enthusiasmus an dieser neuen Lustbarkeit teilnahmen. Jedermann schien von der Stärke der Koalition geschmeichelte, die sich gegen unser Vaterland zusammengetan hatte. Offenbar war das Hauptziel dieses Spieles, sich so verhaßt wie möglich bei den anderen Völkern zu machen. *"Viel Feind, viel Ehr!"* Der Schlachtruf klang lustig und siegesgewiß. Die Tölzer Ladenbesitzer und Bauern amüsierten sich über die vielen Kriegserklärungen. Jetzt auch noch Rumänien! So ein Glück! Alle wollten gegen Deutschland kämpfen! Nun, unser Kaiser hatte Schneid genug, es mit der ganzen feigen Bande aufzunehmen.

Frau Holzmeyer vom Kolonialwarengeschäft äußerte sich verächtlich über das dekadente Frankreich und das perfide Albion; Frau Pöckel von der Drogerie legte besonderen Wert darauf, den russischen Bären bald geschlagen zu sehen. Was den Apotheker um die Ecke betraf, so hatte er aufsehenerregende Nachrichten von seinem Sohn, der als Oberfeldwebel bei den Ulanen diente. Diesem eingeweihten jungen Mann zufolge war Paris vollkommen unterminiert und konnte jeden Augenblick in die Luft gesprengt werden – es hing nur von unserem Kaiser ab, den entscheidenden Wink zu geben.

Die kleine Stadt schwirrte von Gerüchten und Prophezeiungen. Düstere Geschichten über feindliche Geheimagenten wurden eifrig auf dem Marktplatz diskutiert. Der Mann vom Telegraphenamt erging sich in alarmierenden Andeutungen, chiffrierte Depeschen betreffend, die über seine Funkstation gegangen waren und klar anzeigten, daß das

Trinkwasser in Tölz und den benachbarten Orten vergiftet war. Eine ältere Dame, die seit mehreren Wochen im Gasthaus zum Goldenen Hirschen logierte, wurde beinahe vom Pöbel gelyncht, weil sie mit einem fremdländischen Akzent sprach und überhaupt einen verdächtigen Eindruck machte. Die Züge waren überfüllt, die Hotels verödet. Die Sommerfrischler hasteten zum Bahnhof, als ob Tölz und das benachbarte Bad Krankenheil dazu bestimmt seien, über Nacht zum Kriegsschauplatz zu werden.

Auch unsere Verwandten – die Löhrs sowohl wie die Manns eilten nach München, um verschiedenen Vettern und Brüdern Lebewohl zu sagen. Mielein mußte Offi trösten, die wegen Onkel Peter in aufgelöstem Zustand war. Dieser weilte zufällig als Gast eines wissenschaftlichen Kongresses in Australien, was offenbar eine große Unannehmlichkeit bedeutete, da auch Australien uns mutwillig den Krieg erklärt hatte. Onkel Peter war Physiker und, nach Onkel Eriks Tod, Mieleins ältester Bruder. Einen Onkel hatten wir schon im fernen Argentinien eingebüßt; sollte uns nun noch ein zweiter im ebenso entlegenen Australien kaputtgemacht werden? Der Gedanke hatte etwas Empörendes; aber man kam nicht recht dazu, sich um Onkel Peter so ausführlich und intensiv zu sorgen, wie er es wohl verdient hätte. Es gab zu viele Aufregungen – jeden Tag etwas anderes.

Das Fräulein sagte, daß in solch großen, wundervollen Tagen niemand an sich selber denken dürfe: „Die ganze Nation muß Opfer bringen!“ Was sie betraf, so tat sie sich viel auf einen Cousin zugute, der Kapitän in der Kriegsmarine war. Wenn ihr Bräutigam noch am Leben gewesen wäre, hätte sie ihn gerne der Infanterie überlassen; leider jedoch war er vor einigen Jahren bei einem Automobilunfall umgekommen. Affa, die mit dem Kinderfräulein in der Frage des Opferbringens übereinstimmte, fiel durch besonders blutrünstigen Enthusiasmus auf. Sie unterhielt sich vortrefflich, wenn sie Bier und belegte Brote an die Soldaten verteilte, deren Zug auf dem Weg nach München in Tölz Station machte. Sie mußte viel kichern und erröten über die derben Komplimente, mit denen die jungen Vaterlandsverteidiger den berühmten Affa-Busen belachten. „Nur gut, daß es die Kinder nicht verstehen!“ flüsterte sie dem Fräulein zu, deren Gesicht vor Neid mager und gelblich wurde. „Haben Sie das gehört? So was Freches! Aber man muß es sich gefallen lassen. Krieg ist Krieg ...“

Wenn ich versuche, die Atmosphäre von 1914 wieder einzufangen, so sehe ich flatternde Fahnen, graue Helme mit possierlichen Blumensträußchen geschmückt, strickende Frauen, grelle Plakate und wieder Fahnen – ein Meer, ein Katarakt in Schwarz-Weiß-Rot. Die Luft ist erfüllt von der allgemeinen Prahlerei und den lärmenden Refrains der vaterländischen Lieder. „Deutschland, Deutschland über alles“ und „Es braust ein Ruf wie Donnerhall ...“ Das Brausen hört gar nicht mehr auf. Jeden zweiten Tag wird ein neuer Sieg gefeiert. Das garstige kleine Belgien ist im Handumdrehen erledigt. Von der Ostfront kommen gleichfalls erhebende Bulletins. Frankreich, natürlich, ist im Zusammenbrechen. Der Endsieg scheint gesichert: die Burschen werden Weihnachten zu Hause feiern können.

Man diskutierte, welche Länder und Kolonien der Kaiser für das Vaterland annektieren würde. Fräulein Betty versprach uns China und Afrika, als handle es sich um Spielzeug. Affa strahlte, ständig von einer kleinen Armee uniformierter Stiefbrüder, Vettern und überraschend wohlerhaltener Onkel umgeben. Der fröhliche Lärm ihrer Abschiedsfeste widerhallte durch das ganz Haus. Mielein überlegte sich manchmal, ob sie nicht vielleicht doch einschreiten sollte, entschied sich aber dagegen. Krieg ist Krieg, und lange würde es wohl sowieso nicht dauern ...

Unser blendender Kaiser, ebenso kapriziös wie heroisch, schob den Endsieg hinaus, wahrscheinlich um den lustigen Posten des Oberbefehlshabers etwas länger behalten zu können. Das war etwas ärgerlich wegen der Nachspeise, die vom täglichen Speisezettel gestrichen worden war. Wir hatten diese Maßregel als ein patriotisches Opfer vorübergehender Natur tapfer hingenommen, aber auf die Dauer wirkte das Fehlen von Pudding und Strudel sich ungünstig auf unsere Stimmung aus.

Unser Leben unterlag anderen Veränderungen, von denen einige erfreulich waren. Mielein klärte uns darüber auf, daß dies nicht nur große, sondern außerdem recht schwierige Zeiten waren. Das neue Stadthaus, das wir gerade noch vor Ausbruch des Krieges bezogen hatten, war geheimnisvoll belastet mit einer Art von Makel oder Fluch, der „Hypothek" hieß. Eine gewisse Knappheit an barem Geld schien sich aus diesem unheimlichen Zustand irgendwie zu ergeben. Zwei mächtige Greise, Ofey und der Verleger S. Fischer in Berlin, wurden in diesem Zusammenhang oft erwähnt – manchmal mit Hoffnung, dann auch wieder mit einer gewissen Bitterkeit. Sowohl der Großvater in seinem Schloß als auch der Berliner Freund des Zauberers, Herr Fischer mit der dicken Unterlippe, verhielten sich irgendwie störrisch und unzugänglich, wahrscheinlich unter dem Einfluß der allgemeinen patriotischen Hochspannung und Nervosität. Was immer die psychologischen Hintergründe und Zusammenhänge, jedenfalls lief es darauf hinaus, daß die beiden alten Herren plötzlich überhaupt kein Geld mehr hergeben wollten. Der Zauberer, vornehm zerstreut, schien dies kaum zu bemerken, aber Mielein war um so besorgter, sie entließ eines der Mädchen und das Kinderfräulein. Erstere vermißten wir kaum, und, wie sich denken läßt, waren wir nur zu froh, letztere los zu sein.

Das ungebundene Leben ohne Fräulein und süße Speise hatte entschieden seine amüsanten Seiten, brachte aber auch Härten mit sich. Mieleins nächste Sparmaßnahme bestand darin, uns von dem exklusiven Reichenschülchen in die gewöhnliche Volksschule in der Nachbarschaft zu versetzen. Erika und ich wurden getrennt. Sie etablierte sich schnell als eine Art von Anführerin und Häuptling unter den Mädchen, während meine Position in der Bubenklasse irgendwie unsicher blieb. Erstens konnte ich, im Gegensatz zu Erika, den Münchener Dialekt nicht sprechen; irgendwie wollte es mir nicht gelingen, auch nur ein Wort des landesüblichen kehlig-rauhen Idioms glaubwürdig hervorzubringen. Meine Klassengenossen hielten mich deshalb für einen „Saupreußen", was fast ebenso schlimm war wie ein feindlicher Ausländer. Außerdem nahmen sie mir meine künstlerische Aufmachung und meine Abneigung gegen Raufereien übel. Kurz und gut, ich wurde nicht ganz ernst genommen, was übrigens nicht heißen soll, daß ich eigentlich unbeliebt gewesen wäre. Man hielt mich zwar für leicht übergeschnappt, aber weder für einen Spielverderber noch für einen gewöhnlichen Dummkopf. Die Schulkameraden behandelten mich mit ironischer Höflichkeit, interessierten sich aber nicht genug für mich, um sich etwa tätlich an mir zu vergreifen.

Es gab viel sadistische Roheit, nicht nur unter den Schülern, sondern auch bei den Lehrern. Die Prügelstrafe war damals noch als ein gesundes oder sogar unentbehrliches pädagogisches Prinzip in Deutschland anerkannt. Unser Herr Lehrer, ein untersetzter, stämmiger Mann mit sehr kleinen Augen und einem riesigen Schnurrbart, galt als ein Meister in der Kunst des „Überlegens". Die letzte Warnung, die er dem Übeltäter zuteil werden ließ, war subtil-psychologischer Natur: der Rohrstock wurde dem zitternden Knaben mehrere Minuten lang unter die Nase gehalten – „damit du weißt, wie er riecht", wie der Herr Lehrer mit drohender Scherzhaftigkeit bemerkte. Wenn auch das nicht half, gab's keine Gnade mehr. Dem Opfer wurde befohlen, sich mit dem Gesicht nach unten auf die vorderste Bank zu legen, die eigens für solche Gelegenheiten freigelassen war. Ehe der Ärmste dieser unheilverkündenden Aufforderung nachkam, pflegte er eine herzzerbrechende Szene aufzuführen. Das wurde von ihm erwartet und gehörte zum rituellen Ablauf der Zeremonie. Mit großem Aufwand von Tränen und dramatischen Gebärden versuchte das arme Sünderlein das Herz seines Richters zu rühren, obwohl er sich im Grunde über die Aussichtslosigkeit solchen Beginnens völlig im klaren sein mußte.

Die peinliche Prozedur wurde mit grausiger Feierlichkeit durchgeführt; fünfzig oder sechzig Jungen, atemlos vor Wonne und Entsetzen, sahen dem Schauspiel zu. Das Gewimmer des Delinquenten begann, noch ehe der erste Schlag gefallen war: er krümmte sich und stöhnte, während der Herr Lehrer sein Folterinstrument noch durch die Luft schnellen ließ, als wolle er die Geschmeidigkeit des schlanken Rohres prüfen. Und wenn dann erst die Hiebe niederpfiffen, so steigerte sich das Jammern ins Hysterisch-Konvulsivische. Nachher gab es noch eine Art von tragikomischem Epilog – auch dieser gehörte zum Ritus. Es wurde von dem Opfer erwartet, daß er noch eine Weile vor dem Katheder hin und her sprang, wobei er sich das Hinterteil zu reiben hatte. Wenn es sich um einen schauspielerisch auch nur halbwegs begabten Jungen handelte, so verstand es sich fast von selbst, daß er seine Mitschüler auch noch mit einer drastischen Beschreibung seiner Qualen unterhielt. „Mein Hinterer brennt wie's höllische Feuer", erzählte er der erschauernden Klasse. Der Lehrer sah schmunzelnd zu, um schließlich dem Spektakel mit gebieterischem Wink ein Ende zu machen. „Jetzt langt's", entschied er, befriedigt wie ein Löwe nach blutigem Mahl. „Du kannst auf deinen Platz zurückgehen."

Ich habe mir oft überlegt, ob die Züchtigung wirklich so furchtbar weh getan haben mag, wie die Aufführung des Opfers zu bekunden schien. Der Verdacht ist nicht von der Hand zu weisen, daß die Geprügelten ihre Schmerzen dramatisch übertrieben, sei es um den Lehrer zu schnellerem Aufhören zu bewegen, sei es auch nur aus Gründen der schönen Konvention und um den Kameraden ein eindrucksvolles Schauspiel zu bieten. Aber selbst wenn die Strafe wirklich so schmerzhaft war, wie es den Anschein hatte – das Zuschauen war schlimmer. Mein Herz stockte bei jedem niedersausenden Schlag, mein Unbehagen, ja mein Grauen wuchs mit jedem Schrei, den der Gequälte hören ließ. Wie gerne hätte ich die erniedrigende Strafe einmal selbst erduldet, anstatt immer nur die Leiden der anderen in meiner Einbildung mitzumachen! Indessen ist mir das Erlebnis körperlicher Mißhandlung bis heute erspart geblieben. Niemals wurde mir das Folterbänkchen zugemutet; nicht einmal den Geruch des Stöckchens kannte ich aus persönlicher Erfahrung. Geheimnisvoll beschützt von einem rühmlichen oder schimpflichen Tabu – ein „Unberührbarer" gleichsam – lernte ich nur eine Qual immer tiefer und gründlicher kennen: das Mitleid.

Wenn die Abendgebete verrichtet waren und das Schlafzimmer verdunkelt, war es süß und schmerzhaft, an all das blutige Geschehen draußen in den Schützengräben zu denken. Wie schrecklich mußte es gewesen sein, als Hunderttausende von Russen in jenen mörderischen Sümpfen umkamen, in deren Schlamm die inspirierte Kriegskunst des Marschalls von Hindenburg sie verlockt hatte. Vor dem Einschlafen hörte ich das dumpfe Gebrüll ihrer Wut, ihrer Todesnot. Oder ich suchte mir die ausgefallenen Martern vorzustellen, mit denen die wilden Australier unserem armen Onkel Peter zusetzen mochten. Wahrscheinlich erging es ihm etwa ebenso gräßlich wie den bemitleidenswerten Negern in der Geschichte von Onkel Toms Hütte. Würde ich solche Pein jemals am eigenen Leib erfahren? Armer Onkel Peter! Arme Russen! Armer General Hindenburg! Es war gewiß nicht leicht, so furchtbare Taten zu vollbringen. Arme Generäle, die unmenschlich werden mußten aus beruflicher Pflicht und patriotischer Überzeugung! Arme Soldaten, die von unmenschlichen Generälen aufgeopfert wurden! Mein Herz füllte sich mit Mitleid bis zum Rande. Schon halb im Schlafe gesellte ich mich zu den braven, unbeholfenen Russen, durch den australischen Dschungel gejagt vom erbarmungslosen Marschall von Hindenburg, der seinerseits bittere Tränen über die eigene Brutalität vergoß. Die Rolle, die ich selbst bei dieser Schreckensszene zu spielen hatte, war die eines tapferen Samariters, der manchem Soldaten – einerlei ob Feind oder Verbündeter – das Leben rettet und schließlich vom Kaiser das Eiserne Kreuz mit doppelten Rubinen zum Lohn für sein Heldentum verliehen bekommt.

Mein Eifer, an den blutigen Ereignissen teilzunehmen, hatte nichts mit Patriotismus oder Ehrgeiz zu tun. Es waren andere Impulse, die mich bewegten: Neugier, Masochismus, Erbarmen, Eitelkeit und Angst. Tatsächlich mag die Angst der bestimmende Faktor in diesem Gefühlskomplex gewesen sein. Nicht, daß ich es schrecklich gefunden hätte, mich um einer großen Sache willen aufzuopfern – im Gegenteil, solches Martyrium schien mir köstlich und erstrebenswert, eine riesenhafte, überwältigende, bittersüße Wonne. Es gab nur etwas, wovor ich wirklich Angst hatte – nur eine Gefahr, vor der mir graute: ausgeschlossen zu sein vom kollektiven Abenteuer, nicht teilzuhaben am Gemeinschaftserlebnis. Es gibt keine demütigendere, keine traurigere Rolle als die des Außenseiters. So stark ist der Herdeninstinkt im Menschen, daß er jedes Leid den Martern der Einsamkeit vorzieht. Es war diese tiefe Angst vor moralischer und physischer Isolierung, die meine kriegerischen Träumereien inspirierte. Ich träumte von heroischen Verbrüderungen, da ich mich im Grunde meines Herzens zu Prüfungen sehr anderer Art bestimmt und ausersehen wußte. In kindlichen Phantasien versuchte ich, das wahre Gesetz meiner Natur zu verleugnen, das mir für immer verbietet, der bemitleidenswerten, beneidenswerten Mehrheit anzugehören.

Kann eine gewisse psychologische Disposition zu organischen Störungen führen? Gibt es einen kausalen Zusammenhang zwischen der beinah tödlichen Krankheit, die ich im Jahre 1916 durchmachte, und der nationalen Kalamität jener historischen Stunde? Die Schwingen des Todes, von denen so viele meiner unbekannten älteren Brüder berührt wurden, beschatteten auch meine kindliche Stirn.

Blinddarmentzündung nahm in unserer Familie den Charakter einer Epidemie an, in verwirrendem Widerspruch zu allen medizinischen Erfahrungen und Prinzipien. Erst mußten die beiden „Kleinen" binnen achtundvierzig Stunden operiert werden; dann kam Mielein an die Reihe, und zuletzt wurden Erika und ich mit akuter Entzündung in die Klinik eingeliefert. In den vier anderen Fällen wurde die Operation gerade noch rechtzeitig ausgeführt; der Krankheitsverlauf war normal und befriedigend. Bei mir jedoch nahm die Sache eine beunruhigende Wendung. Es gab einen „Durchbruch" in meinem Inneren, irgendeine furchtbare interne Explosion, an der man eigentlich stirbt. Mit erschreckender Genauigkeit erinnere ich mich der endlosen Fahrt von unserem Hause zur Privatklinik des Hofrat Krecke, die am entgegengesetzten Ende der Stadt gelegen war. Mein Eingeweide brannte, tobte, revoltierte, schien im Begriff zu bersten. Das Sanitätsauto, eine Hölle auf Rädern, trug mich viel zu langsam durch entfremdete Straßen, über verödete Plätze, einem Ziel entgegen, dessen dunklen Namen ich nicht kannte, aber hätte erraten können, angesichts von Mieleins bebender Spannung und mühsam beherrschter Angst.

Es bedarf wohl kaum der Erwähnung, daß meine schwere Krankheit – die Tatsache, daß „der arme Klaus fast gestorben wäre" eine Familienlegende größten Stiles werden sollte. Mir ist oft erzählt worden, und ich ward es nie müde, derlei rührenden Berichten zuzuhören, wie ich geschrien habe in meinem Schmerz und wie erschreckend abgezehrt ich war, ein wahres Skelett, nachdem ich vier oder fünf Operationen hatte über mich ergehen lassen. Es war eine „durchgebrochene Blinddarmentzündung mit

Komplikationen“ – was entschieden großartig und schrecklich klang. Mein Bauch mußte der Länge nach geöffnet werden, damit Hofrat Krecke Gelegenheit hatte, das völlig in Unordnung geratene Gekröse auf einem kleinen Rost zu entwirren und neu zu sortieren. Von diesen mythischen Heimsuchungen ist mir freilich nichts im Gedächtnis geblieben außer einer einzigen Empfindung – dem Gefühl eines fast unerträglichen Durstes. Das rasende Verlangen nach Wasser hat alle anderen Bilder der Qual aus meiner Erinnerung verdrängt. Von der ganzen Krankheitsepisode ist nichts übriggeblieben als ein flüchtiger Albtraum von erstickender Finsternis und dörrender Hitze. Er beginnt im schaukelnden Sanitätsauto und endet scheinbar am nächsten Morgen in unserem Tölzer Garten. Der Schrecken ist vorüber; der Tod hat mich entlassen; der fiebrige Durst ist gestillt. Ich halte ein großes Glas Orangensaft in meiner Hand. Ausgestreckt auf einem Liegestuhl im Schatten des Kastanienbaums atme ich die schwere, duftgesättigte Luft von Sommer und Genesung.

Ich war ein Held, denn ich hatte überlebt. Meine Umgebung – Familie, Personal und Nachbarn – waren offenbar voll Anerkennung für die Seelenstärke, die ich bewiesen hatte, indem ich dem lockenden Ruf des Todes widerstand. Kein Wunder, daß ich begann, auf meine ordinären Geschwister ein wenig herabzublicken; denn sie „lebten“ ja nur, was kein besonderes Verdienst bedeutet, während ich – ein viel interessanterer Fall! – am Leben geblieben war, aller Wahrscheinlichkeit und allen Prognosen zum Trotz. Natürlich wurde ich verwöhnt und bekam alle Leckerbissen, die eine geplagte Hausfrau damals noch auftreiben konnte. Der Herr Hofrat hatte ja gesagt, daß ich unbedingt zunehmen müßte. Man redete mir zu, so viel zu essen, wie ich irgend konnte. Während die täglichen Rationen der übrigen Hausbewohner schon recht fühlbar zusammenschrumpften, schien es allgemeine Freude zu erregen, wenn ich mich gnädig dazu hierbeiließ, noch ein belegtes Brot oder ein Stück Kuchen anzunehmen.

Aber dieser wonnige Zustand der Rekonvaleszenz konnte nicht ewig dauern. Meine Privilegien verringerten sich im genauen Verhältnis zum Fortschritt meiner Erholung. Als der Sommer vorüber war, hatte ich fast mein normales Gewicht und meine ganze Vitalität zurückgewonnen. Ich war gesund genug, den Alltag wieder auszuhalten, den strengen Alltag des dritten Kriegswinters in Deutschland.

Der Krieg hatte längst aufgehört, abenteuerlich oder erhebend zu sein; für uns Kinder wie für die Masse des Volkes bedeutete er vor allem: nicht genug zu essen. Je mehr die Lebensmittellage sich verschlechterte, desto ausschließlicher konzentrierte sich das allgemeine Interesse auf daß Eßproblem. Schließlich sprach man überhaupt von nichts anderem mehr. Der uneingeschränkte U-Boot-Krieg, die Kriegserklärung der Vereinigten Staaten, all das war weniger wichtig, weniger erregend als eine Lieferung von markenfreien Gänsen oder die Reduzierung der wöchentlichen Margarine-Ration. Das „Hamstern“ war nicht nur eine Notwendigkeit, sondern auch ein Sport, beinahe eine Sucht. Hausfrauen waren immer auf der Suche nach neuen Milch- und Honigquellen.

Man unternahm ausgedehnte Entdeckungsfahrten aufs Land, von denen man mit diskret verhüllten Körben voller Kaninchen und Kartoffeln zurückkehrte. Die Witzblätter und die Kriminalanzeigen wimmelten von krassen Geschichten über die phantastischen Tricks, deren sich die Eier-, Schinken- und Butterjäger bedienten.

Die Jagd nach dem Futter war manchmal nicht ohne einen gewissen abenteuerlichen Reiz, meistens aber monoton und deprimierend. Ich werde nie den Wintermorgen vergessen, an dem Erika und ich in einem plötzlichen Anfall von Edelmut beschlossen hatten, Mielein mit einem unerwarteten Geschenk von sechs frischen Tafeleiern zu beglücken. Irgendwo in der Vorstadt hatten wir einen winzigen Laden entdeckt, in dem solche Kostbarkeiten zu haben waren, vorausgesetzt, daß man genug Zeit und Geduld hatte, um von sechs Uhr morgens bis zur Mittagsstunde anzustehen. Eben das taten wir – er köstliche Preis schien jedes Opfer wert. Wir bekamen die Eier. Wie glatt und appetitlich sie sich anfühlten! Sechs zerbrechliche Kleinode, ein halbes Dutzend zarter Talismane ... Glückstrahlend machten wir uns auf den Heimweg. Ich trug die Eier in meiner Pelzkappe, da der Ladenbesitzer uns eine Papiertüte verweigert hatte. Aber meine bloßen Hände waren starr vom Frost. Das Schreckliche, das Unvermeidliche geschah: die sechs Eier rollten aus der Mütze, die ich ungeschickt hielt, und zerbrachen vor unseren entsetzten Augen. Es war unbeschreiblich traurig, ja, es war wirklich zum Weinen, die schönen Dottern zu sehen, die – ein gelblich seimiges Bächlein – zwischen den Pflastersteinen versickerten. Wir brachen denn auch prompt in Tränen aus. Mir scheint es jetzt, daß unsere Tränen zu Eis erstarrten, während sie unsere Wangen hinunterliefen. Nie ist mir die Welt wieder so kalt, so unfaßlich hart und grausam vorgekommen.

Es wäre eine Übertreibung zu behaupten, daß wir wirklich darbten; aber die schlichte Wahrheit ist, daß wir immer hungrig waren. Kein Zweifel, eine so tiefe und intensive Erfahrung wie der Hunger hinterläßt gewisse Spuren in der körperlichen und seelischen Konstitution eines Menschen. Man nimmt Wohlstand und Fülle nicht mehr als etwas Selbstverständliches hin, wenn man einmal erfahren hat, was es bedeutet, von einem Butterbrot wie von einer himmlischen Delikatesse zu träumen. Essen, Kleider, Schuhe, Kohle, Seife, Schreibpapier, alles, was wir berührten, rochen oder schluckten, war Ersatz, erbärmliches, schundiges Zeug. Es muß eine schwere Zeit für unsere Mutter gewesen sein, viel schwerer für sie als für uns. Vier gierige Kinder und einen heiklen, delikaten Mann unter so abnormen Umständen durchzufüttern, war gewiß keine Kleinigkeit. Sie machte ihre Sache vortrefflich, eine Leistung, die um so bewundernswürdiger scheint, wenn man Mieleins Herkunft und Vergangenheit bedenkt. Die Märchenprinzessin, die wir aus „Königliche Hoheit“ kennen, mußte nun mit sehr harten und prosaischen Problemen fertig werden. Wir Kinder wollten nicht nur essen, sondern mußten auch Kleider haben. Die bestickten Kittel und hübschen Matrosenanzüge, die man uns im Jahre 1914 gekauft hatte, waren um 1917 längst fadenscheinig und ausgewachsen. Und nun gar die Schuhe! Leder war ja fast ebenso knapp wie Butter. Eine Zeitlang trugen wir schwere Holzsandalen, die bei jedem Schritt ein furchtbares Geklapper vollführten; aber wir wurden ihrer bald überdrüssig und zogen es vor, einfach barfuß zu gehen.

Die Tradition der Sonntagsessen im großelterlichen Hause wurde auch im Kriege aufrecht erhalten. Aber das festliche Menü bestand nun meist aus einem ausgemergelten Vogel – einer Art Reiher von penetrant tranigem Geschmack – und einem scheußlichen rosa Ersatzpudding. Es war nur die gediegene Pracht des Speisesaales und Offis unverwüstliche Würde, welche diese Zusammenkünfte vor dem Abgleiten in völlige Armseligkeit bewahrten. Tatsächlich blieb die Haltung der Gastgeberin so majestätisch-nonchalant, daß die Gäste geneigt waren, den reduzierten Stil des Hausstandes als eine elegante Laune hinzunehmen. Die melancholische Tatsache, daß wir unser eigenes Brot mitbringen mußten, schien eine amüsante Komödie dank Offis heiter überlegener Haltung. Ihr Lachen perlte so herzlich wie eh und je, wenn wir dem alten Butler unsere bescheidenen Rationen, in Zeitungspapier verpackt, überreichten.

„Wenn ich bloß von allen meinen Gästen verlangen könnte, daß sie sich ihre Stullen selber mitbringen!“, scherzte sie und fügte nicht ohne Genugtuung hinzu, während sie den Tee in die zarten chinesischen Tassen goß: „Mit dem Tee wenigstens werde ich durchhalten. Schließlich kann der Krieg ja nicht ewig dauern ...“

Würde er wirklich einmal zu Ende gehen – der große, lange, altvertraute Krieg? War es möglich, sich eine Welt ohne ihn vorzustellen? Eine Welt mit Genug zu essen und ohne Siegesfeiern? Wir glaubten nicht mehr ganz, daß Dinge wie Schlagrahm im Frieden wirklich existierten; sie gehörten ins Reich der Fabel. Manchmal fragten wir Mielein nach jenen sagenhaften Tagen, die es angeblich einmal gegeben hatte und die – angeblich – einmal wiederkommen sollten.

„Wie ist das eigentlich – Frieden?“ forschten wir. Ißt man im Frieden wirklich jeden Tag Fleisch und Mehlspeise? Verdirbt man sich denn nicht den Magen, wenn es so viel zu essen gibt? Wird es bei uns auch jeden Tag Rehbraten und Schokoladenschichttorte geben, wenn Deutschland gewinnt? Warum haben wir nicht schon gewonnen? Unsere Armee ist doch die beste, und die anderen haben keine so guten Generäle wie Ludendorff, Mackensen und Hindenburg. Unser Professor sagt, daß wir wahrscheinlich noch dieses Jahr gewinnen werden. Er spuckt immer ein bißchen, wenn er aufgeregt ist. Heute hat er besonders viel gespuckt, als er uns vom deutschen Sieg erzählt hat. Glaubst du, daß wir noch vor Weihnachten gewinnen werden?“

Aber Mielein schien seltsam herabgestimmt. „Niemand weiß es“, sagte sie, vage und betrübt. „Vielleicht hat er recht, dein Professor. Vielleicht auch nicht. Der Krieg kann dreißig Jahre lang dauern jetzt, wo die Amerikaner auch noch gegen uns sind ...“

„Aber der Professor sagt, es macht nichts aus“, insistierten wir. „Amerika oder nicht, sagt er, wir werden sie alle schlagen!“

„Kann schon sein, daß er recht hat“, wiederholte Mielein, immer noch mit dem gleichen sinnenden und zerstreuten Ausdruck. „Aber ich glaub's eigentlich nicht. Nein, ich kann's nicht mehr recht glauben ...“ Ihrem illusionslosen Realismus setzte der Vater eine gewisse eigensinnige Zuversicht entgegen. Nicht, als ob es zwischen ihnen jemals Streit gegeben hätte. Es fiel nie ein lautes Wort in unserer Gegenwart. Aber wir waren aufgeweckt genug, um die Unterschiede zwischen ihren Ansichten zu bemerken. Mielein hatte ihren Glauben an den deutschen Sieg schon verloren, als der Zauberer noch von unvermindertem Optimismus schien. Hatte er keine Ahnungen, keine Zweifel? Doch wohl; aber er verbarg sie vor seiner Umgebung und vielleicht auch vor sich selbst.

Wie seltsam fremd und entfernt er scheint, dieser Kriegsvater. Wesentlich verschieden von dem vertrauten Zauberer der Friedensjahre. Das väterliche Antlitz, dessen ich mich aus dieser Epoche erinnere, hat weder die Güte noch die Ironie, die beide so essentiell zu seinem Charakter gehören. Die Miene, die vor mir auftaucht, ist gespannt und streng. Eine empfindliche, nervöse Stirn mit zarten Schläfen, ein verhangener Blick, die Nase sehr stark und gerade hervortretend zwischen eingefallenen Wangen. Sonderbarerweise ist es ein bärtiges Antlitz, ein langes, verhärmtes Oval, von einem harten, stacheligen Bart gerahmt. Tatsächlich ließ er sich damals zeitweilig den Bart stehen, allerdings nur ein paar Wochen lang, auf dem Lande. Diese kriegerische Laune muß uns Kinder sehr beeindruckt haben. Der Kriegsvater ist bärtig. Seine Züge, zugleich stolz und gequält, ähneln denen eines spanischen Edelmannes, dem irrenden Ritter und Träumer, Don Quichotte.

Ich sehe ihn sein Arbeitszimmer verlassen, sehr aufrecht in einer straffen uniformierten Jacke aus grauem Stoff. Seine Lippen sind gleichsam versiegelt über einem düsteren Geheimnis und der sinnende Blick geht nach innen. Er sieht müde aus; der Morgen am Schreibtisch muß ungewöhnlich anstrengend gewesen sein. Welch unheimlicher Zauber ist es, der ihn dazu zwingt, sich jeden Vormittag von neun Uhr bis zum Mittagessen in seine Bibliothek einzuschließen? Gerade wie das Aschenbrödel stets um Mitternacht den Ball verlassen muß, so ist mein Vater gezwungen, sich nach beendetem Frühstück unverweilt zurückzuziehen – fort ist er, ehe man's gedacht. Während im Eßzimmer noch der vertraute Duft seiner Morgenzigarre hängt, sitzt er schon bei der Arbeit, ein gewissenhafter Zauberer, versunken in seine sonderbaren Erfindungen und Gesichte. Diesmal jedoch hat er sich offenbar auf ein besonders heikles und anspruchsvolles Stück: Hexerei eingelassen. Es ist nicht eine seiner schönen Geschichten, die ihn jetzt in den Morgenstunden beschäftigt, sondern etwas Abstraktes, Schwieriges, Geheimnisvolles. Er scheint leicht geniert, wenn Besucher ihn nach der Beschaffenheit des neuen Werkes fragen. „Es ist eben ein Buch“, sagt er, mit einem seltsamen schweifenden Blick. „Nein, kein Roman. Es hat mit dem Krieg zu tun.“

Es klang, als ob er sich in seinem Arbeitszimmer mit der Erfindung neuer Waffen oder unerhörter strategischer Listen abgäbe. Hatte er die heitere Sphäre seiner Erzählungen verlassen und sich der schwarzen Magie zugewendet?

Es war erst viel später, lange nach Kriegsende, daß ich das eigentümliche Produkt jener schlimmen Jahre, die „Betrachtungen eines Unpolitischen", zum ersten Male las. Vielleicht kann man dieses Buch – seine stupenden Irrtümer sowie seine problematische Schönheit – nur begreifen, wenn man die Umstände kennt, unter denen es geschrieben wurde. Die grausame Spannung jener Tage, die Vereinsamung und trotzige Melancholie des Autors, sein völliger Mangel an politischem Training, sogar die unzulängliche Ernährung und die frostige Temperatur in seinem Studio während der Wintermonate, all dies wirkte zusammen, um die sonderliche Stimmung zu erzeugen, die verwirrende Mischung aus Aggressivität und Schwermut, aus Polemik und Musik, die für die „Betrachtungen" charakteristisch ist.

Es ist ein Dokument höchst eigenartiger, ja einzigartiger Natur, dies lange, leidvolle Selbstgespräch des vom Kriege zerstörten Dichters: literarisch beurteilt, ein Meisterstück, ein glanzvoller *tour de force*; vom politischen Standpunkt, eine Katastrophe. Der ironische Analytiker komplexer Emotionen wagte sich hier zum erstenmal aus seiner eigentlichen Sphäre in das fremde und gefährliche Gebiet politisch-sozialer Probleme. Das neue Interesse am Politischen manifestierte sich paradoxerweise zunächst als ein gereizter, bitterer Protest gegen die Politik. Der Schüler Goethes, Schopenhauers und Nietzsches hielt es für seine vornehmste Pflicht, die tragische Größe germanischer Kultur gegen die militant-humanitäre Haltung der westlichen Zivilisation zu verteidigen. Er verwechselte die brutale Arroganz des preußischen Imperialismus mit den reinen Offenbarungen des deutschen Genius von Dürer und Bach bis zu den Romantikern und zum Zarathustra. Tristans tödliche Verzückung, die verspielte Unschuld des Eichendorffschen „Taugenichts", die strenge Melancholie des „Palestrina" von Hans Pfitzner, all dies wurde ihm zum Argument für die pangermanische Expansion und den uneingeschränkten Unterseebootskrieg. Indessen fehlt diesen fragwürdigen Schlußfolgerungen jegliche Überzeugungskraft; sie scheinen auf eine seltsam zögernde Art vorgebracht, mit schlechtem Gewissen gleichsam, als ob der Autor sich im Grunde der Bedenklichkeit seiner eigenen Position nur zu gut bewußt wäre.

Die ganze umfangreiche Abhandlung ist eigentlich nichts als ein großes Rückzugsgefecht, mit verzweifelter Bravour und bitterem Scharfsinn exekutiert. Die Werte und Gesinnungen, die hier gepriesen werden, sind von der Geschichte, sind vom Leben verurteilt; der Verteidiger weiß dies oder ahnt es doch. Man glaubt nicht an eine Sache, die man selbst als unlöslich verbunden mit Verfall und Tod beschreibt. Das Todgeweihte mag faszinierend, sogar liebenswert sein; aber offenbar gehört ihm nicht die Zukunft. In den „Betrachtungen" verschwendet ein adliger Kämpfer sein Talent, seine Kräfte im Dienst einer fixen Idee. Er meint, eine edle Dame, „Kultur" genannt, zu verherrlichen und zu beschützen, während er in Wahrheit für recht unedle Interessen und Kräfte eine wohlgeschärfte Lanze bricht. Wie gleicht er dem Don Quichotte in seiner hochherzigen Verblendung! Wo er die gefährlichsten Feinde sieht, sind nur Windmühlen.

Der Windmühlenfeind, gegen den das schwere Geschütz der „Betrachtungen" aufgefahren wird, ist eine mysteriöse Figur – der „Zivilisationsliterat". Sein Name bleibt ungenannt, aber diese Anonymität ist nur eine scheinbare. Denn die langen Passagen, die aus den Schriften des Widersachers zitiert werden, stammen wörtlich aus einem Essay von Heinrich Mann. Seine biographische Studie über Emile Zola war im ersten Kriegsjahre erschienen, als die Wogen des Chauvinismus am höchsten gingen. Während die ganze Nation sich an den Heldentaten unserer unbesiegbaren Armee begeisterte, wagte Heinrich Mann, dem unbesiegbaren Geist des französischen Kämpfers und Dichters ein literarisches Denkmal zu setzen. Wer nicht gut wegkommt in diesem Panegyrikus, das sind jene französischen Intellektuellen, die damals der Sache des Hauptmanns Dreyfus, und also der Sache der Wahrheit und des Rechtes, verräterisch in den Rücken fielen. Mit ihnen wird aufs unbarmherzigste abgerechnet. Aber richten Heinrich Manns schwungvolle Invektiven sich wirklich nur gegen die französischen Militaristen und Obskurantisten des ausgehenden neunzehnten Jahrhunderts? Waren seine Anwürfe nicht auch auf gewisse Zeitgenossen gemünzt? So jedenfalls empfand es der reizbare Verteidiger der unpolitisch-musikalisch-pessimistischen Kultur. Die anspielungs- und beziehungsreiche Zola-Beschwörung des Bruders traf und verletzte ihn wie ein persönlicher Angriff.

Das Verhältnis zwischen den beiden hatte sich seit dem Ausbruch des Krieges wesentlich getrübt. Heinrich war Pazifist; der Krieg bedeutete für ihn ein ruchloses Abenteuer, dazu bestimmt, das deutsche Volk in äußerstes Unglück zu stürzen. Er versuchte, „ *au-dessus de la mêlée*" zu bleiben, wie einige seiner französischen Kollegen unter der Führung von Romain Rolland. Dem Autor der „Betrachtungen" aber wollte es scheinen, daß der Bruder keineswegs wirklich über den Parteien, sondern einfach auf der anderen Seite stand, ein militanter Anhänger der „Entente Cordiale", ein unduldsam selbstgerechter Vorkämpfer des westlichen Zivilisationsgedankens. Das politisch-weltanschauliche Zerwürfnis erreichte bald einen solchen Grad von emotioneller Bitterkeit, daß jeder persönliche Kontakt unmöglich wurde. Die beiden Brüder sahen einander nicht während des ganzen Krieges.

Heinrich Mann, der bis dahin nur in den Kreisen der literarischen Avantgarde eine gewisse Rolle gespielt hatte, wurde nun so etwas wie der Repräsentant einer politischen Bewegung. Als im Jahre 1914 die deutsche Intelligenz fast ausnahmslos in den Chorus der Kriegsbegeisterten einstimmte, gehörte er zu den sehr wenigen, die klarsichtig und besonnen blieben. Zwei Jahre später fingen seine Warnungen an, auf weitere Kreise zu wirken, noch nicht auf die Masse, aber doch auf eine sich allmählich vergrößernde intellektuelle Elite. Die pazifistische Opposition, anfangs dezentralisiert und führerlos, begann sich mit größerer Entschiedenheit und Klarheit kundzutun. Eine Gruppe von deutschen Schriftstellern, von denen die meisten in der neutralen Schweiz Zuflucht gefunden hatten, wagten es nicht nur, die atavistische Monstrosität des modernen Massenkrieges im allgemeinen zu verwerfen, sondern auch die Schuld des deutschen Militarismus im besonderen anzuprangern. Der junge Dichter Klabund, im Fieber seines weltumarmenden Enthusiasmus und einer schweren tuberkulösen Infektion, richtete ein leidenschaftliches Manifest an Kaiser Wilhelm, in dem er die sofortige Beendigung des Krieges und übrigens auch die Abdankung des Monarchen forderte. Der Satiriker Carl Sternheim entlarvte mit ikonoklastischer Schnoddrigkeit die Lüge der nationalen Phrase. Es war Stefan Zweig, der es im Jahre 1918 unternahm, den Anti-Kriegs-Roman von Henri Barbusse, „Le Feu", in einer Wiener Zeitung zu preisen. Der Elsässer René Schickele, ein glänzender Stilist und tapferer Kämpfer für die Sache des Friedens, trat als Gründer und Herausgeber der „Weißen Blätter" hervor – der besten literarischen und politischen Revue dieser Epoche.

Der durchschnittliche deutsche Untertan wußte kaum etwas von diesen geistigen Vorgängen und Tendenzen, die für ihn einfach ins Gebiet des Kriminellen gehörten. Der Untertan glaubte immer noch an den Sieg und an die Rechtlichkeit der deutschen Sache. Indessen läßt der Geist der Wahrheit und der Vernunft sich doch niemals ganz unterdrücken; er sickert durch verborgene Kanäle und teilt sich schließlich dem Bewußtsein der Nation, dem Kollektivgewissen mit.

Ich war noch nicht ganz acht Jahre alt, als der Krieg begann, und gerade zwölf, als er endete. Aber selbst mein unerfahrener Sinn blieb nicht unberührt von jenen noch halb geheimen, noch unterirdischen Strömungen, die zu der offiziellen Kriegsideologie in so verwirrendem und erregendem Widerspruch standen. Zuerst war es nur eine leichte Beunruhigung, eine Ahnung, die sich allmählich in mir vertiefte und festere Formen annahm. Der langsame Prozeß dieses intellektuellen Erwachens wurde beschleunigt durch die Lektüre eines Buches, welches mir unsere Offi, ihrerseits entschieden pazifistisch eingestellt, zum Weihnachtsfest des Jahres 1917 überreichte. Berta von Suttners klassischer Anti-Kriegs-Roman „Die Waffen nieder" ist gewiß kein literarisches Meisterwerk; aber wie sentimental und platt seine Handlung und sein Stil auch sein mögen, das starke und echte Pathos dieses innig empfundenen Appells wirkte mächtig auf meinen empfänglichen, empfangsbereiten Geist. Es war teilweise oder größtenteils dank dem eloquenten Zuspruch der Berta von Suttner, daß ich damals anfing, gewisse fundamentale Tatsachen zu begreifen und gewisse primäre Fragen zu stellen. Konnte es sein, daß unsere Lehrer und die Zeitungen und sogar der Generalstab versucht hatten, uns dreieinhalb Jahre lang an der Nase herumzuführen? Tag für Tag, seit August 1914, war uns versichert worden, daß der Krieg erstens etwas Schönes und Erhebendes, zweitens etwas Notwendiges sei. Die österreichische Pazifistin aber überzeugte mich von der Abscheulichkeit und von der Vermeidbarkeit des organisierten Massenmordes. Mir wurde klar, daß die Katastrophe hätte verhindert werden können, wenn unser Kaiser etwas weniger schneidig und draufgängerisch gewesen wäre. Die Verantwortung lag also nicht ausschließlich bei unseren Feinden, wie man uns so oft versichert hatte. Vielleicht waren diese Feinde auch in anderer Hinsicht weniger schlimm, als die nationalistische Propaganda sie darstellte? Vielleicht waren sie in Wirklichkeit gar keine Bestien und Untermenschen, sondern einfach nur – Menschen?

Solche Gedanken waren gewagt bis zum Blasphemischen. Sie stellten alles in Frage, was uns bis dahin als Axiom gegolten hatte, das ganze System der anerkannten Prinzipien und Ideale. Denn wenn es sich so verhielt, daß die Menschen überall menschlich waren, in welchem Lande sie auch leben mochten – wer hatte sie dann gegeneinander aufgehetzt? Wer hatte den Krieg gewollt und sich an ihm bereichert? Wo saßen die Kriegsverbrecher?

Wir hörten wirre und erregende Geschichten von einer Revolution, die irgendwo weit weg, in Rußland, stattgefunden haben sollte. Das Volk dort hatte seinen Zaren umgebracht und sich der Generäle entledigt. Wenn solche Ungeheuerlichkeiten überhaupt möglich waren – konnten sie sich nicht anderswo wiederholen? Wie, wenn das deutsche Volk es sich einfallen ließe, dem russischen Beispiel zu folgen und mit unserem gar zu schneidigen Kaiser ebenso zu verfahren wie jene mit ihrem Zaren?

„Revolution! Lastwagen voll Soldaten rasen durch die Straßen; Fensterscheiben werden eingeschlagen; Kurt Eisner ist Präsident ... Es klingt alles so phantastisch, so unglaubwürdig. Und doch ist es irgendwie schmeichelhaft, sich vorzustellen, daß die Leute später über unsere bayerische Revolution mit demselben Ernst sprechen werden wie über Danton und Robespierre. Leider konnten wir die Vorstellung des Zauberkünstlers Uferino nicht besuchen. Das war eine Enttäuschung. Aber sonst war der Geburtstag sehr schön. Ich besitze jetzt die Gesammelten Werke von Kleist, Grillparzer, Körner und Chamisso. Eigentlich schon eine ganze Menge.“

Dies sind die Eröffnungszeilen eines Tagebuches, das ich von 1918 bis 1921 mit bemerkenswerter Gewissenhaftigkeit führte. Das hübsche ledergebundene Büchlein wurde mir am 9. November 1918 als Geburtstagsgeschenk überreicht. (Der 9. November ist eigentlich Erikas Geburtstag; aber während unserer ganzen Kindheit feierten wir unsere Geburtstage zusammen, wie Zwillinge. In Wirklichkeit bin ich ein Jahr und neun Tage nach meiner Schwester geboren.)

Die nächste Eintragung, vom 11. November, lautet folgendermaßen: „Der Waffenstillstand ist unterzeichnet. Endlich Frieden! Aber was jetzt? Wir treiben einer Katastrophe entgegen. Die Schule hat wieder angefangen. Unser Professor wurde furchtbar wütend, weil so viel Lärm war und weil Deutschland mit seinen ruchlosen Feinden Frieden schließen muß. Gestern abend las Mielein uns eine sehr komische

Geschichte von Gogol vor. Ich las das Trauerspiel ›Sühne‹ von Theodor Körner. Erbärmliches Zeug."

Erstaunliches geschah. Unser Kaiser floh in Nacht und Nebel über die Grenze, nach Holland. Auch der große Ludendorff und andere Helden machten sich aus dem Staube. Es war alles sehr überraschend und nicht ganz leicht zu verstehen. Deutschland war geschlagen, und doch auch wieder nicht. Unser Professor sagte, es läge nur am „Dolchstoß", für den die Juden und die Spartakisten verantwortlich seien. Die waren unserem Kaiser in den Rücken gefallen, gerade als alles zum besten stand und wir den Endsieg gleichsam schon in der Tasche hatten. Für den Professor gab es keine deutsche Niederlage, ebensowenig wie eine deutsche Republik. Auch diese war nur ein israelitisch-bolschewistischer Trick, teuflisch ersonnen, um das Vaterland endgültig in den Ruin zu treiben ...

Etwas stimmte nicht mit dem Frieden; niemand schien sich seiner zu freuen, die Leute sahen eher noch verdrossener aus als während des Krieges. Auch der Schlagrahm, lang erhofftes Friedenssymbol, trat zunächst nicht in Erscheinung. Das Essen war im Winter 1918/19 mindestens ebenso schlecht wie während der letzten Kriegsjahre.

Und warum wurde immer noch so viel geschossen? Vor dem Waffenstillstand hatte man nur „draußen" gekämpft, im Schützengraben; jetzt aber knallte es in bedrohlicher Nähe.

Am 21. Februar 1919 wurde gerade um die Ecke von unserem Schulgebäude der bayerische Ministerpräsident Kurt Eisner erschossen. Meine Tagebuchnotizen, diesen Vorfall betreffend, zeichnen sich durch ein etwas unbeholfenes Pathos aus. Es heißt da, daß ich um den Ermordeten „bittere Tränen" vergossen hätte, eine Behauptung, die etwas übertrieben gewesen sein mag, aber kaum so völlig aus der Luft gegriffen, wie die Meinen vermuteten. Ich weiß nicht mehr, wie es kam, daß gerade diese Aufzeichnung im Familienkreise bekannt wurde (ich hielt mein Tagebuch meist sorgfältig versteckt); aber ich erinnere mich, daß ich wegen der „bitteren Tränen" viel geneckt wurde. Was mich zu diesem rhetorisch-stilisierten Erguß veranlaßt hatte, war wohl nicht so sehr mein Kummer über Eisners Tod, wie mein Ekel vor dem Zynismus, mit dem die Münchener Spießer, einschließlich meine Lehrer und Klassengenossen, die Todesnachricht begrüßten. Der Ministerpräsident, ein salbungsvoller Intellektueller mit Schlapphut und Christusbart, war nicht populär gewesen; man freute sich, den „artfremden" Weltverbesserer und Menschheitsfreund los zu sein. Der Mörder, ein Kavalier aus dem gräflichen Hause Arco, wurde von den Massen als ein Held bejubelt, während dem Opfer nur von der radikalen Linken gehuldigt ward. Einer von Eisners Freunden, Heinrich Mann, schloß seine Grabrede mit der Bemerkung, daß der Tote den Ehrennamen eines „Zivilisationsliteraten" verdiene.

Das hektische Zwischenspiel der kommunistischen Diktatur in Bayern war eine unmittelbare Folge des Eisner-Mordes. In meiner Erinnerung wird diese kurzlebige „Räte-Republik" zur wüsten Farce. Ein grelles, klirrendes Tohuwabohu von schreienden Plakaten, Steinwürfen, Menschenansammlungen, improvisierten Rednertribünen, roten Fahnen und offenen Lastwagen voll verwegener Gestalten mit roten Armbinden. Die ganze Sache hatte einen Beigeschmack von wilder „Gaudi" (um den Münchener Dialektausdruck zu benutzen, der hier besonders am Platze scheint), etwas Unernstes, Karnevalistisches. Freilich ging es bei diesem exzessiven Fasching nicht ganz ohne Terror ab; alle respektablen Bürger gerieten in einen Zustand von hysterischer Panik. Man erzählte sich Schauriges über geplünderte Banken, vergewaltigte Frauen und mißhandelte Kinder. In unserer Nachbarschaft wurden die Villen nach illegalen Waffen durchsucht; die erschreckten Inhaber ergingen sich nachher in den phantasievollsten Beschreibungen all des Furchtbaren, das sie durchgemacht. Was erstaunlich schien, war vor allem die Tatsache, daß menschliche Wesen so viel Grauen überleben konnten. Unsere Nachbarsleute waren samt und sonders noch ganz gut beisammen, obwohl die Spartakus-Bestien ihnen doch so gräßlich mitgespielt hatten.

Unser Haus übrigens blieb von den Regierungstruppen verschont. Wir hielten es zunächst für einen glücklichen Zufall, erfuhren aber später, daß die Patrouille angewiesen war, das Heim Thomas Manns in Frieden zu lassen. Zwar machte das Haus einen verdächtig kapitalistischen Eindruck und die Gesinnungen des Hausherrn waren vom marxistischen Standpunkt durchaus nicht einwandfrei; aber die revolutionären Führer, die von ihren Gegnern als eine Bande blutrünstiger Vandalen hingestellt wurden, waren in Wirklichkeit Männer, die das Talent und die Integrität eines Schriftstellers respektierten, sogar wenn sie mit seinen politischen Ansichten nicht übereinstimmten. Viele dieser Amateur-Jacobiner beschäftigten sich im Neben- oder Hauptberuf mit Literatur. Ein Dichter und Enthusiast des Schönen wie Ernst Toller, der in der Räte-Republik eine Rolle spielte, hätte nicht zugelassen, daß man dem Autor der „Buddenbrooks" und des „Tod in Venedig" zu nahe trat.

Mein Tagebuch berichtet unter dem Datum des 13. April: „Am Morgen gab es Gerüchte, die bolschewistische Regierung sei gestürzt worden. Levin und Toller sollen geflohen sein. Levin, heißt es, hat eine halbe Million Mark mit in die Schweiz genommen. Erich Mühsam ist verhaftet worden. Ich ging vormittags ins Nationalmuseum, um mir die Sammlung mittelalterlicher Waffen noch einmal anzuschauen. Ziemlich interessant. Besser als Schule."

Die Gerüchte waren verfrüht; die Roten hielten sich noch eine Weile. Unsere Stadt befand sich in einem regelrechten Belagerungszustand. Es kam zu ziemlich ernsthaften Schlachten zwischen der revolutionären Miliz und dem Freikorps des Generals Epp. Für uns bedeutete der Bürgerkrieg nur ein entferntes Donnerrollen, das unsere Spiele begleitete. „Vor dem Mittagessen spielten wir Deutschball und hörten dabei das

Geräusch der Geschütze", notiere ich mir am 2. Mai. „Die Roten und die Weißen kämpfen in der Nähe von Dachau. Später schauten wir uns das große Maschinengewehr an, das die Roten auf dem Kufsteiner Platz aufgestellt haben. Es gibt überhaupt kein Brot. Die Fanny hat statt dessen eine Art Fladen gemacht. Schmeckt ganz gut. Las eine schöne Geschichte von Walter Scott."

Am 5. Mai, als die Truppen des Generals schon in die Stadt eingedrungen waren, ging ich aus, um mir ein Exemplar von Gogols Geschichte „Der Mantel" zu kaufen, und fand die Stadt „von Soldaten wimmelnd". Drei Tage später wurde der Bürgerkrieg offiziell als beendet erklärt, und das tägliche Leben nahm seinen langweiligen Gang wieder auf. Aber überall gab es Erinnerungen an die blutigen Geschehnisse der letzten Wochen. Tagebucheintragungen vom 8. Mai 1919: „Wieder in der Schule – leider! Der Professor erzählt uns, daß ein sehr berühmtes Regiment im Wilhelmsgymnasium einquartiert gewesen ist – dieselben Soldaten, sagt er, die Rosa Luxemburg und Karl Liebknecht in Berlin umgebracht haben. Mir gefiel die Art nicht, wie er das sagte – als ob es etwas Schönes wäre. Vorgestern sind fünf Spartakisten in unserem Schulhof hingerichtet worden. Einer von ihnen war erst siebzehn. Er wollte sich die Augen nicht verbinden lassen. Der Professor sagt, das beweist, wie fanatisch er war. Aber ich finde es bewundernswert."

Revolution und Bürgerkrieg, Friedensverhandlungen und Klassenkämpfe all diese großen Umwälzungen und Konflikte, die ich so naiv kommentierte, berührten mein wirkliches Leben nur sehr wenig und indirekt. Ich war aufgeweckt und ehrgeizig genug, mich für diese Dinge zu interessieren, für deren entscheidende Wichtigkeit mir das Gefühl nicht ganz abging; aber irgendwo, in der tiefsten Schicht meines Wesens, war ich doch noch geneigt, an der Realität und Relevanz dieser „Erwachsenen-Welt" zu zweifeln.

Mein intellektueller Zustand um diese Zeit glich demjenigen gewisser Generationen, deren Schicksal es war, an der Wende zwischen zwei kulturellen Epochen zu leben, etwa zwischen dem ausgehenden Mittelalter und der beginnenden Renaissance. Diese problematischen Geschlechter trugen in sich einen doppelten Begriff von Gott und Welt. Ihr Geist war schon berührt und bewegt von der Verheißung einer neuen Freiheit, eines neuen Wissens, während ihr Herz doch noch mit frommem Eigensinn an den Riten und Idealen der ablaufenden Ära hing. So lebten sie in zwei Welten, mit der einen Hälfte ihres Seins noch auf der unbeweglichen, vom Himmelsdache überwölbten Scheibe, als die unsere Erde sich dem mittelalterlichen Menschen darstellte, mit der anderen schon im dynamisch-revolutionären Kosmos des Kopernikus. Das alte Weltbild hat für sich die Würde der Tradition, die Autorität des von den Vätern Ererbten; aber das neue appelliert mit unwiderstehlicher Macht an die Neugier, den Ehrgeiz, die Lust zum Wagnis und zum Abenteuer.

Der Knabe auf der Stufe der beginnenden Pubertät befindet sich in einer sehr ähnlichen psychologischen Lage. Mein unreifer Sinn war hin und her gerissen zwischen zwei sich widersprechenden Gefühls- und Interessensphären: auf der einen Seite die anspruchsvollen, wirren Abstraktionen der Erwachsenen-Welt, auf der anderen die wohlgeordnete, nahe, greifbare Hierarchie der Kindheit. Wie sehr das Neue, Fremde, Schwere mich auch locken mochte, ich zögerte doch, den Göttern und Bildern der frühen Jahre ganz die Treue zu brechen. Die kindlichen Mythen waren noch nicht tot.

Affas mythischer Rang blieb intakt; keine Pubertäts-Renaissance konnte ihr etwas anhaben. Sie war immer bei uns gewesen, was sie an sich schon achtens- und liebenswert machte. Sie hatte uns auf den Knien gewiegt, als wir Babys waren; sie hatte uns die wackeligen Milchzähne aus dem Munde entfernt, mittels einer feinen seidenen Schnur, die sie geschickt um den Zahnhals zu schlingen wußte; sie hatte den Christbaum geschmückt und Mielein bei der Auswahl von Köchinnen und Abendkleidern beraten, und als Mielein im Sanatorium war und der Zauberer eine Herrengesellschaft gab (ein mythisches Ereignis von großer Signifikanz, zumal auch Doktor Cecconi zu den Gästen gehörte!), da war es Affa, die darauf bestand, daß es Ochsenschwanzsuppe und Fürst-Pückler-Eis gab, völlig neuartige, leicht bizarre Gerichte, und gerade deshalb so geeignet für eine maskuline Soirée. Affa kannte sich aus. Affa war große Klasse.

Freilich läßt sich nicht leugnen, daß sie im Lauf der Jahre immer selbstherrlicher und kapriziöser wurde. Der Krieg tat Affa irgendwie nicht gut; ihr Lachen klang jetzt oft beängstigend schrill, dazu kamen noch die grünen Glitzerblicke. Die anderen Mädchen beklagten sich über sie. „Mit der Josepha kann man gar nicht mehr auskommen“, jammerte die Köchin. (Affas wirklicher Name war „Josepha“, aber es gehörte sehr viel Gehässigkeit oder Unbildung dazu, sie so zu nennen.) „Die hat ja den reinen Größenwahn hat ja die!“ Affa ihrerseits traute den Kolleginnen das Schlimmste zu. Wenn immer Mielein irgendeinen Gegenstand vermißte – und es geschah nicht selten, daß ihr etwas abhanden kam: ein Paar Handschuhe, ein Stück Seife, ein Regenschirm –, gleich war die Affa zur Stelle, um ihr zuzuzischeln: „Die Fanny hat's genommen, wer denn sonst? Schmeißen Sie sie doch naus, gnä' Frau! Gar nicht erst lang reden mit ihr, die leugnet ja doch bloß alles! Einfach kündigen!“

Mielein tat, wie ihr geheißen. Die Fanny ging; die nächste war noch schlimmer. Diesmal waren es Zauberers beste Manschettenknöpfe, die mysteriös verschwanden. Wir waren alle empört; am meisten regte sich die Affa auf. „Die Manschettenknöpfe? Die schönen goldenen vom Herrn Professor?“ Sie schlug die Hände über dem Kopf zusammen. „Da hört sich doch aber alles auf!“ Und nach kurzer Pause, mit heroischem Entschluß: „Wenn's keine anständigen Madeln mehr gibt heutzutage, dann mach ich eben von jetzt ab die ganze Arbeit allein! Die Fanny muß aus dem Haus, die Diebin, die ganz gemeine!“

Aber diese Fanny, eine kleine Brünette mit gelblich-hagerem Gesicht und fanatischen schwarzen Augen, ließ sich nicht so leicht fortschicken wie ihre Vorgängerinnen, Sie wehrte sich, sie wagte den Gegenangriff. „Mich geht's ja nichts an", sprach die Tollkühne (alle Chronisten stimmen darin überein, daß eben dies ihre Worte waren). „Mich geht's ja nichts an, gnä' Frau, aber einmal müssen Sie's ja doch erfahren, wer die Diebin ist hier im Haus. *Ich* bin's nicht, gnä Frau!" Und, mit einem langen, hageren Zeigefinger weisend: „*Die* da ist's! Ihre Perle! Ihre Affa! Die Josepha, das Luder!"

Die Szene muß furchtbar gewesen sein, vergleichbar nur den legendären Auftritten zwischen Brunhilde und Kriemhilde, Maria Stuart und Elisabeth. Aber trotz der elementaren Heftigkeit von Affas Wutausbruch und der wütenden Intensität von Fannys Gekeife hätte die ganze Affäre, wie so mancher andere Domestiken-Skandal, im Sande verlaufen können, wenn sich nicht der Zauberer in höchsteigener Person eingemischt hätte. Irritiert von dem höchst unzivilisierten Lärm, stieg er ins Kellergeschoß hinab, was seit Menschengedenken nicht geschehen war. Der Effekt, den sein bloßes Erscheinen machte, war derartig, daß sogar Affa vorübergehend außer Fassung geriet.

Als der Vater ihr in gemessenen Tönen befahl, die verschlossene Tür zu ihrem Zimmer zu öffnen – „und sei es auch nur, um die erstaunlichen Anschuldigungen der Köchin zu widerlegen!" –, ward keine Widerrede von Affas Seite gehört: sie gehorchte. Die Chronik vermerkt, daß ihr Gesicht sehr bleich war, während sie sich langsam der Türe näherte, und daß sie hörbar mit den Zähnen knirschte. Schon mit der Hand auf der Klinke, rief sie noch, den rechten Arm feierlich erhoben, wie zu einem Schwur: „Ich bin unschuldig! Dem Herrn Professor wird's noch einmal leidtun, daß er mich jetzt verdächtigt!" eine Bemerkung, die fast wahnsinnig in ihrer Absurdität erscheint, angesichts der gehäuften Schuldbeweise, die meine Eltern hinter der mysteriösen Tür erwarteten.

Da waren sie, Schrank und Kommode füllend, in Pappkartons verstaut, in Winkeln aufgeschichtet: all die Gegenstände, die man vergeblich gesucht und schließlich verloren geglaubt hatte: Regenschirm und Seife, die guten Handschuhe, die Manschettenknöpfe, ach, und was sonst noch alles! Gummischuhe und Salatschüsseln, Spitzentücher und Cervelatwürste, Puppen und Aschenbecher, Juwelen und alte Fetzen: nichts war Affas rasender Raffsucht zu gering oder zu kostbar gewesen. Offenbar, es war der Raub von Jahren, vielleicht von Jahrzehnten, der sich hier in wirrem Durcheinander stapelte. Was tat die Kleptomanin mit ihren Schätzen? Vergnügte sie sich damit, nachts in Haufen von gestohlenen Krawatten, silbernen Teelöffeln und französischen Luxusausgaben zu wühlen? Schmückte sie sich allein vor dem Spiegel mit dem goldenen Kettchen, das Erika zur Taufe von Omama bekommen hatte und das in grauer Vorzeit rätselhaft verschwunden war?

„All das gehört mir!" behauptete Affa schrill, während die Eltern noch starr und sprachlos vor Entsetzen standen. „Alles mein Eigentum!" Wobei sie das Zimmer samt seinem phantastischen Inhalt mit einer weit ausholenden, wilden und gierigen Geste an sich zu ziehen schien. „Rühren Sie mir nichts an, gnä' Frau! Hände weg, Herr Professor!“

Sie stritt um jeden einzelnen Gegenstand, eine Megäre mit grün flammendem Blick. „Das ist *mein* Spazierstock!“ kreischte sie. „Der Herr Professor hat vielleicht einmal einen ähnlichen gehabt, aber dieser da ist mir heilig, ein Andenken von meinem Cousin ... bei Verdun gefallen ... so eine Gemeinheit ... jetzt will man mir den Stock von meinem seligen Xaver nehmen ... meinem Bräutigam ... an der Ostfront umgekommen ... das einzige, was mir von ihm geblieben ist ...“

Der Vater vergaß den Spazierstock, da er unter einem Haufen bestickter Tischtücher drei Flaschen seines lieben Burgunderweines entdeckte, die gute Friedensmarke, die es schon so lang nicht mehr gab! „Mein Burgunder!“ rief er, herzlich bewegt, wie beim Wiedersehen mit einem alten Freunde.

„*Mein* Burgunder!“ heulte die Affa. „Ein Geschenk meines verstorbenen Onkels ...“

Es war anläßlich des Streites um den roten Wein, daß Affa die Hand gegen den Vater hob. Ja, das Ungeheuerliche geschah: sie schlug nach ihm mit geballter Faust und hätte ihm vielleicht das Nasenbein zertrümmert, wäre er nicht mit überraschender Geistesgegenwart beiseite gesprungen. Immerhin traf sie seine linke Schulter, woraufhin er, nach übereinstimmendem Bericht aller Chronisten, vernehmlich: „Au!“ sagte. Einige Historiker wollen wissen, daß er nach kurzem Nachdenken auch noch hinzufügte: „Da hört sich aber wirklich alles auf!“

Ganz entschieden, Affa war zu weit gegangen. Nicht nur die Eltern spürten es, sondern auch Fanny, die Köchin. Diese schlich sich zum Telephon und flüsterte der Polizei die schreckliche Kunde ins Ohr: „Eine ganz gefährliche Kriminelle im Haus vom Herrn Doktor Mann ... unsere Josepha ... ja, die Affa ... sie schlägt um sich ... Lassen Sie sie nur gleich abholen ... ja ... man ist ja seines Lebens nicht mehr sicher ... Der Herr Professor liegt schon in seinem Blut ...“

Affa hatte sich am Herrn des Hauses vergriffen! Es war das Äußerste, die Katastrophe. Es war Revolution ...

Affa – blasphemisch aufgeputzt in Mieleins schönstem Hut, glitzernd mit Offis Schmuck, trunken von Ofeys Wein, Zauberers Spazierstock schwingend: so endet eine Welt, so bricht eine Ordnung zusammen, so beginnt die Apokalypse ...

Nachträglich stellte sich heraus, daß Affa nicht nur eine Diebin gewesen war, sondern auch eine Messalina. Wir wurden bombardiert mit Telephonanrufen und anonymen Briefen. Die ganze Nachbarschaft hatte sich über unsere Langmut gewundert. Jede Nacht ein anderer Soldat! Wie konnten wir so skandalöses Treiben dulden?

Eine ehrbare Witwe, tragisch und imposant im altmodischen Trauerkostüm, ließ sich bei Mielein melden und erfüllte den Salon mit ihren Klagen. Affa hatte den Gatten der

Witwe erst korrumpiert, dann in den Selbstmord getrieben. „Die hat's faustdick hinter den Ohren“, konstatierte die Matrone, nicht ohne gramvolle Anerkennung.

Ich begann, Affa zu bewundern. So viel Verderbtheit war eindrucksvoll. Einen schlechten Menschen kann man verurteilen und verachten; aber für das Symbol aller Schlechtigkeit, den Ausbund aller Laster empfindet man eine Art von bestürztem Respekt, in welches sich Mitleid mischt.

Ja, man empfindet auch Mitleid. Denn man begreift, oder ahnt es doch, daß Affa ein Opfer der allgemeinen Auflockerung und Erschütterung, daß sie ein Kriegsopfer ist. Ihr moralisches Gleichgewicht war nicht stark genug, um der Woge von Korruption und Roheit zu widerstehen, die über den Kontinent hinging und seine sittlichen Grundlagen unterminierte. Warum sollte sie nicht jede Nacht den Geliebten wechseln, da er doch vor dem nächsten Rendezvous getötet werden konnte? Warum sollte sie nicht stehlen und lügen und Unzucht treiben, da die göttlichen Gebote offenbar außer Kraft gesetzt waren? Wäre sie in eine friedliche und ordentliche Welt hineingeboren worden – wer weiß, sie hätte vielleicht geheiratet und ein vernünftiges Leben geführt. Aber dies war eine fürchterliche Zeit, und so ward unsere Affa fürchterlich.

Es schien nicht ohne Logik, wenngleich doch auch wieder überraschend, daß die Richter sie freisprachen von jeder Schuld. Denn so geschah es: Affa gewann den Prozeß. Sie repräsentierte die unterdrückte Klasse, das Proletariat; sie log mit Schwung und großer Überzeugungskraft. Der Gerichtssaal war bezaubert von ihrem derben Witz, ihrer volkstümlichen Schlagfertigkeit. Sie beherrschte die Szene, glitzerte und triumphierte, Mielein und Zauberer wären am liebsten in den Erdboden versunken, da Affa auf den Burgunder zu sprechen kam. Mit rührender Eloquenz beschrieb sie, wie man versucht hatte, sie des Rotweins zu berauben: „nur drei kleine Flascherln – das einzige Andenken, wo ich hab von meinem Stiefbruder, dem seligen Fregattenkapitän, und da kommen diese Preußen daher, diese Ausbeuter, diese Großkopfeten, und wollen mir die drei Flascherln auch noch nehmen, wo's doch den ganzen Keller voll haben von Schampus und Schnaps und was s' alles saufen ...“ Aus dem Publikum kamen Rufe des Abscheus, des Protestes. Je mehr die armen Eltern in sich zusammensanken, desto sieghafter strahlte Affa.

Sie trug eine knapp anliegende Bluse aus grünem Atlas, unter dessen straffer Glätte ihr bedeutender Busen sich besonders schön profilierte; dazu funkelnde Ohrgehänge und einen hohen spanischen Kamm in der sorgsam gewellten Frisur. Merkwürdigerweise ward diese pompöse Aufmachung allgemein als ein natürliches Attribut ihrer revolutionären Würde akzeptiert. Sogar die Köchin, die doch als erste Affa bezichtigt hatte, fand nun nicht den Mut, ihre Beschuldigungen öffentlich zu wiederholen. Es war ein vollkommener Triumph für die Angeklagte, der köstlichste Augenblick ihres Lebens. Von ihrer festlich erhitzten Stirn kam ein Leuchten, da sie sich nun erhob, zugleich Siegerin und Märtyrerin. Erhobenen Hauptes, mit eindrucksvoll geblähtem Atlasbusen verließ sie die Anklagebank und schritt auf den Ausgang zu – nicht ohne, von der Tür her, noch einen schrecklichen Blick auf das mausgraue Paar zu schleudern, das mit verdutzten Mienen zurückblieb.

War dies der letzte Akt von Affas Drama? Leider nicht. Es sollte noch ein trübes Nachspiel geben. Ihre Glorie verging, so schnell wie sie entstanden war. Sie wurde ein Spuk, der die Familie heimsuchte, zu der sie sich einst hatte rechnen dürfen. Zur Stunde der Dämmerung, wenn Himmel und Dinge blaß werden, sahen wir die Affa durch die Straßen unseres Viertels streifen. Je näher der Abend kam, desto näher wagte sie sich an unser Haus. Sie umkreiste den Garten, in dem sie Blinde Kuh mit uns zu spielen pflegte. Aus sicherem Verstecke sahen wir ihr zu, wie sie schwankte und lallte, ihre wüsten Geheimnisse der verödeten Allee anvertrauend.

Wie heruntergekommen sie aussah! Ihr Gesicht blieb halb verborgen hinter einem mißfarbenen, zerfetzten Schal. Aber wir erkannten, nicht ohne Schaudern, die berühmte grüne Atlasbluse, einst das Zeichen von Affas Triumph, nun so traurig glanzlos und abgetragen. Die Gestalt, deren solide Üppigkeit das Entzücken bayerischer Regimenter gewesen war, schien jetzt eine schlaffe, formlose gedunsene Masse, durchnäßt, vollgesogen, aufgeweicht von vielen Regengüssen, vielen Tränen, vielen Trinkgelagen.

Sie verweilte vor unserer Haustüre, als ob sie noch bei uns lebte und eben von einem harmlos-vergnügten Ausgang zurückkehrte. Wonach suchte sie in ihrem schwarzen Beutel? Nach einem Schlüssel? Aber sie hatte keinen! Trotzdem kramte sie noch eine Weile, bis ihr schließlich das Unsinnige ihres Treibens zum Bewußtsein kam. Da wurde sie zornig. Wir sahen, wie sie eine schwingende Bewegung mit dem Oberkörper vollführte, eine Gebärde des Wahnsinns, nicht ohne absurde Schönheit. Dabei spuckte sie aus, gerade auf unsere Schwelle.

Was nun geschah, war noch beängstigender. Irritiert durch die Unauffindbarkeit des Schlüssels und die Flüchtigkeit ihrer irdischen Erfolge, erhob sie beide Fäuste und murmelte eine Verwünschung. Wir konnten die Worte nicht verstehen, aber sie müssen grauenvoll gewesen sein: der zischende Laut ihrer Stimme genügte, uns erstarren zu lassen. Noch furchtbarer war ihr Gesicht, nun enthüllt, da der Schal herabgeglitten war. Leicht zurückgelehnt bot es sich in obszöner Nacktheit dem fahlen Licht der Straßenlaterne dar, eine entmenschte Grimasse, schwärzlich und gedunsen unter der wüsten Krone des zerzausten Haares. Haß und Elend hatten ihr Gesicht befleckt, entstellt, zerfressen wie eine Pest. Der Mund klaffte, zu stummer Klage geöffnet, während die Augen, glasig vor Trunkenheit, blicklos zum Himmel starrten.

So stand sie minutenlang – eine Ewigkeit, wie uns scheinen wollte –, versteinert in der Geste des Fluches: bis sie endlich die Arme sinken ließ, plötzlich müde, ernüchtert. Ihr Körper, ihre Züge, sogar ihr Gewand schienen zusammenzusacken, während sie sich langsam abwandte und das Haupt wieder im abgetragenen Schal verhüllte. Es war ein kühler Abend; Affa fror. Die Schultern zusammengezogen, fröstelnd in ihr leichtes Tuch gewickelt, ging sie davon, ohne sich noch einmal umzuschauen. Wir blickten ihr nach, in [beklommenem] Schweigen. Endlich rief einer von uns: „Affa!" Es war Monika, die Kleinste. Aber keine Antwort kam auf ihren schwachen Ruf. Affa war im Dunkel verschwunden.

Drittes Kapitel.
Erziehung

1920-1923

Wir sind unser sechs. Die beiden Jüngsten waren inmitten von Aufruhr und Krise geboren: Elisabeth im Frühling 1918; Michael ein Jahr später. Dank der Ankunft des neuen Pärchens avancierten Golo und Monika zum Stande der „Mittleren", während Erika und ich fast zum Erwachsenen-Rang befördert wurden. Angesichts der winzigen Kreaturen kamen wir uns recht würdig und überlegen vor, fast wie Onkel und Tante. Wir mußten zugeben, daß sie höchst drollig und niedlich waren – ein bißchen lästig, wenn sie schrien, aber reizend anzuschauen, wenn sie lachten oder schlummerten. Elisabeth, genannt Medi, hatte ein süßes Porzellangesichtchen; Michael (Bibi) hingegen wirkte eher sanguinisch. Elisabeth war der erklärte Liebling des Vaters; Mielein, um das Gleichgewicht herzustellen, verzärtelte ihren Jüngsten. Die beiden Kleinen nahmen in erheblichem Maß die elterliche Zärtlichkeit in Anspruch, woraus sich natürlich für uns ein gewisser Verlust ergab. Wir erkannten die Unvermeidlichkeiten dieses Vorganges und akzeptierten ihn so gelassen wie möglich.

Für Golo und Monika war die Lage besonders heikel; denn da sie sich ja ihrerseits schon in mittleren Jahren befanden, konnten sie mit der erlesenen Niedlichkeit von Medi und Bibi nicht mehr konkurrieren, ohne es aber mit uns, den Großen, an Vitalität und Abenteuerlust aufzunehmen. Monika – zugleich schüchtern und selbstgewiß – schien trotzdem nicht unzufrieden mit ihrem kleinen Dasein; Golo hingegen, ehrgeiziger und komplizierter, mußte mehr Energie und Einbildungskraft aufbringen, um sich einen eigenen Stil und sein eigenes Idiom zu schaffen. Tief verstrickt in die wunderlichen Bilder und Träume seiner unverkennbaren Golo-Sphäre, nahm er gleichzeitig aus respektvoller und eifersüchtiger Entfernung an unseren Spielen und Abenteuern teil. Er war es, dem ich all meine Phantasien, Sorgen und Pläne anvertraute; denn er konnte gut zuhören, eine seltene Gabe, selbst bei reifen Männern und Frauen. Ich erfand, schnitt auf, scherzte und lamentierte; er blieb ruhig und lauschte. Nie erfuhr ich, wie sein undurchdringliches Gemüt meine Einfälle verarbeitete und was für Verwandlungen die Launen meiner mitteilsamen Phantasie in seinem Geiste erfuhren. Er war mein

Vertrauter, doch ich nicht der seine, was wohl teils meinem naiven Egoismus, teils seinem Stolz und seiner Scheu zuzuschreiben war.

Es muß ihn gekränkt haben, da sich unsere Intimität nur auf jene Stunden beschränkte, in denen ich mein Herz ausschütten und meine Geschichten an den Mann bringen wollte. Denn im Bereich des wirklichen Lebens gehörten Erika und ich zusammen; unsere Solidarität war absolut und ohne Vorbehalt. Wir traten wie Zwillinge auf: die Erwachsenen wie die Kinder hatten uns als Einheit zu akzeptieren. Der einzige Lebenssektor, den wir nicht teilten, die einzige Sphäre, die uns trennte, war die Schule, eine lästige Notwendigkeit, um die man sich möglichst wenig kümmerte. Erika hatte keinen Zutritt in das düstere Wilhelms-Gymnasium, wo ich so viel Langeweile ertragen mußte; und ich konnte nicht an den lustigen Streichen teilnehmen, zu denen sie ihre ergebenen Mitschülerinnen in der Höheren Töchterschule anstiftete. Es hat vielleicht mit dieser Trennung zu tun, daß alle Einzelheiten jener öden Morgenstunden in meinem Bewußtsein vollkommen verblaßt sind. Die Schule war derartig stumpfsinnig und bedeutungslos, daß sie nicht einmal aufsässige Gefühle erweckte. Die Schülertragödien, die der väterlichen Generation so viel zu schaffen machten, blieben der meinen erspart; man nahm die „Lehranstalt“ nicht mehr wichtig. Es ist weder mit Haß noch mit Rührung, daß ich mich des alten Wilhelms-Gymnasiums zu München erinnere, sondern nur mit gelangweilter Gleichgültigkeit.

Anregungen irgendwelcher Art habe ich dem staatlichen Unterricht nicht zu verdanken. Selbst wenn der Lehrstoff reichhaltiger und fesselnder gewesen wäre, als er es tatsächlich war, die trübsinnige Pedanterie der bayerischen Professoren hätte mir noch den interessantesten Gegenstand verleidet. Glücklicherweise war die Auswahl der Lesestücke so, daß es meist keinen großen Unterschied machte, was der Schulmeister damit anfing. Ich erinnere mich, daß wir während eines ganzen Semesters die Deutschstunden mit der Lektüre einer epischen Dichtung namens „Dreizehn Linden“ verbrachten. Niemand weiß, warum. Wenn mich mein Gedächtnis nicht täuscht, handelte es sich dabei um sentimentalen Epigonenkitsch letzter Ordnung, kaum danach angetan, die jugendliche Phantasie anzuregen oder zu bereichern. Die große deutsche Literatur wurde zum Unterricht prinzipiell nicht zugelassen; man traktierte uns mit Paul Heyse und Theodor Körner; Goethe und Hölderlin aber wurden streng vermieden. Was immer ich an literarischer Bildung besitze, habe ich mir außerhalb des Schulbetriebs erworben.

Die Stimmen der Dichter vermischten sich in meiner Erinnerung mit den Stimmen derer, die sie mir zuerst darbrachten. Es gibt gewisse Meisterstücke der deutschen romantischen Schule, die ich nicht lesen kann, ohne den Tonfall von Mieleins bewegter und klangvoller Stimme wiederzuhören. Sie pflegte uns vorzulesen, solange wir Kinder waren und es uns noch Mühe machte, selbst zu lesen. Es ging dabei durchaus gemütlich und ungezwungen zu; Mielein lag auf dem Sofa, und manchmal kam die Köchin herein, um das Menü des nächsten Tages zu besprechen. Aber solch häusliche Unterbrechungen konnten den Zauber nicht beeinträchtigen, der von Grimms Märchen oder den wunderbaren Phantasiestücken der Tieck, Brentano und Hoffmann ausging.

Mielein konnte gewisse gespenstische Stimmungen recht wirkungsvoll heraufbeschwören; Offi freilich war noch meisterhafter und dynamischer. Unser literarischer Kontakt mit ihr begann relativ spät: ich muß etwa zwölf gewesen sein, als die unternehmungslustige Großmama an einem regnerischen Sonntagnachmittag den Vorschlag machte, sie wolle uns eine Geschichte von Dickens vorlesen, um die langen Stunden zwischen Mittagessen und Tee zu verkürzen. Sie wählte den „Weihnachtsabend"; es war ein voller Erfolg. Von da an wurde die Dickens-Stunde eine regelmäßige Institution. In den folgenden Jahren waren die Begriffe „Dickens" und „Sonntagnachmittag" für uns unzertrennlich miteinander verbunden.

Offi, der ehemalige Star vom Großherzoglichen Theater in Meiningen, verstand sich trefflich darauf, die mannigfachen Typen der Dickens-Welt zu charakterisieren. Ihre Stimme klang blechern und streitsüchtig, wenn sie eine giftige alte Jungfer personifizierte; sie wurde salbungsvoll oder scharf, krächzend oder melodiös, je nach dem Charakter und der Situation. Gewisse drollige Originale wurden mit Sprachfehler und Gesichts-Tick vor uns lebendig, während die Bösewichter sich sofort durch hämisches Mienenspiel zu erkennen gaben. Kurzum, es war eine erstklassige Vorstellung, und wir genossen es sehr. Wir schrien vor Lachen über gewisse Episoden in „The Pickwick Papers", waren hingerissen von „David Copperfield" und fanden aus irgendeinem Grunde den historischen Roman "Aus zwei Städten" (in Wahrheit wohl eines von Dicken's schwächeren Werken) noch packender als „Oliver Twist".

Niemand konnte mit Offis theatralischem Temperament konkurrieren. Und doch hörten wir der ruhigen Stimme des Zauberers mit noch größerer Andacht zu. Manchmal – nicht sehr häufig – fragte er uns mit einer gewissen feierlichen Nonchalance, ob er uns nach dem Abendessen etwas vorlesen solle: „wenn ihr nichts anderes vorhabt", wie er halb im Scherz, halb aus zerstreuter Höflichkeit hinzufügte.

„Wir hatten nichts anderes vor. Es war uns immer etwas festlich zumute, wenn wir sein Arbeitszimmer betreten durften, wo das charakteristische Aroma der Bibliothek sich mit dem Duft seiner Zigarre vermischte. Die Bücherschränke waren überfüllt; neuere Publikationen mußten auf den Tischen, Stühlen und Bänken aufgestapelt werden. Der Zauberer schüttelte belustigt den Kopf angesichts solchen Überflusses. „Die Produktivität meiner lieben Kollegen nimmt den Charakter einer Kalamität an", bemerkte er zugleich amüsiert und besorgt. „Ich sollte wirklich einen neuen Bücherschrank haben. Oben in eurem kleinen Frühstücksvorplatz wäre vielleicht ein geeigneter Platz."

Wir mußten lachen. Es sah ihm so ähnlich, von der Diele im ersten Stock, wo wir unseren Tee tranken, als von „eurem kleinen Frühstücksvorplatz“ zu sprechen. Und wie echt Zauberer – dieses plötzliche Interesse an der Placierung des neuen Bücherschrankes! Im allgemeinen verhielt er sich völlig gleichgültig gegenüber dem, was im Hause vorging. Weder der neue Eisschrank noch unsere reparierten Fahrräder konnten seine Neugierde erwecken. Aber sobald es sich um seine private, eigene Lebenssphäre handelte – seine Garderobe oder die Bibliothek – schien ihm jedes Detail von größter Wichtigkeit. Es irritierte, ja *kränkte* ihn, irgendeinen kleinen Gegenstand auf seinem Schreibtisch nicht an seinem gewohnten Platz zu finden; derselbe Zauberer, der es fertigbrachte, ein paar neue Lehnstühle irgendwo im Hause zu übersehen, beklagte sich, wenn die blinden Augen seiner Homer-Büste nicht ordentlich abgestaubt waren.

Diese sanfte Pedanterie in seinem persönlichen Bereich steigerte sich noch, wenn es sich um eine Lübecker Familienreliquie handelte. Barocke Monstrositäten – ausgestopfte Bären oder goldverschnörkelte Krüge – wurden jahrelang wie kostbare Schätze bewahrt, zum Gedenken an vergangene Geburtstagsfeiern oder Geschäftsjubiläen. Im Grunde freilich war er sich seiner Schwäche voll bewußt und erlag ihr nicht ohne Selbstironie. Bezeichnenderweise hätte er es sich niemals einfallen lassen, sein eigenes Schlafzimmer oder seinen Arbeitsraum mit scheußlichen Bären oder Urnen zu verunzieren; die bizarren Erbstücke blieben dem Eßzimmer oder der „oberen“ Diele vorbehalten. Die einzigen Andenken hanseatischer Herkunft, die sein Studio schmückten, waren ein paar hohe siebenarmige Leuchter aus schön gearbeitetem goldbronziertem Holz, die nicht weit vom Schreibtisch vor der Glastüre standen. Abends, wenn die Türe mit grünen Samtvorhängen bedeckt war, machten sich die großen Kandelaber sehr effektvoll.

„Nun, ihr werdet schon irgendwo ein Plätzchen finden“, sagte der Vater, zerstreut und zuversichtlich. Woraufhin er seinerseits in dem großen Lehnstuhl bei der Stehlampe Platz nahm. Wir hatten gerade noch Zeit, einige Novitäten des S. Fischer Verlages von den Schemeln zu stoßen. Und dann begann die große Unterhaltung.

Seine Lieblingsautoren waren die Russen. Er las uns Tolstois „Kosaken“ vor und die seltsam kindlichen, primitiv-didaktischen Parabeln seiner letzten Periode. Wir hörten Geschichten von Gogol und sogar etwas von Dostojewski – jene unheimliche Farce nämlich, die den Titel „Eine lächerliche Geschichte“ trägt. Wirklich mußte der Zauberer seine Vorlesung mehrfach unterbrechen, geschüttelt von einem Gelächter, in dem sich die herzlichste Heiterkeit mit einem leichten Grauen vor so viel makabrer Komik zu mischen schien.

Ein anderes Mal wählte er etwas Unschuldigeres oder Romantischeres aus. Ihm haben wir unsere erste Bekanntschaft mit dem kräftigen Humor des großen Mark Twain zu verdanken. Oder er gab eine der Perlen der großen deutschen Tradition zum besten –

Mörikes liebenswerte Mozart-Novelle, Grillparzers rührende Geschichte vom armen Spielmann oder das lieblich-dunkle, magischsuggestive Märchen von Goethe.

Zweifellos waren diese schönen Abendstunden im väterlichen Zimmer nicht nur eine Anregung für unsere Phantasie, sondern auch für unsere Neugierde. Wenn man einmal den Zauber und den Trost großer Literatur gekostet hat, möchte man immer mehr davon haben – andere lächerliche Geschichten und weise Parabeln, vieldeutige Märchen und seltsame Abenteuer. Und so fängt man an, für sich selbst zu lesen.

Wir hatten nie Gelegenheit gehabt zu reisen, außer zwischen München und Bad Tölz. Im Alter von dreizehn hatte ich das Meer noch nie gesehen und kannte keine große Stadt außer der, in der wir lebten. Nun wurden Bücher das Zaubergefährt, das mich weit forttrug, in ungeahnte Fernen. Die Städte Bagdad und Isphahan enthüllten ihre süßen und gefährlichen Geheimnisse, erfüllt mit dem Duft von Moschus, Blut und Rosen; der schwüle Zauber orientalischer Paläste und Basare war noch unwiderstehlicher als die winddurchwehte Weite der amerikanischen Prärie, die wir in Coopers Lederstrumpf-Geschichten kennenlernten.

Wie vielfältig und unbegrenzt ist die Landschaft der Phantasie! Wir reisten mit Gulliver zu den Riesen und Zwergen; mit Jules Verne zum Mittelpunkt der Erde und hinauf zum Mond. Mowglie, das anmutig-verwegene Menschenkind unter Wölfen, Schlangen und Affen, weihte mich in die Verstecke und Jagdgebiete des indischen Urwaldes ein; ich machte es mir mit Robinson Crusoe auf der verlassenen Insel so gemütlich, wie es eben gehen wollte. Salzig-frisch wehten die Lüfte im nordischen Märchenland der Selma Lagerlöf: wie gerne ließ ich mich vom mächtigen Flügelschlag ihrer Wildgänse zu den Fjorden und Felsen entführen!

Oft will mir scheinen, daß ich nur damals, als Dreizehn- und Vierzehnjähriger wirklich zu lesen verstand. Wie geschmäcklerisch und unduldsam bin ich seither geworden! Heute habe ich starke Hemmungen zu überwinden, bevor ich mich auf die Lektüre eines dickleibigen Schmökers einlasse; in jenen fernen Tagen waren mir die längsten Dramen und Epen noch nicht umfangreich genug. War mein Interesse an einem bestimmten Autor erst einmal geweckt, so verschlang ich gierig seine sämtlichen Werke: zwölf Bände Schiller, vierzehn Bände Hebbel! Je mehr die Herren geschrieben hatten, desto höher wurden sie von mir geschätzt ...

Meine eigenen unreifen Versuche waren natürlich nur ein mattes und konfuses Echo der vielerlei Stimmungen und Gedanken, die ich mit solchem Heißhunger in mich aufnahm. Mein produktiver Eifer blieb hinter meinem rezeptiven Enthusiasmus kaum zurück. Ich weiß nicht, wie viele Schulhefte es waren, die ich mit meinen dramatischen Entwürfen, lyrischen Ergüssen und erzählerischen Phantasien füllte; aber ich fürchte, daß die Anzahl der „Bände", die ich als Vierzehn- oder Fünfzehnjähriger hergestellt hatte, sich auf Hunderte belaufen haben muß. Ich schrieb Liebesgeschichten und

Mordgeschichten und historische Trauerspiele. Ich schrieb über Dinge, die meinem Erleben völlig fremd waren, von denen ich nichts verstand, nichts verstehen konnte. Ich schrieb ohne Zweck und Plan, nur um des Schreibens willen. Niemand las das Zeug, außer Golo, der fast alles auswendig konnte. Manchmal zwang ich ihn, durch Anwendung stärkster psychologischer und physischer Pressionsmittel, einen Stoß meiner vollgekritzelten Notizbücher zum Redaktionsbüro einer literarischen Revue oder zum Lektor eines Verlagshauses zu tragen. Er gab sich alle Mühe, den mißtrauischen Portier davon zu überzeugen, daß diese kindisch aussehenden Manuskripte das Werk seiner inspirierten Stiefmutter, der berühmten Dichterin Natascha Huber, seien. Aber die Hüter an den Pforten des Ruhmes entließen ihn mit einem väterlichen Grinsen oder einem saftigen Schimpfwort. Golo und ich waren zutiefst betroffen von der Niedrigkeit und Ignoranz unserer Zeitgenossen.

Allmählich wagte ich mich an autobiographische Themen. Je mehr mein eigener Horizont sich erweiterte und meine inneren Abenteuer an Intensität zunahmen, desto überdrüssiger wurde ich des Kopierens irrelevanter Vorbilder. Nachdem ich mich an so vielen müßigen Imitationen versucht hatte, fing ich an, nach Selbsterkenntnis, nach Selbstdarstellung zu verlangen. Ich bemühte mich ehrlich, wenngleich immer noch mit gespreiztem und unangemessenem Vokabular, die Sorgen und Zweifel auszusprechen, die mir wirklich auf den Nägeln brannten. Warum sind wir in dieser verwirrten und verrückten Welt? Was ist die Bedeutung all der Farcen und Tragödien, in die wir uns verwoben finden? Was verbirgt sich hinter den hohlen Schlagworten und dubiosen Wertungen der Erwachsenen? Was ist Genie? Bin ich ein Genie? Warum nicht? Wo ist Gott? Ist Gott eine Realität oder ist Er nur eine unserer vielen Illusionen?

Ich war etwa vierzehn, als ich eine längere Abhandlung entwarf, durch die ich die Nicht-Existenz Gottes ein- für allemal beweisen wollte. Die bloße Tatsache, behauptete ich, daß die Menschen zu so vielen verschiedenen Göttern beten – zu Allah, zu Jehova, zum katholischen Gott, zum Gott des Martin Luther – legt die Vermutung nahe, daß es eigentlich gar keinen gibt. Und ich verwies grimmig auf die so verwickelte Situation Gottes im Kriege. Wie war es zu erklären, daß beide feindlichen Parteien dieselbe göttliche Autorität anflehten? Der Herr empfing die einander widersprechenden Bittgesuche, ohne sich zugunsten einer Gruppe einzumengen. Wessen Gott war Er also? Der Gott des Kaisers und des General Ludendorff oder der Gott des Monsieur Poincaré und des Präsidenten Wilson? Oder sympathisierte er mit keiner der beiden Seiten, sondern hielt es einfach mit dem jeweils Stärkeren? Eine nette Neutralität! Und vor einer so unzuverlässigen, opportunistischen Gottheit sollte man auf den Knien liegen? Sollte Ihm wohl auch noch danken für all die Wohltaten, die Er uns bescherte – Kriege, Eisenbahnunglücke, Blinddarmentzündungen, lateinische Schulaufgaben? Ein Gott, der sich so benahm, hatte keinen Anspruch auf unsere Verehrung; er mochte froh sein, wenn wir Ihm verziehen. „Die einzige Entschuldigung für Gott ist, daß er nicht existiert ...“ Ich glaube nicht, daß ich Stendhals verwirrend vieldeutiges Bonmot damals schon kannte.

Nietzsche nannte es den einzigen Atheistenwitz, den er gern selber gemacht hätte, was ich aber als Vierzehnjähriger auch noch nicht wußte; sonst hätte ich gewiß in meiner Abhandlung sowohl Nietzsche als auch Stendhal zitiert und mich mit beiden solidarisch gefühlt.

Aber auch ohne so erlauchte Assistenz kam ich zu dem bündigen Schluß, daß die ganze Sache mit dem Lieben Gott ein aufgelegter Schwindel sei, ein durchsichtiger Trick zur Einschüchterung und Ausbeutung der Massen. Ich endete meine Betrachtung mit der üblichen Provokation: „Wenn Du existierst, Gott, warum bestrafst Du mich nicht für meine Lästerung? Ich glaube nicht an Dich, Gott! – hörst du mich wohl? Warum zerschmetterst Du mich nicht mit Deinem berühmten Blitz? Ich weiß schon, woran es liegt: Du zerschmetterst mich nicht, weil Du mich nicht hörst; Du hörst mich nicht, *weil Du nicht existierst*."

Was mir damals entging, war die paradoxe Tatsache, daß solch kindische Großsprecherei doch irgendwie die Existenz Gottes voraussetzt und anerkennt, wie übrigens auch die Stendhalsche Blasphemie es tut. Ihn verfluchen, heißt schon, sich zu Ihm zu bekennen. Ja, ich glaube zuweilen, daß der gotteslästerliche Protest dem echt religiösen Gefühl näher ist als die Frömmelei manch eines braven Kirchgängers ...

Und doch, wie oberflächlich und trivial sind selbst die leidenschaftlichsten, aufrichtigsten Zweifel, verglichen mit der ungeheuren Tatsache von Gottes offenbarer, unerklärlicher Realität! Wie kläglich ist das Aufbegehren eines winzigen Sünders, angesichts Seiner schweigenden Größe! Er ist geduldig. Er wartet und lauscht, unbeweglich, unerschütterlich. Schweigend duldet er die heuchlerischen Gebete und die infantilen Lästerungen, die von unserem Planeten zu Ihm aufsteigen. All dies hat keinen größeren Effekt, wird nicht länger währen, als das Geklapper einer tönernen Schelle. In eisiger Stille wartet Er auf die echte Beschwörung, die gültige Klage. Er fordert die Wahrheit, die Essenz, das Herz und Mark unseres Seins. Mit nichts Geringerem wird Er sich zufrieden geben. Er wird die Wahrheit unseres Lebens durch furchtbare Strafen von uns erzwingen. Blitze sind Spielzeug, mythischer Hokuspokus. Der große Schweigende läßt sich nicht herbei zu so billigen Demonstrationen. Er hat Zeit. Er ist geduldig. Er ist groß. Er ist groß über alle Worte.

Nur zu, kleiner Schreihals, necke deinen Herrn! Es wird keine Strafe geben, keine Reaktion – nicht jetzt, alberner Knirps! Noch nicht ... Das Urteil wird vollstreckt, aber nicht sofort. Weißt du, was dich erwartet? Du wirst im Staube liegen vor der Majestät, deren du jetzt kindisch spottest; winden wirst du dich und um Gnade betteln. Dann wird Er zu dir sprechen. Ja, es wird Antwort kommen, sie bleibt dir nicht erspart. Die Wunden, die Tränen, die vergeblichen Aufschwünge, die Hoffnungen unerfüllt, du wirst es erleben, wirst es erleiden, wirst dich beuteln und knicken lassen von seiner gewaltigen Hand ...

Aber was weißt du von all dem? Du bist erst vierzehn.

Erst vierzehn ... Dein Bubengesicht, glatt und rein, bemüht sich, einen tragischen Ausdruck anzunehmen. Über deinem Tagebuch grübelnd, kurz vor dem Abendessen, versuchst du auszusprechen, was dein Herz bedrängt. Schließlich schreibst du diese Worte hin:

„Und wieder wird es Nacht. Wie öde ... Ich muß, muß, *muß* berühmt werden ...“

Jugend ist erschreckend egoistisch. Der Vierzehnjährige hat, wie das Tier und das Genie, eine bemerkenswerte Fähigkeit, alle Probleme und Phänomene von sich fernzuhalten, die nicht unmittelbar auf seine Triebe wirken. Nie zuvor oder nachher in meinem Leben war ich derart abgespalten und ich-besessen wie während dieser Periode von meinem dreizehnten bis zu meinem siebzehnten Jahr. Das ästhetisch-literarische Interesse nahm mich so durchaus in Anspruch, daß mir für soziale Fragen jeder Sinn, jedes Verständnis fehlte.

Nach dem Zusammenbruch der bayerischen Räterepublik und der sich anschließenden Etablierung einer reaktionären Militärdiktatur schwand mein politisches Interesse. Ich las fast keine Zeitung mehr oder beschränkte mich doch auf das Feuilleton. Selbst ein so dramatisches Ereignis wie die Ermordung des Außenministers Walter Rathenau, im Jahre 1922, ließ mich ziemlich kalt. Wieviel stärker hatte, drei Jahre zuvor, die Nachricht vom Tode Eisners auf mich gewirkt! Und doch war Rathenau unvergleichlich bedeutender als der ermordete bayerische Ministerpräsident, nicht nur als Staatsmann, sondern auch als literarische Figur. Das elende Verbrechen, das von fanatisierter Jugend an ihm begangen wurde, kennzeichnet eines der beunruhigendsten Entwicklungsmomente der Weimarer Republik. Ich spüre den Irrsinn, die Abscheulichkeit der Tat, und war angewidert; aber nicht angewidert genug. Ich war zu stolz auf meine Distanziertheit, meine aristokratische Skepsis. Der Pöbel war grausam und dumm; er beklatschte die Mörder, die ihrerseits Pöbel waren. Durfte man sich darüber wundern? Lohnte es sich, dagegen zu protestieren? Dem Edeljüngling, der alles zu wissen, alles zu durchschauen glaubte, war eher danach zumut, sich naserümpfend in die Einsamkeit zurückzuziehen.

Ich hielt München für die dümmste, langweiligste und provinziellste Stadt der Welt, wahrscheinlich, weil es die einzige war, die ich kannte. Außerdem hatte die bayerische Kapitale zu jener Zeit in liberalen Kreisen eine schlechte Presse. München galt als die Hochburg der Reaktion, das Zentrum anti-demokratischer Strömungen und Intrigen. Der Herausgeber einer Berliner linken Wochenschrift präsentierte alle Nachrichten aus der Isarstadt unter der Schlagzeile: „Aus dem feindlichen Ausland“. Die Münchener ihrerseits waren davon überzeugt, daß Berlin von einer Bande jüdischer Schieber und bolschewistischer Agitatoren regiert werde.

Politik war nutzlos und deprimierend; ich lehnte es ab, mich mit ihr zu beschäftigen. Was wußte ich von so entscheidenden Ereignissen wie der Besetzung des Rhein- und Ruhrgebietes durch die Alliierten? Nur, was ich den grellen Plakaten entnahm, die in der ganzen Stadt aushingen. Ich studierte sie sorgfältig; nicht ohne wohliges Gruseln las ich die Schauergeschichten über das Betragen der farbigen Besatzungstruppen. Ein Bericht vor allem ist mir in Erinnerung geblieben. Es handelte sich da um einen Marokkaner, der angeblich nicht nur Dutzende von Jungfrauen und Knaben vergewaltigt hatte, sondern auch noch – Höhepunkt der Verderbtheit! – eine schmucke Stute, einziger Besitz eines ehrlichen Bauerngeschlechtes. Diese absurde Erfindung verfolgte mich Jahre hindurch, fast ebenso anhaltend und intensiv wie gewisse Schreckensszenen aus „Onkel Toms Hütte". Die exorbitante Potenz des schamlosen Afrikaners wirkte auf meine Phantasie, während die sogenannte „nationale Schande" kaum irgendwelchen Eindruck auf mich machte. Ein schönes Gedicht oder Gemälde schien mir interessanter als die „schwarze Schmach" von Düsseldorf (wenn es sich nicht gerade um vergewaltigte Stuten handelte) oder als die Entwertung der deutschen Mark. Es machte wenig Unterschied, ob unser Taschengeld zwanzig Pfennige oder zwanzig Mark betrug: für Papier zum Schreiben langte es immer.

Bei uns zu Hause ging es jetzt etwas weniger spartanisch zu als in den düsteren Tagen von 1917. Zwar ließ das Essen immer noch zu wünschen übrig, aber die Zeit der faulen Kartoffeln und Kohlrüben war doch vorüber. Unsere Lebensweise fing an, einen gewissen Grad bürgerlicher Eleganz anzunehmen, vor allem dank Mieleins unermüdlicher Fürsorge. Wir Kinder fragten uns nie, wie sie es fertigbrachte, den großen Haushalt in Gang zu halten, ohne Üppigkeit, aber doch reibungslos und komfortabel. Wir alle hielten es für selbstverständlich, daß sie fähig war, Wunder zu tun, unterstützt vom Zauberer, dem es natürlich auf seine Art auch nicht an magischen Talenten fehlte.

Als besonders ersprießlich erwies sich die Zusammenarbeit des begabten Paares im Falle jener einträglichen Episteln, die sie gemeinsam für die Vereinigten Staaten von Nord-Amerika abfaßten; oder vielmehr, es war wohl eigentlich der Vater, der die Briefe schrieb – zwanglose Plaudereien über deutsche Zustände und Probleme –, woraufhin Mielein ungesäumt alles abtippte und zum Postamt eilte, um die kostbaren Seiten eingeschrieben nach New York abgehen zu lassen. Der Adressat war eine Persönlichkeit oder Institution, die sich „The Dial Preß" nannte und augenscheinlich nicht nur reich, sondern auch gütig war.

Denn kaum hatte „The Dial" die rekommandierte Sendung aus dem Bayernland empfangen, als er seinerseits die erfreulichsten Grüße an uns abgehen ließ. Es war immer ein bißchen wie Weihnachten, wenn die hübschen Schecks aus New York eintrafen. Mielein, froh erregt, holte ihr Fahrrad aus dem Keller und radelte im Eiltempo zu der kleinen Bank des Herrn Feuchtwanger. Dort empfing sie einen eindrucksvollen Haufen guter, solider deutscher Inflationsmark statt der dekorativen, aber doch etwas windigen Zettel, die man in Amerika als Geld benutzte.

Wir hatten das Tölzhaus verkauft und den ganzen Ertrag in Kriegsanleihe angelegt. Zweifellos eine gut patriotische Tat, aber, geschäftlich gesehen, ein Reinfall. Die Einkünfte aus den deutschen Büchern waren noch immer recht mager; doch der Zauberer meinte mit unverwüstlichem Optimismus: „Kein Grund zur Sorge, solange wir unseren ›Dial‹ haben."

Er hatte damals seine gleichmäßig heitere Haltung beinah völlig zurückgewonnen; der reizbare Hexenmeister, der in den Tiefen der germanischen Seele wühlte, wurde allmählich zur Kriegserinnerung wie die Fahnen, die Lieder und die Schwerverletzten. All dies war nun vorbei, und der Vater durfte sich wieder den friedlichen Arbeiten zuwenden, die er im August aus vaterländischem Pflichtgefühl unterbrochen hatte.

Es waren zwei erzählende Werke, mit denen er zur Zeit des Kriegsausbruches beschäftigt gewesen war; nun schwankte er zwischen diesen Projekten, die beide verlockend schienen. Was sollte er zuerst in Angriff nehmen – die Aufzeichnungen des Hochstaplers Felix Krull, eine geistvoll-übermütige Variation auf sein altes Thema: die moralische Fragwürdigkeit des künstlerischen Menschen – oder eine kleine Novelle, die in der dünnen Luft eines Schweizer Lungenkurortes spielte und sich mit den delikaten Zusammenhängen zwischen Tod und Liebe, Tuberkulose und Sensualität befaßte. Krull war sehr amüsant, aber die Sanatoriumsgeschichte hatte auch ihre Reize. Eine Art von leichterem Gegenstück, ein Satyrspiel zum „Tod in Venedig", so etwas mochte vielleicht daraus werden. Man könnte es „Der Zauberberg" nennen – kein schlechter Titel für ein makaber-humoristisches Krankheitsmärchen ... An Material war kein Mangel; da gab es Mieleins Briefe von ihren verschiedenen Aufenthalten in Davos und Arosa und die eigenen Tagebuchnotizen, die man während der kurzen Besuche dort oben in weiser Voraussicht zu Papier gebracht. Es war eine schwere Wahl zwischen dem attraktiven Kriminellen und den nicht minder verführerischen Tuberkeln. Schließlich entschied man sich für einen dritten Gegenstand, nämlich für unseren guten Hund Bauschan.

Denn es ist immer falsch, die Dinge zu überstürzen. Das Leben ist lang, es gibt uns genügend Zeit, mancherlei Projekte auszuführen. Wenn man zwischen zwei lockenden Themen schwankt, so mag das bedeuten, daß der Augenblick für keines von beiden günstig ist. Aber es gibt ja so vieles, worüber man schreiben kann; da ist zum Beispiel der Hund – ein drolliges und liebenswertes Geschöpf von unbestimmbarer Rasse. Die ausgedehnten Spaziergänge in Bauschans Gesellschaft waren Trost und Erholung in schwerer Zeit. Warum sollte man dem lieben Köter nicht ein artiges Denkmal setzen?

Man kommt ohne Handlung aus. Nichts ist nötig als Genauigkeit, heitere Akkuratesse bei der Beschreibung von Bauschans Eigentümlichkeiten. Die Landschaft am Isarfluß gibt einen hübschen Hintergrund ab, anspruchslos, dabei pittoresk. Es wird unterhaltend sein, in der Erinnerung und auf dem Papier die vielen Pfade noch einmal zu gehen, die man so oft in Bauschans lustiger Gesellschaft gewandelt. Wenn man sich nur selbst beim Schreiben unterhält, dann wird das Geschriebene auch nicht langweilig ausfallen. Und wirklich, die Geschichte „Herr und Hund" liest sich angenehm, auch ohne spannende Handlung.

Dies ist ein idyllischer Augenblick im Leben des Autors, weshalb es angebracht scheint, sich mit einem rein idyllischen Stoff zu begnügen. Laßt die anderen, die Jüngeren, Kühneren, in ekstatischen Visionen und grellen Experimenten schwelgen! Bauschan ist interessanter, ist *wirklicher* als ihr Expressionismus, diese nebelhafte Mischung aus optimistisch-revolutionären und mystisch-apokalyptischen Stimmungen und Akzenten. Eine lange literarische Laufbahn ist reich an Wandlungen und Übergängen; nach Phasen der raschen Bewegung kommen stillere Zeiten. Gerade jetzt befinden wir uns in einer der ruhigen Perioden. Es ist weder möglich noch erstrebenswert, immer im Rampenlicht, immer an der Spitze, bei der Avantgarde zu sein. Wenn die modische Richtung mit unserer innersten Neigung, unserem Temperament nicht in Einklang zu bringen ist, tut man gut daran, sich eine Weile vom literarischen Betrieb zurückzuziehen. Was kümmert es uns, wenn ein paar Wortführer der jungen Generation uns steril und altmodisch nennen? Das hektische Tempo dieser Nachkriegsgeneration wird vielleicht weniger weit führen als unser bedächtiges Vorwärtsschreiten. Wir warten ab. Wir halten uns zurück.

Der Autor der „Betrachtungen" hätte sich leicht zum Führer und Favoriten einer reaktionären Clique machen können. Aber schmeichelhafte Angebote, die ihm aus diesen Kreisen zuteil wurden, refüsierte er mit ruhiger Höflichkeit. Die Affinität zwischen ihm und den deutschen Nationalisten war, wenn sie jemals bestand, vorübergehender und teils irrtümlicher Natur. Selbst in seinen teutonischsten Stimmungen hatte er nichts gemein mit der Roheit und Sentimentalität des aggressiven Hurra-Patriotismus. Aber sein gewissenhafter Sinn brauchte Zeit, um die entscheidende Wendung zur Demokratie, die Bekehrung zur Republik gründlich vorzubereiten. Während er zwischen zwei politischen Gesinnungen schwankte, wurde er wieder einmal unpolitisch.

Soweit ich mich erinnern kann, gab es damals bei uns kaum je politische Gespräche. Vielleicht habe ich nur nicht hingehört, wenn die Erwachsenen sich über Politik unterhielten; indessen kommt mir vor, daß die Konversation sich meist um kulturelle Gegenstände drehte. Auch die Gäste schienen sich für Literatur und Musik mehr zu interessieren als für Wahlen oder Parteiprogramme.

Wir Kinder klassifizierten und beurteilten die Freunde unserer Eltern, als ob sie zu unserem Vergnügen engagierte Spaßmacher gewesen wären. Einige von ihnen fanden wir brillant – Virtuosen auf dem Gebiet sprudelnder Konversation –, während andere als hoffnungslose Langweiler galten. Keinem der Besucher war es wohl bewußt, daß wir ihm als strenge Richter gegenübersaßen. Eher wirkten wir wie artig-scheue Kinder, die sich kaum je an der Unterhaltung beteiligten, sondern ein respektvolles Schweigen zu wahren wußten. Wir ließen uns aber kein Wort vom Gespräch der Erwachsenen entgehen und wechselten höhnische Blicke, wenn ein Witz nicht einschlug. Gut-gebrachte Pointen quittierten wir mit kennerischem Nicken; wenn der Gast uns nicht befriedigte, zogen wir uns nach Tisch so bald wie möglich zurück.

Manchmal erwies sich der beliebteste Witzbold als eine Enttäuschung, oder ein notorischer Ödian war plötzlich überraschend amüsant. Dann sagten wir wohl nach dem Abendessen zueinander: „Schade! Björn war heute gar nicht auf der Höhe!" oder: „Professor Litzmann war zur Abwechslung beinahe spritzig!" Es klang, als ob wir eine Schwäche in Carusos Stimme oder überraschenden Glanz im Organ einer unbekannten Choristin entdeckt hätten. Aber im allgemeinen behielt die anerkannte Hierarchie ihre Gültigkeit: die Lieblinge machten ihren Namen Ehre; die Langweiler waren so langweilig, wie man es nur wünschen konnte.

Was Björn Björnson betrifft, den Sohn des großen Norwegers, so war er wirklich „rasend amüsant", wie er selbst von seinen Geschichten zu sagen pflegte, wobei er das „s" in „rasend" auf drollig-fremdländische Art sehr scharf aussprach. Wir hielten die größten Stücke auf ihn, wegen seines norwegischen Akzents, seiner prächtig schneeweißen Mähne und seiner unzähligen Anekdoten über Henrik Ibsen, Eduard Grieg und den gesamten nordischen Olymp. Er war ein Causeur im großen alten Stil, ein Typus, der im Aussterben begriffen ist wie die Wikinger.

Es gab verschiedene Kategorien von Gästen: die großen Durchreisenden, die sich nur ein paar Tage in München aufhielten; die zeitweiligen Intimen, die während gewisser Perioden sehr oft erschienen, um sich dann wieder rar zu machen und schließlich ganz zu verschwinden; und endlich die wirklichen Freunde.

Björn, der sein Leben zwischen Norwegen und Italien verbrachte, war der ideale Repräsentant der ersten Gruppe. Andere machten auf ihrem Weg von Wien nach Berlin bei uns Station – Jakob Wassermann zum Beispiel, zugleich schalkhaft und finster, voll sinnender Würde, plump und gravitätisch; oder Hugo von Hofmannsthal, dessen Verse ich schon als Halbwüchsiger liebte, aber für dessen persönlichen Charme – einen merkwürdig schillernden, unzuverlässig-evasiven Zauber – ich damals noch kein rechtes Verständnis hatte. Außerdem gab es die Reisenden aus dem Norden, *en route* von Berlin nach den bayerischen Seen, Tirol oder Venedig. Herr Fischer, der Verleger, erheiterte uns mit seiner patriarchalischen Jovialität und seiner überdimensionalen Unterlippe. Gerhart Hauptmann, der sich auch zuweilen sehen ließ, sah bekanntlich wie Goethe aus, was ihn an sich schon zu einer interessanten Figur in unseren Augen machte. Dazu kam noch das eindrucksvolle Spiel der Falten auf seiner mächtigen Stirn, die suggestive Undeutlichkeit seiner Rede und der prophetische Flug des blassen, dabei gebieterischen Blickes. Aber seiner eigentlichen Faszination wurde ich wohl erst später, durch Mijnheer

Peeperkorn hindurch, gewahr. Die Figur aus dem „Zauberberg“ gibt die Essenz, das Geheimnis der Hauptmannschen Persönlichkeit, die uns Kinder damals impressionierte: das zugleich Elementare und Unzulängliche dieser Dichternatur, den Charme, die Tragik der maskenhaft-pseudo-bedeutenden Physiognomie …

Hauptmann war kein Freund; seine seltenen Besuche, mit stolzer Gattin und gar zu elegantem Sohn Benvenuto, hatten den Charakter solemner Staatsvisiten, schon durch den ungewöhnlich großen Konsum von Rotwein und Champagner. Ein Freund, fast ein Familienmitglied, war „Pate“ Bertram (er hatte Elisabeth, das „Kindchen“, aus der Taufe gehoben) – Professor Ernst Bertram aus Köln, der seine langen Ferien meist in München, oft in unserem Hause verbrachte. Er war weder ein Virtuose des Amüsanten noch ein Langweiler, sondern ein sanft gesprächiger Herr, der seine gescheite Rede mit pedantisch-graziösen, professoralen kleinen Gesten zu begleiten liebte. Wir hörten ihm gern zu, wenn er von feinen, hohen Dingen plauderte – von Hölderlin, Platen, Nietzsche, gotischen Kathedralen und den Fugen des Johann Sebastian Bach. Manchmal konnte er sehr bissig werden, besonders wenn er die Unterhaltung – was nicht selten geschah – auf die Zustände im besetzten Rheinland lenkte. Von den farbigen Truppen sprach er mit Haß und Hohn, nannte sie „äffisch“ und „obszön“; auch für die Franzosen hatte er nicht viel übrig. Der Nationalismus nahm bei ihm in späteren Jahren den Charakter einer Obsession an.

Ein anderer häufiger Logierbesuch, in München sowohl als auch in Tölz, war Hans Reisiger, der Dichter und Übersetzer – viel lustiger und toleranter als der gelehrte Pate. Mit „Reisi“ konnte man schwimmen gehen und auf der Wiese spielen, man konnte mit ihm „albern“ (er war ein bemerkenswert begabter „Alberer“!) und man konnte sich von ihm über die Sterne erzählen lassen; er kannte all ihre Namen und wußte, wie weit entfernt sie sind – unvorstellbar, schauerlich weit weg … Wir mochten „Reisi“, haben ihn immer gemocht. Er hat lange zu uns gehört und wäre uns wohl gerne treu geblieben, wenn die Leute es ihm nicht gar so schwer gemacht hätten. Man darf von einem hochherzigen und liebenswürdigen, aber hypochondrisch-ängstlichen und labilen Charakter nicht mehr verlangen, als er zu geben hat …

Hans Pfitzner war nur ein Kriegsfreund, der sich endgültig zurückziehen sollte, als mein Vater für die Republik optierte. Der romantische Komponist, ein respektabler, wenngleich etwas anämischer Imitator der deutschen Meister, war ein verbissener Konservativer, um nicht zu sagen: ein wütender Reaktionär. Der geistige Kontakt zwischen ihm und dem Zauberer dauerte ungefähr so lange wie die Arbeit an den „Betrachtungen eines Unpolitischen“. Es ist vielleicht das schönste Kapitel in diesem problematischen Buch, das von Pfitzners Meisterwerk „Palestrina“ handelt. Wir Kinder hatten nicht viel übrig für den nervösen und giftigen kleinen Herrn mit dem dünnen Ziegenbart. Unsere Helden waren von anderer Statur. Die beiden Brunos zum Beispiel: Bruno Walter und Bruno Frank.

Dem Bruno Frank hätte eigentlich ein Platz unter den Mythen der Kindheit gebührt; unsere Freundschaft begann, als wir kleine Kinder waren, und er war wundervoll. Er kaptivierte uns mit seinem Elan, seiner Wärme, seinen prachtvollen Geschenken und lustigen Geschichten. Später liebten wir ihn auch um seiner Bücher willen, denen dieselbe männlich-herzliche Urbanität eignet, die seinen persönlichen Charme ausmachte. Der Zauberer und Mielein schienen immer besonders animiert, wenn er bei uns war. Seine Besuche – häufig, aber unregelmäßig, denn er reiste viel – waren zugleich intim und festlich. Er war der generöse und joviale Onkel, der uns schon auf den Knien geschaukelt hatte; aber zu dem Reiz solcher Altvertrautheit kam der Zauber abenteuerlich-mondäner Exzentrizität. Man erzählte sich Erstaunliches über seine Erfolge bei Frauen, seine riskanten Einsätze an den Spieltischen von Monte Carlo, Cannes und Baden-Baden. Manchmal sprach er von seinen Schulden, seinen Gläubigern – nie ohne herzlich dröhnendes Gelächter. „Euer alter Onkel Bruno sitzt wieder einmal tüchtig in der Tinte", vertraute er uns an. Solche Geständnisse bekam man von Erwachsenen sonst nicht zu hören. Bruno war eine Klasse für sich.

Die Attraktion, die von Bruno Walter ausging, war sehr anderer Art, aber nicht weniger unwiderstehlich. Der große Dirigent war unser Nachbar in dem freundlichen Villenviertel, wo alle einander kannten. Aber niemand hätte es gewagt, sich ihm zu nähern, wenn er auf der Tram zum Zentrum der Stadt fuhr, wo das Opernhaus gelegen war. Ich sehe ihn vor mir, wie er auf der Plattform der Straßenbahn zu stehen pflegte, in Gedanken vertieft, mit etwas fahler, überanstrengter Miene unter dem breitrandigen Schlapphut, den Blick träumerisch in die Ferne gerichtet. Um ihn war ein geheimnisvolles Etwas, das ihn von seiner Umgebung distanzierte – das magische Echo der Musik.

Im Kreise der Seinen oder als unser Gast gab er sich herzlich und anspruchslos. Er vergötterte seine zwei Töchter, Lotte und Gretel, unsere beiden liebsten Freundinnen.

Wir sahen sie jeden Tag, sie waren wie unsere Schwestern. Gretel, die Jüngere, genau meine Altersgenossin, glich dem Vater; die dunklen, sprechenden Augen, die Stimme, die Gebärden – sie hatte alles von ihm, auch die Musikalität, die bis in die Fingerspitzen geht, sich dem Schritt, dem Lachen, dem Blick eines Menschen mitteilt. Gretel war bezaubernd, zugleich wild und scheu, von spröder Zärtlichkeit und naturhaftem Temperament. Ich stand unter ihrem Charme und ernannte sie kurz entschlossen zu meiner ersten Liebe. In den Versen, die ich auf sie schrieb, stilisierte ich sie zur grausamen Schönen, ob dies nun zu ihr paßte oder nicht. Sie hatte ebenso kapriziös, ebenso dämonisch zu sein wie die Damen, um die der junge Heinrich Heine litt; denn auch ich wollte leiden.

Lotte, zu erwachsen, um als Objekt für meine lyrischen Ergüsse in Frage zu kommen, übernahm die Rolle der uneigennützigen Vertrauten. Übrigens war ich keineswegs unempfänglich für ihre sanfteren Reize. Wenn Gretel den Idealtyp der pikanten

Brünetten repräsentierte, so gehörte die ältere Schwester, nicht weniger attraktiv, zur Kategorie der träumerischen Blondinen. Beide schienen mir über alle Maßen verführerisch und bewundernswert; denn sie besaßen nicht nur ihren eigenen Zauber, sondern auch die Faszination einer fremden und wunderbaren Welt – die der Oper, der Symphoniekonzerte, des ganzen magischen Bereichs von Musik und Theater.

Musik war etwas Schönes und Erhebendes, besonders wenn Bruno Walter am Dirigentenpult stand; Theater war noch besser. Am weitaus besten aber war die Oper – beglückende Vereinigung von Drama und Symphonie, der vollkommene Kunstgenuß. So erschien es uns damals. In späteren Jahren ist man weniger geneigt, das Musikdrama als höchste ästhetische Offenbarung zu akzeptieren; aber der naive, eindrucksfähige Geist reagierte mit unkritischem Enthusiasmus auf den kombinierten Effekt der Farben und Harmonien, die Synthese von Ballett und Tragödie, Weihespiel und Zirkus, reinem Gefühl und festlich buntem Aufzug.

Die Münchener Oper unter Bruno Walter war durchaus erster Klasse. Der große Kapellmeister hatte ein Ensemble herrlicher Stimmen um sich versammelt: Delia Reinhardts beseelter Sopran, der unvergleichliche Koloratursopran der Maria Ivogün, Benders mächtiger Baß, Karl Erbs geistig-edler Tenor, der sonore Bariton von Gustav Schützendorf und viele andere. Das berühmte Institut – eines der Zentren europäischen Musiklebens zur Zeit Bülows, Mottls und Levys – erlebte eine zweite Jugend, eine späte Blütezeit: wahrscheinlich seine letzte.

Die beiden linken Eckplätze der ersten Reihe waren immer für den „Herrn Generalmusikdirektor“ reserviert, und es war von eben diesen privilegierten Sitzen aus, daß wir einer Fülle großartiger Aufführungen beiwohnen durften. Die glänzende Reihe meiner frühen Opernerlebnisse beginnt mit „Hänsel und Gretel“ – diesem liebenswertesten aller musikalischen Märchenspiele, das noch liebenswerter wäre ohne die etwas zu massiven Effekte einer Orchestrierung, die Meister Humperdinck leider vom Wagnerischen Stil übernahm. Jahrelang blieb es eine Streitfrage zwischen Erika und mir, welcher Oper der Vorzug zu geben sei – „Hänsel und Gretel“ oder Lortzings „Undine“, die Erikas erster Operneindruck gewesen war. Erika war sehr ehrgeizig und eifersüchtig, was den Vorrang von „Undine“ betraf: es war *ihre* Oper, ihr persönlicher Besitz, so wie „Hänsel und Gretel“ der meine.

„Der fliegende Holländer“ gehörte uns beiden; denn wir genossen ihn miteinander, in Gesellschaft des Zauberers. Es hat vielleicht mit der Erinnerung an diesen Abend zu tun, daß mir noch heute diese frühe, gleichsam „vorwagnerische“ Schöpfung die liebste von allen Wagneropern geblieben ist. Die relativ anspruchslose, relativ unschuldige Romantik dieses Dramas und dieser Musik – einer Musik, die ihre Verwandtschaft mit Lortzing, Marschner und Weber noch nicht verleugnet – wirkt auf mich rührender und überzeugender als die aggressive Erhabenheit des „Ringes“ oder die forcierte Volkstümlichkeit der „Meistersinger“. Gleich die Eröffnungsszene ist sehr eindrucksvoll, wenn man für Geisterschiffe und ihre singende Mannschaft etwas übrig hat. In der Münchener Inszenierung wurde der unheimliche Charakter des Schiffes durch reichliche Verwendung von bläulich huschenden Blitzen höchst effektvoll betont: es war eine Art von fahlem Wetterleuchten, was sich da auf der Bühne abspielte, äußerst erregend und genußreich zu beobachten. Noch immer bedaure ich die arme Erika, die so weit zur Linken saß, daß sie von der gespenstischen Pracht so gut wie überhaupt nichts zu sehen bekam. Natürlich brach sie in Tränen aus, die einzig angebrachte Reaktion, angesichts eines solchen Schicksalsschlages. Als aber dann der Holländer nach vorne trat und herrlich sein Unglück beklagte, vergaß sie das ihre bald.

Wie viele unvergeßliche Stunden! Welch Mannigfaltigkeit der Gesichte und Melodien! „Rigoletto“ und „Lohengrin“, „Madame Butterfly“ und „Aida“, „Don Pasquale“ und der „Rosenkavalier“, “Freischütz“ und „Figaro“, „Hans Heiling“ und „Don Giovanni“: welch großartig verschwenderischer Überfluß des dramatischen Wohllauts! Ich verliebte mich in die Figur der Carmen und dachte, es sei die Sängerin, Luise Willer, die mich verzaubert hatte. Sie war eine imposante Brünette, prachtvolle Stimme, echtes Temperament. Ich schickte ihr ein Lebkuchenherz von der Oktoberwiese und bat sie um ein Autogramm. Sie akzeptierte das Herz und beglückte mich mit einer signierten Photographie. Carmencita rittlings auf einem Hocker sitzend, schwarze Locke in der Stirn, Zigarette schräg im Mundwinkel, jeder Zoll ruchlose Unwiderstehlichkeit. Es war das erste und letzte Mal in meinem Leben, daß ich einer Dame ein Lebkuchenherz als Zeichen meiner Verehrung schickte und eine Primadonna um ihren Namenszug bat.

Die Oper war unser Traum, unsere große Liebe. Wenn die Walterschen Plätze anderweitig vergeben waren, ließen wir's uns nicht verdrießen, stundenlang anzustehen, erst vor der Kasse, dann am Theatereingang, um nur ja unter den ersten zu sein, wenn die Pforten sich öffneten. Etwas ermüdet, aber hochgestimmt hörte man dann „Die Götterdämmerung“ oder „La Traviata“. Stehend natürlich!

Fast ebenso zauberhaft wie die Aufführung selbst, ja in mancher Hinsicht noch wunderbarer war es, wenn Bruno Walter seinen Töchtern und uns aus einer Opernpartitur vorspielte. Der eifrige Papa bemühte sich, als wären wir Theaterdirektoren, die es von der Vortrefflichkeit und Aufführbarkeit eines Werkes zu überzeugen gelte. „Ihr müßt euch die Dekorationen dazu vorstellen“, rief er in die Musik hinein. „Und die Kostüme! Die Königin der Nacht erscheint also im Hintergrund, auf der Mondsichel schwebend ...“ Während seine Hände die Effekte eines ganzen Orchesters aus den Tasten holten, kamen aus seinem Munde die Stimmen der Pamina, des Papageno, des Sarastro, der drei munteren Damen. Er unterbrach sich, um auf besondere Schönheiten begeistert hinzuweisen; er gestikulierte, scherzte, krähte, dröhnte, säuselte; er war der lyrische Tenor, die Flöte, der Koloratursopran, die große Trommel; er brachte uns zum Lachen und zum Weinen; wir verstanden das Werk beinah, oder ahnten doch seine Größe, dank dieser unwiderstehlich entzückten und entzückenden Eloquenz.

Wie ich es vor mir sehe! Aus Erinnerungstiefen steigt das versunkene Bild, herbeigezwungen von meiner Sehnsucht, meiner Zärtlichkeit. Die Szene ist wieder da, die vergangen schien. Sie regt sich, atmet, spricht; sie ist gegenwärtig, ist unvergänglich mit ihren Melodien, Blicken, Gesten und Gelächtern.

Festlich heitere Nachmittagsstunde – wie gut es ist, sie nochmals mitzumachen! Da ist der vertraute Raum, die Waltersche Wohnstube mit dem großen Gustav-Mahler-Bild auf dem Flügel, und draußen die vertrauten Bäume, das vertraute Pflaster der guten alten Mauerkircherstraße. Lotte, Gretel, Erika und ich sitzen auf einer gepolsterten Bank, die wir nah ans Klavier herangerückt haben. Wir schütten uns aus vor Lachen, weil der „Kuzi" – so nennen die Waltermädchen ihren Zauberer – mit drolliger Verzweiflungsmiene die paradoxe Klage des Papageno hören läßt: „Ich Ärmster kann von Strafe sagen, denn meine Sprache ist dahin ..." Es ist sehr, sehr komisch; unser Jubel schallt durchs ganze Haus.

Frau Walter rauscht die Treppe herunter, jammernd und gestikulierend. Sie hebt die Arme im prunkvoll bunten Hausgewand aus starrer Seide; ihre Stimme ist schrill, da sie nun klagt und schilt: Hat Bruno denn nichts anderes zu tun, als uns dummen Rangen Musik vorzuspielen? Es ist höchste Zeit, sich umzuziehen für die Oper! Gretel hat ihre Schulaufgaben noch nicht gemacht. Und Lottchen sollte endlich den überfälligen Brief an Tante Trude schreiben. Was aber die Mannkinder betrifft, na, die kennt man ja! Nichts als Unfug im Kopf ... Indessen kann Frau Walter sich doch das Lachen nicht verbeißen, da Bruno ihr mit verzweifeltem Achselzucken die humoristische Schmerzensgrimasse des Papageno zeigt, dem die drei Damen den Mund verschlossen haben.

Wir können Frau Walter gut leiden. Ihr Zanken hat den Charakter eines halb scherzhaften Ritus; ein lustiger kleiner Schock, wie eine kalte Dusche oder ein jäher Windstoß. Es ist entschieden amüsant, von Frau Walter geschimpft zu werden.

Lotte und Gretel haben sich inzwischen aufs Betteln verlegt. „Nur noch die eine Arie! Bitte, bitte, Mutti! Es dauert ja nicht lang ..."

„Also gut, noch die eine Arie", entscheidet Frau Walter und fügt mit einem überraschend weichen, beinah zärtlichen Lächeln hinzu: „Die schöne Melodie des Tamino möchte ich ja selbst gern noch hören ..."

Sie hat sich neben uns auf dem Sofa niedergelassen, den Arm um Gretels Schulter gelegt.

Die „Mannkinder", die nach Frau Walters Ansicht „nichts als Unfug" im Kopf hatten, fingen an, sich einen gewissen Namen zu machen, wenn auch keinen sehr guten. Wir bildeten eine richtige Bande: Erika, die Waltermädchen, ich, der Ricki ... Aber mir wird plötzlich klar, daß ich den Ricki noch gar nicht vorgestellt habe. Was für eine Ungehörigkeit. Sie verdrießt mich um so mehr, als ich empfinde, daß diese Art der

Unterschlagung symptomatisch ist für eine ernste Gefahr, vor der man sich beim Schreiben einer Autobiographie zu hüten hat. Die meisten Memoirenschriftsteller neigen dazu, fast ausschließlich bei ihren Freundschaften mit berühmten Persönlichkeiten zu verweilen, während weniger illustre Beziehungen übergangen werden. Diese Verfälschung, oder dies irreführende Herausheben gewisser Elemente auf Kosten anderer, kann einfach ein Ausdruck der Eitelkeit und des Snobismus sein; in vielen Fällen aber erklärt es sich aus weniger verächtlichen Motiven.

Eine Autobiographie ist notwenig fragmentarisch; unter den unzähligen Erfahrungen, aus denen ein Menschenleben sich zusammensetzt, hat der Autor diejenigen auszuwählen, die von mehr als nur persönlicher Relevanz und Gültigkeit sind. Aus Bescheidenheit wird er dabei Erinnerungen den Vorzug geben, die sich auf Figuren oder Geschehnisse von allgemeinem, „historischen" Interesse beziehen. Über eine Begegnung mit Bismarck oder Edison liest man immer gerne; aber wer will Einzelheiten über den unbekannten Jugendgespielen des Autors hören?

Wer einen persönlichen Freund in seine Erzählung einzuführen wünscht, muß sich ebenso viele Umstände machen wie ein Romancier, der eine erfundene Figur präsentiert. Von Berühmtheiten kann man in Anspielungen und Abkürzungen sprechen; aber diese Technik versagt, wenn es sich um Personen handelt, von denen der Leser nichts weiß und zunächst auch gar nichts wissen will. Es ist daher unvergleichlich bequemer von Bruno Walter zu erzählen als etwa von Ricki. Jenen kann ich erwähnen, ohne mich auf langwierige Erläuterungen einzulassen: dieser aber ist ein unbeschriebenes Blatt, ein Fremder. Es sind ein paar Intime, die sich seiner Gestalt, seiner Lebensumstände, seines Talents erinnern. Man schreibt aber nicht nur für Freunde, sondern – angeblich – für die „Öffentlichkeit". Ich tue also gut daran, den fremden Ricki mit einer gewissen Feierlichkeit vorzustellen. Der Epiker, der eine neue Figur beschwören will, räusperte sich, holt tief Atem und fängt also zu raunen an:

Richard Hallgarten, Sohn einer hochkultivierten jüdischen Familie, war ein attraktiver und besonderer Knabe. Wir kannten ihn seit frühester Kindheit, da seine Eltern auf gutnachbarlichem Fuße mit den unseren standen. Er wirkte zugleich delikat und verwegen, wild und sensitiv. Die Fülle des dunklen, widerspenstigen Haares hing ihm in eine niedrige Stirn, die sich oft nervös verfinsterte. Die Augen, nah beieinanderliegend unter schön geschwungenen, starken Brauen, spiegelten mit rührender Aufrichtigkeit die stürmisch wechselnden Stimmungen seiner Seele. Er hatte den komplizierten, beunruhigenden Reiz eines morbiden Hirtenknaben, eines hysterischen Zigeuners. Er war witzig und naiv, unschuldig und verschlagen. Sein Gesicht war von kindlich-sinnlicher Weichheit; aber seine Hände waren hager, hart, gequält – die Hände eines sehr alten Mannes. Ricki war ein fortwährendes Problem und ein nie endendes Vergnügen. Er verabscheute die Schule und simulierte die ausgefallensten Krankheiten, um aufs Land geschickt zu werden. Er wollte nicht Lateinisch lernen; er wollte malen.

Dagegen hätten seine Eltern an sich nichts einzuwenden gehabt, wenn nur seine Bilder nicht alle so traurig und makaber gewesen wären! Immer gab es Krüppel auf Rickis Bildern, blinde Greise in unheimlich verödeter Landschaft, Bucklige mit hageren Katzen, großäugige, bleiche kleine Mädchen in starrer Gruppe beieinanderstehend. Er liebte Kinder und Katzen und die Berge, und wir liebten ihn. Wir gingen zusammen zur Schule (wenn er sich zum Schulbesuch herbeiließ!), und wir gingen schwimmen und Schlittschuh laufen. Wir rauften und philosophierten und lachten und hörten Musik zusammen. Wir entdeckten die Geheimnisse des Geschlechts („So werden also die Babys gemacht! Da hört sich doch alles auf!"), wir lösten die Welträtsel, kicherten über die Erwachsenen und nahmen uns selbst sehr wichtig, zusammen, immer zusammen ...

Wir gründeten einen Theaterbund – Erika, Gretel Walter, Ricki und ich. Erst war es nur ein recht bescheidenes Unternehmen: wir führten Körners „Gouvernante" in unserer Diele auf (Ricki und ich spielten die zwei jungen Mädchen), einen Einakter von Kotzebue im Hallgartschen Salon. Allmählich wurden wir ehrgeiziger und wagten uns an Shakespeare, Lessing, Molière. Lotte war eine reizende Minna von Barnhelm; Erika bezauberte als Viola durch pagenhaften Wuchs und scheue Anmut. Auch ihre Stimme klang schön; der beseelte Blick kaptivierte das Publikum. Es war damals, daß sie ihre Liebe zum Theater entdeckte und beschloß, Schauspielerin zu werden. Die festliche Premiere von „Was Ihr wollt" fand in Rickis Elternhaus statt. Es war größer und prächtiger als das unsere. Nach der Vorstellung gab es einen Maskenball. Lotte und Gretel durften nicht mitspielen. Frau Walter war gegen den „Laienbund deutscher Mimiker" (wie sich unsere theatralische Gesellschaft nannte). „Ein neuer Unfug!" klagte sie in schrillen Tönen. „Diese Mannkinder! Nichts als Dummheiten!"

Sie hatte so unrecht nicht. Unsere Streiche wurden immer gewagter. Es ergötzte uns, die dummen Erwachsenen an der Nase herumzuführen. Besonders gern bedienten wir uns des Telephons für dubiose Zwecke. Wie drollig war es doch, Frau Sanitätsrat Meyer anzurufen und ihr weiszumachen, man sei das Stubenmädchen von Frau Doktor Ruderer: „Meine Frau Doktor würden sich sehr freuen, wenn die Frau Sanitätsrat mit dem Herrn Sanitätsrat am nächsten Donnerstag zum Nachtmahl zu uns kommen könnten." Frau Sanitätsrat versprach, pünktlich zur Stelle zu sein. Wir lachten uns in Fäustchen. Man stelle sich die Meyersche vor, wie sie am Donnerstagabend im besten Kleid bei den ahnungslosen Ruderers anrückt!

Erika verstand sich auf das Nachahmen aller möglichen Stimmen. Sie war wie einer jener Kobolde, die sich nach Belieben verwandeln und mit fremden Zungen reden können. In einem Stück von Cocteau, „La Table Ronde", spielt ein solcher Dämon eine höchst verwirrende Rolle. Es war erstaunlich, wie blechern-ordinär Erikas Stimme klingen konnte, wenn sie ein Münchener Ladenfräulein personifizierte, und was für sonore Flötentöne die gleiche Stimme hergab, wenn sie das kostbare Organ der Sängerin Delia Reinhardt nachäffte! Sie konnte gurren und keifen, schnarren, stottern und jammern; der russische Akzent war ihr ebenso geläufig wie die sächsische Mundart. Als sie dem jugendlichen Liebhaber unseres Stadttheaters, Albert Fischel, ihre Liebe gestand, war sie der albern verschwärmte Backfisch, der vor kicherndem Getue kaum ein Wort hervorzubringen vermag. „Sie gefallen mir halt gar so gut, Herr Fischel!“ behauptete das untergeordnete Geschöpf, das sich telephonisch als Friedl Rucktascherer vorgestellt hatte. „Ihr G'schau, und die schlanken Füß' – alles so aristokratisch!“

Der junge Beau, halb geschmeichelt, halb irritiert, – gewährte ihr das Rendezvous, um das sie flehte. Welch eine Sensation, als statt der verschwärmten Friedl unsere ganze Bande zum Stelldichein erschien! Der Schauspieler zog sich mit Humor aus der Affäre. Wir wurden Freunde. Mit einem veritablen Bühnenkünstler intim zu sein, das war die Erfüllung unserer kühnsten Träume! Er war unser Kamerad: wir duzten ihn und durften ihn „Bert“ nennen. Abends aber wohnten wir in seiner Garderobe dem wundervollen Schauspiel seiner Verwandlung bei. Vor unseren respektvoll geweiteten Augen wurde aus unserem Bert der Liebhaber der Maria Stuart, Mortimer, oder Don Carlos, Infant von Spanien. Es war gar zu schön, ihm zuzuschauen, wie er sich die Krause umlegte, vom Garderobier die Schärpe binden ließ. „Jetzt noch das seidene Mäntelchen, und wir sind unwiderstehlich!“ rief Bert, und tat ein paar sieghafte Schritte in seinen schwarzen Trikots.

Ich vergötterte ihn. Er war zugleich feurig und von interessanter Müdigkeit, ein richtiger Held, aber nicht ohne die melancholisch-dekadente Nuance. Die gestraffte Anmut der Gesten, das zerstreute Lächeln, der umflorte Blick – ich konnte mich nicht satt daran sehen. Es war beschlossene Sache: ich würde Schauspieler werden, ein zweiter Bert, ebenso intensiv und tänzerisch, ebenso beschwingt und pagenhaft!

Es gab eigentlich keinen Grund dafür, unsere Freundschaft mit Bert vor den Eltern geheimzuhalten; er war, vom Standpunkt der Erwachsenen aus beurteilt, ein durchaus akzeptabler Umgang, gebildet, diskret, zuverlässig. Aber die elterliche Sanktion hätte der Beziehung ihren Reiz genommen. Alles Heimliche, Illegitime war faszinierend. Nachtlokale, Detektivfilme, unanständige Bücher, man liebte sie nicht um ihrer selbst willen, sondern weil sie das Verbotene waren. Es war köstlich, sich nach Mitternacht aus dem Haus zu schleichen; wir trafen uns mit den Walter-Mädchen am Kufsteiner Platz, Lotte trug Kuzis Sportanzug mit Knickerbockers, Gretel war als Zigeunerin kostümiert, mit wehendem rotem Schal eilte sie uns voraus, über die Isarbrücke. Was hatten die Straßen uns zu bieten, um diese Stunde? Es gab nur ein paar schläfrige Passanten, die uns mit verwundertem Blicke streiften. Wir aber genossen unsere absurde Expedition. Das Bewußtsein, Unerlaubtes zu tun, genügte, um unsere Herzen höher schlagen zu lassen. Es war ein Uhr morgens, wir hätten schon seit Stunden schlafen sollen, trieben uns aber statt dessen in der Stadt herum! Wir empfanden die krasse Frivolität unseres Tuns: daher unsere fieberhafte Aufgekratztheit. “Hui!“ rief Gretel, eine Windsbraut mit flatternd schwarzer Mähne. Wir umringten einen beleibten Spießer, der vom

Hofbräuhaus nach Hause strebte. „Hui ...“ Gretels rotes Tuch flog dem Dicken ins Gesicht. Er schimpfte hinter uns drein, da wir kreischend entwichen.

Je sündiger, desto besser! Pralinés schmecken gut; wie köstlich müssen erst gestohlene Süßigkeiten schmecken!

Bert stachelte unseren Ehrgeiz, indem er uns von seinen Leistungen auf dem Gebiet des Stehlens erzählte. Er war als Kind ein wahrer Meisterdieb gewesen, wenn man seinen Berichten glauben durfte. Da hieß es, ihm beweisen, daß wir auch nicht auf den Kopf gefallen waren! Wir luden ihn zu einem Gastmahl ein. Die Eltern waren verreist, der heimliche Freund durfte sich zu uns wagen. Es gab Sherry, Würstchen, kleine Kuchen, Käse, Datteln, Schinken, Marzipan – alles geklaut, die ganze Herrlichkeit. Dem armen Bert, der es seinerseits so arg nie getrieben hatte, blieb der Bissen im Munde stecken, da wir uns vor ihm brüsteten: „Stell dir vor, Bert, der Baumkuchen! Es war keine Kleinigkeit, ihn unterm Lodencape davonzutragen!“

Wie kamen wir nur auf die Idee, das Fräulein Thea ins Vertrauen zu ziehen? Sie war das Kinderfräulein. Nicht mehr das unsere natürlich, sondern das von Elisabeth und Michael: eine derbe Person mit ährenblonden Zöpfen, durch und durch ethisch, ganz verständnislos. Wir hätten den Typ kennen sollen! Natürlich ging sie hin und petzte. Kaum waren die Eltern von der Reise zurück, da ward alles enthüllt: die Freundschaft mit Bert, die Diebstähle, unsere nächtlichen Eskapaden: „Die Kinder sind auf Abwegen, gnädige Frau – aus ihrem eigenen Munde weiß ich es, daß sie in verschiedenen Nachtlokalen waren, im ›Grünen Schiff‹ zum Beispiel, und in einem anderen namens ›Boccaccio‹, wo getanzt und gesungen wird. Beim ›Papa Benz‹, das ist auch so eine Kneipe, mußten sie aus dem Fenster klettern, um nicht von ihrer Tante, der Frau Heinrich Mann, gesehen zu werden ...“

Fräulein Theas Eröffnungen kamen den Eltern wohl nicht ganz so überraschend, wie die biedere Denunziantin glauben mochte. Zauberer und Mielein waren zwar nachsichtig und geduldig, aber doch nicht blind. Sie konnten sich kaum über uns Illusionen machen: wir waren offenbar in unser schwierigstes Alter eingetreten. Indessen versprachen diese Eltern sich nichts von Strafen und Tiraden; eher verließen sie sich auf unseren gesunden moralischen Instinkt und auf den heilsamen Einfluß einer heiter-zivilisierten häuslichen Atmosphäre. Waren sie zu optimistisch gewesen? Es sah fast so aus. Die Sache mit dem gestohlenen Gastmahl ging ein bißchen weit. Eine drastische Lektion schien geboten.

Die Lektion erwies sich als ziemlich milde. Wir wurden in ein Landerziehungsheim geschickt, nicht gerade eine Besserungsanstalt mit eiserner Disziplin. Der Ort, wo Mielein eines frostigen Morgens im März 1922 Erika und mich ablieferte, machte den erfreulichsten Eindruck.

Die „Bergschule Hochwaldhausen“, eine jener „Freien Schulgemeinden“, die damals in Deutschland Mode waren, bestand aus einem Komplex bescheidener Holzhäuser und Bungalows in herb-[?]idyllischer Landschaft. Wir befanden uns hier in Mitteldeutschland, in der Rhön, nicht weit von der Stadt Fulda. Bis jetzt hatten wir nichts von Deutschland, von der Welt gekannt als München und Oberbayern. Dies war etwas Neues. Wie würde es sein, in fremder Luft zu leben und mit fremden Menschen? Uns wurde doch ein wenig bang zumute, als Mielein, ihrerseits bewegt, von uns Abschied nahm.

Doch hatten wir einander, was alles erträglich machte. Auch wirkte Professor Steche, der Chef des Institutes, nicht eben beängstigend: ein wohlwollender, intelligenter Mann mit hilflos besorgter Miene. Unter den Lehrern fielen verschiedene Charakterköpfe auf, Männer und Frauen von hohen geistigen Ambitionen, manchen von ihnen war Enttäuschung anzusehen: unverstandene Genies, verhinderte Schöpfer, wie der bittere Zug um den Mund verriet. Was die Schüler betraf, Mädchen und Knaben im Alter von sieben bis siebzehn, so waren sie vorwiegend bürgerlich-intellektueller Herkunft. Immerhin gab es innerhalb der Schulgemeinschaft Typen und Gruppen sehr verschiedenartiger sozialer Prägung. Was aber auch diese Halbwüchsigen voneinander trennen und unterscheiden mochte, sie hatten ein Grunderlebnis, einen bestimmenden Gefühlskomplex gemeinsam – die *Jugendbewegung*.

Ich habe manchmal versucht, das Wesen, die Bedeutung dieses höchst kuriosen, typisch deutschen Phänomens außerhalb des deutschen Sprach- und Kulturgebietes plausibel zu machen. Es ist hoffnungslos. Die Jugendbewegung, wie die Tanzkunst der Mary Wigman und die Poesie Stefan Georges, läßt sich nur im Lande ihres Ursprungs begreifen. Die prahlerische Selbstverherrlichung der Jugend als idealistisch-revolutionäres Programm, die Etablierung einer bestimmten biologischen Phase als autonome Lebensform: nur in Deutschland war dergleichen möglich. Wie unverwechselbar, wie *gefährlich* deutsch ist die Mischung aus Systematik und Verschwommenheit, aus revolutionärem Elan und bösartigem Obskurantismus, die wir für die Jugendbewegung charakteristisch finden! Ohne Frage, die romantische Rebellion gegen unsere mechanisierte Epoche enthielt zukunftsträchtige, wahrhaft progressive Elemente; gleichzeitig aber barg sie auch den Keim des Unheils. Wer könnte etwas einzuwenden haben gegen das innig-verschwärmte Penchant für altdeutsche Lieder und Tänze, gegen das Pathos des *Retour à la nature* mit Klampfe, Rucksack und alkoholfreien Getränken? Leider blieben diese harmlosen Spiele nicht frei von Prätentionen recht fataler Art. Die Wandervögel begnügten sich nicht damit, eine verkalkte und verspießte ältere Generation mittels ausgefallener Trachten und Frisuren zu schokieren; vielmehr machte man sich mit einer „Weltanschauung“ wichtig, in der die mannigfachsten Stimmungen und Tendenzen wirr durcheinandergingen. Fortschrittsfeindliche, nationalistisch-rassistische Neigungen, die schon bei den ideologischen Begründern der Jugendbewegung – bei Blüher etwa – spürbar gewesen waren, nahmen bald überhand.

Schließlich zerfiel die „Revolution der Jugend“ in eine Vielfalt politisch bestimmter Gruppen, von denen die einflußreichsten sich als Wegbereiter des Nationalsozialismus erweisen sollten.

Dieser Zersetzungsprozeß hatte bereits eingesetzt, als ich mit der Sphäre des Wandervogels in Berührung kam. Indessen war der Geist der Jugendbewegung doch noch lebendig genug, um sich einer Gemeinschaft wie der unseren mitzuteilen. Der Lebensstil der Freien Schulgemeinde, unsere Gespräche, Gebärden und Emotionen waren durchaus bestimmt von jenem Aufstand der Jünglinge, der kurz vor dem ersten Weltkrieg seinen Anfang genommen und allmählich das ganze Land mit seinem Pathos, seinen Schlagworten infiziert hatte. Nie zuvor in der Geschichte vielleicht sind junge Leute so bewußt, so eklatant, so herausfordernd jung gewesen wie die deutsche Generation dieser Jahre. Man sagte: „Ich bin jung!“ und hatte eine Philosophie formuliert, einen Schlachtruf ausgestoßen. Jugend war eine Verschwörung, eine Provokation, ein Triumph. Wenn wir uns in unseren kahlen Stuben trafen oder draußen im Wald oder beim Krämer im Dorf, tauschten wir geheime Blicke und Winke:

„Ich bin jung!“

„Ich auch!“

„Dein Glück! Die Alten sind Schweine und Narren.“

„Recht hast du. Wer über dreißig ist, gehört aufgehängt. Was mich betrifft, so fühle ich mich heute derartig jung, daß mir das Herz im Leibe nur so hüpft ...“

Es war beunruhigend und schwer und köstlich, jung zu sein, ein ständiges Problem, eine unendliche Wonne. Für alle, die sich diesen süß-erregenden Zustand verscherzt hatten und ungeschickterweise alt geworden waren, empfanden wir ein Mitleid, in das sich Verachtung mischte. Hatte man früher einmal seine Lehrer gehaßt oder gar gefürchtet? Das mußte lange her sein. Alte Menschen verdienten unser Erbarmen. Was denn sonst? Professor Steche zum Beispiel, seht doch, wie kläglich er ist! Schon beinah fünfzig, mit Säcken unter den Augen, und spielt sich immer noch als „Kamerad“ der Jugend auf! Man weiß nicht, ob man über so viel Naivität lachen soll oder weinen ...

Tatsächlich konnte der gute Steche einem wohl leid tun, nicht wegen seiner Betagtheit, sondern weil wir ihm das Leben gar so schwer machten. Er bemühte sich redlich, die hochfliegenden Ideale und Aspirationen der Jugendbewegung mit einem gewissen Minimum organisatorischer Disziplin und wissenschaftlicher Methodik zu vereinen. Seine Anstrengungen scheiterten an unserer Widerspenstigkeit. Wir waren Anarchisten; der Professor, ein weicher, empfindsamer Mann ohne Dynamik, ohne Phantasie, wurde nicht mit uns fertig. Wir unterminierten seine Autorität, zerstörten ihm seine Schule.

Steche gab sich geschlagen. Die oberen Klassen seines Landerziehungsheims wurden geschlossen. Es war der Professor selbst, der den Eltern riet, ihre problematischen Kinder wieder zu sich zu nehmen.

Wir hatten in der Bergschule neue Freunde gefunden, von denen wir uns nicht gern trennten. Manche dieser Beziehungen sollten von Dauer sein, vor allem meine herzliche Kameradschaft mit der dicken Gert, aus der später die dünne, schöne, kranke Gert wurde. Sie war ein Waisenkind unbestimmt aristokratischer Herkunft, von einem wohlhabenden Frankfurter Ehepaar adoptiert. Wir nannten sie das „Elefantenbaby", wegen ihrer gewaltigen Körperfülle. Der große, schön geschwungene Mund, die braunen Augen lachten in ihrem breiten, liebenswerten Kindergesicht. Mit welchem Ungestüm, welchem Enthusiasmus sie sich in das Abenteuer unserer Freundschaft warf! Sie sparte nicht mit sich, gab sich ganz, was immer sie auch tat. Als sie es später darauf abgesehen hatte, sich zugrundezurichten, bewies sie dabei den gleichen überschwenglichen Eifer, den sie damals beim Spielen und in der Zärtlichkeit hatte. In den Bergschul-Tagen stopfte sie sich mit Schokolade voll; zehn Jahre danach waren es Morphium-Injektionen, auf die sie sich versessen zeigte, so versessen, daß sie bald die Fleischesfülle einbüßte, aber nie, nicht bis zum bitteren Ende, den kindlich lachenden Blick ... Die dicke Gert – die gar zu schlanke, dem Gifte verfallene Gert ist in vielen Städten und an vielen Küsten mit mir gewesen. Aber so schön und lustig haben wir es doch nie mehr zusammen gehabt, wie damals in der Bergschule Hochwaldhausen.

Es war etwas Besonderes um diese Landerziehungsheime, dies zugleich unschuldig-fröhliche und problematisch-spannungsreiche Zusammenleben junger Menschen in völliger Freiheit, weit weg von den Konventionen der Stadt, des Elternhauses. Wer den Zauber dieser Daseinsform einmal gekostet hat, dem bleibt die Sehnsucht danach im Blute. Ich wollte mehr davon. Mehr von diesen Freundschaften, diesen Diskussionen, diesen Wanderungen und nächtlichen Reigen um romantische Feuer. Während Erika in München blieb, um sich dort aufs Abitur vorzubereiten, bestand ich zur Überraschung meiner Eltern darauf, in eine andere Landschule geschickt zu werden.

Die Odenwaldschule bei Heppenheim an der Bergstraße, nicht weit von den Städten Darmstadt und Heidelberg, war ein pädagogisches Institut von hohem Rang und internationalem Ansehen. Ihr Leiter, Paul Geheeb oder „Paulus", Veteran der Jugendbewegung, Vorkämpfer der Freien Schulgemeinde, war, im Gegensatz zu Steche, eine Persönlichkeit; in ihm verband sich die profunde Erfahrenheit des alten Erziehers mit einem merkwürdigen hellseherischen psychologischen Instinkt und einem eigensinnig zähen, kindhaft gläubigen Idealismus. Mit seinen weiten, sinnenden Augen und dem prächtig wallenden, grau-weiß melierten Bart wirkte er wie ein Eremit, der von Kräutern und Weisheit lebt. Tatsächlich nährte Paulus seinen stämmigen Körper ausschließlich mit Gemüse, Obst und Hafergrütze, seinen Geist mit indischer, chinesischer, griechischer Philosophie und mit dem Vermächtnis des großen deutschen

Jahrhunderts, von Herder und Lessing bis zu Schiller, Kant und Fichte. Die villenartigen Baulichkeiten, in denen wir unsere Wohn- und Arbeitsräume hatten, trugen die Namen von Geheebs Schutzheiligen. Das stattlichste Gebäude, wo man sich zu den Mahlzeiten und anderen geselligen Gelegenheiten zusammenfand, war nach Goethe benannt; mein eigenes Revier war im Platohaus, während Paulus und „Tante Edith" (Frau Geheeb, geborene Cassirer) das Humboldthaus als Residenz erwählt hatten. Sein Lieblingsplatz aber war der umzäunte Teil des Gartens, der den Tieren gehörte, den lieben Rehen und den schönen Vögeln, die der Alte mit so viel zärtlicher Gewissenhaftigkeit pflegte und fütterte. „In der Gesellschaft meiner Kinder", pflegte er zu sagen, „erhole ich mich von den Erwachsenen; bei meinen Tieren erhole ich mich von den Kindern."

Doch war er auch den Kindern und selbst den Erwachsenen auf seine milde und zerstreute Art recht zugetan. Seine Pädagogik ging von der Voraussetzung aus, daß der Mensch fundamental gut oder doch dem Guten zugängig sei. Der Beruf des Erziehers, wie Paulus ihn auffaßte und auszuüben suchte, besteht darin, in jeder Individualität das ihr immanente Gute, das ihr eigentümliche Gesetz zu stärken und zu entwickeln („Werde, der du bist!"), gleichzeitig aber dem einzelnen seine Abhängigkeit vom Kollektiv, seine Verantwortung gegenüber der Gemeinschaft einzuprägen.

Dieser Menschenbildner – ja, Paul Geheeb war einer, wenn ich je einen kannte! – glaubte nicht an das „Führerprinzip"; vielmehr hielt er dafür, daß die demokratische Methode am besten geeignet sei, die notwendige Balance zwischen Freiheit und Disziplin herzustellen und festzuhalten. Die Odenwaldschule war eine Republik, in der die Macht vom Volke, das heißt von den jungen Menschen ausging, während der Leiter sich mit der Rolle des väterlichen Beraters, Vermittlers und Repräsentanten beschied. Die Schüler, „Kameraden" genannt, bildeten ein Parlament, das über alle wichtigen Fragen des Gemeinschaftslebens zu entscheiden hatte. Diese Schülerversammlung oder „Schulgemeinde", die in regelmäßigen Zeitabständen tagte, bestimmte die Gesetze und die Hierarchie der Anstalt; sie konnte asoziale Elemente strafen oder sogar ausstoßen; die hatte das Recht, Maßregeln, die vom Oberhaupt selbst verfügt waren, zu modifizieren oder aufzuheben.

Daß es eine solche Schule in Deutschland einmal geben konnte! Nationalismus und Rassenwahn hatten nie aufgehört, das öffentliche Leben des Reiches zu vergiften; hier aber, in dieser Oase der Gesittung, herrschte die Toleranz. Es war eine kosmopolitisch bunte Gesellschaft, die Paul Geheeb, der Freund Rabindranath Tagores und Romain Rollands, um sich versammelte. Mit gleicher Gastlichkeit empfing er die Söhne und Töchter von Industriellen und mittellosen Bohemiens. Unter meinen Kameraden gab es die Kinder des französischen Kommunistenführers Marcel Cachin und russische Emigranten, die sich ihrer Verwandtschaft mit dem Hause Romanow rühmten, den Sohn eines berühmten Berliner Schauspielers, eine kleine Griechin von ungewöhnlicher Anmut, mehrere Inder, eine strahlend schöne Italienerin – ich sehe sie noch vor mir; ihr

Name war Lätizia –, die Sprößlinge holländischer Kaffeemagnaten, österreichischer Dichter, chinesischer Gelehrter und amerikanischer Bankiers.

Ich freundete mich mit drei Berliner Mädchen an, eine immer gescheiter als die andere: Ilse spielte Bach und interessierte sich für Philosophie; Oda zeichnete groteske Albträume und gefiel sich in barocken Verkleidungen (wir führten Tänze miteinander auf: ich erinnere mich an einen, in dem sie den Teufel darstellte, während ich die Rolle der Nonne übernahm, die vom Bösen gelockt und geängstigt wird); Eva war das Universalgenie. Sie wollte Ärztin werden, beschäftigte sich aber gleichzeitig mit Musik, Dichtung, Malerei, Soziologie, Religionsgeschichte. Eva war intellektuell bis zum Exzeß – in ständiger zerebraler Hochspannung, immer vibrierend von geistiger Intensität.

Wir waren alle ungeheuer intensiv. Ich las den Mädchen meine Verse vor, woran sich die intensivsten Diskussionen knüpften. Die Kammermusik-Konzerte, die es an Sonntagabenden im Goethehaus gab, die wechselnden Schönheiten der Natur, Bücher, Bilder und Spiele, alles stimulierte uns zum hitzigen Gespräch, zur leidenschaftlich suchenden, bohrenden schweifenden, hochfliegend wirren Debatte. Wir schmeichelten, provozierten, kritisierten einander. Man bemühte sich, einander zu ergründen; einer den anderen, vor allem aber jeder sich selbst. Es galt, sich und dem Partner das eigene Genie zu beweisen. Eva hielt sich für ein Genie. Oda hielt sich für genialisch. Ilse bewunderte Eva und Oda, dachte aber auch von sich selbst nicht gering. (Sie spielte Bach, studierte die Philosophen.) Ich bewunderte Eva, Oda und Ilse, legte aber Wert darauf, auch meinerseits von ihnen anerkannt zu werden.

Ich war sechzehn Jahre alt. Ich schrieb Gedichte in freien Rhythmen: „Mein Sturmlied“, „Mein Liebeslied“, „Das Lied von der Dummheit“, „Das Lied von der Schönheit“, „Das Lied von mir selbst“. Die Kurse interessierten mich nicht. (Es gab keine festen Klassen in der Odenwaldschule, sondern ein Kurssystem, das dem einzelnen Schüler gestattete, sich für jedes Fach einer Gruppe anzuschließen, deren Kenntnisse auf diesem bestimmten Gebiet seinen eigenen entsprachen.) Paulus, der Verständnis für mein Verlangen nach Einsamkeit und privater Lektüre hatte, dispensierte mich von vielen Unterrichtsstunden. Ein großer Teil des Tages gehörte mir selbst – meinen eigenen Träumen und Meditationen. Ich nutzte die Zeit, die mir so großmütig gewährt ward. Ich las.

Ich las gierig, enthusiastisch, unersättlich. Indessen war es doch nicht mehr ein wahlloses Verschlingen von Massen gedruckter Worte wie in den frühen Jahren meiner Lesewut. Mein Geschmack entwickelte sich in einer bestimmten Richtung; ich fing an, mir der eigenen Neigungen und Bedürfnisse bewußt zu werden. Ich fand meine Meister, meine Götter; ich entdeckte meinen Olymp.

Ich schaue sie mir an, die Heiligen, die Dämonen meiner sechszehn Jahre, und ich finde keinen unter ihnen, dessen ich mich heute schämen müßte. Freilich, manche dieser frühgeliebten Figuren haben heute in meinem Herzen nicht mehr den zentralen Platz, den ich ihnen damals im Überschwang erster Ergriffenheit, erster Dankbarkeit so willig einräumte. Der Glanz, der mich einst blendete und berauschte, mag in einigen Fällen schwächer geworden sein; auch sind andere Sterne hinzugekommen, die jenen ersten Konstellationen den Rang streitig machen. Aber sie leuchten doch noch, die Sonnen meiner Jugend; ihr Feuer, selbst wo es an Stärke verloren hat, ist rein geblieben. Nein, ich habe mich nicht täuschen lassen von Irrlichtern und künstlichen Flammen; ich habe keine falschen Götter angebetet.

In unverminderter Glorie strahlt das Vierergestirn, das um diese Zeit meinen Himmel beherrschte und dem ich mich noch heute gerne anvertraue: Sokrates, Nietzsche, Novalis und Walt Whitman.

Ich liebte den Sokrates des „Gastmahl“ und des „Phaidon“, weil er die Schönen liebte – ach, mit welcher Verschlagenheit! welch zärtlicher Ambivalenz und schillernder Ironie! – und weil er alles vom Eros wußte und nichts von seinem furchtbaren Wissen verriet. Es waren nur einige Andeutungen und suggestive Winke, die er uns zukommen ließ. Er sagte uns, daß Eros häßlich sei, nicht schön. Und er sagte uns auch, daß Eros, die unschöne, schönheitsdurstige Gottheit beim Liebenden sei, nicht beim Geliebten. Wie gern ich dies hörte! Welch bittersüße Genugtuung mir solche Weisheit bereitete! Ich wußte, daß Sokrates die Wahrheit sprach. Ja, Eros ist häßlich, nicht schön. Ja, die Gottheit ist beim Liebenden, nicht beim Geliebten. Hatte Sokrates auch recht, wenn er das Leben eine Krankheit nannte? Da man ihm den Schierlingsbecher reichte, bemerkte er lächelnden Mundes, nun sei es Zeit für ihn, dem Gott der Heilkunst einen Hahn zu weihen: „Denn, meine Freunde, ich bin lange krank gewesen.“ Ist auch dies die Wahrheit? Ich habe nie aufgehört, mir diese Frage zu stellen. Und je länger ich mich bemühe, seinem letzten Orakel auf den Grund zu kommen, desto mehr verfalle ich dem Zauber dieses unwiderstehlichen Dämons und abgefeimten Heiligen, dieses großen Liebenden und Sophisten, desto inniger liebe ich den Sokrates.

Ich liebte Nietzsche, nicht um seiner Lehre willen (weder der „Übermensch“ noch die „Ewige Wiederkehr“ haben mich je überzeugt), sondern als Künstler, als Gestalt. Zuerst kaptivierte mich der „Zarathustra“, dessen etwas forcierte Gebärde mir seither fremd, fast peinlich geworden ist; dann waren es der „Antichrist“, der „Fall Wagner“, der „Ecce Homo“, von denen ich mich verführen, erregen, faszinieren ließ. Die Ansichten und Gesinnungen, die in diesen Büchern mit schriller Insistenz vertreten werden, ließen mich ziemlich kalt. Aber der Stil! Welch ungeheure denkerische Leidenschaft mußte es sein, die sich in so hinreißenden, tödlich beschwingten Rhythmen und Akzenten manifestierte! Ich spürte die Schauer einer fast übermenschlichen Einsamkeit, den Hauch der verzehrenden Flamme hinter der fulminanten Eleganz der späten Nietzsche-

Prosa. Das Schauspiel seiner intellektuellen Passion, seiner Hybris, seines Unterganges bestimmte meinen Begriff vom Wesen des Genies. Ihm verdankte meine Jugend die ersten Ahnungen vom Wesen des Tragischen und vom Wesen des Dämonischen. Die Antithese zwischen dem Helden und dem Heiligen hob sich mir auf in seiner Figur, seinem Drama. Er war der heilige Held, Rebell und Märtyrer zugleich. Prometheus und Christus, Dionysos und der Gekreuzigte. Er war der erfüllte Mensch. Jugend will anbeten, will beten. Das Nietzsche-Bild war immer über meinem Bett, ein Porträt aus der Leidenszeit, mit der tragisch verfinsterten Stirn, dem Dulderblick, schon entrückt, ins Nichts, ins Unendliche starrend. Dies nach vorne sinkende Haupt, was hat es zu tun mit der blonden Bestie, dem Übermenschen? Es ist der Menschensohn, der solche Qual und solche Wunden trägt: Ecce Homo, voilà l'Homme!

Ich liebte Novalis, weil er mir tiefer als alle anderen bewandert schien in den Mysterien der Nacht, der Wollust, des Todes. Der Zauber der deutschen Romantiker hat früh auf mich gewirkt und niemals aufgehört, mich in seinem Bann zu halten. Tiecks Geschichten von den Elfen und vom Blonden Eckbert, die wundersamen Weisen und Märchen der Eichendorff, Arnim, Brentano, die schaurigholden Halluzinationen des E. T. A. Hoffmann; Chamissos Peter Schlemihl und de la Motte-Fouqués Undine als ewig rührende und ewig gültige Symbole der Heimatlosigkeit, des Heimwehs, der Entwurzelung – diese ganze Sphäre, in der höchste Geistigkeit und reinste Poesie, Ahnung und Raffinement, Magie und Witz sich zur schillernd komplexen Einheit finden, hat für mich immer eine Faszination gehabt, wie vielleicht keine zweite in sich geschlossene Gruppe oder „Schule“ der Weltliteratur. Unter so vielen verführerisch-bedeutsamen Geistern war mir Friedrich von Hardenberg der verführerischste, der bedeutungsvollste. Ich mußte zwanzig, mußte dreißig werden, um die strengere Größe Hölderlins zu würdigen; aber der Sechzehn- und Siebzehnjährige war nur zu empfänglich für den hypnotisierend süßen Flötenruf, die abgründige Lockung der „Hymnen an die Nacht“. Die Mischung aus Erotik und Metaphysik, aus schwärmerischer Frömmigkeit und febriler Sexualität– diese zugleich franziskanisch reine und morbid sinnliche Ekstase des Phthisikers kam meiner eigenen Stimmung in jenen empfindsam aufgewühlten Jahren aufs wunderbarste entgegen. Wie tief war dieser hellsüchtige Kranke eingeweiht in die Geheimnisse der göttlichen Natur, wo alles Eros und Metamorphose ist! Ich lauschte ihm offenen Mundes, ehrfürchtig erweiterten Blickes, wenn er mir von dem Erlösungsprozeß sprach, der sich vielleicht fortwährend in der Natur vollzieht; denn wenn Gott sich dazu herbeiließ, Mensch zu werden, warum sollte er sich nicht auch in Stein, Pflanze, Tier und Element verwandeln? Die Konzeptionen der Auflösung und der Erlösung fließen ineinander, Tod und Lust werden eins. Alles Geschaffene will Lust, alle Lust will den Tod. Leben ist nur der Anfang des Todes, existiert nur um des Todes willen; Tod ist Anfang und Ende zugleich. O welche süße, große Hochzeit wird es sein, wenn drüben, im Reich der Nacht, die Dinge und Begriffe sich in libidinöser Universalfusion begatten und durchdringen! Die Materie verschmilzt mit der Idee; der Mensch – endlich befreit vom Fluch der Individuation – wird Teil der Natur; die erlöste, aufgelöste Natur sinkt ihrem Schöpfer ans entzückte Herz ... Ida konnte nicht genug bekommen von solch tröstlich-erregenden Prophezeiungen. Ich liebten den tuberkulösen Visionär, dessen zarte Stimme mir so gewaltige Kunde brachte.

Ich liebte Walt Whitman, den Amerikaner, „of mighty Manhattan the son", weil er den Leib, den elektrischen, sang und weil er mein Kamerad sein wollte. Sein Zuspruch war kräftiger als die geisterhaften Winke des romantischen Sehers, weniger paradox und pathologisch als die krasse Selbstglorifizierung, Selbstgeißelung Zarathustras, weniger vertrackt und doppeldeutig als die ironische Dialektik des Sokrates. Der transatlantische Barde redete zu mir mit einem Überschwang, der niemals ins Hysterisch-Manische ausartet. Realistisch bei aller Hingerissenheit, zählte er in dithyrambischen Katalogen die Herrlichkeiten dieser Schöpfung auf. Ja, dieser athletische Pionier eines jungen Erdteils, einer neuen Zivilisation verdiente meine Liebe, da er seinerseits mit so gewaltiger Generosität zu lieben wußte. Er liebte *en masse*, liebte den Menschen als solchen, ohne Unterschied des Geschlechts, des Alters, der Nationalität und Rasse („The armies of those I love engirth me, and I engirth them"); er liebte als Demokrat, liebte die Demokratie um des Menschen willen, dessen psycho-physische Beschaffenheit ihm so über die Maßen rührend, so bewunderungs- und liebenswürdig schien. Der Knabe in der Einsamkeit seiner kahlen Stube ward es nicht müde, sich von dieser weltumarmenden Begeisterung begeistern zu lassen. Aber vielleicht hätten die Ausbrüche einer ungeheuren emotionellen Energie und dynamischen Gastlichkeit mich nicht so tief und innig berührt, wenn mir nicht auch in ihrem robusten Enthusiasmus der Hauch transzendentaler Sehnsucht spürbar gewesen wäre. Freilich, der Dichter der Neuen Welt, sehr im Gegensatz zum deutschen Romantiker, wollte und propagierte den Fortschritt (das Wort „Progreß" erscheint bei ihm fast nur mit großem Anfangsbuchstaben), die moderne Technik und Wissenschaft, den internationalen Verkehr, die Befreiung der Völker von den Fesseln des Obskurantismus und der Sklaverei. Und doch fehlt es diesem mannhaften Optimismus nicht an mystisch-dunklen Zwischentönen. Der „Eternal Progreß", den Whitman fordert und feiert, was ist denn sein letztes Ziel? Diese kosmische Fortschrittsvision, wo endet sie? Wohin führt sie? Die sich kameradschaftlich umschlingenden Republiken, die erotisch verbrüderten Massen, denen in den „Leaves of Grass" gehuldigt wird, sind sie nicht bereit und reif für eben jene sinnlich-übersinnliche Hochzeit, für die wollüstige Apokalypse, von der Novalis singt? Wenn dem todessüchtigen Romantiker das Reich der Schatten zur Stätte unschuldig-lustvollen, entsühnten und gesteigerten Lebens wird, so ahnt Whitman, der Weltfreund, die Nähe des Todes, die Gegenwart des Jenseits mitten im Hiesigen. Der Barde des Fortschritts und der Demokratie war vertraut mit dem eisig-zärtlichen Hauch, der geflüsterten Mahnung aus dunkler Sphäre „the whisper of heavenly death", und es war vielleicht diese Vertrautheit, dieser Einschlag von romantischer Dämmerung in seinem lichten Gesang, der ihn mir erst ganz verständlich, durchaus liebenswert machte.

Ich liebte Walt Whitman, den stolzen Sohn Manhattans, um des frommen Schauers willen, mit dem er diese zwei kurzen Worte niederschrieb – *die Toten:* "Denn lebendig sind sie, die Toten; (vielleicht die einzig Lebendigen, einzig Wirklichen und ich die Erscheinung, ich das Gespenst ...)“

Um diese vier herrschenden Gestalten meines Pantheons gruppierten sich die Helden und Heiligen geringeren Formats. Nicht weit von Novalis steht Angelus Silesius, der Cherubinische Wandersmann. Sein Antlitz hat den ritterlichen Ernst, die zugleich asketisch-strenge und kindlich-sanfte Schönheit, die wir an den Figuren des Meister Riemenschneider bewundern. Ich erinnere mich nicht, je ein Porträt des Silesius gesehen zu haben; aber ich glaubte, seine Züge in einem Johanneskopf von Riemenschneider wiederzuerkennen. Eine Photographie dieser außerordentlichen Skulptur – das nach hinten gesunkene Haupt des Lieblingsjüngers, in tränenvoller Ekstase zum Kreuz aufblickend – stand auf meinem Arbeitstisch neben einer Reproduktion des griechischen Dornausziehers.

Die Schriften der deutschen Mystiker wurden damals vom Insel-Verlag in einer schönen Bücherreihe, „Der Dom“, herausgebracht. In meiner kleinen Bibliothek nahmen die schlanken blauen Bände mit dem weißen Rücken einen Ehrenplatz ein. Noch näher als Meister Eckhart und Mechthild von Magdeburg war mir der „Wandersmann“, dessen Sprüche (ich wußte ihrer viele auswendig, habe mir auch manche bis auf den heutigen Tag gemerkt) ich beim Spazierengehen oder abends vor dem Einschlafen vor mich hinzusprechen liebte. Gläubigkeit, jenseits des Dogmas, Religiosität als spontanes, tief persönliches Erlebnis, unabhängig, ja *gegen* die klerikale Orthodoxie – es waren die schlichten Reime des Angelus Silesius, die mir diese seelischen Möglichkeiten zuerst offenbarten und einprägten.

Rainer Maria Rilke gehört zur gleichen Gruppe der wandernden Gottsucher und vereinsamten Beter. Diejenigen seiner Werke, die mir heute die kostbarsten sind – „Die Sonette an Orpheus“ und die „Duineser Elegien“ – waren mir damals noch nicht bekannt; aber mit welch andächtiger Zärtlichkeit liebte ich das „Stundenbuch“, den „Malte Laurids Brigge“! Noch seine Manieriertheiten waren mir ergreifend und bedeutungsvoll, noch seine künstlichsten Schnörkel und Arabesken verehrte ich als Ausdruck mönchischen Eifers. In hold gezierten Tönen sang er von der Armut und vom Tode; sein reiner Fleiß huldigte dem Herrn in preziösen Reimen und ausgefallenen Metaphern. Eine Seite meines eigenen Wesens antwortete auf diesen sublimen Ästhetizismus, teilte diese verspielte Prädilektion für seltene Worte und schöne Dinge: Fontänen, Orchideen, Gemmen, Spiegel, Edelsteine, Engel. Vor allem diese. Noch ehe ich mir den Swedenborg entdeckte und mich mit Jean Cocteaus anrüchigen Cherubim anfreundete, lernte ich bei Rilke die Grundlagen der Engelskunde. „Jeder Engel ist schrecklich“, wie ich später aus den „Duineser Elegien“ erfahren sollte; aber damals ergötzte ich mich noch voll kindlichen Zutrauens an den „tödlichen Vögeln der Seele“, deren sanfter Flügelschlag mir aus dem „Buch der Bilder“ und dem „Stundenbuch“ so lieblich entgegenkam.

Was mich an Rilke vor allem anzog, war die schillernde Zusammengesetztheit seiner geistigen Physiognomie, die Vielschichtigkeit seines Idioms, seiner Erbschaft. Dieser deutsche Dichter österreichisch-böhmischer Abkunft schien halb in Paris zu Hause (er konnte auch französische Verse schreiben), halb in einem kuppelreich-byzantinischen Moskau. Zu den slawischen und lateinischen Komponenten kommt, besonders im „Malte Laurids Brigge“, ein skandinavischer Einschlag. Rilkes Prosadichtung, die mir noch heute sein bedeutendstes Werk neben den „Sonetten“ und den „Elegien“ scheint, gehörte zu den großen Schätzen, den Offenbarungen meiner Jugend. Die schwermutsvolle Melodie der „Aufzeichnungen“ begleitete mich durch die Jahre geistigen und physischen Erwachens, die für jede sensitive Natur Jahre krisenhafter Problematik sind. Vielleicht gab es nur noch einen zweiten Prosaisten, der mir ebensoviel bedeutete, den ich mit derselben Hingabe liebte und bewunderte: Herman Bang.

Ich liebte alle seine Bücher, von den „Hoffnungslosen Geschlechtern“ bis zu den „Vaterlandslosen“. Ich liebte seine Technik, die raffinierte Diskretion eines Impressionismus, dessen Wirkungen an Monet und Debussy gemahnen. Das eigentliche Drama spielte sich bei Bang stets zwischen den Zeilen ab, kaum ausgesprochen, nur angedeutet im nervösen Staccato der Dialoge. Die Menschen Bangs scheinen immer aneinander vorbei zu sprechen: keiner versteht die scheue Bitte, den Hilferuf, den Verzweiflungsschrei des anderen. Eine furchtbare Aura von Einsamkeit umgibt sie alle, die versteinten Alten im „Grauen Haus“, die Akrobaten und Abenteurer der „Exzentrischen Novellen“, die umgetriebenen, gehetzten, todmüden Virtuosen in den „Vaterlandslosen“, die liebenden, ach, wie hoffnungslos liebenden Mädchen und jungen Frauen in „Das Weiße Haus“, „Am Wege“, „Tine“, „Ludwigshöhe“. Die Isoliertheit der Kreatur, die Vergeblichkeit des Gefühls – Bang hat kein anderes Thema. Wenn einer von uns sich dem anderen nähern möchte, wenn wir die Hand zur Liebkosung heben, springt ein Abgrund auf, der unüberbrückbare, gnadenlose Abgrund, der den Meister von Michael trennt.

Im „Michael“ gibt Bang die Quintessenz, die fundamentale Formel der Tragödie, die er in seinen anderen Büchern variiert. Dieser Roman nimmt, als direktes Bekenntnis und bewußter Höhepunkt, innerhalb des Bangschen Oeuvre eine ähnliche Stellung ein wie die „Symphonie Pathétique“ im Opus des Peter Iljitsch Tschaikowsky. Damit soll nicht gesagt werden, daß „Michael“ das bedeutendste, geglückteste von Bangs Büchern sei; ich bin heute geneigt, anderen seiner Werke – etwa dem „Grauen Haus“ und den „Vaterlandslosen“ – den Vorzug zu geben, ebenso wie ich übrigens Tschaikowskys Fünfte Symphonie seiner Sechsten künstlerisch überlegen finde. Aber den Sechzehnjährigen beeindruckte die etwas sentimentale Geschichte vom Meister Claude Zoret und seinem grausamen, angebeteten Knaben tiefer und nachhaltiger als irgendeines der vielen Meisterwerke, die er mit mehr oder weniger Verständnis und Genuß in sich aufgenommen hatte. Die Augen gingen mir über, sooft ich die letzten Seiten des Romanes las. Es geschah ziemlich häufig, daß ich mir vorm Einschlafen eine Viertelstunde „Michael“ gönnte: die Todesszene des Meisters war gar zu traurig und herzzerreißend, dabei aber auch höchst genußreich; ein schmerzlicher Leckerbissen, eine bittere Wonne. Sich vorzustellen, wie der berühmte Alte – Claude Zoret, „Maler der Schmerzen“ – in der Einsamkeit seines prunkvollen Hauses lag und auf Michael wartete! Auf den Tod und auf Michael ... Der Tod kam, er findet sich wohl schließlich immer ein; nicht aber Michael. Der schöne, ruchlose Michael, den der Meister überhäuft hatte mit seiner Großmut und mit seiner Liebe, er lag in den Armen einer ebenso schönen, ebenso ruchlosen Frau. Während sie sich küßten, starb der alte Mann. Michael war nicht gekommen. Nur der Tod war gekommen, des Meisters einsamer Tod ...

Meine Wehmut steigerte sich, wenn ich bedachte, wie der Autor dieser rührenden Geschichte, wie der Dichter Bang gestorben war: allein, wie der Meister; unbehaust, wie einer der Artisten und Virtuosen, die er so gerne beschrieb. Sein Leben endete in einem amerikanischen Pullmanwagen, irgendwo im wilden fernen Westen, in einem Land namens Utah, nicht weit von einer Stadt namens Ogden. Diese Todesfahrt des Vaterlandslosen durch fremde, ungeheure Steppen, diese einsame Agonie im Eisenbahncoupé, war es nicht eine Szene aus einem seiner Bücher? „O Herr, gib jedem seinen eigenen Tod“, hatte Rainer Maria Rilke gebetet.

Mein Olymp ist voll von Kranken und Sündern. Der wissensdurstige Knabe glaubte, von ihnen am meisten lernen zu können über die Geheimnisse der menschlichen Natur. Dieser, zum Beispiel, mit der gezeichneten, ausgezehrten Miene und dem spöttisch-wehen Lächeln, er sieht aus, als sei er nur zu gründlich bewandert in der Problematik, der Fragwürdigkeit und Qual des Erdendaseins. Sein Gesang ist zuweilen drollig, zuweilen erschütternd, niemals langweilig – der boshaft beschwingte, süße, kluge Gesang des Heinrich Heine.

Der Heine meines Pantheon ist keineswegs der parfümierte Jüngling, der mit dem „Buch der Lieder“ eine schöngeistige Bourgeoisie in Entzücken versetzte; es ist der gemarterte Dichter des „Romanzero“, das Gespenst aus der Rue d'Amsterdam, das in sich verkrümmte, eingeschnurrte, vielfach gezwickte und gezwackte Männlein, das lebendigen, oder doch noch halb-lebendigen Leibes in der Matratzengruft verfault. Aber was für zwingende lyrische Akzente er findet, inmitten seiner Qual! Und mit welch sprühendem Witz und durchdringendem Scharfsinn er zu plaudern versteht! Der lernbegierige Sechzehnjährige tut gut daran, ihm recht aufmerksam zuzuhören, diesem gewandten und hellsichtigen Mittler zwischen germanischer und gallischer Kultur, zwischen Aufklärung und Romantik, christlich-jüdischer und heidnischer Philosophie. Er kennt sich aus, er kann dem Knaben mancherlei erzählen: über die großen

Spannungen und Antithesen in unserer Zivilisation, über das Wesen des Deutschtums, das Wesen des Judentums, die Zukunft Europas, die Größe und die Gefahren des Sozialismus, über aktuelle Probleme, kommende Auseinandersetzungen und zeitlose Gefühle, über Schönheit, Liebe, Leiden, Tod und Schmerz.

Der Knabe lauscht ihm gern und mit Gewinn. Das Ohr dieses Halbwüchsigen gehört allen denen, die auf der Stirn das Zeichen der Leidenserfahrung tragen und in den Abgründen zu Hause sind.

„De Profundis"! Es war um dieses Dokumentes willen, daß ich dem späten Oscar Wilde einen so prominenten Platz in meiner Ruhmeshalle einräumte; der große Brief des Sträflings an Lord Alfred Douglas bedeutete mir mehr als „The Picture of Dorian Gray", „The Importance of Being Earnest" und „Salomé" zusammengenommen. Der brillante Wilde der Dandy- und Erfolgsepoche ließ mich ebenso kalt wie der charmante junge Heine, der mit artig gespitztem Mäulchen „Du bist wie eine Blume" sang. Es war der ruinierte und verkommene Wilde, der seinen eigenen Untergang gewollt und provoziert hatte (aus Hybris? aus christlichem Leidenswillen?); Wilde, der Büßer, dem immer noch freche Witzworte von den einst verführerischen Lippen kommen. Es war ein tragischer Wilde, den ich mit tiefem Bückling in meine erlauchte Gesellschaft bat.

Dort gesellt sich der arme Oscar – oder tritt er unter dem Namen „Sebastian Melmoth" auf, aus Angst vor den Gläubigern? – zu anderen verdächtigen und verehrungswürdigen Figuren. Man bemerkt Edgar Allan Poe, den verglasten Alkoholiker-Blick in Fernen gerichtet, die sich ihm mit schaurig-lieblichen Gesichtern füllen. (Als Kind hatte ich Angst vor seiner „Schwarzen Katze", seinem „Mörderischen Pendel", seinem „Schwatzenden Herzen"; später war es seine artistische Besessenheit, die mir vor allem unheimlich erschien, die wahrhaft dämonische Disziplin und Akuratesse, mit der er sein Delirium zum Kunstwerk stilisierte.) Der dort neben ihm, mit den geistvoll gespannten, adelig-mephistophelischen Zügen, ist Charles Baudelaire, dem Frankreich und Europa die Bekanntschaft mit Poe und anderen guten Dingen verdanken. Der Autor der „Fleurs du Mal" darf nicht fehlen in dieser etwas gar zu romantischen Walpurgisnacht. Nicht, als ob der Halbwüchsige imstande gewesen wäre, die schwierige Größe des Dichter-Kritikers ganz zu würdigen! Aber es fehlte dem aufgeweckten Knaben doch nicht an Gefühl für den intellektuellen Reichtum, die emotionelle Intensität, die sich hinter diesem verzehrend anspruchsvollen, tödlich ernsten Schönheitskult verbarg.

Verlaine ist leichter zu verstehen. Die raffinierte Simplizität seines lyrischen Stils wirkt unmittelbar, unwiderstehlich auf eine empfänglich-empfindsame junge Seele. Wie bezauberte mich die sanfte Klage des „pauvre Gaspard" und das magisch schlichte Lied von der „lune blanche", dem schillernden Stern, der „heure exquise"! Die frommen Weisen der „Sagesse" (die ich in einem schönen Lederband besaß) waren mir ebenso vertraut und köstlich wie die inspirierte Pornographie der „Hombres" (die ich mir in einer seltenen Privatausgabe zu verschaffen gewußt hatte).

Was mich an Verlaine am tiefsten rührte, war sein Gefühl für Rimbaud, Artur Rimbaud, den Rebellen, den ungebärdigen Wunderknaben: Rimbaud, le Voyou – Rimbaud, le Voyant, der in meinem Parnaß eine so selbstherrlich dominierende Rolle spielt. Wie Nietzsche, in dessen Nähe ich sein Standbild placiert finde, war er mir vor allem als Gestalt und Schicksal ergreifend und bewundernswert. Von seinem Werk, diesem großartig fragmentarischen, gefährlich explosiven Oeuvre, hatten sich mir damals nur ein paar Gedichte eingeprägt (meine mangelhafte Kenntnis des Französischen gestattete mir kaum, die „Illuminations" und die „Saison en Enfer" zu goutieren): die makabre Vision der „Läusesucherinnen", die zwingende Beschwörung der Vokale („A noir, E blanc, I rouge, U vert, O bleu, voyelles – Je dirai quelque jour vos naissances latentes ..."), und – muß ich es betonen? – Die ungeheure poetische Tat des „Bateau Ivre".

Drei Generationen sind es nun schon, die meine ebensosehr wie die vorhergehende und die folgende, die unter dem Bann des „Trunkenen Schiffes" stehen. Unser „Unbehagen in der Kultur" verlangte nach Verzauberung, wollte Aufbruch und Flucht, sehnte sich nach den glühenden Horizonten, den metallischen Regenbogen, den schwülen Nächten und fiebrigen Morgenröten, nach all den unerhörten Schönheiten und Schrecken, die Rimbaud uns mit betörend wilder Geste vorgaukelte, verhieß, enthüllte. Müde einer Zivilisation, deren Brüchigkeit und Angefaultheit wir zwar noch nicht ermessen konnten, aber doch schon mit banger Ahnung spürten, waren wir nur zu bereit, diesem dynamischen Mentor zu folgen. Wohin? In welche Weiten? In was für apokalyptische Reiche? Kein Traum-Eiland war uns zu entlegen, kein Blitz leuchtete uns zu grell. Wir wünschten, die verfluchte Fahrt bis zum Letzten, Äußersten mitzumachen; wir liebten die Gefahr, den Sturm, die Katastrophe – wenigstens im Gedicht ...

Rimbauds Flucht war mir ein Symbol, ein mythisches Ereignis, ebenso suggestiv und bedeutungsvoll wie der Wahnsinn Nietzsches, der Selbstmord Heinrich von Kleists. Nicht als Autor der „Penthesilea" oder des „Michael Kohlhaas", sondern um seines furchtbaren Todes willen, ausdrücklich und ausschließlich *als Selbstmörder* wurde der besessene Junker in meinen problematisch-distinguierten Geister-Club aufgenommen. Sogar die anstößige"Hermannsschlacht" ließ sich verzeihen, angesichts der finalen Geste, in welcher eine prometheisch ringende Natur sich zerstört und erfüllt. Der Kleist meines Pantheon steht regungslos, den Revolver gegen die eigene Schläfe gerichtet, die tragische Stirne leuchtend im Glanz jener „unaussprechlichen Heiterkeit", von der im Abschiedsbrief die Rede ist. „Die Wahrheit ist, daß mir auf Erden nicht zu helfen war", spricht der Kleist meines Knaben-Olymp. „Und nun lebe wohl ..."

Georg Büchner bedarf keiner außer-literarischen Legitimation: sein Werk ist Ausweis genug. Ich weiß nicht, welches seiner drei Stücke mir das liebste war, ich liebte alle drei: das tiefsinnig verspielte Märchen von „Leonce und Lena" (wir führten es auf, in der

Bergschule: ich war Leonce, Erika gab der Lena ihre dunkel belebte Stimme, ihren noch ungelenk scheuen Charme); die bittere und kühne „Wozzeck“-Tragödie (die mir jetzt als sein bedeutendstes Werk erscheint); den farben- und figurenreichen dramatischen Teppich des „Danton“. Vielleicht war es dieser, dem ich damals den Vorzug gab: ich hatte ein Penchant für die schöne, buhlerische Marion, von der ich mich nur zu gerne darüber belehren ließ, daß es nicht darauf ankommt, woran wir unsere Freude haben, an Kinderspielen oder am Göttlichen oder an den Spielen der Lust: „Wer am meisten genießt, betet am meisten.“

Büchner war meine große Liebe unter den Dramatikern – zusammen mit einem Modernen, der zur Familie des „Wozzeck“-Dichters gehört: Frank Wedekind. Was mich an ihm faszinierte, war die steile Gebärde, der schneidende, unerbittliche, dabei immer leicht diabolisch-sarkastisch gefärbte Ernst, mit dem er seine gewagten, mir aber durchaus einleuchtenden moralischen Thesen künstlerisch demonstrierte und kämpferisch vertrat. So nimmt er seinen Platz ein zwischen meinen Heroen, noch im Dunstkreis Nietzsches, nicht weit von Heine und Büchner, aber doch feierlich isoliert: eine plumpe, gedrungene Gestalt von aggressiver Würde, halb Hanswurst, halb Prediger, der messerscharfen Mundes die „Wiedervereinigung von Moral und Schönheit“ fordert. Er doziert, grimassiert, gestikuliert, vollführt barocke Sprünge; er wechselt das Kostüm, aber nie den sarkastisch-weihevollen Akzent, die stilisierte Gebärde: sein Pathos ist immer das gleiche und für mich immer gleich überzeugend, ob er sich nun als Dr. Schön, Liebhaber der Lulu, präsentiert oder als Marquis von Keith, als König oder als Mädchenhändler. Am liebsten sehe ich ihn in der Rolle des Vermummten Herrn, der in der Schlußszene von „Frühlings Erwachen“ seine sardonische Weisheit hören läßt. Der Vermummte Herr nimmt den Knaben Melchior bei der Hand und führt ihn ins Leben hinein, dessen Gefahr und Lockung er in grimmig pointierter Rede preist. Er ist vieldeutig, witzig und geheimnisvoll, der Vermummte Herr; er ist etwas schaurig und sehr attraktiv; er ist liebenswert wie das Leben.

In einem Pantheon, das dem diabolischen Moralisten Frank Wedekind einen so prominenten Platz einräumt, darf August Strindberg nicht fehlen. Seine Tragik entartet zuweilen in monomane Rechthaberei, aus der Klage wird ein schrilles Keifen. Aber in manchem seiner Werke verdichtet sich die subjektive Qual zur objektiven Vision, nimmt Gestalt an, überzeugt, bezwingt. Besonders das „Traumspiel“, meiner Jugend ebenso bedeutsam wie „Danton“ und „Frühlings Erwachen“, hat diese nicht zu begründende und doch evidente Gültigkeit, die über-reale Realität und irrationale Logik, die zum Wesen des Poetischen gehört. Nicht ohne ahnungsvolles Schaudern wiederholte sich der Sechzehnjährige den furchtbar einfachen, furchtbar wahren Refrain: *Es ist schade um die Menschen ...*

Von Strindberg und Wedekind führt eine direkte Linie zum Expressionismus, der die literarische Mode war. Indessen wußte ich mit den Anarchisten und Ekstatikern der deutschen Nachkriegsepoche nicht viel anzufangen; die meisten von ihnen scheinen mir lärmende Mitläufer einer apokalyptischen Konjunktur. Hinter der zuckenden Geste, dem exzessiven Vokabular fehlte das Gefühl, das solchen Aufwand gerechtfertigt hätte. Bei einigen freilich war das Pathos echt; am echtesten, am reinsten schien es mir bei Georg Trakl.

Wenn der damals noch fast unbekannte Kafka, nach einem schönen Wort Hermann Hesses, der „heimliche König deutscher Prosa“ ist, so gehört Trakl zu den verborgenen Fürsten deutscher Poesie. Sein Werk (der österreichische Dichter, der seinem Leben während des Krieges ein Ende machte, hinterließ nur einen schmalen Band) stand auf meinem Sims neben dem „Stundenbuch“, den „Fleurs du Mal“, den „Hymnen an die Nacht“.

Er hob die Leier auf, wo Hölderlin sie hatte sinken lassen. Es sind immer die gleichen Farben, dieselben Töne und Gesichte, die er mit sanfter Insistenz beschwört: das stumme Antlitz der Schwester, die schwangere Magd, der Mönch – er taucht „hyazinthene Finger“ in eine Wunde wie in eine Quelle –, zielloser Vogelflug über öder Flur, das milde Gold der Astern und Sonnenblumen, der Purpur des Mohns, das fahle Blau des abendlichen Himmels. Da die Fahnen im Winde klirren und das herbstliche Land mit gelber Frucht in den See hängt, tritt der Knabe Elis aus blauer Höhle, die „mondenen“ Augen geweitet in tödlicher Verzückung ...

Trakl ist die dunkelste Stimme in meinem Chor. Ist es noch Gesang, was er vernehmen läßt? Oft klingt es wie ein Lallen. Stammelnden Mundes kündet er die Schauer der Auflösung, des Verfalls. Die Form zerfließt bei ihm in purpurner Dämmerung. Er führte mich in die Mysterien des Zwielichts ein. Wo ist der Geist, der mich in den Geheimnissen der Klarheit unterwies?

Les mystères de la clarté: die Formel ist von Paul Valéry, den ich damals nicht kannte. Aber ich kannte Stefan George. Ihm fühlte ich mich so nah, so tief verbunden und so tief verpflichtet wie nur irgendeinem meiner Heiligen.

Hätte ich ihm einen Platz unter den zentralen Gestalten meines Olymp einräumen sollen? Ist er desselben Ranges wie jene vier Erlauchten, die ich eingangs nannte, Sokrates, Nietzsche, Whitman und Novalis? Ohne Frage, im „Jahr der Seele“, im „Siebenten Ring“, überall in seinem Werk, gibt es Dinge, die zum kostbarsten Bestand deutscher Dichtung gehören. Indessen würde man den Poeten williger, uneingeschränkter bewundern können, wenn er sich nicht die Haltung des Tyrannen anmaßte. Ja, Stefan George ist groß; aber hat er das exorbitante Format, das sein „Kreis“ ihm mit servilem Eifer zugestand? Wenn mein Verhältnis zu ihm im Lauf der Jahre kühler, skeptischer geworden ist, so liegt es wohl vor allem an meiner Aversion gegen den Kult, den er von nationalistischen Professoren und reaktionären Snobs bedauerlicherweise mit sich treiben ließ.

Aber was immer mich heute von ihm trennen mag, damals kannte meine Verehrung keine Grenzen. Ich sah in ihm den Führer und Propheten, die cäsarisch-priesterliche Figur, als die er sich präsentierte. Inmitten einer morschen und rohen Zivilisation verkündete, verkörperte er eine menschlich-künstlerische Würde in der Zucht und Leidenschaft, Anmut und Majestät sich vereinen. Jede seiner Gebärden und Affekte hatte den Charakter des Beispielhaften, Programmatischen. Er stilisierte die eigene Biographie zum Mythos; sein Liebeserlebnis, die Neigung zum Knaben Maximin, bildete das Kernstück einer Philosophie, die für den Kreis der Jünger Offenbarung war.

Die Begegnung zwischen Dichter und Jüngling unter dem Bogen des Münchener Siegestores, ihre Vereinigung, ihr kurzes Glück, der Tod des Herrlichen, der Klagegesang am Grabe, dies Drama, das „Der Siebente Ring" glorifiziert, wurde mir zum integralen Bestandteil des eigenen Fühlens und Denkens. Die „Wiedervereinigung von Moral und Schönheit", die Frank Wedekind – und nicht er allein! – mit so eifervollem Nachdruck empfahl: im Maximin-Mysterium schien sie Ereignis geworden. Die Versöhnung zwischen hellenischem und christlichem Ethos, hier fand ich sie erreicht. Stefan Georges ordnender Geist hatte, so wollte ich glauben, den fundamentalen Konflikt gelöst, den Heinrich Heine mit Intuition und Scharfsinn analysiert und der als tragisches Leitmotiv das Werk Friedrich Nietzsches beherrscht.

Meine Jugend verehrte in Stefan George den Templer, dessen Sendung und Tat er im Gedicht beschreibt. Da die schwarze Woge des Nihilismus unsere Kultur zu verschlingen droht, da die große Nährerin in einer Weltnacht starr und müde pocht, tritt er auf den Plan – der militante Seher und inspirierte Ritter. Er packt die Flechte der Störrischen, Erlahmten; von seinen Lippen kommt das magische Wort, welches bewirkt, „daß sie ihr Werk willfährig weitertreibt: Den Leib vergottet und den Gott verleibt."

Dies waren meine Erzieher! Eine bunt gemischte Gesellschaft, wie man sieht, in der übrigens zwei weitere Figuren auf inkommensurable Art von jeher wirksam waren: mein Vater und Heinrich Mann, zwei Künstler also, mit denen ich durch Affinitäten sehr besonderer und tiefer Natur verbunden bin.

Bei aller Buntheit scheint mein Olymp von etwas einseitiger Zusammensetzung. Das erotisch-religiöse Element überwiegt, während das soziale fast völlig vernachlässigt bleibt. Der Realismus findet sich kaum vertreten in meinem Knaben-Olymp; auch Klassiker im strengen Sinn des Wortes sind dort nicht zugelassen. Das Pantheon des Sechzehnjährigen bevorzugt eine Romantik, in der Ironie und Schwermut, Wollust und Frömmigkeit metaphysische Ahnung und sexuell-emotionelle Ekstase einander begegnen und durchdringen.

Freilich blieb die Auswahl meiner Heiligen bis zum gewissen Grade dem Zufall überlassen. Meine Neugier war nicht exklusiv. Ich bedurfte der Führung; ich wollte lernen, verehren; vor allem aber suchte ich nach Deutung und Bestätigung des eigenen wirren, ringenden Gefühls. Mein unreifer, ungefestigter Geist öffnete, ergab sich jedem Einfluß, in dem ich auch nur die entfernteste Affinität zu meiner eigenen Art, meinem eigenen Erlebnis zu spüren glaubte.

Unter meinen Papieren aus dieser Zeit finden sich diese Zeilen, die ich, wie mir noch erinnerlich, eines Nachts, aus dem Schlafe fahrend, mit flüchtiger Hand auf einen Zettel schrieb:

> Eine fremde Stimme, süß und gebieterisch, weckt mich aus
> tiefem Schlaf.
> Woher kommt mir der Ruf?
> Willkommen, mein Führer!
> Hier bin ich – zu folgen bereit: mich kümmert's nicht,
> wem ...
> Wer du auch seist: mit deiner Hilfe find ich am Ende –
> mich selbst!

Viertes Kapitel.
Unordnung und frühes Leid

1923-1924

Es ist immer dieselbe Unordnung: seit Menschengedenken, das gleiche Leid, die gleiche Lustbarkeit ...

Die Tiefen des organischen Lebens sind unordentlich – ein Labyrinth, ein Sumpf der tödlichen Begierde und schöpferischen Kraft. Die Wurzeln unseres Seins reichen hinab ins Trübe, Schlammige, in den Morast von Samen, Blut und Tränen, wo die Orgie der Wollust und Verwesung sich ewig wiederholt, unendliche Qual, unendliche Entzückung.

Siehe, aus wallendem Dunkel hebt sich der Flußgott, der Satyr und Stier, bedeckt mit Schlamm und Schaum, strotzend von Manneskraft, lechzend vor Verlangen, auflachend, schluchzend, bebend in ekstatischer Brunst, unwiderstehlich, unberechenbar, zerstörerisches Element, foppender Dämon, zugleich Cherub und Bestie, höchst grauenvoll.

Er ist nicht Amor, der neckisch mit den Spielzeugpfeilen, dem koketten Bogen tändelt. Dieser ist furchtbar, listig und wild, ein reißendes Tier, ein gnadenloser Jäger. Freilich, er ist auch ein Schalksnarr und Komödiant, stets geneigt zu Maskeraden und Gaukeleien. Ja, ich habe ihn in mancherlei Gestalt gesehen: lockend geputzt und in wüster Entstellung. Er hat die stolze Pracht des Pfauenrades – seht, wie es sich schüttelt! wie es geil vibriert!, die schillernde Majestät des Regenbogens, den jungfräulichen Schmelz der

Frühlingsblume; er hat den Schlangenblick, das Grinsen der Paranoia, die obszöne Raserei des Epileptikers. Manchmal ziert er sich, erscheint sanft und züchtig, bis aus seinem Flüstern plötzlich der Brunstschrei wird und das holde Lächeln zur Grimasse entartet.

Er ist groß, der Flußgott, der Herr des frühesten Leids, der kreativen Unordnung. Hinter Meisterwerken und Morden, Possen und Tragödien ist er die treibende Kraft. Er befruchtet und er verwüstet, er bringt Glück und Entsetzen, Jauchzen und Zähneklappern. Sein Hauch begeistert das Herz: rhapsodische Worte strömen von den Lippen, die er berührt. Er verwirrt den Sinn: sein Pfad ist bedeckt mit den Spuren von Selbstmord und Verbrechen. Die Satzungen der Logik, Ethik und Ästhetik gelten nicht vor seiner trunkenen Macht. Wer wagt es, sich auf fromme Tradition, sittliche Norm zu berufen, wo die phallische Gottheit autonom regiert? Die Antwort ist ein Gelächter. Der Flußgott spottet unserer Kritik, schert sich um keine Mahnung.

Er ist weder gut noch böse. Er ist die unendliche Energie, die mit selbstherrlich-irrationaler Blindheit unterschiedslos das Böse und das Gute begehrt, umarmt, vernichtet und erzeugt.

Es ist immer die gleiche Unordnung, immer das gleiche lustvoll trübe Leid. Seit Anbeginn der Welt.

War meine Generation – die europäische Generation, die während des ersten Weltkrieges heranwuchs – unordentlicher und frivoler, als Jugend es im allgemeinen ist? Trieben wir es besonders liederlich und zügellos?

Die moralisch-soziale Krise, in deren Mitte wir stehen und deren Ende noch nicht abzusehen scheint, sie war doch damals schon in vollem Gange. Unser bewußtes Leben begann in einer Zeit beklemmender Ungewißheit. Da um uns herum alles barst und schwankte, woran hätten wir uns halten, nach welchem Gesetz uns orientieren sollen? Die Zivilisation, deren Bekanntschaft wir in den zwanziger Jahren machten, schien ohne Balance, ohne Ziel, ohne Lebenswillen, reif zum Ruin, bereit zum Untergang.

Ja, wir waren früh vertraut mit apokalyptischen Stimmungen, erfahren in mancherlei Exzessen und Abenteuern. Indessen bin ich mir nicht bewußt, jemals „das Laster" kennengelernt zu haben. Ich weiß gar nicht, was das ist „das Laster". Einsamkeit und Lust, Hunger, Langeweile, Eifersucht, das sind Realitäten. Aber was ist „das Laster"? Wer definiert mir den Begriff der „Sünde"? Was mich betrifft, so bin ich nie imstande gewesen, diesen hochtrabend-hohlen Abstraktionen irgendeinen Sinn abzugewinnen.

Wir konnten nicht von einer sittlichen Norm abweichen: es gab keine solche Norm. Die moralischen Clichés der bourgeoisen Ära, diese atavistischen Tabus einer zugleich selbstgefällig satten und neurotisch inhibierten Gesellschaft, hatten in den Kriegs- und Revolutionsjahren ihre Autorität und Überzeugungskraft verloren, endgültig, wie wir damals glauben wollten. So gründlich erledigt, so durchaus „passé" erschien uns diese puritanisch-bürgerliche Sittlichkeit, daß es uns nicht einmal der Mühe wert erschien, uns polemisch mit ihr abzugeben.

Was gab es noch zu „demaskieren" an einer Ethik, deren Falschheit und Schädlichkeit längst durchschaut und angeprangert war? Der wütende Kampf gegen die überalterte Pseudomoral, den die ikonoklastischen Genies des späten neunzehnten Jahrhunderts begonnen hatten, war von der Generation unserer Väter fortgesetzt und vollendet worden: die asketischen Ideale – arg zerzaust von Nietzsche, Whitman, Zola, Strindberg, Ibsen, Wilde – hauchten unter den formidablen Hieben der D. H. Lawrence und Frank Wedekind ihr bedenklich reduziertes Leben aus. Von unseren Dichtern übernahmen wir die Geringschätzung des Intellekts, die Akzentuierung der biologisch-irrationalen Werte auf Kosten der moralisch-rationalen, die Überbetonung des Somatischen, den Kult des Eros. Inmitten allgemeiner Öde und Zersetzung schien nichts von wirklichem Belang, es sei denn das lustvolle Mysterium der eigenen physischen Existenz, das libidinöse Mirakel unseres irdischen Daseins. Angesichts einer Götzendämmerung, die das Erbe von zwei Jahrtausenden in Frage stellte, suchten wir nach einem neuen zentralen Begriff für unser Denken, einem neuen Leitmotiv für unsere Gesänge und fanden den „Leib, den elektrischen".

Diese Präokkupation mit dem Physiologischen war bei uns nicht einfach Sache des Instinktes oder der Stimmung, sondern hatte programmatisch-prinzipiellen Charakter, was kaum wundernehmen kann, in Anbetracht der alten deutschen Neigung zum Systematischen: hier wird selbst aus Chaos und Wahnsinn ein System gemacht.

Damals freilich, in den Tagen politischer Unschuld und erotischer Exaltation, fehlte uns jede Vorstellung von den gefährlichen Aspekten und Potentialitäten unserer puerilen Sexualmystik. Immerhin konnte ich nicht umhin zu vermerken, daß unsere „Körpersinn"-Philosophie zuweilen von recht unerfreulichen Elementen vorgespannt und ausgebeutet wurde. Die Glorifizierung physischer Tugenden verlor für mich jeden Reiz und jede Überzeugungskraft, wenn sie sich mit einem militant-heroischen Pathos verband, was leider häufig der Fall war. Übrigens hatte ich auch durchaus kein Verständnis für den Sportfanatismus, den wir als ein weiteres Symptom – vielleicht das wichtigste! – der damaligen anti-spirituellen Stimmung betrachten müssen. Was fanden die Leute nur so aufregend und wundervoll an Boxkämpfen und Fußball-Matches? Ich begriff es nicht ... Glücklicherweise spielten diese Dinge nur eine geringe Rolle im pädagogischen System der Odenwaldschule.

Indessen hatten einige der jüngeren Knaben doch athletische Ambitionen und vergnügten sich mit Ballspielen, Diskuswerfen und anderen Leibesübungen. Ich sah ihnen gerne zu, wenn sie miteinander rangen oder um die Wette liefen. Vor allem einer war es, dem meine Aufmerksamkeit galt. Sein Name war Uto. Er war kräftig und gewandt, aber bei weitem nicht der Stärkste und Geschickteste unter den Kameraden. Auch besonders hübsch war er wohl eigentlich nicht, keine Lichtgestalt, kein Adonis.

Aber ich liebte sein Gesicht. Er hatte das Gesicht, das ich liebe. Man mag für mancherlei Gesichter Zärtlichkeit empfinden, wenn man lange genug lebt und ein empfindendes Herz hat. Aber es gibt nur ein Gesicht, das man liebt. Es ist immer dasselbe, man erkennt es unter Tausenden. Uto hatte dies Gesicht.

Er hätte slawischer Abkunft sein können, mit seinen hochsitzenden, stark hervortretenden Backenknochen und schmalen Augen. Oder vielleicht sah er eher wie ein kleiner Schwede aus, der irgendwie einen Tropfen mongolischen Blutes mitbekommen hat. Sein helles Haar wirkte zuweilen fast strohig, wie gebleicht und ausgedörrt von zuviel Sonne; aber manchmal erschien es von sehr reicher, weicher Substanz und goldener Tönung. Auch seine Lippen waren oft trocken und aufgesprungen, um dann (es hatte nichts mit der Witterung zu tun, sondern hing wohl eher von Utos Stimmung ab) überraschend aufzublühen und dunkel zu leuchten. Seine Augen hatten die Farbe von Eis – Eis, das im Fluß treibt, schimmernd im Glanz eines Wintermorgens. Sie waren nicht blau, seine Augen, sondern von einem strahlenden Grau, in das sich silbergrüne Lichter mischten. Die Unschuld dieses hellen Blickes war mir süß und erschreckend. Es gibt eine stählerne Helligkeit, eine matinale Transparenz, die tiefer, unergründlicher ist als der purpurne Abgrund der Mitternacht.

Utos Knie waren meist mit Narben bedeckt, was ihm ein kriegerisch verwegenes Aussehen gab. Seine Hände waren rauh, mit schön geformten, schmutzigen Fingernägeln. Er trug den Kopf sehr aufrecht.

Ich schrieb Gedichte auf ihn, die er nie zu lesen bekam. Ich redete ihn mit Namen an, die er komisch fand: Ganymed, Narziß, Phaidros, Antinous ... Indessen schmeichelte ihm meine Ergebenheit. Er hielt mich für gelehrt, was ihm Eindruck machte, und für ein bißchen närrisch, was ihn nicht weiter störte. Er war ein guter Junge, bescheiden und sanft, ohne Bosheit; eitel genug, um sich meiner Huldigung zu freuen, doch zu naiv, um den wahren Charakter meiner Leidenschaft zu erkennen.

Er sagte zu mir: „Ich hab noch nie einen richtigen Freund gehabt. Du bist mein erster. Es ist fein, einen Freund zu haben."

Seine Stirne war glatt und kühl. Er war einsam und ahnungslos, wie die Tiere es sind und die Engel.

Ich schrieb auf einen Fetzen Papier: „Ich liebe dich."

Er las es, wurde ein bißchen rot (er hatte eine besondere Art, flüchtig, aber intensiv zu erröten und sich dabei das Haar mit einer verlegenen Gebärde aus der Stirn zu schütteln); dann lachte er und steckte das Stück Papier in die Hosentasche. „Donnerwetter", sagte er, ohne mich anzuschauen. „Das ist gut." Und plötzlich ganz ernst, mit verständig gedämpfter Stimme: „Natürlich liebst du mich. Freunde sollen einander liebhaben."

Ich erzählte ihm, daß ich vielleicht bald die Schule verlassen müsse. Meine Eltern hätten mir geschrieben. „Sie wollen, daß ich nach Hause komme. Sie bestehen darauf.“

Er glaubte mir nicht. „Das tust du mir doch nicht an,“ sagte er. (Unergründlich diese lichte Nacht seines Blickes!) „Du kannst mich doch nicht einfach hier alleine lassen. Du bist doch mein Freund. Deine Eltern werden das schon verstehen, wenn du's ihnen richtig erklärst.“

Ich hatte ihn belogen. Meine Eltern wollten mich gar nicht zurückhaben; im Gegenteil, ihr Wunsch und Vorschlag ging dahin, daß ich noch ein bis zwei Jahre in der Odenwaldschule bleiben solle, lange genug, um mich dort aufs Abitur vorzubereiten. Aber ich wollte mich nicht aufs Abitur vorbereiten. Ich wollte nicht bleiben. Gewiß, ich hing an Eva, Oda und Ilse, an Paulus, an der schönen Landschaft, an der vertrauten und bestrickenden Atmosphäre der Freien Schulgemeinde. Aber ich wollte nicht bleiben. Ich hatte Angst.

Ich hatte Angst vor dem Gefühl, das mir die Brust mit weher Seligkeit zu sprengen drohte. Ich hatte Angst vor Uto. Er war so stark, so sehr viel stärker, sehr viel leichter als ich. An ihm war alles Kraft und Heiterkeit; es gab keine Probleme für ihn. Mir aber wurde alles zum Problem – undurchdringlich, beklemmend. Ich wagte es nicht, die Winke und Zeichen meines Schicksals zu begreifen.

„Meine Eltern sind sehr eigensinnig“, behauptete ich. „Wenn die sich einmal was in den Kopf gesetzt haben ...“

Was für ein Leid trieb mich fort? Welch neue Unordnung war es, die meiner wartete?

Mielein und der Zauberer waren etwas betroffen über meine plötzliche Rückkehr. Aber schließlich, wenn ich es vorzog, meine Gymnasialstudien in München abzuschließen, warum nicht? Es würde mir vielleicht recht gut tun, ein paar Monate lang Privatstunden zu nehmen, zur Auffrischung meiner ziemlich lückenhaften Kenntnisse.

Ein gelehrtes Fräulein und ein jovialer Professor im Ruhestand wurden als meine Lehrer engagiert. Das Fräulein – eine Verblühte mit Zwicker, hagerer Nase und grauem Teint – tat mir von Herzen leid; der Professor hingegen – sein Name war Geist – ging mir auf die Nerven. Geist war von onkelhafter Aufgeräumtheit, mit rosiger Miene, herzhaft dröhnendem Lachen; aber die Augen – sehr kleine Augen hinter dicken Brillengläsern – hatten ein tückisches Funkeln. Geist war mir unsympathisch. Übrigens mochte er mich so wenig wie ich ihn. Zwar tat er freundlich mit mir, klopfte mir auf die Schulter, grinste und schäkerte: „Na, alter Knabe, wieder mal nichts gelernt? Wohl wieder die Nacht durchgebummelt, was? Macht nichts. Sind ja alle mal jung gewesen ...“ Aber hinter meinem Rücken ließ er sich anders vornehmen. „Ich mache mir Sorgen um Ihren Klaus“, sprach Geist zu meinen Eltern. Wie einst das ährenblonde Fräulein Thea, so glaubte nun der Professor, Zauberer und Mielein warnen zu müssen. „Dem Jungen fehlt es an den moralischen Grundbegriffen“, behauptete Geist, die Augen tückischer denn je hinter den Brillengläsern. „Kein Pflichtgefühl, keine Disziplin! Das sind die Früchte der modernen Erziehungsmethoden, denen er in der Odenwaldschule ausgesetzt war ...“

Die moralischen Grundbegriffe, die Professor Geist an mir vermißte – wo hätte ich sie finden sollen inmitten allgemeiner Wirrnis und Korruption? War es meine Schuld, daß ich in ein Zeitalter sittlicher und sozialer Anarchie hineingeboren wurde? Das Europa, und besonders das Deutschland der frühen zwanziger Jahre war zugleich erschöpft und hektisch aufgekratzt. Es war nicht Besinnung, wonach diese ausgepumpte, decontenancierte Gesellschaft verlangte; vielmehr wollte man vergessen – das gegenwärtige Elend, die Angst vor der Zukunft, die kollektive Schuld ...

Die Kolossalorgie des Hasses und der Zerstörung ist vorüber! Genießen wir die zweifelhaften Amüsements des sogenannten Friedens! Nach der blutigen Ausschweifung des Krieges kam der makabre Jux der Inflation! Welch atembeklemmende Lustbarkeit, die Welt aus den Fugen gehen zu sehen! Haben einsame Denker einst von einer „Umwertung aller Werte“ geträumt? Statt dessen erlebten wir nun die totale Entwertung des einzigen Wertes, an den eine entgötterte Epoche wahrhaft geglaubt hatte, des *Geldes*. Das Geld verflüchtigte sich, löste sich auf in astronomische Ziffern. Siebeneinhalb Milliarden deutsche Reichsmark für einen amerikanischen Dollar! Neun Milliarden! Eine Billion! Was für ein Witz! Zum Totlachen ...

Amerikanische Touristen kaufen Barockmöbel für ein Butterbrot, ein echter Dürer ist für zwei Flaschen Whisky zu haben. Die Herren Krupp und Stinnes werden ihre Schulden los: der kleine Mann zahlt die Rechnung. Wer beklagt sich da? Wer protestiert? Das Ganze ist zum Piepen, zum Schießen ist's, der größte Ulk der sogenannten Weltgeschichte! Hat jemand geglaubt, nach dem Kriege werde die Menschheit etwas vernünftiger und brüderlicher werden? War irgendein Deutscher naiv genug, sich eine reinigende Wirkung von der Revolution zu erwarten? Als ob wir überhaupt jemals eine Revolution gehabt hätten! Alles Schwindel! Alles Illusion!

Die Schieber tanzen Foxtrott in den Palace-Hotels! Machen wir doch mit! Schließlich will man auch kein Spielverderber sein ... Die Herren und Damen duften nach „Khasana“ (*made in Germany:* fast so fein wie Coty!); die Band spielt „Ausgerechnet Bananen“ – es sind echte Neger, garantiert dunkelhäutig, keine Falle! Wir finden Jazz „phantastisch“, „kolossal“; es ist eine Novität, der letzte Schrei. Hör doch, wie sie schreien: „Eine Miezekatze – hatse – aus Angora mitgebracht – und die hatse, hatse, hatse – mir gezeigt die ganze Nacht ...“ Und sonst hatte sie nichts zu tun? Da sind wir doch gewitzter ... Fabelhaft, der synkopierte Rhythmus ... Dieses Tempo ... Der Herr dort drüben bestellt schon die dritte Flasche Champagner: muß Valuta haben ... „Komm mit mir nach Brasilien, komm mit mir in die Pampas ...“ Ist das ein Shimmy? Na, ist ja ganz egal ... „Dort gründen wir Familien – Weil ich mit dir zusamm' paß ...“

Jeder paßt zu jedem, es kommt nicht drauf an. Dieses Mädchen paßt zu diesem Jungen ebensogut wie zum nächsten, und wenn das Fräulein spröde tut (sie hat vielleicht ein Verhältnis mit ihrem Reitpferd oder mit der Köchin), dann kommen die beiden Buben, husch husch, ganz flott und munter ohne Mädchen aus ... Der Dollar steigt: lassen wir uns fallen! Warum sollten wir stabiler sein als unsere Währung? Die deutsche Reichsmark tanzt: wir tanzen mit!

Millionen von unterernährten, korrumpierten, verzweifelt geilen, wütend vergnügungssüchtigen Männern und Frauen torkeln und taumeln dahin im Jazz-Delirium. Der Tanz wird zur Manie, zur *idée fixe*, zum Kult. Die Börse hüpft, die Minister wackeln, der Reichstag vollführt Kapriolen. Kriegskrüppel und Kriegsgewinnler, Filmstars und Prostituierte, pensionierte Monarchen (mit Fürstenabfindung) und pensionierte Studienräte (völlig unabgefunden) – alles wirft die Glieder in grausiger Euphorie. Die Dichter winden sich in seherischen Konvulsionen; die „Girls“ der neuen Revuetheater schütteln animiert das Hinterteil. Man tanzt Foxtrott, Shimmy, Tango, den altertümlichen Walzer und den schicken Veitstanz. Man tanzt Hunger und Hysterie, Angst und Gier, Panik und Entsetzen. Mary Wigman – jeder Zoll eckige Erhabenheit, jede Geste eine dynamische Explosion – tanzt Weihevolles, mit Musik von Bach. Anita Berber – das Gesicht zur grellen Maske erstarrt unter dem schaurigen Gelock der purpurnen Coiffure – tanzt den Keitus. Man tanzt in antiken Gewändern, gotischen Rüstungen und mit entblößtem Bauch; man tanzt à la Isidora Duncan, à la Nijinsky, à la Charlie Chaplin; man imitiert Indianer, Kongoneger, Südseeinsulaner und die gemarterte Pantomime eingekerkerter Tiere im Zoologischen Garten. Ein geschlagenes, verarmtes, demoralisiertes Volk sucht Vergessen im Tanz. Aus der Mode wird die Obsession; das Fieber greift um sich, unbezähmbar, wie gewisse Epidemien und mystische Zwangsvorstellungen des Mittelalters. Die Symptome der Jazz-Infektion, die Zeichen der hüpfenden Sucht lassen sich im ganzen Land bemerken; am gefährlichsten betroffen aber ist das schlagende Herz des Reiches, die Hauptstadt.

Berlin, zugleich sensitiv und abgebrüht, blasiert und doch stets erpicht auf neue Sensationen, hat das geistig-moralische Klima Deutschlands niemals zu bestimmen und beherrschen vermocht, wie etwa Paris dies in Frankreich tut. Im Gegensatz zur französischen Kapitale ist die deutsche nicht schöpferisch begabt, sondern nur organisatorisch. Es ist ihr Genie und ihre historische Funktion, die Stimmungen und Tendenzen, die in der deutschen Luft liegen, aufzufangen und zu absorbieren, sie dramatisch auf die Spitze zu treiben. Berlin ist das Hirn, in dem die Emotionen und Intuitionen, die Sehnsüchte und Ressentiments des deutschen Volkes mit wissenschaftlicher Exaktheit und journalistischem Schmiß formuliert werden. Die Metropole kreiert nicht: sie repräsentiert. Wenn das Berlin der Kaiserzeit die aggressive Dynamik des jungen deutschen Nationalismus säbelrasselnd zur Schau gestellt hatte, so spiegelte das Berlin der ersten Nachkriegsjahre mit demselben Eklat die apokalyptische Gemütsverfassung der besiegten Nation.

„Schaut mich nur an!“ schmetterte die deutsche Kapitale, prahlerisch noch in der Verzweiflung. „Ich bin Babel, die Sünderin, das Ungeheuer unter den Städten. Sodom und Gomorra zusammen waren nicht halb so verderbt, nicht halb so elend wie ich! Nur hereinspaziert, meine Herrschaften, bei mir geht es hoch her, oder vielmehr, es geht alles drunter und drüber. Das Berliner Nachtleben, Junge-Junge, so was hat die Welt noch nicht gesehen! Früher mal hatten wir eine prima Armee; jetzt haben wir prima Perversitäten! Laster noch und noch! Kolossale Auswahl! Es tut sich was, meine Herrschaften! Das muß man gesehen haben!“ –

Ich war noch nicht ganz siebzehn Jahre alt, als ich, 1923, zum erstenmal nach Berlin kam, zunächst nur auf eine kurze Visite. Die Inflation näherte sich ihrem schwindelerregenden Höhepunkt. Die Stadt erschien zugleich erbarmungswürdig und verführerisch: grau, schäbig, verkommen, aber doch vibrierend von nervöser Vitalität, gleißend, glitzernd, phosphoreszierend, hektisch animiert, voll Spannung und Versprechen.

Ich war im siebenten Himmel. In Berlin zu sein bedeutete an sich schon erregendes Abenteuer! Die prosaischen Avenuen und öden Plätze, alles schien mir zauberhaft belebt, voll von lockendem Geheimnis. Wie köstlich, diese Straßen entlang zu bummeln, mit deren Namen sich mir die Vorstellung von sündigem Hochbetrieb und großer Welt verband: Friedrichstraße, Unter den Linden, Tauentzienstraße, Kurfürstendamm ... Wie faszinierend, in einem der kleinen russischen Restaurants, die es damals an jeder Berliner Straßenecke gab, die dicke Borschtsuppe zu löffeln und sich von einem exilierten Großfürsten bedienen zu lassen!

Die russischen Emigranten, von denen Berlin um diese Zeit wimmelte, übten eine besondere Anziehungskraft auf mich aus. Warum hatten sie fliehen müssen? Waren sie die unschuldigen Opfer bolschewistischer Willkür? Oder hatten sie es ihrerseits arg getrieben, solange sie noch daheim auf ihren Schlössern saßen? Dort mochte es recht grausig-lustig zugegangen sein; man tat sich gütlich an Wodka und Kaviar, während die Leibeigenen geknutet wurden und die Damen sich von dämonischen Popen hypnotisieren ließen. Ja, wer sich mit so barbarisch-provokanter Wildheit amüsiert hatte, dem geschah wohl nur recht, wenn er dann das bittere Brot der Verbannung essen mußte ... Übrigens konnte ich nicht umhin, mich zu fragen, ob das Leben im Exil eigentlich wirklich so sehr bitter sei. Hatte es nicht auch seine Reize, bei aller Gefahr und Unbequemlichkeit? Das Abenteuer begann mit der Flucht aus Moskau. Man verkleidete sich als Bettelmönch, um von der blutgierigen roten Geheimpolizei nicht erkannt zu werden. Nach mühevoller, aber doch auch wieder spannender Wanderung – meist bei Nacht, auf schneebedeckten Pfaden – erreichte man schließlich Warschau oder Konstantinopel. Nichts gerettet, außer dem nackten Leben – und ein paar Diamanten von unermeßlichem Wert! Durch den Verkauf der Juwelen (ein Hochzeitsgeschenk der Zarin: man trennt sich ungern davon!) verschafft man sich genügend Kapital, um nun unverweilt die beliebte Teestube in Berlin aufzumachen. – Oder versucht man es mit einem Modesalon in Nizza, einem Bordell in Schanghai? Freilich, es mochte oft recht irritierend sein, dies Nomadenleben von Land zu Land, von einem Erdteil zum anderen, immer gehetzt vom Heimweh nach Mütterchen Rußland und von den Agenten der furchtbaren GPU; aber es hatte doch auch seinen Charme, seinen romantischen Zauber, das unsichere und riskante, abwechslungsreiche, gefahrenreiche, mondän-kosmopolitische Dasein der Emigranten. In das Mitleid, das ich für die flüchtigen Prinzen und Professoren aus Moskau, Kiew und St. Petersburg empfand, mischte sich eine andere Emotion: etwas wie Eifersucht, ein irrationaler und absurder Neid.

Von ganz ähnlicher Art waren meine Gefühle angesichts der Prostituierten, die allabendlich mit preußischer Disziplin die Tauentzienstraße entlangmarschieren. Ich konnte keine der bunten Damen betrachten, ohne innerlich aufzuseufzen: „Armes Ding! Was für ein Leben sie führt!“ Aber solche Reaktion war künstlich und konventionell; der Seufzer kam nicht von Herzen. Ehrlicher war der kleine Junge, der – von den Erwachsenen gefragt, ob er es schön finde, daß die Affa einen so großen Busen habe – mit Ernst und Präzision erwiderte: „Schön find ich's grad nicht, aber ich seh's gern!“ Mit den Berliner Huren ging es mir ebenso. Schön fand ich sie nicht gerade; aber es machte mir unendliches Vergnügen, ihrer grellen Prozession zuzuschauen.

Manche von ihnen waren kindlich jung, während andere die tiefen Furchen um Mund und Augen mit keiner Schminke mehr cachieren konnten. Es gab frierende kleine Mädchen im abgeschabten Mäntelchen, stolze Kokotten im Pelz, üppige Blondinen mit gemütlich rheinischem Akzent, fesche Jüdinnen mit einladend feuchtem Blick. Es gab Weiblichkeit in jeder Preislage, für jeden Geschmack, selbst für den ausgefallensten. Einige der Damen – grimmige Matronen in streng-geschnittenen Kostümen – fielen durch hohe Stiefel aus rotem oder grünem Leder auf. Es war eine dieser Gestiefelten, die mir zu meinem Entzücken heiser zuflüsterte: „Magste Sklave sein?“ wozu sie auch noch eine Reitgerte an meiner Wange vorbei durch die Luft zischen ließ. Ich fand das wundervoll.

Die Romantik der Unterwelt war unwiderstehlich. Berlin – oder vielmehr, der Aspekt von Berlin, den ich sah und den meine Naivität für den einzig wesentlichen, einzig charakteristischen hielt – enthusiasmierte mich durch seine schamlose Verruchtheit. Berlin war *meine* Stadt! Ich wollte bleiben. Aber wie? Das dumme Geldproblem!

Arbeiten? Warum nicht ... Aber Geschirrwaschen oder den Liftboy spielen, dergleichen kam nicht in Frage. Die Stellung, nach der ich suchte, sollte nicht nur einträglich sein, sondern auch amüsant. Wie wäre es mit einem Engagement in einem der „literarischen“ Tingeltangel, die damals wie Pilze aus dem Asphalt der Metropole schossen?

Ich wurde bei einem meiner neuen Freunde vorstellig: Paul Schneider-Duncker hieß er, ein Favorit der deutschen Kleinkunstbühne. „Paulchen", sprach ich zu ihm, beinah drohend, „du bist doch mein Freund? Na also, jetzt kannst du mir's mal beweisen. Ich will im ›Tü-Tü‹ auftreten, du weißt doch, das neue Cabaret in der Kantstraße. Kennst du die Leute dort?"

„Aber gewiß doch", grinste Paulchen, überraschend bereitwillig. „Wird mir ein besonderes Vergnügen sein!" Trippelte zum Telephon, ließ sich mit der Direktion des „Tü-Tü" verbinden und plauderte animiert drauflos: „Bist du das, Else? ... Danke schön, mir geht's mittelprächtig ... Aber was ich dir sagen wollte: Ich hab hier eine ganz große Sache für dich ... ja, für dein Eröffnungsprogramm heute abend ... Ein junger Dichter ... ja ... ein richtiges Genie! Rezitiert seine eigenen Verse – stell dir vor: alles selbst gedichtet! Einfach knorke! ... *Natürlich* kannst du ihn brauchen ... Na, ist doch selbstverständlich ... selbstredend ... selbstmurmelnd ... Also schön, er kommt heut abend ..."

Ich war außer mir vor Entzücken.

Der Rest des Tages ging mit der Jagd nach einem Smoking hin; auch Lackschuhe und ein gestärktes Hemd mußten aufgetrieben werden. Mir blieb keine Zeit, über mein Repertoire nachzudenken. Abends erschien ich im „Tü-Tü", eine halbe Stunde vor Beginn der Premiere, zitternd vor Nervosität im geborgten Staat.

Ich fand die Frau Direktor in ihrer Garderobe, eifrig mit Rouge und Wimperntusche beschäftigt.

„Hier bin ich!" Mein fröhlicher Ausruf mag etwas forciert geklungen haben.

„Sehr erfreut", sagte sie mit unbewegter Miene. Und, nach einer Pause, ohne sich nach mir umzusehen: „Mit wem habe ich das Vergnügen?"

Ich erinnerte sie an ihr Telephongespräch mit meinem Freund Schneider-Duncker, woraufhin sie langsam den Kopf nach mir drehte und einen eisigen Blick über mich hingehen ließ. „Also *so* sieht ein Genie aus", sagte sie schließlich mit einem Achselzucken. „Na schön." Dann wandte sie sich wieder ihrem Schminktisch zu.

Ich beobachtete sie, wie sie ihr hageres, strenges Gesicht mit farbigen Stiften traktierte. Offenbar hatte sie meine Gegenwart durchaus vergessen. Ich räusperte mich diskret; sie blieb in den Anblick ihres Spiegelbildes vertieft, das sich allmählich verschönte. Ich ließ noch ein paar Minuten vergehen, ehe ich sie mit gedämpfter Stimme an mein Dasein erinnerte: „Entschuldigen Sie, gnädige Frau ..."

„Immer noch das Genie? Ich dachte, Sie sind längst auf der Bühne." Sie sprach fast ohne die frisch-geschminkten Lippen zu bewegen, starren Gesichts in den Spiegel hinein. „Sputen Sie sich, junger Mann! Sonst versäumen Sie Ihre Nummer."

„Schon ...?“ fragte ich, plötzlich atemlos. Ich spürte kalten Schweiß auf der Stirne und ein Beklemmungsgefühl in der Magengegend.

„Sie kommen als erster dran“, erklärte die Frau Direktor mit scharfer Stimme. „Wenn Sie nichts dagegen haben. Wollen Sie jetzt bitte so gut sein, mich allein zu lassen. Der Inspizient zeigt Ihnen den Weg zur Bühne.“

Auf was hatte ich mich da angelassen? Aber nun gab es kein Entrinnen mehr; alles spielte sich mit furchtbarer Geschwindigkeit ab, wie in einem Albtraum. Da ist die Bühne (›Was tu ich hier? Wie bin ich hergekommen?‹) und da ist der Vorhang – ein schwerer Vorhang aus grünem Samt mit reicher Stickerei ... Solange der Vorhang da ist, kann mir nichts geschehen: ich bin in Sicherheit ... Aber nun hebt er sich – und da ist die Leere, das schwarze Loch, der Abgrund ...

Ich soll ein Gedicht aufsagen, in den Abgrund hinein ... Mit welchem fang ich nur an? Zunächst sage ich einmal: „Guten Abend, meine Damen und Herren!“ Dazu mache ich einen Diener. Die Verbeugung muß ungeschickt ausgefallen sein: es wird gelacht; ein böses Meckern kommt aus der schwarzen Tiefe.

Mit heiserer Stimme murmele ich eine meiner kecken Balladen. Es ist die von der kleinen Herzogin Suzanne, die eine Schwäche für Matrosen hat. Keine Hand rührt sich, da ich meine Rezitation beendet habe.

Nach kurzem, angstvollem Zögern entschließe ich mich zu einer zweiten Nummer. „Das Schminkelied“, rufe ich gepeinigt aus. „Ich möchte jetzt, mit Ihrer gütigen Erlaubnis, mein kleines Lied von der Schminke zum Vortrag bringen.“ Woraufhin ich hastig beginne: „Mögen Sie auch – mögen Sie auch – mögen Sie auch – Schminke so gern? – Aber ich liebe sie, aber ich liebe sie, aber ich liebe sie, meine Herrn! – Schminke Schminke Schminke wirkt so festlich – Schminke Schminke Schminke riecht so köstlich ...“

„Aufhören!“ ruft eine Stimme von unten. „Schluß!“

Ich habe gerade noch Zeit hervorzubringen: „Ohne Schminke geht's nun einmal nicht!“ Da senkt sich schon mit sanfter Unerbittlichkeit der schwere grüne Vorhang. Es ist vorbei. Ein Mißerfolg ... Nun weiß ich also, was das ist: das Fiasko, die Blamage ...

Am nächsten Tag fuhr ich zurück nach München.

Jahre danach gestand mir Schneider-Duncker, was für einen Streich er mir damals gespielt hatte. Nicht aus Bosheit, wie er immer wieder betonte, sondern aus erzieherischen Gründen. „Du warst so ein unreifes Bürschchen!“ rief der alte Witzbold. „So ein eingebildeter kleiner Narr! Wie konntest du denn nur glauben, daß ich dich der braven Else Wardt wirklich als große Attraktion empfehlen würde? Kaum warst du aus dem Zimmer, hab ich sie natürlich nochmal angerufen und ihr gesagt, daß du von Tuten und Blasen keine Ahnung hast. Deshalb hat sie dich auftreten lassen, als noch keine

Katze im Theater war, nur ein paar Bühnenarbeiter. Es sollte eine Lehre für dich sein, alter Junge! Na, hoffentlich hat's was genützt ..."

Hatte es was genützt? Wohl kaum. Die Lehre, wenngleich von grausamer Drastik, hatte doch nicht genügt, um mich von meinem Penchant für Nachtlokale, Tingeltangel und gewagte Maskeraden endgültig zu kurieren. Zwar gab es in München kein „Tü-Tü", auch keine Tauentzienstraße und kein „Eldorado"; trotzdem fehlte es nicht an Betrieb, dank unserer entschlossenen Unternehmungslust.

Da die Schwabinger Kneipen und Ateliers uns nicht attraktiv erschienen, bildeten wir unsere eigene kleine Bohème, einen flotten, wenngleich etwas kindlichen Zirkel. Ein junger Mann namens Theo finanzierte unsere Eskapaden; er war es, der uns in die teuren Restaurants und Dancings einführte, die wir bis dahin nur von außen sehnsüchtig betrachtet hatten: das Odeon-Kasino, die Regina-Bar, den Pavillon-Gruß, wo es im Fasching so munter zuging, die berühmte Gaststätte des Herrn Walterspiel, wo man so vorzüglich speiste. Theo bestellte Champagner und Gänseleberpastete, wofür er, ohne mit der Wimper zu zucken, sieben Milliarden, fünf Millionen und vierhunderttausend deutsche Reichsmark auf den Tisch legte.

Er hatte träumerisch blaue Augen und die Unschuldsmiene eines Parsifal unter der schön gewellten blonden Frisur. Sein Aussehen ließ auf ein empfindsames Gemüt und ein romantisches Gefühlsleben schließen, was ihn aber nicht daran hinderte, mit Wagemut und Geschick an der Börse zu spekulieren. Er war naiv und gerieben, zynisch und sentimental, korrupt und generös – ein typischer Repräsentant der deutschen Nachkriegsgeneration.

Theo arrangierte Maskenbälle, nächtliche Schlittenfahrten – luxuriöse Weekends in Garmisch oder am Tegernsee. Wenn einem von uns nach einem festlichen Abendessen im Hotel Vier Jahreszeiten zumute war oder wenn man eine neue Inszenierung in den Kammerspielen sehen wollte, gleich wurde Theo angerufen. Manchmal gebrauchte er Ausflüchte: „Heute nicht. Warten wir bis nächste Woche. Ich muß erst disponieren ..." Es klang vage und geheimnisvoll. Meistens aber ging er freudig auf den Vorschlag ein: „Gewiß doch! Man trifft sich um sieben in der Lucullus-Bar."

Es waren reizende Stunden, die wir mit Theo verbrachten. Er selbst hatte die kindlichste Freude an seinen kostspieligen Gastereien. Zuweilen geschah es wohl, daß er zwischen Vorspeise und Braten triumphierend um sich blickte und mit feierlichem Nachdruck konstatierte: „Es ist wieder einmal ganz herrlich. Wir amüsieren uns. Die Musik, der Wein, die Stimmung – alles wunderbar! Ja, dieses Beisammensein wird einmal eine schöne Erinnerung werden."

Man tauschte genierte Blicke. Glaubte Theo, den Genuß des Augenblickes intensivieren zu können, indem er die zukünftige Erinnerung an gegenwärtiges

Vergnügen vorwegnahm und sich schon jetzt daran labte? Während die Konversation verstummte, pries er mit hektischer Begeisterung unseren „kleinen Nachkriegskreis". „Vielleicht sind wir frivol", rief er aus, wobei sein Blick aggressiv zum Nachbartisch hinüberblitzte. „Ja, vielleicht sind wir exzentrisch, lasterhaft! Aber wir haben – Schmiß und Tempo, darauf kommt es an! Das Tempo unserer Zeit! Prost, Eri, kleiner Satan du! Prost, Goldstück! Willi, dein Glas ist leer ..."

Der junge Studiosus und angehende Literat W. E. Süskind, den Theo mit so forscher Vertraulichkeit „Willi" nannte, gehörte zu den Säulen unseres schmissigen Nachkriegskreises. Das Mädchen „Goldstück" hieß eigentlich Ella; sie kam aus Oslo und beschäftigte sich mit Kunstgewerbe. Ella jubelte und schalt mit hinreißendem Zwitscherstimmchen. Wir liebten ihren norwegischen Akzent und fanden es gar zu charmant, wenn sie kleine Fehler im Deutschen machte. Sie war reizend verschlampt, von überschwenglicher Gefallsucht und Vitalität. Manchmal bekam sie plötzlich versonnene Augen und hörte zu lachen auf; dann hatte sie Heimweh. „Ach, ihr habt nicht Vorstellung davon, wie wunderbar es ist bei uns!" klagte das Mädchen aus dem hohen Norden. „Da tanze ich nun in diesem Ort mit dem vielen Rauch, und daheim ist der Schnee, all der Schnee daheim! Und ich dummes Person muß hier Foxtrott tanzen!"

Süskind schrieb eine Novelle über Ella. – Sie gehört zum Hübschesten, was er je gemacht hat. Übrigens neigte er dazu, die jungen Damen seiner Bekanntschaft literarisch auszunutzen. Auch Erika wurde von ihm porträtiert. Eine interessante Charakterstudie, nur daß sie leider düstere Färbung hat: die Heldin wird am Schluß von ihrem verärgerten Liebhaber umgebracht. Auf so vertrackte und leicht makabre Manier huldigte dieser junge Schriftsteller den Damen seiner Wahl. Um Erika zu beweisen, daß der novellistische Mordanschlag nicht bös gemeint war, widmete er ihr seine erste gedruckte Arbeit, eine Studie über „Die tänzerische Generation", die zu unser aller Stolz in Münchens anspruchsvoller und gediegenster Zeitschrift, dem „Neuen Merkur", herauskam. Es war in diesem höchst artig abgefaßten Essay, daß W. E. Süskind das Pathos und die Philosophie aller foxtrott-freudigen kleinen Nachkriegskreise, einschließlich des unseren, zu formulieren suchte.

Die Walter-Mädchen waren unserem animierten Zirkel leider abhanden gekommen. Eine bösartige Kampagne –, nicht ohne antisemitischen Beigeschmack –, die von der Presse, vor allem von den reaktionären „Münchener Neuesten Nachrichten" gegen ihn geführt wurde, hatte dem großen Dirigenten die Stellung an unserer Oper so verleidet, daß er sich dazu entschloß, einen Ruf nach Wien anzunehmen. Lotte und Gretel, zwei fesche Wienerinnen, statteten uns nur noch kurze, seltene Besuche ab; Theo, der sie in die Regina-Bar führen durfte, war von ihnen entzückt. „Ein Abend, der zu unseren schönsten Erinnerungen zählen wird!" entschied er nach dem zweiten Glas Champagner, strahlend vor Zufriedenheit. Warum sollte er nicht guter Dinge sein? Das Leben war von unerschöpflicher Buntheit, Lotte und Gretel bedeuteten einen höchst begrüßenswerten, wenn auch nur temporären Zuwachs zu unserem Nachkriegskreis, und übrigens versprach die Spekulation mit ungarischen Pengös ein Bombenerfolg zu werden.

Ähnlich den Walter-Mädchen, war auch Ricki damals nur ein seltener Gast in unserer Mitte. Er hatte um jene Zeit nichts für Städte übrig, sondern hielt sich lieber im Gebirge auf, wo er sich mit etwas manischer Leidenschaft auf seine Arbeit konzentrieren konnte. Es war in diesen Jahren, daß einige seiner schönsten Landschaftsbilder entstanden, gewissenhaft realistische, dabei aber irgendwie traumhaft verklärte und verwunschene Ansichten von Gebirgstälern, Wasserfällen, dunklen Tannen und beschneiten Gipfeln, deren gezackte Kontur mit unerbittlicher Exaktheit vor einem glasig transparenten Himmel verläuft wie eine geheimnisvolle Schrift, deren erhabene Bedeutung kein Sterblicher je entziffern darf.

Manchmal wurde ihm angst vor dem eisigen Frieden der alpinen Idylle; dann gönnte er sich wohl ein paar Tage der Zerstreuung und Geselligkeit in unserer Stadt, wobei er dieselbe zähneknirschende Intensität an den Tag legte wie beim Malen und bei jeder anderen Beschäftigung. Der Ausdruck „zähneknirschend" ist hier übrigens wörtlich zu verstehen; denn Ricki neigte dazu, in emotionell gesteigerten Momenten – beim Tanzen etwa, oder in der Umarmung, oder auch wenn er sich ärgerte – seine beiden starken, ebenmäßig geformten und leuchtend weißen Zahnreihen gegeneinander zu wetzen, wodurch sich ein penetrant knirschendes Geräusch ergab. Es war eine seiner wunderlichen Gewohnheiten, etwas irritierend, ja sogar erschreckend; aber da er sonst liebenswert war, sah man's ihm gerne nach.

Es gab andere gelegentliche Teilnehmer an unseren Zusammenkünften; die meisten waren älter als Erika und ich, veritable Erwachsene und arrivierte Künstler, wie Bert Fischel, der Favorit des Bayerischen Staatstheaters, und jene ernste junge Frauensperson, die uns durch die muskulöse Anmut ihrer langen Arme und Beine und die nachlässige Selbstgewißheit ihres Auftretens imponierte. Sie leitete eine Gymnastikschule, ließ sich aber auch mindestens einmal in jeder Saison als Solotänzerin sehen. Hinzu kamen Literaten, die sich manchmal zu uns gesellten, teils wegen Theos Champagner, teils wohl auch, weil sie uns drollig fanden. Einige von ihnen hatten schon Bücher veröffentlicht oder gehörten zum redaktionellen Stab einer experimentellen Zeitschrift. Es schmeichelte mir entschieden, solchen Sachverständigen aus meiner eigenen Produktion vorzutragen. Sie ließen es sich gefallen, aus professioneller Neugier und um sich für das gute Abendessen erkenntlich zu zeigen. Unvergeßlich ist mir eine Soirée in Süskinds Wohnung, gegen deren Ende ich eine bedeutende Anzahl meiner Sturm- und Liebeslieder rezitierte. Der Kritiker, an dessen Urteil mir gelegen war – überraschenderweise kann ich mich noch an seinen Namen erinnern: er hieß Rutra – zog mich schließlich in einen Winkel, um mir mit gedämpfter, dabei aber doch markig-sonorer Stimme zu versichern: „Ihre Verse sind hundsmiserabel. Aber Sie dürfen nicht aufhören zu schreiben!“ Ich wußte zunächst nicht, ob ich gekränkt sein sollte; entschloß mich aber dann dazu, das lapidare Orakel als ermutigend aufzufassen.

Ja, es war eine recht buntgemischte Clique, für deren Amüsement Theo mit träumerischer Nonchalance seine Milliarden springen ließ. Aber dem kleinen Nachkriegskreis fehlte doch das dynamische Zentrum, bis Pamela Wedekind, die Tochter des großen Dichters, zu uns kam.

Wir lernten sie bei unserem Onkel Heinrich kennen; Tante Mimi, Heinrich Manns üppig-muntere tschechische Gemahlin, hatte uns mit der Witwe Wedekind, Frau Tilly, und Tochter Pamela zu einem ihrer opulenten Tees gebeten. Tilly, ihr berühmtes Temperament mit fast asketischer Diskretion versteckend, wirkte nur sanft und schön – ein schläfriger Engel mit verhangenem grau-blauem Blick und sensationellen Beinen. Als Achtzehnjährige war sie von dem großen Dramatiker, ihrem späteren Gatten, entdeckt worden. Damals spielte sie den Pagen im zweiten Akt der „Büchse der Pandora“, eine unbedeutende Rolle, aber besonders geeignet, die außerordentliche Figur einer jungen Actrice zur Geltung zu bringen. Später war sie in dem gleichen Stück die Hauptperson, als Partnerin ihres unheimlich inspirierten Gemahls.

Er lehrte sie die Kunst des Gehens, Sprechens, Lächelns, Singens, Weinens. Er intensivierte und stilisierte ihre naturhaft träge Anmut, dem Pygmalion gleich, der sein Marmorgeschöpf durch schöpferisch-liebenden Anhauch zum Leben bringt. Seht, die magisch Erweckte öffnet Augen voll lockender Zärtlichkeit! Im Flitterröckchen tanzt sie auf rollender Kugel, wobei sie mit bemerkenswerter Konzentration Verse von Frank Wedekind rezitiert. Sie wirft Handküsse ins Publikum; sie ziert sich, glitzert, triumphiert, verführt: sie ist Lulu, der Erdgeist, die große Buhlerin, Inkarnation und Opfer des Geschlechts.

Arme Tilly! Ja, sie war noch liebenswürdig, noch begehrenswert mit ihrer zugleich routinierten und kindlich naiven Koketterie. Aber ihre Stimme – seltsam hohl, trotz sonorer Fülle – klang, als spräche sie aus einer hypnotischen Trance. Die Alabasterstirn, von reiner Wölbung unter der Fülle des mattgoldenen Haares, schien beschattet von Träumen. Manchmal erstarrte ihr Lächeln und der schöne Blick ging ins Ungewisse. Die lustige Witwe, die untröstliche Witwe erschauerte, wie unter einem flüchtig-eisigen Kuß aus dunkler Sphäre.

„Ist dir nicht gut, Mama?“

Dies war Pamelas Stimme – leuchtend, hart, von metallischer Schärfe, die gut-trainierte, penetrante Stimme der ehrgeizigen jungen Bühnenkünstlerin. Sie beugte sich leicht nach vorne, um die Hand der Mutter zu berühren. Tilly ertrug die Liebkosung, aber wich dem blanken, forschenden Blick der Tochter aus. Wie vertraut sie ihr waren, diese weitgeöffneten, schillernd-tiefen Augen unter den mephistophelisch hochgezogenen Brauen! Pamelas Züge und ihr geschultes Organ, die zeremonielle

Aggressivität ihrer Gesten und Reden, ja sogar die tyrannische Wachsamkeit ihrer Liebe, alles gemahnte an *ihn*, den verewigten Meister. Frank Wedekind schien wiederauferstanden in der gestrafften Gestalt dieses Mädchens mit der großen gebogenen Nase, dem phosphoreszierenden Blick, dem grell geschminkten Mund, der sich beim Lächeln etwas schlängelte.

„Aber mir fehlt doch nichts, Liebste", behauptete Tilly mit hohler Stimme, immer wieder geängstet von dieser lächerlichen, fürchterlichen Ähnlichkeit.

„Ich hoffe, Mama", sprach Pamela, jede Silbe mit unbarmherziger Präzision betonend, durchaus im Stil des seligen Papas.

Sie tat alles in seinem Stil; sein Vorbild bestimmte ihre Gedanken und Gesten, ihre Akzente und Emotionen. Sie war entschlossen, später, als Schauspielerin, die Wedekind-Tradition auf der Bühne fortzusetzen. Während sie sich noch auf ihre theatralische Laufbahn vorbereitete, zur Zeit unserer ersten Begegnung, war es ihr liebstes Spiel, *seine* Lieder zur Gitarre zu singen, all die schaurig-grotesken Balladen und zärtlichen Bänkelweisen, die er früher bei den „Elf Scharfrichtern" selbst zum Vortrag gebracht hatte.

Welch wunderliches, rührendes Tableau! Pamela, unter der Totenmaske des Vaters sitzend, auf einer Couch in seinem Arbeitszimmer, mit seiner Laute im Arm ... Das steinerne Antlitz des Toten beherrscht den Raum mit seiner Adlernase und den weißen, blicklosen Augen, die unter schrägen Brauen majestätisch ins Leere starren. Pamelas Gesicht ist nichts als eine weichere Abwandlung und verjüngte Wiederholung der väterlich strengen Miene.

Sie sitzt regungslos, den kühnen jungen Kopf (ja, es ist das stolze Haupt eines Renaissance-Jünglings!) etwas zur Seite gewandt, mit halbgeöffneten Lippen und aufmerksam zusammengezogenen Brauen, als lausche sie mit äußerster Konzentration auf kaum hörbare, aus weiter Ferne hergeflüsterte Ratschläge und Instruktionen. Wie aufrecht sie sich hält im schwarzen, enganliegenden Kleid mit weißem Spitzenkragen! Sie lauscht, sie wartet, während ihre Finger mechanisch über die Saiten des Instrumentes gehen. Endlich verkündigt sie mit lächelndem Schlängelmund, dabei aber nicht ohne eine gewisse drohende Feierlichkeit, als wendete sie sich nicht an einen intimen Kreis befreundeter Zuhörer, sondern an ein zahlreiches und widerspenstiges Publikum: „Ich erbitte Ihre Aufmerksamkeit für eines der schönsten Lieder meines Vaters: ›Der blinde Knabe‹." Ihre Stimme ist etwas gläsern, aber von höchst suggestiver Beseeltheit, da sie nun zu singen anhebt:

„O ihr Tage meiner Kindheit,
Nun dahin auf immerdar,

Da die Seele noch in Blindheit,
Noch voll Licht das Auge war ...“

Pamela wurde bald unsere beste Freundin; sie war unzertrennlich von Erika und mir. Wenn man sich nicht gerade mit Theo zu kostspieligen Exkursionen aufmachte, so traf man sich meist in der Wedekindschen Wohnung, einem bürgerlich behaglichen und geräumigen, aber doch leicht exzentrisch ausgestatteten Appartement in der vornehmen Prinzregentenstraße, nicht weit von den Ufern des Isarflusses. Natürlich ließ Pamela sich auch hin und wieder bei uns in der Poschingerstraße sehen, aber nicht sehr häufig und niemals ohne eine gewisse Befangenheit. Zwischen ihr und unseren Eltern fehlte es an jener spontanen, unmittelbaren Beziehung, die man so treffend als „Kontakt“ bezeichnet. Was besonders den Zauberer betrifft, so war unsere neue Gefährtin ihm entschieden unheimlich. Er hatte Wedekind auf seine ironisch-distanzierte Art bewundert, vielleicht sogar geliebt, ohne ihm übrigens menschlich je so nahe zu kommen wie etwa sein Bruder Heinrich, der zu den nächsten Freunden des Dramatikers zählte. Aber das vertrackte, doppeldeutige Pathos, das ihn an Wedekind fasziniert und erschüttert hatte, irritierte ihn in der weiblich-reduzierten Version, in der es sich ihm nun präsentierte, nicht von der Bühne herunter, sondern in unserem Eßzimmer oder am Kamin, in der Diele. Pamelas grelle Manieriertheiten waren nicht nach seinem Geschmack.

War unsere Freundin affektiert, künstlich, unnatürlich? Ja und nein. Gewisse Charaktere, zu denen wir Pamela rechnen dürfen, sind *von Natur unnatürlich:* die leidenschaftliche Gebärde und die Leidenschaft lassen sich bei ihnen nicht voneinander trennen, Spiel und Passion sind eins. Ohne Frage, die Tochter des Komödianten-Dichters war durchaus Komödiantin; sie gefiel sich in ihrer hochstilisierten, theatralischen Art, und manchmal übertrieb sie wohl, halb bewußt, den eigenen Stil bis zum Lächerlichen: das mephistophelische Mienenspiel und die pointierte Diktion wirkten zuweilen komisch. Das soll aber nicht heißen, daß sie eines echten, starken Gefühls nicht fähig gewesen wäre. Im Gegenteil, sie bewies in der Freundschaft dieselbe exzessive Hingabe und Leidenschaft, den gleichen Fanatismus, der für ihren Vater-Kult charakteristisch war.

Die Atmosphäre im Hause Wedekind war immer geladen mit geheimen – oder nicht so sehr geheimen – Spannungen, wie die Dialoge des verstorbenen Hausherrn, dabei aber nicht ohne Wärme und die obligate Münchener „Gemütlichkeit“ (die ja übrigens, auf eine etwas versteckte Art, auch irgendwie zum Wedekindschen Stil gehört). Tilly war eine höchst charmante und generöse Hausfrau, gerade wegen ihrer träumerischen Nonchalance und Zerstreutheit. Während sie ihre Kavaliere empfing, bewirtete Pamela ihre Freunde im Nebenzimmer; dazu kamen dann noch die Besucher der jüngeren Tochter, Kadidja – eines süßen und wilden Geschöpfes, damals vierzehnjährig: ich war bezaubert von ihr – und die Gäste einer kapriziösen Dame, die bei den Wedekinds lebte: sie nannte sich Sybil Vane und war früher Schauspielerin gewesen.

An Schauspielern fehlte es nie in diesem gastlichen Hause; meistens waren es solche, die man in den Dramen Wedekinds auf der Bühne gesehen hatte (der große Albert Steinrück, zum Beispiel, tauchte häufig dort auf), wodurch die ständig neu-belebte, immer wieder rituell zelebrierte Anspielung auf die Wedekind-Tradition besonders betont wurde. Manchmal stellten sich auch junge Dichter ein, die den Meister mit zeitgemäßeren Mitteln zu imitieren oder übertreffen suchten. Ich erinnere mich, beispielsweise, an ziemlich lärmige und feuchte Abende mit dem forschen „Zuck" (Carl Zuckmayer), der der Tochter des Hauses Konkurrenz machte, indem er, in eine rote Pferdedecke gewickelt, seinerseits allerlei Selbstgedichtetes mit sonorer Stimme und Klampfenbegleitung zum besten gab.

„Es waren doch schöne Stunden!" Kadidja verkleidete sich als Indianer, zum Entzücken des Zuck, der für Karl May schwärmte. Sybil Vane kredenzte Cocktails mit der preziösen Anmut einer Priesterin, die den feierlichsten Ritus ihres Kults verrichtet. Tilly war von sanfter Zerstreutheit, bis sie sich plötzlich die schweren Flechten ihrer Frisur löste und das offene Haar wie einen kostbar schweren Mantel auf die Schultern fallen ließ. Dies war das Zeichen, daß der zwanglose Teil des Abends nunmehr beginnen dürfe. Pamela biß denn auch prompt in die Hand des Kavaliers, mit dem sie gerade tanzte. Sie hatte eine gewisse Neigung, Leute unvermittelt in die Hand zu beißen; es tat ziemlich weh und hinterließ kompromittierende Spuren.

Manchmal kam es zu ernsteren Zwischenfällen. Es mochte geschehen, daß Kadidja sich mit einem ihrer jungen Verehrer auf einen seriösen Boxkampf einließ, ohne dabei auf das Mobiliar und die Nerven der anwesenden Damen irgend Rücksicht zu nehmen. Sybil Vane vor allem, kapriziös, wie sie nun einmal war, hatte eine Aversion gegen Raufereien. „Ich bitte dich, Kadidja!" Und sie rang zierlich die Hände. „Hast du denn keine Kinderstube? Schließlich und endlich, du bist doch ein junges Mädchen aus gutem Hause ..."

Was Frau Tilly betrifft, so war sie nicht so leicht aus der Fassung zu bringen; mitten im Lärm blieb sie stets von träumerisch-heiterer Gefaßtheit. Freilich gab es Tage oder ganze Wochen, während derer man sie überhaupt nicht zu Gesicht bekam. Ihr labiles Gemüt kannte Zustände der Depression und Verdüsterung, die sich mit einer gewissen Regelmäßigkeit wiederholten und ihr zeitweilig jeden Umgang mit Menschen unmöglich machten. Die Leidende versteckte sich in ihrer verdunkelten Stube oder auf dem Land, in einem Sanatorium, um in völliger Abgeschiedenheit das Ende der Heimsuchung abzuwarten.

Auch bei Pamela kam dergleichen vor, nur daß in ihrem Fall das Übel viel aprupter auftrat und viel schneller vorüberging. Soeben hatte sie noch gefunkelt und geträllert, da warf sie plötzlich das Gesicht in die Hände und ward geschüttelt vom jähen Weinkrampf. Man drang in sie mit tröstender Zurede und besorgten Fragen. Was war der Grund ihrer Verstörung? Sie hatte keine Antwort, sondern stöhnte nur wie in physischer Qual. Schließlich gelang es ihr, einige Worte unter konvulsivischem Schluchzen hervorzubringen. „Es ist wegen Papa", stammelte sie. „Er ist doch tot ... Und wir lachen hier, in seinem Arbeitszimmer ... Ich halt's nicht aus ... es bringt mich um den Verstand ... daß er tot ist ..." – Und sie bedeckte ihr tränenüberströmtes Gesicht wieder mit beiden Händen; die zehn auseinandergespreizten Finger zuckten vor ihrem Gesicht wie ein roter, unheimlich belebter Fächer.

Es war gelegentlich eines solchen Ausbruchs, daß mir zum erstenmal die sonderbare Bildung ihrer Hände auffiel. Bis dahin hatte ich nie gewagt, irgendein Detail ihrer Erscheinung kritisch zu betrachten – eingeschüchtert und bezaubert von ihrer schauspielerischen Bravour und Selbstgewißheit. Nun aber bemerkte ich die plumpe Form ihrer Hand. Ja, dies war die Hand Frank Wedekinds, die schwere, ungeschickte, tragisch brutale Hand der Spaßmacher und Philosophen, der priesterlichen Clowns und burlesken Prediger, die er in seinem Werk beschworen und auf der Bühne selbst verkörpert hatte. So hatte die Tochter also auch dies geerbt, diese rührenden, schrecklichen Hände, die immer aussahen, als seien sie wund und klebrig von Blut und als täten sie weh.

Ich sah ihre Hände und die Tränen, die zwischen ihren Fingern hervorkamen, und ich sah ihren zuckenden Rücken und den gekrümmten Nacken. Ihr stolzer, kühner Nacken, jetzt sah ich ihn gebeugt.

Ich fragte sie: „Willst du mich heiraten?"

Wir waren genau gleichaltrig, Pamela und ich, gerade achtzehn, zur Zeit unserer Verlobung.

„Wenn du doch nur ein *bißchen* älter wärest!" klagte mein Vater. „Du bist halt *gar* so jung, das ist das Malheur!" – Und das arme Mielein seufzte: „Was machen wir jetzt mit dir?"

Ich hatte soeben meine Studien bei Professor Geist abgebrochen, einfach indem ich mich zu Bette legte und die Familie wissen ließ, ich befände mich inmitten einer schweren psychischen Krise. Passiver Widerstand führt meistens zum Ziel. Ich war den lästigen Geist los und durfte mich als freier Mann fühlen.

Die Eltern waren begreiflicherweise etwas besorgt. Was sollte aus mir werden? Ich hatte meine Antwort parat: „Ich bin zum Tänzer geboren. Ja, es ist meine Absicht, mich als Bewegungskünstler auszubilden. Was ist daran so komisch? Ich wünsche, bei Harald Kreuzberg Stunden zu nehmen: er ist ein Genie, und unter seiner Aufsicht wird auch das meine sich entfalten können. Was soll mir das Abitur? Es wäre Zeitverschwendung. In ein paar Jahren bin ich weltberühmt, ein zweiter Nijinsky. Auch rein finanziell gesehen ist die tänzerische Karriere vielversprechend.“

Vater und Mutter erklärten mit tapferer Gefaßtheit, daß sie im Prinzip gegen den Tänzer-Beruf nichts einzuwenden hätten, wenn ihnen auch vielleicht für ihren ältesten Sohn eine andere Karriere lieber gewesen wäre, etwa die eines Architekten oder Heldentenors. Da ich mich aber nun einmal zur Tanzkunst berufen fühle, sei es drum! Nur solle man einen so bedeutungsvollen Entschluß nicht ohne eingehende Überlegungen fassen. Es war jetzt April. Der elterliche Rat ging dahin, die weitere Diskussion meiner Berufswahl bis zum Herbst zu vertagen. Dann würde man dem Problem mit frischem Mut ins Auge schauen und gewiß eine Lösung finden. Aber wohin mit mir in der Zwischenzeit?

Ich schlug Heidelberg vor. Von der Odenwaldschule aus hatte ich ein paar Ausflüge dorthin unternommen und behielt den Ort in angenehmster Erinnerung. Besonders hatte es mir eine malerische alte Baulichkeit angetan, etwas außerhalb der Stadt, am Neckar gelegen – Stift Neuburg, ein früheres Dominikanerkloster, jetzt im Besitz des Dichters Alexander von Bernus. War der Baron nicht mit meinen Eltern vor Jahren recht gut bekannt gewesen? Man könnte bei ihm anfragen, ob er gesonnen sei, mich als Pensionär bei sich aufzunehmen. Ich dachte es mir anregend und gemütlich, ein paar Monate in so kurioser Umgebung zu verbringen. Übrigens traf es sich so, daß mein Freund Uto, der bald nach mir die Odenwaldschule verlassen hatte, in einer kleinen Stadt, nicht weit von Heidelberg, zu Hause war ...

Baron von Bernus, dessen Gewohnheit es durchaus nicht war, fremde junge Leute als „paying guests“ bei sich aufzunehmen, mag sich über das Anliegen meines Vaters etwas gewundert haben. Er willigte aber ein – aus Gefälligkeit, und vielleicht auch, weil es ihn interessierte, die Bekanntschaft des grillenhaften Knaben zu machen, der es sich in den Kopf gesetzt hatte, am klösterlichen Leben des Schlosses teilzunehmen.

Es war ein wunderlicher Kreis, in dessen Mitte ich nun mit heiterer Zwanglosigkeit aufgenommen wurde. Der Baron selbst entsprach in Aussehen und Haltung durchaus dem Bilde, das die volkstümlich-romantische Phantasie sich vom Poeten macht. Seine Miene, von der Fülle des seidig-lockeren Haares wirkungsvoll gerahmt, war von blasser Milde, beinah priesterlich, dabei aber nicht ohne eine gewisse sinnliche Energie. Er hatte seine Laufbahn als literarischer Bohémien begonnen, um sich aber bald tieferen Studien und Abenteuern zuzuwenden. Aus dem verspielten Ästheten wurde ein Mystiker, aus dem Mystiker ein professioneller Adept und Künder der okkulten Sphäre. Nach kurzer Lehrzeit bei verschiedenen esoterischen Gruppen schloß er sich der Anthroposophischen Gesellschaft an, deren Gründer und Leiter, Dr. Rudolf Steiner, dem Hause Bernus auch persönlich nahestand. Der „große Eingeweihte“ mag als Lehrer und Redner faszinierend gewesen sein; nur daß ihm leider die Gabe fehlte, seine Einsichten und Orakel in halbwegs gefälliger Form zu Papier zu bringen. Der Baron, obwohl sonst von wählerischem Geschmack und übrigens seinerseits nicht ohne echt poetische Gaben, schien jedoch an der Dürftigkeit der Steinerschen Prosa keinen Anstoß zu nehmen. Ein nicht unerheblicher Teil seiner Zeit und seiner Energie war der Auslegung und Propagierung des anthroposophischen Evangeliums gewidmet; in den verbleibenden Stunden beschäftigte sich der Schloßherr von Stift Neuburg mit Alchemie, Astrologie und der Herstellung von allerlei heilsamen Pulvern und Tinkturen nach Rezepten des Paracelsus. Während das Suchen nach dem Stein der Weisen zunächst nur Kosten verursachte, erwiesen sich die magischen Pillen schon jetzt als Goldquelle, weshalb der Baron sich denn auch auf diese Branche der Geheimwissenschaft besonders konzentrierte. In der Hexenküche ging die Arbeit immer flink von der Hand, zumal dort die Baronin dem Gemahl mit kundigem Rat assistierte.

Sie war eine höchst pikante, fesselnde Persönlichkeit – die Baronin Imogen von Bernus, Herrin von Stift Neuburg. Das geistvoll-zierliche Haupt glich dem einer intellektuellen *grande dame* des französischen Rokoko, eine Ähnlichkeit, die sie bewußt unterstrich, sowohl durch ihr Kostüm als auch durch die barocke Höhe ihrer silberweißen Kunstfrisur. Übrigens ließ sie gern Bemerkungen fallen, die auf ihre intime Bekanntschaft mit gewissen distinguierten Persönlichkeiten des *Dixhuitième* neckisch anspielten. Ja, einmal teilte sie mir geradezu mit – lachend, aber keineswegs mit scherzhafter Absicht –, daß sie in ihrer vorigen Inkarnation eine erfolgreiche Kurtisane am Hofe des Louis XVI. gewesen sei. „Ich hatte es lang geahnt“, sagte Frau Imogen; sie war zugleich schalkhaft und majestätisch: eine ungewöhnlich pikante Person! „Aber jetzt habe ich die Beweise.“

Eine kleine Plauderei über Seelenwanderung gehörte durchaus zum Alltäglichen auf Stift Neuburg. Man unterhielt sich über Erzengel, Poltergeister und die verschiedenen Stufen der Erleuchtung mit derselben Selbstverständlichkeit, mit der man in anderen Kreisen den Stand der Börse oder das Wetter diskutiert. Ein Herr mit rothaarigem Charakterkopf, der als Dauergast bei der Familie Bernus weilte, steuerte eine besondere Nuance bei, indem er tagespolitische Fragen vom okkulten Gesichtspunkt aus erörterte und entschied. Kein Wunder, daß die Deutschnationalen bei den letzten Wahlen in Ostpreußen so gut abgeschnitten hatten, da ja der Erzengel Gabriel schon seit letztem Neumond die Aufsicht in dieser Gegend übernommen hatte, und gerade dieser Cherub hält es bekanntlich immer mit den Konservativen ... Was den Charakterkopf betrifft, so war er Anarchist, hatte auch als solcher anno 1918 irgendwo eine gewisse Rolle gespielt, um sich dann freilich bald aus der politischen Arena zurückzuziehen. „Ich warte meine Stunde ab“, versicherte er uns beim Abendessen. „Gewöhnlich wohlinformierte Quellen“ hatten ihn wissen lassen, daß die anarchistische Weltrevolution bis zum 10. August 1929 kosmisch unerwünscht und daher undurchführbar sei. „Ich werde mir doch nicht die Finger verbrennen“, sagte der Charakterkopf mit düsterem Lachen.

Die „wohlinformierte Quelle“, von der mein Hausgenosse seine politischen Tips bezog, war ein sehr erlauchter und gefälliger Geist, der sich durch den Mund eines Bauernjungen gelegentlich auf Stift Neuburg vernehmen ließ. Der Bauernjunge hieß Maxl und machte sich nicht nur als Medium, sondern auch als Gehilfe des Barons im Laboratorium nützlich. Er war etwa achtzehnjährig, bärenstark, groß und schön, von einer durchaus männlichen und gesunden Schönheit; niemand würde dem prachtvollen jungen Riesen die unheimlichen Gaben zugetraut haben, über die er in der Tat verfügte. Seine Empfänglichkeit oder Durchlässigkeit für die Berührung der „drüberen“ Welt war derart überentwickelt, daß die Stimmen und Gesichte ihn zuweilen ganz unerwartet, unter den peinlichsten Umständen heimsuchten, zum Beispiel, wenn er gerade wohlig im Bade lag. Dann erschrak der schöne Maxl wohl selbst vor seinen Visionen und ergriff panisch die Flucht. So sah ich ihn einmal, wie er unter furchtbarem Gebrüll aus dem Badezimmer hervorbrach und durch die Korridore von Stift Neuburg raste, nackt und triefend, mit zerwühltem Haar und starr geweiteten Augen. Er war gräßlich und doch auch wieder herrlich anzuschauen in seiner bebenden Blöße, jenen mythischen Figuren gleich, die schnaubend und fäusteschüttelnd die elementare Wucht und Unentrinnbarkeit des Heiligen Wahns schaurig-pittoresk symbolisieren.

Das einzig „normale“ Wesen in diesem leicht exzentrischen Milieu war die junge Tochter der Baronin, Ursula Pia, ein adrettes kleines Ding von eher barschen Umgangsformen. Nüchtern und gewissenhaft machte die Halbwüchsige sich im Obstgarten oder im Stall zu schaffen, nahm sich wohl auch des etwas vernachlässigten Haushalts an, während die Erwachsenen ihren wunderlichen Spielen und Berechnungen oblagen: Welcher Erzengel übernimmt das kosmische Regime im Jahre 1951? Was für Rückwirkungen hat dieser Regierungswechsel auf die Entwicklung der Alchemie? Werden wir, unter dem neuen Szepter, endlich das höchst Köstliche entdecken dürfen, wonach selbst der große Paracelsus vergebens suchte – den Stein der absoluten, quasigöttlichen Weisheit? Wann finden wir sie, die gebenedeite Formel? Die lang ersehnte, lang verheißene Metamorphose des gemeinen Metalls in himmlische Gold-Substanz, wann darf sie Ereignis werden?

... „Die spinnen ja alle“, murrte Ursula Pia, wenn sie mir die Post oder eine Tasse Tee in mein Zimmer brachte. „Warum bleiben Sie eigentlich hier?“ erkundigte sie sich mißtrauisch. „Sind Sie auch übergeschnappt?“

Übergeschnappt ...? Eine taktlose Frage, auf die man lieber nicht eingeht. Und meinen Aufenthalt hier im Stift betreffend – ja, warum blieb ich wirklich? Es schien nicht ganz leicht zu erklären. Schließlich konnte ich dem kleinen Mädchen doch nicht gut sagen, daß ich mir das Schloß als zeitweiligen Wohnsitz gewählt hatte, einfach, weil mir für den Augenblick kein besserer zur Verfügung stand. Also bemerkte ich nur, etwas ausweichend: „Es ist so ruhig hier ... Und diese Landschaft! Sieh doch, wie schön! Der Fluß ...“

Das Panorama, auf das ich mit zärtlicher Gebärde wies, war in der Tat von einzigartiger Lieblichkeit. Zwischen den alten Linden und Apfelbäumen des Stiftsgartens öffnete sich der Blick zum Neckar, der im goldenen Licht des späten Nachmittags wie in heiterer Verklärung dahinfloß. Auf dem gegenüberliegenden Ufer standen die sanften Hügelketten freundlich beglänzt vor einem sehr klaren Himmel. In der Ferne trat die Silhouette des Heidelberger Schlosses zart und ehrwürdig aus silbrigem Dunst hervor.

„Sieh doch, der Himmel! Wie aus Glas ..."

„Der Himmel ist ganz gewöhnlich", stellte sie trocken fest. „Der Himmel ist nicht aus Glas."

Ein seltsames Kind war sie, die kleine Baroneß Ursula Pia von Bernus. Ihre Augen waren sonderbar blaß, dabei aber doch von bemerkenswert expressiver Kraft in einem bleichen Gesichtchen mit winziger Stupsnase und entzündeten Nasenflügeln. Sie trug ihr dürftiges Haar zu zwei kleinen Zöpfen frisiert, die ihr wie zwei steife Schwänzchen, beinah wie zwei verkümmerte Flügel, seitlich vom Haupte standen. Im Gegensatz zur anmutig gelockerten Haltung ihrer Mama, waren Ursulas Schritt und Gesten meist von feierlicher Steifheit und Gemessenheit; wenn sie sich aber unbeobachtet glaubte, konnte sie plötzlich ganz munter springen: die gravitätische Miniatur-Matrone schien in ein behendes Kätzchen verwandelt.

„Ich möchte bloß wissen, was Sie hier eigentlich treiben den ganzen Tag", sagte sie obenhin und doch mit einem gewissen mütterlichen Interesse.

„Ach, so allerlei ...", sagte ich vage, während mein Blick sich wieder in der silbrigen Transparenz des abendlichen Himmels verlor.

Es gab ein ganz kurzes Funkeln in Ursula Pias Augen, eine huschende Flamme des Mißtrauens, der Neugier, des Hasses. „Magisches Zeug?" forschte sie mit einem gepreßten Stimmchen, zugleich angewidert und fasziniert, als sei sie einem schmutzigen Geheimnis auf der Spur. „Zauberei? Hokuspokus? Dieselbe Art von Quatsch wahrscheinlich, die Vati und Mutti treiben, sobald man sie alleine läßt in ihrem sogenannten Laboratorium ..."

Ich versuchte, ihr den Unterschied zu erklären. „Dein Vater", sagte ich, „will ein Ding in ein anderes verwandeln, Pilze in Schlaftabletten oder altes Eisen in Gold. Nun, die Art von Verwandlungskunst, mit der ich mich beschäftige, ist ein bißchen anders. Worauf ich es abgesehen habe, das ist ... wie drück ich's nur aus? Ja also, die Verwandlung von etwas Unsichtbarem in etwas Sichtbares; von etwas Häßlichem und Wirrem in etwas Schönes und Reines. Wenn man sehr fleißig und geduldig ist, dann kann man vielleicht aus der ärgsten Unordnung und dem schlimmsten Leid ein ordentliches und erfreuliches Gedicht machen, oder ein Lied, oder einen Tanz. Verstehst du das, kleine Ursula Pia?"

Sie zuckte die Achseln; der Blick, mit dem sie mich von der Seite maß, war nicht sehr freundlich. „Ich versteh's schon“, bemerkte sie spitz. „Aber ich bin dagegen. Dichter, Tänzer, Hexenmeister – es läuft alles aufs gleiche hinaus. Alles dieselbe Zeitverschwendung, alles derselbe Schwindel.“

Sie schüttelte den Kopf mit ernster Mißbilligung, wobei ihre verkümmerten kleinen Schläfenflügel sich drollig hüpfend bewegten. Nach kurzer Pause fügte sie noch hinzu: „Natürlich könnte ich auch ein bißchen zaubern, wenn ich Lust dazu hätte. Aber ich mag nicht. Hat doch keinen Sinn! Einen Kuchen backen, das hat Sinn; oder Himbeeren pflücken. Und der Regen hat Sinn, und was der Herr Lehrer in der Schule erzählt über die Elektrizität und den Dreißigjährigen Krieg und die Nebenflüsse der Donau. Das ist alles interessant, und man soll aufpassen dabei, weil es *wahr* ist. Aber die Zauberei ist *nicht wahr*. Ich interessier' mich nicht für diese erfundenen, ausgedachten Sachen.“

Nun maß ich sie meinerseits mit einem Seitenblick, nicht des Argwohns, sondern des amüsierten Erstaunens. Da stand sie, das adrette, schlaue kleine Ding, fest auf ihren zwei Füßen. Ihr ernstes Gesicht mit der aufgeworfenen Nase und der eigensinnigen Stirn schimmerte perlmutterbleich im Halbdunkel, das jetzt den Raum erfüllte. Sicherlich, es wäre ihr leicht gefallen, ihr Pensum an schwarzer Magie zu erledigen, ebenso erfolgreich und gewissenhaft wie ihre Schulaufgaben. Aber sie war gegen die dunkle Sphäre; sie mochte dergleichen nicht, lehnte es ab mit hochmütigem Achselzucken. Das Kind des Hexenmeisters wollte nichts zu tun haben mit der Hexerei.

Und wie stand es um den Sohn des Zauberers? Was wartete seiner? Die Unordnung als Dauerzustand und permanenter Lebensstil? Oder die Ballettschule? Oder war es ein Teil, dem väterlichen Vorbild nachzueifern? Mußte er sich auf eben jenem Spezialgebiet der Magie versuchen, auf dem der Alte sich nun schon so manches Jahr ruhmreich bewährt und bewiesen hatte? ...

„Es wird spät“, bemerkte Ursula mit ihrer trockenen kleinen Stimme. „Essenszeit.“ Aber sie rührte sich nicht.

Ja, es wurde spät, der Sommertag war zu Ende. Dies ist die Stunde, da Fluß und Himmel erblassen, während ein Hauch aus silbrigen Höhen die Büsche und das Laub erschauern läßt. Wenn die Klage der Abendglocke verstummt ist, dann senkt sie sich übers Land, die stillste Stunde, *l'heure exquise, l'heure bleue*, die Stunde der Ahnungen und Zärtlichkeiten. Alles steht regungslos, der Flieder im Park, der Wacholderbaum; sogar der Brunnen schweigt. Der Augenblick des Intervalls zwischen Tag und Abend bannt die Natur in einen Frieden, den selbst die tiefste Mitternacht nicht kennt.

Auch wir bleiben wie versteinert in der milchig bleichen Dämmerung, das kleine Mädchen und ich. Rühr dich nicht, Ursula Pia! Schau dich nicht um! Diese Stille ist nicht geheuer; es spukt in deinem wunderlichen Vaterhaus ...

Wenn wir lange genug den Atem anhalten, so werden wir die Dinge reden hören. Die schweren Rosen in der blauen Vase, das Kruzifix, die Kerze, die Bilder an der Wand, jetzt flüstern sie ihre Botschaft! Mit sorgend zärtlichem Blick und heiterem Lächeln, zaubrisch belebt zwischen den Ebenholzrahmen, grüßen mich die vier Menschen, die mir, zu dieser Stunde, am nächsten und teuersten sind: die Mutter, die Schwester, die Braut – und ein junger Knabe mit hohen Backenknochen und Augen von unergründlicher Klarheit ... Welchen von ihnen liebe ich am meisten? Freilich, jeden auf eine andere Art ... Aber welche Art ist die süßeste?

Hör jetzt nicht hin, ich warne dich, keusche kleine Ursula Pia! Schließe deine Ohren, wie du die Augen schon geschlossen hast! Denn nun spricht der Flußgott.

Siehe, aus dem wallenden Dunkel draußen tritt er hervor in purpurner Fleischesfülle, Weinlaub auf der Stirn und in der Hand die Flöte, das phallische Wahrzeichen und Instrument des Pan. Hüte dich vor seinem Lied, seiner Lockung, kleine Ursula! Fliehe das Schauspiel seiner Streiche und Maskeraden! Er ist der Erzzauberer: sein Blick, sein Atem verhext Mensch, Tier und Pflanze. Schau ihm nicht zu, kleines Fräulein, wie er jetzt im abendlichen Garten seine Satyrsprünge vollführt, schwankend, hüpfend, torkelnd, lallend, lockend: zugleich obszön und fürstlich, grotesk und heilig in seiner schamlos wilden Trunkenheit.

Doch, schau ihn an, Ursula Pia. Er läßt sich nicht vermeiden, so wenig wie er sich besiegen läßt; er ist unentrinnbar, unwiderstehlich. Er erleuchtet, blendet, quält, beseligt uns – ach, die Spuren auf seinem Pfad! Das Blut, die Asche, die zertretenen Blüten ... Er ist doppelgesichtig wie jeder echte Dämon: Mörder und Schöpfer, Krankheit und Offenbarung. Er ist der Strudel, der uns in die Tiefe reißt, aber auch die Woge, die uns nach oben trägt, hinauf zu schwindelnder Höhe.

Werden wir uns seinem Griff je entziehen können? Befreien wir uns von seinem verhaßten, geliebten Joch? Wohl kaum ... Solange wir im Fleische wandeln, werden wir uns wohl von ihm gängeln und inspirieren, foppen und führen lassen. Wie lange noch? Und wo soll's hinaus? ... Schon gut, kleine Schwester! Nimm es hin! Ertrag es, wenn du kannst! Freu dich dran! Genieße – wenn du stark genug dazu bist ...

„Wir wissen den Weg nicht“, sagte ich laut, zu meiner eigenen Überraschung. „Nimm es hin, kleine Schwester. Und nimm's nicht zu schwer.“

„Ich will mir Mühe geben.“ Die Stimme des Mädchens klang voller und weicher als sonst, als sei sie plötzlich gereift, zur Frau geworden. Mit ernstem Nachdruck fügte sie hinzu: „Und du solltest dasselbe tun! Wenn du nicht streng mit dir selber bist, dann kann's leicht schief mit dir gehen. Du gehörst zu denen, die leicht verführbare, leicht verwundbare Herzen haben. Die müssen sich besonders Mühe geben und besonders streng mit sich sein.“

Was war das? Wer sprach da zu mir mit sanft-sonorer Stimme? Was wußte sie von mir, diese stupsnäsige kleine Sybille mit den lächerlich steifen Zöpfen und der blassen, bockigen Stirn? Wie kam das Kind dazu, so einsichtig und wohlgesetzt daherzuplappern?

Aber dies war weder der Ort noch die Stunde, solche Fragen zu stellen. Hatte Ursula Pia mir nicht selber mitgeteilt, daß sie sehr wohl ein bißchen zaubern könnte, wenn sie nur Lust dazu hätte? Und war es nicht ganz zugegebener- und berühmtermaßen ein verhextes Haus, in dem ich mich hier befand? Ja, auch der Fluß dort draußen, auch der Neckar war berühmt und berüchtigt als Zauberquelle romantischer Begeisterung, als Wiege holdesten Wahns ...

Frage nicht! Dies ist die Stunde der Ahnungen und des Schweigens. Die Botschaft vom Brunnen – ja, nun rauscht er wieder –, der leise Ruf vom Wacholderbaum, besänftigen und stärken das leicht verführbare, leicht verwundbare Herz. Ein Hauch von Flieder und Abend mildert das Leid, verwandelt die Unordnung in Harmonie. Für die Dauer eines begnadeten Augenblicks scheint alles ausgesöhnt und fließt ineinander: das Kruzifix, die Blumen, die geliebten Stirnen und die anders geliebten Lippen, der Schatten des Flußgottes, die ziellose Lust, die wortlose Qual, die Tänze, die es noch zu tanzen gilt, die Tränen, die noch zu vergießen sind, die ungesagten, unsagbaren Gebete.

Fünftes Kapitel.
Der fromme Tanz

1924–1927

Der Spuk der Inflation war vorüber; man hatte sich wieder dem Alltag bescheidener Zahlen und bescheidener Lebensverhältnisse anzupassen. Eine Stimmung von Ernüchterung und Katzenjammer lag in der Luft, zugleich aber gab es doch auch etwas wie eine vernünftig-maßvolle Zuversicht, ein Gefühl von Neubeginn, neuer Pflicht, neuer Chance. Die überstandene Schreckenserfahrung hatte den Effekt einer Schock-Kur. Nach so grausamem Eingriff fühlt der Patient sich reduziert und zittrig, aber auch erleichtert und erfrischt.

Das deutsche Volk wußte nun doch, woran es war. Man hatte gar nichts mehr, keinen Kaiser, kein Geld, kein Elsaß, keine Flotte, keine Kolonien. Bei so allgemeinem Ausverkauf war man immerhin auch manchen Ballast losgeworden, zum Beispiel die Illusionen. Wer frei von Illusionen ist und arbeiten will, der hat nicht alles verloren. Er darf der Zukunft mit nüchtern-realistischem Selbstgefühl ins Auge sehen.

Gerade dieser Geist – der Geist illusionslosen guten Willens und redlicher Schaffensfreude – kam, so mich die Erinnerung nicht täuscht, im Deutschland jener Tage nicht ganz selten vor.

Ein achtzehnjähriger junger Deutscher wollte damals eine literarische Laufbahn beginnen. Wie stellte er das an?

Da er der Sohn eines bekannten Schriftstellers war, so verfügte er natürlich über gewisse Beziehungen, deren er sich aber, aus Stolz und Eigensinn, zunächst nicht bedienen wollte. Sein Name blieb ungenannt, als zum erstenmal einige seiner Manuskripte, drei kurze Studien über Rimbaud, Huysmans und Georg Trakl, einer anspruchsvollen literarischen Revue, der Berliner „Weltbühne“, angeboten wurden. Der Herausgeber dieser Zeitschrift, Siegfried Jacobsohn, gehörte zu den meist-gehaßten, meist-bewunderten und meist-diskutierten Figuren des geistig-politischen Deutschland; der kleine Mann – ich erinnere mich seiner als eines behenden Gnomen – verfügte über große Energien, großen Witz und große Zivilcourage. Überraschenderweise fand er in den lyrisch-analytischen Skizzen des anonymen Anfängers irgend etwas, das ihn aufhorchen ließ. Er akzeptierte die drei Manuskripte. Leider bekam er bald heraus, wer ich war, und bestand darauf, die Essays unter meinem Namen zu veröffentlichen, was für die „Weltbühne“ eine kleine Sensation bedeutete, für mich aber wahrscheinlich den entscheidenden Fehler meiner jungen Karriere. Denn von nun an war ich in den Augen einer „literarischen Welt“, die in Deutschland noch etwas hämischer und eifersüchtiger ist als anderswo, der naseweise Sohn eines berühmten Vaters, der sich nicht entblödet, den Vorteil seiner Geburt geschäftstüchtig und reklamesüchtig auszunutzen.

Wäre ich weniger jung und blöd gewesen, ich hätte mehr Zurückhaltung geübt. Alles schien so leicht und glatt zu gehen, wie im Spiel, wie im Traum: es war erstaunlich und belustigend. Was immer ich zu bieten haben mochte, man nahm es mir ab, man fand es interessant. Die feinsten Blätter und Revuen druckten meine Kurzgeschichten, Plaudereien und Betrachtungen: ich erschien in der ehrwürdigen „Vossischen Zeitung“, im „Simplizissimus“, in S. Fischers wählerischer „Neuer Rundschau“. Etwas Geld kam ein – wer hätte das gedacht? Plötzlich hatte ich die Mittel, um mich von Heidelberg nach Frankfurt zu begeben, von Frankfurt nach Berlin, von dort zurück nach Heidelberg, wo es mich indessen nicht mehr lange hielt: bald war ich wieder an meinem geliebten Kurfürstendamm.

Dort etablierte ich mich in einem ziemlich teuren Hotel und beschloß, ein Buch zu schreiben. Oder vielmehr, eine Kollektion meiner Skizzen und Erzählungen in Buchform zu präsentieren. Es fehlte mir nur noch ein Stück, um den Band abzurunden. Die meisten meiner novellistischen Versuche befaßten sich mit Typen und Problemen meiner eigenen Generation. Gleich die erste Geschichte, betitelt „Die Jungen“, schilderte die wunderlichen Verhältnisse in der Bergschule Hochwaldhausen mit nicht gerade diskreter Deutlichkeit. Stil und Stimmung des Ganzen hatten aber doch den Einschlag ins Romantisch-Märchenhafte. Es war dieser Ton, die mystisch-erotische, schwermütig-laszive Melodie, den ich im Finale noch einmal akzentuieren und möglichst voll erklingen lassen wollte. Das romantische Thema, der romantische Held, nach dem ich suchte, fand sich beinah von selbst: Kaspar Hauser.

Die Figur des geheimnisvollen Findlings hatte mich lang beschäftigt und gereizt. „Le pauvre Gaspard", wie Verlaine ihn in einem Gedicht von innig-suggestiver Schlichtheit nannte, bedeutete mir den Inbegriff weltfremder Unschuld, adliger Melancholie. Nach stummer und dunkler Kindheit im Höhlenversteck tritt der Sechzehnjährige ans Licht, scheu und schweigend (er hat noch nicht sprechen, noch nicht lügen gelernt), von rührender Anmut bei aller Ungelenkheit, noch völlig rein, noch nicht befleckt vom Schmutze einer Welt, die sich seiner entledigen wollte und ihn vernichten wird. Ist er wirklich der Prinz aus regierendem Hause, den ruchlose Verwandte in der Wildnis ausgesetzt haben? Manche halten ihn für einen Betrüger oder einen Geisteskranken. Er stirbt, von unbekannten Mördern erdolcht. Sein Geheimnis bleibt ungeklärt. Er lebt, als Legende, als poetisches Symbol, gerade weil sein Rätsel keine Lösung findet. Er ist der Jüngling, der aus der Höhle tritt, lallenden Mundes und reinen Blickes, namenlos, heimatlos, sprachlos, vornehm wie ein Tier, wie ein Prinz. Er ist der Fremde.

So zog ich mich denn vom lockenden Betrieb des Kurfürstendamms in meine luxuriöse Klause zurück (mit eigenem Bad und unbezahlter Rechnung), um mich unverweilt an die Arbeit zu machen. Ein Zyklus von „Kaspar-Hauser-Legenden", das würde meinem „Opus I" den stilvollen Abschluß geben! Während draußen vor meinem Fenster die Trambahnen klingelten und die Zeitungsverkäufer mit monotoner Insistenz ihre Litanei wiederholten („B.Z. am Mittag! B.Z.!"), saß ich an meinem wackeligen Hotelschreibtisch und kritzelte (ich hatte damals noch keine Schreibmaschine) emsig vor mich hin. Mein Freund Kaspar Hauser erschien mir im Zwiegespräch mit der reisenden Hure (sie will ihn in ihrer stattlichen Kalesche mitnehmen, aber er lehnt spröde ab), in Gesellschaft des fremden kleinen Mädchens (eine schnippische Miniatur-Sybille, der ich die Züge meiner Freundin Ursula Pia gab), im intimen Rendezvous mit einem hübschen Toten (wobei es nicht ganz ohne leichenschänderische Nuance abging) und in anderen pikanten Kombinationen.

Und so war es denn geschafft: mein erstes Buch lag vor mir, fix und fertig, wenn auch vorläufig noch ungedruckt. Die Widmung – „meiner Schwester Erika" – stand lange fest. Auch für einen Titel hatte ich mich schon entschieden: „Vor dem Leben", womit ich eingestand, daß mein Leben eigentlich noch nicht begonnen hatte: ich stand noch „davor", voll naschhafter Neugier, aber auch voll Ehrfurcht angesichts seiner Drohung, seines Versprechens, seiner unendlichen Möglichkeiten ...

Ein unternehmungslustiger junger Verleger in Hamburg, Kurt Enoch, erklärte sich bereit, den Band herauszubringen. Ich zeichnete einen Vertrag mit Optionsklausel, Vorschuß und allem Zubehör. Stand ich wirklich noch vor dem Leben? Man zögert, ziert sich, wartet, träumt – und plötzlich ist man mittendrin, ein „gemachter Mann" sozusagen ... „How curious! How real!" Das Gefühl freudig-beklommenen Erstaunens, das Walt Whitman in diesen Ausruf legte, war sehr stark in mir, da ich mich nun anschickte, mit dem Leben ernst zu machen. Wie seltsam es war! Wie *wirklich!*

Ja, da hatte ich nun also einen Beruf oder doch eine Stellung – als dritter Theaterkritiker bei einer nicht eben sehr distinguierten, aber vielgelesenen Berliner Zeitung, dem „Zwölfuhrmittagsblatt". Natürlich waren es nicht gerade die großen Premieren bei Max Reinhardt oder im Staatstheater, über die man mich schreiben ließ; ich mußte mich mit Veranstaltungen weniger erlauchten Ranges begnügen. Aber das Berliner Theater stand damals im allgemeinen auf einem so hohen Niveau, daß sogar zweit- und drittklassige Aufführungen sich sehen lassen konnten. Wo das Beste wahrhaft vorzüglich ist, muß auch das Mittelmäßige mindestens leidlich sein.

Übrigens hätte mir mein neues Amt Spaß gemacht, selbst wenn alle Bühnen der Reichshauptstadt letzte Schmiere gewesen wären. Mochte das Stück, das ich zu kritisieren hatte, noch so dumm und phantasielos sein, die Tatsache, daß ich, der Achtzehnjährige, als seriöser Kritiker im Parkett sitzen durfte, war an sich amüsant und phantastisch genug. Mochten die Schauspieler dort droben es an Intensität und Konzentration fehlen lassen – ich hatte mich auf meine eigene Rolle zu konzentrieren. Ein Theaterkritiker war ein Mann von Prestige, eine Respektsperson im theatersüchtigen, theaterbesessenen Berlin der zwanziger Jahre. Ich gehörte nun also zu dieser noblen Gilde und tauschte nachlässig-joviale Kollegengrüße mit den Herren Kerr, Kurt Pinthus, Monty Jacobs, Herbert Ihering. Was für eine Komödie! Selbst wenn es auf der Bühne nichts zu lachen gab, ich lachte mir doch ins Fäustchen. Heimlich kichernd eilte ich nach der Vorstellung zum Redaktionsbüro, um, von innerem Lachen geschüttelt, mein Urteil über die neue Inszenierung des „Prinzen von Homburg" im Steglitzer Schloßtheater oder die neue Revue im Admiralspalast zu Papier zu bringen. Und ein paar Stunden später lasen die geschäftigen Berliner in der Untergrundbahn, im Café, im Autobus, was der Sachverständige vom „Zwölfuhrmittagsblatt" zu sagen hatte. Diese Erwachsenen! Wie leicht sie sich an der Nase herumführen ließen! Früher hatten wir sie mit trügerischen Telephonanrufen mystifiziert; jetzt bediente ich mich anderer Methoden.

Der Sachverständige vom „Zwölfuhrmittagsblatt" konnte beißend sein. Ich erinnere mich zum Beispiel, daß ich den hochbetagten und hochberühmten Charakterspieler Ferdinand Bonn einmal aus purer Caprice ganz furchtbar heruntermachte. Manchmal aber war er beinah übertrieben gnädig. Besonders wenn es sich um einen gewissen jungen Schauspieler mit attraktiver Boxerphysiognomie und metallisch heller Stimme handelte, ließ der Sachverständige sich völlig gehen. Der junge Mime, er hieß Hans Brausewetter, wurde überall gelobt, aber nirgends so überschwenglich wie im „Zwölfuhrmittagsblatt“. Dort ging es hoch her zu seinen Ehren; der achtzehnjährige Kritikus erging sich in Dithyramben.

Wie weit konnte ich's treiben, ohne Anstoß zu erregen? Vielleicht erregte ich Anstoß: es kam mir nicht darauf an. Brausewetters Stimme klang mir angenehm in den Ohren, und es drängte mich, meinem Wohlgefallen öffentlich Ausdruck zu geben. Mein drolliges Amt gab mir hierzu die Möglichkeit. Der große Jux, er klappte! Die dummen Erwachsenen in der Untergrundbahn, irgendwo zwischen Zehlendorf und Alexanderplatz, lasen meine kindischen Ergüsse und nickten sich ernsthaft zu: „Der Brausewetter hat wieder eine sehr gute Kritik im ›Zwölfuhrmittagsblatt‹. Man sollte ihn sich doch ansehen in der neuen Rolle ...“

... Es war ein bewegter Winter, reich an Arbeit, reich an Hoffnung und Spaß. Ich unterhielt mich glänzend in meinem Beruf, und Erika war ebenso begeistert von ihrer Tätigkeit. Sie hatte ein Engagement bei Max Reinhardt; in Nachmittagsvorstellungen und in zweiter Besetzung durfte sie schon große Rollen spielen, die meisten Abende der Saison aber verbrachte sie als stumme Hofdame in der glanzvollen Inszenierung von Shaws Jeanne d'Are-Tragödie. Es war der große Triumph der Elisabeth Bergner, die damals auf dem Höhepunkt ihrer Karriere war. Die Anfängerin fand es belehrend und erregend, das Spiel der gefeierten Kollegin allabendlich aus so intimer Nähe zu beobachten; bald konnte Erika den reizend manierierten Bergner-Ton so täuschend imitieren, wie ehemals das samtene Organ der Delia Reinhardt und das schrille Plappern der bayerischen Ladnerin.

Pamela, die sich am Stadttheater zu Köln unter der Direktion von Gustav Hartung ihre ersten Lorbeeren erspielte, stattete uns zuweilen hastige Visiten ab. Wir logierten alle zusammen in einer schäbig-prunkvollen Flucht von möblierten Stuben in der Uhlandstraße, einer typischen Berliner Wohnung im schlechtesten Geschmack der Gründerjahre, dabei aber nicht ohne eine gewisse verstaubte Gemütlichkeit. Unsere Wirtin, Frau Schmidt, war ein Juwel; wir nannten sie „Puffmütterchen“ und hingen von Herzen an ihr. Ich sehe sie noch vor mir, wie sie hurtig durch die muffig dunklen Zimmer und Korridore ihres Etablissements watschelte, eine rundliche Alte von überraschender Elastizität und Beweglichkeit, das Haupt geschmückt mit einer Fülle drollig störrischer Löckchen, das kindlich pausbäckige Runzelgesicht immer strahlend, immer animiert. Wenn ihre Wohnung „schlechtestes Berlin“ war – sie selbst, das muntere Mütterchen, war bestes: gutmütig, dabei gewitzt, von humoristischer Derbheit und Verschlagenheit, unsentimental, hilfsbereit, generös. Sie sah uns alles nach, weil sie uns ulkig fand. Wenn unsere Rechnung beunruhigende Dimensionen annahm, mochte sie wohl etwas sorgenvoll werden; aber wir bekamen nie ein ungeduldiges Wort von ihr zu hören. Wir weckten sie um drei Uhr morgens aus dem Schlaf, um eine Mark fünfzig für den

Taxichauffeur zu borgen; sie nahm's nicht krumm, sondern lachte mit allen Runzeln: „Diese Kinder! Total meschugge!"

Wir hatten es famos bei unserem Puffmütterchen. Aber als der Winter sich dem Ende zuneigte, begann ich wieder einmal rastlos zu werden. Ich hatte genug Stücke gesehen. Ich wollte selbst eines schreiben. Für ein solches Unternehmen schienen die Bedingungen im Münchener Elternhaus am günstigsten. Ich kam beim „Zwölfuhrmittagsblatt" um einen Urlaub ein.

Wovon sollte es handeln, mein Stück? Natürlich von den Dingen, die mir vertraut waren, die ich liebte. Es würde ein Stück über junge Menschen sein. Was denn sonst? Ein Stück über die eigenen Träume und Erinnerungen, die Sehnsüchte und Begierden ...

Als Schauplatz für mein empfindsames Drama dachte ich mir ein sonderbares Institut aus, ein sogenanntes „Erholungsheim für gefallene Kinder", worunter man sich eine Mischung aus Ballettschule und Sanatorium, mit einem Einschlag von Gefängnis, Bordell und Kloster vorzustellen hat. Die patriarchalische Figur, die an der Spitze dieses kuriosen Gemeinwesens steht, trägt unzweideutig die Züge meines Lehrers und Freundes Paulus Geheeb. „Der Alte", mit wallendem Bart und mysteriösem Schmunzeln, weiß alles, sieht alles, versteht alles, spricht nur ausnahmsweise. Seine Schutzbefohlenen – sanfte, fügsame Geschöpfe, die man kaum für „Gefallene" halten würde – üben sich in frommen Gruppentänzen und Chorgesängen. Bei den Exerzitien werden sie überwacht und angeleitet von zwei jungen Mädchen, Anja und Esther, und zwei Jünglingen, Jakob und Kaspar, die alle vier ihre Laufbahn als „gefallene Kinder" unter der Obhut des Alten begonnen haben und entschlossen scheinen, den Rest ihres Lebens im „Erholungsheim" zu verbringen. Wie sich beinahe von selbst versteht, herrschen zwischen diesen vieren Beziehungen höchst tragisch-komplizierter Natur. Die beiden Mädchen haben ein lesbisches Verhältnis, welches aber der dunklen, schwerblütigen Anja viel mehr bedeutet als der etwas ruchlosen Esther. Jakob, ein gehemmter Melancholiker, betet Anja an, während Kaspar (der ein Halbbruder Anjas ist: beide stammen auf irgendeine indirekte, etwas anrüchige Weise vom „Alten" ab) alle und keinen liebt. Soweit er sich überhaupt festlegt, scheint seine Wahl auf einen der Zöglinge, den kleinen Gimietto, zu fallen. Dann aber kommt Erik, wodurch die an sich schon prekäre Situation im Erholungsheim einfach unhaltbar wird.

Denn Erik ist der Draufgänger und Abenteurer, der von „draußen", aus der bösen, bunten Welt in die klösterlich-schwüle Abgeschiedenheit unserer Tanzschule platzt. Er ist verheerend attraktiv, Erik, der Matrose: Esther fliegt auf ihn. Nun ist kein Halten mehr, die aufgestaute Hysterie explodiert munter drauflos. Esther wird sehr ausfallend gegen Anja, die ihrerseits wortlos leidet. Auch Kaspar ist eher niedergeschlagen, bleibt aber gesprächig und gelassen, zumal ja seine Beziehung zum kleinen Gimietto nicht unmittelbar durch Eriks mörderischen Sexappeal bedroht erscheint. Jakob hingegen gerät völlig außer Fassung: er haßt Erik, den er schließlich sogar mit dem Revolver bedroht. Erik will niemandem wehe tun, kann aber nicht umhin, kraft seines animalischen Charmes allgemein Verwirrung zu stiften. Der Alte schmunzelt, füttert seine Tiere und versteht alles. Die Kinder singen. Schließlich brennen Esther und Erik miteinander durch – es mußte wohl so kommen. Anja und Kaspar tauschen melancholische Bemerkungen aus, hinsichtlich des menschlichen Schicksals im allgemeinen und unserer Nachkriegsgeneration im besonderen. Jakob krümmt sich irgendwo vor Gram und Haß. Die Kinder singen immer noch. Darüber fällt der Vorhang.

Das Stück schrieb sich fast von selbst, wie unter Diktat. In vierzehn Tagen hatte ich es zu Papier gebracht. Die beiden Titelrollen, Anja und Esther, waren für Erika und Pamela bestimmt; bei der Figur des unwiderstehlichen Erik hatte ich an Brausewetter mit der metallischen Stimme gedacht. Ihm sollte die Buchausgabe des Stückes gewidmet sein.

Ich bestand darauf, das Drama im Familienkreis vorzulesen, nach dem Abendessen, in Zauberers Arbeitszimmer, wo er selbst uns damals Proben aus dem mählich wachsenden „Zauberberg" zum besten zu geben pflegte. Ich erinnere mich, daß Frau Hofrat Löhr, unsere Tante Lula, des Zauberers bürgerlich konventionelle, dabei tragisch problematische Schwester, der Vorlesung beiwohnte. Nach dem ersten Bild, das auf einer schwebend dunklen Note sehr à la Maeterlinck-Strindberg verhallt, herrschte ein etwas beklommenes Schweigen. Tante Lula, sehr aufrecht, sehr korrekt, dabei mit fröstelnd zusammengezogenen Schultern, als sei ihr kalt in ihrer Sofaecke, ließ schließlich ein nervöses Hüsteln hören. „Diese beiden jungen Mädchen", sagte sie mit einem angstvoll besorgten Lächeln, „sie scheinen so sehr ... nun, wie drücke ich mich nur aus ... so sehr aneinander zu hängen. Warum hängen diese beiden jungen Mädchen so *sehr* aneinander, lieber Klaus?"

Statt meiner antwortete der Vater. „Nun, dergleichen kommt vor ..." Es klang begütigend. „Eine sentimentale Beziehung zwischen Schulfreundinnen, so ist es wohl zu verstehen, nicht wahr?" –

Alle gaben zu, daß mein romantisches Stück ganz entschieden „Atmosphäre" habe.

Ich fuhr nach Berlin zurück, aber nicht, um mich dort lang aufzuhalten. Sowie ich den ersten Scheck vom Enoch-Verlag in Händen hatte, war meines Bleibens nicht mehr. Reisen! Die Welt sehen! ... Ich sehnte mich nach dem Licht anderer Himmel, nach der Melodie fremder Zungen.

Die Fahrt nach England mit W. E. Süskind war seit Monaten verabredet. Er schien mir der ideale Reisegefährte. Erstens weil er fließend englisch sprach (Süskind hatte D. H. Lawrence und Aldous Huxley im Original gelesen, wozu ich damals keineswegs imstande war); dann aber auch, weil er mein Freund war, jemand, der unseren Familienjargon, den Kauderwelsch unseres Kreises beherrschte; jemand, mit dem ich lachen und mich freuen und diskutieren konnte.

Welch erregender Moment, der erste Grenzübertritt! Dies war also das Ausland! Man sprach nicht mehr deutsch ... Zunächst war es zwar nur holländisch, unserer Muttersprache nah verwandt, was wir um uns herum hörten; aber der vierschrötige Sohn der Niederlande, der uns an der Grenzstation Kaffee und Kuchen verkaufte, schien uns doch die Verkörperung exotischen Zaubers; wir nannten ihn „Mynheer", was er überhaupt nicht komisch fand, während wir unsererseits sehr lachen mußten. Ich erinnere mich, daß Süskind, der mindestens ebenso aufgeregt war wie ich, mit einer seiner fahrig-ausdrucksvollen kleinen Handbewegungen bemerkte: „Raus aus Deutschland! Es ist doch ein Gefängnis – dort hinter uns ... Ein Gefängnis", wiederholte er eigensinnig. „Jedes Vaterland ist wohl eines ..."

Acht Jahre später sollte ich Gelegenheit haben, mich dieser Worte zu erinnern und sie ihm in Erinnerung zu rufen.

London war eine Enttäuschung. Ich sah es nicht; ich war blind. Ich sah das düstere Boarding-House, in dem wir logierten, und ein paar Mumien im Britischen Museum; ich sah lange Reihen von Taxis – altmodisch hochgebaut und doch überraschend wendig – und endlose Straßenzüge, Parks, Plätze und Brücken. Aber London sah ich nicht. Ich wartete auf Paris. London war etwas Überwältigendes, Überdimensionales, eine Monstrosität, erdrückend und verwirrend. Paris, das noch unbekannte, schon vertraute, schon geliebte Paris auf der anderen Seite des Kanals, schien mir näher, realer als London mit seiner kolossalischen Realität. Während ich die Themseufer entlangspazierte, träumte ich mich schon an der Seine. Ich überredete Süskind, unseren Aufenthalt abzukürzen. Wir beschlossen, per Flugzeug nach dem Kontinent zurückzukehren.

Der erste Eindruck von Paris ... Aber dergleichen läßt sich wohl nicht beschreiben; es wäre, als ob man versuchen wollte, die erste Begegnung mit dem Menschen zu analysieren, den man lang und leidenschaftlich lieben wird.

Freilich, ich kam nach Paris mit einer Art von vorgefaßtem Enthusiasmus, entschlossen, alles herrlich zu finden. Aber dieses günstige Vorurteil hätte ja in die bitterste Enttäuschung umschlagen können, wenn Paris eben enttäuschend wäre. Indessen fand ich die Wirklichkeit noch zauberhafter, als ich sie mir in meinen kühnsten Träumen vorgestellt hatte.

Nicht, als ob dieser erste Pariser Aufenthalt reich an sensationellen Erlebnissen gewesen wäre! Ich verliebte mich in eine Stadt – das ist alles; in eine Stadt mit ihren Gerüchen, Farben und Geräuschen, mit ihren königlichen Perspektiven und stillen Winkeln, mit ihrem Rhythmus, ihrer Melodie, ja, und mit ihrem Licht ...

Es war wohl dies vor allem, das Licht, was mich von Anfang an kaptivierte. Die Atmosphäre dieser Stadt, der lieblich-diskrete Himmel von Paris scheint durchaus angepaßt dem Geschmack, dem Stilgesetz einer reifen und raffinierten Zivilisation. Da haben wir sie, klug verteilt und doch verschwenderisch ausgeschüttet: die heiteren Töne des Renoir – lächelndes Rosa, sattes Blau, leuchtendes Karmesin; die feierlichen Schatten, die wir aus der klassischen Landschaft des Poussin kennen; die unendliche Skala der Graus, über die Monet mit fürstlicher Nonchalance verfügt; die grellen Farbkontraste, mit denen die Affichen des Toulouse-Lautrec das Boulevard-Publikum in die Theater lockten; das dynamische Schwarz des großen Géricault, Bracques schöne Brauns und Gelbs, das morbide Blau des frühen Picasso ... Welch eine Palette! Welch Fülle koloristischer Effekte, kostbarer Nuancen!

Warum verliebt man sich in diese Stadt Paris? Nun, wegen der Perlmutter-Blässe, die zuweilen die Bäume und Statuen im Luxemburg-Garten verklärt; wegen der heiligen Solidität, mit der Notre Dame in die Erde der Ile de France verwachsen ist; wegen des Aromas von Anis, „Vin Rouge" und Coty in den kleinen Bistros, und wegen der rührenden Plüsch-Eleganz, mit der gewisse Restaurants und Cabarets, verblühten Schönen gleich, uns empfangen; wegen des operettenhaften, schäbigen kleinen Lasterbetriebs von Montmartre und der possierlichen Prätentionen von Montparnasse; wegen der Madeleine und der lärmenden Cafés an den *Grands Boulevards*, wegen der reizvoll heiseren Stimmen der Huren und Herzoginnen („Paris, je t'aime!" krächzt die unverwüstliche Mistinguette), wegen der deliziösen Brioches und des superben *Mousse-au-chocolat* (auch *Crême de Marrons* ist keineswegs zu verachten) und wegen der Champs Elysées; wegen der Kunsthandlungen in der Rue de la Boëtie und der absurden Großartigkeit des Eiffelturms und der Aussicht von Sacré Coeur; wegen der *Babas-au-rhum* bei Rumpelmeyer, Rue de Rivoli, und wegen des wundervollen Geruches in den „Halles", wo die Früchte und Gemüse am frühen Morgen noch schöner leuchten und duften, als die leuchtenden, duftenden Berge von Rosen, Nelken, Flieder, Hyazinthen. Man liebt Paris wegen der schlanken Säule auf der Place Vendôme, wegen der gelb-broschürten Bücher und der vielen Katzen und der vielen Mönche; man liebt es wegen der Bordelle und des Boulevards St. Germain, und wegen der vielen billigen Hotels, und weil überall Wein zum Essen serviert wird, „un petit vin rosé" auch in der billigsten Kneipe; man kann nicht umhin, es zu lieben; denn alles erinnert an Balzac (wer ist der junge Mensch dort drüben an der Bar? Ist sein Name nicht Rastignac?) und an Louis XIV und an Offenbach und an Proust und an das Ballet Russe und an Danton und an Heinrich Heine. Paris ist liebenswert, weil es dort so gut zu essen gibt und weil alle Leute französisch sprechen und wegen der vielen Statuen und Fontänen – sie sind so dekorativ – und wegen der vielen Pissoirs – sie sind so praktisch – und wegen der Ziehharmonika-Musik in den volkstümlichen Dancings („passez le money!") und wegen der Bouquinisten an den Seine-Quais und wegen des Louvre. Man liebt Paris, weil die Place de la Concorde sich ständig im Kreise dreht, ein Riesenkarussell, das mit all seinen Monumenten, Fahrrädern, Blumenbeeten und Autobussen um den ägyptischen Obelisken wirbelt.

Darum liebt man Paris – nicht um der „Abenteuer" willen. Berlin und Schanghai und New York mögen abenteuerliche Städte sein; aber nicht Paris. Paris ist hochzivilisiert, skeptisch, elegant, ausgeglichen, überhaupt nicht exzentrisch. Das Nachtleben in Kairo Chicago, Budapest, Neapel ist „abenteuerlich“, will sagen, schmutzig und kriminell; aber das Pariser Nachtleben ist ein natürlicher und integraler Bestandteil des Pariser Lebens. Gibt es in Paris eine „Unterwelt“? Vielleicht; aber sie spielt keine auffallende Rolle. Jedenfalls würde niemand es sich einfallen lassen, eine brave Prostituierte oder ihren emsigen Zuhälter zur „Unterwelt“ zu rechnen. Die Sphäre des Geschlechtlichen, mit all ihren Aspekten und noch in ihren ausgefallensten Manifestationen, wird in dieser Stadt mit einer Mischung aus heiterem Realismus und fast religiöser Andacht behandelt, die für das Verhältnis jeder reifen Zivilisation zum Eros charakteristisch ist.

Wer Abenteuer in Paris sucht, wird enttäuscht sein. Aber mir war es nicht um Abenteuer zu tun. Ich wollte mich nicht in Paris amüsieren; ich wollte in Paris *leben*. Deshalb gab es keine Enttäuschung für mich. Niemand, der in Paris *leben* will, wird je enttäuscht sein.

Süskind kehrte nach München zurück, genau an dem Tag, der für das Ende unserer Reise ursprünglich festgesetzt worden war. Er war ein ordentlicher junger Mann, im Gegensatz zu mir. Ich blieb in Paris, ganz allein; oder vielmehr, ich fand neue Gesellschaft. Der ältere Freund, in dessen Begleitung ich mich nun befand, lud mich zu einer Mittelmeer-Reise ein.

Nach dem perlgrauen Dunst, der über der Pariser Landschaft liegt – die grelle Szenerie von Marseille! Wenn Paris durch seine raffinierte Diskretion bezaubert – Marseille frappiert durch die Heftigkeit seiner Farben, seiner Gerüche, seines Temperaments. Marseille glitzert, prahlt, stinkt, kreischt, gestikuliert. Sogar die goldene Madonna, großmütige Beschützerin der Matrosen und Huren, funkelt mit fast zornigem Eifer von ihrem felsigen Aussichtsposten. Welch wütender Betrieb auf der Cannebière! Die Hauptstraße von Marseille – charmante Travestie der Pariser Boulevards – scheint sich durch ständiges Toben als wirklich großstädtische Avenue beweisen und behaupten zu wollen. Man schlendert an den aufgeputzten Cafés der Cannebière vorbei. Gleich wird man den Alten Hafen erreicht haben! Da ist sie ja, unsere reizende Place du Vieux Port, grell beglänzt vom Sonnenlicht! Das blaue Meer mit seinen Segelbooten, Muscheln, Algen, Matrosen reicht in die Stadt hinein: die Stadt gehört dem Meere.

Wollen wir uns schon einschiffen auf einer dieser Jachten? Nein, wir haben das „Quartier réservé“ noch nicht gesehen. Wenden wir uns nach rechts! Verirren wir uns in diesem Labyrinth enger, stinkender Gassen! Hier paradiert, lockt, grinst und winselt das Laster *en gros*, mit schamlos nackter Aufdringlichkeit und Habsucht; es ist der groteske Ausverkauf der Liebe, die primitive Massenorgie, halb Kolossal-Bordell, halb Lunapark.

Die verfänglichen Reize der Hafenstadt, schon durchtränkt vom Aroma der arabischen Küsten, machten mir Lust nach den Wundern Nordafrikas. Wir nahmen das nächste Schiff nach Tunis, um von dort aus weiter ins Innere des Landes vorzudringen. Ich sah die Sahara und fand sie noch schöner und noch schrecklicher als selbst den Ozean und die Gletscher; kein Hochgebirgspanorama, kein bewegtes Meer hat die schaurig elementare Größe dieser unendlich hingebreiteten, ungeformten, unbelebten Fläche, dieser ausgedörrten Urlandschaft und nach-sintflutlichen Todesidylle.

Wir besuchten die Oasenstädte Biskra und Kairuan; wir kehrten nach Tunis zurück und verweilten uns dort. Ich fand es gar zu schön: ich konnte mich nicht trennen.

So stark, von so nachhaltigem Zauber war dieser erste Eindruck, den ich von der Welt des Orients empfing, daß noch heute der Begriff des Exotischen und Märchenhaften in meiner Phantasie fast gleichbedeutend ist mit der Landschaft und Atmosphäre der nordafrikanischen Küste. Ich denke das Wort „Tausend-und-eine-Nacht" – uralte, magische Beschwörungsformel – und alles steigt wieder auf, was mich damals entzückte: die Moscheen mit ihren zugleich massiven und eleganten Kuppeln; der wilde Betteltanz der dunkelhäutigen Kinder; der drohende und doch verheißungsvolle Blick, mit dem die verhüllten Frauen, über ihr schwarzes Gesichtstuch hinweg, den Fremden prüfen; das dummstolz wiegende Schreiten der Kamele – eines von ihnen trug mich in die Wüste hinaus, so majestätisch-schwankenden Ganges, daß ich beinah seekrank geworden wäre; das lärmende Gewimmel in den schattigen Bazar-Gassen, den „Souks", wo der bunte Kram die höhlenhaft engen Läden zu sprengen scheint und sich in üppigem Durcheinander auf das Pflaster ergießt. Es ergötzte mich, von dem verdächtigsten Konfekt zu naschen, giftgrüne Zuckerstangen, zähes Mandelgebäck, die seidigen Gewebe zu betasten mir aus dem Wust der ledernen Portefeuilles und Pantoffeln die farbenprächtigsten und feinsten auszusuchen. Mit welcher Wollust schnupperte ich die schweren, süßen Düfte – Moschus und Rosenöl! Und wie drollig die bärtigen Verkäufer waren mit ihrer heiseren Eloquenz, ihren beschwörenden Gesten, dem Derwisch-Geheul ihrer Flüche und Schwüre! Sie kamen sich so sehr gerissen vor. Ja, sie spielten wohl, bewußt oder unbewußt, die Rolle des orientalischen Händlers, dessen Abgefeimtheit sogar der Teufel nicht gewachsen ist, und waren am Schluß doch immer die Düpierten. Denn ich freute mich an ihrem listigen Getue wie an einem Vaudeville-Akt, schlürfte wohl auch ein Täßchen oder zwei von dem seimig-aromatischen Getränk, das man dort *Café Turque* nennt, bis ich plötzlich mit heiterem Erstaunen bemerkte, daß ich leider überhaupt kein Geld zu mir gesteckt hatte ...

Ich blieb in Tunis, solange der ältere Freund irgend zahlen wollte – und sogar etwas länger. Als es sein mußte, schiffte ich mich widerwillig nach Palermo ein.

Italien ließ mich gleichgültig, unbefriedigt. In Sizilien sehnte ich mich nach den Sahara-Oasen. Der Schmutz von Neapel schien mir prosaisch und deprimierend, sehr im Gegensatz zu dem poetischen Dreck der Tausend-und-eine-Nacht-Sphäre, aus der ich kam. In Biskra hätte ich die Gegenwart von Klapperschlangen oder kleinen Schakalen in meiner Stube als ganz gemütlich empfunden; in Neapel verdroß es mich, daß es in unserem „Albergo" Wanzen gab. Zwar war ich immer noch unternehmungslustig genug, mich von einem verdächtigen Individuum in eine *Maison-de-rendez-vous* locken zu lassen, wo ich denn auch, wie es sich gehört, völlig ausgeplündert und übrigens beinah ermordet wurde; aber sogar dieser Zwischenfall machte mir keinen Spaß, obwohl er doch unleugbar den Charakter eines „Abenteuers“ hatte.

Auch die Ewige Stadt ließ mich kalt. Viel später, zwanzig Jahre später, sollte ich Rom kennen und lieben lernen; aber damals irritierte es mich mit seinem Pomp, seiner Schwere, seiner ambitiösen Grandezza.

Wie erklärt sich solcher Mangel an Empfänglichkeit bei einem sonst aufmerksamen und aufnahmebereiten jungen Reisenden?

Teilweise war meine Antipathie gegen Italien wohl einfach eine Reaktion gegen den sentimental-pedantischen Kult, der vom deutschen Oberlehrer und Bildungsphilister gerade mit diesem Land stets getrieben wurde. Der deutsche Oberlehrer war gegen Frankreich, aus patriotischen Gründen: Nordafrika kannte er nicht, hielt es wohl auch kaum für kennenswert. Die „Denkmale klassischer Kunst“, die sich dort finden mochten, waren nicht erster Klasse, und die „fremdrassigen“ Araber kamen schließlich als „Kulturvolk“ nicht in Frage ... Nach Italien aber unternahm man ernste Studienfahrten und heitere Hochzeitsreisen; jeder Deutsche, der auf sich hielt, mußte die Piazza San Marco von Venedig, den Schiefen Turm von Pisa, die Uffizien von Florenz, das Kolosseum, die Sixtinische Kapelle, den Vesuv und die Blaue Grotte gesehen haben. Der konventionelle Enthusiasmus der Spießer verleidete mir das Land.

Hinzu aber kam noch etwas anderes – ein Phänomen übrigens, durch welches die Italien-Liebe der teutonischen Bourgeoisie noch gesteigert wurde: der Fascismus. Ich haßte ihn damals, im Jahre 1925, wie ich ihn heute hasse, nur, daß zu jener Zeit meine Aversion durchaus instinktiver oder emotioneller Natur war, ohne intellektuelle Grundlage. Noch fehlte mir jede Vorstellung von den infernalischen Methoden und Konsequenzen der fascistischen Diktatur; aber ich hatte doch genug Geschmack und Sensibilität, um an den prahlerischen Gesten, der großtuerischen Brutalität des faszistischen Stils Anstoß zu nehmen. Die herrlichsten Renaissance- und Barock-Paläste verloren ihre Attraktion für mich, wenn ein Paar von arroganten Schwarzhemden vor ihnen Patrouille stand; die edelsten Fassaden schienen mir entstellt durch die pseudocäsarische Fratze des plakatierten „Duce“; der Fascismus mit seinem klirrenden Aufgebot an Paraden und Festen, mit seiner falschen „Ordnung“, seinem falschen „Tempo“ verzerrte, pervertierte den natürlichen Rhythmus des italienischen Lebens.

Wie hätte ich Italien lieben sollen? Ich kannte es nur im Zustand der Entartung. Das Italien Mussolinis war nicht liebenswert. Da ging es bei uns, im republikanischen Deutschland, doch vergleichsweise demokratisch und friedliebend zu ...

War dem wirklich so? Gab es nicht beängstigende Zeichen und Symptome auch nördlich der Alpen, wo ich mich nun wieder befand? Fiel mir nichts auf? Wollte ich nichts bemerken?

Allerlei war passiert in der lieben Heimat, während ich mich draußen herumtrieb. Generalfeldmarschall von Hindenburg war zum Präsidenten der Republik gewählt worden, als Nachfolger des verstorbenen Friedrich Ebert, eine entschieden alarmierende Neuigkeit. Ich war denn auch ein wenig alarmiert. Nicht, als ob politische Ereignisse mich damals im allgemeinen viel beschäftigt hätten! Aber die Sache mit Hindenburg ging doch ein bißchen weit. Ein alter Militarist als Haupt der Republik von Weimar? Ich spürte etwas wie Gewissensbisse. Nun war meine Stimme dem relativ liberalen, relativ intelligenten Kandidaten verlorengegangen, und der preußische Junker hatte es geschafft ...

Indessen gab es andere Eindrücke, die mich meine Besorgnisse nur zu bald wieder vergessen ließen, zum Beispiel, die Publikation meiner beiden ersten Bücher: der Novellenband „Vor dem Leben" und mein romantisches Stück „Anja und Esther" empfingen mich bei der Heimkehr. Zwei sehr artige Kinder, säuberlich gedruckt und fein ausgestattet. Mit welch stolzem Vaterglück ich sie beroch, betastete, liebkoste! Und auf meinem Schreibtisch – freudigste Überraschung! – häuften sich schon die Briefe und Zeitungsausschnitte. Die ersten Kritiken – welche Sensation! (Die meisten von ihnen waren dumm, viele gehässig, aber was tut's?) Die ersten Botschaften von unbekannten Lesern und berühmten Kollegen! Ich genoß jedes Wort als ein Zeichen beginnenden Erfolges, als Verheißung künftiger Triumphe.

Die schönste Ermutigung kam mir von Stefan Zweig, den ich damals kaum persönlich kannte. Der unermüdliche Entdecker und Förderer junger Talente fand den Ton, der mir zum Herzen sprach: „Nur so weitergemacht, lieber Freund! Manche mögen geneigt sein, Sie als den Sohn des berühmten Vaters abzutun. Kümmern Sie sich nicht um solches Vorurteil! Arbeiten Sie! Sagen Sie, was Sie zu sagen haben – es ist eine ganze Menge, wenn mich nicht alles täuscht ... Ich erwarte mir viel von Ihnen. Schreiben Sie ein neues Buch! Und denken Sie an mich bei der Arbeit – an die Hoffnung, die ich für Sie habe; an das Vertrauen, das ich Ihnen entgegenbringe!"

Ich dachte an ihn. Und es half.

Es waren nicht nur französische Bücher und arabische Kuriositäten, was ich von der Reise mitgebracht hatte; in meinem Koffer gab es auch ein stattliches Bündel hastig beschriebener Blätter: die ersten Notizen zu meinem ersten Roman. Ja, diesmal sollte es ein ausgewachsener Roman werden; ich hielt den Augenblick für gekommen, die komplette Beichte abzulegen, mir alles vom Herzen zu schreiben. Es drängte mich, der Welt ausführlich Mitteilung zu machen von all dem Schweren und Schönen, das mir widerfahren war und täglich widerfuhr; mein Ehrgeiz war, die Wirrnisse und Seligkeiten eines jungen Lebens, ja die Unruhe einer ganzen Generation erzählerisch zu gestalten.

Das Leben, wie ich es damals kannte und verstand, war vor allem dies: schweifende Unrast, Suchen, unstillbare Sehnsucht des Herzens, kurzes sinnliches Glück. Eine Jugend, die über moralische Vorurteile ebenso erhaben ist wie über soziale Bindungen und politische Dogmen, genießt und erleidet das irdische Dasein als ein farbig bewegtes Mysterium, das seine Rechtfertigung, seinen Sinn in sich selber trägt: „verstehen" läßt es sich nicht, sondern will eben nur durchlitten und genossen sein. Gleicht es einem Spiel, dies zweck- und ziellose, süße, grausame Leben? Nein, eher schon einem Tanz, in dem die großen Affekte – Lust, Schwermut, Angst, Verzicht, Dankbarkeit – sich zur sakralen Zeremonie, zum frommen Ritus bändigen. Und da hatte ich auch schon den Titel für meinen Roman. „Der fromme Tanz" – freilich, so mußte er heißen!

Ich war sehr jung, als ich die Gefahren und Möglichkeiten des eigenen Wesens solcherart porträtierte und spielerisch übertrieb.

Erika war sehr jung, auch Pamela und Gustaf Gründgens. Wir waren alle noch halbe Kinder, als wir uns in Hamburg zusammenfanden, um mein Stück „Anja und Esther" aufzuführen. Gründgens war der vielseitige Star der Hamburger Kammerspiele, die sich unter der Direktion von Erich Ziegel zu einer literarischen Bühne ersten Ranges entwickelt hatten. Er glitzerte und sprühte vor Talent, der charmante, einfallsreiche hinreißend gefallsüchtige Gustaf! Ganz Hamburg stand unter seinem Zauber. Welche Verwandlungsfähigkeit! Welch Virtuosität der Dialogführung, der Mimik, der Gebärde! Sein Repertoire umfaßte alle Typen und Altersstufen. Derselbe Schauspieler, der gestern noch den tragischen Advokaten in Strindbergs „Traumspiel" aufs schaurig-eindruckvollste verkörpert hatte, war heute ganz Anmut und lächelnde Sinnlichkeit in Schnitzlers „Anatol", um am nächsten Abend in einer klassischen Rolle – etwa als Marquis Posa – mit edel-feurigem Anstand vor das entzückte Publikum hinzutreten. So begabt war Gustaf, daß er auf der Bühne gertenhaft schlank aussehen konnte, obwohl er in Wirklichkeit schon als junger Mensch eher zum schwammig-weichen Fettansatz neigte. Der geschmeidige Wuchs, den er als Aiglon oder als Hamlet zeigte, war einfach das Produkt suggestiver Verstellungskunst, ein Triumph des Willens über die Materie.

Gustaf war brillant, witzig, blasiert, mondän. Mit welch nachlässiger Eleganz servierte er die Pointen in Oscar Wildes „The Importance of Being Earnest"! Gustaf war düster und dämonisch, Gustaf war müde und dekadent, Gustaf war von überströmender Lebendigkeit; er war abwechselnd jugendlicher Liebhaber, „père noble", Intrigant und Bonvivant; er war alles und nichts. Er war der Komödiant *par excellence*. –

In einer seiner jähen, intensiven Launen verliebte er sich in mein Stück; vor allem reizte ihn die Idee, „Anja und Esther" mit Erika und Pamela in den Titelrollen herauszubringen. Und ich, der Autor sollte auch mitspielen. Gustaf hatte es sich in den Kopf gesetzt. Seine Einladung, die in Form eines stürmischen Telegramms an mich erging, kam mir höchst überraschend. Ich hatte niemals daran gedacht, mich als Schauspieler zu versuchen. Aber warum schließlich nicht? Es würde ein neues Abenteuer sein, ein reizvolles Experiment ... Ich sagte zu, auch im Namen von Pamela und Erika.

Die erste Begegnung mit Gustaf bleibt mir unvergeßlich. Mit dem Elan eines neurotischen Hermes drang er in unser Hotelzimmer ein. So leichtfüßig war sein Gang, daß man nicht umhin konnte, seine etwas abgetragenen, aber doch irgendwie sehr schicken Sandalen mit mißtrauischem Blick zu streifen. Gab es dort keine Flügel? Nein; auch war es kein antikes Göttergewand, was ihm da mit edler Nachlässigkeit um die Schultern hing, sondern nur ein ziemlich schäbiger Ledermantel.

Er war schön, die gerade, etwas zu fleischige Nase, die stolzen Lippen, das markante Kinn: alles war von kräftiger und reiner Bildung. Die leichte Verzerrtheit seiner Miene war wohl auf das Monokel zurückzuführen, welches er wegen starker Kurzsichtigkeit trug. Zu einer Brille mochte seine Eitelkeit sich nicht bequemen.

Er litt an seiner Eitelkeit wie an einer Wunde. Es war diese fieberhafte, passionierte Gefallsucht, die seinem Wesen den Schwung, den Auftrieb gab, an der er sich aber auch buchstäblich zu verzehren schien. Wie tief muß der Inferioritätskomplex sein, der sich in einem solchen Feuerwerk von Charme kompensieren will! Welche Beunruhigung, welch gequältes Mißtrauen versteckt sich hinter dieser exaltierten Munterkeit! Wer seiner selbst sicher wäre, gäbe wohl nicht so an. Wer sich auch nur von *einem* Menschen wirklich geliebt wüßte, hätte es kaum nötig, ständig zu verführen.

Der Gustaf jener frühen Epoche, der noch unbewiesene, noch unberühmte, von Ehrgeiz verzehrte Anfänger, war nicht ohne rührende, ja nicht ohne tragische Züge, bei all seinem Geglitzer. In einem Gesicht, das ohne Schminke merkwürdig fahl, fahl wie Asche, schien, schillerten seine kalten, traurigen Juwelenaugen wie die eines sehr seltenen, sehr kostbaren, vielleicht verzauberten Fisches.

Wenn übrigens seine Haltung im Umgang mit Menschen, vor allem mit solchen, an deren Urteil ihm gelegen sein mochte, von krampfiger Nervosität und fahriger Unsicherheit war, so gewann er Selbstgewißheit und Equilibrium, sowie er sich in seiner eigentlichen Lebens- und Arbeitssphäre, auf der Bühne befand. Wie hilflos, wie beschämt ich mich fühlte, wenn ich meine eigenen ungelenken schauspielerischen Bemühungen mit Gustafs angeborener und bei aller Jugendlichkeit schon erfahrener Bravour verglich! Ich sollte den Kaspar spielen, während er sich mit der recht undankbaren Rolle des düster-gehemmten Jakob begnügte. Aber auf den Proben kümmerte er sich kaum um seinen eigenen Text, sondern war vor allem der Regisseur, der uns alle mit bemerkenswerter Autorität leitete und überwachte. Mit welch zärtlicher Behutsamkeit er Erika beriet und ermutigte! Wie er Pamela zugleich zu lockern und zu zähmen wußte! Mit mir aber hatte er die ärgste Mühe; er machte mir alles vor. „An dieser Stelle, Klaus, würde ich etwas *aasiger* sein. Du verstehst doch, was ich meine? Ein kleines Lächeln – hintergründig, perfid ... nein, nicht so! Längst nicht aasig genug ... Versuch es noch einmal!“

Die Uraufführung fand, im Herbst des Jahres 1925, gleichzeitig in Hamburg und München statt. In München, wo Otto Falckenberg das Stück in den Kammerspielen herausbrachte, war die Reaktion gleichermaßen gehässig bei Presse und Publikum. Unsere Hamburger Veranstaltung hingegen darf wohl als ein durchschlagender Erfolg bezeichnet werden – mindestens als ein ziemlich lauter *succès de scandale*. Von den Gestaden der Nordsee bis nach Wien, Prag und Budapest gab es ein groß Gerausche im Blätterwald: „Dichterkinder spielen Theater!“ Manche der Artikel waren boshaft, während andere sich durch einen gnädig herablassenden Ton auszeichneten; einige Kritiker brachten sogar ein gewisses Verständnis für die Intentionen und Qualitäten meines Stückes auf. Aber ob die Kommentare spöttisch oder enthusiastisch waren, ihre Überfülle mußte uns als Reklame willkommen sein. Die „Dichterkinder“ spielten vor vollen Häusern.

Das Theater machte mir Spaß; die Intrigen, Spannungen und Triumphe des Komödiantenlebens. Es war drollig und interessant, dies alles kennenzulernen. Es behagte mir, mit Frau Loja, der komischen Alten, in der verrauchten Kantine zu sitzen und dem letzten Klatsch über Frau Mirjam Horwitz, die Gattin des Herrn Direktor, zu lauschen; ich fand Vergnügen daran, mir vor der Vorstellung vom Garderobier das Gesicht verschönen zu lassen. Und dann – immer wieder erregender Augenblick! – die Minute, ehe der Vorhang sich hebt ... Anderthalb Jahre früher, im „Tü-Tü“, war es ein Moment albtraumhafter Bangigkeit und Beklemmung gewesen; aber jetzt fühlte ich mich sicherer, beinah siegesgewiß: statt gepeinigter Angst empfand ich nur noch ein wohliges Gruseln. Die Lichter gehen aus im Saal, das Gespräch im Parkett dämpft sich zum erwartungsvollen Geraune. Ich bin es, auf den sie warten! Noch eine Sekunde, und wir werden uns gegenüberstehen, ich hier oben, in schmeichelhafter Beleuchtung, und dort unten im Dunkel das vielköpfige Monstrum: der unberechenbare Widersacher, den es zu überlisten, zu besiegen gilt; die spröde Geliebte, die ich in meine Umarmung zwinge ... Alles fertig? Jeder auf seinem Platz? Und da hebt sich auch schon, mit diskretem Rauschen, die samtene Wand, die es eben noch zwischen uns und dem Publikum gegeben hat. Aus schattiger Tiefe starrt es zu uns hinauf, das leicht verführbare, leicht kränkbare, widerspenstige, verräterische, zugleich rohe und sensitive Kollektivwesen: die Masse.

Ich sehe mich noch mit Gustaf hinter den Kulissen stehen, gespannt, gleichsam sprungbereit in Erwartung unseres Stichwortes. Gustaf sieht recht imposant aus in seinem mönchisch strengen, dunklen Kostüm, die Augen ein wenig schielend vor Hysterie unter dem barocken Putz der flammend roten Perücke. Er hat den Arm um meine Schulter gelegt; wir lauschen dem Dialog auf der Bühne, dem lyrisch bewegten, leidenschaftlich pointierten Zwiegespräch zwischen Anja und Esther. „Ist sie nicht wundervoll“ haucht der mit dem Flammenhaar an meiner Seite. „Ihre Stimme ...“ Und ich weiß, welche der beiden Stimmen er meint.

Ich hatte es gut in Hamburg. Die Tage mit Erika, Pamela, Gustaf und einer bunten Auswahl von neuen Freunden, die Abende im Theater, die Nächte in den Kaschemmen und Matrosen-Dancings von St. Pauli, alles war danach angetan, mich restlos glücklich zu machen. Wie lange? Sechs Wochen lang oder acht ... Meine Unrast – oder meine Angst vor Wiederholung, Monotonie und Überdruß – ließ mich niemals an einem Ort, bei einem Freundeskreis, einer Beschäftigung verweilen. Es trieb mich fort. Immer trieb es mich zum Aufbruch, zum neuen Abenteuer. Ich gefährdete (oder rettete) menschliche Beziehungen, riskierte berufliche Chancen, unterbrach Studien und Amüsements – nur aus dem nervös-irrationalen Bedürfnis nach Wechsel und Bewegung.

Von Hamburg fuhr ich zunächst nach Berlin, dann weiter nach München, Wien, Nizza. Ich machte die Bekanntschaft der Côte d'Azur, die mir später so lieb-vertraut werden sollte. Aber damals hielt es mich nicht lange. Der beginnende Frühling fand mich schon wieder in Paris.

Es war ein langer und ereignisreicher Aufenthalt, drei oder vier Monate, die sich in meiner Erinnerung fast paradiesisch verklären. Die geliebte Stadt präsentierte sich mit ihrem gastfreundlichsten Lächeln, ja, sie erschien liebenswerter denn je, in diesem strahlenden Frühling des Jahres 1926. Das Leben war bequem und bunt und übrigens billiger als in Deutschland. Die Entwertung der französischen Währung hatte noch nicht den Charakter einer nationalen Kalamität, war aber doch beträchtlich genug, um die Preise, auch in den Luxusrestaurants und eleganten Geschäften, für nicht-kapitalistische Besucher, wie ich es war, durchaus erschwinglich zu machen.

Paris wimmelte von Ausländern aller Rassen und Nationalitäten; aus allen Teilen Europas, aus Nord- und Südamerika, Asien, Afrika und Australien kamen sie herbeigereist und brachten Valuta mit. Weshalb sie denn auch von den Parisern mit einer allerdings leicht ironisch gefärbten Ehrerbietung behandelt wurden. Die großen Cafés an den Grands Boulevards und den Champs Eliysées, die Nachtlokale von Montmartre und Montparnasse, die Coiffeurs, die Restaurants, die Buchhandlungen, die Dampfbäder, sogar der Louvre waren überlaufen von schaulustigem, lernbegierigem, vergnügungssüchtigem Volk aus Tokio und Birmingham, Detroit und Tunis, Breslau und Rio de Janeiro, Schanghai, Stockholm und Kansas City. Es war eine veritable Invasion – friedlich, aber überwältigend – von lärmenden Babbits, smarten Gigolos, Damen der Welt und Halbwelt, Künstlern mit und ohne Talent, Originalen mit und ohne Originalität, Säufern, Millionären, Hochstaplern, Spielern, grimmigen Lesbierinnen, geschminkten Lustknaben, verängstigten Provinzlern, Abenteurern, Modistinnen, Hochzeitsreisenden, Studenten, politischen Flüchtlingen, Poeten, Abbés, Journalisten, alten Jungfern, Weltberühmtheiten und verkannten Genies. Mir kommt es vor, als ob ich nie wieder in meinem Leben so viele Menschen kennengelernt hätte, meist, um sie gleich wieder aus den Augen zu verlieren, wie damals in Paris. Welche Fülle der Flirts und Freundschaften! Welcher Reichtum an intellektuellen Kontakten! Man traf sich auf der Terrasse des Café du Dôme, im „Select", in den Ateliers der Maler – bei Rudolf Levy, dem Matisse-Schüler, dessen sonorer Baß jede Gesellschaft beherrschte; bei Niels de Dardell, dem Dänen, in dessen Montmartre-Studio es immer ein Zwitscher-Konzert heller nordischer Frauenstimmen gab (alles, was er tat und produzierte, war verspieltes, tänzerisches Rokoko; er fertigte ein Porträt von mir an und verwandelte mich in einen zierlich-schwermütigen Pagen mit vergißmeinnicht-blauen Augen, süß gespitztem Mäulchen und rosigem Porzellan-Teint); bei Jules Pascin – amerikanischem Bürger östlich-jüdischer Herkunft –, den ich niemals nüchtern gesehen habe und nie ohne einen Harem von melancholischen Prostituierten, die direkt aus den Bordellen von Bukarest und Warschau importiert schienen. (In meiner Erinnerung sind die Pascin-Damen immer nur mit Pantoffeln und kurzen, losen Hemden bekleidet – vielleicht weil sie sich auf seinen Skizzen und Bildern meist in diesem Kostüm dargestellt finden.) Man diskutierte über Joyce, sexuelle Perversitäten und Diaghilew. Die russischen Emigranten (wir verbrachten lange, wehmütig-traurige Samowar-Abende bei dem bizarren Remisow und manchen seiner Freunde) sprachen über Lenin und den Antichrist. Ernst Robert Curtius, der Heidelberger Romanist, dem ich meine ersten Kenntnisse zeitgenössischer französischer Literatur verdanke, zeigte mir die kostbaren Winkel des alten Paris – Adelshäuser, Kapellen, Gärten und Konditoreien –, die in den Büchern von Proust, Valéry, Larbaud und Giraudoux beschrieben sind. Wilhelm Uhde, der aristokratische Preuße, der den Weg „von Bismarck zu Picasso" fand, erklärte mir die „Valeurs" in den Werken von Delacroix, Courbet, Rousseau und Marie Laurencin.

Es war in diesem schönen, reichen Frühling, daß ich dem jungen französischen Dichter René Crevel begegnete.

Er hatte wenig Ähnlichkeit mit dem Cliché-Typ des Pariser *homme de lettres*, an dem die Phantasie des internationalen Spießertums so eigensinnig festhält. René war weder glatt und elegant, noch „geistreich" im konventionellen Sinn. Seinem fulminanten Charme – ja, er war vielleicht der charme-begnadetste Mensch, den ich je gekannt habe! – eignete ein Element des Tragisch-Wilden, ein Einschlag von desperater Ungebärdigkeit, der aus dem Kern seines Wesens kam und sich allen seinen Gesten, Worten und Blicken erregend mitteilte. Es war etwas Unbeschreibliches um seine Augen – weite, leuchtende Sterne, aufgerissen wie in ständiger Panik oder in stetem Entzücken. Solche Augen kommen kaum noch vor in unserer reduzierten Epoche. Sie hatten keine bestimmbare Farbe, sondern schienen nur aus wechselndem Licht gemacht; Ungeheures ging vor in ihrer bewegten Tiefe: Auf Explosionen jenseitiger Elektrizität folgten jähe Verfinsterungen, als ob Schatten des Schmerzes sich von einer leidvollen Stirn auf diese strahlenden Himmelskörper senkten.

Er war freundlich und generös, aber er konnte auch aggressiv, ja grausam werden. Seine fanatische Integrität empörte sich gegen alles Niedrige und Gemeine. Die Eigenschaften, die er am unerbittlichsten verabscheute, waren gerade jene, die er als typisch für die eigene Klasse empfand – die der Bourgeoisie der Dritten Republik. Kein Laster schien ihm so unverzeihlich wie der Geiz und die selbstzufriedene Beschränktheit, die er dem Milieu seiner Herkunft, den Eltern, Lehrern, Verwandten wütend zum Vorwurf machte.

Seine Penchants und Aversionen, sogar sein äußerer Habitus waren durchaus bestimmt von diesem passionierten Ressentiment gegen die bourgeoise Familie, besonders gegen die Mutter. Da die alte Madame Crevel ausschließlich Schwarz trug, wählte René die grellsten Farben für seine Anzüge, Hemden, Socken und Krawatten. Oft sah er in der Tat recht exzentrisch aus; denn zum eigenwilligen Kostüm kam die eigentümliche Physiognomie – halb Erzengel, halb Boxer – mit kindlich dicken Lippen, wild zerzaustem Haar und den unglaublichen Augen.

Er verbrachte seine Tage mit Amerikanern, Deutschen, Russen und Chinesen, weil seine Mutter alle Ausländer für kriminelle oder pathologische Subjekte hielt. Er trank Whisky und Gin, da der Geruch davon ihr Übelkeit erregte. Er haßte das Christentum, weil sie zur Kirche ging. Sie war nationalistisch; er machte respektlose Witze über *la douce France* und ihre heiligsten Güter. Madame war Puritanerin; er schokierte sie mit Obszönitäten. Es machte ihm Vergnügen, in großer Gesellschaft über den Selbstmord seines Vaters zu scherzen; denn er wußte, daß die Witwe diese Familienschande zu cachieren suchte. Nicht genug damit, daß Monsieur Crevel senior sich umgebracht hatte (Madame fand ihn eines Abends erhängt in ihrem Salon, wo sie gerade einige besonders distinguierte Gäste empfangen wollte) – er war auch verrückt gewesen, ein Syphilitiker im letzten Stadium, wenn man dem schaurig aufgekratzten Bericht des Sohnes Glauben schenken durfte. Eine charmante Idee, nicht wahr, unter solchen Umständen ein Kind in die Welt zu setzen! „Meine gute Mama war zu gottesfürchtig, um mich abzutreiben", erklärte der Sohn mit verzweifelter Munterkeit, „obwohl sie wußte, daß ich krank sein würde ... Die Sünden der Väter: man kennt das. Ich muß nun büßen für die Laster des alten Herrn – und die Tugend seiner Gemahlin."

Manchmal war ich verwirrt, ja entsetzt von der Rigorosität seiner Urteile, der Vehemenz seiner Reaktionen. Seine Antipathie gegen gewisse Mächte und Institutionen hatte beinah manischen Charakter; die katholische Kirche, die Armee, die Académie Française – um nur diese zu nennen – waren ihm verhaßt wie persönliche Feinde, von deren Intrigen er sein Leben bedroht, die Luft vergiftet fand. In den Schmähreden, die ihm mit einer Art von wütendem Enthusiasmus von den kindlich weichen Lippen kamen, mischte sich der derb-humoristische Argot der Pariser Vorstadt aufs überraschendste mit dem wissenschaftlich-lyrischen Vokabular der Surrealisten, zu deren Kreis er gehörte. Er schalt und fluchte wie ein junger Gott, dem das Grauen vor irdischer Schlechtigkeit und der Genuß irdischer Weine den Sinn benebelt haben. Übrigens stieß er ein wenig mit der Zunge an, wodurch seine rabiate Eloquenz etwas rührend Unbeholfenes und Infantiles bekam.

Wie gegenwärtig sind mir die Nachmittagsstunden, die langen Abende, die wir zusammen verbrachten! Ich wohnte in einem kleinen Hotel nicht weit von der École Militaire, wo er gerade seine zwei Jahre grollend abgedient hatte. Er trat in mein Zimmer, ließ den hellen Überzieher achtlos auf einen Stuhl, auf den Fußboden fallen; sein Entrée war immer stürmisch und atemlos, als käme er mit furchtbaren Neuigkeiten oder auf der Flucht oder von großer Freude bewegt. Dann setzte er sich wohl auf mein Bett und fing hurtig an, mir vorzulesen. Junger Dichter in grauen Flanellhosen und blauem Hemd mit rostroter Krawatte auf einem Hotelbett sitzend, den Kopf über das Manuskript geneigt: so bewahre ich mir sein Bild.

Der Roman, aus dem er mir damals vorlas, heißt „La Mort Difficile". Pierre, der problematische junge Held, ist ein Selbstporträt, ebenso wie der empfindsame Andreas aus meinem „Frommen Tanz". Pierres Mutter, die schreckliche Madame Dumont-Dufour, trägt deutlich die Züge der alten Madame Crevel; die Gehässigkeit der literarischen Karikatur wirkte auf mich um so beunruhigender, als ich wußte, daß Renés Mutter damals im Sterben lag. Als er mit der Vorlesung eines Kapitels, in dem die bourgeoise Alte eine besonders peinliche Rolle spielt, zu Ende war, erkundigte ich mich schüchtern, ob der Zustand seiner Mama sich etwas gebessert habe. Im Gegenteil, versetzte er trocken, es gehe ihr miserabel. „Sie wird's wohl nicht mehr lang treiben."

Ich fragte ihn auch, was aus Pierre werden sollte; er lächelte und hatte eine seltsam geistesabwesende Art, durch mich hindurchzuschauen, als wäre ich ein Geist oder eine Wolke oder gar nicht vorhanden. „Ich werde ihn töten", sagte er schließlich mit einem Achselzucken, wobei sein Lächeln immer stolzer und zerstreuter wurde. „Wozu sollte er sonst wohl gut sein? Pauvre petit ..." Später verriet er mir noch, daß er vorhabe, seinen armen kleinen Pierre eine tödliche Dosis Phanodorm schlucken zu lassen, ein Schlafmittel, das er selbst oft benutzte. Irgendwo in den Straßen von Paris, auf einer Bank wird er sein bißchen Leben aushauchen. „Denn der Sohn der Madame Dumont-Dufour hat kein Heim, wo er leben oder sterben könnte."

So wuchs sein Tod in ihm, sein schwieriger Tod. Er wuchs im Innersten seines psychischen und organischen Seins, einer mörderischen Frucht gleich, die reifen will; und wenn sie reif ist und weich, bricht sie auf, um mit dem Erguß ihres purpurnen Saftes das zarte Herz, das sie genährt, zu überschwemmen und zu vernichten.

Wie immer arbeitete ich viel, bei aller Rastlosigkeit. Eine größere Erzählung, die „Kindernovelle", war erschienen. Auch mehrere Essays hatte ich verfaßt, in denen ich meinen Pflichten als junger europäischer Intellektueller nachzukommen meinte.

Ein junger europäischer Intellektueller – die Formel wurde mir beinah etwas wie ein Programm. Es war immerhin ein Fortschritt, verglichen mit der programmatischen Glorifizierung der „Jugend“ schlechthin, als biologischen Zustands. Die Betonung des „Europäischen“, auf die ich nun Wert legte, bedeutete einen Protest gegen den gängigen Nationalismus, während der Begriff des „Intellektuellen“ sich gegen die „Blut- und Boden“-Romantik der deutschen Reaktionäre wendete.

Eine Abhandlung, die ich damals schrieb und mit Vorliebe öffentlich verlas, trug denn auch den stolzen Untertitel „Zur Situation des geistigen jungen Europäers“. Es war ein umfangreicher Essay – „Heute und Morgen“ geheißen – in dem ich meine Ansichten über Gott, Leben, Literatur, die marxistischen Dogmen, die Rätsel des Geschlechts, Stefan George, Demokratie, den deutschen Nationalismus und andere aktuelle Themen recht übersichtlich zusammenfaßte.

Von ähnlicher Schwierigkeit und ähnlichem Gewicht waren die Probleme, die ich in meinem zweiten Stück, „Revue zu Vieren“, etwas leichtfertigerweise zu lösen suchte. Die Premiere fand zu Leipzig statt, mit Gustaf, Erika, Pamela und mir selbst in den Hauptrollen, zwei glückliche junge Paare, sozusagen; denn Fräulein Wedekind und ich waren noch immer verlobt, während Erika inzwischen Frau Gustaf Gründgens geworden war. Verfolgt von den Flüchen sächsischer Kritiker begaben wir uns, mit eigener Truppe und eigenen Dekorationen, übrigens ohne Gustaf, auf eine große Tournée, die ein unerschrockener Agent für uns arrangiert hatte. Die Dekorationen waren, stilvollerweise, von einem anderen „Dichterkind“. Thea Sternheim, „Mopsa“ genannt, die Tochter des Dramatikers, war Künstlerin von bedeutenden Gaben, dazu ein warmherziger, mutiger und liebenswerter Mensch: eine der ganz wenigen von den alten Freunden, denen ich mich heute noch verbunden fühle.

Wir wurden in den Berliner Kammerspielen ausgepfiffen („Hier können Familien Stücke spielen“, hatte der schalkhafte Werner Krauß an den Bühneneingang geschrieben), in München beschimpft, in Hamburg beklatscht, in Kopenhagen, wo die liebe Karin Michaelis uns ein Gastspiel unter den Auspizien der führenden liberalen Zeitung „Politiken“ gerichtet hatte, mit wohlwollender Neugier empfangen. Manchmal waren unsere Vorstellungen eher ein Kampf mit dem Publikum als eine zivilisierte Lustbarkeit. Wir ließen's uns nicht anfechten.

Der eigentliche Grund für all dies Geschrei und Getue, das feindliche sowohl als auch das schmeichelhafte, war natürlich der stetig wachsende Erfolg meines Vaters. Um die Zeit, von der hier die Rede ist, stand er mehr denn je im Mittelpunkt des öffentlichen Interesses. Wenn die „Buddenbrooks“, der epische Schwanengesang des deutschen Bürgertums, relativ lang gebraucht hatten, um sich die Gunst der Masse zu erobern, so wurde „Der Zauberberg“ sofort als der erste deutsche Roman von großem europäischem Format begrüßt und anerkannt.

Der flitterhafte Glanz, der meinen Start umgab, ist nur zu verstehen – und nur zu verzeihen –, wenn man sich dazu den soliden Hintergrund des väterlichen Ruhmes denkt. Es war in seinem Schatten, daß ich meine Laufbahn begann, und so zappelte ich mich wohl etwas ab und benahm mich ein wenig auffällig, um nicht völlig übersehen zu werden. Die Folge davon war, daß man nur zu sehr Notiz von mir nahm. Meist mit boshafter Absicht. Irritiert durch ständige Schmeicheleien und Sticheleien benahm ich mich, „grad zum Trotz", genau so indiskret und kapriziös, wie es offenbar von mir erwartet wurde.

Was ich mir nicht genügend klarmachte, oder worauf ich nicht genügend Rücksicht nahm, war die Tatsache, daß meine unbedenkliche Exzentrizität allerlei Peinlichkeiten auch für den berühmten Vater mit sich brachte. Sein Name tauchte, wie sich von selbst versteht, in fast jedem der satirisch-polemischen Kommentare auf, mit denen die deutsche Presse mich damals so reichlich bedachte. Ich erinnere mich einer Zeichnung im „Simplizissimus" – einer nicht sehr freundlichen Karikatur von der Meisterhand des Th. Th. Heine –, auf der ich hinter dem Stuhl meines Vaters stehend dargestellt bin. Er wirft mir einen mißtrauischen Blick über die Schulter zu, während ich schnippisch bemerke: „Man sagt, Papa, daß geniale Väter keine genialen Söhne haben. Also bist du kein Genie." Und der Dichter Bertolt Brecht, der weder meinen Vater noch mich ausstehen konnte, begann einen launigen Artikel in der Berliner Zeitschrift „Das Tagebuch" mit folgender Pointe: „Die ganze Welt kennt Klaus Mann, den Sohn von Thomas Mann. Wer ist übrigens Thomas Mann?"

Anekdoten über unser Familienleben wurden von witzigen Köpfen erfunden und von der Presse eifrig kolportiert. Manchmal hatten diese Schnurren sogar den pikanten, um nicht zu sagen paradoxen Reiz, wahr zu sein, zum Beispiel, die Geschichte von der Widmung, die der Zauberer mir zum Weihnachtsfest 1925 in mein Exemplar des „Zauberberg" schrieb und die in der Tat lautete: „Dem geschätzten Kollegen – sein hoffnungsvoller Vater." Leider war ich unvorsichtig genug, diesen Scherz Freunden zu zeigen, die ihn ihrerseits nicht für sich behielten. Ein gefundenes Fressen für die liebe „Journaille"!

Übrigens ist die „Zauberberg"-Dedikation, der eine so übertriebene Publizität zuteil ward, irgendwie charakteristisch für die Haltung, die mein Vater um jene Zeit mir gegenüber einnahm. Es war eine Haltung von ironischem Wohlwollen und abwartender Reserviertheit, halb skeptisch, halb belustigt. Ich glaube nicht, daß er sich jemals ernste Sorgen um mich gemacht hat. Davor bewahrte ihn nicht nur seine natürliche Indifferenz und Detachiertheit, sondern wohl auch sein Vertrauen in meine Intelligenz und meine gesunden Instinkte; aber meine Extravaganzen mögen ihm zuweilen mehr auf die Nerven gegangen sein, als er zeigen oder als ich bemerken wollte. Indessen blieb er stets bei seinem alten pädagogischen Prinzip, welches darin bestand, sich nicht einzumischen, sondern nur durch das Beispiel der eigenen Würde und Disziplinierheit indirekt Einfluß zu üben. Wie fragwürdig und gewagt wir es auch treiben mochten, er schaute zu. Manchmal mit einem amüsierten Lächeln, manchmal mit einem Stirnrunzeln, aber ohne jemals zu intervenieren oder auch nur ein gar zu lebhaftes Interesse an unserem Tun zu bekunden. Wußte er überhaupt, wo ich mich aufhielt, was ich arbeitete, mit wem ich Umgang hatte, während der vielen Monate, die ich nun jedes Jahr fern von München, fern dem Vaterhaus verbrachte? Es war nicht eben seine Art, den Heimkehrenden mit Fragen zu bedrängen.

„Wo kommst du diesmal her?“ erkundigte er sich wohl beim Mittagessen mit zerstreuter Herzlichkeit. Bei solchen Gelegenheiten pflegte Mielein sich mit heiterem Vorwurf einzumischen. Sie war es ja gewohnt, die Mittlerin zu spielen zwischen ihm und einer Welt, für deren irrelevante Details er kein Gedächtnis hatte. „Aber, Tommy!“ rief sie aus. „Du bist schon gar zu unorientiert! Weißt du denn nicht, daß unser Sohn gerade einen sehr netten Erfolg mit seinem Stück in Basel hatte? Er hat uns doch telegraphiert!“ Oder: „Nein wirklich, Lieber, wie ich mich über dich wundern muß! Als ob ich dir nicht *erzählt* hätte, daß Klaus seinen Freund Crevel in Davos besucht hat! Er ist recht krank, der arme René, eine Lungengeschichte ... Was, du *kennst* ihn nicht? Aber da hört sich doch alles auf! *Natürlich* kennst du Crevel. Wir haben ihn doch voriges Jahr in Paris getroffen, auf diesem gräßlichen Empfang bei der Baronin X. Er hat dir sogar besonders gut gefallen, obwohl er so schnell sprach, daß du ihn überhaupt nicht verstehen konntest.“ Und dann machte der Vater vielleicht eine Bemerkung über René, aus der überraschend hervorging, daß er viel mehr von ihm wußte, als seine erste Reaktion hätte vermuten lassen.

Zuweilen kam uns der Verdacht, daß er in der Tat besser über unsere Angelegenheiten unterrichtet sei, als es den Anschein hatte; in anderen Augenblicken verblüffte er uns durch seine Ahnungslosigkeit und, mehr noch, durch seine Desinteressiertheit. Aber gerade wenn wir uns zu fragen begannen, ob er überhaupt an unseren Bemühungen und Problemen irgendwelchen Anteil nehme, frappierte und rührte er uns mit einem nachlässig hingeworfenen Wort, einer scheinbar ganz zufälligen oder unbeabsichtigten Geste. Es mochte geschehen, daß in einer Zeitschrift, die er regelmäßig las, eine kränkende Kritik über mich stand, die er, wiederum mir zur Kränkung, völlig zu ignorieren schien. Bei Tische plauderte er über das Wetter, während in meinem doppelt verletzten Herzen Stürme rasten. Nach dem Essen aber, gerade wenn Mielein verkündete: „Nun, sonst gibt's nichts, Kinder!“, schüttelte er wohl das Haupt mit halb humoristischem Kummer und bemerkte seufzend: „Ja ja, die Welt ist voll bösartiger Dummheit. Man sollte sich dran gewöhnen. ›Jeden Morgen muß ich mindestens eine giftige Kröte herunterschlucken ...‹ Ich glaube, es war Flaubert, der sich solchermaßen in seinem Tagebuch beklagte. Und der gute Hans Christian Andersen brach bei der Lektüre einer gehässigen Kritik einfach in Tränen aus. Freunden, die ihn von der Bedeutungslosigkeit des Anwurfs zu überzeugen suchten, erwiderte er mit melancholischem Eigensinn: ›Mir bedeutet diese häßliche Rezension einen großen

Schmerz, und so kann sie wohl nicht völlig unbedeutend sein.‹ Das war doch sehr unvernünftig von unserem lieben Andersen, nicht wahr?"

Das fortwährende Kommen und Gehen in unserem Hause schien den Vater eher zu amüsieren als zu stören. Übrigens war er selbst viel unterwegs. Gutmütig und gewissenhaft, nicht ohne eine gewisse ironische Feierlichkeit, nahm er die mannigfachen sozialen Verpflichtungen auf sich, die der Ruhm mit sich bringt – literarische Kongresse, Vorträge, Festessen, Interviews. Niemand war überrascht, wenn er sich nach dem Frühstück mit lässigem Winken empfahl: „Also adieu, Kinder – auf Anfang nächster Woche! Ja, ich muß doch leider nach Frankfurt, zur Goethefeier – hat Mielein es nicht erwähnt? Freilich ist es lästig, aber was soll ich tun? Ich muß mich sputen, sonst versäume ich noch den Zug."

Auch verlor er seine Haltung nicht, wenn Mielein plötzlich zu jammern begann: „Ach, mein armes Köpfchen! Jetzt habe ich doch schon wieder vergessen, dem Chauffeur zu sagen, daß die Eri um neun Uhr vierzig ankommt! Oder war's um zehn Uhr fünfundzwanzig? Ich habe das Telegramm verloren, so was ist mir doch noch *nie* passiert! Ich glaube, sie bringt auch einen Freund mit oder eine Freundin oder ein befreundetes Paar – wie soll ich das jetzt noch wissen? Es stand eben alles in dem verlorenen Telegramm ..." – Dann zog der Zauberer, höflich überrascht und erfreut, die Augenbrauen hoch: „So so, die Eri kommt heute abend!" Und er fügte sinnend hinzu: „Ich habe sie lange nicht gesehen – ziemlich lang, will mir scheinen. Es ist recht, daß sie kommt."

Jeder von uns brachte seine Freunde mit: Michael und Elisabeth, die in München zur Schule gingen, führten ihre halbwüchsigen Kameraden ein; Monika, die Stillste von uns allen, empfing ihre wenigen Intimen zum trauten Kaffeeklatsch; Golo kam aus Heidelberg, wo er bei Professor Jaspers Philosophie studierte, mit ernsten Kommilitonen. Und um Erika und mich herum gab es immer Betrieb. Manchmal glich unser Haus einem zwanglosen Hotel auf dem Lande oder dem Hauptquartier einer munteren Verschwörerbande. Es tat sich was an Intrigen, Flirts, Diskussionen, hysterischen Ausbrüchen, künstlerischen Darbietungen, nächtlichen Gelagen. Immer war etwas los: der eine hatte Gedichte vorzulesen, der andere meldete ein Ferngespräch nach London an, während der dritte irgend jemandem eine Eifersuchtsszene machte oder außer sich geriet, weil er im Kursbuch den Abendzug nach Breslau nicht finden konnte. Alles schwatzte, scherzte, schimpfte durcheinander in dem geschwinden und barocken Kauderwelsch, das die meisten unserer Freunde von der Mann-Familie übernahmen.

In der allgemeinen Konfusion gab es nur einen Menschen, der die mannigfachen Dramen und Interessen der verschiedenen Hausbewohner und Gäste in ihrer Gesamtheit überschaute: meine Mutter. Sie schien die einfachsten Dinge zu vergessen oder durcheinanderzubringen, hatte in Wirklichkeit aber das organisatorische Genie, das nicht aus dem Kopf kommt, sondern aus dem Herzen. Während ihr Hauptinteresse stets dem Wohlergehen und Werk des Vaters galt, brachte sie es doch fertig, sich auch unserer Affären hilfreich anzunehmen und den Freunden mit herzlicher Sympathie und klugem Rate beizustehen. Mielein wußte ebenso genau Bescheid über „Reisis" (Hans Reisigers) Geldsorgen und emotionelle Konflikte, wie über „Bibis" (Michaels) Violinstunden und Golos philosophische Spekulationen. Sie war vertraut mit Rickis Seelennöten (er liebte eine reizvolle, aber etwas sadistische junge Dame, deren Kapricen ihn an den Rand des Wahnsinns trieben) und mit den Schwierigkeiten von Erikas neuer Rolle; [W.] E. Süskind kam zu ihr, wenn ihm zu seinem neuen Roman kein passender Titel einfallen wollte, und ich kam zu ihr, um mich über die Kritiker zu beklagen oder um mir hundert Mark zu pumpen oder einfach, um mein Herz auszuschütten. Das ganze Haus kam zu ihr – jeder mit seinen Sorgen, Hoffnungen und Beschwerden.

Natürlich gab es Ebbe und Flut im geselligen Leben des Hauses. Es mochte vorkommen – nicht sehr häufig zwar! –, daß wir alle abwesend waren, von irgendwelchen Arbeiten oder Abenteuern in Anspruch genommen, in irgendeiner entfernten Gegend des Landes oder des Kontinents. Dann muß das Haus in der Poschingerstraße vergleichsweise still gewesen sein. Statt des Lärmes, den wir und unsere Bande um uns zu verbreiten pflegten, gab es nur noch das gedämpfte Gespräch der zwei elterlichen Stimmen. Es hatte immer etwas sonderbar Rührendes für mich, mir dies plötzlich vereinsamte oder doch friedlich gewordene Haus vorzustellen. Wie übertrieben geräumig, wie leer es nun schien, das stattliche Kinderhaus ohne Kinder! Im oberen Stockwerk, wo unsere Zimmer lagen, war es wohl immer dunkel, wenn es uns nicht gab.

Indessen ging das Leben im Hause natürlich weiter, auch in unserer Abwesenheit. Der Vater hielt sich streng an seinen lang erprobten Tagesplan. Immer dieselben Stunden am Schreibtisch, die regelmäßigen Promenaden, die Nachmittags-Siesta, die abendliche Lektüre. Irgendwo in einem Hotelzimmer, in Marseille oder in Kopenhagen, beschwor ich wohl zuweilen die idyllische Szene und sah ihn vor mir, wie er abends vom Spaziergang nach Hause kam, die Diele betrat (nicht ohne vorher seine schmutzigen Stiefel mit einem Paar weicher Hausschuhe vertauscht zu haben!) und mit leicht ironisch stilisierter Galanterie die Hand meiner Mutter küßte: „Wie ist es dir ergangen, mein Herz? Hast du die Urgreise in die Oper gefahren?" „Urgreise" war unsere Bezeichnung für die Großeltern: sie wurde rührend-drolliger Weise auch von den „Greisen", den Eltern also, benutzt.

Ja, Mielein hatte die Alten pünktlich zu Beginn der „Meistersinger" abgeliefert; es gehörte zu ihren unzähligen Pflichten, Offi und Ofey im Auto herumzukutschieren und ihnen Unterhaltungen zu bieten ... Ich schaute Vater und Mutter aus der Ferne zu, wie sie noch eine Weile auf der Diele miteinander lachten – ein innig leises, vertrauliches kleines Geschäker – und sich dann zu zweit zum Abendbrot niedersetzten. Worüber sprachen sie wohl, am runden Tisch, unter der Hängelampe? Sprachen sie von Dingen, die vor langen Jahren geschehen waren und von denen wir gar nichts wußten oder doch nur ungenaue Kenntnis hatten? Oder sprachen sie von Dingen der Zukunft – von *unseren* Dingen? Waren *wir* der Gegenstand ihres gedämpften Dialogs beim Nachtmahl, unsere Probleme, unsere Aussichten und Möglichkeiten, die Gefahren, denen sie uns ausgesetzt wußten? Der Gedanke, daß dem so sein mochte, daß dem wahrscheinlich so war, konnte mich zuweilen fast zu Tränen rühren.

In solchen Augenblicken eines angenehm linden Heimwehs liebte ich es, mich einer bestimmten Situation zu erinnern, die – an sich ganz bedeutungslos – mir doch immer ergreifend im Gedächtnis bleiben wird.

Ich sehe mich die steinernen Stufen vom Eingang unseres Hauses herunterkommen und den Garten durchqueren, während Hans, der Chauffeur, mich draußen in der Föhringer Allee beim offenen Wagen erwartet. Es ist eine meiner vielen Abreisen, ich weiß nicht, wohin ich fahre. Ich fahre irgendwohin, ich trage meinen Handkoffer, ein paar Bücher, den Regenmantel. Gerade da Hans mit einer höflichen kleinen Verbeugung den Wagenschlag für mich öffnet – „Zum Hauptbahnhof, Herr Klaus?“ –, erscheint mein Vater am Fenster seines Schlafzimmers im ersten Stock. Es muß vier Uhr nachmittags sein – seine Ruhestunde. Er trägt seinen dunklen Schlafrock, eine schöne Robe aus blauem Brokat, in der er sich fast niemals vor uns sehen läßt, und ist eben dabei, die Jalousien herunterzulassen. Aber er unterbricht sich in seiner Hantierung, da er den Wagen, das Gepäck, den Chauffeur und mich drunten in der Allee bemerkt.

Wie deutlich ich das Bild vor Augen habe! Der Vater dort oben, im Rahmen des offenen Fensters ... Und nun winkt er mir zu, mit einem müden und ernsten Lächeln.

„Viel Glück, mein Sohn!“ sagt der Vater, mit halb scherzhafter Feierlichkeit. „Und komm heim, wenn du elend bist!“

Sechstes Kapitel.
Rundherum

1927–1928

Der New-Yorker Verleger Horace Liveright war eigentlich an allem schuld. Er hatte die amerikanische Ausgabe meiner „Kindernovelle“ („The Fifth Child“) herausgebracht und hielt es nun für eine smarte Idee, den jungen Autor für ein paar Vorträge in die Vereinigten Staaten einzuladen. Der Brief, den ich von Boni & Liveright, Incorporated, erhielt, war in einem herzlichen, aber unverbindlichen Ton abgefaßt – nur eine Anfrage, ob ich im Prinzip bereit wäre, irgendwann einmal, nächstes Jahr vielleicht, für ein paar Wochen nach New York zu kommen.

Ich hatte nie an eine solche Reise gedacht und war zunächst kaum geneigt, Mr. Liverights Vorschlag ernsthaft in Erwägung zu ziehen. Erst einige Wochen nach Empfang des Briefes kam mir die Sache wieder in den Sinn.

Es war eine tropisch warme Nacht Mitte August. Erika und ich spazierten an den malerischen Ufern des Starnberger Sees, nicht weit von Feldafing. Wir lebten damals mit Freunden in einem bescheidenen Hotel auf dem Land. Jede Nacht fuhr Erika dort hinaus, sobald sie mit ihrer Vorstellung an den Münchener Kammerspielen fertig war.

„Ich weiß nicht, was mit mir los ist", klagte sie. „Alles geht nach Wunsch, aber ich habe keinen Spaß daran." Es gab ein Schweigen, ehe sie hinzufügte: „Der Starnberger See ist hübsch, kann so bleiben. Aber ich will nicht bleiben. München ist hübsch, und es spielt sich nett an den Kammerspielen. Aber ich wär lieber anderswo. Zehntausend Meilen weg von hier ..."

„Gar keine schlechte Idee", sagte ich. „Es gibt genug Dinge, vor denen man davonlaufen möchte."

Ich dachte an meine häßlichen Kritiken und an meine kapriziöse Braut. Erst vor ein paar Tagen hatte Pamela mir mitgeteilt, ohne Umschweife, in sachlich knapper Form, daß sie den alternden Dramatiker Carl Sternheim liebe und ihn in absehbarer Zeit zu ehelichen gedenke. Was für eine barocke Laune! Zwar ließ sich nicht bestreiten, daß Sternheim Talent, Witz und Originalität besaß; aber gleich heiraten! Schließlich hätte er Pamelas Vater sein können (gefiel ihr das gerade?) und übrigens war er bekanntlich total übergeschnappt: sein Größenwahn fiel allgemein peinlich auf.

„Vielleicht hatte der Ricki gar nicht so unrecht", meinte ich versonnen. „Vielleicht sollte man wirklich in die weite Welt hinaus ..."

Ricki hatte sich auf und davon gemacht. Weg von Europa, weg von der Familie, dem gewohnten Leben. Launenhafterweise refüsierte er jegliche finanzielle Hilfe von seiten seiner immer noch wohlhabenden Mama. Aus Trotz und Stolz, und vielleicht auch, um seine grausame Freundin, die ihn so viel Geld gekostet hatte, zu strafen und zu beeindrucken. In Mexiko hatte er sich als Lastwagenführer durchgebracht; jetzt trug er in New York Blumen aus.

A propos New York ... gab es nicht dort einen Kauz, der kürzlich den Wunsch geäußert hatte, mich am Hudson zu bewillkommen? Warum sollte ich seine freundliche Einladung nicht akzeptieren? Oder vielmehr, warum sollten *wir* nicht? Denn es stand für mich von vorneherein fest, daß wir zusammen fahren würden, wenn überhaupt.

Kurz entschlossen formulierten wir eine energische Kabel-Botschaft an den nichtsahnenden Mr. Liveright: „Entzückt von Ihrer freundlichen Einladung, die mich erst jetzt erreicht stop bin bereit in etwa vier Wochen mit meiner Schwester, bekannte

Schauspielerin Erika Mann, nach New York abzureisen stop beabsichtigen Winter in USA zu verbringen ..."

Horace, nach kurzer Pause, kabelte zurück: „Bedaure unendlich, daß Sie sich nicht früher entschließen konnten stop season now overcrowded stop rate dringend, Reise auf nächstes Jahr zu verschieben."

Aber wir waren schon zu weit gegangen: all unsere Freunde wußten von unserer bevorstehenden Reise; es wäre blamabel gewesen, das ganze Unternehmen jetzt noch abzublasen. So blieb uns denn nichts anderes übrig, als ein zweites Kabel loszulassen, noch munterer als das erste: „Tausend Dank ... es bleibt also dabei ... erwarten Sie uns Anfang Oktober New York."

Im Büro von Boni & Liveright, Inc., muß man völlig konsterniert gewesen sein. Indessen fand man wohl unsere Frechheit so entwaffnend, daß der Chef des Hauses, anstatt sich gänzlich von uns abzuwenden, weiter interessiert und hilfsbereit blieb. Er setzte sich mit einem der einflußreichsten Vortragsagenten in Verbindung. Überraschenderweise nicht ohne Erfolg. Der tollkühne Impresario erklärte sich bereit, eine Tournée für uns zu arrangieren und offerierte eine Minimalgarantie von fünfzehnhundert Dollar. Es war über alles Erwarten. Erika kaufte sich sofort ein Pelzcape, – eine unbesonnene und provokante Geste, die ich aus taktischen und moralischen Gründen mißbilligte. „Übrigens wirst du es nicht lang behalten", warnte ich sie. „Das Ding wird dir geklaut. Wahrscheinlich noch ehe wir in New York ankommen. Pelzmäntel sind genau das, worauf die internationalen Gangster immer am schärfsten sind."

Wir sammelten Vorschüsse von Zeitungsredakteuren (denn natürlich würde man unterwegs zahlreiche Artikel schreiben) und Empfehlungsbriefe von unseren Freunden. Es stellte sich heraus, daß beinahe jeder ein paar Cousins irgendwo in den Vereinigten Staaten hatte; übrigens konnte man auch schon in München und Berlin amerikanische Bekanntschaften machen. Unsere Freundin Christa Hatvany (die später unter ihrem Mädchennamen, Christa von Winsloe, als Autorin des Stückes „Mädchen in Uniform" berühmt wurde) stellte uns ihrem Hausgast vor: „I want you two kids to meet my friend Dorothy Thompson, one of the most brilliant American newspaper women!" Dorothy – wie strahlend jung und schön sie damals war! – konnte es nur zu gut verstehen, daß wir geschwind ein bißchen nach New York fahren wollten. „Recht habt ihr, Kinder!" ermutigte uns die forsche Person. „Junge Leute sollen sich umschauen in der Welt. Und übrigens werdet ihr euch glänzend amüsieren."

„Ihr werdet es scheußlich finden!" prophezeite ein anderer „Yank", ein rothaariger, sehnig hagerer Bursche namens Sinclair Lewis. Wir verbrachten einen munteren Abend mit ihm in der Berliner Wohnung des Verlegers Ernst Rowohlt, der die Angewohnheit hatte, Wasser- und Schnapsgläser mit Stumpf und Stiel zu verzehren, im Gegensatz zu seinem amerikanischen Autor, der es vorzog, Wassergläser mit Schnaps zu füllen und sich den Inhalt in einem Zug hinter die Binde zu gießen. Er war ausgesprochen gegen unsere Reise. „Was wollt ihr in diesem furchtbaren Land, wo's nichts zu trinken gibt oder nur schlechtes Zeug?" grollte der Verfasser von „Babbit" und „Main Street", „Solange wir in den Staaten diese lächerliche, verbrecherische ›Prohibition‹ beibehalten, sollte die ganze zivilisierte Welt uns boykottieren."

Aber wir blieben bei unserem Vorhaben. Es bestand für uns gar kein Zweifel darüber, daß wir es drüben nicht scheußlich finden, sondern uns vielmehr glänzend amüsieren würden. Die flotte Dorothy hatte mehr Welt- und Menschenkenntnis als der provinzielle Sinclair – weshalb dieser sich auch in den Kopf gesetzt hatte, jene zu seiner Frau zu machen.

Wir reisten, „and we certainly had a wonderful time", wie die zukünftige Mrs. Lewis sich ausgedrückt haben würde. Wir waren zwanzig; die Welt lachte uns, da wir ihr entgegenlachten. Wie gastfreundlich erschien uns die Fremde! Überall gab es offene Türen, freundliche Gesichter. Zwei Jahre später, zur Zeit der großen „Depression", hätten die amerikanischen Freunde uns wohl mit zugeknöpften Taschen und sauren Mienen empfangen; aber 1927 herrschte noch „Prosperity" in den Vereinigten Staaten, jedermann hatte Geld; Geschäft und Kultur florierten. Spielte nicht ein wohlwollend sattes Lächeln um die stolzen Züge der „Statue of Liberty"? Aus silbernem Nebel trat sie uns entgegen, die imposante Dame mit majestätisch gerecktem Arm und mütterlichem Busen. Hinter ihr aber erschien, eine Fata Morgana von schwebender Zartheit und titanischen Dimensionen, die Silhouette der Wolkenkratzer, die vielgerühmte und doch immer wieder erstaunliche, unglaubliche, überwältigende „Sky-line" von New York.

Dies war die Stadt, die ich von allen Städten (nach oder neben Paris) am meisten lieben sollte. Ich wußte es gleich, als wir vom Hafen zum Hotel Astor am Times Square fuhren. Wenn Paris die vollkommene Stadt des achtzehnten und neunzehnten Jahrhunderts ist, New York wirkte auf mich sofort als die vollkommene Metropole des zwanzigsten, die Kapitale unserer Epoche. Es war eine *neue* Schönheit – fast gotisch mit ihren steil nach oben strebenden Konstruktionen und engen Perspektiven –, die mich hier frappierte; ein kühn experimenteller, nüchtern grandioser Stil, der mir den Atem benahm und mein Herz höher schlagen ließ.

„Aber das ist kolossal!" brachte ich mühsam hervor. Wir waren jetzt auf der Zweiundvierzigsten Straße zwischen der Achten Avenue und Broadway, mit dem Blick auf das gewaltig getürmte, seltsam dreieckige, spitz zulaufende Gebäude der „New York Times". „Nein, so was!" flüsterte ich. „Daß es so etwas gibt ...!"

Es muß recht komisch geklungen haben; alle lachten: Ricki, der uns am Landungskai erwartet hatte (er sah verwilderter und zigeunerhafter aus denn je) und die lustigen, adretten jungen Herren, die das Haus Boni & Liveright, Inc., und das Büro des „lecture agent“ repräsentierten.

Und dann, im „Astor“, brüllten die Journalisten vor Lachen, als wir ihnen erzählten, daß Sinclair Lewis uns vor der Reise gewarnt habe wegen der Prohibition („Ha ha ha, that's a good one!“) und daß wir begierig seien, amerikanische Dichter kennenzulernen und Brooklyn Bridge und die Metropolitan Oper zu sehen, und daß wir Zwillinge seien, Erika und ich. („Twins?! Now, isn't that *delightful!*“) Der Zwillings-Trick war eine kecke Improvisation; der Einfall war uns vor ein paar Tagen erst gekommen, inmitten des Ozeans hatten wir uns die Überraschung ausgedacht. Der Erfolg übertraf unsere kühnsten Erwartungen. *The Literary Mann Twins* war der fettgedruckte Titel, unter dem unsere Photographien und Interviews in der Presse erschienen. Jedermann schien gerührt und entzückt, wenn wir unseres Zwillingstums Erwähnung taten. „Twins?! How cute! How charming!“ Wir waren ein spaßhaftes Doppelwesen, ein drollig-impressives Wunderkind mit zwei Köpfen, vier Beinen und einem Hirn voll europäischer Kapricen und ausgefallenem Wissen – „full of Continental wit and sophistication“.

Die Literarischen Mann-Zwillinge stürzten sich in die Erforschung des kolossalen Labyrinths und lärmenden Mysteriums New York City. Wir wanderten von Harlem, wo die Neger wohnen, bis hinunter nach Wall Street, wo die sündigen Spekulanten an südamerikanischen Revolutionen und europäischen Bürgerkriegen schwere Dollars verdienen; von der Chinesenstadt spazierten wir zum deutschen Viertel, vom Times Square fuhren wir in der unheimlich geschwinden „Subway“ („Downtown-“ oder „Uptown-Expreß“) nach Brooklyn und der Bronx, wildfremden Riesenstädten mit eigenem Zentrum, eigener Atmosphäre, die aber doch mit Manhattan zusammen ein verwirrend kolossales Ganzes bilden.

Wir fanden alles sehenswert und lustig. Der eilige Fraß in den lauten „Cafeterias“, wo man sich selbst bedient, schmeckte uns ebenso gut wie die exquisiten Mahlzeiten in unserem Luxushotel oder im Hause von reichen Freunden. Wie interessant war doch das Essen in Amerika! Es gab seltsame Früchte, „Grapefruit“ genannt, ein schmackhafter Zwitter aus Zitrone und Orange, die man bei uns zulande noch nicht kannte; Austern, die in Europa als Gipfel des Luxus galten, waren hier Volksnahrungsmittel; statt des gewohnten Weines oder Biers wurde zum Braten Kaffee mit Eiswasser serviert. Überhaupt war alles geeist, was uns sehr imponierte: ein Glas Pflaumensaft – wer hatte je von Pflaumensaft gehört? – wurde zur Delikatesse, wenn man es in einer übertrieben geräumigen Schale voll kleiner Eiswürfel kredenzte. Wir aßen chinesisch, armenisch, mexikanisch und oberbayerisch; wenn wir uns beim „lunch“ an einem echt ungarischen Gulasch gelabt hatten, wollten wir zum „supper“ ein echt italienisches Risotto oder ein echt indisches Reisgericht. In Manhattan läßt eine kulinarische Weltreise sich ohne jede Schwierigkeit durchführen. Eine Möglichkeit, von der wir denn auch enthusiastisch Gebrauch machten.

Die großen Blicke von den Dachgärten der Wolkenkratzer waren wundervoll; wundervoll war es in Coney Island, dem überdimensionalen Lunapark, wo der Radau ohrenbetäubender, die Rutschbahnen gefährlicher, die Zwerge kleiner und die Riesen größer sind als irgendwo in Europa. Das Metropolitan war eindrucksvoll und die Metropolitan Oper auch nicht zu verachten. Nicht als ob Madame Jeritza als Carmen sich mit meiner Luise Willer hätte messen können aber dafür hatten die Damen in den Logen hier viel schönere Pelze und Perlencolliers als im guten alten Münchener Staatstheater.

Aufregender als die dicke Jeritza mit ihrer weltberühmten, aber etwas reduzierten Stimme waren die begabten, selbstbewußten und vorbildlich gewachsenen jungen Damen, die sich in den populären „Burlesque Shows" vor einem Publikum von grölenden Männern mit virtuoser Langsamkeit entkleideten. Noch besser als die „Burlesque Shows" gefiel uns ein Schauerstück namens „Graf Dracula", in dem es uns vor allem der unheimliche Doktor angetan hatte. Er sollte das liebe Fräulein Lucy von ihren Schwächezuständen kurieren, obwohl doch gerade er es war, der schauerliche Arzt, den man für den herabgeminderten Zustand der armen Jungfer verantwortlich machen mußte. Tagsüber wirkte er recht würdig und gelahrt, neigte sich wohl auch mit heuchlerischer Anteilnahme über die Leidende, um sich zu erkundigen: „And how is our patient today?" Dabei klang sein Akzent freilich schon unheilverkündend exotisch, was noch mehr auffiel, wenn er selbst, nicht ohne ein fatales Lächeln, die besorgte Antwort gab: „Our dear Miß Lucy looks very tired this morning." Kein Wunder! Denn in der vergangenen Nacht hatte das beklagenswerte Fräulein höchst gräßlichen Besuch gehabt: ein Geschöpf mit schwarzen Flügeln und grinsendem Maul war zu ihr in die Stube geflattert und hatte der von Grauen Gelähmten das Blut aus den Adern gesogen. Man errät die Identität des Vampyrs: es war der Hausarzt selbst, der sich um Mitternacht so scheußlich gehen ließ.

„Dracula" war eine Wonne; wir nahmen ihn in den Kreis unserer intimsten Mythen auf, dergestalt, daß ich heute noch meine liebe Schwester gern „my dear Miß Lucy" nenne, besonders wenn sie müde oder anämisch wirkt und ich sie vor beflügelten Blutsaugern warnen möchte.

Den stärksten von allen theatralischen Eindrücken aber verdankten wir einer Negertruppe, die damals im Rahmen der hochliterarischen „Theatre Guild" Gershwins musikalisches Drama „Porgy and Beß" präsentierten. Die Neger, so empfand ich, besaßen, was der amerikanischen Bühne um jene Zeit völlig fehlte und ihr auch heute noch meistens abgeht, einen echten, spontanen, aber doch bewußt entwickelten und konsequent festgehaltenen künstlerischen Stil. Das Broadway-Theater in den zwanziger Jahren schien fast unberührt von den Tendenzen und Experimenten, die das europäische Drama seit dem Naturalismus geprägt und beeinflußt hatten. Es gab, am Broadway, weniger Prätentionen und Konfusionen als im Berlin der expressionistischen und nachexpressionistischen Ära; aber es gab auch weniger Phantasie, weniger geistigen Ernst und leidenschaftlichen Einsatz. Das Theater war hier nicht als „geistige Erziehungsanstalt“ gemeint, sondern diente der Unterhaltung – noch ausschließlicher und offenkundiger, als dies in Paris und London der Fall war. Die Neger jedoch – und *nur* sie! – unterschieden sich von routinierter Eintönigkeit einer massiv-finanzierten, glatt-funktionierenden Vergnügungsindustrie; die Neger hatten Temperament, Witz, Rhythmus, Pathos, Komik, Zärtlichkeit; die Neger boten etwas essentiell *Neues* – eine zugleich urwaldhaft primitive und weltstädtische raffinierte Kunst, die mich, eben durch ihre exotische Originalität, ebenso erregte und faszinierte wie die kühne Architektur der Brücken und Wolkenkratzer.

Leider gab es keine „colored people“, keine Farbigen unter den vielen Bekanntschaften, die wir während dieser ersten Wochen auf amerikanischem Boden machten. Das Rassenvorurteil – wenngleich an der atlantischen Küste sehr viel milder oder doch weniger auffällig als etwa in den Südstaaten – bleibt doch auch in New York stark genug, um einen sozialen Kontakt zwischen Schwarz und Weiß fast unmöglich zu machen. Abgesehen von diesem Manko aber (das ich schon aus moralisch-prinzipiellen Gründen als störend und sogar beleidigend empfand) ließ unser Verkehr an Buntheit nichts zu wünschen übrig. Wir hatten Umgang mit feinen Leuten, mit Bohémiens und schließlich auch mit einem gewissen Typ von rauhbeinigen, aber lustigen jungen Leuten, die in ausgefransten Hosen bei uns im „Astor“ anrückten und unwahrscheinliche Mengen von belegten Broten zu sich nahmen.

Diese immer hungrigen, immer zuversichtlichen und einfallsreichen Burschen von gemischter Nationalität – ein Menschenschlag, der sehr wesentlich und charakteristisch zum Stadtbild New Yorks gehört – waren die Freunde Rickis, der seinerseits noch immer als Laufbursche in einem Blumengeschäft tätig war. Die Bezahlung war schlecht, so erschreckend schlecht in der Tat, daß er sich, vor unserer Ankunft, oft die fünf Cents für die Untergrundbahn oder für eine Briefmarke nicht hatte leisten können. Unser Ricki – der verwöhnte, exzentrische Ricki aus der opulenten Villa am Isarufer – hatte gedarbt, Entbehrungen durchgemacht: man sah es ihm an, er war mager geworden, und die Züge hatten eine neue Schärfe. Dergleichen gab es also in dieser reichen, stolzen Stadt New York. Die Stadt der „Prosperity“, die Stadt der Hochhäuser, der Ziegfeld-Girls und geeisten Austern – sie war also auch eine Stadt des Hungers und der Not.

In den Bohème-Zirkeln, zu denen wir Zugang fanden, war freilich von Not nichts zu spüren. Man logierte in einem etwas italienisch anmutenden Viertel, „Greenwich Village“ genannt, das fast ausschließlich aus behaglichen „Studios“ (Ateliers) und „speakeasies“ zu bestehen schien. Das „speakeasy“, ein Lokal, wo (angeblich oder im Prinzip) leise gesprochen wurde, weil es dort verbotenen Wein und Schnaps zu trinken gab, war eine sehr wichtige Institution im Amerika der „Prohibition“-Zeit. Es gab „speakeasies“ jeden Stils, in jeder Preislage. Am lustigsten ging es zu, wo die Literaten und Maler verkehrten. Und eben diese Kreise waren es, die wir am intimsten kennenlernten.

Mein Verleger Horace Liveright war ein gewandter, unermüdlich dynamischer Führer durch den farbig amüsanten Dschungel von „Greenwich Village". Er kannte alle, alle kannten ihn. Horace war mehr als nur ein einflußreicher Verleger (eine Stellung, die ihm an sich schon in diesem Milieu einen gewissen Nimbus verliehen hätte). Er war ein Charmeur, ein Menschenfänger, ein Original oder „a character", wie die Amerikaner einen solchen Kauz mit belustigter Sympathie zu nennen pflegen.

Horace liebte „parties" – „cocktail parties", „supper parties", „theater parties", „midnight parties"; Gesellschaften waren sein Schönstes. Er nahm uns auf viele mit, aber es schien immer dieselbe: überall die gleichen attraktiven Mädchen mit den gleichen rotlackierten Fingernägeln, dem gleichen verwilderten Haar und dem gleichen elementaren Penchant für starke alkoholische Getränke; überall dieselben vielversprechenden, aber leider noch nicht ganz durchgesetzten Dichter (manche von ihnen sollten sich später durchsetzen – Thornton Wilder, zum Beispiel, dessen Bekanntschaft wir damals machten); überall dieselben Scherze, Klagen und Diskussionen. Man sprach über Liebe (oder vielmehr „sex"), über Alkohol (alles schimpfte auf die „Prohibition"), über Gertrude Stein, die von Paris aus das Denken und den Jargon der New Yorker intellektuellen Avantgarde influenzierte, und über den mächtigen Kritiker H. L. Mencken, der um diese Zeit, als Redakteur des „American Mercury", mit aggressivem Witz und unbestrittener Autorität sein Szepter schwang.

Wir verbrachten ein paar Abende bei dem großen Mann, der übrigens seinerseits nicht im „Village" wohnte, sondern sein Hauptquartier in einem ziemlich teuren Hotel zwischen Times Square und Fifth Avenue hatte. Er setzte uns einen sehr guten Burgunder vor, schimpfte über Amerika und plauderte über deutsche Literatur. Er hatte während des Krieges Nietzsche übersetzt und sich als Deutschfreund verhaßt gemacht. Wir fanden ihn überraschend sattelfest in den deutschen Klassikern und lebhaft interessiert an allen neuen Versprechen oder Leistungen unserer Literatur. Diese Vorliebe für alles Germanische sollte bei ihm später zur gefährlichen Schrulle werden und ihn, den streitbaren Liberalen, zum Parteigänger des Nationalsozialismus machen. In jenen vergleichsweise unschuldigen und heiteren Tagen aber konnte es uns nur recht sein, daß er unserer Sprache und Kultur ein so intelligentes Wohlwollen entgegenbrachte: unser Gespräch wurde dadurch um so herzlicher und animierter.

Was die „feinen", will sagen, die sehr-sehr reichen Leute betrifft, so verdankten wir ihre Bekanntschaft unserem kuriosen und charmanten Freund Kommer. Er war in der Tat eine einzigartige Figur – „Rudolf K. Kommer aus Czernowitz" (wie er all seine Briefe mit wunderlichem Stolz unterschrieb), der rundliche, freundlich-reservierte, kluge kleine Literat, der nie etwas publizierte, nie Geschäfte zu machen schien, aber trotzdem auf großem Fuße lebte und mit den Großen dieser Welt auf bestem Fuße stand. In Wien und Salzburg agierte er als der diskrete Mittelsmann zwischen Max Reinhardt, zu dessen Intimen er gehörte, und der internationalen *haute finance;* in London traf er sich mit Duff Cooper zum Lunch, mit G. B. Shaw zum Tee und mit Winston Churchill zum Dinner; in New York, wo er die Wintermonate im exklusiven Ambassador-Hotel verbrachte, kannte er alles, was gut und teuer war, von den Astors bis zu den Vanderbildts. Der Freund der Millionäre war seinerseits mittellos; niemand wußte, wie er sein kostspieliges Leben finanzierte. Was war das Geheimnis seiner fulminanten gesellschaftlichen Erfolge? Warum wurde dieser wortkarge, dickliche kleine Ostjude von Kreisen akzeptiert, die sich sonst jedem Außenseiter hochmütig verschlossen? Kommer war ein Mysterium, über das man sich auf mancher Cocktail-Party zwischen Beverly Hills und Budapest den Kopf zerbrach; ein Gesellschaftspsychologe vom Range Marcel Prousts hätte aus diesem Kuriosum eine große Figur gemacht.

Der „mystery man" aus Czernowitz nahm uns unter seine Fittiche; er war es, der uns in die großen Häuser einführte, wo die „hostess" unter einem echten Botticelli empfängt und der Five-o'clock-tea unter einem echten Rembrandt serviert wird; zum Beispiel in das Haus des großen Otto H. Kahn, wo Kommer ein regelmäßiger und einflußreicher Besucher war. Mr. Kahn, ein Bankier von fabelhaftem Reichtum, war, soweit ich mich erinnere, der erste Multimillionär, dessen persönliche Bekanntschaft ich machte. Ich fand ihn etwas enttäuschend; wenn nicht die vielen alten Meister an den Wänden gewesen wären, hätte man überhaupt nicht gemerkt, daß man bei einem Halbgott war. Uns fiel auf, daß Mrs. Kahn beim Tee den Hut aufbehielt, obwohl man doch bei ihr zu Hause war – eine gewiß sehr elegante, aber doch nicht besonders kostspielige Marotte, die auch eine Dame von geringerem Vermögen sich leisten konnte. Otto H. – ein moderner Lorenzo de Medici mit silbernem Schnurrbart und einem Wallstreet-Büro – plauderte leutselig über deutsche Literatur (von der er wenig verstand) und über die Metropolitan Oper (die er – ganz nebenbei, mit der linken Hand gleichsam – finanzierte). Wir waren etwas befangen. Der Gedanke an das furchtbar viele Geld, über das dieser freundliche ältere Herr verfügte, wirkte irgendwie lähmend auf uns, zumal wir selber nur noch sieben Dollars und sechzig Cent unser eigen nannten.

Unser Agent gab sich alle Mühe, eine Vortragstournée für uns zu arrangieren, kam aber nicht recht vorwärts. Ab und zu besuchten wir den braven Mann in seinem Büro, wobei uns auffiel, daß seine Miene von Mal zu Mal besorgter wurde. „Our poor Miß Lucy!" flüsterten wir voll Mitgefühl einander zu. „She looks very very tired again!" Der Impresario fürchtete um unseren Verstand, was ihn nur noch schlechter stimmen konnte. Er wischte sich den Schweiß von der Stirne, während wir uns mit Draculas satanischer Stimme erkundigten: „And how is the patient *now?*" Es muß mörderisch geklungen haben. Er schauderte.

Schließlich hatte er genug von diesem nervenzerrüttenden Spiel und erklärte ohne Umschweife, daß er sich leider außerstande sehe, irgend etwas für uns zu tun. „Wenn nur euer Englisch etwas besser wäre!" jammerte er. „Euer Sprüchlein von ›poor Miß Lucy‹ ist zwar sehr effektvoll, aber doch nicht genug für eine ›lecture-tour‹!" Der Blick, mit dem wir ihm antworteten, muß sowohl mitleiderregend als auch drohend gewesen sein; denn unser Manager beeilte sich hinzuzufügen: „Natürlich bin ich mir ganz klar darüber, daß ich einen Vertrag mit Ihnen habe und daß Sie mich verklagen könnten, wenn ich es mir einfallen ließe, unseren Kontrakt ohne zwingenden Grund zu brechen. Mit solchen Dingen ist hier nicht zu spaßen ..."

Wir murmelten, daß man doch unter zivilisierten Leuten zu irgendeinem vernünftigen und fairen Kompromiß gelangen sollte, woraufhin der Brave eifrig nickte: „Eben, eben! Ein Kompromiß ... unter zivilisierten Leuten! Versteht sich ... lag mir auf der Zunge ... Tausend Dollar ... scheint Ihnen das angemessen?"

Er stellte einen Scheck aus, melancholisch, aber würdevoll und gelassen. Sein Lächeln war bekümmert, doch nicht ohne Güte, da er uns die Hand zum Abschied bot. „Wann gedenken Sie nach Europa zurückzukehren?" fragte er väterlich.

Nach Europa? Wir waren halb belustigt, halb angeekelt. „Europa kann warten!" riefen wir fröhlich. „Jetzt geht's zunächst einmal nach Hollywood."

Der gute Mann war paff. Besonders da wir hochgemut hinzufügten: „Und von dort aus werden wir unsere kleine Vortragsreise in die Wege leiten. Denn *wir* haben die richtigen Verbindungen! Goodbye, Sir. The pleasure has been ours!"

Es war eine lange Fahrt. Welch ein kolossales Land! Wir hatten es uns groß vorgestellt, aber doch nicht *so* groß! Wir fanden den Kontinent zwischen der Atlantischen Küste und der Pazifischen groß und leer über alles Erwarten. Würden diese Steppen, diese Getreidefelder nie ein Ende nehmen? Nun war man schon vier Tage und vier Nächte unterwegs. Es wurde heiß in unserem Pullman-Wagen. (Die künstliche Luftkühlung war damals in amerikanischen Zügen noch nicht eingeführt.) Draußen breitete sich sandige Öde. Es war die Wüste, durch die wir uns nun bewegten. Hörte diese Reise nie auf?

Aber am Morgen nach der vierten Nacht erschien die Landschaft draußen plötzlich zauberhaft verändert. Eine üppige Garten-Szenerie, an Stelle der kahlen Flächen! Das Gelobte Land, da lag es, von der Sonne beglänzt, mit seinem Überfluß an Farbe und Fruchtbarkeit, mit seinen Orangenhainen, Zypressen und Feigenbäumen, seinen stolzen Palmenalleen und blütenumrankten Villen. So hatten die vier langen Tage und Nächte sich doch gelohnt: Es war ein Paradies, das uns am Ende der Fahrt begrüßte.

Die Enttäuschung begann in Los Angeles. Wie amorph und öde es wirkte, nach der harten und dynamischen Schönheit von New York! Los Angeles ist keine Stadt, sondern ein enormes Konglomerat von Straßen, Gebäuden, Fahrzeugen, wimmelnden Menschenmassen. Eine Stadt ist ein Organismus, der um ein pulsierendes Herz, ein

Zentrum herum allmählich gewachsen und geworden ist. Aber Los Angeles hat kein Zentrum. Los Angeles hat keine Struktur, keine Substanz, kein Gesicht; es gleicht einem wuchernden Pilz, einer hypertrophierten Qualle, einem massiven Polypen, der seine Arme mit blinder Gier nach allen Richtungen streckt.

Die Polypenarme sind Vorstädte, die sich der Meeresküste entlang und ins Land hinein endlos dehnen. Eine dieser Vorstädte ist Hollywood. Dorthin wollten wir. Der Name zog uns an wie ein Magnet.

Hollywood (es ist, wohlgemerkt, das Hollywood der späten zwanziger Jahre, von dem hier die Rede ist. Nicht das Hollywood von heute!) wirkte auf uns wie eine Provinzstadt, die verzweifelte Anstrengungen macht, Hollywood zu imitieren. Die Palmen, die wir von unserem Pullman aus bewundert hatten, die gar zu leuchtenden, gar zu fetten Früchte und Gemüse, die Schaufenster, die Hotels, die Kinopaläste, wo „die Stars ihre eigenen Filme sehen", ja sogar die Sonnenuntergänge mit ihren übertriebenen koloristischen Effekten, es war alles so lächerlich „hollywoodhaft", so unwirklich und artifiziell! Der ganze Ort schien ständig auszurufen: Sehe ich nicht genau aus wie Hollywood, der Wunschtraum aller schönen Mädchen und ehrgeizigen Knaben? Kommt und betrachtet euch die Villen eurer geliebten Stars – mit „Swimming Pool", eigener Bar und allem Zubehör! Eine komplette Rundfahrt für nur fünf Dollar! Unser Führer zeigt Ihnen das traute Heim von Lillian Gish, Mary Pickford, Ramon Navarro, Charlie Chaplin und anderen Favoriten!

Das erste traute Heim, in welches der Zufall uns führte, war das von Emil Jannings, der damals auf dem Gipfel seines internationalen Ruhmes stand. Er empfing uns mit großer Jovialität – ein munterer Fleischkoloß mit groben Zügen, deren expressive Beweglichkeit ihm eine Tagesgage von tausend Dollar einbrachte. Er hatte ein prächtiges Haus (mit „Swimming Pool", eigener Bar); einen Butler, der so würdevoll war, daß er nur flüstern konnte; einen Chow-Hund mit schönem Löwenhaupt, blauschwarzer Zunge und tückischen kleinen Augen; einen Papagei, der Obszönitäten kreischte (wer daran Anstoß nahm, wurde nicht wieder eingeladen); eine gutmütige Tochter und eine ungewöhnlich amüsante Frau, die früher unter dem Namen Gussy Holl in Berlin populär gewesen war. Gussys erster Gatte war Conrad Veidt, der zu jener Zeit im amerikanischen stummen Film Triumphe feierte. Wir trafen ihn fast jeden Tag bei den Jannings' und ließen uns von ihm das Filmgelände der „Universal City" zeigen, wo wir seine makabre Maske als „L'Homme qui rit" bewunderten. Sogar ohne solche Vermummung sah Connie Veidt entschieden „dämonisch" aus – war übrigens in Wahrheit ein anspruchslos fideler, gutherziger und talentierter Bursche. Auch bei Jannings trog der äußere Schein, aber in umgekehrtem Sinne. Wenn Connie aus professionellen Gründen auf dämonisch machte, so spielte Emil den Biedermann – rauhe Schale, guter Kern: etwas tollpatschig und ungehobelt, aber ein Herz von Gold! Es bedurfte eines geübteren psychologischen

Blickes, als wir ihn damals hatten, um hinter dieser treudeutschen Fassade einen Charakter von kalter Schlauheit und rücksichtslosem Egoismus zu erkennen.

Wir hatten uns das Leben in Hollywood zwanglos-heiter vorgestellt. Ein naiver Irrtum, wie sich bald herausstellen sollte! Tatsächlich herrscht unter Filmleuten ein Zeremoniell von chinesischer Starrheit und Kompliziertheit, ein Kastensystem, welches nur Personen von gleicher Nationalität und ungefähr gleichem Einkommen miteinander in Kontakt kommen läßt. Ein gesellschaftliches Zentrum wie das Janningsche Haus – damals der quasi-offizielle Treffpunkt der deutschen Filmkolonie – erwies sich als exklusiver als irgendein aristokratischer Salon: niemand hatte dort Zutritt, der nicht eine Wochengage von mindestens tausend Dollar aufweisen konnte. (Erika und ich wurden als drollige Passanten geduldet, aber nicht ernst genommen.) Zu den regelmäßigen Gästen gehörten, außer Veidt, der österreichische Dramatiker Hans Müller – ein Mann von bemerkenswertem Witz und Temperament, mit dem wir uns herzlich anfreundeten – und der sehr kapriziöse und empfindliche, sehr gefallsüchtige Dichter-Regisseur Ludwig Berger mit seinem Bruder Bamberger, dem sogenannten „Bam“; weiterhin: der Regisseur Murnau (lang und schweigsam, außerordentlich begabt, von nicht unberechtigter und nicht unsympathischer Arroganz), der Regisseur Ernst Lubitsch (dessen Komödien noch heute zum Reizvollsten zählen, was der amerikanische Film jemals hervorgebracht hat), die schon etwas ramponierte Lya de Putti (Emils Partnerin in dem unvergeßlichen Film „Varieté“) und noch einige andere von ähnlichem Rang.

Manchmal gesellte sich eine erstaunliche junge Person zu unserem Kreise – unangemeldet meist, oft erst zu später Stunde. Man saß beim Whisky auf der Terrasse nach dem Abendessen: plötzlich war sie da – eine atemberaubende Erscheinung, die sich durch die duftende Dunkelheit des Gartens stolzen und schleppenden Schrittes auf uns zubewegte. Sie war barhäuptig und trug einen offenen Regenmantel, dazu Sandalen ohne Absätze. „Ich bin ja so *furchtbar* müüüde!“ rief sie uns, statt eines Grußes, mit tiefem Klageton zu – den Vokal in „müde“ melodisch dehnend –, wobei sie sich auch schon in einen Sessel warf. Abgewendeten Hauptes, die Mundwinkel tragisch gesenkt, verlangte sie einen Schnaps: „Aber einen großen, Emil! Einen doppelten!“

Ihr Antlitz unter der Löwenmähne war von verblüffender Schönheit, das schönste Gesicht, wollte mir scheinen, das ich jemals gesehen; und in der Tat ist mir ein schöneres bis auf den heutigen Tag nicht begegnet. Sie hatte die Marmorstirn einer trauernden Göttin und weite Augen voll goldener Dunkelheit. Die langen, geschwungenen Brauen waren sorgfältig rasiert und nachgezogen, die blauen Schatten auf den Lidern waren künstlich vertieft; im übrigen aber benutzte sie keine Schminke, nicht einmal Lippenrouge – weshalb denn auch ihr Mund sehr blaß erschien: ein blasser, großer, trotziger Mund von unvergleichlicher Zeichnung in einem blassen, groß und kühn modellierten, trotzig-schwermütigen Antlitz.

Ihre tiefe, grollende Stimme schien beladen mit düster-süßem Geheimnis, ob sie nun übers Wetter sprach oder über den Film, in dem sie eben beschäftigt war. Es war unbeschreiblich rührend, sie lächeln zu sehen, was nur selten geschah. Ihr herrliches, untröstliches Gesicht hellte sich zögernd auf; wenn das Lächeln sich aber erst einmal um ihre nächtigen Augen und die stolze Kurve des Mundes niedergelassen hatte, verweilte es etwas zu lange – nun seinerseits zögernd, sich von so lieblicher Landschaft loszulösen. Schließlich aber erlosch es – dies fremde Lächeln, das eigentlich nicht zu ihr paßte – und die Tragödin war wieder ganz sie selbst.

Mit grollender Pythia-Stimme forderte sie einen zweiten Whisky und erklärte dann, zur allgemeinen Überraschung, daß sie nun tanzen wolle. Sie tanzte einen Tango mit der Tochter des Hauses – kräftig ausschreitend, in etwas steifer Haltung, das weiße Gesicht mit gesenkten Lidern ziemlich weit von dem der Partnerin entfernt. Ihre großen, edel geformten Hände hielten das Mädchen mit festem Griff. Sie hatte die etwas zu schweren Handgelenke, die langen Beine und breiten Schultern einer antiken Jünglingsfigur.

Nach dem Tanz ließ sie uns mit sonorem Jammerlaut wissen, daß sie sich nun entschieden besser fühle. „Ich danke euch allen", sprach sie nicht ohne Feierlichkeit. „Als ich kam, war ich *furchtbar* müüüde; aber jetzt geht es mir gut. Ich habe getanzt und getrunken. Thank you ever so much." Und sie verschwand im dufteschweren Dunkel der kalifornischen Nacht, aus der sie – atemberaubende Erscheinung – stolzen und schleppenden Schrittes zu uns gekommen war.

Emil erzählte uns, daß sie eine Schwedin sei, erst kürzlich aus Europa eingetroffen. Einer ihrer Landsleute, der bekannte Regisseur Maurice Stiller, hatte sie nach Hollywood gebracht. Stiller war nach Schweden zurückgekehrt und dort gestorben, während sein Protegée an der kalifornischen Küste zurückblieb – allein mit ihrer erstaunlichen Schönheit und mit ihrem künftigen Ruhm.

„Das Mädel wird ein Bombenerfolg", prophezeite Emil mit fachmännischem Respekt. „Die setzt sich durch, wartet nur! In zwei bis drei Jahren kennt die ganze Welt ihren Namen."

Ihr Name war Greta Garbo.

Erika schrieb emsig Briefe an zahlreiche Organisationen und Individuen, die, unserer Ansicht nach, als Interessenten für unsere Vorträge in Frage kamen. Ich, nicht minder emsig, schrieb Artikel für die deutsche Presse. Erika weigerte sich kapriziöserweise, ihrerseits Artikel zu schreiben. Es gebe schon genug Schriftsteller in der Familie, behauptete sie eigensinnig, und sie sei nun einmal Actrice von Beruf. Woraufhin ich nur mitleidig kichern konnte: „Armes Ding! Dir wird's auch nicht erspart bleiben – das Schriftstellern, meine ich. Es ist der Familienfluch."

Es gab vieles, worüber sich schreiben ließ, sogar abgesehen vom Reich der belebten Schatten und fabelhaften Gagen. Ich schrieb über ein großes Fußball-Match in Pasadena und über einen Boxkampf in Los Angeles. (Was mich am Fußball amüsierte, war nur das brüllende, sinnlos erregte Publikum, während ich den Boxkampf – einen der wenigen, denen ich jemals beiwohnte – einfach abscheulich fand.) Ich schrieb über die Wiedertäuferin Aimée McPherson, die im „Angelus Temple“ eine Riesen-Zuhörerschaft mit ihrer Mischung aus echter Ekstase und frechem Humbug in hysterische Raserei versetzte – und ich schrieb über den großen Romancier Upton Sinclair, der uns auf seine geduldig-pädagogische Art die fundamentalen Probleme amerikanischer Ökonomie und Psychologie begreiflich zu machen suchte.

Wir hatten ursprünglich vorgehabt, uns nur ein paar Wochen in Hollywood aufzuhalten; aber aus den Wochen wurden Monate – wir bemerkten es kaum. Hollywood hat eine sonderbare Wirkung auf den Zeitsinn des Besuchers. Es ergeht einem dort beinah wie im „Zauberberg“. Liegt es am gleichmäßigen Wetter, am monotonen Glanz des kalifornischen Himmels? Wie dem auch sei, man vergißt, daß die Zeit vergeht, oder man realisiert doch nicht, wie geschwind sie vorüberfliegt. Wer wollte an Weihnachten denken in einem Klima, das uns gestattet, jeden Tag im Ozean zu schwimmen, ob es nun Dezember ist oder Juli? Und doch, da war es unversehens herangekommen, das bunte, laute Christmas oder X-mas von Hollywood, mit seinem künstlichen Schnee, seinen grellen Blumengirlanden und den dummen Kolossalporträts des „Santa Claus“, die einem aus jedem Schaufenster, von Dächern und Plakaten entgegenschmunzelten.

Es war das erste Weihnachten, das Erika und ich fern vom Elternhause verbringen sollten. Uns war etwas bang zumut, besonders da wir wieder einmal schlecht bei Kasse waren. Ja, wir hätten uns nicht einmal eine Weihnachtsdepesche an die lieben Eltern leisten können, wenn Erika nicht auf den kuriosen und doch auch wieder naheliegenden Gedanken verfallen wäre, mit ihrem besten Stück zum Versatzamt zu eilen: Es war das von mir einst so töricht mißbilligte Pelzcape, das sich jetzt, in der Stunde der Not, als unsere Rettung erwies! Aber die Summe, die es uns brachte, langte nur gerade für das launige Kabel nach München und für einige vitale Anschaffungen; kein Cent blieb für die Hotelrechnung, die im Lauf der unbemerkt vorüberhuschenden Monate beunruhigend angewachsen war. Der Hotelmanager – anfangs so verbindlich – hatte uns schon eine eher peinliche Visite abgestattet. Mit einem großen Aufwand an nervöser Beredsamkeit suchten wir ihn davon zu überzeugen, daß er sich doch bitte ja nicht sorgen solle: schließlich seien wir zwei sehr feine und berühmte junge Menschen – und wenn wir die Begleichung unserer lächerlichen kleinen Schuld etwas verzögerten, so müsse er das eben als eine Künstlerlaune begreifen und verzeihen. Aber der Herr von der Direktion hatte wenig Sinn für unsere Kapricen. „I want my money“, sagte er mit häßlichem Eigensinn. „Or else ...“ Woraufhin er uns verließ. Seine Stimme hatte gar nicht nett geklungen.

„And how is the patient now?" raunte meine Schwester mit ihrem besten Dracula-Akzent, sowie der Unhold uns allein gelassen hatte.

„My dear Miß Lucy", erwiderte ich, ernst aber gefaßt. „Da gibt es nur eines zu tun: Wir müssen uns zusammensetzen und einen Plan machen."

„Wie wär's mit einem Telegramm?" schlug Erika träumerisch vor. „Man könnte ein wirkungsvolles Telegramm aufsetzen."

Dies konnte nicht umhin, mir einzuleuchten. „Ausgezeichnet", sagte ich, und fügte mit feierlichem Nachdruck hinzu: *"Wer nicht telegraphiert, kriegt nichts."*

„Ein schönes altes Wort", nickte Erika. „An wen wollen wir telegraphieren?"

„Nicht an die Eltern", sprach ich dezidiert. „Das wäre phantasielos und ärgerniserregend. Auch die Urgreise dürften kaum in Frage kommen." De facto hatten wir einander versprochen, auf dieser ganzen, unseren Verhältnissen so gar nicht entsprechenden Fahrt die Unseren finanziell nicht in Anspruch zu nehmen. Ein Vorhaben, dem wir selbst in den prekärsten Situationen energisch treu blieben.

Wir versanken in nachdenkliches Schweigen, bis Erika mit forcierter Munterkeit vorschlug: „Zunächst laß uns das Christfest begehen!"

Weihnachtsabend bei Jannings war eine große Affäre, zugleich traulich und opulent. Indessen hätten wir unseren Freunden um ein Haar das ganze Fest verpatzt – oder vielmehr, es war die zügellose Phantasie des Zeichners Adrian, durch die das fröhliche Beisammensein gefährdet wurde. Gilbert Adrian – ein junger Künstler von originellen Gaben (später sehr erfolgreich als Modezeichner), mit dem wir uns in Hollywood angefreundet hatten – war liebenswürdig genug gewesen, uns eine Zeichnung als Weihnachtsgeschenk für Madame Jannings zu versprechen. Es sollte ein Blumenstück sein oder eine flotte Karikatur – irgend etwas Harmlos-Dekoratives. Am späten Nachmittag des 24. Dezember, kurz vor Beginn der „Party" im Hause Jannings, sprachen wir bei Adrian vor, um die versprochene Gabe in Empfang zu nehmen.

„Da seid ihr ja, Kinder!" rief Freund Adrian aufgeräumt. „Und da ist das Geschenk für eure Gussy! Ich habe mir die größte Mühe gegeben ..."

Es war so niedlich verpackt, daß wir zögerten, es zu öffnen, und mit unserem verhüllten Schatz von dannen eilten – nicht ohne erst Freund Adrian dankbar auf beide Wangen geküßt zu haben. Aber im Taxi, nur zwei Minuten von Emils Haus, wurden wir doch von Neugier überwältigt und beschlossen, einen Blick auf unsere Gabe zu werfen. Hastig entfernten wir die bunten Seidenpapiere – und fielen fast in Ohnmacht vor Entsetzen! Es war ein pornographisches Meisterwerk, was wir in Händen hielten, eine phallische Komposition im besten Beardsley-Stil: sehr anmutig, sehr „gekonnt", aber absolut *unmöglich!* Einer deutschen Mutter zum Christfest mit solcher Obszönität zu kommen – welch eine Idee!

Daß wir nun mit leeren Händen erscheinen mußten, war schlimm genug; aber noch mehr beunruhigte uns die Frage, was nun mit dem anrüchigen Gegenstand geschehen sollte. Auf keinen Fall wollten wir ihn wegwerfen: er war viel zu hübsch. So blieb denn nichts anderes übrig, als das skandalöse Produkt diskret im Garten unter einem Blütenbusch zu verstecken.

Alles klappte vorzüglich. Gussy lächelte mild, als wir unsere Entschuldigungen stammelten: die Handarbeiten nicht zur Zeit fertig geworden; die Nachtmütze, die Pantoffeln – alles noch im Werden begriffen ... Es herrschte vollkommene Harmonie, richtige Weihnachtsstimmung – bis Emil, bald nach Tische, die unheilvolle Idee hatte, einen kleinen Spaziergang durch den Garten zu unternehmen. Und was war es, was er hinter seinem schönsten Rosenbusch entdeckte ...?

„Wem gehört dieser Unflat?"

So furchtbar klang seine Frage, daß wir erröteten und gestanden. Seine Miene lief purpurn an, während seine Augen vor Zorn winzig wurden. „Das ist also die kleine Handarbeit, die ihr für meine Auguste vorbereitet habt", sprach er mit drohend gesenkter Stimme. „Eine reizende Überraschung. Sehr taktvoll – muß ich sagen. Ein brillanter Scherz – nicht wahr, Auguste?"

Daß er seine Frau „Auguste" nannte, unterstrich den Ernst der Situation. Er gebrauchte diesen Namen nur bei sehr schlimmer und dramatischer Gelegenheit.

„Sehr komisch! Sehr charmant!" fuhr er mit schrecklichem Sarkasmus fort, wobei seine Stimme allmählich lauter wurde. „Besonders geschmackvoll, wenn man bedenkt, daß es ein junges Mädchen hier im Hause gibt. – Ruth-Maria, wo bist du?" brüllte er unvermittelt, wie in plötzlicher Angst. War dem lieben Kinde etwas zugestoßen? Hatten Scham und Empörung das empfindsame Geschöpf aus dem Hause getrieben? – Aber da war sie ja! Sie saß auf dem Sofa, stillvergnügt in den Anblick von Adrians gewagtem Scherz vertieft.

„Was ist denn los, Papa?" Ihre Stimme klang faul und schläfrig. Man hatte den Eindruck, daß sie gleich zu schnurren anfangen werde, wie eine große Katze. „Ist doch ein reizendes Bild! Und so weihnachtlich. Ich behalte es gerne, wenn die Mutti es nicht haben will."

Die ganze Gesellschaft brach in ein homerisches Gelächter aus, dem auch der eben noch so ergrimmte Emil sich wohl oder übel anschließen mußte. Greta Garbos Lachen war kehlig und sonor, wie das tiefe Gurren einer magischen Taube. Lya de Putti kreischte vor Fröhlichkeit, Connie Veidt wieherte, Murnau brüllte, Lubitsch meckerte. Der heitere Aufruhr erreichte seinen stürmischen Höhepunkt, als Madame Jannings ihrer Tochter das Bild entriß und mit großer Entschiedenheit erklärte, daß sie sich niemals, unter keinen Umständen, von einem so schönen künstlerischen Besitz trennen würde – nicht für alle Juwelen der Mary Pickford!

Es war in diesen Festtagen, daß ich George Gershwins „Rhapsody in Blue“ zum ersten Male hörte und von dem Elan, dem Pathos dieser hinreißend neuen Musik sofort bezaubert war. („Was wollen Sie? Ich war einundzwanzig Jahre alt und lebte in der großen Stadt New York“, erwiderte Gershwin auf die Journalisten-Frage, wie er denn darauf gekommen sei, die „Rhapsody“ zu schreiben. „Was für eine Art Musik würden Sie denn von mir erwarten? Es ergab sich ganz von selbst ...“)

Und es war in der gleichen Nacht – der Silvesternacht des Jahres 1927 –, daß unser Freund Raimund von Hofmannsthal (noch ein „Dichterkind“!) uns in seinem betagten, eigenwilligen kleinen Ford beinah ums Leben brachte. Wir fuhren die Hügel hinauf; der Weg war schmal, gewunden und gefährlich steil; wir hatten reichlich getrunken – Champagner und Ale und Whisky mit Sodawasser, und Ale mit Champagner, und schließlich wieder Whisky (ohne Soda ...). Die Bremsen des drolligen alten Wagens waren nicht recht in Ordnung, aber was tat's? Wir sangen das große Thema der „Rhapsody in Blue“ und schwärmten von Greta Garbo und lachten über Adrians freches Bild. Und Los Angeles lag zu unseren Füßen mächtig ausgebreitet – ein flimmernder Ozean, eine Unendlichkeit von tanzenden, lockenden Lichtern.

Unsere Telegramme wirkten, als hätten wir Zaubersprüche in die Welt hinausgesandt. Geld traf ein, von gefälligen Redakteuren in Berlin und München, auch von barmherzigen Freunden. Nicht sehr viel Geld, aber doch genug, um den unerbittlichen Manager des Hollywood Plaza Hotels zu befriedigen und zwei Pullman-Sitze von Los Angeles nach New York zu erstehen.

Ricki erwartete uns am Grand Central-Bahnhof. Er sah besser aus. Nicht mehr so verwildert und abgezehrt. Offenbar – es gab ein Mädchen, das sich um ihn kümmerte. Wir kannten das Mädchen – Eva Herrmann, eine junge Zeichnerin von delikatem Liebreiz und von großen Gaben –; wir waren es, die sie unserem Ricki zugeführt hatten.

„Ich bin beinahe glücklich“, gestand er uns mit einem verlegenen Grinsen. „Ich arbeite wieder – komisches Zeug: Wolkenkratzer, Kühe – alles durcheinander ... Ich habe jetzt manchmal Heimweh – nach den bayerischen Bergen ... Eva und ich wollen bald nach Europa zurück.“ –

Wir kamen gerade rechtzeitig zu unserem ersten Vortrag, der von der höchst respektablen Columbia University veranstaltet wurde. Das Abenteuer verlief entschieden weniger quälend und blamabel, als wir gefürchtet hatten. Auf Erikas Einführungsrede (sie hatte den englischen Text auswendig gelernt und überraschenderweise klang es fast natürlich!) folgte meine (deutsche) „Causerie“ über junge europäische Literatur, woraufhin Erika das Programm mit einigen Rezitationen „jüngster deutscher Dichtung“ effektvoll zum Abschluß brachte. Unsere Darbietung wurde recht freundlich aufgenommen. Viel freundlicher als seinerzeit „Revue zu Vieren“.

Das „German Department“ der berühmten Harvard University lud uns zu einem Vortrag ein; desgleichen die nicht minder distinguierte Universität von Princeton.

Es machte uns enormen Spaß, herumzureisen. Unser Appetit nach neuen Eindrücken und Bekanntschaften blieb unersättlich, obwohl wir doch wahrhaftig keine Anfänger mehr waren. Aber immer wieder begegnete man Gesichtern, die man nicht hätte missen mögen – kennenswerte, liebenswerte, unvergeßliche ...

Sonderbar – die Züge und Äußerungen mancher Berühmtheit, der wir damals begegneten, sind aus meinem Gedächtnis verschwunden, aber ich erinnere mich derer, die damals noch keinen Namen hatten und doch schon irgendwie erwählt, gezeichnet schienen. Da war zum Beispiel dieser junge Mensch, der siebzehnjährige Sohn unseres Gastgebers, irgendwo in der Nähe von Philadelphia. Woher wußten wir, daß er ein Dichter war? Es muß etwas von ihm ausgegangen sein, eine Strömung, ein Leuchten ... Die Physiognomie unseres Wirtes, eines gewissen Professor Prokosch, habe ich längst vergessen. Aber als mir später ein Buch von Frederic Prokosch, „The Asiatics“ in die Hände fiel – zehn Jahre nach unserer Visite in seinem Heim –, da erinnerte ich mich sogleich an sein junges Gesicht, wie ich es damals gesehen hatte: die reizbare Stirn, die sich so leicht nervös verfinsterte; der dunkle Blick, voll von der Verheißung künftiger Visionen. Mit welch verbissener Konzentration er lauschte, als wir mit seinem Papa die nächsten Phasen unserer Fahrt besprachen!

„Also nach Asien wollen Sie?“ fragte er mit einer gepreßten Stimme, in der Neid und Entzücken sich zu mischen schienen. Ja, versetzten wir, ein paar asiatische Länder würden wir wohl besuchen. – *“Asien ...“*, wiederholte der junge Frederic mit sehnsüchtig geweitetem Blick und verfinsterter Stirne.

Ich fuhr hin, und er nicht. Trotzdem hat er mehr von Asien gesehen als ich – wie sein Buch „The Asiatics“ beweist.

Wir hatten längst beschlossen, nach Kalifornien zurückzukehren, um uns von dort so bald wie möglich nach Honolulu und Japan einzuschiffen. Es war ein tollkühner, ja aberwitziger Plan, angesichts unserer kritischen finanziellen Lage, aber wir blieben dabei, allen Warnungen zum Trotz, die unsere besorgten Eltern und Freunde an uns ergehen ließen. Zunächst reichte unsere Barschaft für das Eisenbahnbillet von New York nach Chicago, wo „The Literary Mann Twins“ in einem deutsch-amerikanischen Club auftreten sollten. Danach würde man weitersehen.

Es ging, irgendwie ging es immer. Von Chicago im Staate Illinois schlugen wir uns nach dem Staate Kansas durch, wo es wieder ein paar „lectures“ und ein paar Dollars gab. Schließlich langten wir im altvertrauten Hollywood an, nachdem wir erst noch, als gewissenhafte Globetrotter, den fabelhaften „Grand Canyon“ – die unheimlich kolossale, unheimlich farbenprächtige Schlucht von Arizona – besucht und bewundert hatten.

Auch in Kalifornien durften wir uns diesmal für Geld sehen und hören lassen, der distinguierte „Friday Morning Club“ in Pasadena zahlte uns ein Honorar von fünfzig Dollar, wozu aber noch eine überraschende Dreingabe kam. Denn es war gelegentlich unseres Auftretens in Pasadena, daß wir jene gütige und zerstreute alte Dame kennenlernten, der wir – mehr aus Mitteilungsbedürfnis als aus schnöder Berechnung – von unseren Reiseplänen und Geldproblemen erzählten. Die Alte nickte – ich sehe sie noch vor mir: sie hatte ein großes, graues, sehr sehr gütiges Gesicht mit Hängebacken – und lud uns zu einer musikalischen Soirée in ihrem Hause ein. Wir gingen hin – nicht gar zu enthusiastisch, wie sich denken läßt. In der Pause, zwischen Bach und Brahms, wollten wir uns unauffällig entfernen – deprimiert von so viel weihevollem Dilettantismus und übrigens auch vom Gedanken an unsere Misere –, wurden aber von der Hausfrau bemerkt. Sie winkte uns herbei, wobei sie freundlich-geistesabwesend lächelte. „Da hab ich etwas für euch, Kinderchen“, sprach sie milde und überreichte uns ein mysteriös aussehendes Dokument, säuberlich gerollt und mit einem rosa Seidenbändchen garniert. Es war ein Wertpapier, tausend Dollar wert, das wir alsbald verkauften. Vom Erlös erstanden wir zwei Billetts von San Francisco nach Kobe in Japan.

Frisco ist die eigentümlichste, schönste Stadt Amerikas – nach, oder mit, New York City. Kein anderer Ort in den Vereinigten Staaten könnte geeigneter sein, das Herz des Scheidenden mit dem Wunsch nach Wiederkehr zu erfüllen. Das Goldene Tor, das sich verlockend zum Orient hin öffnet, ist auch die strahlende Pforte zur westlichen Hemisphäre, zur Neuen Welt. Mit seiner doppelten Perspektive und zweifachen Verheißung scheint der Hafen von San Francisco den Wanderer gleichzeitig hinauszuschicken und zurückzuhalten.

Die Tage auf dem Stillen Ozean waren lang und träg und voller Träumerei. Wir schauten den Wellen zu und den fliegenden Fischen und den immer wechselnden Tönungen des ungeheuren Himmels. Wir hatten viel Zeit, nachzudenken und uns zu erinnern. Wir dachten über Amerika nach und über Europa und wohl auch über uns selbst. Was hatte er uns bedeutet – dieser erste Kontakt mit den Vereinigten Staaten?

Er bedeutete uns etwas Fremdes, Großes, Überwältigendes. New York war groß und fremd und überwältigend. Die kalifornische Wüste, der Grand Canyon von Arizona, die unendlichen Flächen des Mittelwestens, die gefräßige Dynamik von Los Angeles, die Jugend in den Universitäten, die Jugend auf den Landstraßen, die Jugend in den lärmenden Stadions, der inspirierte Elan der „Rhapsody in Blue“, der Rhythmus der Negertänze, Harlem, die „Burlesque Shows“, ja selbst die Schreckensszenen in den Schlachthäusern von Chicago, das Elend in den Slums, die Massenhysterie im Tempel der anrüchigen Priesterin Miß Aimée Mc Pherson – es war alles groß und wild und neu erregend. Aber es war nicht unsere Welt. Es war eine unendlich reiche, herrlich dynamische Welt – aber es war nicht unsere. Wir waren fasziniert, erschreckt, begeistert von Amerika. Aber wir blieben Europäer.

Unsere Reise zog sich noch mehrere Monate hin, aber in meiner Erinnerung ist von diesen letzten Monaten nicht viel lebendig geblieben. Wir hielten uns überall viel länger auf, als wir ursprünglich vorgehabt hatten. Teils weil wir es überall interessant fanden, vor allem aber weil uns meist das Geld zur Abreise fehlte. Immer wieder kam es vor, daß wir uns sehr intensiv „zusammensetzen“ mußten, um zu überlegen, wem diesmal gekabelt werden solle; denn *wer nicht telegraphiert, kriegt nichts* – das stand nun einmal fest. Einmal war es unser väterlicher Freund Sami Fischer, der uns etwas Geld als Vorschuß auf ein Reisebuch zukommen ließ, das nächste Mal half uns ein Zeitungsredakteur oder ein anderer Wohltäter aus der Patsche.

Zunächst blieben wir – mangels „cash“ für Nebenausgaben auf dem Schiff, – ein paar Wochen lang im Blütenparadies von Honolulu hängen (wir wohnten dort in einem sehr malerischen Bungalow am Meer, außerhalb der völlig amerikanisierten Stadt); dann wiederholte sich die gleiche Situation – längst vertraut und doch immer wieder nervenzerrüttend – in der japanischen Hauptstadt. Das Hotel Imperial in Tokio, wo wir – nicht ganz freiwillig – mehrere Monate verbrachten, ist eine der pompösesten und lächerlichsten Luxuskarawanserien der Welt: die Preise, die wir dort zu zahlen hatten, waren ebenso absurd wie die maurische Fassade des Prunkbaus, den einer unserer scherzhaften Freunde „entschieden von ›Aida‹ beeinflußt“ fand.

Tokio ist die zäheste und häßlichste Kapitale der Welt. Die Natur versucht immer wieder, diese mächtige und unerfreuliche Stadt zu zerstören (auch zur Zeit unseres Aufenthaltes gab es ein ziemlich kräftiges und erschreckendes Erdbeben); aber sie geht aus allen Feuerproben eher gekräftigt als geschwächt oder geläutert hervor. Nach jeder Heimsuchung stellt Tokio sich geschwind wieder her, wie eines jener mythischen Ungeheuer, deren gräßliche Klauen und Flossen noch schneller nachwachsen, als sie abgehauen werden können.

Was mich am imperialistischen Tokio, wie am fascistischen Rom, instinktiv abstieß und beleidigte, war der militante Rummel, die herausfordernde Geste eines machthungrigen, arroganten Nationalismus. Der festungsartige Palast des Gott-Kaisers – übrigens eine architektonisch großartige Konstruktion – wirkte auf mich wie das massive Symbol einer tückisch-unersättlichen Aggressivität. Die einzigen Manifestationen des japanischen Genies, die mich wirklich ansprachen und gewannen, waren Gartenkunst und Theater. Die Gärten von Tokio sind Meisterwerke, und die Theaterstraße ist von so grandioser Buntheit und Bewegtheit, daß es sich lohnen würde, die Stadt nur um dieses einen außerordentlichen Eindrucks willen zu besuchen. Wir verbrachten denn auch die meisten unserer Abende in den Schauspielhäusern – teils in den populären, wo das klassische Drama mit strengstem Zeremoniell inszeniert wird; teils in den kleinen Avantgardetheatern, die sich mit bemerkenswertem Geschick an europäische Stilexperimente wagen. Eine dieser progressiv-westlich eingestellten Bühnen spielte damals gerade unser Lieblingsstück, Wedekinds „Frühlings Erwachen“.

Es war reizvoll-verwirrend, die vertrauten Szenen in so exotischer Maskierung wiederzusehen, und es rührte uns, nach der Vorstellung mit den japanischen Schauspielern zu plaudern, die sich mit so viel Talent und Fleiß bemühten, die Gebärden und Akzente unserer eigenen Jugend zu imitieren.

Wir besuchten Nikko, die heilige Tempelstadt, und wir besichtigten Kyoto, die alte kaiserliche Residenz, wo wir in einem japanischen Hotel logierten. Dort verstand niemand ein Wort irgendeiner europäischen Sprache, und die Mahlzeiten bestanden aus Tee, rohem Fisch mit scharfen braunen Saucen und Reis in mannigfacher Zubereitung. Übrigens mußte man in liegender oder hockender Stellung speisen, da Stühle nicht vorhanden waren, ebensowenig wie Messer, Gabeln und Betten. Es war ein Strohmatten-Idyll im Stil des Lafcadio Hearn – reizend belebt von einem kichernden Rudel emsiger und adretter Geishas, die sich nicht genug über unsere schlechten Manieren und unsere tölpelhafte Ungeschicklichkeit amüsieren und erstaunen konnten. Nun waren wir wirklich in Japan; im stillos aufgeblähten europäisch-amerikanisch korrumpierten Tokio hatten wir nur seine häßlich anspruchsvolle Fassade gesehen.

Wir beschlossen, unsere Heimreise über Korea und Rußland zu machen, da Peking nach dem Zusammenbruch der Nordarmee so gut wie abgeschnitten war. Im Hotel Imperial hatten die Journalisten und Diplomaten uns Gräßliches über die Zustände im Inneren Chinas erzählt; auch der deutsche Botschafter in Tokio, Solf – ein jovialer Herr, mit dem wir recht herzlich standen – hatte uns ausdrücklich vor der gefährlichen Reise nach der chinesischen Hauptstadt gewarnt. So verzichteten wir denn auf Peking, das wir gern gesehen hätten, und gaben uns mit Mukden zufrieden.

Tatsächlich ist die alte mandschurische Kapitale so eindrucksvoll, daß sie einen vergessen läßt, was man in China versäumt hat – besonders wenn man es nicht kennt. Das chinesische Mukden – von den internationalen Distrikten durch eine majestätische Mauer getrennt – gibt dem Reisenden doch einen Vorgeschmack, eine Ahnung von der erhabenen Größe Pekings. Die monumentale Schlichtheit des kaiserlichen Palasts und der berühmten Pe-Ling-Gräber, etwas außerhalb der Stadt, die Atmosphäre und Architektur von Mukden sind danach angetan, selbst den flüchtigen Besucher verstehen zu lassen, warum China um so vieles stärker und geheimnisvoller ist als sein provokant unternehmungslustiger kleiner Nachbar, Japan.

Chung-Chan ist halb chinesisch, halb russisch; Harbin – zwei Drittel russisch, ein Drittel kosmopolitischer Cocktail; Krasnojarsk, russisch; Omsk, Irkutsk – russisch, russisch, russisch ... Sibirien war endlos und unglaublich heiß. Die Sonne brannte und der Wodka brannte, aber wir hatten nicht genug Geld, um uns so viel Wodka zu kaufen, wie wir gern getrunken hätten. Die Fahrt von Harbin nach Moskau schien uns zwanzigmal so lang wie die von Manhattan nach Los Angeles. Ein Huhn in Omsk kostete mehr als ein opulentes Dinner am Hollywood-Boulevard. Das Geld ging uns aus, mitten in Sibirien. „Wir werden Hungers sterben!“ prophezeite ich düster. Und Erika, nicht weniger beklommen: „Der Hunger wäre das Schlimmste nicht. Aber der Durst!" – Indessen erwies unser Schutzengel sich wieder einmal als sehr tüchtig und einfallsreich. Der unbekannte Reisegefährte, an den wir uns mit einem verzweifelten Briefchen wandten („Lieber Fremder! ... zu viel asiatische Kunstschätze erstanden ... von sonst zuverlässiger Bank mysteriös im Stich gelassen ... wollen Sie doch bitte – bitte freundlich genug sein, uns mit ein paar Rubeln auszuhelfen ... wird in Moskau zurückerstattet ...") stellte sich als ein deutscher Schriftsteller heraus – Bernhard Kellermann, Verfasser des „Tunnel", S. Fischer-Autor, alter Bekannter des Zauberers. Wir waren aus aller Not!

Der letzte große Eindruck der Reise war der Rote Platz – fast erschreckend großartig in seiner weiträumigen Simplizität, mit den wuchtigen Kreml-Mauern, den farbigen Kuppeln der St.-Basilius-Kirche und der kubischen Konstruktion des Mausoleums, wo die Mumie Lenins, ein mürbes, zartes und doch mächtiges Götzenbild, die Huldigungen der Nation empfängt. – –

... „Na, da seid ihr ja, Kinder!"

Dies war der vertraute Klang von Mieleins Stimme. „Du lieber Gott!" lachte sie. „Ich fürchte, ihr seht ein *bißchen* lächerlich aus! Wirklich nicht wie ein Paar erwachsener Weltenbummler."

„Ich muß doch sehr bitten!" Erika war gekränkt. „Ich sehe aus wie eine ziemlich distinguierte Dame im Pelzcape."

„Du bist schon recht", sagte der Vater begütigend. Es war sehr eindrucksvoll und rührend, daß er, durchaus gegen seine Gewohnheit, mit zur Bahn gekommen war, um uns abzuholen. Und es war elf Uhr vormittags – seine Arbeitszeit!

Uns war recht traumhaft zumute. Die beiden „Winzigen", Elisabeth und Michael, präsentierten sich niedlich geputzt, mit großen Blumensträußen. Sie waren erheblich gewachsen, in der Zeit unserer Abwesenheit. Freilich, wir waren ja fast ein Jahr lang unterwegs gewesen ...

„Du bist stark gealtert", sagte ich zu Elisabeth. „Würdevoll, aber runzlig. My dear Miß Lucy", fügte ich geheimnisvoll hinzu, „you seem more tired than ever today!"

Die Eltern tauschten besorgte Blicke, während die zwei Kinder kicherten.

„Und was war denn das Allerschönste, was ihr auf der Weltreise gesehen habt?" erkundigte sich Michael ein paar Minuten später, als wir es uns im Wagen bequem gemacht hatten.

„Bernhard Kellermann!" erklärten Erika und ich, wie aus einem Munde.

Unsere Lieben lächelten befremdet.

„Und was noch?" insistierte Michael. „Was war noch schön, außer Herrn Kellermann?"

„Nicht viel“, sagte ich. Und, mit einer großartigen und lässigen Gebärde: *“Rien que la terre …“*

„Ich hab's dir doch gesagt“, flüsterten die Winzigen einander zu. „Die beiden Großen sind ganz *komisch* geworden! Jetzt spricht der komische Klaus schon japanisch zu uns!“

Siebentes Kapitel. Auf der Suche nach einem Weg

1928–1930

Immer noch keine Richtung? Immer noch kein Programm? Nach so vielen Fahrten immer noch kein Ziel?

Doch: ich versuchte, meiner Sehnsucht einen Namen zu geben, mein Erbe und meine Verpflichtung zu benennen. *Europa!* Diese drei Silben wurden mir zum Inbegriff des Schönen, Erstrebenswerten, zum inspirierenden Antrieb, zum politischen Glaubensbekenntnis und moralisch-geistigen Postulat.

Was ist Europa? Ein unbedeutender Ausläufer der asiatischen Landmasse, eine Halbinsel von komplizierter Struktur, nach einer phönizischen Prinzessin benannt. Sie wurde vom Zeus geraubt, der, um ihr zu gefallen, in der Gestalt eines Stiers erschien. Was für ein magischer Funke war es, den sie mit sich trugen – das göttliche Tier und seine entzückte Braut, auf ihrer wonnevollen Hochzeitsreise zur Insel Kreta? Der Same des olympischen Ungeheuers ging auf im Schoße der Königstochter; in geweihter Erde, der Erde Griechenlands, vervielfältigte sich die Frucht. Aus heiligem Boden erstand das Wunder: die Geburt des Abendlandes.

Dies war es, was geschah an den Ufern des Ägäischen Meeres: Eine kleine Schar von Athleten und Philosophen trotzte der Unermeßlichkeit Asiens und Afrikas. So kühn und stolz waren diese Männer, daß sie ihren Lebensstil als den einzig menschenwürdigen, einzig *menschlichen* proklamierten: die nicht-hellenische Welt galt ihnen als das Chaos. Außerhalb Griechenlands war nichts als Barbarei, die Dunkelheit, die Stagnation, das Schweigen. Draußen: das tote Land, das Kaktusland, reglos und verdörrt unter der grausamen Sonne; draußen: Dumpfheit und Brutalität, der Tyrannenkult, der tödliche Hauch der Wüste. In Asien und Afrika – die magischen Riten und stummen Ängste, das Menschenopfer, die Majestät des Grabes. Aber in Hellas – der *élan vital,* die schöpferische Nervosität, die Geburt der Persönlichkeit.

In Hellas der Beginn von Epos und Tragödie, die Errichtung der Polis auf dem agonistischen Prinzip und dem pädagogischen Eros; in Hellas der Traum vom vollkommenen Menschen (nicht nur sein Geist sei edel, sondern auch sein Körper, seine Geste!); in Hellas der Traum von der Freiheit, der Wille zur Erkenntnis, die Freude an der Diskussion, an Widersprüchen, Gelächtern, der heiter-sinnliche Kontakt zwischen Mensch und Mensch, zwischen Menschen und Göttern.

Die barbarische Welt verharrt in starrer Monotonie; aber das Abendland wandelt sich, wechselt und wächst, absorbiert immer neue Rhythmen und Ideen, verjüngt seine Substanz in unendlichen Metamorphosen und Abenteuern. Hellas verbindet sich mit Rom; das neue Gebild, das solcherart entsteht, der römische Weltstaat griechischer Kultur, empfängt und trägt die Offenbarung des Christentums. Aus dieser Vermählung – hellenisches Freiheits- und Schönheits-Pathos, gestärkt durch römischen Ordnungssinn, erhellt durch die frohe Botschaft christlicher Nächstenliebe – ergibt sich das ewiggültige Gesetz, das Fundament okzidentaler Gesittung.

Wenn Europa liebenswert und groß gewesen ist, diesem zweifachen Erbe dankt es seinen Glanz. Golgatha und die Akropolis sind die Garanten europäischer Zivilisation, europäischen Lebens. Der Kontinent setzt seine Würde, ja seine *Existenz* aufs Spiel, sobald er diese doppelte Basis und Verpflichtung – Hellas plus Christentum – verleugnet und vergißt.

Hat der europäische Mensch nicht seine Mission recht oft verleugnet und vergessen? Er, der als Künder der Freiheit und der Karitas hätte kommen sollen, machte sich zur Geißel fremder Rassen, zum Ausbeuter der Nationen, zum Joch der Welt. Die Liste seiner Verbrechen ist erschreckend lang; daheim wie in fernen Zonen wurde der weiße Mann zum Ausnutzer und Verführer; zum Fronvogt und Feinde derer, die da mühselig und beladen sind.

Und dennoch und trotz allem, die Geschichte europäischer Missetaten – blutstarrende Chronik der Kriege und Eroberungen, des Massenmords, der Gier, der Heuchelei – ist doch zugleich auch, paradoxerweise, die Geschichte von der Entfaltung, vom Triumphzug des europäischen Genies. Dasselbe Europa, das Qual und Frevel über die Meere trug, brachte doch auch seinen heilig-kreativen Funken – Anreger schönster Taten, Quelle unendlicher Hoffnung, ewigen Versprechens. Wenn der europäische Geist mit seinem rastlos-unstillbaren Ehrgeiz fünf Kontinente beunruhigte und korrumpierte, so erwies die gleiche Kraft sich doch immer als erfinderisch genug, um gleichzeitig das Gegengift und Heilmittel hervorzubringen.

Das europäische Drama vollzieht sich in dialektischer Form: jede Energie und Tendenz provoziert die eigene Opposition, auf jede These folgt die Antithese, und sogar die scheinbare Synthese der Gegensätze ist nichts als ein neues Experiment, eine vorübergehende Konjunktion im Spiel der rivalisierenden Kräfte. Die endlosen Spannungen und Explosionen innerhalb des europäischen Mikrokosmos haben den Fortschritt der Zivilisation oft gehemmt und zeitweise paralysiert; aber mit zäher Vitalität erhebt sich der Kontinent, Phönix-gleich, immer wieder aus Schutt und Asche fast tödlicher Katastrophen. Die Fäulnis oder Ermattung eines der Elemente, aus denen sich das Wesen Europas zusammensetzt, konnte stets korrigiert oder kompensiert werden. Wenn Rom seine Sendung verrät – dort steht ein Martin Luther! Ist das *ancien régime* zum unerträglichen Skandal geworden? Hier sind die Cromwells und die Robespierres! Ein Bonaparte erscheint, wenn die Revolution ihren Sinn erfüllt hat. Das Ringen zwischen Papst und Kaiser während des Mittelalters, der Kampf zwischen Protestantismus und Katholizismus im sechzehnten und siebzehnten Jahrhundert, die großen Rivalitäten zwischen den Nationalstaaten des achtzehnten, neunzehnten und zwanzigsten, dieser ständige Strom von Spannung und Versöhnung, dies dialektische Spiel der miteinander konkurrierenden, sich ergänzenden Energie ist die eigentliche Quelle europäischer Kraft und Widerstandsfähigkeit.

Das Machtzentrum des Kontinents war niemals lang stabil: es blieb in Bewegung, verschob, verlagerte sich vom Süden nach dem Norden, von Ost nach West, von einer Rasse, einer Nation zur anderen. Die Etablierung einer neuen politischen Hegemonie – der spanischen etwa oder der französischen – bedeutete immer auch den (zeitweiligen) Triumph eines bestimmten nationalen Lebensstils, einer Sprache, einer Philosophie. So hatte jede Schattierung im europäischen Kaleidoskop einmal ihre historisch bedingte Chance, die Färbung des gesamten Systems zu bestimmen, und sei es auch für die Dauer von ein paar Jahrzehnten. Übrigens war solch vorübergehende Vorherrschaft einer bestimmten europäischen Komponente niemals von absoluter, unbedingter Art: die anderen Elemente ließen sich keineswegs völlig ausschalten, sondern blieben unter der Oberfläche aktiv und einflußreich, immer bereit, jede neue Schwankung im Gleichgewicht der Kräfte wahrzunehmen und ihrerseits wieder führend zu werden.

Wehe dem Erdteil, wehe der europäischen Kultur, wenn eine ihrer Komponenten sich jemals auf die Dauer die unbedingte Hegemonie über alle anderen anmaßen sollte! Die permanente Vorherrschaft eines Bestandteils wäre gleichbedeutend mit dem Zerfall, der Auflösung des Ganzen. Die Harmonie Europas beruht auf Dissonanzen. Das Gesetz, welches der Struktur, dem Wesen des europäischen Genies immanent ist, verbietet die totale Uniformierung, die „Gleichschaltung" des Kontinents. Europa auf *einen* Nenner bringen – sei er deutsch, russisch oder amerikanisch –, Europa „gleichschalten" heißt Europa töten.

Dies ist das doppelte Postulat, welches Europa erfüllen muß, um nicht zugrundezugehen: Das Bewußtsein europäischer *Einheit* ist zu bewahren und zu vertiefen (Europa ist ein unteilbares Ganzes); gleichzeitig aber ist die *Mannigfaltigkeit* europäischer Stile und Traditionen lebendig zu erhalten. (Europa, der kostbar-schwierige Akkord, in dem die Dissonanzen zueinander finden, ohne sich je zu lösen.)

Wie winzig und verwundbar es sich ausnimmt, unser liebes altes Europa von Kansas oder von Korea aus betrachtet! Die gerührte Zärtlichkeit, mit der ich unterwegs an die ferne Heimat dachte, war nicht frei von Sorge. Solange ich Europa nicht verlassen hatte (die nordafrikanische Reise zählt nicht in diesem Zusammenhang: Tunis und Marokko sind europäisches Randgebiet), blieb mein Denken auf rein europäische Begriffe und Vorstellungen beschränkt. Die Begegnung mit den enormen Weiten Amerikas und Asiens brachte mir zum Bewußtsein, daß *Europa nicht die Welt ist* und daß Europa seine Stellung in der Welt verlieren muß, wenn es fortfährt, sich in selbstmörderischem Bruderzwist zu erschöpfen und zu zerfleischen.

Die Eindrücke, die eine Weltreise mit sich bringt, sind danach angetan, selbst den borniertesten, selbstgefälligsten Europäer von seinen Illusionen endgültig zu kurieren. Der Reisende kann nicht umhin zu bemerken, daß seine Heimat – der europäische Kontinent – nur ein Kulturzentrum unter anderen ist. Gerade indem es eine universale Zivilisation erschuf, das Universum zu regieren. Die Unsicherheit der europäischen Position wird offenbar in einer Welt, die genug von Europa gelernt hat, um sich nun von ihrem alten Erzieher und Ausbeuter unabhängig zu machen.

Fast alles, was ich während der nächsten zwei oder drei Jahre schrieb, handelt, mehr oder weniger direkt, von der Problematik Europas in seiner Beziehung zu den anderen Kontinenten. Ich versuchte, diesen heiklen und komplexen Gegenstand von verschiedenen Gesichtspunkten anzupacken; was mich aber vor allem intrigierte und stimulierte, war der Kontrast – und die Affinität – zwischen der amerikanischen Nachkriegsjugend und meiner eigenen europäischen Generation. Aus diesem Thema ergaben sich mir sentimentale, psychologische, intellektuelle Konflikte, die nicht nur zu theoretischer Betrachtung reizten, sondern auch dramatisch und erzählerisch dargestellt sein wollten. Worauf es mir immer ankam, das war, den Amerikaner als Personifizierung robuster Naivität zu zeigen – kraftstrotzend, lebenstüchtig, von fast anstößiger Unkompliziertheit –, während sein transatlantischer Gegenspieler stets als der von des Gedankens Blässe Angekränkelte, als der Leidvoll-Erfahrene, in mancherlei trübe und fragwürdige Geheimnisse Eingeweihte erscheint. Nach dem Gesetz erotischer Dialektik ziehen die zwei unvermeidlicherweise einander an, der strahlend gesunde Athlet und der introvertierte Intellektuelle –: „les extrêmes se touchent“, oder sie sehnen sich doch nach Berührung. Meistens freilich wird der problematische Flirt mit einem Fiasko enden, der auf beiden Seiten Bitterkeit, ja beinah Haß erzeugt: auf dergleichen jedenfalls läuft es in meiner „amerikanischen“ Komödie „Gegenüber von China“ hinaus. Das Stück spielt in einem kalifornischen College, wo eine geistvoll-attraktive Europäerin als Austauschstudentin ihr Wesen treibt. Das Mädchen von der anderen Seite des Ozeans liebt einen jener prachtvoll unbekümmerten „boys“ des amerikanischen Westens, verzichtet aber zum Schluß auf ihn, teils aus Großmut (eine süße, dumme kleine Amerikanerin fliegt gleichfalls auf den schönen Fußballspieler), teils aus melancholischer Arroganz: „Wir gehören nicht zueinander, was weiß er von mir? Ach, was für Welten trennen mich von seiner Unschuld ...“

Ich fürchte, „Gegenüber von China“ taugte nicht gar zuviel. Die Handlung war ungeschickt konstruiert, das Sentimentale zu dick aufgetragen. Trotzdem wurde das Stück an einem der führenden deutschen Provinztheater mit ziemlich großem Aufwand herausgebracht. Erika und ich fuhren zur Premiere, begleitet von Ricki, der inzwischen nach Europa zurückgekehrt war. Wir amüsierten uns. Warum auch nicht? Wir waren ja zusammen; wenn wir zusammen waren, lachten wir. Nicht so das Publikum: es verzog keine Miene. Meine Komödie befremdete, mißfiel. Es war ein Durchfall.

Mein schwaches Stück verdiente es nicht anders. Gewiß, das Thema, mit dem ich mich dramatisch auseinanderzusetzen suchte – die prekär ambivalente Beziehung zwischen europäischer Geistigkeit und amerikanischer Kraft – war von vitaler Aktualität (eine Tatsache, die meinem provinziellen Publikum und der bornierten Presse zu entgehen schien); aber war ich dem Problem gewachsen? Wußte ich genug über die großen Fakten und Tendenzen der amerikanischen Wirklichkeit?

Ich hatte ein paar amerikanische Landschaften gesehen (mindestens eine von ihnen, die New Yorker Landschaft, hatte mich tief berührt), ich war mit ein paar Amerikanern befreundet, ich hatte ein paar amerikanische Bücher gelesen. Ich liebte Whitman. Ich schrieb drei oder vier Artikel über amerikanische Literatur. Ich schrieb über die Musik von George Gershwin, über das Genie der Negerschauspieler, über die Architektur der Wolkenkratzer. Eine Novelle, die ich zusammen mit zwei anderen in einem kleinen Band – „Abenteuer“ – bei Reclam herausbrachte, schilderte das Leben der armen Statisten in Hollywood. Ich hielt mich wohl für etwas wie einen „Sachverständigen“ in amerikanischen Dingen. Aber meine große Liebe und wahre Herzensangelegenheit, meine Passion, mein Problem blieb Europa. Ich haßte den Nationalismus (vornehmlich den deutschen: dem französischen gegenüber verhielt ich mich schon toleranter) und war doch selber ein Nationalist: ein europäischer nämlich.

Eine Zeitlang war ich stark beeindruckt und beeinflußt von dem zugleich logisch klaren und innig gläubigen Appell des Grafen Coudenhove-Kalergi. Der Gründer und Führer der paneuropäischen Bewegung überzeugte nicht nur durch seine Eloquenz und seine Argumente, sondern auch durch den ritterlichen Charme seiner Persönlichkeit. Der kosmopolitische Edelmann – halb japanischer, halb gemischt europäischer Abstammung – machte mit seinem schönen Gesicht und seinen exquisiten Manieren für die Idee der Rassenmischung Reklame. Solche Artigkeit der Haltung und Erscheinung kann nicht umhin zu bestechen. Zumal, wenn sie sich mit rhetorisch-journalistischem Talent verbindet.

Es war ein etwas begrenztes oder fragmentarisches Paneuropa, welches der sanftstimmige, mandeläugige Aristokrat mit so viel Eifer und Geschicklichkeit propagierte: weder für die britischen Inseln noch für die Sowjetunion gab es Platz in seinem kontinentalen System. Was England betrifft, so hielt der Coudenhove-Kalergi jener frühen Epoche es zwar nicht für eigentlich „europäisch", aber doch im übrigen für durchaus achtenswert. Der Graf war für enge Zusammenarbeit zwischen diesen beiden unabhängigen, doch befreundeten Mächten – „Great Britain" und Paneuropa; ja, seine eigene Philosophie war weitgehend von englischen Idealen und Traditionen bestimmt. Charakteristischerweise ist es der Typ des vollkommenen *Gentleman* – manly, dabei gentle: zugleich urban und heroisch –, den wir, in Coudenhove-Kalergis Schriften, immer wieder als den Träger und Garanten einer europäischen Renaissance gepriesen finden.

Was freilich Rußland betrifft, so zeigte der Paneuropäer sich sehr viel weniger konziliant. Rußland war „asiatisch", was dem halbjapanischen Coudenhove natürlich auf die Nerven gehen mußte. Oder war es eher der Kommunismus, von dem der Enkel internationaler Feudalherren sich so irritiert und abgestoßen fand? Nicht, als ob er seinerseits gegen sozialen Fortschritt gewesen wäre! Aber sein Idealismus hielt nicht viel von ökonomischen Reformen; ihm war es ums Moralische zu tun. Wozu die Sozialisierung der Produktionsmittel? Wenn Arbeitnehmer und Arbeitgeber sich nur wie „gentlemen" benehmen wollten, dann war es aus mit dem Klassenkampf!

Die paneuropäische Bewegung – trotz gewissen Mängeln und Unklarheiten, die ihr eigen sein mochten – fand zunächst viel Anklang bei der intellektuellen Jugend. Erst später, als die Bankiers, Kardinäle und Industriellen den Grafen zu ihrem Schutzpatron machten, fingen seine liberalen Freunde an, mißtrauisch zu werden und sich allmählich von ihm zurückzuziehen. Worauf hatte er es abgesehen? Auf die Einigung des Kontinents oder auf den Kreuzzug gegen Sowjetrußland? Wir konnten bald nicht mehr umhin, uns diese Frage zu stellen. Wollten wir ein Paneuropa unter der Herrschaft des Vatikans, des Monsieur Schneider-Creuzot und der I. G. Farben?

Aber um das Jahr 1929 waren diese ominösen Implikationen der Coudenhoveschen Lehre wohl noch relativ unauffällig. Oder doch nicht auffällig genug für einen politisch so ungeschulten Kopf wie den meinen. Ich war gegen den Nationalismus – wie hätte ich nicht für Paneuropa sein sollen? Das Schema, das von Coudenhove-Kalergi präsentiert und verfochten wurde, leuchtete mir durchaus ein. Hatte er nicht recht, Rußland, den halb-mongolischen Koloß, aus seinem europäischen Zukunftsstaat zu verweisen. Und was England betraf, so war seine insulare Mentalität den „guten Europäern" deutscher Zunge immer fremd und peinlich geblieben. Man denke an die furchtbare Schärfe, mit der Nietzsche alles Britische beurteilte und verwarf, oder an Heines beißende Sarkasmen! Was meinten diese beiden erlauchten Geister, wenn sie „Europa" sagten? Deutschland und Frankreich. Nur auf sie kam es an! Das europäische Problem war gelöst – wir glaubten es, mit Heine –, wenn die zwei großen Völker Europas sich endlich verständigten, endlich einigten. Die Avantgarde des deutschen Liberalismus, zu der ich mich damals gern gerechnet hätte, wünschte, propagierte, forderte das deutschfranzösische „rapprochement" als Basis und Garantie einer neuen übernationalen Ordnung.

So unbedingt, so naiv war mein Glaube an die Wünschbarkeit und *Notwendigkeit* dieser Verständigung, daß ich sogar den Besuch eines Pierre Laval „im Interesse des Friedens" begrüßte. Was wußte ich von Laval? Nur, daß er aus Paris kam, was schon genug war, um ihn mir sympathisch zu machen. Übrigens reiste der „Premier" in Begleitung seines Außenministers Aristide Briand. Galt dieser nicht als der vornehmste und wichtigste Repräsentant des europäischen Gedankens? Also sollte man auch seinem Chef vertrauen dürfen ... Das Ereignis ist mir in Erinnerung geblieben, die Staatsvisite des gerissenen, zynischen Politikers und des schon etwas abgekämpften, schon fast besiegten, halb desillusionierten Idealisten. Denn es traf sich so, daß ich am gleichen Tage die Bekanntschaft eines anderen, weniger offiziellen französischen Besuchers machte. Der sozialistische Schriftsteller Henri Barbusse war gleichfalls für die Freundschaft zwischen unseren beiden Ländern, aber für Laval war er nicht. Sein Gesicht erstarrte, als er in einem Buch, das ich ihm überreichte, die Widmung las: „Für Henri Barbusse, Autor des größten Romans gegen den Krieg – an dem Tage, an dem seine beiden Landsleute, Briand und Laval, in Berlin der Sache des Friedens dienen." Was nutzte es mir, daß ich dem perplexen, angewiderten Dichter auseinanderzusetzen suchte, es sei nicht meine Absicht gewesen, die Person des Herrn Laval zu preisen, die für mich nichts bedeute als ein Symbol der großen französischen Nation? Laval – ein Symbol des französischen Volkes! Der brutale Reaktionär und korrupte Schieber als Vorkämpfer internationaler Verständigung! Barbusse konnte nur bitter lachen, wobei er auch noch die Hände über dem Kopf zusammenschlug. „Wissen Sie denn nicht, wer das ist, dieser Pierre Laval?" fragte er mich. Ich mußte meine Ignoranz zugeben, woraufhin der Autor von „Le Feu" seufzend die Achseln zuckte: „So seid ihr, ihr Liberalen und Idealisten! Immer die schönen Gefühle, immer die schönen Worte! Aber die Wirklichkeit interessiert euch nicht ..."

So waren wir; oder vielmehr, da es mir nicht ansteht, andere anzuklagen, so war meine eigene Haltung. Ich war verantwortungslos; ich war oberflächlich. Theoretisch begriff und betonte ich wohl die politische Verpflichtung des Literaten. Wer sich berufen glaubt, die Summe menschlicher Erfahrung durch das Wort auszudrücken, darf nicht die dringlichsten menschlichen Probleme – die Organisation des Friedens, die Verteilung irdischer Güter – vernachlässigen oder gar ignorieren: dies wußte ich wohl und sprach es gerne aus. Statt mich aber mit den großen politischen und sozialen Fragen auf gründliche und nüchterne Art auseinanderzusetzen, begnügte ich mich, in meinen Reden und Manifesten, mit Anklagen und Forderungen recht unverbindlich-allgemeiner Art: „Nieder mit dem bösen Militarismus, dem garstigen Nationalismus, der häßlichen Herrschaft des Geldes! Der gute Europäer ist für die soziale Demokratie, in der alle sich vertragen, alle gedeihen, alle glücklich sind."

Wenn einer meiner Zuhörer oder Leser es sich einfallen ließ, mich mit lästigen Fragen zu quälen – ich hatte die Antwort bereit. „Mein lieber Freund“, sagte ich, leicht irritiert, dabei nicht ohne ein gewisses weinerliches Pathos, „diese nebensächlichen technischen Angelegenheiten sind wirklich nicht meine Sache. Schließlich bin ich kein Politiker, sondern ein Dichter, was besagen will, daß ich mich in erster Linie für die geheimnisvollen Tiefen des Lebens interessiere, erst in zweiter für seine praktische Organisation.“

Ich hatte mir mein Sprüchlein recht säuberlich und überzeugend ausgearbeitet. Auf der einen Seite – so stellte ich gerne fest – haben wir die großen Mysterien des irdischen Daseins: Lust, Tod, Rausch, Einsamkeit, die unstillbaren Sehnsüchte, die schöpferischen Instuitionen ... Auf der anderen Seite (und nun mußt du dein Gesicht in ernste Falten legen!) haben wir unsere sozial-politische Verantwortung – eine verdrießliche Sache, aber nun einmal nicht aus der Welt zu schaffen. Solange wir uns mit diesem öden Zeug beschäftigen (man kommt nicht immer darum herum), laßt uns also denn recht brav und nüchtern sein! Wenn das leidige soziale Pensum erledigt ist, werden wir uns wieder mit unseren Ekstasen amüsieren dürfen.

Aber so geht es nicht. Das Leben ist unteilbar, es läßt sich nicht in verschiedene „Branchen“ mit beschränkter Verantwortung spalten. Was immer man tut, womit man sich auch beschäftigt – es ist der volle Einsatz, der gefordert wird. Der Preis, den man für jeden gültigen Gedanken, jede schöpferische Tat zu zahlen hat, ist unabänderlich derselbe: Leiden, Geduld, Arbeit, Konzentration, das zähe, passionierte Ringen um Erkenntnis; eine Erkenntnis, die, wenn man sie endlich findet, ihrerseits vertieftes Leiden bringt.

Ein Schriftsteller, der politische Gegenstände in sein künstlerisches Schaffen einbeziehen will, muß an der Politik gelitten haben, ebenso tief und bitter wie er an der Liebe gelitten haben muß, um über sie zu schreiben. Er muß furchtbar gelitten haben: dies ist der Preis, billiger kommt er nicht weg.

Mein Irrtum war, daß ich mich an diese schicksalshaften Fragen – die politischen – wagte, ohne daß sie mir wirklich auf den Nägeln brannten, mir wirklich zum Teil des eigenen Lebens, des persönlichen Dramas wurden. Ich hätte mir ein Beispiel an meinem Onkel nehmen sollen: Heinrich Manns politisches Denken hat die Intensität, das echte Pathos, das aus dem Blute, aus dem Herzen kommt. Ich aber glaubte lange – bis zum Jahre 1933, um genau zu sein –, daß das Politische sich gleichsam mit der linken Hand erledigen ließe, wie eine „Fleißaufgabe“. Eher aus einem naiven Pflichtgefühl heraus als aus Ehrgeiz widmete ich meine „Freizeit“ den entscheidenden Problemen der Epoche. Wie sollte mein Beitrag überzeugend und wirkungsvoll sein? Er war nicht mit Leiden bezahlt.

Sonderbarerweise hat die Zeit von 1928 bis 1930 in meiner Erinnerung wenig mit Massenelend und politischer Spannung zu tun. Eher mit Wohlstand und kulturellem Hochbetrieb. Natürlich wußte ich, daß die Zahl der Arbeitslosen erschreckend stieg – waren es drei Millionen? Waren es schon fünf? Man konnte nur hoffen, daß die Regierung bald Abhilfe schaffen werde ... Übrigens schienen die Geschäfte nicht ganz schlecht zu gehen, trotz der „Krise“, von der man so viel in der Zeitung las. Auf kulturellem Gebiet jedenfalls wurde gut verdient; erfolgreiche deutsche Autoren, Schauspieler, Maler, Regisseure, Musiker schwammen geradezu im Gelde. Offenbar gab es doch noch einen starken Sektor des angeblich ruinierten Mittelstandes, der willens und fähig blieb, beträchtliche Summen für Theaterkarten, Bücher, Bilder, Zeitschriften und Grammophonplatten auszugeben.

Ein Gangster namens Frick regierte irgendwo in der mitteldeutschen Provinz, aber in Berlin ging alles seinen gewohnten Gang. Der „Strich“ auf der Tauentzienstraße florierte (nicht mehr ganz so hektisch wie in den Tagen der Inflation, aber doch noch recht flott), im „Haus Vaterland“ gab es künstliche Gewitter und Sonnenuntergänge, die Nachtlokale waren überfüllt (wir frequentierten damals ein neues, „Jockey“ genannt, das unser grauhaariger, niedlicher Freund Freddy Kaufmann aus München eröffnet hatte), die Galerie Alfred Flechtheim verkaufte kubistische Picassos und die reizenden Tierstatuetten der Renée Sintenis, Fritzi Massary feierte Triumphe in der neuesten Lehár-Reprise, in den Salons am Kurfürstendamm, im Grunewald und im Tiergartenviertel schwärmte man vom neuesten René-Clair-Film, von der letzten Max-Reinhardt-Inszenierung und vom letzten Furtwängler-Konzert, bei Frau Stresemann gab es große Empfänge, über die in der „Eleganten Welt“ unter der Überschrift „Sprechen Sie noch ...?“ berichtet wurde.

Der Bürgerkrieg schien sich vorzubereiten, beide Parteien musterten ihre formidable Macht – der nationalistische „Stahlhelm“ gegen das sozialdemokratische Reichsbanner, die Nazis gegen die Kommunisten. Die Reichswehr inzwischen intrigierte und foppte das Publikum mit ihrer sphinxisch „neutralen“, „unpolitischen“ Haltung, während sie in Wahrheit die anti-republikanischen Kräfte heimlich stützte und ermutigte. Aber die Republik, mit unerschütterlichem Optimismus, vertraute auf Gott, den alten Hindenburg und die schlauen Manöver des Dr. Hjalmar Schacht.

Während verbrecherische Elemente in der politischen Sphäre sich immer dreister bemerkbar machten, war ein Stück namens „Verbrecher“ (von Ferdinand Bruckner) ein sensationeller Erfolg im Deutschen Theater. Die große Attraktion der Vorstellung war Gustaf Gründgens in der Rolle eines morbiden Homosexuellen. Der Hamburger Star war schließlich von den Kennern der Metropole entdeckt worden: Berlin war hingerissen von seiner „aasigen“ Verworfenheit, dem hysterisch beschwingten Gang, dem vieldeutigen Lächeln, den Juwelenblicken. Erika, übrigens, hatte sich mittlerweile von ihm scheiden lassen.

Es war die große Zeit der Entdeckungen. Die Schwerindustrie entdeckte die „aufbauenden Kräfte“ im Nationalsozialismus. Erich Maria Remarque entdeckte die enorme Attraktion des Unbekannten Soldaten. Die völkischen Rowdies entdeckten Stinkbomben und weiße Mäuse als Argumente gegen einen pazifistischen oder doch nicht hinlänglich kriegsbegeisterten Film. Der findige Dichter Bertolt Brecht entdeckte die alte englische „Beggar's Opera“, die in seiner Adaption als „Dreigroschenoper“ volle Häuser machte; „tout Berlin“ trällerte und pfiff die schönen Balladen von der „Seeräuber-Jenny“ und vom Macky Messer, dem man nichts beweisen kann. Die mächtige UFA übertraf, wie gewöhnlich, alle Konkurrenten und entdeckte mit unfehlbarem Instinkt die Beine der Marlene Dietrich, die in einem Film namens „Der Blaue Engel“ sensationell zur Geltung kamen. (Bei der gleichen Gelegenheit hätte die reaktionäre, phantasielose deutsche Filmindustrie entdecken können, daß sogar aus guten Romanen zugkräftige Filme gemacht werden können: dem „Blauen Engel“ lag ein Meisterwerk von Heinrich Mann, „Professor Unrat“, zugrunde.)

Eine Gruppe von schwedischen Professoren und Kritikern entdeckte die „Buddenbrooks“.

Seit mehreren Jahren hatte die Presse uns mit Nobelpreis-Gerüchten zum besten gehabt: „Thomas Mann sollte ... dürfte nächstes Jahr ... ist, wie von unterrichteter Seite verlautet, schon aus Stockholm benachrichtigt worden ...“ Es gab verfrühte Ankündigungen, peinliche Gratulationen. Als das längst vorausgesagte Ereignis dann endlich eintraf, hob der Vater nur die Augenbrauen: „Ist es diesmal ernst?“

Es waren festlich animierte Tage. Die Journalisten stürmten unser Haus, auf allen Tischen häuften sich die Telegramme. Mielein stöhnte, weil so viele Leute kamen und das Telephon nicht einen Augenblick Ruhe gab. Ach, und all die überflüssigen Sachen, die sie sich für die Reise nach Stockholm kaufen mußte! „Ich weiß gar nicht, was ich bei Hofe tragen soll“, jammerte die Vielgeplagte. „Ob ich mir etwas mit großem Decolleté machen lassen muß, wie es früher beim Kaiser vorgeschrieben war? Wer hätte gedacht, daß der Nobelpreis so viele Probleme mit sich bringen würde!“

Er brachte auch viel Vergnügen. Erika und ich bekamen ein Nobelpreis-Geschenk: all unsere Schulden wurden bezahlt, einschließlich jener, die wir auf unserem abenteuerlichen Bummel „rundherum“ in Amerika und Japan gemacht hatten. Wir hatten zwar nichts davon, aber es erhöhte doch unsere Stimmung. Und wie unterhaltend es war, all die Briefe und Depeschen zu studieren, die aus aller Herren Länder einliefen! Ich sehe noch das Telegramm vor mir, in dem André Gide seine Glückwünsche aussprach: „nicht zum Nobelpreis, sondern zur Vollendung des ›Zauberberg‹, mit dem Sie sich diese Ehrung verdient haben“. (Der schwedische Preis war meinem Vater ausdrücklich als dem Verfasser der „Buddenbrooks“ zuerkannt worden, was man als eine leichte Spitze gegen den „Zauberberg“ auffassen konnte.) Mieleins launiger Zwilling, unser Onkel Klaus, kabelte aus Tokio, wo er neuerdings als musikalischer Leiter der

Uëno-Akademie tätig war: „Ist doch eine nette kleine Auszeichnung!" Eine andere Botschaft lautete einfach: „Große Freude Ihres René Schickele." (Die drollig-schlichte Formulierung hat sich mir eingeprägt.) Andere Kollegen wiederum ergingen sich in etwas säuerlichen, zweideutig gewundenen Gratulationen. Viel zitiert in unserem Familienkreise wurde der „Glückwunsch" des notorisch eifersüchtigen, notorisch taktlosen Joseph Ponten, der sich damals gerade auf einer Studienreise in den Vereinigten Staaten befand. „Unterschätzen Sie doch bitte ja nicht die Bedeutung des Nobelpreises, lieber Freund!" schrieb dieser biedere Schriftsteller. „Ich bin letzthin ziemlich häufig von Amerikanern gefragt worden: ›Wer ist eigentlich dieser Thomas Mann?‹"

Die Eltern fuhren nach Stockholm, um den Preis in Empfang zu nehmen und an der königlichen Tafel von Gold zu speisen (so jedenfalls stellten wir uns das vor); wir blieben in München und lauschten am Radio dem dramatischen Bericht des deutschen Korrespondenten, der, hinter einer Säule versteckt, der Zeremonie beiwohnen durfte. „Der große Augenblick ist da!" raunte uns der Radio-Reporter aus der nordischen Hauptstadt zu. Mit heiser gedämpfter Stimme, atemlos vor respektvoller Erregung, beschrieb er den solemnen Vorgang: „Thomas Manns frackgewohnte Erscheinung bewegt sich auf den König zu ... Seine Majestät streckt die Hand aus ..."

„Frackgewohnte Erscheinung" war *zu* schön! Wir hörten den Rest der Reportage nicht, so sehr mußten wir lachen.

Die „nette kleine Auszeichnung" bedeutete für meinen Vater nicht nur einen direkten finanziellen Gewinn, sondern brachte ihm auch erhebliche indirekte Vorteile. Sein Welt-Prestige wuchs, die internationale Popularität seiner Werke nahm rapide zu; in Amerika wurde „The Magic Mountain" zum „bestseller", während in Deutschland die neue Volksausgabe der „Buddenbrooks" einen fast beispiellosen Erfolg hatte: in kurzer Zeit verkaufte der S. Fischer-Verlag über eine Million Exemplare! Mielein, die Verwalterin der Finanzen, hatte plötzlich keine Sorgen mehr.

Nicht, als ob der Stil unseres häuslichen Lebens sich wesentlich verändert hätte; er blieb bestimmt von den besonderen Bedürfnissen und Gewohnheiten des Zauberers. Wenn dieser sich zur Zeit der mageren Jahre mit eigensinnig-stolzer Zerstreutheit geweigert hatte, Mangel und Dürftigkeit zur Kenntnis zu nehmen, so schien er nun von seinem relativen Wohlstand kaum beeindruckt. Sein natürlicher Sinn für Maß und Diskretion sowie auch sein empfindlicher Magen hinderten ihn daran, sich irgendwelchen kulinarischen oder geselligen Exzessen hinzugeben; Champagner-Gelage, üppige Gastereien kamen bei uns nicht in Frage. Der einzige Luxus, den der plötzlich fast reiche Vater sich gönnte, war ein schönes Grammophon mit reichassortierter Platten-Sammlung, zwei starke Automobile (ein offener Buik und eine Horch-Limousine) und ein Landhaus von sehr bescheidenem Format.

Das neue Sommerheim – sehr viel weniger geräumig und repräsentativ als das Tölzhaus, welches es ersetzte – war unpraktisch weit von unserem Münchener Zentrum, im litauischen Memelgebiet, gerade jenseits der deutschen Grenze gelegen. Der Ort, in den meine Eltern sich verliebt hatten und wo sie sich nun für die Sommermonate niederließen, hieß Nidden, ein idyllisches Ostsee-Dorf, berühmt für die wüstenhafte Weite seiner Dünenlandschaft und für eine besondere Art von Elchen, die mit ihren glatten, massiven Leibern dem Spaziergänger und Autofahrer die sandige Straße versperrten. Hatten sie wirklich nur ein Horn, diese sanft-störrischen, anmutig-schweren Geschöpfe? In meiner Erinnerung nehmen sie sich wie Fabeltiere aus ... Verwunschene Gestalten einer mythischen Menagerie, mit Augen von goldener Traurigkeit unter der blanken, breiten, zugleich demütig und drohend gesenkten Stirn.

Eine andere Kuriosität der Gegend war das große Lager – einige Kilometer von Nidden entfernt, schon auf deutschem Gebiet –, wo junge Leute sich einem gründlichen und professionellen Training in allerlei halb militärischen Sportsarten, besonders im Segelflug unterzogen. Bei gutem Wetter hörten wir die rauhen Kommandoschreie und lustigen Gesänge der jungen Stimmen aus dem Vaterland zu uns herüberschallen. Manchmal sahen wir wohl auch einige der Segelflieger – es müssen ihrer Hunderte gewesen sein – an unserem stillen Strand spazierengehen. Ihre Hemden und Sweater waren mit Hakenkreuzen geschmückt. Wir beobachteten ihre ungeschlachten, etwas tollpatschig-wilden Spiele in den Dünen, in den Meereswellen. Auch ihre Badehosen zeigten an prominenter Stelle das völkische Emblem.

Das war Nidden – primitiv und pittoresk, nicht ohne einen gewissen düster-traulichen Reiz. Ich hielt mich nur einmal ein paar Wochen lang dort auf. Es gab so viele andere Orte, die verlockend schienen. Europa war so klein und dabei doch so abwechslungsreich, eine intime Landschaft voll bunter Überraschung.

Ich schrieb ein Gedicht für den „Querschnitt“, die Revue, in der ich heute noch den Geist dieser besonderen Epoche und meines besonderen Kreises am reinsten und intensivsten festgehalten finde. Das Gedicht hieß „Dank an das hundertste Hotelzimmer“. Waren es ihrer wirklich nur hundert? Mir schweben unzählige vor, verstreut über den ganzen Kontinent, von Spitzbergen bis Sevilla, von Palermo bis Brügge und Scheveningen. Ich brachte mein Leben in Hotelzimmern zu. „Daheim“ – das bedeutete für mich die Gastfreundschaft meiner Eltern oder eine Stube irgendwo, in einem armseligen Wirtshaus oder in einem „Palace“ mit allem Komfort der Neuzeit.

Mein Leben war nicht ohne eine gewisse Regelmäßigkeit, fast monoton, trotz aller schweifenden Unrast. Beinah nie unterbrach ich meine literarische Arbeit; das Schreiben war mir eine natürliche Funktion wie Essen, Schlafen, Verdauen. Ich schrieb Reisebriefe, Buchbesprechungen, Kurzgeschichten, Interviews, politische Glossen; meine Aufsätze, zunächst in Zeitungen und Zeitschriften publiziert, erschienen später als Sammelband unter dem Titel „Auf der Suche nach einem Weg". Ich schrieb einen neuen Roman – „Alexander, Roman der Utopie" –, die Geschichte des mazedonischen Helden. Mein Gepäck war belastet mit den Schriften des Homer, des Xenophon, des Aristoteles. Sobald ich irgendwo eintraf – in Prag, in Zürich, in Juan-les-Pins –, gleich wurde das Schreibmaterial, die kleine Handbibliothek ausgepackt und mit nervöser Pedanterie geordnet. „Alexander" machte mir mehr Mühe und mehr Freude als irgendeines meiner früheren literarischen Unternehmen. Was mich an meinem neuen Heros reizte, war die beinah frevelhafte Ungenügsamkeit seines Traumes, die enormen Dimensionen seines Abenteuers. Seit meiner Weltreise liebte ich es, in planetaren Maßstäben zu denken. Der Mazedonier wollte die Welt nicht nur erobern: ihm ging es darum, sie zu einen und unter seinem Szepter glücklich zu machen. War es nicht das Goldene Zeitalter, ja das Paradies, was er zu bringen dachte? Welch kindlich kühne, welch göttlich inspirierte Utopie! Aber kaum minder naiv und keck war mein eigenes Wagnis – den Roman einer solchen Utopie zu schreiben, noch dazu auf Reisen. Ich studierte babylonische Mythen im Grand Hotel zu Stockholm, persische Chroniken in einer Villa zu Fiesole bei Florenz. Das Hotel „Welcome" in Villefranche-sur-mer, einer meiner Lieblingsaufenthalte, belebte sich mir mit den Schatten antiker Krieger, Philosophen und Hetären: ich lebte mit Alexander; sein Schmerz um Kleitos, den spröden Freund, war auch der meine; ich mischte mich in sein Gespräch mit Aristoteles.

So gab es stets Gesellschaft, auch wenn ich mich alleine unterwegs befand. Übrigens reiste ich oft mit Freunden. Mit meiner lieben Gert etwa (der dicken Gert aus der Bergschule Hochwaldhausen: jetzt schon abgemagert, schon der Droge verfallen) oder mit Mopsa Sternheim oder mit Ricki oder mit Hans Feist, der seit Jahren zu unserem engsten Kreis, gleichsam zur „Familie" gehörte. (Seine Mutter, Hermine Feist, bekannt als Porzellansammlerin großen Stils und, mehr noch, als exzentrisches Original, war eine Freundin meiner Großmutter Offi gewesen.) Feist, ursprünglich Arzt seines Zeichens, fing damals an, sich als Übersetzer hervorzutun. Seine Nachdichtungen italienischer und englischer Poesie sind später berühmt geworden. Zunächst übersetzte er vor allem für das Theater Werke von Pirandello, Jules Romains, Giraudoux. Wir waren zusammen in London, in Italien, in Paris.

Immer wieder war Paris das Ziel meiner ziellosen Wanderung. Die Stadt an der Seine blieb das pulsierende Herz, das wahre Zentrum Europas – trotz all ihrer frivolen Blasiertheit, ihrer zynischen Korruption. Die skandalösen Affären der Financiers und Politiker, die Wühlarbeit der reaktionären Cliquen, das üble Treiben der Lavals, der Flandins, der Tardieus, was hatte all dies zu tun mit dem Paris, das ich kannte und liebte? Freilich, „meine" Sphäre – die literarische also – berührte sich wohl zuweilen mit jener mondänen Unterwelt: es gab intellektuelle Salons, wo man diesem oder jenem der offiziellen Gangster (mit weißer Krawatte und der großen Rosette der Légion d'Honneur) begegnen konnte. Gewisse Schriftsteller – André Maurois, zum Beispiel, und der nicht minder ehrgeizige Jules Romains – taten sich auf ihre Beziehungen zur Macht viel zugute; andere wieder – Claudel, Giraudoux, Morand, um nur diese zu nennen – gehörten als Diplomaten berufsmäßig zu den Kreisen, die man in der Boulevardpresse als „les milieux officiels“ bezeichnet findet. Aber im ganzen gab es doch wenig Kontakt zwischen dem geistig-künstlerischen Paris und jener fragwürdig-glanzvollen Welt der Börsenspekulationen und der politischen Ränke.

Die jungen Leute, mit denen ich in Paris Umgang hatte, unterschieden sich nicht wesentlich von meinen Freunden in Berlin und München. Ob man sich nun im „Select“, Montparnasse, traf oder im Romanischen Café an der Gedächtniskirche, im gastlichen Hause der Madame Jacques Bousquet zu Paris oder im Wiener Heim der Hofrätin Berta Zuckerkandl, die Gesichter und die Gespräche blieben immer ungefähr dieselben. Man verstand sich, ob man nun das Französische mit deutschem Akzent sprach oder in einem etwas holprigen Englisch miteinander plauderte; man konnte beim anderen stets gewisse Erfahrungen und Kenntnisse voraussetzen, die einem selber wesentlich waren; man liebte die gleichen Dichter, die gleichen Maler und Komponisten, die gleichen Landschaften, Rhythmen, Spiele und Gebärden. Solche übernationale Gleichgestimmtheit unter den Repräsentanten einer bestimmten Generation und Klasse hat es wohl immer gegeben: das Phänomen ist älter als der technische Apparat, durch den es erst recht natürlich und unvermeidlich wird. Im achtzehnten Jahrhundert reagierten die Jünglinge von fünf Kontinenten mit einem Enthusiasmus, der überall gleich maßlos, gleich hysterisch war, auf gewisse empfindsame Clichés, wofür die universale „Werther“-Epidemie das berühmteste Beispiel bleibt. Im neunzehnten gab es dann das Nietzsche-Fieber, den Richard-Wagner-Bazillus, die Baudelaire-Neurose. Mit dem gleichen Überschwang ließ ein internationaler Sektor meiner Generation sich von gewissen Ideen, Stimmungen und Slogans kaptivieren. Es war diese sympathetische Affinität, auf die Jean Cocteau anspielte, als er mich, in seinem Vorwort zur französischen Ausgabe meines Alexander-Romans, als „un de mes compatriots“ anredete – „je veux dire, d'un jeune homme qui habite mal sur la terre et qui parle sans niaiserie le dialecte du cœur“.

Er selbst, Jean Cocteau, gehörte zu den Mythen unserer übernationalen Brüderschaft; sein Name – wie der des André Gide, des Kafka, des Picasso – war eines der Losungsworte, an denen die jungen Schöngeister von Cambridge bis Kairo, von Salzburg bis San Francisco sich erkannten. Ein paar Jahre später begann sein Stern etwas von seinem Glanz, seiner schillernden Attraktion zu verlieren: nun waren es die Aktivisten, die Dynamiker, die literarischen Barden der Tat, des Opfers und des Abenteuers – Geister wie Malraux, Hemingway, Saint-Exupéry –, zu denen die Jugend sich am meisten hingezogen fühlte; aber damals – 1928, 1929, 1930 – stand der Dichter des „Orphée“, der „Enfants Terribles“, der „Machine Infernale“ im Zenit seines Ruhmes. Wir waren fasziniert von der kühnen Bravour seines Virtuosentums, von der radikalen Unbedingtheit seines Ästhetizismus; eines Ästhetizismus, der den entscheidenden

Schritt über Oscar Wilde hinaus, den Schritt zur äußersten Konzentration und Stilisierung, zur quasi-asketischen Härte, zum Unsentimental-Tragischen wagte.

Ich lernte ihn im Jahre 1926 kennen. Sein Freund Raymond Radiguet, der junge Romancier, dessen frühreifes Genie der Ältere liebend entdeckt und gefördert hatte, war etwa ein Jahr vorher gestorben. Jean hatte mehrere Nervenzusammenbrüche hinter sich, auch eine Entziehungskur (er enthielt sich vorübergehend des Opiumgenusses) und seine sensationelle, wenngleich nicht sehr gründliche Konversion zum Katholizismus. Er logierte damals im Appartement seiner Mutter, Rue d'Anjou, wo ich bei meiner ersten Visite von einem fleischigen, brünetten jungen Mann in schwarzem Priestergewand empfangen wurde. Cocteau ließ auf sich warten; der fleischige Seminarist – sein Name war Maurice Sachs – vertrieb mir die Zeit mit innig schwärmerischen, dabei geistreich pointierten Reden. „Jean est adorable!" Dies war der Refrain, der immer wieder kam. „Quelle finesse! Et au même temps – quelle simplicité! Je l'adore ..." (Später, in seinem Erinnerungsbuch „Le Sabbat" – 1947 – sollte Sachs ein sehr anderes Bild von Cocteau entwerfen. Die Gehässigkeit, mit der er in diesem Buch den ehemaligen Freund und Meister anklagt und karikiert, ist ebenso maßlos, ebenso hysterisch wie damals, zur Zeit unseres ersten Gesprächs, seine Bewunderung und Schwärmerei es waren). Der Dichter, als er sich schließlich zu uns gesellte, sprach seinerseits viel von *simplicité*. Es war in dieser Saison sein Lieblingswort. „ *La vie simple!*" rief er immer wieder. „Voila la seule Solution ..."

Seither habe ich ihn in vielen verschiedenen Behausungen aufgesucht, aber es blieb immer dieselbe. Nur die „Lieblingsjünger" und die Lieblingsworte wechselten. Übrigens zog dieser Ruhelose zwar von Hotel zu Hotel, von einer Wohnung zur anderen, hielt aber dabei einem bestimmten Stadtviertel die Treue: Es ist die Gegend zwischen der Madeleine und dem Palais Royal – ein Stück altes Paris also, aber nicht das älteste –, wo er sich zu Hause fühlt. Man könnte ihn sich nicht in einer der hellen, eleganten Straßen von Passy oder Auteuil vorstellen. Ebensowenig wie in den düster-pittoresken Gassen um die Bastille oder in einem Atelier am Boulevard Montparnasse.

Aber wo er sich auch niederlassen mag – in einem dubiosen kleinen Hotel am Hafen von Toulon oder in der Biarritz-Villa eines seiner mondänen Gönner –, es gelingt ihm immer, sich seine eigene Welt, seine unwechselbar persönliche Atmosphäre zu schaffen. Der magisch-kapriziöse Apparat, mit dem er sich umgibt, gehört zu ihm, ist ein integraler Teil seines Wesens, seines Künstlertums. Die Skizzen von Picasso und die schönen alten Schiffsmodelle, die antiken Büsten zwischen purpurnen Draperien, die chinesischen Opiumpfeifen und vergilbten Theaterprogramme, die Gipsabgüsse von männlichen Füßen und weiblichen Händen (letztere mit roten Gummihandschuhen bekleidet), die Stiche von Paul Gustave Doré, die Gemälde von Marie Laurencin, Giorgio de Chirico und Salvador Dali (Arbeiten des *frühen* Chirico und des *frühen* Dali, wie man wohl, angesichts der jetzigen Verkommenheit dieser beiden Künstler, ausdrücklich betonen sollte!), die photographischen Bildnisse der Sarah Bernhardt, Nijinskys, Radiguets, die Skelette, Spiegel, Taucherglocken, unbeantwortete Briefe, Masken, Medizinflaschen, Zirkusplakate, Zeitungsausschnitte und verhüllten Lampen – dies ganze Durcheinander von Souvenirs, Fetischen und Trophäen scheint aus Jeans schmalen, langfingrigen, nervös beweglichen Händen zu wachsen wie die schaurig phosphoreszierende Protoplasma-Substanz aus dem Mund, dem Bauch, den Achselhöhlen des Mediums.

Niemals habe ich mir Cocteau in natürlicher oder konventioneller Umgebung vorzustellen vermocht: in einer Waldlandschaft wäre er ebenso fehl am Platze wie in einer bürgerlichen Stube. Er gehört in sein Kuriositätenkabinett. Mit welch beschwingter Agilität er sich inmitten seines verhexten Hausrats tummelt! Und wie seltsam besänftigt und konzentriert das magere, alterslose Gesicht erscheint, wenn er sich, auf dem Lager ausgestreckt, mit geübten Fingern sein Pfeifchen stopft! Ohne Hast, mit andächtig-zeremonieller Gebärde führt er das Instrument zum Mund wie eine Flöte; er saugt, nicht lächelnd, auch nicht gierig, sondern mit einem Ernst, der seine Züge zugleich verklärt und härtet; die Augen weit geöffnet, den Widerschein der kleinen Lampe auf der gesenkten Stirn, inhaliert er das aromatische Narkotikum, den süßen Rauch des Mohnpräparates, von dem Pablo Picasso gesagt haben soll, sein Geruch sei „moins stupide“, weniger töricht als irgendein anderes Parfüm der Welt. „Der Alkohol ruft Paroxysmen der Narretei hervor“, heißt es bei Cocteau. „Das Opium Paroxysmen der Weisheit.“

Ist Cocteau weise? Der Weise strebt nach *Vollkommenheit*, und eben darum, um vollkommene Selbsterfüllung, Selbstgestaltung, ist es diesem wunderlichen Einsiedler zu tun. Man hat ihm Charakterlosigkeit vorgeworfen, hat ihn einen opportunistischen Snob und eitlen Clown genannt. Aber um ihm gerecht zu werden, muß man ihn wohl zunächst und vor allem als *ästhetisches* Phänomen begreifen und bewerten, als ein Phänomen also, das sich moralischer Kritik ebenso entzieht wie das Rad des Pfauen, die holde Gaukelei des Regenbogens. Lügt der Pfau, wenn er sich exhibitionistisch spreizt? Was für Prinzipien verrät der Regenbogen, der seine Farben schillernd spielen läßt? Für Pfau und Regenbogen gilt nur *ein* Prinzip: zu gleißen, zu verführen, schön zu sein.

Cocteau ist weder Moralist noch Zyniker, sondern absoluter Ästhet, Fanatiker der Form, des Scheins, des Ausdrucks, der Gebärde. Es gibt für ihn nur eine unverzeihliche Sünde: Stillosigkeit, Dilettantismus. Dieser unvergleichliche Virtuos unter den Poeten, dieser echte Poet unter den Virtuosen ist dem berüchtigten Elfenbeinturm ebenso fern wie der politischen Arena. Sein Abenteuer spielt sich in einer Höhe ab, die nicht weihevoll-olympisch ist, sondern eher an die Entrückung des Akrobaten denken läßt, der, weit über den Häuptern der entzückten Menge, am schwebenden Trapez oder auf straffem Seil seine prekäre Arbeit verrichtet.

Immer wieder der gewagte Sprung, der *Grand Écart* bei verstummtem Orchester. Man darf keine Nerven haben, ja, es empfiehlt sich vielleicht, herzlos und seelenlos zu sein, wenn man dies Äußerste Abend für Abend, Jahr für Jahr mit gleicher Kaltblütigkeit, gleicher Bravour bestehen soll. Immer wieder, Abend für Abend, Jahr für Jahr, die gleiche unbarmherzige Alternative: das vollkommene Gelingen oder der Todessturz! Schafft man es? Geht es schief? Cocteau schafft es.

Alles ist ihm geglückt (abgesehen nur von ein paar etwas matten Leistungen der allerletzten Zeit), welcher Kunstform er sich auch bedienen mochte. Seine Karikaturen und graphischen Phantasien sind ebenso gekonnt und original wie seine Verse (tatsächlich ist Cocteau vielleicht der einzige Dichter von Rang, der sein Werk selbst illustrieren kann, ohne die eigene Vision zu trüben oder zu verzerren); seine Romane und Kurzgeschichten nehmen es an struktureller Präzision und emotioneller Intensität mit seinen Dramen auf. Cocteau ist ein Meister des lyrisch-kritischen Aphorismus: einige seiner Versuche auf dem Gebiet der *critique indirecte*, zum Beispiel die außerordentliche Studie über Chirico, gehören zum Reizvollsten, was er geschrieben hat. Die Songs, mit denen er die „Vedettes" der Music-Hall beschenkt (Yvonne Georges und Marianne Oswald hatten ihre größten Erfolge mit Cocteauschen Liedern) sind ebenso wirkungsvoll wie seine berühmten Librettos für Ballett und Oper. Ich hatte Gelegenheit, ihn bei der Arbeit im Filmatelier zu beobachten (es war sein erster und schönster Film, „Le Sang d'un Poète", den er damals inszenierte): er zeigte als Regisseur dieselbe fanatische Konzentration, den gleichen disziplinierten Elan, den er bei der Herstellung einer Zeichnung, eines Gedichtes oder Artikels hat.

Es ist dieser generöse, unbedingte Einsatz des *ganzen* Talents und Könnens bei jeglicher Verrichtung, in jedem Augenblick, durch den Jean Cocteau als Mensch verführt und fasziniert. Er spart nicht mit sich, wird sich selbst nie untreu: all seine Akzente und Gesten, seine Bonmots und Grimassen haben den konsequent durchgehaltenen, bewußt pointierten Stil des großen Virtuosen, dessen Ehrgeiz und „raison d'être" eben darin besteht, seine Virtuosität ständig zu bewähren, ständig zu wirken, zu frappieren, zu entzücken. Als Meister des Gespräches hat er heute nicht seinesgleichen; mit so fulminanter Verve, so leidenschaftlich sich verschwendendem Esprit ist wohl seit Oscar Wilde nicht geplaudert worden.

Die Stunden, die ich mit ihm verbringen durfte, haben in meiner Erinnerung die hochstilisierte Lustigkeit von Commedia-dell'-arte-Szenen, mit einem Einschlag von magischem Ritus und bizarrer Hexenküche. Jean – immer mit der Pfeife in der Hand, immer wieder hingekauert beim Schein des ewigen Lämpchens – ist der Komödiant und Zauberer, der Hohepriester des heiter-makabren Kultes. Er hat die Augen eines Hypnotiseurs, die Hände eines Taschendiebes. Das spröd-sensible Pergament seiner beweglichen Miene, das starre schwarze Haar, die schmalen Lippen, die gewandten Finger, seine ganze Physis scheint ausgedörrt, versengt, fast entmaterialisiert vom bösen

Anhauch giftig heißer Winde. Ist es derselbe teuflische Schirokko, der ihn jetzt vor unseren bewundernden, entsetzten Blicken durch die Stube wirbelt und ihn zu immer neuen Kapriolen reizt? Er imitiert Filmstars, Boxer, Vögel, Greisinnen, Paranoiker, wobei er sich mit Federn, Masken, bunten Tüchern schmückt. Er glitzert, kichert, tänzelt, verwickelt sich in seine Schleppe. Gleich wird er sich mit dem seidenen Schal erwürgen wie Isidora Duncan, wie die Königin Jokaste in Cocteaus Drama „La Machine Infernale"! Er wiegt sich, flattert, schwebt, steigt auf, wird schwerelos. Hält er sich für Nijinsky, der sich seinerseits in klinischer Ekstase erst für ein Pferd, dann für eine Schwalbe und schließlich gar für eine Wolke hielt? Nein, der beschwingte Jean wird sich weder erdrosseln noch den Verstand verlieren. Er bleibt geistvoll, noch in der narkotischen Trance. Was ihm von den Lippen kommt, ist nicht lallende Offenbarung. Es sind geschliffene Aperçus, druckreife Pointen, kaustische Bonmots. Sein Esprit ist stärker als die geliebte Droge; nicht einmal im Rausch läßt er sich so weit gehen, daß er die Wahrheit sagte. Oder sagt er sie eben, indem er mit Paradoxen um sich wirft? Ist das Spiel, die Maske, die Verstellung seine Wahrheit? *"Je suis un mensonge qui dit toujours la vérité ...*" Der große Lügner, der große Wahr-Sager hat dies Wort als Motto für seine Autobiographie gewählt.

Zuweilen will Cocteau uns glauben machen, daß hinter seinen Tricks und Posen ein Geheimnis verborgen liege. Aber vielleicht gibt es gar kein Geheimnis? Vielleicht ist die Maskerade hier nicht Umweg oder Mittel, sondern Selbstzweck? Cocteau, der sich oft in der Rolle der Sphinx gefällt (die Rezitation des Sphinx-Monologs aus dem Ödipus-Drama ist eine seiner Glanznummern: auf Grammophonplatten aufgenommen!) – was hat er denn zu verbergen? Die echte Sphinx benimmt sich wohl weniger auffällig; sie ist von diskreter Dämonie.

Es war Jean Cocteau, der feststellte, daß „das Geheimnis erst beginnt, wenn alle Geständnisse abgelegt sind", ein Ausspruch, der ebensoviel Wahrheit enthält wie alle seine Lügen. Hätte André Gide den gleichen Satz geprägt, so wäre er wahrlich wahr.

Cocteau ist, bei aller Eitelkeit, ein guter Kamerad. Teilnahmsvoll, hilfsbereit, nicht ohne echte Sympathie und Wärme: Eigenschaften, die gerade bei einem scheinbar so koboldhaft detachierten Wesen besonders rührend und gewinnend wirken. Dieser Gefallsüchtige ist nicht empfindlich; Rachsucht, nachträgerische Kleinlichkeit liegen seinem Wesen fern. Ich habe ihm einmal, in einer ernsten Sache, Unrecht getan, ihn irrtümlich oder doch mit übertriebener Schärfe beschuldigt und verurteilt. Jeder andere wäre mir bitter gram; nicht Cocteau. Er verzeiht, sei es aus Großmut, sei es aus Zerstreutheit (die aber ihrerseits vielleicht nur eine besonders elegante Form der Großmut ist). Ich bin ihm dankbar dafür. Ich bin ihm für vieles dankbar; der Kontakt mit ihm hat meiner Jugend viel bedeutet. Seine katzenhaft geschmeidige anmutig groteske Figur wurde mir zum Symbol, zur Inkarnation artistischer Besessenheit, halb

Warnung, halb Modell für kunstbeflissene, der Kunst verfallene und verschworene Knaben auf der Suche nach dem rechten Weg.

Aber wieviel Belehrung und Amüsement ich diesem inspirierten Jongleur auch schulden mag – es ist ein anderer Zeitgenosse, ein anderer Franzose, dem ich mich am tiefsten verpflichtet fühle: André Gide.

Ich habe in anderem Zusammenhang, im Rahmen einer Gide-Monographie versucht, der Bedeutung dieses Geistes gerecht zu werden, den Reiz dieser Persönlichkeit zu schildern und zu analysieren. Hier ist nicht der Ort, auf die mannigfachen Aspekte und Implikationen des Gideschen Oeuvre, die widerspruchsvoll gemischten Züge und Möglichkeiten des Gideschen Charakters nochmals einzugehen. Ich würde aber die Geschichte meiner eigenen Entwicklung verfälschen oder gar zu fragmentarisch lassen, wenn ich nicht auch an dieser Stelle des großen Schriftstellers gedächte, dessen Gestalt und Botschaft so entscheidend auf mich gewirkt haben.

In einem früheren Kapitel dieses Buches war von den Stimmen die Rede, deren erweckender Appell mein knabenhaftes Lebensgefühl zuerst formte und prägte: Sokrates, Nietzsche, Whitman und Novalis, Rimbaud und Stefan George, Rilke, Herman Bang, Wedekind, mein Vater und Heinrich Mann (um nur die mir Nächsten, Wichtigsten noch einmal aufzuzählen). Andere Einflüsse kamen im Lauf der Jahre hinzu. André Gide war der stärkste. Die Begegnung mit ihm – nicht mit dem Menschen, sondern mit dem Werk, in welchem diese reiche, komplexe Menschlichkeit sich offenbart – hat mir mehr als irgendeine andere geholfen, meinen Weg, den Weg zu mir selbst zu finden.

Wenn ich betone, daß die Begegnung mit den Schriften Gides mir bedeutsamer gewesen ist als die mit dem Menschen, so soll damit nicht gesagt oder auch nur angedeutet sein, er habe mich als Persönlichkeit enttäuscht: im Gegenteil, ich zähle die Bekanntschaft mit ihm zu den kostbarsten und erfreulichsten meines Lebens. Aber ich wünsche nicht, den Eindruck zu erwecken, als wäre ich ein intimer Freund des großen Mannes oder als hätte dieser jemals ein besonderes pädagogisches Interesse für mich an den Tag gelegt. Das Interesse war einseitig. Ich bewunderte ihn. Er ließ es sich gefallen.

Unsere Beziehung ist alten Datums: ich stellte mich im Frühsommer des Jahres 1925 zum erstenmal bei ihm vor, mit einem Empfehlungsschreiben von Ernst Robert Curtius. Ich hatte damals noch nicht viel von Gide gelesen, aber war doch schon unter seinem Bann: eine schmale Prosadichtung – „Die Rückkehr des verlorenen Sohnes“ in der meisterhaften Übertragung von Rainer Maria Rilke – hatte genügt, um mir von der beziehungsreichen Fülle dieses Geistes, von der sublimen Diskretion dieser Kunst den ersten erregenden Begriff zu geben.

Gide war reizend zu mir. Er lud mich zum Frühstück ein; wir aßen in einer kleinen „brasserie“ nahe dem Jardin du Luxembourg, es war ein heiter-gesprächiges

Beisammensein, ich genoß es frohen, dankbaren Herzens. Gide war damals im Begriff, mit seinem Freund Marc Allegret eine Expedition ins Innere Afrikas anzutreten; bald nach seiner Rückkehr sah ich ihn wieder; seine Telephonnummer war meist die erste, mit der ich mich gleich nach der Ankunft in Paris verbinden ließ; manchmal war er verreist, aber wenn ich ihn zu Hause fand, gab es immer einen freundlichen Empfang; man traf sich in einem Lokal am Boulevard St. Germain oder in Gides kleiner Wohnung, Rue Vaneau. Einmal aßen wir auch zusammen am Tisch meiner Eltern in München; Gide hielt sich ein paar Tage dort auf, wir unternahmen eine Autofahrt zum Starnberger See mit ihm, am Abend des gleichen Tages wohnte er einer Vorlesung meines Vaters in der Universität bei. Er ließ sich auch von mir einige Kuriositäten des Münchener Nachtlebens zeigen, von denen freilich in seinem „Journal" nichts vorkommt. Indessen findet sich dort eine ziemlich ausführliche Eintragung über den Besuch in unserem Hause, den Vortrag in der Universität und die Autofahrt. Dabei ist nicht nur von meinem Vater die Rede (für dessen Werk, etwa vom „Zauberberg" an, Gide ein ständig wachsendes Interesse zeigte), sondern auch – sehr freundlich – von meiner Mutter, von Freunden, mit denen er durch uns bekannt geworden war (zum Beispiel von Bruno Frank) und von meinen jüngsten Geschwistern, Elisabeth und Michael, an denen er besonderes Wohlgefallen fand. Auch ich werde erwähnt, aber auf eine Weise, die mich damals schmerzen und wohl auch ein wenig überraschen mußte: Hinter meinem Namen stehen die Worte: „*... que je ne connais encore qu' à peine*". Die Tagebuchnotiz ist vom 1. Juli 1931. Ich war mit Gide damals seit sechs Jahren in persönlichem Kontakt. Naiverweise, töricht-eitlerweise hatte ich geglaubt, daß eine Beziehung, die mir so viel bedeutete, auch im Bewußtsein des Partners etwas anderes sein müsse als nur eine flüchtige, vielleicht sogar lästige Bekanntschaft.

Es mag sein, daß seine Stellung zu mir sich im Lauf der Jahre etwas geändert hat: Briefe, die ich von ihm besitze, lassen wohl darauf schließen. Als ich ihm, kurz nach Ausbruch des zweiten Weltkrieges, einen Artikel über sein „Journal, 1889–1939" schickte, den ich in einer Schweizer Revue hatte erscheinen lassen, fand er in seinem Antwortschreiben Worte des Dankes und der Anerkennung, deren Generosität mich rührte und beschämte. Im gleichen Brief sprach er die Absicht aus, mir eines seiner Bücher zu widmen. („Vous me donnez désir d'écrire des *Retouches* à mon *Journal*, comme j'ai fait pour mon *Retour de l' USSR*, et, si je mène à bien ce projet, j'aurai plaisir à vous le dédier, car c'est vous qui m'en avez donné l'idée.")

Aber ob er mich nun ignorierte oder ob er meine kritischen Huldigungen mit Wohlwollen, vielleicht sogar mit etwas Vergnügen und Gewinn zur Kenntnis nahm – mein Ehrgeiz war es nicht, von ihm gekannt oder geschätzt zu werden, sondern von ihm zu lernen, das heißt: mich von ihm zu mir selbst führen zu lassen. Wohin sonst hätte er mich führen sollen? Kein Schüler nimmt von außen in sich auf, was er nicht ohnedies schon in sich hätte, sei es auch nur latent, im Unbewußten. Während er den Meister zu kopieren meint, erkennt und entwickelt er die eigenen Kräfte. Gide, der sich mit dem Einfluß-Problem viel beschäftigt hat, weiß dies am besten; bei ihm lesen wir:

„Es mag eine recht gewagte Behauptung sein, daß man gewisse Ideen gehabt hätte, auch ohne die Autoren zu kennen, von denen diese Ideen zu stammen scheinen. Und doch bin ich geneigt, zu glauben, daß mein Weltbild ungefähr das wäre, was es heute ist, selbst wenn ich weder Dostojewski noch Freud, weder Nietzsche noch X oder Y jemals gelesen hätte. Was ich von diesen empfing, war wohl eher eine Bestätigung als ein Weckruf (plutôt une autorisation qu'un éveil). Vor allem lehrten sie mich, nicht mehr an mir selbst zu zweifeln, mich nicht mehr vor dem eigenen Gedanken zu fürchten, sondern mich seiner Führung anzuvertrauen, da sich ja nun herausstellte, daß *sie* mich in dieselbe Richtung führten."

So tat Gide für mich, was Freud, Nietzsche und Dostojewski, „X und Y", seiner eigenen Aussage nach, einst für ihn getan hatten: er machte mir Mut zu mir selber. Vom Erotischen ist dabei *nicht* die Rede, wie ich, um jedem Mißverständnis vorzubeugen, denn doch eigens betonen will; gerade auf diesem Gebiet bedurfte ich kaum der Ermutigung ... Was er mir zu bieten hatte, was mich zu ihm zog, war eine „autorisation" moralischer, intellektueller Art: die geistige Legitimation und künstlerische Objektivierung meiner subjektiven Unrast und Ungewißheit. Seine *inquiétude* – ich spürte es – war auch die meine; aber was in mir nur dunkle Beunruhigung und Bedrängnis war, nahm in seinen Büchern Gestalt an, wurde zugleich transparent und plastisch: beherrscht, geformt, geordnet von einem schöpferisch souveränen Willen.

Sein Beispiel zeigte mir, daß es möglich ist, eine stupende Vielfalt widerspruchsvoller Impulse und Traditionen in sich zu vereinen, ohne deshalb in Anarchie abzugleiten; daß es eine Harmonie gibt, in der die Dissonanzen zueinander finden, ohne sich je zu lösen oder aufzuheben. Diese immer wieder gefährdete, immer wieder neu erkämpfte Harmonie, die ich an Gide bewunderte – entsprach sie nicht dem prekären Equilibrium europäischer Geistigkeit, wie es sich durch die Jahrhunderte entwickelt und, trotz allen Bedrohungen, allen Krisen, immer wieder bewährt und behauptet hat? Ja, der Dichter der „Nourritures Terrestres", der „Caves du Vatican" und der „Faux-Monnayeurs" galt mir als *der gute Europäer par excellence*, als der vornehmste Repräsentant und Gestalter europäischen Schicksals. Die Spannung zwischen Hellas und Christentum, zwischen romantischem Gefühl und klassischer Form, zwischen Vernunft und Glauben, Individualismus und sozialer Verpflichtung, Freiheit und Disziplin: alle großen Antithesen des Abendlandes waren Teil seines persönlichen Dramas, waren von ihm zutiefst erlebt und durchlitten worden. Die Werte und Probleme, auf denen unsere Zivilisation beruht, bildeten das Thema der Auseinandersetzung, unter deren Zeichen sein ganzes Schaffen stand und die in seinem Inneren nie zur Ruhe kam.

Wußte er eine Antwort auf meine Fragen? Offerierte er ein Programm? Nein, es war immer nur sein *Beispiel*, was er zu bieten hatte, das Beispiel seiner geistigen Integrität und Tapferkeit, seiner Neugier und Wahrheitsliebe, seiner Geduld, seines Stolzes, seiner Leidenschaft, seines sittlichen Ernstes. Durch ihn erfuhr ich, daß Erkenntnis und Glaube, Wissen und Liebe einander nicht ausschließen; denn er war erfahren in allen Abgründen der menschlichen Seele (das Phänomen des *Bösen* hat seinen psychologischen Spürsinn immer wieder gereizt und beschäftigt), ohne aber darum seinen Glauben an das Gute im Menschen, an die *Verbesserungsfähigkeit* unserer Natur jemals aufzugeben: Je tiefer dieser unerschrockene Geist eindrang in die düsteren Geheimnisse der Menschenseele, desto stärker und stetiger brannte das Licht seiner Sympathie, seiner wissenden Liebe.

Sein Exempel bewies mir, daß man Verwalter und Repräsentant des großen kulturellen Erbes sein kann und gleichzeitig Liebhaber der Zukunft, Künder und Kamerad noch ungeborener Geschlechter. Kein Schriftsteller unserer Epoche hat mehr Überlieferung, mehr vergangenes Kulturgut in sich aufgenommen als Gide, der sich von allen Genien des Okzidents inspirieren und beschenken ließ: Die helle Gabe Griechenlands war ihm ebenso willkommen wie die dunkle Mitgift, die er von puritanisch sittenstrengen Ahnen übernahm; der nahrhaft gesunde Beitrag des Montaigne wurde mit ebensolcher Bereitschaft akzeptiert wie das problematische Vermächtnis eines Nietzsche, eines Dostojewski; bei Dante, Shakespeare, Goethe ließ sich ebensoviel lernen wie bei den Meistern des eigenen Landes – Racine, Stendhal, Balzac, Baudelaire ... Aber was für einen Wert hätte das Erbe, wenn es nicht in sich den Keim der Zukunft trüge? Gides kultureller Konservatismus war niemals Selbstzweck; die Beschäftigung mit dem *Gestern* hatte bei ihm stets den Bezug zum *Heute* und zum *Morgen*. Das, was *war* – er hat es oft gesagt – bedeutete ihm weniger als das, was *ist*; das *Seiende* aber faszinierte ihn nicht so sehr wie das *Werdende*: das, was sein *könnte* und also eines Tages sein *wird*.

Er prägte mir ein, daß jedem von uns sein eigenes individuelles Gesetz mitgegeben ist, welches immer wieder aufs neue befragt und ergründet, immer wieder befolgt sein will, ohne Rücksicht auf Mode und Vorurteil, ohne Kompromiß. *Sich selber treu sein*, darauf kommt alles an. Wer sich selbst verrät, der wird auch der Gemeinschaft, dem sozialen Ganzen nicht dienen können. Je unabhängiger und konsequenter die Persönlichkeit, desto größer der Beitrag, den sie zum allgemeinen Wohle leisten wird! *Individualismus serviable*; es war im Zusammenhang mit Goethe, daß Gide diese Formel zum erstenmal gebrauchte. Bei seinem deutschen Meister fand dieser Weltbürger französischer Nation die vollkommene Vereinigung von Freiheit und Pflichtgefühl, eben jenen Individualismus, der sich einordnet aber nicht unterordnet, der gerade durch seine konzessionslose Unbedingtheit zum gewaltig nützlichen Faktor im Dienste der Gesellschaft werden kann.

Das Beispiel Goethes. Gut, das war immer da. Aber man hatte es uns gar zu häufig vorgehalten: ihm fehlte der Reiz des Neuen. Goethe war mir zu entrückt, zu marmorn, zu olympisch. Gide war zugleich fremder und vertrauter – ein Zeitgenosse, fast ein älterer

Bruder, und doch so reich an schillerndem Geheimnis. Besaß er nicht die Tugenden, die er an Goethe rühmte? Über den *individualisme serviable* gab es bei diesem „älteren Bruder“ mancherlei zu lernen, wozu noch andere Attraktionen kamen.

Gide schien mir als Vorbild um so akzeptabler, als er es offenbar nicht darauf abgesehen hatte, vorbildlich zu wirken. Die Pose des Magisters lag ihm fern; bei aller Größe blieb er problematisch, immer der Unbefriedigte, immer der Suchende. Aber gerade indem er sich nie festlegte, fand er sich; indem er sich wandelte, erfüllte er das eigene Gesetz.

In Augenblicken eines unreif-unbedachten Ehrgeizes mag ich mir wohl gewünscht haben, dieser echten, unwiederholbaren Persönlichkeit – André Gide – möglichst ähnlich zu werden. Aber je mehr ich von ihm lernte, desto deutlicher wurde mir die Eitelkeit solcher Aspiration. Einem anderen gleichen? Nicht dies ist es, wozu er uns anhält. Vielmehr gilt für jeden von uns der Rat, den er, in den „Nouvelles Nourritures“, seinem fiktiven Freund und Jünger zuruft:

„Vertraue niemandem, außer der Stimme des eigenen Gewissens! Sei aufrichtig, vor allem gegen dich selbst! Erforsche dein eigenes Wesen! Geh deinen eigenen Weg! *Werde, der du bist!“*

Es ist nicht immer der gerade Weg, der zu uns selbst, zur Selbst-Erkenntnis und zur Selbst-Erfüllung führt; der krummste Pfad mag oft der nächste sein. Wer das Dunkel gar zu ängstlich meidet, wird das Licht vielleicht nie finden dürfen. Auf unsicherem Grund – und wer von uns hätte festen Boden unter den Füßen? – kommt man leicht zu Falle: es sei denn, man paßt das eigene Equilibrium der allgemeinen Schaukelbewegung an.

Das Penchant fürs Bizarre und Exzessive, das ich mit so vielen meiner Altersgenossen teilte, ist gewiß nicht nur auf Snobismus und Originalitätssucht zurückzuführen. Was einer älteren Generation in der Kunst als obskur oder verzerrt erscheinen mochte, war unserem Geschmack und Lebensgefühl durchaus gemäß: es entsprach unseren Erfahrungen. Den schon gemachten und den anderen, die noch kommen sollten. Was wußte die Kunst des neunzehnten Jahrhunderts, was wußten diese idyllischen Romantiker, Realisten und Impressionisten von der erstaunlichen Wirklichkeit, die wir kannten oder die sich doch schon vor unseren Augen vorbereitete? In den fruchtbaren Gesichten und Konstruktionen eines Picasso, eines Rouault, eines Chirico fand sie ihren adäquaten Ausdruck.

Ich liebte es, mich in den Ateliers der großen Pariser Maler aufzuhalten und den Meistern bei der Arbeit zuzuschauen. Ein Besuch bei Marc Chagall etwa war wie ein Ausflug in Sphären, die man bisher nur im Traume kennengelernt hatte: nicht ohne heiteres Staunen erging man sich in dieser bezaubernd verzauberten Landschaft. Die purpurnen Kühe auf dem Dach des russischen Bauernhauses, der sanfte Flug der violetten Lämmer, die ekstatischen Handelsjuden mit flatterndem Bart und Kaftan, das benommene Lächeln der Liebenden, die in der Tiefe eines phosphoreszierenden Himmels einander selig in den Armen liegen – man hatte stets geahnt, daß es dergleichen gab. Der Hausherr – übrigens meist zu beschäftigt, um sich auf lange Gespräche einzulassen – brauchte nichts zu erklären: Man fühlte sich zu Hause in seiner Welt der fliegenden Köpfe, schillernden Monde und explodierenden Blumen. Freilich, das Schwerkraftgesetz der empirischen Realität war hier ausgeschaltet; statt dessen aber gab es ein poetisches Equilibrium, eine magische Logik, eine Traum-Balance, deren Gültigkeit sich – für uns – *von selbst verstand*. Bei Marc Chagall war nichts fragwürdig, spielerisch oder exzentrisch: alles stimmte, hatte seine Richtigkeit. Wenn er Blüten aus der stählernen Struktur des Eiffelturmes sprießen ließ, so handelte es sich nicht um eine liebenswürdige Caprice, sondern um eine interessante Entdeckung: ja, es *gab* Rosen dort, wie seltsam, daß man sie bisher übersehen hatte! Zwischen den Blüten schwebten, durchaus logischer Weise, die losgelösten Häupter von Claire und Iwan Goll: das lyrisch gestimmte Ehepaar nahm sich auf der bekränzten Spitze des „Tour d'Eiffel" viel wahrscheinlicher, ja viel *richtiger* aus, als in irgendeinem der Studios zwischen Auteuils und der Ile St. Louis, wo sie damals ihre literarischen Empfänge gaben.

Die Golls, poetische Kosmopoliten deutsch-französischer Zunge, arrangierten und dirigierten meine ersten Ausflüge in die Pariser „milieux littéraires". Dank ihrer heiter-geselligen Mittlerschaft kam ich in herzlichen Kontakt mit allerlei pittoresken Figuren, mit Maurice Rostand, zum Beispiel, dem etwas gar zu zierlich-empfindsamen, aber herzensguten Sohn des populären Edmond Rostand, und mit geistvollen Männern wie Léon Pierre-Quint, dem Kritiker und Biographen, der mich mit pikanten und instruktiven, wenngleich leicht schaurigen, Anekdoten aus der „vie intime" Marcel Prousts unterhielt.

Von den französischen Schriftstellern dieser Epoche waren es, neben Gide, Cocteau und René Crevel, vor allem zwei, zu denen ich mich hingezogen fühlte und an deren Freundschaft mir gelegen war: Jean Giraudoux und Julien Green. Giraudoux hatte es mir gleich mit seinen beiden frühen Romanen angetan: „Bella" und „Eglantine" scheinen mir noch heute von tieferem, originellerem Reiz als die hübschen Theaterstücke, mit denen Giraudoux später seine großen internationalen Erfolge hatte. Das erste dieser anmutig-nachdenklichen Piecen – „Siegfried" war damals gerade in Paris herausgekommen; auch in Deutschland sollte es demnächst gespielt werden. Mein Freund Hans Feist hatte die Übersetzung besorgt. Es war das deutsche Problem, mit dem der Dichter-Diplomat sich in seinem ersten dramatischen Versuch auseinandersetzte; die Spannungen und Affinitäten zwischen den zwei großen europäischen Völkern haben nie aufgehört, diesen sensiblen, ehrlich bemühten Geist zu beunruhigen und schöpferisch anzuregen. Giraudoux, Autor der „Undine", hatte ein ausgesprochenes Penchant für die germanische Seele, ein Penchant freilich, in das sich oft eine gewisse Beklommenheit mischte. Das teutonisch-romantische Dunkel reizte den hochzivilisierten, durchaus intellektuellen Lateiner, der übrigens in seiner Erscheinung selbst durchaus nordisch wirkte. Giraudoux war hochgewachsen, helläugig, blond, von sportlich-nonchalanter Eleganz. So sieht ein schwedischer Tennis-Champion aus, der von seiner Mutter etwas gallisches Blut mitbekommen hat (daher das skeptische Lächeln, der mühelos brillante Redefluß), der in Oxford oder Cambridge zum *perfect gentleman* erzogen worden ist (daher die gelockert selbstgewisse Haltung, die zugleich urbanen und hochmütig unverbindlichen Manieren) und dem ein rassisch einwandfreies germanisches Fabelwesen – eine Ostsee-Nixe oder ein norddeutsches Fräulein mit Seele und goldenem Haar – für immer den Kopf verdreht hat (wodurch sich die träumerische Zerstreutheit seines hellen Blicks erklären dürfte).

Wenn das zwielichtig-romantische Element im anmutig hellen Wesen Jean Giraudouxs durchaus als paradoxe Zutat und pikante Nuance wirkt, so überwiegt es, wird zum bestimmenden Zug im Oeuvre und Charakter Julien Greens. Er hatte einige seiner schönsten Bücher schon geschrieben, als ich ihm zuerst in Paris begegnete: „Adrienne Mesurat" und „Léviathan" – zwei Meisterromane von unheimlich düsterer Färbung – hatten seinen Namen schon berühmt gemacht. Ich kannte diese Bücher; ich liebte sie, weil sie so traurig waren. Trauriger noch, oder doch von einer strengeren, kälteren Traurigkeit als die geliebten Bücher meines Herman Bang. Wie vertraut mußte dieser französische Schriftsteller amerikanischer Abkunft, Julien Green, mit den Abgründen des Schmerzes sein! Er hatte kein anderes Thema – nur den Schmerz, die Trauer: die große, schwere, durchaus hoffnungslose Trauer der unerlösten, unerlösbaren Kreatur, in die all unser Gefühl mündet als in die Heimat; und alles Gefühl ist nur ihr Vorspiel, ihre Einleitung, so daß es von einer Frau, die vorübergehend aufgebracht oder rachsüchtig oder vielleicht beinah glücklich war, mit furchtbarer Selbstverständlichkeit heißt: „Und die Trauer strömte wieder in ihr Herz, wie das Meer wieder den Strand bedeckt."

Wie stellt man sich den Dichter vor, der solche Sätze schreibt? Ich dachte ihn mir als schon bejahrten Mann, vielleicht weißbärtig, mit gebeugtem Rücken, gebeugt von dem „ungleichen Kampf, der sich abspielt zwischen ihm und einer geheimnisvollen, unbestimmten Macht". Das Milieu, in dem seine Bücher spielten – die französische Provinz mit ihrer erstickenden Enge, ihrer albtraumhaften Monotonie – war gewiß auch das seine: In dem verödeten Restaurant, das wir im „Léviathan" geschildert finden, hatte er wohl jahrelang seine Mahlzeiten eingenommen; das Heim, aus dem er kam und das seine Züge geprägt hatte, mußte der kleinbürgerlichen Hölle gleichen, in der Adrienne Mesurat leidet und verdirbt.

Den schlanken und adretten jungen Herrn, der mich eines Tages im Hotel Jacob, Rue Jacob, besuchte (ich weiß nicht mehr, wer das Zusammentreffen arrangiert hatte), hielt ich zunächst für einen Sohn des tragischen Alten, dessen Werke ich bewunderte. Aber nein, er war es selbst: dieser glatte, schlanke Jüngling von diskret kosmopolitischer Eleganz hatte die Romane der Verzweiflung geschrieben, hatte unseren Ur-Schmerz, unsere Ur-Angst episch beschworen und zum gültigen Kunstwerk geformt. Er war kaum älter als ich, vier oder fünf Jahre vielleicht. Seine Miene schien unberührt von den Heimsuchungen und Abenteuern, die er schon bestanden und gestaltet hatte. Oder verriet sich die Leidenserfahrung nicht doch im sanft zerstreuten Lächeln, im verhangenen Blick? Ohne Frage, der Blick war ungewöhnlich. Von samtener Schwermut, dabei nicht ohne eine gewisse düstere Intensität und Schärfe. Indessen genügten selbst die verschleierten, dabei eindringlichen Augen nicht, um mir das Phänomen dieser ahnungsvollen Dichter-Eingeweihtheit verständlich oder auch nur akzeptabel zu machen. Mir wurde bang in der Gegenwart des korrekten, weltmännisch heiteren Gastes, der – wie mir aus seinen Schriften nur zu wohl bekannt in den infernalischen Labyrinthen dunkelster Triebe und geheimster Qualen so erschreckend zu Hause war. Woher kam ihm dies Wissen? Diese schlimme Vertrautheit mit der Unterwelt – was für einem Segen oder Fluch mochte er sie verdanken?

Später einmal, als ich ihn besser kannte, fragte ich ihn ohne Umschweife: „Wie kommen Sie zu Ihren Stoffen? Einer Adrienne Mesurat begegnet man doch kaum in unseren Kreisen. Und wo finden Sie Figuren wie den fürchterlichen Guéret, die arme kleine Angèle, die jammervolle Madame Grosgeorge, die Sie im ›Léviathan‹ porträtiert haben?“

Nie vergesse ich das etwas spöttisch amüsierte Lächeln, den entgleitenden Blick, mit dem er mir antwortete: „Aber mein lieber Freund! *Ich* bin es doch nicht, der meine Romane schreibt! Ein anderer führt meine Hand. Ein Fremder …“

Offenbar, er meinte es ganz wörtlich. Und er sprach die Wahrheit.

Das Spaltungs-Erlebnis, die schizophrene Inspiration, zu der Julien Green sich mit so zivilisierter Nonchalance bekannte, wurde bei den Surrealisten zum lärmenden Programm, zum aufdringlich plakatierten Slogan. Diese Gruppe – die einzige, die von den mannigfachen Avantgarde-Bewegungen der Kriegs- und Nachkriegsjahre übriggeblieben war – stand damals auf dem Höhepunkt ihrer Karriere: es waren einige der begabtesten jungen Maler, Dichter und Literaten, die sich um André Breton, Initiator und Führer des Surrealismus, scharten, René Crevel gehörte zu ihrem Kreis. Durch ihn lernte ich die Surrealisten kennen.

Was freilich den „Meister“ selbst – André Breton – betrifft, so blieb mein Verhältnis zu ihm ein kühles und distanziertes. „Führernaturen“ stoßen mich eher ab, und Breton ist wohl eine, wenngleich er nur in geistiger Sphäre führen und verführen darf. Seine intellektuellen Kapricen und Intuitionen gelten der ihm ergebenen Clique als Offenbarung, oberstes Gesetz. Wer nur Anbeter um sich duldet, wird sich gerade den besten Köpfen unter seinen Freunden bald entfremdet finden. Und wirklich ist es eigentlich nur einer von der alten Surrealisten-Garde – Max Ernst, der Maler –, der heute noch dem tyrannisch launenhaften Breton die Treue hält. Die anderen die gegen Ende der zwanziger Jahre zu den Säulen der „Bewegung“ zählten und mit denen ich damals gelegentlich [zusammentraf], sind alle abgefallen: der Dichter Paul Éluard, der in meiner Erinnerung die strenge, schöne Stirn, den kühn begeisterten Blick eines jungen Kreuzritters hat; Louis Aragon – in jener Zeit eine „literarische Hoffnung“, um die man nur in eingeweihten Zirkeln wußte (wie siegesgewiß trug er den kleinen, leichten, edel geformten Kopf! Und seine Gebärden – wie jung er damals war! – hatten die mörderische Eleganz, die wir an Stierkämpfern bewundern ...); der Romancier und Kritiker Philippe Soupault, mit dem ich auf besonders freundlichem Fuße stand – sein Enthusiasmus konnte hinreißend sein: wenn er etwa von Guillaume Apollinaire erzählte oder irgendeine halb-vergessene literarische Kostbarkeit, eine Geschichte des Achim von Arnim oder ein Trauerspiel der elisabethanischen Epoche, mit intelligentem Überschwang pries. Der kindlich dringliche Tonfall ist mir noch im Ohr, mit dem er mich – man dinierte in einem überfüllten, rauchigen, charmanten alten Lokal am Boulevard St. Michel – auf ein Werk von Marlowe oder Fletscher aufmerksam machte. „Was, das kennen Sie nicht?“ rief er in seinem etwas mühsamen Deutsch. „Aber das *müssen* Sie lesen! Das ist *wunder'übsch!* Noch *viel* 'übscher als Shakespeare!“

Auch Salvador Dali – heute in Amerika hoch bezahlt und von jedem orthodoxen Surrealisten zutiefst verachtet – gehörte damals noch zur munter-aggressiven Schar um Meister André. Dieser hatte höchstpersönlich das Talent des katalanischen Malers entdeckt und dem internationalen Publikum vorgestellt – ein Talent, das sich zu wirklichem Künstlertum hätte entwickeln können, dessen Substanz aber von einem zynisch eitlen Charakter bald korrumpiert und vergeudet werden sollte. Heute ist Dali halb gerissener Geschäftemacher, halb verspielter *blagueur*. In jener Zeit, die längst vergangen ist, hatten seine skurrilen Visionen noch zwingende Echtheit. Freilich konnte ich schon damals nicht umhin, ein wenig den Kopf zu schütteln, wenn surrealistische Kritiker ihren Dali neben – oder sogar *über* – Picasso stellten. Mit besonderem Nachdruck setzte sich Crevel für den brillanten Katalanen ein, dessen Werk er in einer ausführlichen Studie – „Dali, ou l'Anti-Obscurantisme“ – preisend analysierte.

War es gut für René, daß er den Bretonschen Einfluß mit so eifervoller Gläubigkeit akzeptierte, sich ihm so unbedingt unterwarf? Wer ihn liebte – und ich liebte ihn –, mußte sich um ihn sorgen. Gewiß, der Surrealismus als ästhetisch-psychologische Doktrin und die Surrealisten als kämpferisch verschworene Brüderschaft mochten mancherlei zu bieten haben: Witz, Anregung, artistische Reize unverbrauchter Art, einen lyrisch-pseudowissenschaftlichen Jargon, den es in dieser Form, mit so provokanten Akzenten noch nicht gegeben hatte. Der Marquis de Sade und die Apokalypse, Marx und Rimbaud, Lenin und Freud, Paranoia und Rummelplatz – wer so inkongruente Elemente in einen Topf wirft und zum Cocktail mixt, hat wohl mit was Pikantem aufzuwarten. Der Trank wirkt vielleicht stimulierend. Aber löscht er den Durst innig bemühter, beunruhigter und aufgewühlter Jugend? Mein Freund René Crevel, auf der Suche nach einem Weg, vertraute sich der Führung eines koboldhaft paradoxen, selbstherrlich frechen Geistes an. Ein junger Mensch von wunderbaren Gaben in unserer stumpfsinnig vulgären, der Jugend und dem Geiste feindlich entfremdeten Zeit – so isoliert fühlte er sich, so ratlos und bedrängt, daß er sich an irgendein Programm, ein Dogma klammern mußte. War es ein Programm der Konfusion und des Nihilismus, ein zum Dogma erstarrter Studentenjux? Die surrealistischen Bilderstürmer, deren lustigem Fähnlein er sich anschloß, waren sie sich klar über Richtung und Ziel? Sie vergnügten sich damit, die ethischen und ästhetischen Normen vergangener Epochen bübisch zu verulken. Zum Teufel mit der Moral des Christentums, der Aufklärung, der Französischen Revolution! Weg mit dem öden Schönheitskult der Antike und der Renaissance! Die Venus von Milo gehört in den Kehricht! Statt ihrer beten wir nun eine neue Göttin an, eine Venus mit Fischschwanz, die Augen voller Läuse, und statt des Busens hat sie ein Klavier. Und so hat man denn alle Clichés der Vergangenheit mit großer revolutionärer Geste über Bord geworfen, um schließlich auf ein neues Cliché hereinzufallen, das sich von den früheren nur durch seine Garstigkeit unterscheidet …

Armer René! Erwartete er sich Trost und Führung von Anarchisten, die sich so leicht von einer neuen Orthodoxie düpieren ließen, von Ikonoklasten, die schon wieder vor neuen Götzenbildern in die Knie sanken? Aber vielleicht war es gerade dieser Kult der Neurose, die provokante Glorifizierung der Narretei, von der mein Freund sich angezogen fühlte. Indem er sich zu einer Philosophie des Widersinns und Wahnsinns bekannte, meinte er wohl, den *wirklichen* Wahnsinn zu bekämpfen, den Wahnsinn um uns herum, wie auch den, von dem er sich selbst, den eigenen Geist, die eigene Vernunft bedroht glaubte.

Denn er hatte Angst. Angst vor den zerstörerischen, katastrophalen Potentialitäten einer entgötterten, desorientierten Gesellschaft; Angst vor dem eigenen Ich, der gefährdeten Identität, die er von den verhaßten Eltern mitbekommen hatte. Der Schatten des bourgeoisen Papa, der sich unpassenderweise in der guten Stube erhängt hatte, verfolgte, quälte, mahnte den rebellischen Sohn. War sein Grauen vor der allgemeinen Infamie und Verderbtheit ein Zeichen klinischer Übersensitivität, ein Symptom ihm vorbestimmten, unabwendbaren geistigen Verfalles? Die Sinnlosigkeit menschlicher Geschäftigkeit, menschlicher Gier erfüllte ihn mit Entsetzen; ließ dies darauf schließen, daß er seinerseits von Sinnen war? War er verrückt oder waren es seine Mitmenschen und Zeitgenossen, war es unsere Welt, unsere Epoche?

René schaute um sich mit seinem schönen, wilden, kindlich aufgerissenen Sternenblick. „Êtes-vous fous?" fragte er die Mitmenschen und Zeitgenossen, fragte er die Welt. Und da, keine Antwort kam, mit größerer Dringlichkeit, mit wachsender Erbitterung: „Seid ihr toll?" Schließlich klang es fast wie ein verzweifelter Schrei.

Der junge Romancier wählte diese hartnäckig gestellte, zornig angstvolle Frage als Titel für eines seiner Bücher („Êtes-vous fous?" von René" Crevel, 1929). Es war eigentlich kein Roman im strengen Sinn des Wortes, eher ein polemischer Fiebertraum, eine groteske Halluzination, Wutausbruch und Protest in episch-satirischer Form. Der Held der wunderlichen Chronik, Vagualame (ein Selbstporträt des Autors), irrt ziellos durch eine Welt, die wir halb als Bordell, halb als Irrenhaus geschildert finden. Angewidert und doch auch wieder belustigt von der Hohlheit und Heuchelei modernen Lebens zieht dieser verwundbare, streitbare „Candide" von einem „Kulturzentrum" zum anderen, und wohin er auch kommt, erschreckt er die Menschen mit seiner erschreckten Frage: „Êtes-vous fous? Si non ..." Wissenschaftler und Gesellschaftsdamen, Priester und Politiker, die Ausbeuter und die Ausgebeuteten, alle werden solcherart examiniert und mit einem desperaten Achselzucken stehengelassen. Der wütende Witz des Vagualame-Crevel richtet sich gegen den Papst und gegen Frau Cosima Wagner, gegen die französische Grammatik, D'Annunzio, den Grafen Coudenhove-Kalergi und seine Paneuropäische Bewegung, die Schweizer Sanatorien, Hollywood, den katholischen Schriftsteller Mauriac und den tschechischen Industriellen Bata. Weder die relativ harmlose Innung der Lesbierinnen noch der ehrwürdige alte Kaiser Franz Joseph finden Gnade vor diesem unbarmherzig strahlenden, reinen und harten Blick. Vagualame – Spaßmacher, Wahrheitssucher, Richter – verhöhnt das House of Lords in London, die Académie Française in Paris und das Institut für Sexualwissenschaft in Berlin. Der Gründer und Chef besagten Institutes, Professor Magnus Hirschfeld – mir seit Jahren als solider Forscher und wackerer, hilfsbereiter Mann bekannt – trat in Renés phantastischer Satire als ein greulicher Charlatan namens Dr. Optimus Cerf-Mayer auf.

„Wie kann man so etwas tun?" fragte ich den Spötter mit den Engelsaugen. „Meinen alten Freund Magnus Hirschfeld als eine Art von Moloch hinzustellen, der jeden Tag mindestens einen Hermaphroditen oder Transvestiten verschlingt! Das ist doch wirklich eine Ungerechtigkeit. Und gewiß nicht die einzige, die du dir hast zuschulden kommen lassen! Wenn die Leute wirklich so aussähen, wie du sie in deinem Buch beschreibst, nun, dann gäbe es ja nur Idioten und Kriminelle in dieser Welt!"

„Nur Idioten und Kriminelle", bestätigte der hellsichtige Vagualame mit böser Lustigkeit. „Ist's etwa nicht so?"

„Ich weiß doch nicht", lachte ich, leicht pikiert. „Einige Ausnahmen sollten sich immerhin finden lassen."

Und Vagualame, mit plötzlich besänftigter, zärtlich gedämpfter Stimme: „Eine Ausnahme freilich gibt es. Es gibt meine kleine Yolande."

Yolande – der Schutzengel, die Gefährtin, an die Vagualame, der verzweifelte Vagabund, sich klammert in seiner Not; Yolande – die reine Blüte, die inmitten der Fäulnis blüht: sie als einzige, nur sie besteht vor dem dräuenden Sternenblick des satirischen Visionärs. Sie bedrängt er nicht mit seiner rhetorischen und doch so bitter ernstgemeinten Frage; er läßt sie unbehelligt: er nimmt sie, will sie, liebt sie, wie sie ist.

Selbst wenn Yolande irren Sinnes wäre – sie hat die Macht, den Liebenden, den armen Vagualame vor dem Gespenst des Irrsinns zu beschützen.

Étes-vous fous? Die entsetzte, entsetzliche Frage, Renés Leitmotiv kam von vielen Lippen, beunruhigte viele Herzen; ich hörte sie in mancherlei Zusammenhängen und verschiedenen Sprachen, herausgebrüllt im Zorn, über die Achsel gezischt in schneidender Verachtung, geflüstert, hingehaucht in Kummer und Bedrängnis: „Bist du verrückt? Oder ...?"

„Total übergeschnappt!" Dies ist Yolandes Stimme – rauh, aber sonor und voll erfrischender Herzlichkeit. Vagualames holde Gefährtin ist in Wirklichkeit Fräulein Thea Sternheim, meine liebe Freundin Mopsa, Tochter eben jenes dämonischen Dramatikers, der meine Braut zu seiner Gattin machte. Folglich ist Pamela die Stiefmutter der Mopsa, die zwei oder drei Jahre älter ist als sie. Wie aber bin ich mit Mopsas Mama, der prächtigen Madame Stoisy Sternheim verwandt? Sie ist die geschiedene Frau des Mannes, der die Stiefmutter von Renés Schutzengel geheiratet hat. Folglich ... Schluß! Ist ja der reine Wahnsinn ...

„Das geschieht dir recht!" kichert Mopsa Sternheim, der ich soeben erzählt habe, daß ich ihren Papa in Baden-Baden besuchen wolle: er verbringt dort seine Flitterwochen mit meiner vergangenen Braut. „Der Alte ist völlig meschugge", stellt das „Dichterkind" nicht ohne Amüsiertheit fest. „Weißt du, was er mir neulich geschrieben hat? Er sei fest entschlossen, auf seine alten Tage mindestens ebenso schön wie der Herr General von Seekt zu werden! Klingt ziemlich bös – was?"

Im Hotel Stephanie zu Baden-Baden empfangen Herr und Frau Sternheim mich im Speisesaal; man hat sich zu Tisch gesetzt, ohne auf mich zu warten; der Dramatiker trägt einen auffallend hohen steifen Kragen zum Smoking, die junge Gattin glitzert im Abendkleid. Ich habe sie beide nicht gesehen, seit ich mich mit Erika zur großen Fahrt „rundherum" aufmachte.

„Du siehst gut aus", sage ich zu Pamela.

„Nicht annähernd so attraktiv wie Seine Exzellenz dort drüben", bemerkt Herr Sternheim mit einem tückisch-lüsternen Blick zum Nebentisch. Dort tafelt der ehemalige Chef der Reichswehr – fescher alter Kavalier mit soigniertem weißem Schnurrbart, Monokel und allem Zubehör. „Blendend – was?" kräht der Dramatiker und fügt aggressiv hinzu: *"Voilà un homme!"* wobei er triumphierend durch die Nase lacht. „Nicht wahr, er gefällt dir, der Herr General?" Die drohende Frage ist an Pamela gerichtet.

Sie spricht in korrekter Haltung: „Herr von Seekt ist mein Typ." Ihr Gesicht mit der imposanten Nase und den weit geöffneten, blanken Augen bleibt starr über dem starren Spitzenkragen. Sie macht ihre Stimme sanfter, da sie sich dem Gatten über den Tisch hin zuneigt: „Iß deine Suppe, Lieber!"

Aber er, anstatt sich auf seinen Teller zu konzentrieren, fährt fort, die elegante Figur des Generals zu preisen. „Ein Adler!“ ruft er mit plötzlicher Gereiztheit, als ob ihm jemand widersprochen hätte. „Seine Exzellenz und ich, wir gehören zum Adlergeschlecht! Aber mit euch von der jungen Generation ist nichts los. Kein Schmiß, kein Schneid, keine Rasse. Lahme Enten seid ihr – alle, wie ihr da sitzt. Lahme Enten – die ganze Jugend von heute!“

Dies geht offenbar nicht nur auf mich, sondern auch auf die junge Madame Sternheim, geborene Wedekind. Diese läßt sich's indessen nicht anfechten, sondern mahnt nur mit gläsern hypnotisierender Stimme: „Die Suppe, Schatz! Du vergißt deine Suppe!“ Woraufhin er seinen Teller endgültig beiseite schiebt und streitbar insistiert: „Ein *Adler*, sag ich dir! Im Gegensatz zu euch lahmen Enten sind Herr von Seekt und ich deutlich als Adler erkennbar!“

Der General, der nicht umhin kann, einige Brocken von Sternheims Gerede aufzufangen, scheint zugleich belustigt und irritiert. Jetzt flüstert er hinter vorgehaltener Serviette seiner Dame etwas zu, wobei er unsere wunderliche Gesellschaft mit kalt amüsiertem Monokel-Blick streift. Ich weiß nur zu gut, was er sagt. „Lach jetzt nicht, Friederike!“ raunt seine Exzellenz. „Der Kerl dort drüben hat mich eben einen Adler genannt!“

„Im Ernst?“ Die Generalin kichert, trotz seiner Warnung. „Nein, so was! Total übergeschnappt!“

Ich winde mich und schwitze vor Verlegenheit, während der Dramatiker weiter zu unserem arroganten Nachbarn hinüberspäht. Hat er denn nicht recht, der elegante Haudegen, einen Intellektuellen zu verachten, der sich solcherart erniedrigt und blamiert? Carl Sternheim, der beißende Satiriker, „des zynischsten Jahrhunderts krassester Besserwisser“, wie er sich selbst genannt hat, und liegt auf dem Bauch vor einem gezwirbelten Schnurrbart, einer straffen Offiziersfigur!

Darum werden wir den Krieg verlieren, empfinde ich mit einem plötzlichen Schmerz. Was für einen Krieg denn? Nun, den *unseren* natürlich, den uralten Kampf zwischen Militär und Zivilisation, zwischen den Raubrittern und den honetten Leuten. Auf „unserer“ Seite – der Seite der Zivilisation – gibt es zu viel perverse Bewunderung für den schnöden Glanz, die Brutalität der Macht ...

Am nächsten Morgen fuhr ich nach Berlin zurück.

Ein paar Tage nach meinem Besuch in Baden-Baden mußte der Dichter Carl Sternheim in ein Irrenhaus übergeführt werden.

„Sei pazzo?“

Dies ist Venedig – sein schillerndes Zwielicht, der maurische Zauber seiner Architektur, das sehnsüchtige Lied vom Canale Grande.

Zwei Mädchen und zwei junge Männer liegen ausgestreckt in einer Gondel: Erika und ich, dazu einer meiner Freunde und unser „Schweizerkind", Annemarie, die exzentrische Erbin eines patrizischen alten Namens. Sie ist ehrgeizig und zart und ernst, mit einer reinen Jünglingsstirn unter dem weichen, aschblonden Haar.

Ist sie schön? Als sie zum erstenmal in München bei uns zu Mittag speiste, sah der Zauberer sie mit einer Mischung aus Besorgnis und Wohlgefallen von der Seite an, um schließlich festzustellen: „Merkwürdig, wenn Sie ein Junge wären, dann müßten Sie doch als *ungewöhnlich* hübsch gelten."

Doch, sie ist schön, auch als Mädchen. Der französische Dichter Roger Martin du Gard wußte, wofür er ihr dankte, als er ihr in eines seiner Bücher diese Widmung schrieb: *Pour Annemarie – en la remerciant de promener sur cette terre son beau visage d'ange inconsolable ...*

„Schweizerkind!" ermahne ich sie. „Mach nicht dein untröstliches Engelsgesicht! Was ist los mit dir??"

„Ach, nichts Besonderes", murrt sie mit ihrem leicht gutturalen Tonfall. „Oder vielmehr, das Verschiedenste. Es gibt so viele traurige Sachen."

„Zum Beispiel?"

„Die Mama ist wieder mal wütend auf mich." (Sie betont das Wort „Mama" auf der ersten Silbe, was sonderbar rührend klingt.)

„Na, wenn schon!" Ich versuche es mit einem wegwerfenden Achselzucken.

Eine Weile ist kein Laut zu hören außer dem leisen Plätschern, mit dem die Gondel durch das Wasser gleitet, das ölig stille, übelriechende, verzauberte Wasser des Canale Grande. Schließlich fängt Annemarie wieder zu sprechen an: „Sie war heute früh am Telephon recht aufgeregt, als sie mich anrief aus Zürich. Unser bestes Pferd hat beim Rennen kein Glück gehabt: für so was muß ich dann büßen. Da heißt es dann gleich wieder, ich sei ohne moralischen Halt und voll übler Instinkte. Immer das gleiche Lied."

Nach einer neuen Stille fügt sie gedämpft hinzu: „Und an den Toscanini hab ich auch denken müssen."

„Arturo? Hat der dich auch telephonisch zurechtgewiesen?"

Und Annemarie, das „Schweizerkind" – plötzlich aufgerichtet, mit zornig gestraffter Miene und einer dunklen Flamme im Blick: „Ihm ins Gesicht zu schlagen! Dieses Fascisten-Pack! Weil er ihre idiotische Hymne nicht spielen wollte! Und niemand protestiert gegen das Ungeheuerliche! Alles geht weiter in Venedig, in Italien, in Europa, als ob nichts geschehen wäre! Es ist zum Wahnsinnigwerden!"

Der Gondoliere, der nichts versteht, lächelt der grollenden Ausländerin aufmunternd zu. Offenbar, die Signorina fühlt sich nicht ganz wohl. Wenn er lächelt, wird sie sich beruhigen und ein besseres Trinkgeld geben. Aber sie beruhigt sich nicht, wie sehr der Venezianer auch mit Augen und Zähnen funkelt. Anstatt das generöse Lächeln zu erwidern, zeigt die Fremde dem schönen Ruderknecht ein unversöhnlich finsteres Gesicht. „Ihn zu ohrfeigen!“ murrt sie noch, mit eigensinniger Verzweiflung. „Den besten Mann, den sie haben! Ihren einzigen großen Mann! Und niemand protestiert ...“

„Sei pazzo?“ grinst der Gondoliere.

„Are you mad?“

... München, Sommer 1929.

Der Schauplatz: ein riesenhaftes Zelt auf der „Theresienwiese am Rand der Isarstadt. Im Zelte drängt sich das Volk – zwanzigtausend, dreißigtausend Menschen. Es ist dunkel; nur die Rednerbühne steht in grellem Licht. Und von dort, von der illuminierten Plattform kommt die Stimme – das ekle Heulen eines tollen Hundes.

„Die Juden!“ bellt die fürchterliche Stimme. „Die Saujuden sind schuld. Wer denn sonst?“

Ein junger Bursche ganz in unserer Nähe kreischt plötzlich, wie von der Tarantel gebissen: „An den Galgen mit ihnen! Hängt sie auf! An den Galgen mit dem Judenpack!“ Woraufhin die Stimme schleimig-scherzhaft wird: „Nur Geduld, Volksgenosse! Geduld bringt Rosen!“

Die Menge brüllt, wiehert, schüttelt sich in blutrünstiger Heiterkeit.

„Dear me!“ flüstert unser englischer Freund, Brian Howard, der so sehr darauf aus war, dieser makabren Veranstaltung beizuwohnen. *“He's a paranoiac!“*

„Wer beherrscht die sogenannte Republik?“ Die Tier-Stimme fragt, vom Chorus kommt die Antwort: „Die Juden-Bagasch! – Wer denn sonst? Die Saujuden! Hängt sie auf!“

„How extraordinary!“ flüstert Freund Brian uns zu. „Er ist ausgesprochen wahnsinnig. Merken die Leute es nicht? Oder sind sie selber verrückt?“ Er schüttelt ratlos den Kopf.

Und die Stimme, keuchend jetzt, atemlos, heiser vor Haß: „Wer beherrscht den sogenannten Völkerbund? Die Presse? Die internationalen Kartelle? Den Kreml? Die sogenannte katholische Kirche?“ Und jeder Frage folgt dasselbe stereotype Stampfen und Brüllen: „Die Saujuden! An den Galgen mit ihnen!“

„Are they mad? Or what?“ Brian stellt die Frage immer wieder, in verschiedenen Sprachen. Schließlich wendet er sich direkt an ein hochbusiges Hitlermädchen in seiner

Nachbarschaft: „Sind Sie toll, mein Fräulein?“ Es klingt nicht aggressiv – nur höflich interessiert. Glücklicherweise ist das blonde Ding in seinem Erregungszustand nicht fähig, den Anruf zu verstehen. Sie trampelt, röchelt, kichert, stöhnt und quiekt in quasi-sexueller Ekstase. Angesichts so widrig krasser Symptome kann der Beobachter nur die Achseln zucken: „Sie sollten einen guten Psychiater zu Rate ziehen, meine Dame.“

Wie ähnlich ihm das sieht! So ist er, unser Freund Brian – Brian Howard aus London, Schriftsteller seines Zeichens, Mitarbeiter an liberalen Revuen, Vorkämpfer des europäischen Gedankens. Er liebt Deutschland, kommt jeden Sommer nach Bayern, eben jetzt logieren wir zusammen in einem kleinen Hotel am Walchensee. Aber je mehr einem das deutsche Schicksal am Herzen liegt, desto greulicher muß einem diese Stimme sein – die Stimme des Lügners, des Prahlers, des Fanatikers, des Kriminellen. Brian ist nicht der Mann, sich von ihr einschüchtern zu lassen. „Ekelhaft“, murmelt er, ziemlich laut. „Zum Kotzen.“

Es ist gar nicht ungefährlich. Jeden Augenblick kann einer der Braunhemden das anstößige Gemurmel hören und Rache üben. Brian schert sich nicht drum. Mutig bis zur Verwegenheit, bei übrigens zarter körperlicher Konstitution, würde er sich wohl einer ganzen Armee von Rowdies zum Kampfe stellen.

Aber so weit wollen wir's doch nicht kommen lassen. „Wir können ebensogut gehen“, schlage ich mit gedämpfter Stimme vor. „Er ist ein öder Schwätzer, weiter nichts. Es nimmt ihn sowieso niemand ernst.“

Um uns herum wird Murren laut, da wir uns von unseren Sitzen erheben. „Ausländer, wahrscheinlich“, erklärt ein Hitlerjunge verächtlich den Kollegen. Und ein anderer: „Die werden auch noch schaun!“

Während wir uns zum Ausgang durchkämpfen, folgt uns die Tier-Stimme, vom Lautsprecher getragen und verstärkt, durch die Versammlungshalle. „Versailles ... Dolchstoß ... nationale Schmach“, tobt der manische Clown unter der schwanken Wölbung des Zirkuszeltes. „Ich verspreche euch, deutsche Mütter ... Köpfe werden rollen ... Ich verspreche euch, deutsche Bauern ... Unsere nationale Erhebung ... die nordische Rasse ... unser herrliches Vaterland ... die hohen Milchpreise ... Ich verspreche euch, deutsche Handwerker ... die Freimaurer ... die Zinsknechtschaft ... Und wer profitiert daran? Unser Erbfeind, diese Schmarotzer und Schurken, die krummnasige, stinkende Verbrecherbande ...“

Gibt es kein Entrinnen vor diesem obszönen Gebell? Ist Lappland weit genug? Oder die Hafenstadt Cadiz am südlichen Ende Spaniens?

Erika ist eine vorzügliche Fahrerin. Ihr kleiner Ford sieht zwar ein bißchen klapprig und schäbig aus, hat sich aber als leistungsfähiger erwiesen als manche Luxuslimousine.

Wir fahren zusammen kreuz und quer durch Europa, wie auf einer endlosen Flucht. In Petsamo, am Nordende Finnlands, träumen wir von Eskapaden in die Polarzonen. Von Cadiz ist es nur ein Katzensprung nach Marokko. Wird Marokko weit genug sein? Dürfen wir dort etwas zur Ruhe kommen?

Die Stadt Fez ist bezaubernd. Indessen besteht unser arabischer Führer darauf, daß wir den wahren Reiz des Orients gar nicht recht erfassen und ermessen können, wenn wir nicht auch von der orientalischen Droge, dem Zauberkräutlein Haschisch kosten.

Es sieht nicht eben appetitlich aus. Eine Art von grünlich-schwarzem Puder. Der Führer behauptet, es sei von der feinsten Sorte, *la qualité des princes*, etwas ganz besonders Köstliches.

„Ein Schwindler", beklagt sich Erika. „Ich spüre überhaupt keine Wirkung. Die Prinzenqualität besteht aus Schokoladenpulver mit Zimt."

Ich gebe zu, daß es ein Jammer ist, schlage aber doch vor, daß wir noch ein wenig von dem Zeug verschlucken: „nur ein oder zwei Teelöffel voll. Schaden kann es ja keinesfalls, da es sich um Zimtschokolade handelt."

Wir haben schon etwa dreimal soviel konsumiert, als unser Führer uns empfohlen hatte. Nun genehmigen wir uns noch eine tüchtige Dosis, seiner Warnungen ungeachtet.

Nach einer kleinen Weile fangen wir an, ganz ungewöhnlich heiter zu werden. Alles reizt uns zum Kichern. Die Form der Wasserkaraffe, die Quasten an Erikas Pantoffeln, der Name des Hotels, dessen Mobiliar so sehr sehr drollig ist, der Name der abarischen Stadt, wohin unser höchst lachhafter kleiner Wagen uns gefahren hat. „Fez!" wiederholen wir immer wieder, sinnlos amüsiert. „Was für ein Name! *Visitez Fez, la Mystérieuse!* Warum besuchen Sie denn um Gottes willen nicht das mysteriöse Fez, wo jedermann einen Fez trägt, einen Fez mit einer Quaste dran, eine Pantoffelmütze von prinzlicher Qualität: sogar unser Führer hat einen, unser spaßhafter kleiner *guide*, unsere Gazelle, die uns mit der Quaste verführt. *Mes princes et mes princesses! Visitez donc – et plus vite que ça! – le mystère de la qualité, les guides Feziens aux principes Hashishaux, le Hashish Marocain aux qualités mystérieuses!*"

So treiben wir es etwa eine Stunde lang, mit albernstem Gelächter. Dann schlafen wir plötzlich ein.

Erika liegt auf dem Bett, ich habe mir's in einem Lehnstuhl bequem gemacht. Ihr Aufschrei weckt mich. Sie ist auf den Füßen, stürzt durch den chaotischen Raum. Ich sehe den angstvoll aufgerissenen Blick in ihrem weißen Gesicht; ich höre sie jammern, aber ich verstehe kaum, was sie sagt. Ich bin noch vom Schlaf benommen. Mein Schlaf war tief, wie eine Trance ...

„Ich muß sterben!" Nun verstehe ich's doch. „Ich muß sterben", schreit Erika, wobei sie mit schreckensbleichem Gesicht zwischen Bett und Fenster hin- und herrennt, immer wieder hin und zurück, dieselben drei oder vier Schritte. „Es ist aus mit mir! O mein Gott!“

„Was ist los? Was gibt's?“ Wie schwer es meinen Lippen, meiner Zunge fällt, Worte zu artikulieren! Nur ein Lallen gelingt.

„Dieses teuflische Zeug!“ bringt sie ächzend hervor. Noch niemals habe ich sie in einem ähnlichen Zustand gesehen. Das Entsetzen in ihrem Blick teilt sich mir mit, um so mehr, da sie nun auch noch die Arme wirft und, den Kopf im Nacken, mit gemarterter Stimme ruft: „Wir sind vergiftet, alle beide! Das Haschisch ... Es ist aus mit uns!“

„Mir geht es noch ganz gut“, behaupte ich lallenden Mundes. Da schreit sie mich an: „Mir nicht!“ und nimmt ihr furchtbares Rennen wieder auf, vom Fenster zum Bett und zurück ...

Etwas Grausiges muß ihr im Schlafe zugestoßen sein, ein fast tödlicher Schock, wie aus ihren mühsam hervorgestoßenen Worten hervorgeht, eine Heimsuchung durchaus unvergleichlicher und unbeschreiblicher Natur. „Ich war zu weit weg ... zu tief unten“, versichert sie mir, immer rastlos unterwegs zwischen Bett und Fenster. „Ich bin so tief gefallen! Es gab gar kein Halten mehr! Dieses teuflische Zeug! Wir sind vergiftet, beide ... Wir sind hin ...“

Ich will einen Arzt kommen lassen, aber Erika entscheidet: „Wir gehen!“

In Schlafrock und Pantoffeln? Ich zögere, aber sie zerrt mich zur Türe, hinaus in die laue Dunkelheit der afrikanischen Nacht.

Wir haben die ganze Breite des Parkes zu durchqueren, um den zentralen Flügel des ausgedehnten Hotels zu erreichen. Die Lichter sind alle aus, nur aus unseren Räumen kommt matter Schimmer und vom entfernten Hauptgebäude her winkt die Lampe des Nachtportiers. Die mannigfachen Parfüms der Pflanzen und Blüten sind beunruhigend stark und süß in der feuchten, samtenen Luft. Erregender, beklemmender noch als die Düfte ist das monotone Konzert der Grillen und Frösche ...

„Sag doch was!“ fleht Erika mich an, da wir nebeneinander durch das nächtige Labyrinth der Blumenbeete und Gebüsche stolpern. „Wenn du nichts sagst“, flüstert sie mit erstickter Stimme, „dann muß ich wieder fallen. Ins schwarze Loch, in den Strudel, ins Bodenlose ... Warum sagst du denn nichts?“

„Mir fällt nichts ein ...“ Meine eigene Stimme klingt mir weit entfernt, ein hohles, fremdes Summen. „Nur, falls es dich interessiert ... Die Sache mit meinem Arm ... Mein rechter Arm: er ist weg ... einfach abhanden gekommen ... Und jetzt auch noch der linke! Ist das nicht sonderbar?“

„Was ist los mit deinen Armen?“ Sie packt mich an den Schultern, schüttelt mich. Dazu ihr heiserer Aufschrei: „O das Teufelszeug!“

Niemals werde ich beschreiben können, was mir nun widerfuhr. Es war schaurig über alle Worte. Es war Wahnsinn. Ja, es war die Hölle.

Erst flogen meine Arme davon, dann die Beine; es folgten Hals und Kopf, schließlich der ganze Körper. Ich löste mich auf, explodierte in tausend Stücke. Meine Identität zerbarst: die Fragmente meines Ichs flatterten durch den nachtschwarzen, parfümierten Garten. O meine Nase! Meine Fingerspitzen! Mein Haar! Es ist dahin, verfangen im Dornengebüsch ... Ach, und mein entfremdeter, schrecklicher Mund plappert Ungereimtes vom Gipfel der Zypresse! Meine Füße, ziellos und willenlos, laufen durch feuchtes Gras, während mein Herz – ein Klumpen losgelöster, zuckender Nerven und Muskel – irgendwo zwischen Himmel und Erde tanzt.

Die Behauptung, daß meine Identität „zerbarst", mag übrigens etwas irreführend sein. Ja, diese Formulierung hat etwas unerlaubt *Euphemistisches*, in Anbetracht der qualvollen Bewußtheit, mit der ich das Abscheuliche erleben mußte. Denn dies war das Schlimmste an dem spukhaften Abenteuer: daß ich mir inmitten der Katastrophe über das Ungeheuerliche des Vorganges durchaus im klaren blieb und den Prozeß meines eigenen Zerfalls mit entsetzter Interessiertheit registrierte. Mein Hirn – isoliert, aber keineswegs verdunkelt oder gelähmt – schwebte in grausamer Wachheit irgendwo über dem schizophrenen Chaos.

„Dies ist ein äußerst ernstes Vorkommnis", begriff mein einsames Hirn. „Es mag sehr wohl sein, daß meine Arme und Lippen nie wieder zu mir zurückfinden werden. Jedenfalls wird es lange währen, bis ich meinen Organismus wieder beisammen habe – und ganz komme ich wohl nie hinweg über diesen infernalischen Schock."

Ich hörte Erikas Stimme; überraschenderweise kam sie vom Dache des Hauptgebäudes. „Warum springst du denn so herum?" fragte sie mich. „Hör doch auf zu tanzen!"

Ich antwortete ihr vom Brunnen her: „Ich tanze nicht. Du irrst, du phantasierst. Und wenn ich's täte, so wäre nicht *ich* es, der's tut! Wie kann ich denn aufhören zu tanzen, da ja nicht *ich* es wäre, der tanzte, wenn ich tanzte?"

... „*Êtes-vous fous?*"

Erst war es der verschlafene Nachtportier, der die unvermeidliche Frage an uns richtete; dann der Chauffeur, den man glücklicherweise in irgendeiner Kneipe aufgetrieben hatte. Er war betrunken und hörte während der ganzen Fahrt zum Hospital nicht auf, uns unflätig zu beschimpfen. *"Ça, alors! Merde alors! A trois heures du matin! Les fous, alors ..."*

Der Wagen schwamm durch Wolken, Erika sang, ich tanzte. Der Chauffeur verlangte, daß wir uns schämen sollten. Ich konnte mich nicht schämen. Ich hatte Angst. Ich schrie vor Angst, weil mein Kopf gewagte Sprünge auf den Dächern machte: am Ende ging das gute alte Stück mir noch auf der runden, glatten Kuppel dieser stattlichen Moschee verloren!

„Schrei nicht so blöd!“ schimpfte der Chauffeur. „Ich hau dich, wenn du noch einen Laut von dir gibst!“

Erika inzwischen rang die Hände mit solcher Heftigkeit, daß man die Gelenke knacken hören konnte. Sie sang und rang die Hände. Wahrscheinlich, um sich solcherart wach zu halten. Sowie sie einschlief, war ja das schwarze Loch, der Schlund, der Strudel da.

Es wurde schon hell, als der Chauffeur uns endlich am Portal des französischen *Hôpital Militaire* ablieferte. Die Luft hatte sich plötzlich abgekühlt, oder vielleicht war sie hier immer frischer als drunten in der arabischen Stadt, wo unser Hotel gelegen war.

Die Soldaten fragten und lachten uns aus, während der Chauffeur mit einem älteren Mann in weißer Krankenhaustracht verhandelte. „Aha, zuviel Haschisch geschluckt“, hörte ich den Alten aus unermeßlicher Ferne sagen. „„Was für Kindereien! Nun, man wird ihnen ein Schlafmittel geben ... Gut, daß Sie sie hierher gebracht haben ... So ein Schock kann ernsthafte Folgen haben, wenn man nicht rechtzeitig eingreift.“

Seine Stimme klang vernünftig und jovial. Ein sympathischer Mann. Seine weiße Tracht hatte gleich einen beruhigenden Eindruck auf mich gemacht.

„Aber ich sage Ihnen doch, wir sind keine Zigeuner!“ versicherte Erika den Soldaten, die sich über unsere bunten Roben amüsierten.

„Sie sind halt verrückt“, lachte einer der Burschen. *“Des pauvres fous.“*

Aber der Alte im weißen Kittel lächelte uns zu. ›Macht euch nichts draus!‹ sagte sein Lächeln, das verständnisvolle, ermutigende Lächeln eines alten Gelehrten und Soldaten, der viele Dinge in vielen Ländern mitangesehen und mitgemacht hat. ›Wenn sie euch närrisch nennen, was tut's? Offenbar seid ihr im Augenblick ein bißchen durcheinander. Dergleichen mag wohl passieren: man verirrt sich zuweilen auf der Suche nach einem Weg. Ihr habt euch weit vorgewagt, bis in die Nähe des Wahnsinns. Aber doch nicht zu weit! Ihr findet den Weg zurück. Und je schlimmer das Abenteuer der Verirrung war, desto mehr genießt ihr dann das Abenteuer der wiederhergestellten Balance, der geretteten Identität.‹

Achtes Kapitel.
Die Schrift an der Wand

1930–1932

„Das ist ein furchtbarer Verlust ...“

Man besprach die Nachricht vom Tode Gustav Stresemanns. Bruno Frank sagte: „Es ist der Anfang vom Ende!“ wobei er drohend nickte. Ich sehe noch dies ominöse Nicken. Seine Stimme, bei aller Betrübtheit, behielt den markig warmen Ton, den man so an ihr mochte.

Wir wußten, er hatte recht. Ohne Frage, ein Abschnitt deutscher und europäischer Geschichte näherte sich seinem Ende. Ein Zwischenspiel trügerischen Wohlstandes, wohlgemeinter, aber insuffizienter Bemühungen, naiver Illusionen. Was nun kommen sollte, voraussagen ließ es sich nicht, versprach aber, eher katastrophal zu werden.

Unsere Welt war bedroht. Von *wem?* Wie lautete der Name dieser Gefahr? Wir weigerten uns noch immer zuzugeben, daß irgendeine politische Partei, eine Bande von Abenteurern und Fanatikern, die sich prahlerisch als „Nationalsozialisten“ bezeichneten, dazu imstande sein sollten, den gesamten Bestand abendländischer Werte und Traditionen in Frage zu stellen. In unserer Bedrängnis und Ungewißheit durchsuchten wir die Geschichte nach Analogien, mit deren Hilfe die eigene Situation sich leichter verstehen und ertragen ließ. Bruno Frank gehörte zu den ersten, die es unternahmen, die noch halb latente Krise erzählerisch zu deuten, ihren noch undeutlichen Sinn auf eine knappe künstlerische Formel zu bringen. In seiner „Politischen Novelle“ finden wir die ungeheure Problematik einer Zeitenwende zur dramatisch-didaktischen Parabel simplifiziert. Zwei Staatsmänner sind es hier – ein französischer, ein deutscher –, die zu Repräsentanten der europäischen Tragödie werden. Wir sind Zeuge ihrer Begegnung, irgendwo am Mittelländischen Meer; wir lauschen ihrem Dialog, hinter dessen gelassener Diktion die Sorge um einen Kontinent, eine Zivilisation erschütternd spürbar wird. Der eine der beiden Unterhändler – der deutsche – ist schon vom Schicksal gezeichnet: wir sehen ihn schwanken, stürzen. Wird der Überlebende – Aristide Briand – stark und tapfer genug sein, dem Feind allein zu begegnen? Wird er das ihm anvertraute Erbe – das Erbe Griechenlands und des Christentums – verteidigen gegen den ewigen Widersacher unserer Gesittung, den andrängenden Barbaren, den Perser? – Der Begriff der „Perser“, im Zusammenhang dieser geistvoll-beziehungsreichen Geschichte, steht für alles, was mit unserer Konzeption der Menschenwürde essentiell unvereinbar – alles, was dieser Konzeption aggressiv konträr ist. Die Werte und Gegensätze, um die bei Salamis gefochten wurde – es sind die gleichen, um die es in dieser „Politischen Novelle“ geht. *Die Perser kommen* ... Der Angst- und Kampfesruf der Hellenen hat nichts von seiner schicksalhaften Aktualität verloren.

Aber Geschichte ist Variation und Entwicklung des mythischen Modells – nicht seine Wiederholung. Die Bedrohung, der die griechischen Staaten sich ausgesetzt fanden, erscheint beinahe harmlos im Vergleich mit jener, die wir nun zu ermessen und bestehen hatten. Denn diesmal war es kein äußerer Feind, der den Sturm auf die Akropolis wagte: die Gefahr kam von innen, in unserer Mitte wuchs die teuflische Saat. Wir standen entsetzt, gelähmt, angesichts dieses unheilvollen Wucherns; ja, manche von uns erniedrigten sich – geflissentlich oder nicht – zu Handlangern und Antreibern der zerstörerischen Kräfte. Selbstgerechtigkeit und Schwäche, Streitsucht und Dummheit in unseren Reihen wurden zum mächtigen Bundesgenossen des Feindes.

Das Gift kulturfeindlicher Reaktion korrumpierte nicht nur das politische Leben, sondern begann auch schon, auf die Gesinnungen und Ideen der sogenannten „liberalen" Intelligenz zersetzend einzuwirken. Der Blut-und-Boden-Kult, die bösartige Akzentuierung biologischer Werte auf Kosten der geistigen, die Überschätzung des Instinktes und der Intuition samt der dazugehörigen Unterschätzung der Kritik, all diese Symptome der fascistischen Infektion ließen sich nicht nur in der rechts-radikalen, nationalistischen Presse konstatieren, sondern auch im anspruchsvollen Jargon modischer Philosophen und Literaten. Alles, was sich auf den „Zeitgeist" verstand und sich mit ihm gut zu stellen wünschte, sah im Nationalsozialismus „das Kommende", *the Wave of the Future*, wie eine amerikanische Fascistin den Hitler-Skandal später nennen sollte. Es war peinlich, das masochistische Schmunzeln zu sehen, mit dem jüdische Kritiker die Bekenntnisse nationalistischer Finsterlinge als „wertvolle Zeitdokumente" priesen. Die Autobiographie des Rathenau-Mörders Ernst von Salomon, zum Beispiel, machte Sensation im Feuilleton nicht-arischer Gazetten. Die „Frankfurter Zeitung", die der selige Hitler als „jüdische Hure" zu bezeichnen pflegte, lobte das Mordbuch über den grünen Klee; auch Ernst Jünger wurde dort bewundert (welche Dynamik! Was für Intuitionen!), während man Bruno Franks schöne und wichtige Briand-Novelle gelangweilt abtat. So sägten die links-gerichteten Intellektuellen mit selbstgefälligem Kichern den dünnen Zweig ab, auf dem sie gerade noch sitzen durften. Wer sich ins Fäustchen lachte, war der Doktor Goebbels.

Ich war kein Moralist, noch empfing ich Bestechungsgelder von einer Republik, die ihre Kasse für ostelbische Großgrundbesitzer, rheinische Industrielle und das liebe Militär reservierte; aber diese immer ärger werdende Begriffsverwirrung im eigenen Lager fing doch nachgerade an, mich erheblich zu irritieren. Die ordinäre Hast, mit der so viele meiner Kollegen den Anschluß ans „Kommende", nämlich an die kommende Barbarei, suchten und fanden, erschien mir unschicklich bis zum Degoutanten. So benahm man sich nicht, wenn man sich dem Geist verpflichtet fühlte, wenn man Schriftsteller war. Ein französischer Literat, Julien Benda, hatte für diese skandalöse Perversion der Intellektuellen die Bezeichnung *la Trahison des Clercs* geprägt; im vorhitlerschen, hitlerreifen Deutschland wäre eine so treffende Formulierung niemandem eingefallen. Ja, es ist schlimm und traurig genug, wenn der Böse die Laien, das unwissende Volk verführt; aber unendlich widriger ist der obszöne Flirt zwischen Erzfeind und Priester. Eben dies war es, was im Deutschland jener finalen Phase vor Ausbruch des Dritten Reiches leider nur zu häufig geschah. Die Priester, das heißt die Intellektuellen (nicht alle, aber die meisten!) biederten sich beim Antichrist an: nämlich beim Widersacher des Geistes, der Freiheit, der Gesittung.

Einer von ihnen, den ich besonders verehrte, der Dichter Gottfried Benn, ging so weit, die Idee des Fortschritts als „die größte Vulgarität der menschlichen Geschichte" zu diffamieren. Eine kuriose Äußerung, angesichts des triumphalen Anmarsches von Mächten, die zwar zuverlässig fortschrittsfeindlich, dabei aber doch nicht ohne eine gewisse Vulgarität erschienen. Benn ist ein großer Poet: einige seiner dunkel suggestiven, tragisch kühnen Verse haben sich mir für immer eingeprägt, ihr Rhythmus bleibt mir im Blut wie das Echo früh-gehörter, früh-geliebter Zaubersprüche. Auch persönlich stand ich damals auf herzlichem Fuße mit dem äußerlich so korrekten und konventionellen Visionär, der es nicht unter seiner Dichterwürde fand, neben- oder hauptberuflich als Spezialist für Haut- und Geschlechtskrankheiten in einem Berliner Arbeiterviertel tätig zu sein. Dort besuchte ich ihn zuweilen. Der inspirierte Doktor (sein Blick war schläfrig und verhangen unter sehr schweren Lidern) bewirtete mich, nach gutbürgerlichem Brauch, mit Kaffee und Streuselkuchen. Wir plauderten über Dichter. Manchmal verschwand er auf ein paar Minuten ins Nebenzimmer, wo es Patienten gab. „Dumme Geschichte", bemerkte er wohl nachher. „Verschleppter Tripper. Warum kommt sie nicht rechtzeitig, die hirnlose Person?" Dann wurde wieder über Literatur gesprochen. Wir verstanden uns, in literarischen Fragen. Er liebte Nietzsche (den er verhängnisvollerweise wörtlich nahm), Hölderlin, Rimbaud. Er liebte Heinrich Mann, dessen sechzigsten Geburtstag er mit einer schönen Festrede beging. Aber die Übereinstimmung oder Gleichgestimmtheit hörte auf, sowie es um politische Probleme ging, die wir allerdings nur selten in unserer Unterhaltung berührten. Benn trieb die Flaubertsche Verachtung bourgeoiser Bildungs- und Fortschrittsgläubigkeit auf jene bedenkliche Spitze, wo sie in bösartigen Nihilismus umschlägt. Wer das „Tragische" und das „Heroische" als die höchsten, ja als die einzig gültigen Werte akzeptiert und glorifiziert, wird für die Ideale und Aspirationen der Demokratie nur eine höhnische Grimasse haben. Dr. Benn grimassierte, wenn er an die gerechte Verteilung der irdischen Güter, die Organisation des internationalen Friedens, die Mission des Völkerbundes dachte. All dies galt ihm als schales „Neunzehntes Jahrhundert", öde Humanitätsduselei, völlig untragisch und unheroisch. Der Nationalsozialismus hingegen, das war etwas anderes! Nicht ganz sympathisch vielleicht, aber dynamisch, interessant, voll grausig-attraktiver Möglichkeiten! Der Nietzsche-trunkene Dermatologe war angenehm berührt von dem antihumanistischen, antichristlichen Radikalismus, der irrationalen Vehemenz der Hitler-Bewegung. Mit dem „Irrationalen" hatte er es überhaupt. Auch ich war einst verliebt gewesen in diesen Terminus, dessen Inhalt übrigens ebenso fließend und unbestimmt bleibt, wie eben die Sphäre der naturhaft-amoralischen Impulse es im

Gegensatz zur Sphäre des kritisch-moralischen Geistes ist. Aber wenn das „Irrationale" mir in seinen zärtlich-träumerischen, erotisch verbindenden Erscheinungsformen behagt hatte, so erschreckte es mich in seinen aggressiv brutalen Manifestationen, besonders wo diese den Charakter zerstörerischer Massenhysterie anzunehmen drohten. Das heimliche oder sogar lächelnd zugegebene Wohlgefallen, mit dem ein mir sonst verwandter und bewunderungswürdiger Geist wie Benn dies gräßliche Phänomen beobachtete und akzeptierte, konnte nicht umhin, mir auf die Nerven zu gehen. Ich fand mich genötigt, öffentlich gegen ihn Stellung zu nehmen, obwohl wir damals noch befreundet waren und ich noch nicht wissen – aber vielleicht doch schon ahnen – konnte, wie weit er seine zynisch-naive, unverantwortlich paradoxale *trahison* später, nach dem Umsturz von 1933, treiben würde.

Zu Polemiken kam es auch sonst. Der September des Jahres 1930 brachte den Triumph der Hitler-Partei bei den Reichstagswahlen; die Situation spitzte sich zu, aus der latenten Krise wurde die offene. Aber selbst angesichts so eklatanter Gefahr hörten die Intellektuellen, diese verräterischen Priester, nicht auf, dem Übel Vorschub zu leisten. In literarischen Salons diskutierte man mit frivoler Animiertheit den unvermeidlichen Sieg der „nationalen Revolution", von der man sich die günstigste Wirkung auf dem Buchmarkt zu versprechen schien.

Bei manchen war – wie bei Benn – diabolische Sympathie im Spiele; andere setzten ihren Stolz darein, auch noch dem Todfeind gegenüber „objektiv", „verständnisvoll", „gerecht" zu bleiben. Stefan Zweig gehörte zu diesem Typus. Ich mochte ihn, schätzte ihn als Schriftsteller und Freund, war ihm dankbar für die ermutigende Anteilnahme, die er meiner Arbeit entgegenbrachte. Es gefiel mir an ihm, daß er so aufgeschlossen, so sensibel und tolerant, so „eminent pazifistisch" war (um mich eines Ausdruckes zu bedienen, den er einmal im Gespräch mit wienerisch nasaler, sammetweicher Stimme auf sich selber anwandte). Aber auch aus Konzilianz und Gerechtigkeitsliebe kann man gefährlich irren, wie Stefan Zweig es tat, als er die Katastrophe der September-Wahlen in eine begrüßenswerte „Revolte der Jugend" umzudeuten suchte. Diese denn doch gar zu „eminent pazifistische" Auffassung reizte mich derart, daß ich ihr entgegentreten zu müssen glaubte. Es scheint mir nicht ohne ein gewisses Interesse, hier einige Stellen aus dem Offenen Brief wiederzugeben, den ich damals 1930, unter dem Titel „Jugend und Radikalismus" an Stefan Zweig richtete und den ich später in meinem Essayband „Auf der Suche nach einem Weg" erscheinen ließ:

„Es gibt auch ein Alles-Verstehen-Können, eine Bereitwilligkeit der Jugend gegenüber, die zu weit geht. Nicht alles, was Jugend tut, weist in die Zukunft. Ich spreche das aus, und ich bin selber jung. Ein großer Teil meiner Altersgenossen – und der noch Jüngeren – hat sich mit einem Elan, der dem ›Vorwärts‹ vorbehalten sein sollte, für das ›Rückwärts‹ entschieden. Das dürfen wir unter keinen Umständen gutheißen. Unter gar keinen Umständen!

Sie tun es, wenn Sie den grauenerregenden Ausgang der deutschen Reichstagswahlen eine ›vielleicht unkluge, aber im Innersten natürliche und durchaus zu bejahende Revolte der Jugend gegen die hohe Politik‹ nennen. Ihre schöne Sympathie für das Jugendliche an sich läßt Sie, fürchte ich, übersehen, *worin diese Revolte besteht*. Was wollen die Nationalsozialisten? (Denn um sie handelt es sich in dieser Stunde, keineswegs um die Kommunisten!) Nach welcher Richtung radikalisieren sie sich? Darauf schließlich käme es doch an. Radikalismus allein ist noch nichts Positives, und nun gar, wenn er sich so wenig hinreißend, sondern so rowdyhaft und phantasielos manifestiert wie bei unseren Rittern vom Hakenkreuz ... Es ist also so, Stefan Zweig, daß ich meine eigene Generation vor Ihnen preisgebe, oder wenigstens *den* Teil der Generation, den Sie gerade entschuldigen. Zwischen uns und denen ist keine Verbindung möglich; übrigens sind jene die ersten, die irgendeine Verbindung mit Gummiknütteln ablehnen würden. Mit Psychologie kann man alles verstehen, sogar Gummiknüttel. Ich wende sie aber nicht an, diese Psychologie. *Ich will jene nicht verstehen, ich lehne sie ab*. Ich zwinge mich zu der Behauptung, obwohl sie gegen meine Ehre als Schriftsteller geht, daß das Phänomen des hysterischen Neonationalismus mich nicht einmal interessiere. Ich halte es für nichts als gefährlich. Darin besteht *mein* Radikalismus.

Der Jahrgang 1902 konnte sagen: ›La guerre – ce sont nos parents‹. Wie, wenn der Jahrgang 1910 sagen müßte: ›La guerre – ce sont nos frères ...‹? Dann wäre die Stunde da, wo wir uns bis ins Innerste zu schämen hätten, einer Generation angehört zu haben, deren Aktivitätsdrang, deren Radikalismus also, sich auf so schauerliche Weise verkehrt und ins Negative verwandelt hätte."

So weit, so gut. Fraglich bleibt, ob ich meinerseits berechtigt war, mich als politischen Experten und Repräsentanten der „guten Sache" aufzuspielen. Was tat ich selber zur Besserung und zum Schutze unserer so sehr schutz- und besserungsbedürftigen Demokratie? Wo war mein eigener Beitrag zur Rettung der gefährdeten Republik? Welcher kämpferischen Tat oder sozialen Leistung konnte ich mich rühmen?

Unbestreitbar, ich war gegen Hitler – von Anfang an, unbedingt, ohne irgendwelche Vorbehalte psychologisch-pazifistischer oder diabolisch-paradoxer Art. Selbst meinem wachsamsten Todfeind würde es nicht gelingen, in all meinem Geschreibsel eine einzige Passage zu entdecken, die der Nazi-Philosophie, dem Nazi-Geschmack in irgendeinem Sinn entspräche oder Konzessionen machte. Die ganze Richtung paßte mir nicht, war mir ein Greuel und Ekel, durchaus verhaßt und wider die Natur. Das ist immerhin etwas, ein Argument, welches sich denn doch für meinen moralischen Instinkt und meine politische Urteilsfähigkeit ins Feld führen läßt. Aber es ist nicht genug.

Ja, vielleicht verhält es sich sogar so, daß dieser völlige Mangel an Kontakt mit der Nazi-Mentalität es mir zunächst schwer oder unmöglich machte, eben diese Mentalität wirkungsvoll zu bekämpfen. Unser Haß wird wohl nur dort aktiv und militant, wo wir eine gewisse Affinität zum Gegner spüren. Man bekämpft nicht – oder doch nicht mit vollem Einsatz –, was man durchaus verachtet. Lohnt es sich, den offenbaren Unsinn und frechen Aberwitz logisch zu widerlegen? Man begnügt sich mit einem angewiderten Achselzucken.

Diese Nazis – ich verstand sie nicht. Ihre Journale – „Stürmer", „Angriff", „Völkischer Beobachter" oder wie der Unflat sonst noch heißen mochte – hätten ebensogut in chinesischer Sprache erscheinen können: ich kapierte kein Wort. Wovon war denn die Rede in den seltsamen Liedern, die der braune Pöbel auf den Gassen hören ließ? Worum handelte es sich in ihren kuriosen Pamphleten und Manifesten? Irgend etwas mußte sich doch verbergen hinter all diesem absurden Gerede über Juden, Zinsknechtschaft und Versailler Diktat – irgendein geheimer Sinn, zugängig allein dem Eingeweihten. Dieser begriff vielleicht, was gemeint war, wenn mit wunderlicher Insistenz behauptet wurde, die Israeliten wollten Deutschland zerstören, ein Verdacht, dessen Unhaltbarkeit sich für jeden Vernünftigen von selbst verstand. Aber vielleicht wurde in die Mysterien der Nazi-Seele und des Nazi-Jargons nur eingeweiht, wer die Vernunft in sich überwunden, endgültig auf sie verzichtet hatte? War man noch nicht so weit, so konnte einem wohl etwas beklommen zumute werden angesichts von so viel Dummheit und Lüge.

Mir war beklommen zumute, aber nicht beklommen genug – eben weil ich nicht verstehen wollte, daß die Mehrzahl meiner Mitbürger das „sacrificium intellectus" längst gebracht und die störende Vernunft in sich ertötet hatte. Dergleichen hält man möglichst lang für ein Ding der Unmöglichkeit. So lange nämlich, bis es sich leider doch als möglich erweisen wird. Mir wollte es nicht in den Kopf, daß die Deutschen Hitlern allen Ernstes für einen großen Mann, ja für den Messias halten könnten. Der und groß? Man brauchte ihn doch nur anzusehen!

Ich hatte wiederholt Gelegenheit, diese Physiognomie zu studieren. Einmal aus nächster Nähe, etwa eine halbe Stunde lang. Das war 1932, ungefähr ein Jahr vor der „Machtergreifung". Die Carlton-Teestube in München war damals eines seiner Stammlokale, eine Tatsache, von der ich übrigens keinerlei Kenntnis hatte, als ich dort eines Nachmittag eintrat, um mir eine Tasse Kaffee zu genehmigen. Ich entschied mich für dieses Lokal, weil das Café Luitpold – gerade gegenüber, auf der anderen Seite der Brienner-Straße – neuerdings zum Treffpunkt der SA und SS geworden war: ein anständiger Mensch verkehrte dort nicht mehr. Der Führer, wie sich nun herausstellte, teilte meine Aversion gegen seine tapferen Mannen; auch er bevorzugte die Intimität des distinguierten „Tea-Room".

Da saß er, umgeben von ein paar bevorzugten Spießgesellen, und ließ sich sein Erdbeertörtchen schmecken. Ich nahm am Nebentisch Platz, kaum einen Meter entfernt.

Er verschmauste noch ein Erdbeertörtchen mit Schlagrahm (die Kuchen waren gut im „Carlton"); dann ein drittes – wenn es nicht schon das vierte war. Ich esse selbst recht gerne süßes Zeug; aber der Anblick seiner halb infantilen, halb raubtierhaften Gefräßigkeit verschlug mir den Appetit. Übrigens wollte ich, da der Zufall mich nun einmal herbeigeführt hatte, meine ganze Aufmerksamkeit auf das Schleckermäulchen am Nebentisch konzentrieren, was mir kaum möglich gewesen wäre, hätte ich selbst geschleckt.

Zwei Fragen waren es vor allem, die mich beschäftigten, während dieser dreißig Minuten unheimlicher Nachbarschaft: Erstens, worin lag das Geheimnis seiner Wirkung, seiner Faszination? Und, zweitens, an wen erinnerte er mich, wem sah er ähnlich? Ohne Frage, er glich einem Mann, den ich nicht persönlich kannte, aber dessen Porträt ich oft gesehen hatte. Wer war es nur? Nicht Charlie Chaplin. Beileibe nicht! Chaplin hat das Schnurrbärtchen, aber doch nicht die Nase, die fleischige, gemeine, ja obszöne Nase, die mich sofort als das garstigste und am meisten charakteristische Detail der Hitlerschen Physiognomie beeindruckt hatte. Chaplin hat Charme, Anmut, Geist, Intensität – Eigenschaften, von denen bei meinem schlagrahmschmatzenden Nachbarn durchaus nichts zu bemerken war. Dieser erschien vielmehr von höchst unedler Substanz und Beschaffenheit, ein bösartiger Spießer mit hysterisch getrübtem Blick in der bleich gedunsenen Visage. Nichts, was auf Größe oder auch nur auf Begabung schließen lassen konnte!

Es war gewiß kein erfreuliches Gefühl, in der Nähe einer solchen Kreatur zu sitzen; und doch konnte ich mich nicht satt sehen an der widrigen Fresse. Besonders attraktiv hatte ich ihn zwar nie gefunden, weder im Bilde, noch auf der illuminierten Tribüne; aber die Häßlichkeit, der ich mich nun gegenüber fand, übertraf doch all meine Erwartungen. Die Vulgarität seiner Züge beruhigte mich, tat mir wohl. Ich sah ihn an und dachte: ›Du wirst nicht siegen, Schicklgruber, und wenn du dir die Seele aus dem Leibe brüllst. Du willst Deutschland beherrschen? Diktator willst du sein – mit *der* Nase? Daß ich nicht kichere! Du bist derartig mies, daß du einem beinah leidtun könntest – wenn deine Miesigkeit nicht eben von so besonders abstoßender Natur wäre ... Laß dir nur noch ein Erdbeertörtchen kommen, Schicklgruber – es ist wohl das fünfte? –: in ein paar Jahren kannst du dir's nicht mehr leisten; ein Bettler, ein Vergessener wirst du sein, in ein paar kurzen Jährlein. Du kommst nie zur Macht!‹

Gab es keine blutige Gloriole um sein Haupt, mich zu warnen? Keine Schrift an der Wand der Carlton-Teestube? Nichts Beunruhigendes ließ sich bemerken. Nur rosig diskretes Licht, gedämpfte Musik, gehäufte Bäckereien und, inmitten dieses schlagrahmsüßen Idylls, ein unsympathischer, aber gewiß harmloser kleiner Mann mit komischem Schnurrbärtchen und eigensinniger Stirn, der im Kreise gleichfalls unbedeutender Kumpane seine Tasse Schokolade schlürfte. Ich fing Brocken ihrer Unterhaltung auf. Sie diskutierten die Besetzung eines musikalischen Schwankes, der am selben Abend in den Münchener Kammerspielen zum erstenmal in Szene gehen sollte. Eine unserer nächsten Freundinnen, die bedeutende Charakterspielerin Therese Giehse, hatte die tragende Rolle. Der Führer erklärte, daß er sich auf die Vorstellung freue. Erstens, weil Operetten überhaupt etwas Nettes seien („... gesunder Humor ... man lacht sich mal gründlich aus ..."); zweitens, und im besonderen, der Giehse wegen, die er, der Führer, „einfach prima" fand. „Eine völkische Künstlerin, wie man sie nur in Deutschland findet", stellte er herausfordernd fest und verdüsterte sich, da einer der Genossen – es war doch nicht etwa Streicher? – schonend darauf hinwies, daß die Dame, seines Wissens, nicht rein „arisch" sei. „Irgendein Webfehler ... rassisch nicht ganz einwandfrei ...", murmelte der taktlose Spießgeselle – woraufhin das Schnurrbärtchen, welches bisher mit etwas forcierter Behutsamkeit gesprochen hatte, bedrohlich die Stimme hob. „Bösartiger Klatsch!" entschied er stirnerunzelnd. „Als ob ich nicht den Unterschied sähe zwischen einem germanischen Naturtalent und semitischer Mache!"

Ich hatte Mühe, nicht herauszuplatzen. Daß die Giehse nicht da war, um dies mitanzuhören!

›Du kommst nie zur Macht, dummer Schicklgruber!‹ dachte ich wieder, jetzt in bester Laune. Während ich die Kellnerin rief, um meine Konsumtion zu bezahlen, fiel mir plötzlich ein, an wen der Kerl mich erinnerte. Haarmann, selbstverständlich. Wieso war ich darauf nicht schon längst gekommen? Freilich doch, er sah aus wie der Knabenmörder von Hannover, dessen Prozeß unlängst Sensation gemacht hatte. Ob er, der österreichische Operettenhabitué am Nebentisch, ebenso tüchtig war wie sein norddeutscher Doppelgänger? Dieser homosexuelle Blaubart hatte es fertiggebracht, dreißig bis vierzig junge Buben in seine gastliche Stube zu locken, wo er ihnen im Liebesakt die Kehle durchbiß und aus den Leichen schmackhafte Wurstware machte. Eine stupende Leistung, besonders, wenn man bedenkt, daß der emsige Kinderfreund in einem engen Mietshaus zwischen wachsamen Nachbarn logierte! Wo ein Wille ist, ist auch ein Weg: mit zäher Zielstrebigkeit setzt man noch das scheinbar Unmögliche durch ... Die Ähnlichkeit zwischen den beiden Tatmenschen frappierte mich. Schnurrbart und Locke, der verhangene Blick, der zugleich wehleidige und rohe Mund, die sture Stirn, ja sogar die anstößige Nase. Es war alles dasselbe!

›So was kommt nie zur Macht!‹ Ich war meiner Sache ganz sicher, da ich mich nun dem Ausgang zubewegte. ›Du bist eine Niete, Schicklgruber. Bei dir langt es höchstens zum Lustmord.‹

Kein blutiger Schein? Keine Schrift? Kein warnendes Zeichen?

Eine Nation, die sich sonst viel auf ihre Dichter und Denker zugute getan hatte, akzeptierte eine Wanze als „Mann des Schicksals". Wie konnte es so weit kommen? Diese Deutschen, ich verstand sie nicht.

Aber war ich nicht selber einer? Doch, ich war es wohl. Nicht nur der Sprache nach. Deutsche Kultur hatte mein Weltbild, mein geistiges Wesen geformt oder doch entscheidend beeinflußt. Ein Elternhaus wie das meine – und was daraus hervorgegangen ist, wüßte nichts vom Deutschtum? Eine Kindheit im Zeichen deutscher Lieder und Märchen, eine Jugend mit Novalis, Nietzsche, Hölderlin, George – und man wäre deutschem Geiste fremd?

Vielleicht fühlte man sich ihm zu verwandt, zu nah verbunden, diesem großen und schönen Geist, um seine Verfälschung und Entwürdigung mitmachen oder auch nur mitansehen zu können; vielleicht war man so innig beheimatet in der Sphäre europäisch-universalen Deutschtums, daß man zum Heimatlosen werden mußte in dem Lande, wo der universale Gedanke nur noch als Welteroberungstraum lebendig blieb.

Ja, der gerade erst Erwachsene wußte schon, was Heimatlosigkeit ist und lebte doch noch im Lande seiner Geburt. Deutschland war mir fremd, ich war ein Fremder in Deutschland, noch ehe ich mich endgültig von ihm trennte. Bei aller Bewunderung für die großen Taten des deutschen Genius, bei aller Sympathie für gewisse Züge und Möglichkeiten des deutschen Charakters: ich brachte keine Begeisterung auf für die Nation, wie sie sich nun einmal entwickelt hatte und allem Anschein nach weiter entwickeln würde. Ich fühlte mich der Nation nicht zugehörig. Schon deshalb nicht, weil ich den Begriff des Nationalstaates überhaupt als überholt empfand und an die Notwendigkeit übernationalen Zusammenschlusses glaubte. Kein anderer Nationalismus aber erschien mir so unselig und dabei so lächerlich wie eben der *deutsche*, mit seiner „Meistersinger"-Biederkeit und seiner „Tristan"-Schwüle, seinem säbelrasselnden Draufgängertum und seiner schluchzenden Sentimentalität, seinem ewig-unbefriedigten Anspruch, seinem überkompensierten Inferioritätskomplex, seiner primitiven Tücke und gerissenen Naivität, seinem Dünkel, seinem Verfolgungswahn, seiner ganzen quälenden, sterilen Problematik.

Hatten die Repräsentanten dieses Nationalismus – die Nazis und ihre Freunde – nicht recht, wenn sie Existenzen meiner Art „entwurzelt" nannten? Ich hatte keine Wurzeln, wollte keine haben, in dem Boden, den jene, charakteristischerweise, so gerne in Zusammenhang mit Blut brachten: dem Blute nämlich, mit dem sie ihren geliebten Boden tränken wollten. Die heimatliche Scholle hielt mich nicht; meistens zog ich den Asphalt fremder Großstädte vor oder den hellen Sand einer südlichen Küste. Wie sollte ich die Tiefe der deutschen Problematik – und die Größe der deutschen Gefahr – so recht verstehen lernen, wenn ich mich den größten Teil des Jahres im Ausland herumtrieb? „Ausland", oder doch ausländisch infiziert, war übrigens auch, vom völkischen Gesichtspunkt, unser Milieu in München und Berlin. Der Kreis im Elternhaus – mit einigen Ausnahmen, wie der durchaus bodenständige Joseph Ponten und der scharf patriotische, um nicht zu sagen chauvinistische Ernst Bertram –, Erikas und meine

Freunde: lauter internationales Pack, Intelligenzbestien, Kulturbolschewisten, Entwurzelte, volksfremde Elemente!

Freilich beschränkte sich mein Verkehr keineswegs auf die intellektuelle oder mondäne Sphäre; im Gegenteil, der mehr populäre Typ hat immer große Attraktion für mich gehabt – wenn auch nicht gerade aus Gründen vaterländischer Überzeugung und schollengebundener Tugend. Unter den jungen Freunden von schlichter Herkunft, die ich damals in Deutschland hatte, gab es wohl manchen, der sich später als „Perser" entpuppen und am Morde der Kultur aktiven Anteil nehmen sollte. Merkte ich nichts? Ward mir nicht bang in ihrer scheinbar so harmlos munteren Nähe? Erkannte ich nicht das Zeichen künftiger Schuld auf ihrer glatten, hübschen, noch unschuldigen Stirn?

Ohne Frage, ein Bursche wie mein Freund Hans P. war ein potentieller „Perser", ungeachtet seiner angenehmen Manieren und seiner erquickenden Lustigkeit. Ich mochte ihn gut leiden, meinen Freund P. Ebensogut wie meinen Freund Willy X. oder meinen Freund Otto Y: vielleicht sogar noch etwas besser. Er war, wie sie alle waren: faul, gefräßig, gutmütig, humorvoll, von einer sinnlichen Vitalität, die zunächst noch ohne brutale Züge schien. Dumm war er nicht, der Hans P., keineswegs ohne Mutterwitz; aber seine Unbildung schrie zum Himmel. Manchmal amüsierte ich mich damit, ihm tückische Fragen zu stellen, wie zum Beispiel: „Du weißt doch, daß Johann Wolfgang von Goethe der tapfere General war, der uns im Jahre 1870 zum Siege gegen die Chinesen führte?" Dann grinste mein Hans wohl: „Klar, Mensch!"

Er wußte schlechterdings gar nichts, außer dem Gewicht der internationalen Boxer und den Gagen der Filmstars. Er kam aus jener Schicht des deutschen Kleinbürgertums, die durch die Inflation proletarisiert worden war; er hatte keinen Beruf, kein Heim, keine Ambition, keine Überzeugung. Man konnte ihn alles glauben machen, da er an gar nichts glaubte. Er war ein Nihilist, der alle philosophischen Systeme und moralischen Postulate verwarf, ohne sie zu kennen. Begriffe wie „Kultur", „Friede", „Freiheit", „Menschenwürde" waren ohne jede Bedeutung, jeden Inhalt für ihn. Er lebte in den Tag hinein. Um die eigene Zukunft schien er sich ebensowenig Sorgen zu machen, wie um die Zukunft der Nation und der Menschheit.

War er glücklich? Kaum. Irgendwo – und sei es auch in unbewußter Schicht – verlangte es ihn doch wohl nach einem Gesetz, einem Glauben, der seinem Dasein Ziel und Inhalt geben würde. Warum machte ich nicht den Versuch, diesen gefährdeten, aber noch nicht verlorenen Bruder auf den rechten Weg zu bringen? Warum bemühte ich mich nicht um diese haltlose und richtungslose, aber doch gewiß nicht wertlose Seele? Ach, wieviel hat man versäumt! Wie viel Unterlassungssünden gibt es zu beichten, zu bereuen! ... Da sich dem Jungen keine echte Führung bot, ging er dem großen Schwindler auf den Leim.

Ich war betrübt – aber nicht eigentlich überrascht –, ihn eines Tages in der kleidsam strammen Uniform der Hitlerschen Privatarmee anzutreffen. Mein Gelächter mag etwas forciert geklungen haben, als ich ihn fragte: „Was ist los mit dir? Wohl total übergeschnappt?" Er zuckte mürrisch die Achseln: „Na, man muß doch leben." – „Stimmt", sagte ich. „Aber warum in dieser Maskerade?"

Woraufhin Hans P., zu meiner Verblüffung, beinah feierlich wurde: „Laß man, du! Ist vielleicht ganz gut so. Die Nazi haben was weg. Wollen Deutschland raushelfen aus der Scheiße. Und überhaupt, wir werden die Herren sein – vastehste?"

„Das werdet ihr nicht", versicherte ich ihm, nun meinerseits ernst. Und, nach einer Pause: „ *Glaubst* du denn an all den Quatsch, Hans?"

Statt einer Antwort wiederholte er nur, zugleich ausweichend und drohend: „Die Herren werden wir sein. Wirste schon sehen!"

Ja, nun sah ich es: er ließ mich fallen, war mir schon verloren, mir und meiner Welt. Er haßte sie, diese Welt, die Welt der Gesittung und der Menschenwürde, die Welt der „Demokratie", die ihm alles schuldig geblieben war. Herr zu werden, wo man ihn so lange zurückgesetzt und übersehen hatte! Und als „Herr" zerstören zu dürfen, was ihm so fremd und feindlich scheinen mußte – die Zivilisation!

„Dann ist also Schluß zwischen uns, Hans", sagte ich. (Ich hätte ihn retten können. Vielleicht ... Hätte ich's doch versucht! Ach, über die Versäumnisse! Über die Trägheit des Herzens!) „Mach's gut."

Und er – wobei er meinen Blick vermied –: „Mach's selber gut, Klaus! Und wenn du mal einen einflußreichen Freund brauchst in der Partei – na, du kennst ja meine Adresse!"

... War er unter den Rowdies, die den Saal stürmten, in dem Erika ein Anti-Kriegsgedicht rezitierte? Ein Gedicht für Frieden und Versöhnung ... Der unangenehme Zwischenfall ereignete sich während einer Versammlung, die von einer pazifistischen Frauenorganisation einberufen worden war. Erika trat als Schauspielerin auf, nicht als politische Rednerin. Die Hauptattraktion des Abends war eine Delegierte aus Paris; sie überbrachte mit warmer Eloquenz den Gruß der französischen Frauen, die ihren Gatten, Brüdern und Söhnen nie wieder erlauben wollten, gegen das deutsche Volk in den Krieg zu ziehen. Sie sprach französisch. Die über den ganzen Saal verteilten Nationalsozialisten verstanden sie nicht und wußten nicht, wo „einhaken".

Erst bei Erikas Auftritt machte die Nazi-Bande sich bemerkbar. Sie stand auf dem Podium. Schmal, aufrecht, die schöne Flamme im Blick. Zunächst schien sie die heiseren Zurufe gar nicht zu hören, vermittels derer die Eindringlinge sie aus dem Konzept zu bringen hofften. Aber wie konnte ihre dunkle Stimme sich behaupten gegen den

Urwaldschrei der Barbaren? „Schluß!“ brüllte der Urwald. „Hochverrat! Schmach und Schande! Wir protestieren im Namen der Nation!“

Das Publikum, das für seine Plätze bezahlt hatte, protestierte seinerseits – ohne Erfolg, wie sich denken läßt. Die heroischen Angreifer – nicht im Braunhemd übrigens, sondern als Zivilisten verkleidet – drangen, Gummiknüttel schwingend, gegen die pazifistischen Damen vor. Ein paar sozialistische Studenten suchten die Nazis aufzuhalten. Es gab ein wildes, blutiges Handgemenge mit panischer Massenflucht zum Ausgang, zerbrochenem Mobiliar, Weinkrämpfen und allem Zubehör. Mir ward etwas bange angesichts der violenten Szene, nicht so sehr um mich selbst (sonderbarerweise kam mir die Idee nicht, daß die Mordbuben mir persönlich etwas anhaben könnten), als vielmehr um Erika, die offenbar durchaus nicht begriff, daß sie sich in akuter Gefahr befand. Anstatt sich vom Podium zurückzuziehen, wie die Vorsicht es geboten hätte, trat sie nach vorn, an die Rampe, um den Aufruhr zu ihren Füßen mit grimmig-amüsierter Neugier zu betrachten. Ich weiß weder noch stelle ich mir's gerne vor, was ihr geschehen wäre, wenn die patriotischen Totschläger das Podium erreicht hätten, ehe die Polizei eingriff. Glücklicherweise erschienen im letzten Augenblick einige Schutzleute auf dem Plan, woraufhin die tapferen Antipazifisten sich mit erstaunlicher Geschwindigkeit aus dem Staube machten.

Nicht ohne Verwunderung las ich am nächsten Morgen die folgende Schlagzeile im „Völkischen Beobachter“: „Terroristische Polizei mißhandelt deutsche Jungen, die das ›Verbrechen‹ begehen, einer öffentlichen Versammlung beizuwohnen.“ So also wird das gemacht! Früher begnügte man sich wohl damit, die Wahrheit ein wenig zu färben, zu retouchieren, sie im Interesse der eigenen Sache zurechtzubiegen; jetzt aber kehrt man sie einfach um, stellt sie glatt auf den Kopf, behauptet das Gegenteil von dem, was richtig ist. Es ist gar nicht schwer, nur Frechheit gehört dazu. „Jüdischer Hausierer beißt deutschen Schäferhund!“ Warum sollte diese vielzitierte Pointe nicht wirklich aus einem Goebbels-Blatt stammen? Die Geschichte von der „terroristischen Polizei“ war ebenso phantastisch.

Der Artikel, den der „Beobachter“ unter einer so frappanten Überschrift präsentierte, strotzte von Beleidigungen gegen Erika, die als „plattfüßige Friedenshyäne“ bezeichnet wurde. Das war zwar drollig, aber nicht ganz ungefährlich, wie sich nur zu bald erweisen sollte. Eine junge Schauspielerin, die sich im Deutschland des Jahres 1931 bei den Nazis unbeliebt machte, war beruflich geschädigt, beinah ruiniert. Der Intendant eines Provinztheaters, der Erika für einige Rollen im Rahmen einer sommerlichen Festspielsaison verpflichtet hatte, ließ telegraphisch wissen, daß er den Vertrag zu seinem Bedauern annullieren müsse: „Friedenshyänen“ seien auf seiner Bühne unerwünscht. Dies war nur die erste Reaktion; weitere ließen nicht auf sich warten. Das Bayerische Staatstheater, der Münchener Rundfunk, die Filmgesellschaft „Emelka“, alle zeigten sich plötzlich abgeneigt, Erika weiterhin zu beschäftigen. Es war der Boykott; die politisch Kompromittierte wurde fallengelassen.

„Wer hätte das gedacht?“ Sie sagte es kopfschüttelnd, verwundert mehr als empört. „Da rezitiert man so ein harmloses Gedicht, und plötzlich ist man in der Patsche! Ich hatte ja keine Ahnung, worauf ich mich da einließ ... Na, mir soll's recht sein! Wenn das Pack Streit will, ich bin dabei. Eine Friedenshyäne mag ich immerhin sein; aber doch kein Feigling!“

Der Nazismus erklärte unserem Haus den Krieg: die Familie Mann war ihm ein Dorn im Auge. Erika ging ihm besonders auf die Nerven: Sie leistete es sich, den „Beobachter“ wegen Beleidigung zu verklagen. Fräulein Mann habe keinen Kopf, hatte das Blatt behauptet. Nur „ein kopfähnliches Gebilde“. Der Gerichtshof, dem sie eine Anzahl von Bildern eingeschickt hatte (sie war nicht in München damals und galt als entschuldigt), fand an ihrem Kopf nichts auszusetzen. Das Hitlerblatt mußte sich entschuldigen und auch noch Strafe zahlen, was als unverzeihlicher Skandal empfunden wurde.

Was mich betrifft, so war ich beim Erwachenden Deutschland auch nicht eben gut angeschrieben. Gewiß, es war nicht viel, war beschämend wenig, was ich gegen die Nazis tat; aber die Sticheleien, die ich gelegentlich in Vorträgen, Artikeln, Interviews anzubringen wußte, genügten doch, um jene in Harnisch zu bringen. „Warte nur, Bürschchen!“ drohte man mir in der braunen Presse. „Es kommt der Tag, da du uns büßen wirst!“

Heinrich Mann war ein Gegner, den man ernst zu nehmen hatte. Seine Stimme ließ sich nicht überhören: ihr eignete die Überzeugungskraft, die aus echter Passion, dem ganzen Einsatz des Gefühls, des Herzens kommt. Die Nazis hatte er, der Autor des „Untertan“, durchschaut, dargestellt und abgetan, ehe sie sich noch als „Bewegung“ konsolidierten. Der deutschen Republik war er der eifervollste Vorkämpfer und Verteidiger, aber auch der schärfste Kritiker gewesen. Nun mußte er sie an eben jenen Irrtümern scheitern sehen, die er ihr immer wieder warnend vorgehalten. War der Zusammenbruch unvermeidlich? Nicht, wenn die Kräfte des Widerstands sich einigten! Eben dies forderte der politische Schriftsteller Heinrich Mann: den Zusammenschluß der antifascistischen Parteien, das Ende des Bruderzwistes zwischen Sozialdemokraten, die Volksfront gegen Hitler. Die Appelle zur Rettung der Demokratie, die er in diesen Jahren – den letzten also vor der Katastrophe – an die verblendete Nation ergehen ließ, atmen ein Pathos, das um so tiefer rührt, da über seinem Glanz doch schon die Schatten der Wehmut, des Verzichtes liegen.

Aber selbst wenn er im Grunde wüßte oder ahnte, daß es vergeblich ist, ein Kämpfer wie Heinrich Mann hörte nicht auf zu streiten und zu hoffen. Bis zum letzten Augenblick, mit kühnem Eigensinn und zähem Enthusiasmus, wird er sich den Haß verdienen, mit dem ihn der verhaßte Gegner ehrt.

Wenn es einen gab, den sie noch mehr haßten als Heinrich Mann, den konsequenten Republikaner, so war es sein Bruder, dem sie „Inkonsequenz“ zum Vorwurf machten und der ihnen als Verräter galt. Seine politische Karriere hatte begonnen mit anti-politischen Betrachtungen über Kultur, Musik, Protestantismus, Schopenhauer und die „Sympathie mit dem Tode“, weshalb nun von ihm gefordert wurde, daß er sich weiterhin zum deutschen Nationalismus bekenne. Tat er es nicht, so war er ein Renegat, ein käuflicher Opportunist.

Ja, er war „opportunistisch“ genug, zweimal innerhalb von zwei Jahrzehnten die intellektuelle und politische Mode, die herrschende Weltanschauung herauszufordern. Denn der „Zivilisationsliterat“, gegen den er im Jahre 1918 seine desperate Polemik richtete, war ja gerade damals der moralische Sieger, der tonangebende Typ. Und was war der „letzte Schrei“ um 1930? Eben jene aggressive „Blut-und-Boden“-Mystik, jenes anti-humane „Übermenschentum“, welches der Autor der „Betrachtungen“ nun zum Gegenstand seiner Anklagen und Attacken machte. Was hatte er denn von dieser quälenden Fehde? Sicherlich keinen Dank von seiten der Republik. Diese verhielt sich vollkommen gleichgültig gegenüber den Bemühungen ihrer literarischen Repräsentanten. Kein Schriftsteller konnte hoffen, Gold oder Ruhm zu ernten, indem er sich für die verkrachende deutsche Demokratie einsetzte. Es war ein undankbares Geschäft, ganz abgesehen von den Gefahren, die es mit sich brachte. Ein „Schädling“ und Feind der nationalen Sache, wie Thomas Mann, wurde nicht nur mit Invektiven überhäuft, sondern auch mit Drohungen. Patriotisch überhitzte Jünglinge machten ihn brieflich oder telephonisch darauf aufmerksam, daß sie ihn umzulegen gedächten, falls man noch einen Muckser gegen die Nationale Erhebung von ihm zu hören bekommen sollte. Leider bestand kein Grund, solche Hinweise auf die leichte Achsel zu nehmen. Die Zahl der Opfer war schon erschreckend groß. Trotzdem mußte weitergekämpft werden.

Die „Deutsche Ansprache“, die mein Vater im Beethovensaal zu Berlin hielt, am 17. Oktober 1930, fast genau einen Monat nach den verhängnisvollen Reichstagswahlen, bedeutete einen dramatischen Höhepunkt dieses langen und bitteren Kampfes. Der Aufruhr im Saal brach los, als der Redner das deutsche Bürgertum mit dringlichem Ernst ermahnte, Frieden zu machen mit der organisierten Arbeiterschaft und die Idee der sozialistischen Demokratie endlich zu akzeptieren, auf daß die Schmach und Katastrophe des Dritten Reiches verhütet werde. An dieser Stelle erhob sich die gekränkte deutsche Ehre von ihrem Sitz und ließ bellende Töne hören. Die deutsche Ehre trug eine blaue Brille (wie der selige General Ludendorff, als er nach verlorenem Krieg über die Grenze floh); aber man konnte doch gleich sehen, daß es Bronnen war. Erinnert man sich seiner? Arnolt Bronnen, ein kesser Junge, der sich zunächst als Autor expressionistisch gesteilter Pornographie einen Namen machte. In seiner „Septembernovelle“ ging es hoch her, eine Schnurre voll inspirierter Geilheit, dabei nicht einmal ganz talentlos. Mit dem Talent hörte es dann bald auf, woraufhin der Wicht prompt seine nationale Gesinnung entdeckte.

Dies waren unsere Feinde, der Abschaum. Dies waren die künftigen Herren.

Konnten wir uns irgendwelche Illusionen machen über den Ausgang des Kampfes, dem wir nun unwiderruflich verschworen waren? Man wollte das Äußerste – die Etablierung der Hitler-Diktatur – nicht für möglich halten; man klammerte sich an ermutigende Zeichen, wobei man schon bescheiden genug geworden war, so fragwürdige „Erfolge" wie die Wiederwahl des senilen Hindenburg, Frühling 1932, als „ermutigend" zu empfinden. Aber im ganzen war es doch eine Stimmung bitterer Bereitschaft und militanter Resignation, die in unserem Kreise und in unserem Hause herrschte. Meine Mutter, die während des Krieges auffallend klarsichtig gewesen war, bewies wieder ihren gesunden Realismus. Sehr deutlich erinnere ich mich der Gespräche, in denen wir die Härten und Abenteuer des Exils halb scherzhaft, halb mit bangem Schauder antizipierten. Wird es sehr schlimm sein? fragten wir einander. Und dann mochte wohl einer von uns hastig hinzufügen, als ob es gelte, irgendeinen möglichen Einwand im voraus zurückzuweisen: „Denn wir würden doch natürlich nicht in Deutschland bleiben, wenn ... ich meine, falls ..." Wir verstanden alle.

Mein Tagebuch bestätigt, was mir in der Erinnerung so gegenwärtig bleibt: die ahnungsvoll gedrückte Stimmung jener Tage. Um nur zwei Beispiele anzuführen: „25. Mai 1931. Ernste Unterhaltung über die Notwendigkeit, Deutschland zu verlassen. Entsetzlicher Triumph des Wahnsinns." – Und, unter dem Datum des folgenden Tages: „Wieder langes Gespräch mit Mielein, unser künftiges Exil betreffend. Ist es in der Tat unvermeidlich?"

Das gleiche Gefühl der Beängstigung und Beklemmung findet sich auch in meinen literarischen Arbeiten aus dieser Zeit, den letzten also, die ich in Deutschland vollenden und publizieren sollte. Es sind nicht meine politischen Polemiken und Glossen, an die ich vor allem denke. Sie haben oft den forciert zuversichtlichen oder salbungsvoll rhetorischen Ton, der mir jetzt peinlich ist; vielmehr spreche ich von Dingen, in denen sich mein Kummer in künstlerischer Verwandlung – will sagen: gültiger und echter – auszudrücken suchte. Ein Roman und ein Theaterstück, die ich damals (1930/32) schrieb, scheinen den Schmerz der Heimatlosigkeit poetisch zu antizipieren. Was immer die literarischen Meriten und Schwächen dieser Experimente sein mögen, sie geben jedenfalls einen Begriff von der furchtbaren Einsamkeit, zu der ein europäisch-liberal-gesinnter deutscher Intellektueller sich im Deutschland der sterbenden Republik verurteilt fand. Ein Entwurzelter? Niemals war ich es so sehr wie damals, in einem schon fremd-gewordenen Vaterland, dessen vergiftete Atmosphäre meine Stimme erstickte, ihr jede Resonanz und Wirkung nahm.

Mit äußerem Erfolg oder Mißerfolg hat dies wenig zu tun. Es ist wahr, mein letztes dramatisches Unternehmen – „Geschwister", nach dem schönen Roman „Les Enfants Terribles" von Jean Cocteau – war ein geräuschvoller Durchfall: Erika, die bei der Münchener Uraufführung die Hauptrolle spielte, mußte ihre ganze Energie und Autorität einsetzen, um den Ausbruch eines wilden Theaterskandals zu verhindern. Die Presse meiner lieben Geburtsstadt erging sich in den üblichen Schimpftiraden. Nicht viel freundlicher klang, was die Kritiker in München, Berlin und anderen deutschen Kulturzentren über meinen Roman „Treffpunkt im Unendlichen" (1932) zu sagen hatten. Aber dieser Mangel an populärer Anerkennung wäre an sich doch wohl kaum genug gewesen, mich zu überraschen oder gar zu entmutigen. War ich es nicht gewohnt? Die beiden Produkte, die ich da einer politisch stark abgelenkten deutschen Öffentlichkeit vorlegte – meine dramatische Version einer höchst subtilen französischen Prosadichtung und mein Versuch, die komplexe Problematik einer Gruppe von internationalen Bohémiens erzählerisch zu gestalten – konnten wohl in der Tat nur für einen engen Kreis von Reiz oder Interesse sein. Außerhalb dieses Kreises erregten sie ein Befremden, welches – wie die Dinge nun einmal lagen – beinah selbstverständlicherweise häßlich-gehässige Formen annehmen mußte. Als ob es mir etwas Neues gewesen wäre! Aber diesmal erschreckte es mich. Warum?

Die Gehässigkeit – ich mußte es wohl bemerken – hatte sich vertieft, war böser, kälter, feindlicher geworden. Eine Gehässigkeit, die vernichten will. Erst quälen und dann töten. Eine mörderische Gehässigkeit, ein Nazi-Haß: das war es nun, was mir aus den Spalten der Presse, der Miene des Theaterpublikums entgegengrinste. Dies war nicht mehr von der komischen Seite zu nehmen, wie die Skandale meiner frühen Zeit. Es wurde Ernst.

Nicht, als ob man schon in einer „verzweifelten Situation", völlig auf dem Hund gewesen wäre! Im Gegenteil, es gab immer noch genug Betrieb, die Einnahmen ließen nichts zu wünschen übrig, sogar nach Erfolg sah es zuweilen aus. Man schrieb für die großen Revuen „Uhu", „Dame", „Querschnitt", „Velhagen und Klasings Monatshefte" –; wohl auch gelegentlich für eins der linksgerichteten Wochenblätter, „Weltbühne" und „Tagebuch", oder für die literarisch ambitiöse Tagespresse: „Vossische Zeitung", „Berliner Tageblatt", „Acht-Uhr-Abendblatt". Man plauderte am Radio, las in einem Konzertsaal oder einer Bücherstube aus Ungedrucktem vor, eine Filmidee wurde verkauft ... Aber bei all diesen finanziell lohnenden und übrigens nicht unamüsanten Aktivitäten blieb das Gefühl der Hohlheit, der Vergeblichkeit. Inmitten der allgemeinen Auflösung wurde die eigene Betriebsamkeit zur makabren Farce. Man schwatzte, scherzte, warnte, predigte – und es gab keine Antwort.

Oder gab es doch eine? Hinter der immer noch intakten Fassade unserer unheimlich leerlaufenden Existenz erschien das drohende Zeichen. Blutrote Hieroglyphe am verfinsterten Horizont:

Mene, mene, tekel, upharsim ...

Wer begreift die Mahnung des verhüllten Gottes?

Überhörst du sie oder mißverstehst ihren Sinn, so wirst du fallen. Und fallen wirst du, wenn du den Spruch verstehst, hast aber nicht die Kraft, ihm zu folgen. Nur wer versteht und hat die Kraft zu folgen, nur der bleibt verschont.

Verschont? Er wird leben müssen. Das Teil, das er gewählt hat, ist das schwerste.

Ich habe mehr Freunde durch Selbstmord verloren (womit hier auch die indirekten Formen der Selbstzerstörung gemeint sein mögen) als durch Krankheit, Verbrechen oder Unglücksfälle. In meinem engsten Kreise kam es mehrere Male zu Selbstmord-Epidemien. Die erste ereignete sich während der Jahre unmittelbar vor Ausbruch des Dritten Reiches.

Ich weiß nicht, will es auch nicht untersuchen, was die schaurige Übung in Mode brachte. War es das Beispiel des Pariser Malers Pascin, den so viele von uns gekannt hatten? Er machte es gründlich, im kraß-pittoresken Stil, indem er sich nämlich die Pulsadern aufschnitt und sich dann auch noch an der Türklinke erdrosselte: nicht aber, ohne vorher mit seinem Blute einen letzten Gruß an die Wand gemalt zu haben. „Ne m'oublie pas, ma chérie! Je t'adore!“

Die Schrift! Die blutige Schrift an der Wand ...

Es muß ein tödlicher Bazillus in der Luft gewesen sein.

Zu den Mythen unserer Kindheit gehörte die schöne, hysterische Tante, Schauspielerin Carla Mann, angeblich vom Herzschlag dahingerafft; aber man weiß ja, daß sie im Hause der Mann die Säure trank und in Todesqualen gurgeln mußte. Nun folgte Tante Lula, älter als die verstorbene Schwester, aber jünger als die überlebenden Brüder, Heinrich und Thomas: sie erhängte sich. Sie war stets sehr bürgerlich und fein gewesen, von zimperlich-gezierter Art, mit matten Augen und gespitztem Mündchen, dabei aber heimlich ausschweifend, mit einem melancholischen Penchant für Narkotika und gut-aussehende Herren des gehobenen Mittelstandes. Einerseits die forcierte Feinheit, andererseits die Gier nach Morphium und Umarmung. Das war zuviel, sie unterlag, griff zum erlösenden Stricke. Die Nachricht von ihrem Tod ließ mich damals ziemlich unberührt; ich hatte mir nie viel aus dieser Tante gemacht. Seither aber sind meine Gedanken oft voll Mitleid bei ihr gewesen.

Von Klerikern und Spiritisten wird behauptet, daß Selbstmörder im Jenseits nichts zu lachen haben: nach weitverbreiteter Ansicht steht ihnen drüben Gräßliches bevor. Dies scheint ungerecht, da doch schon ihr Erdenleben nicht völlig heiter war. Gar nicht zu reden von der Bitterkeit des vorzeitig herbeigezwungenen letzten Stündleins. Tante Lülchen starb gewiß keines leichten Todes. Möge sie die Qual, die sie sich hienieden auferlegt, nicht auch noch anderweitig büßen müssen. Könnte ich beten, ich betete für diese arme Seele.

Auch Tante Olga wünsche ich das Beste. Sie war einem Bruder meiner Mutter anvermählt, russischen Ursprungs, Malerin ihres Zeichens, übrigens sehr begabt, auch nicht ohne Charme und Drolligkeit, aber unselig heftigen Temperaments und schwierigen Charakters. Es ging schief mit ihr, sie sprang aus dem Fenster. Dies geschah zu Berlin, nicht lang vor der „Machtergreifung“.

Die Tochter des Wiener Dichters Arthur Schnitzler tat es in Österreich – oder war es in Venedig? Die Einzelheiten sind mir entfallen, ich weiß nur noch, daß sie wie aus einer Novelle des berühmten Vaters waren. Kam nicht ein italienischer Offizier vor und ein Strand, an dem geliebt und gestritten wurde? Dann fiel ein Schuß, ganz wie bei Schnitzler. Aber er, der dergleichen so oft und so brillant beschrieben hatte, schüttelte nun den Kopf: „Mein Kind, mein Kind ... Dies ist das erstemal, daß ich dir etwas wirklich übelnehme.“

Es ist nicht leicht, das Kind eines Genies zu sein. Hugo von Hofmannsthals ältester Sohn, „der Franzl“, schoß sich eine Kugel vor den Kopf. Nicht lange vorher hatte der Vater einen Angsttraum, den er den Seinen beim Frühstück erzählte, ohne daß ihnen das zutiefst Entsetzliche der geträumten Situation so recht klar zu machen gewesen wäre. Es handelte sich da um einen Hut, – Hofmannsthals „täglichen“ Spazier- und Ausgeh-Hut, der harmlos und wie immer an seinem Haken hing. Als aber der Dichter ihn herunternehmen wollte, entzog das vertraute Stück sich seinem Zugriff. Nicht, daß der Hut nun höher hing, oder der sich verzweifelt Mühende der Erde zugeschrumpft wäre. Nur erreichen ließ die Kopfbedeckung sich nicht. Wie der tödlich Geängstigte auch sprang und hopste und die Arme reckte, – der Hut entzog sich ihm. Es war ein schlimmer Traum.

Am Morgen der Beerdigung, als der Dichter sich anschickte, dem Sarge seines Sohnes zu folgen, geschah es, daß er nach seinem Zylinder griff und außerstande war, ihn zu fassen. Er reckte die Arme, – der Hut entzog sich ihm. Er stöhnte, taumelte, brach zusammen, starb. Ein Schlaganfall? Eine Tragödie im großen Stil der Antike. Hugo von Hofmannsthal ward getötet von seinem Traume und seinem Gram. Vielleicht starb er, weil er hinter dem evasiven Hut etwas gesehen hatte. Ein Wahrzeichen, eine Schrift an der geträumten Wand ...

Mene, mene, tekel ...

In Paris, an einem grauen Winternachmittag, trat ein junger Mann zu mir ins Zimmer. Ein Fremder, ich hatte ihn nie zuvor gesehen. Er erzählte mir, auf zugleich stockend befangene und naiv zutrauliche Art, daß er ein Maler sei, in der Schweiz gebürtig; er kenne wenig Menschen in Paris. Ob ich etwas dagegen hätte, wenn er ein halbes Stündchen bei mir bliebe?

Wir sprachen von Büchern und Bildern, und es erwies sich, daß wir mancherlei gemeinsam hatten – künstlerische Vorlieben und Aversionen. Mir ist erinnerlich, daß unter den literarischen Novitäten, die er auf meinem Tische fand, eine seine besondere Aufmerksamkeit erregte – „J'adore", das Erstlingswerk des jungen Jean Desbordes, den Cocteau damals „entdeckt" hatte und mit dem ich auch persönlich gut bekannt war. Der fremde Gast fragte mich nach dem Inhalt des Buches. Der Inhalt? Es handelte sich um Nichts, um Alles, um das Leben, welches hier in seinen sämtlichen Erscheinungsformen mit zarter Inbrunst und delikater Ekstase gepriesen wurde. „Jean Desbordes ist glücklich", sagte ich. „Er betet das Leben an."

„Ja, es kann anbetungswürdig sein, das Leben", gab mein Besucher zu. „Vraiment adorable ..." Und mit seltsam entgleitendem Blick und einem scheuen, fast verschämten Lächeln: „Solange man die Kraft hat, es zu ertragen."

Er sah nicht aus, als ob es ihm an Kraft fehle. Er war hochgewachsen, schön, mit hellem Haar und schöner, heller Stirn. War er ein guter Maler? Ich hätte es gern gewußt. Er versprach, mir bei unserem nächsten Zusammentreffen einige seiner Arbeiten zu zeigen.

Ich erschien pünktlich zum Rendezvous, ein paar Tage später, im Café du Dôme; aber er kam nicht. Das fand ich doch verdrießlich. Mir erst die Bude einzulaufen, und mich dann zu versetzen! Ein unzivilisierter Geselle offenbar, ein Bohémien ohne Disziplin und Manieren. Wahrscheinlich hatte er sich in eine weiße Statue im Luxembourg-Garten verliebt oder in eine schwarze Prostituierte am Boulevard Clichy. „Tant pis pour lui, ou tant mieux ..."

„Tant pis pour lui, ou tant mieux": er war tot. Am Tage nach seiner Visite bei mir hatte er sich erschossen. Am Tage, nachdem er zu mir gesagt hatte, daß das Leben „adorable" sein könne, solange man die Kraft habe, es zu ertragen.

„Leicht zerstörbar sind die Zärtlichen ..."

Mein Freund Wolfgang Hellmert wählte dies Hölderlin-Wort als Motto für seine Novelle „Fall Vehme Holzdorf", die einzige größere Arbeit übrigens, die er je zum Abschluß brachte. Er war nicht eben ehrgeizig, mein Freund Wolfgang, nicht sehr darauf bedacht, sich in dieser Welt durchzusetzen. Wozu auch? Eher stand ihm wohl der Sinn danach, sich möglichst bald aus dem Staub zu machen.

Unter denen, die mir am nächsten waren, kam diese Neigung nur zu häufig vor. Meine zwei liebsten Freunde, René und Ricki – die sich übrigens nie begegnet sind – liebten den Tod und fürchteten das Leben. Beide waren von der Angst besessen, wahnsinnig zu werden, wenn sie leben blieben. Gleichzeitig freilich schienen sie durchaus bereit und fähig, die Süße dieses Lebens zu genießen – mit größerer Hingabe und Dankbarkeit als manch ein gesunder, im Diesseits solid verwurzelter Erdenbürger.

Ricki, der von sich selber sagte, daß er nicht nur „bisexuell", sondern „hysterisch-panerotisch" sei, war bezaubert von einer Schöpfung, in der er sich nicht zu Hause fühlte. Blumen, Berge, Bücher, Kinder, Tiere, Segelschiffe, der Schnee, das Meer, Musik, Bilder, Frauen, der Zirkus, das Theater, Wolkenkratzer, alles entzückte, faszinierte ihn. Trotzdem sprach er vom Selbstmord, manchmal wie von einer etwas anrüchigen Lustbarkeit, die er sich irgendwann einmal doch wohl gönnen werde; manchmal wie von einer fatalen Pflicht, welche sich leider nicht umgehen läßt. „Zu dumm, daß es sein muß!" sagte er wohl mit einem etwas schaurig zerstreuten Lächeln. „Gerade jetzt, wo ich das Häuschen und den Wolfram habe."

Wolfram war ein langhaariger Terrier von niedriger Statur und langem Rücken, ein seidiges Geschöpf, sehr liebenswert, mit innig klugem Goldblick. Um den Hals trug er ein silbern Glöckchen, das mit artigem Geläut auf sein Kommen vorbereitete. Hinter ihm kam Ricki.

Etwa jeden zweiten Tag fuhr er vom Ammersee, wo er das Häuschen hatte, nach München, um dort mit Freunden zu plaudern, eine Ausstellung, ein Kino zu besuchen, oder sich sonst zu zerstreuen. Er verschwendete viel Zeit auf diese Weise, aber das ließ sich nun einmal nicht ändern: er behauptete, daß er einerseits auf dem Lande leben müsse, es aber andererseits dort nicht aushielte. Jedenfalls nicht ohne gelegentliche Unterbrechung. Nach einiger Zeit – so gestand er uns – werde die Einsamkeit, deren er doch bedürfe, ihm völlig unerträglich. Es hielt ihn nicht bei der Arbeit, im ländlichen Atelier. Er brauchte Ermutigung. „Sag mir, daß ich ein guter Maler bin!" forderte er mit scherzhafter Gier. „Von Rembrandt-Rang?" Und er lamentierte: „Ach, du *glaubst* es nicht!"

Aus Stolz und Diskretion stilisierte er gerade das ins Groteske, was ihn am tiefsten quälte: die Angst vorm Wahnsinn, die Zweifel am eigenen Talent. Er litt an den Frauen und riß Witze über seinen „Masochismus". Das Milieu, dem er entstammte – die hochkultivierte jüdische Bourgeoisie –, war ihm verhaßt: weshalb er sich selbst mit grimmiger Heiterkeit als „jüdisches Herrschaftskind" charakterisierte. Manchmal jammerte er vorm Spiegel: „Heute sehe ich wieder genau wie meine Frankfurter Vettern aus! Merkt ihr's nicht, Kinder? Ach, natürlich merkt ihr's ganz genau! Scheußlich, was? Sagt's ihm nur ins Gesicht, eurem Masoch, daß er scheußlich ist!" Woraufhin er dazu überging, uns mit boshaft inspirierten Imitationen seiner gesamten Verwandtschaft zu amüsieren, von der Großmutter bis zum neugeborenen Leipziger Vetter, der schon in der Wiege sächsisch sprach. „Und ich bin einer von ihnen!" sagte er wohl am Schluß, erschöpft von seinen unheimlichen Kapriolen. Er lachte mit uns, aber seine schönen, dunklen Augen waren voll Bitterkeit.

Für Politik hatte er nie viel Interesse gehabt; aber in diesen letzten Jahren mochte es vorkommen, daß irgendeine besonders widrige oder beängstigende Zeitungsnachricht plötzlich einen Sturm verzweifelter Beredsamkeit bei ihm auslöste. „Es ist aus!" klagte er dann wohl, und warf die Arme mit der Geste alttestamentarischen Jammers. „Was machen wir uns denn noch vor? Wir haben verloren, es ist aus mit uns! Aus, aus, aus, mit euch und mit mir, mit uns allen, mit Offi und Ofey und dem sächsisch-sprechenden Baby und Hindenburg und Kardinal Faulhaber und W. E. Süskind und den Gewerkschaften! Die Nazis werden kommen und meinen kleinen Hund Wolfram schlachten und Erikas Wagen kaputtmachen und deine Bücher, Klaus, und meine Bilder auch!" Dann kopierte er Hitlern – noch komischer als vorher die Großmama und den Leipziger Säugling –, bis wir alle vor Lachen weinten, statt vor Kummer und Angst. Er stimmte mit ein in unsere Heiterkeit und bemerkte am Schluß wohl noch: „Dieser Trottel! Und weil so etwas Erfolg hat, sollte man Schluß machen? Eigentlich eine verrückte Idee!"

Wir wollten nicht, daß er Schluß mache. Er war unser liebster Freund, unser Bruder. Sein Verlust wäre der bitterste Verlust für uns gewesen, der unersetzlichste. Aus Egoismus und Liebe taten wir unser Bestes, ihn zu halten, ihn abzuhalten von jener anrüchigen Lustbarkeit und fatalen Pflicht, die er sich – oder die sich ihm – so hartnäckig in den Kopf gesetzt hatte.

Die Persien-Reise, die wir damals planten, war nur eine unserer Listen, dazu bestimmt, den Ricki von seiner Todespuschel abzulenken. Es sollte eine Expedition in zwei Automobilen werden, durch den Balkan und Kleinasien zum weitentfernten, lockend exotischen und kolossalen Perserland. Annemarie S., das „Schweizerkind", würde mit von der Partie sein, als vierte, neben Erika, Ricki und mir. Es war eine großartige Idee, nicht wahr? Neue Eindrücke! Abenteuer! Weg vom deutschen Mief, der europäischen Enge!

Wir stürzten uns in Reisevorbereitungen. Tausend Dinge waren zu bedenken, zu erledigen: Visa, finanzielle Regelungen, Zeitungskontrakte, die Ausrüstung der Wagen. Ricki dachte an alles. Er kaufte Zeltbahnen und Thermosflaschen, Tropenhüte, wasserdichte Overalls, Landkarten, Sonnenbrillen, Verbandzeug („Falls der Klaus einmal chauffiert und es ein Unglück gibt ..."), sogar eine persische Grammatik. Besonders stolz war er auf ein Paar Schuhe, das er erhandelt hatte – sehr feste, dabei schmucke braune Stiefel, die angeblich fünfzehn Jahre halten sollten. Er kaufte alle einschlägigen Baedecker-Bände, dicke wollene Socken, Tierkohle („Man verdirbt sich dort leicht den Magen ...") und sogar einen Revolver, zum Schutz gegen die persischen Räuber.

Er schien durchaus bei der Sache, umsichtig, einfallsreich, enthusiastisch. Manchmal freilich – nicht sehr oft – geschah es, daß er sich inmitten all der Betriebsamkeit plötzlich verdüsterte. Sein Gesichtsausdruck in solchen Momenten war nicht so sehr traurig als böse und vertrotzt, ein *feindlicher* Ausdruck, als haßte er uns alle. Dergleichen war mir neu an dieser vertrauten Miene. Neu war auch das kurze Funkeln, zugleich grell und verstohlen, das es nun bisweilen in seinen Augen gab und das seinen schönen Blick beinah tückisch machte. Nicht ganz frei von Tücke schienen übrigens auch gewisse scheinbar ganz sinnlose oder doch irrelevante Fragen und Vorschläge, die er gelegentlich mit gespielter Nonchalance in die Debatte warf. So erkundigte er sich einmal – wobei sein schlimmer Glitzerblick mich gehässig von der Seite streifte –, ob es mir Vergnügen machen würde, unvermutet eine größere Summe Geldes einzuheimsen: „Zehntausend oder fünfzehntausend Mark, einfach so, mir nichts dir nichts, aus blauem Himmel, ganz ohne Gegenleistung deinerseits! Das würde dir wohl passen, alter Perser, was?"

Mir war bei all dem nicht recht wohl zumute. Auch wußten wir nicht recht, was für Gesichter machen, als er abrupt proponierte, daß wir die Reise ohne ihn beginnen sollten: „Ihr zwei fahrt los mit eurem Schweizerkind, und ich komme nach, so ungefähr in zehn Tagen. Man trifft sich in Prag oder in Bukarest. Einverstanden? Das gäbe mir Zeit, noch geschwind nach Frankfurt zu flitzen und meine Affären dort in Ordnung zu bringen." Aber da wir seinen Vorschlag überraschend und nicht recht akzeptabel fanden, ließ er ihn gleich wieder fallen. „Eine dumme Idee, habt ganz recht!" pflichtete er uns hastig bei. „Auf so was Idiotisches kann nur der Masoch kommen! Ich nehme alles zurück und behaupte das Gegenteil. Was ist übrigens deine Schuhnummer, Klaus?"

Was meine Schuhnummer denn zur Sache tue, erkundigte ich mich, aufs neue seltsam berührt.

Er kicherte: „Nur so! Ich hoffe, deine Füße sind nicht größer als meine. Sonst drücken dich meine neuen Prachtstiefeletten, fünfzehn Jahre lang, stell dir doch vor!"

Unsere Abreise war auf den 5. Mai 1932 festgesetzt. Am Tag vorher fuhren wir zu den Studios der „Emelka"-Filmgesellschaft, wo wir für die Wochenschau aufgenommen werden sollten. Wir trugen unsere neuen Overalls, mit Tropenhut, Sonnenbrille und allem Zubehör; unsere zwei Ford-Wagen, frisch lackiert, stahlgrau mit viel Nickel, blitzten in der Sonne. Es war ein herrlicher Tag.

Ricki war bester Laune, in brillanter Form. Während die Kameraleute uns warten ließen, spendierte er Bier für die Arbeiter und das herumlungernde Statistenvolk. Alles amüsierte sich über seine Hanswurstereien, war bezaubert von seinem Charme.

Es dauerte etwa eine Stunde, bis der Regisseur zur Aufnahme bereit war. Er placierte Annemarie und Erika auf den Führersitzen der beiden Fords, während Ricki und ich uns auf den Boden unter einen der Wagen zu legen hatten, scheinbar damit beschäftigt, einen Schaden am Rad mit geübter Hand zu reparieren. Die technischen Vorbereitungen zogen sich hin; Beleuchtungsapparate und Kameras waren einzustellen; Ricki indessen hörte nicht auf zu jökeln und zu dalbern. Wie mir erinnerlich, ließ er sich die Gelegenheit nicht entgehen, mich mit meiner manuellen Ungeschicklichkeit aufzuziehen, ein stehender Scherz zwischen uns beiden. „Na, das kann ja nett werden!" grinste er mir zu, neben mir platt auf dem Bauche liegend. „Ehe du ein Rad reparierst, verdursten wir in der persischen Wüste!"

In diesem Augenblick wurde das Zeichen zur Aufnahme gegeben, woraufhin seine Miene sich plötzlich aufs erschreckendste veränderte. Eben hatte sie noch gelacht, und nun erstarrte sie zu einer Grimasse von Gram und Grauen. Selbst das Haar, dessen dunkle Locke ihm in die seltsam niedrige Stirne hing, schien nun von böser, feindlicher Substanz, schaurig gekräuselter Putz, Schlangenhaar über dem nächtigen Blick. Der Blick – angstvoll geweitet, aufgerissen, blind – ging ins Leere. Es war, als habe er auf eine furchtbare Sekunde die Maske fallen lassen, auf daß der Photograph festhalte und aufbewahre, was er vor uns aus Stolz und Trotz verbarg – sein wahres Antlitz, das gezeichnete.

Als sei diese mimische Demonstration nicht genug des Schreckens, begleitete er sie auch noch mit einer akustischen. Ausgestreckt an seiner Seite, mußte ich leider hören, daß er mit den Zähnen knirschte. Das Geräusch, das solcherart zustande kam, war leise, aber penetrant, ein höchst gräßlicher kleiner Lärm, schlimmer als jeder Aufschrei.

Gleich danach lachte er wieder. Der Zwischenfall, eine echte Ricki-Kaprice, war bald vergessen.

Wir verbrachten den Rest des Tages zusammen; besonders nett war der Abend, in der Regina-Bar. Es war nach Mitternacht, als wir uns trennten. Ricki mußte noch zum Ammersee fahren, um sein Gepäck zu holen. Es war verabredet, daß wir uns am nächsten Nachmittag gegen drei Uhr mit ihm treffen würden.

Am folgenden Morgen, während wir unsere Koffer packten, rief er zweimal aus Utting an: zuerst, um Erika zu raten, daß sie eine bestimmte Sorte Benzin tanken möge, die, wie er mit seltsamer Insistenz behauptete, unvergleichlich besser sei, als die sonst von uns bevorzugte; dann, kurz nach elf Uhr, um ein unwichtiges Detail, die Route nach Prag betreffend, mit etwas hektischem Eifer zu erörtern.

Zum Mittagessen hatten wir Gäste, unsere Freundin Annemarie S. und unsere Freundin Eva Herrmann, die deutsch-amerikanische Karikaturistin mit dem lieblichen Gemmengesicht, der Ricki während der letzten Jahre eng verbunden gewesen war. Es war ein Sonntag und übrigens unser Abschiedsmahl, weshalb es denn auch besonders fein zu essen gab. Man speiste mit Behagen. Gegenstand des animierten Tischgesprächs war natürlich die Reise, die wir noch am gleichen Tage anzutreten dachten. Mir ist erinnerlich, daß Mielein mich mehrfach ermahnte, doch bitte ja nicht unvorsichtig zu fahren. „Laß den Ricki ans Steuer, sowie du anfängst, müde zu werden, oder wenn die Straße nicht gut ist“, sagte sie. „Du *bist* nun einmal kein sehr begabter Chauffeur. Der Ricki kann's viel besser!“

Nach Tische saß man, wie üblich, in der Diele beisammen, jeder mit seiner Zigarette (Mielein ist die einzige von uns, die nicht raucht), dem Likörgläschen und dem schwarzen Kaffee. Das Telephon läutete im Nebenzimmer. Mielein und ich standen gleichzeitig auf, um an den Apparat zu gehen; es gab einen kleinen Wettlauf, ich hätte gewonnen, ließ ihr aber höflich den Vortritt. Sie nahm den Hörer ab. Ich stand neben ihr.

„Hallo!" sagte sie, noch etwas atemlos vom Lauf und noch lachend. „Hallo ... Ja, hier Frau Mann ... persönlich, ja, gewiß doch ... Wer spricht? ... Ich kann Ihren Namen nicht verstehen, sprechen Sie doch lauter! ... Wer? ... Die Polizei? ... Polizeiwache Utting am Ammersee ...?"

Als wäre es gestern gewesen, und ich kann's nicht vergessen ... Das Gesicht meiner Mutter war plötzlich sehr ernst geworden, ein graues Gesicht, als wäre ein Aschenregen darauf gefallen. Ich höre ihre Stimme – es muß gestern gewesen sein – ein heiseres Flüstern, dabei respektvoll und korrekt, wie es sich gehört bei fernmündlichem Verkehr mit der Obrigkeit. „Ja, Herr Wachtmeister ... ja, jetzt verstehe ich Sie ... Der Arzt hat festgestellt ... Ja, gewiß ... Keine Briefe ... ja ... Dann muß ich es wohl der Mutter mitteilen ... Alle nötigen Schritte ... Unkosten ... natürlich ... ich verstehe ... Danke, Herr Wachtmeister ... Guten Tag."

Er hatte sich gegen zwölf Uhr mittags eine Kugel ins Herz geschossen. Ehe er es tat, hatte er die Zugehfrau in den Garten geschickt, um dort etwas zu erledigen, eine schlaue Maßnahme; denn er wollte sie in der Nähe haben, falls er, verwundet, aber nicht tot, ihrer Hilfe bedürfte; andererseits sollte sie weit genug entfernt sein, um ihn nicht an der Erfüllung seiner fatalen Lustbarkeits-Pflicht durch tollpatschiges Dazwischentreten verhindern zu können. Als einzigen Abschiedsgruß hinterließ er einen Zettel, auf den er in seiner barock verschnörkelten Schrift die folgenden Worte gemalt hatte:

„Sehr geehrter Herr Wachtmeister! Habe mich soeben erschossen. Bitte Frau Thomas Mann in München zu benachrichtigen. Ergebenst – R. H."

... Die Gesellschaft in der Diele hatte sich inzwischen in zwei plaudernde Gruppen geteilt: die eine saß am niedrigen Kaffeetisch, während die andere um das Grammophon herum stand, aus dem jetzt Fülle des Wohllauts kam: der „Rosenkavalier"-Walzer. Meine Mutter und ich mußten unser furchtbares Geheimnis noch einige Sekunden lang für uns behalten, bis jemand das Grammophon abstellte und es uns endlich gelang, die Aufmerksamkeit der ahnungslos Schwatzenden zu gewinnen. Aber wer kennte die schickliche Art, eine so unsagbare Nachricht mitzuteilen? Da bleibt nichts übrig, als stammelnd zu gestikulieren und die anderen erraten zu lassen, was man selbst nicht auszusprechen wagt. „Etwas Furchtbares ist geschehen ... Der Ricki ..."

Dies genügte. Jemand schrie auf: „Ist er tot?"

Albtraumhafte Szene! Es gibt Gesten und Reaktionen, die man als Clichés belächeln mag, wenn man sie im konventionellen Stil des sentimentalen Romans benannt und beschrieben findet: „Sie wurde weiß wie die Wand ... Einer Ohnmacht nah, sank sie in einen Stuhl ... Sie brach in Tränen aus ..." Aber wie neu und unerhört, wie erschütternd wird diese traditionelle Pantomime des jammervollen Schocks, wenn sie sich in

Wahrheit vor unseren Augen begibt, ausgeführt von Menschen, die wir lieben und deren schockhaftes Weh übrigens auch das unsere ist. Ja, Annemaries Gesicht – „son beau visage d'ange inconsolable“ – *wurde* weiß wie die Wand; Eva *sank* in einen der großen Sessel am Kamin, halb ohnmächtig, wie es schien; und Erika, ach, mit welch herzzerbrechender Vehemenz die Tränen aus ihr brachen!

„Was für ein Wahnsinn!“ wimmerte sie und immer wieder: „Was für ein Wahnsinn! Wahnsinn!“ Ich sehe meinen Vater – gestern war es –, wie er, über die Kauernde geneigt, ihr plötzlich verwildertes, zerzaustes Haar liebkoste und ihr die Tränen trocknete mit seinem großen, nach Eau-de-Cologne duftenden Taschentuch. „Komm, komm, komm“, sagte der Vater. „Du hast immer noch viele Freunde, und sie alle lieben dich!“ Aber sie hörte nicht auf zu wimmern: „Was für ein Wahnsinn!“ Sie sah so jung aus, wie sie da schluchzend hockte, kleines Mädchen, vom Schmerz geschüttelt, mit widerspenstiger Mähne über dem tränennassen, roten, hilflos verzerrten, zuckenden Gesicht.

Ich stürzte nach oben, ziellos, selbst dem Wahnsinn nah. Aber meine Stube im zweiten Stockwerk war leer, nur die halbgepackten Koffer, kein Ricki. Hatte er mir gar nichts mehr zu sagen? Ich lauschte. Nichts ... Auch in der Diele, wo ich alsbald wieder ankam, war es inzwischen sehr still geworden. Niemand schien sich hier gerührt zu haben, während ich oben war; alle standen oder saßen noch in eben der Pose, in der ich sie verlassen, paralysiert, versteinert vom Schmerzensschock. Als einziger Laut blieb, gedämpfter jetzt, Erikas haltloses Weinen.

Die Starre hielt nicht an, sondern wich bald einer makabren Geschäftigkeit. Ach, wie emsig-gemütlich es zuging, während der nächsten Stunden und Tage! Der schwarze Kaffee, die Seufzer, die Zigaretten, die geselligen Tränen, der wehmütige Erinnerungsklatsch! Wie wir zusammensteckten, einander wärmend, tröstend, bemitleidend, hatten wir ihn nicht alle liebgehabt? Waren wir nicht alle Beraubte? Ja, es tat wohl oder linderte doch das Weh, in traulicher Kummergemeinschaft alles durchzusprechen, wie es gekommen war, und hatte wohl auch gar nicht anders kommen können. So manche seiner rätselhaften Gesten und Äußerungen aus der letzten Zeit wurden jetzt erst verständlich. Als er uns zum Beispiel den Vorschlag machte, die Reise ohne ihn zu beginnen, was hatte er denn da im Sinn gehabt? Doch nicht etwa das Zusammentreffen in Prag oder Bukarest, von dem er schwatzte! Sein schlaues Plänchen war vielmehr gewesen, uns erst einmal loszuwerden und sich dann in Muße umzubringen, wobei er sich vielleicht noch eingeredet hatte, daß wir, erst einmal unterwegs, die Expedition wohl auch ohne seine Begleitung fortsetzen würden. Da diese List nicht glückte, entschloß er sich, uns bis zum bitteren Ende an der Nase herumzuführen.

Aber warum? Wer zwang ihn zu dieser Reise? Was bewog ihn dazu, eine Reiselust vorzutäuschen, die er nicht empfand? Oder hatte er, mit einem Teil seines Wesens, wirklich Lust auf Persien gehabt? War der Enthusiasmus, mit dem er die Vorbereitungen betrieb, am Ende doch mehr als nur ein Täuschungsmanöver? Es waren wohl zwei verschiedene Fahrten, die ihn gleichzeitig lockten und für die er sich gleichzeitig in Bereitschaft hielt. Die eine, die nach Teheran gehen sollte, hätte er mit uns, uns zuliebe, aus Liebe zu uns gemacht; auf die andere aber begibt man sich allein, in einem Panzer von Einsamkeit, den keine Liebe mehr durchdringen kann.

Die Qual der Gespaltenheit, er erlebte sie wohl in seinen letzten Tagen und Wochen. Seine Freude an den schönen braunen Schuhen war gewiß nicht gespielt. Fünfzehn Jahre sollten die Dinger halten ... Aber wozu dann die Frage nach meiner Schuhnummer? Jetzt begriff ich sie. Auch das Gerede über die zehntausend Mark, die mir „aus blauem Himmel“ in den Schoß fallen sollten, enthüllte nun seinen ominösen Sinn. Ja, wenn Rickis kleines Vermögen an die sechs nächsten Freunde ging – wie sein Testament es bestimmte –, so betrug mein Anteil ungefähr zehntausend Mark ...

Am folgenden Tage fuhren Erika und ich nach Utting am Ammersee. Begleitung hatten wir uns verbeten; jeder vierte, sogar Eva oder Annemarie, hätte Ricki und uns gestört. Der Morgen war schön; die vertraute Landschaft mit ihren bewaldeten Hügeln, sanften Wiesen, alten Bauernhäusern atmete einen Frieden, an dessen Vollkommenheit ich nicht denken kann, ohne den Stich der Sehnsucht, ja des Heimwehs dabei zu verspüren. Man ist ein Entwurzelter und hat sie doch geliebt, diese bayerische Landschaft. Bauernhäuser, Hügel, Wiesen, Herden, das Kruzifix am Weg, Brunnen und Apfelbaum; dahinter im Silberdunst, die majestätisch zarte Silhouette des Hochgebirgs –, an diesem Vormittag erschien es liebenswerter denn je. Einer, dem solche Schönheit teuer gewesen war, hatte sie verloren: man liebte sie für ihn mit, liebte ihn in ihr und übrigens wußte man wohl auch oder ahnte doch, daß man selber dies gesegnete Land bald verlieren würde.

Da war der See; wir hielten vor Rickis Haus. Hier schien die Stille geisterhaft zu werden. Im unteren Teil des Gartens, nah dem Wasser, gediehen fahle Sumpfblüten und fettes Schilf. Der Grund war weich, morastig. Es roch nach Sumpfigem. Die kleine Villa, etwas erhöht gelegen, machte sich niedlich mit efeubewachsener Fassade, grünen Fensterläden, roten Geranien im Topf. Dies also war die Idylle, zu deren nicht ganz geheurer Abgeschiedenheit er so oft vor uns geflohen war ... Da wir näher traten, empfing uns ein silbrig Klingeln: das Glöckchen um Wolframs Hals.

Auf der Schwelle zögerten wir. Ein Raunen wies uns den Weg: „Nur hinauf! Keine Angst, junge Dame! Es sieht ganz ordentlich oben aus. In der Schlafkammer liegt er, aufgebahrt, wie sich's gehört!“

Wir hatten sie erst nicht bemerkt, zwei massive, dunkle Gestalten, die zu beiden Seiten der Treppe standen. Es waren die Leichenwäscherinnen. Sie nickten und murmelten, wobei sie die Hände in frömmlerisch selbstgefälliger Pose über dem gewölbten Bauch gefaltet hielten.

Anstatt den beiden furchtbaren Alten zu antworten, fingen Erika und ich zu weinen an – unvermittelt und übrigens genau gleichzeitig, wie auf ein heimlich gegebenes Zeichen. Durch einen Schleier von Tränen sah ich, wie Erika sich der Treppe näherte, mit mühsamen kleinen Schritten, als ginge sie auf Nägeln oder auf glühendem Sand. Ich holte sie ein. Hand in Hand, zwei angstvolle Kinder, stiegen wir durch das fahle Zwielicht hinauf zum Schreckenszimmer, wo unser Bruder erschossen lag.

Die beiden Weiber nickten und murmelten hinter uns her, freundlicher jetzt, wie mir schien. Offenbar, sie billigten unsere Tränen, unseren mühsamen Gang. Ein junger Herr und eine junge Dame, die im Automobil von der Stadt gekommen sind, um die Leiche ihres Vetters, Schulfreundes oder Kollegen in Augenschein zu nehmen, betrugen sich – nach Ansicht der Wäscherinnen – anständig-herkömmlicher Weise genau so, wie wir es eben taten. Ich wußte sehr wohl, daß unser Schluchzen auf die zwei Alten einen famosen Eindruck machte, der Gedanke war zugleich peinlich und schmeichelhaft.

Endlich hatten wir den engen Korridor am Ende der Treppe erreicht. Erika öffnete die Tür, und da war es, überraschend hell im Sonnenlicht, nüchtern und schaurig: der Tatort, die Stätte des Verbrechens, die Todeszelle, Schauplatz der Agonie, des brechenden Blicks, des finalen Röcheins.

Aber wer war diese Puppe, dort drüben, auf dem Bett? Sie erschien niedlich, dabei aber auch fürchterlich, eine fremde, kostbare kleine Sache aus wächsern sprödem Stoff. Welcher Hochmut in diesem unbekannten Gesicht, mit den leicht nach oben gezogenen Mundwinkeln! Es lächelte, dies Gesicht – diskret, aber unverkennbar. Welch ein Lächeln! Dies konnte nicht Ricki sein.

Weder Erika noch ich hatten einen Toten gesehen, seit jenem legendären Gang zum Tölzer Friedhof. Jetzt entsannen wir uns der eisig makellosen Stirn des ertrunkenen Bäckergesellen: in Rickis unaussprechlich entfremdeter Miene nahmen wir dieselbe feindliche Verklärung wahr. Die Toten gleichen einander. Aber der Mund des Bäckers war barmherzig mit weißer Binde bedeckt. Es gab kein Lächeln zu sehen ...

„Wie *klein* er ist!“ brachte Erika schließlich hervor, mehr überrascht als entsetzt.

Ich nickte. Ja, er war beinah unglaublich klein, geschrumpft, vertrocknet, schon zur Mumie geworden. Und ich begriff, daß sterben einfach *austrocknen* bedeutet. Der wesentliche Unterschied zwischen dem lebendigen Fleisch und dem toten ist keineswegs der zwischen Bewegung und Stille. Ein lebendiger Mensch kann völlig reglos sein, und warum sollte ein Toter nicht unter besonderen Umständen nicken, wandeln oder sogar hüpfen können? Aber der Tote ist trocken, ganz ohne Saft und Schleim. Kein speichelnder Mund mehr, kein tränenvoller Blick, keine blutende Wunde, kein Samenerguß, keine tropfende Nase: alles hübsch ausgedorrt, entfeuchtet, gereinigt.

„Wie sauber seine Hände sind!“ hörte ich Erika neben mir flüstern. „Schau doch, die Fingernägel! So säuberlich hab ich sie nie gesehen.“

Dann stieß sie einen unterdrückten kleinen Schrei aus und deutete auf die Wand hinter dem Bett: „Was ist das ...?“ – Die Wand war mit Blut bespritzt. Er hatte die letzten Spuren seines feuchten, vergänglichen Lebens wie ein Tapetenmuster auf die kreidige Fläche getupft.

Wir standen nah beisammen, aneinander geklammert, vom Grauen wie gelähmt. Meine eigenen Worte klangen mir sinnlos, fast anstößig und blasphemisch: „Er muß eine Schlagader getroffen haben ... das Herz vielleicht ... Er hat es wohl nicht mehr gespürt.“

Die Blutschrift an der Wand starrte uns an, eine letzte Botschaft, deren Sinn wir nicht erfassen konnten.

Mene, Mene, Tekel ...

Worauf bezog sie sich, die geisterhafte Formel? Auf die schmähliche Farce etwa gar, die sich in unserer heruntergekommenen Heimat demnächst abspielen sollte? Der kecke Staatsstreich, den ein gewisser von Papen – Herrenreiter und Intrigant großen Stils – im Sommer 1932 gegen die preußische Regierung unternahm, hatte sein Gutes: er demonstrierte das politische und moralische Fiasko, die Abdankung, den selbstverschuldeten Zusammenbruch der deutschen Linken. Die legale Macht, an deren Spitze Sozialisten standen, ergab sich einem unverschämten Baron und ein paar wortbrüchigen Polizisten. Warum? „Widerstand hätte zu Blutvergießen führen können.“ Dies geben die Rausgeschmissenen zu bedenken, Braun und Severing, Totengräber der deutschen Demokratie.

Als Antwort kommt ein Hohngelächter aus entrückter Sphäre. „Was für ein Komiker Sie sind, Herr Severing, mit Ihrer Vorsicht! Und Sie, Herr Braun, wie sehr sehr drollig ist Ihr Zartgefühl! Widerstand hätte zu Blutvergießen führen können? Zugegeben, meine Exzellenzen! Aber nun passen Sie mal auf, wozu erst Ihre vornehme Zurückhaltung führen wird! Ein nettes, fettes Blutbad, Exzellenzen, darauf läuft es hinaus, dank Ihrer exquisiten Politik! In Strömen wird es fließen – das teure Blut, der ganz besondere Saft! Die Chronik kommenden Unheils ist schon aufgeschrieben, an die Wand geschrieben mit blutig roter Tinte. Wer Augen hat, der sehe! Haben Sie keine Augen, Herr Severing? Sind Sie blind, Herr Braun? Kann keiner von Ihnen lesen?“

Der Held von Tannenberg, Heros der deutschen Republik (ja, auch wir hatten seiner Wiederwahl applaudiert!), rühmte sich öffentlich seines Analphabetentums. „Seit meiner Kadettenzeit kein Buch angefaßt“, knurrte der alte Krieger. Wie konnte er für den versteckten Sinn magischer Bluthieroglyphen und Tapetenmuster irgendwelches Verständnis haben? Er war stumpfen Geistes, unser knurriger Feldmarschall, und robusten Gewissens. Mit echt germanischer Nibelungentreue verriet er den frommen Kanzler, dem er seine Macht verdankte: Brüning flog. Gegen seinen Nachfolger, den vergleichsweise liberalen General von Schleicher, setzten alsbald die muntersten Intrigen ein. Herrenreiter von Papen, immer voll witziger Einfälle, und der skrupellose

Sohn des Präsidenten, Major seines Zeichens, überzeugten ihren senilen Chef von der Gefährlichkeit des neuen Kanzlers. Er war ein Bolschewist, wenn man den Herren Papen und Hindenburg jr. glauben durfte, darauf aus, den preußischen Großgrundbesitz im allgemeinen und die Familie Hindenburg im besonderen mit Hilfe des sogenannten „Osthilfeskandals“ zu ruinieren. Der senile Chef hatte immer noch genug Verstand, um sein schönes Gut Neudeck keinesfalls verlieren zu wollen. “Schleicher fliegt!“ Es mußte sein, um der Latifundien willen, so viel hatte der Herr von Gut Neudeck kapiert. Und was nun? Papen hatte seinen Vorschlag bereit: Ein Kabinett der „Nationalen Einheit“ – mit Hitler an der Spitze!

Der böhmische Gefreite? Es war etwas starker Tobak für den alten Herrn. Aber von Papen hatte nun einmal sein Ohr, das große, behaarte, ziemlich schwerhörige Ohr des alten Recken. Raunte der Intrigant: „Dero Unterschrift, Exzellenz, es muß wieder mal sein! Dieser Hitler – gewiß, unangenehmer Patron, Plebejer, nicht von Stand, böhmischer Gefreiter ... Andererseits, gesunde nationale Grundsätze, große Anhängerschaft, kann kolossal nützlich sein – als *Werkzeug!* Exzellenz verstehen doch? Eigentliche Macht bleibt bei konservativen Kräften, wie ich Exzellenz ausdrücklich versichern kann. Die Deutschnationalen regieren, der Generalstab, die Industrie. Hitler ist nur Aushängeschild, Fassade. Wollen Exzellenz doch bitte endlich unterschreiben! Eine reine Formalität ...“

Da sitzt er nun, der Heros und starrt auf das Dokument, ein weißes Stück Papier, mit schwarzen Zeichen bedeckt „Kann nicht mehr lesen“, murrt der Hochbetagte. „Verdammtes geschriebenes Zeug, hat mich immer geärgert. Ist nichts für Soldatenherz. Böhmischer Gefreiter, scheußliche Sache, das. Aber was täte man nicht fürs Vaterland. Gut Neudeck – hurra! – muß erhalten bleiben. Preußengott wird wohl nichts dagegen haben ... obwohl, natürlich, andererseits ... Wie heißt der Bursche? Schicklgruber! Schweinerei! Schon gut, ich unterschreibe ... Wo ist die Feder, Baron?“

Glücklich die Toten, denen die ruchlose Komödie erspart geblieben! Aus der sicheren Distanz entrückter Sphären betrachtet, mag der ganze Zwischenfall sich komisch ausgenommen haben; dem Augenzeugen und Zeitgenossen verging das Lachen vor solchem Übermaß des Lächerlichen. Wie die Repräsentanten der kapitalistischen Demokratie sich foppen ließen von dem verhinderten Lustmörder aus der österreichischen Provinz! Wie sich das tummelte und spekulierte und Geschäfte mit dem Teufel machen wollte! Vom „Foreign Office“ in London bis zur Kanzlei des Heiligen Vaters in Rom, von Detroit bis zur Ruhr, von den ostelbischen „Klitschen“ bis zu den aristokratischen Salons des Faubourg St. Germain, überall wird die Etablierung der deutschen Diktatur mit heiterem Wohlwollen aufgenommen. Sogar in Moskau ist man hoffnungsvoll. Was den Sozialdemokraten schadet, muß gut für die Kommunisten sein, und übrigens kann die Weltrevolution am Chaos nur profitieren ...

Niemand versteht die apokalyptischen Zeichen; der Kontinent amüsiert sich über die eigene Tragödie, man lacht sich buchstäblich zu Tode. Schwerindustrielle, Kardinäle, Bankiers, Generalstabsoffiziere, Außenminister, Philosophen konservativ-idealistischer und marxistisch-materialistischer Observanz, sie alle halten die gellende Herausforderung des Horst-Wessel-Liedes für einen Ulk, die Schrift an der Wand für ein Witzblatt.

Mene, Mene ...? Wie humoristisch!

Tekel ...? Comme c'est rigolo!

Upharsin ...? How funny!

Schmunzelnd, kichernd, brüllend vor Lachen taumeln sie in den Abgrund.

Am 30. Januar 1933 verließ ich Berlin früh am Morgen, wie von böser Ahnung fortgetrieben. Die Straßen waren noch ziemlich menschenleer, als ich zum Anhalter Bahnhof fuhr. Verschlafen und schlecht gelaunt, hatte ich kaum einen Blick für die morgendlich schläfrige Stadt. Es wäre mein letzter Blick auf Berlin gewesen, der Abschied. Ich verließ Berlin, ohne Abschied genommen zu haben.

Mein Ziel war München, aber ich mußte die Fahrt in Leipzig unterbrechen. Dort erwartete mich Erich Ebermayer, mit dem gemeinsam ich damals eine Dramatisierung des Romans „Vol de Nuit" von Saint-Exupéry vorbereitete (eine Arbeit, die, soviel ich weiß, später ohne mich zum Abschluß gebracht wurde).

Erich sah blaß und beunruhigt aus, als er mich am Bahnhof begrüßte. „Was ist los?" fragte ich ihn.

Er schien überrascht. „Weißt du es nicht? Der alte Herr hat ihn ernannt, vor einer Stunde."

„Der alte Herr? ... *Wen?*"

„Hitler. Er ist Kanzler."

Und dies ist die Bedeutung der Schrift, die da geschrieben steht an der Wand, und steht in Blut geschrieben – Mene, Mene, Tekel, Upharsin:

Gezählt sind die Tage deiner Herrschaft. Du bist gewogen und zu leicht befunden. Dein Reich zerfällt, den Medern und Persern wird dein Reich gegeben.

Die Perser! Die Perser kommen ...

Neuntes Kapitel.
Exil

1933–1936

Das Exil begann in München. Preußen und andere Teile des Reichs standen schon unter dem Nazi-Terror; aber Bayern trotzte noch, freilich nicht mehr lange … Immerhin, es bleibt bemerkenswert, daß der süddeutsche Katholizismus die totale „Gleichschaltung" ein wenig verzögerte. Im Februar 1933 – kurz vor dem Reichstagsbrand und besonders nach diesem Ereignis – gab es manchen politisch oder rassisch Kompromittierten, der vorsichtshalber seinen Wohnsitz von den Ufern der Spree nach der Isarstadt verlegte. Leute, die man in Berlin schon eingesperrt und mißhandelt hätte, erfreuten sich in München noch vollkommener Freiheit: sie durften im Englischen Garten spazierengehen oder sich auf Maskenbällen amüsieren, ja, es blieb ihnen sogar unbenommen, den nazifeindlichen Scherzen der „Pfeffermühle" Beifall zu klatschen.

Die „Pfeffermühle" war Erikas Gründung, ein literarisches Kabarettprogramm mit stark politischem Einschlag; ein anmutig spielerischer, dabei aber bitterernster, leidenschaftlicher Protest gegen die braune Schmach. Die Texte der meisten Nummern – Chansons, Rezitationen, Sketsche – waren von Erika (einige auch von mir); Erika war Conférencier, Direktor, Organisator; Erika sang, agierte, engagierte, inspirierte, kurz, war die Seele des Ganzen.

Nein, die „Pfeffermühle" hatte eine Doppelseele; die andere Hälfte hieß Therese Giehse. Sie gehörte dazu, von Anfang an, und mit welcher Intensität, welch unbedingtem Einsatz! Der gefeierte Star der Münchener Kammerspiele – eine schauspielerische Persönlichkeit von starker Vitalität und großem Können – stellte dem noch unbewährten und übrigens politisch bedenklichen Tingel-Tangel die ganze Fülle ihrer Erfahrung und ihres Talents zur Verfügung. Ohne sie wäre die „Pfeffermühle" nicht das geworden, was sie Jahre lang war: das erfolgreichste und wirkungsvollste theatralische Unternehmen der deutschen Emigration.

Aber wir sind noch in München. Die „Pfeffermühle" hatte ihre erste Vorstellung am 1. Januar 1933 in einem sehr intimen, sehr hübschen kleinen Theater, welches passenderweise „Bonbonnière" hieß. Das Abenteuer (denn ein Abenteuer war es, im Deutschland von 1933 ein solches Kabarett zu eröffnen!) stand unter einem glücklichen Stern. Die Truppe, die sich um Erika und Therese zusammengefunden hatte, bestand fast ausschließlich aus jungen Menschen, sehr begabten darunter. Dem Komponisten und Pianisten Magnus Henning waren Melodien eingefallen, deren Anmut selbst aggressiven Texten die Bitterkeit, das Provokante nahm. Das Publikum war charmiert; sogar die Presse verhielt sich relativ wohlwollend. Die „Pfeffermühle" zog! Die „Pfeffermühle" ging! Man freute sich an ihrer gewagten Schärfe, ihrem kompromißlosen Witz. Das kleine Theater am „Platzl" war jeden Abend ausverkauft.

... Diese letzten Münchener Wochen scheinen in meiner Erinnerung voll einer gewissen verzweifelten Lustigkeit. Man genoß den Fasching oder tat doch so. Man war noch einmal so recht gemütlich beisammen, der alte Kreis, die vertraute Clique: Otto Falckenberg von den Kammerspielen, der bald danach all seine „nicht-arischen" Schauspieler entlassen mußte; unser Freund Fritz Strich, der bedeutende Germanist und Kulturkritiker, der damals schon einen Ruf in die Schweiz angenommen hatte; Bruno Frank mit seiner Frau, unserer lieben Liesl; der baltische Zeichner Rolf von Hörschelmann, ein kleiner, aber munterer Herr von bemerkenswerter geistiger Lebendigkeit; die schöne, wenn auch schon etwas üppige, gastlich-gesprächige, zerstreut-talentierte Christa Hatvany-Winsloe; W. E. Süskind und Bert Fischel, unsere Jugendgespielen: das traf sich alles, nicht ohne beklemmende Vorgefühle, närrisch kostümiert und in animierter Stimmung.

Unvergeßlich bleibt mir der Pfeffermühlenball in unserem Hause, Poschingerstraße 1, eine der letzten karnevalistischen Veranstaltungen, weshalb es denn auch besonders hoch herging. Einige der feinsten Gäste erschienen freilich mit erheblicher Verspätung; man verzieh es ihnen, erstens, weil immer noch Fasching war, zweitens, weil sie eine gute Entschuldigung vorzubringen wußten. Die Herren kamen soeben von einer ausführlichen Konferenz mit dem Prinzen Ruprecht von Wittelsbach, den eine monarchistisch-separatistische Gruppe damals auf den bayerischen Thron zu bringen hoffte. Es wäre ein famoser Streich gewesen, peinlich für Hitler, ergötzlich fürs Bayernvolk. Aber Königliche Hoheit hatten keine Lust zu solchem Wagnis, wie die verspäteten Verschwörer uns auf dem Maskenball zuraunten. In Pfeffermühlenkreisen hörte man es mit Bedauern.

Zwischen einem Tango und einem Walzer erzählte man sich die neuesten Schreckensnachrichten aus Berlin. Wir tanzten im Regina-Palast-Hotel, während in der Hauptstadt das Reichstagsgebäude in Flammen stand. Wir tanzten im Hotel Vier Jahreszeiten, während die Brandstifter Unschuldige des Verbrechens bezichtigten, das sie begangen hatten. Das war am 28. Februar – Faschingsdienstag – und tags darauf war Aschermittwoch. Als der Anarchist Erich Mühsam, der Pazifist Carl von Ossietzky und der Kommunist Ernst Thälmann von der Gestapo verhaftet wurden, kehrte man in München Luftschlangen und Konfetti von den Straßen. Man war verkatert. Der Fasching war vorüber.

„Die Pfeffermühle", nach einer Pause, die sich aus ihrer erstaunlichen Popularität erklärte, sollte weitermachen. Die zierliche „Bonbonnière" hatte sich als zu klein erwiesen für das erfolgreiche Unternehmen: Erika sah sich nach einem geräumigen Theater um. Sie fand eines in Schwabing; die Wiedereröffnung im größeren Rahmen wurde auf den ersten April anberaumt. So hatte die Frau Direktor einen Monat Zeit, sich zu erholen und ein neues Programm zu dichten. Dabei sollte ich helfen. Zusammen fuhren wir in die Schweiz, nach Lenzerheide, wo wir bei Freunden logierten. Wir verbrachten unsere Tage teils mit Skifahren, teils mit der Herstellung von drollig-polemischen Chansons und Szenen. Wir waren guter Dinge – draußen, in der wunderbar frischen, aromatischen Luft und bei der Arbeit. Aber sowie man das Radio andrehte oder einen Blick in die Zeitung tat, wurde einem flau.

Was war los in Deutschland? Hatten die „Eingeweihten", die „Realisten" uns nicht immer wieder versichert, daß Kanzler Hitler nicht eigentlich „an der Macht sei", sondern vielmehr von Schwerindustrie und Generalstab dirigiert werde? Sie irren sich oft, diese „Realisten", was sie aber nicht hindert, ihre Ansichten mit imposanter Bestimmtheit vorzutragen. „Immer mit der Ruhe!" rieten sie uns und fügten wohl hinzu, es werde nicht so heiß gegessen, wie gekocht. Schicklgruber sei nicht ernst zu nehmen, ein Strohmann, eine Puppe. Ernst zu nehmen seien vielmehr die I. G. Farben, das Haus Krupp, das Haus Thyssen, Geheimrat Hugenberg, Männer und Institutionen, die für Ruhe und Ordnung sorgen würden. Antisemitische Exzesse (besonders, wenn sie auch reiche Juden betrafen), SA-Terror, Brechung der Zinsknechtschaft, Massenhysterie, all dies war gar nicht im Sinn der Industriellen; auch von Papen mochte es im Grund nicht, und so würde es unterbleiben. Schließlich gab es ja auch immer noch den „alten Herrn"! Wenn den „Realisten" sonst gar nichts mehr einfiel, beriefen sie sich auf Hindenburg. „Eine Diktatur? Ausgeschlossen! Der alte Herr würde Hitler nie berufen haben, wenn er nicht gewisse Garantien hätte ..."

Glaubten wir den „Realisten"? Nach den März-Wahlen war dies kaum noch möglich. Wir wußten, *mußten* wissen, daß nun alles verloren war, auch in Bayern, wo eine dickschädelige klerikale Regierung bisher das Äußerste verhindert hatte. Nun würde es auch in Bayern keine Opposition mehr geben, und also auch keine „Pfeffermühle". Trotzdem fuhren wir zurück, sei es aus einer gewissen desperaten Neugier, sei es, weil wir uns immer noch Illusionen machten ...

Am gleichen Tage, an dem wir in München eintrafen, wurde auch Hitlers „Gauleiter" dort empfangen, ein gewisser Ritter von Epp. Er hatte sich schon früher im Dienste des Fascismus hervorgetan. Die bayerische Regierung ließ ihn nicht an der Grenze verhaften; es war vielleicht ursprünglich ihre Absicht gewesen, kam aber nicht dazu. Vielmehr war es der Ministerpräsident Held, der bald verhaftet wurde; dem Ritter von Epp aber huldigte eine begeisterte Bevölkerung. München war besiegt, war gleichgeschaltet, wir spürten es, *rochen* es, sowie wir am Hauptbahnhof aus unserem Schweizer Zug stiegen.

Hans, der Familien-Chauffeur, erwartete uns wie gewöhnlich am Bahnhofsplatz mit dem Familien-Buick. Aber seine Haltung, sein Ausdruck war sonderbar verändert. Er sah blaß und verstört aus, ein großer, starker Bursche, und nun zitterte er! Ja, es war eine ganz auffallend zittrige Hand, mit der er uns den Wagenschlag öffnete; auch seine Stimme bebte. „Seien's vorsichtig!" flüsterte er bewegt. „Alle zwei, aber besonders Sie, Fräulein Erika! Sie sind hinter Ihnen her, vom Braunen Haus die, Sie wissen schon! Gehen's nicht auf die Straße, Fräulein Erika! Lassen Sie's keinen wissen, daß Sie in der

Stadt sind, Herr Klaus! Wenn die Sie erwischen ...“ Seine Gebärde ließ keinen Zweifel darüber, was uns in diesem Fall geschehen würde.

Erst später sollten wir erfahren, warum unser treuer Hans an jenem Tag so nervös war und woher er so viel wußte. Er war ein doppelter Verräter mit doppelt schlechtem Gewissen, der stämmige Biedermann mit seinem blonden Schopf und dem sinnigen blauen Blick. Seit mehreren Jahren schon arbeitete er als Spitzel für das Braune Haus, wo er über alles, was bei uns geschah, regelmäßig Bericht erstattete. Diesmal aber, im entscheidenden Augenblick, hatte er seine Pflicht vergessen und uns gewarnt, aus Gründen der Menschlichkeit, wie anzunehmen ist. Wir taten ihm wohl leid. Er wußte ja, was „die“ uns antun würden, wenn sie uns erwischten ...

Es waren Stunden voll von Bangigkeit und hektischem Betrieb, diese letzten Stunden in der Poschingerstraße, in München, in Deutschland. Eingedenk der Warnung des schurkischen, aber doch auch wieder barmherzigen Chauffeurs, hielten wir uns in unseren Zimmern versteckt, nicht einmal die Köchin und das Stubenmädchen sollten von unserer Ankunft erfahren. Aber das Telephon funktionierte, und so meldeten wir zunächst einmal ein Ferngespräch nach Arosa an, wo der Zauberer und Mielein sich von den Anstrengungen einer Vortragstournée erholten. In Brüssel, Amsterdam, Paris und anderen Städten hatte der Vater sich über „Leiden und Größe Richard Wagners“ hören lassen, woran sich programmgemäß der Ferienaufenthalt in den Schweizer Bergen schloß. Nun wollte er, wiederum programmgemäß, nach Hause kommen; wir hielten es für geraten, ihn von diesem Vorsatz abzubringen.

Hierbei empfahl sich eine diskrete Ausdrucksweise: es war möglich oder sogar wahrscheinlich, daß unsere Telephongespräche abgehört wurden. Wir hüteten uns also, auf die politische Lage direkt anzuspielen, sondern sprachen vom Wetter. Dieses sei miserabel in München und Umgebung, behaupteten wir; die Eltern würden klug daran tun, noch eine Weile fernzubleiben. Leider zeigte unser Vater sich abgeneigt, auf diese Art der Argumentation einzugehen. So schlimm werde es wohl nicht sein mit den Frühlingsstürmen, meinte er, und übrigens sähe es auch in Arosa nach Regen aus. Ein Hinweis auf die Zustände in unserem Hause („Es wird gestöbert! Scheußliches Durcheinander!“) schien ebensowenig Eindruck auf ihn zu machen. Er blieb störrisch, wollte nicht verstehen: „Die Unordnung stört mich nicht. Ich will nach Haus. Wir reisen übermorgen.“ „Es geht nicht, du darfst nicht kommen.“ Schließlich sprachen wir es aus, mit verzweifelter Direktheit. „Bleibe in der Schweiz! Du wärst hier nicht sicher.“ Da hatte er verstanden.

Einige unserer Freunde waren schon verhaftet, wie man uns in vorsichtig gewählten Ausdrücken wissen ließ; andere hatten sich aus dem Staube gemacht. Auch wir fühlten uns kaum geneigt, einen Zusammenstoß mit den neuen Herren zu riskieren. Lange würde der Spuk ja wohl nicht dauern, so versicherten wir einander ohne rechte Überzeugung. Ein paar Wochen, ein paar Monate vielleicht, dann mußten die Deutschen zur Besinnung kommen und sich des schmachvollen Regimes entledigen. Aber bis dahin und für den Augenblick war man wohl im Ausland besser aufgehoben. „Ich nehme nur einen Handkoffer mit“, entschied Erika. Auch ich packte nur das Nötigste, zwei Anzüge, etwas Wäsche, ein paar Bücher und Manuskripte.

Erika reiste noch am Abend unseres Ankunftstages in die Schweiz zurück, wo sie sich mit den erschreckten Eltern treffen wollte. Ich fuhr vierundzwanzig Stunden später, nach Paris.

Vierundzwanzig Stunden allein im leeren Haus, allein in der schon fremd, schon feindlich gewordenen Stadt! Ich war sehr traurig, viel trauriger, meinte ich damals, als es dem Anlaß entsprach. Das Haus – unser „Kinderhaus“ – wurde mir beängstigend, bedrückend. Was hatte ich hier noch zu suchen? Jeden Augenblick konnten die Häscher kommen. Wäre es nur endlich Zeit zur Abfahrt! Aber die Minuten schlichen, die Stunden wollten kein Ende nehmen. Rastlos wanderte ich durch die öden Stuben. Wie still es war! So still hatte ich das Haus nie gekannt. Die vertrauten Dinge, Bilder, Schränke, lange Bücherreihen, der blinde Homer, die Lübecker Kandelaber, starrten mich schweigend an.

Die Einsamkeit wurde unerträglich, ich rief nach dem Chauffeur; zusammen tranken wir mehrere Gläser von Zauberers bestem französischem Cognac. Dergleichen war noch nie vorgekommen; aber sowohl Hans als auch ich fanden, daß es nicht mehr drauf ankam. Wir stießen an, wobei sein Blick feucht wurde; auch das Zittern der Hand ließ sich wieder bemerken. Mit bebender, dabei markiger Stimme wünschte er mir gute Reise und „eine glückliche Zukunft im Ausland“. Es gab wiederholtes Händeschütteln, erst im Hause, dann auf dem Bahnhofsplatz, schließlich durch das offene Fenster meines Schlafwagenabteils. Ich fühlte mich nicht mehr so traurig, weil eine Stimme da war, die zu mir sprach, und eine Hand, die ich schütteln durfte.

Der letzte Mensch, den ich in der Heimat sah, der letzte, der mich tröstete, war ein gutmütiger Lump und blauäugiger Doppelverräter.

Ich verließ Deutschland am 13. März 1933.

Zwei Zwischenfälle sind es vor allem, die mir aus diesen ersten Wochen der Verbannung im Gedächtnis bleiben, beide scheinbar zufällig und unbedeutend, aber doch lehrreich und charakteristisch.

Der erste Zwischenfall geschah in einem Pariser Restaurant, wo ich mit deutschen Freunden – Emigranten natürlich – bei der Mahlzeit saß. Einer aus unserem Kreise hatte die erste Nummer einer neuen Zeitschrift mitgebracht, eine jener gutgemeinten, aber etwas billig-sensationell aufgemachten Publikationen, mittels derer exilierte deutsche Intellektuelle damals den Hitler-Staat vom Ausland her zu „entlarven“ hofften. Die Revue, an der wir uns gerade ergötzten, zeigte ein enormes Hakenkreuz auf der Titelseite, wahrscheinlich troff es von Blut und hatte als Mittelstück eine grinsende

Teufelsfratze. Aber diese Details entgingen der Aufmerksamkeit einer amerikanischen Dame, die am Nebentisch Platz genommen hatte; auch bemerkte sie nicht, daß mehrere meiner Begleiter von ausgesprochen „nicht-arischem“ Typus waren. Sie sah nur das Hakenkreuz und hörte, daß wir deutsch miteinander sprachen. So erhob sie sich denn, eine stattlich wohlerhaltene Person mittleren Alters mit Zwicker und Federhütchen, schritt auf uns zu und durchbohrte uns mit furchtbarem Blick. „You should be ashamed of yourselves“, sprach die Dame. Und, auf deutsch, mit rührend schlechtem Akzent: „Schämen sollten Sie sich! Dies hier ist Ihre Schmach! Ihre Schande!“ Wobei sie mit erzürnter Gebärde auf das Hakenkreuz wies. Wandte sich und ging ab, nicht aber, ohne vorher vor uns ausgespuckt zu haben. Es war das erste und übrigens bis jetzt das letzte Mal in meinem Leben, daß ich eine „lady“ mit dem Aplomb und der geübten Technik eines zornigen Müllkutschers spucken sah.

Da saßen wir nun, offenen Mundes. Keiner von uns hatte die Geistesgegenwart oder den Mut gehabt, die ergrimmte Dame aufzuklären, ihren absurden Vorwurf zurückzuweisen. Sollten wir in Zukunft unseren Emigranten-Status durch das Tragen von besonderen Insignien betonen? Vielleicht empfehlen sich Armbinden mit der Aufschrift: „Ich bin gegen Hitler!“ oder: „Ich habe mit dem Dritten Reich nichts zu tun!“ Aber wir ließen die Idee bald fallen. Die Armbinden hätten uns in der Welt unmöglich gemacht.

Denn die ehrbare Matrone von der anderen Seite des Atlantischen Ozeans war eine Ausnahme, wie wir nur zu bald herausbekommen sollten. Die meisten Leute schauten uns schief an, nicht weil wir Deutsche waren, sondern weil wir Deutschland verlassen hatten. So etwas tut man nicht, nach Ansicht der meisten Leute. Ein anständiger Mensch hält zu seinem Vaterland, gleichgültig wer dort regiert. Wer sich gegen die legitime Macht stellt, wird suspekt, ein Querulant, wenn nicht gar ein Rebell. Und repräsentierte Hitler nicht die legitime Macht? Er tat es, nach Ansicht der meisten.

Und dies war der zweite lehrreiche Schock, dessen ich mich erinnere, kein „Zwischenfall“ eigentlich, keine dramatische Szene; nur ein ziviles Gespräch auf einer Café-Terrasse.

Mein Gesprächspartner war ein Schweizer Freund, der mich in Paris besuchte. Ein angenehmer, kultivierter Mensch; ich freute mich seiner Gesellschaft. Aber mit der Harmonie zwischen uns war es zu Ende, sowie auf Politisches die Rede kam. Mein Gast fand, daß ich von den Nazis zuviel Wesens machte. „Eine Regierung wie eine andere auch“, bemerkte er mit einem Achselzucken. Und dann lachte er. Hatte ich etwas Komisches gesagt? „Es ist keine Regierung wie eine andre auch, mein Lieber, es ist Teufelsdreck, der größte Skandal der Epoche!“ Dies waren meine Worte gewesen: dem Eidgenossen kamen sie drollig vor. Seine Heiterkeit wuchs noch, als ich hinzufügte: „Keinen Fuß setze ich in dies Land, solange die Nazis dort herrschen.“

„Das kann doch dein Ernst nicht sein!“ rief der gutgelaunte junge Mann aus der freien Schweiz, immer noch amüsiert, dabei aber nicht ohne wirkliche Besorgtheit. „Man gibt doch nicht seine Heimat auf, Karriere, Freunde, Häuslichkeit und alles, nur weil einem die Nase eines gewissen Hitler nicht gefällt! Also, ich muß schon sagen, ich finde das einfach dumm!“

Ich kann sein Gelächter nicht vergessen; auch nicht den halb belustigten, halb mißbilligenden und selbst empörten Ausdruck, mit dem er wiederholte: „So etwas Dummes! „Wie kann man nur etwas so Dummes tun!“

Er verstand nicht, worum es ging. Er hatte keine Ahnung.

Auch von den in Deutschland verbliebenen Freunden erschienen viele seltsam ahnungslos. Die Briefe, die man unsereinem damals noch aus der Heimat zu schreiben wagte, klangen teils zänkisch, teils erstaunt und vorwurfsvoll. Manche ließen es nicht bei privater Botschaft sein Bewenden haben, sondern kanzelten uns öffentlich ab, Gottfried Benn zum Beispiel: Die zürnende Epistel, die er an mich richtete, ward in der „Deutschen Allgemeinen Zeitung“ abgedruckt und dann auch noch am Rundfunk vorgetragen. Der inspirierte Lyriker, der intellektuelle Nihilist und Fortschrittsfeind fand schöne Worte zum Lobe des „Neuen Staates“; für mich aber und alle anderen „Verräter“ setzte es rhetorische Hiebe von der schärfsten Art. Ein kurioses Dokument!

W. E. Süskind drückte sich höflicher aus, nicht so gesteilt und apodiktisch. Auch war er taktvoll genug, seinen Brief nicht einrücken zu lassen; unter vier Augen gleichsam, in zierlich klarer Handschrift redete er mir ins Gewissen. Hatte ich all meine Neugier, meine Aufgeschlossenheit, meinen Humor verloren? So fragte der Jugendfreund. Seit wann war ich ein politischer Doktrinär, ein starrer Apostel republikanischer Tugend, ein Cato? „Komm zurück!“ Es war der Jugendfreund, der mich rief. Er lockte: „Es ist interessant jetzt bei uns, interessanter als je zuvor! Man diskutiert, experimentiert, es gibt Bewegung, es ist etwas los, warum schließt Du Dich aus? Komm zurück! Dir wird nichts zuleid geschehen. Wäre es hier so arg, wie Du glaubst, würde ich bleiben? Riete ich Dir zu kommen? Du solltest mehr Vertrauen zu mir haben. Wenn *ich* Dich zur Rückkehr auffordere, so muß Dir das zu denken geben. Sei nicht eigensinnig! Komm!“

Er verstand nicht, worum es ging. Keine Ahnung!

Ich antwortete ihm mit ein paar kurzen Zeilen: „Danke für Deinen Rat, den ich leider nicht befolgen kann. Ich komme nicht zurück, solange Hitler da ist. Du magst es für Eigensinn halten ...“

Sollte ich ihm erklären, warum der Gedanke an Rückkehr sich für mich verbot? Es wäre zu schwierig gewesen – oder zu einfach. Angst spielte wohl nur eine sekundäre Rolle in dem Gefühlskomplex, der meine Position bestimmte. Zu den „rassisch Verfolgten“ konnte ich mich nicht rechnen, ganz abgesehen davon, daß der organisierte Antisemitismus um diese Zeit noch nicht in voller Stärke eingesetzt hatte. Selbst die sogenannten „Nürnberger Gesetze“, die mehr als drei Jahre später erfunden wurden, hätten mir, wenn ich nicht irre, den Status eines „aufnordungspflichtigen Mischlings“ oder „Ariers zweiter Klasse“ zuerkannt. Meine „rassische Erbmasse“ war zwar keineswegs einwandfrei, aber doch nicht verderbt genug, um mich im Dritten Reich völlig unmöglich zu machen.

Und meine politische Vergangenheit? Das hätte sich richten lassen. Man konnte bereuen, Abbitte tun, zu Kreuze kriechen, dergleichen ist vorgekommen. Die Nazis waren nicht unversöhnlich. Sie übten Großmut – wo es vorteilhaft für sie schien. K. M., nicht ganz unbekannter Sprößling des bekannten Th. M., als Renegat! Das hätte unserem Goebbels so gepaßt. Noch lieber wäre ihm eine „Konversion“ der ganzen Familie gewesen. Mit welch breitem Grinsen würde der diabolische Reklamechef uns empfangen haben!

Waren wir also „freiwillige“ Emigranten?

Doch nicht ganz. Wir *konnten* nicht zurück. Der Ekel hätte uns getötet, der Ekel an der eigenen Erbärmlichkeit und an dem widrigen Treiben um uns herum. Die Luft im Dritten Reich war für gewisse Lungen nicht zu atmen. In der Heimat drohte Erstickungstod. Ein guter, ein wahrhaft zwingender Grund, sich fernzuhalten!

Hitler verbreitete Gestank, *war* Gestank. Wo er sich aufhielt, wallten üble Dünste; wo er regierte, wurde der Staat zur Kloake. Hitler – ein Schicksal? Hitler – ein Problem? Eine Pest war er, die man meidet. Freilich auch eine Gefahr, die man bekämpft.

Hätte ich, hätten *wir* ihn wirkungsvoller bekämpft, wenn wir daheim geblieben oder in die Heimat zurückgekehrt wären? Diese Frage stellten wir uns wohl selbst, gleich zu Anfang und dann immer wieder. Später sollte sie uns auch von anderen vorgelegt werden, von jenen nämlich, die den großen Übelgeruch an Ort und Stelle mitgemacht. Unter ihnen gab es echte Kämpfer; gerade mit diesen suchten wir Emigranten den Kontakt zu wahren, auch helfen konnten wir ihnen wohl zuweilen. Andere behaupteten nachher, gekämpft zu haben; sie zählten sich zur „inneren Emigration“, zu einer diskreten Widerstandsbewegung. Die Frage bleibt, ob unsere Gegenwart, unser Beistand ihnen in den Jahren des Gestankes nützlich und willkommen gewesen wäre. (Ich sage, „wir“, und meine nicht nur die Mitglieder meines Hauses, sondern auch viele nicht-jüdische Schicksalsgenossen, die sich damals mit uns fragen mußten, wohin sie gehörten. Ganz abgesehen davon, daß wir von Temperamentes wegen nicht ganz zu den „Stillen“ paßten, unser schlechter Ruf hätte die heimliche „résistance“ kompromittiert. Zu exponiert, um in der Masse zu verschwinden; politisch zu sehr abgestempelt, um feine Indifferenzen vorzutäuschen, hätten wir in Nazi-Deutschland nur zwischen sinnlosem Martyrium und opportunistischem Verrat die Wahl gehabt. Das Konzentrationslager oder die Gleichschaltung, keine dritte Möglichkeit schien sich uns „drinnen“ zu bieten.

„Draußen“ gab es einiges zu tun, auch im Dienst und Interesse jenes „besseren Deutschland“, an das wir den Glauben nicht verlieren wollten.

Die Frage, ob unser Platz im Dritten Reich gewesen wäre ... Ich habe sie mir gestellt und ich habe sie mir beantwortet. Die Antwort lautet: *Nein.*

Man hat oft geirrt im Leben, man hat mancherlei zu bereuen. Dies eine hat man richtig gemacht, aus Instinkt mehr denn aus „Überzeugung“: Warum sollte man nicht dafür dankbar sein?

Die Emigration war nicht gut. Das Dritte Reich war schlimmer.

Die Emigration war nicht gut. In dieser Welt der Nationalstaaten und des Nationalismus ist ein Mann ohne Nation, ein Staatenloser übel dran. Er hat Unannehmlichkeiten; die Behörden des Gastlandes behandeln ihn mit Mißtrauen; er wird schikaniert. Auch Verdienstmöglichkeiten bieten sich nicht leicht. Wer sollte sich des Verbannten annehmen? Welche Instanz verteidigte sein Recht? Er hat „nichts hinter sich“, keine Organisation, keine Macht, keine Gruppe. Wer zu keiner Gemeinschaft gehört, ist allein.

Oder bildete unsere Emigration so etwas wie eine Gemeinschaft? Doch wohl kaum. Denn unter den Exilierten gab es ja nur relativ wenige, die aus Gründen der Gesinnung oder des „Instinktes“ Deutschland verlassen hatten: nur wenige also, die wir eigentlich als unsere Schicksals- und Kampfgenossen betrachten durften. Bei der Mehrzahl handelte es sich um völlig unpolitische (oder politisch doch ganz unaktive) Opfer des Hitlerschen Rassenwahns: jüdische Geschäftsleute, Anwälte, Ärzte, Gelehrte, Journalisten, die ohne Frage recht gern in Deutschland geblieben wären, wenn die Verhältnisse es gestattet hätten. Diese Feststellung hat nichts Herabsetzendes, enthält keinen Vorwurf. Gewiß, es gab unter den deutschen Juden ebenso viele militante Antifascisten wie unter den sogenannten „Ariern“. Ja, der kämpferische Typ mag sogar im „nicht-arischen“ Lager prozentual häufiger gewesen sein. Aber die Majorität des deutschen Judentums, und also auch die Majorität „unserer“ Emigration, bestand eben doch aus braven Bürgern, die sich in erster Linie als „gute Deutsche“, erst in zweiter als Juden und zu allerletzt, oder überhaupt nicht, als Antifascisten empfanden. Gegen Mussolini hatten sie nichts gehabt. Emil Ludwig und Theodor Wolff sprachen für viele ihrer Stammesbrüder, als sie dem „Duce“ publizistisch Weihrauch streuten. Mussolini war nicht antisemitisch. Hitler war es.

Dieser Punkt ist relevant und wichtig, da es hier darum geht, den Charakter der Emigration zu beschreiben, einer Emigration, die keine Gemeinschaft war. Sie konnte keine sein: es fehlte ihr an gemeinsamen Zielen, an einem Programm, an Repräsentation.

Freilich gab es unter den Emigranten eine politisch aktive und organisierte Minorität, nicht nur eine, sondern mehrere. Die Vertreter der geschlagenen deutschen Parteien – weit davon entfernt, sich wenigstens jetzt zur Einheitsfront gegen Hitler zusammenzuschließen – befehdeten einander im Exil mit noch größerer Erbitterung als zuvor. Besonders der alte Hader zwischen Sozialdemokraten und Kommunisten setzte sich munter fort, während die Monarchisten ihre eigenen Intrigen spannen und die Katholiken weise Zurückhaltung übten. Schließlich gab es ein Konkordat zwischen dem Heiligen Stuhl und der derzeitigen deutschen Regierung. Übrigens blieben die professionellen Politiker auch darin der Tradition von Weimar treu, daß sie den Kontakt mit unabhängigen Intellektuellen mieden oder jedenfalls nicht suchten. Die Beziehungen zwischen Schriftstellern und Parteifunktionären blieben in der Verbannung so kühl, wie sie es daheim gewesen waren.

Die deutschen Schriftsteller – es darf mit Genugtuung konstatiert werden – haben sich im Jahre 1933 besser bewährt als irgendeine andere Berufsklasse. Während der letzten Jahre vor Ausbruch des Dritten Reiches hatte es wohl den Anschein, als wären manche unter ihnen bereit, sich mit dem Abscheulichen abzufinden oder dieses gar zu begünstigen, und in der Tat hat es ja an Abtrünnigen nicht ganz gefehlt. Einige glaubten vielleicht allen Ernstes, im Nationalsozialismus das Neue, Revolutionäre zu erkennen und bewundern zu müssen (wie der verblendete Gottfried Benn es tat); andere versuchten, sich dem neuen Regime durch feige Kompromisse akzeptabel zu machen. Aber die Zahl derer, die sich düpieren oder korrumpieren ließen, ist doch vergleichsweise gering, verglichen nämlich mit der erschreckend umfangreichen Liste gleichgeschalteter Philosophen, Historiker, Juristen, Ärzte, Musiker, Schauspieler, Maler, Pädagogen. Die weitaus meisten Autoren von literarischem Rang stellten sich sofort und aufs entschiedenste gegen die Diktatur, an deren zutiefst *geistfeindlichem* Charakter für keinen Klarsichtigen der geringste Zweifel bestehen konnte. Ein Massen-Exodus der Dichter setzte ein; noch nie zuvor in der Geschichte hat eine Nation innerhalb weniger Monate so viele ihrer literarischen Repräsentanten eingebüßt. Nicht allein die „rassisch Kompromittierten“ suchten das Weite; mit ihnen entfernten sich viele von einwandfrei nicht-jüdischem Blut: Fritz von Unruh und Leonhard Frank, Bertolt Brecht und Oskar Maria Graf, René Schickele und Annette Kolb, Werner Hegemann und Georg Kaiser, Erich-Maria Remarque und Johannes R. Becher, Irmgard Keun und Gustav Regler, Hans-Henny Jahnn und Bodo Uhse, Heinrich und Thomas Mann: um nur diese zu nennen.

Die literarische Emigration konnte sich sehen lassen; in ihren Reihen gab es Ruhm, Talent, kämpferischen Elan. Während die Parteifunktionäre sich zankten, hielten die Schriftsteller zusammen, auch wenn ihre politischen Ansichten voneinander abwichen. Besonders während der ersten Jahre des Exils, von 1933 bis 1936, war dies Gefühl der Zusammengehörigkeit stark und echt. Ja, die verbannten Literaten bildeten wohl so etwas wie eine homogene Elite, eine wirkliche *Gemeinschaft* innerhalb der diffusen und amorphen Gesamtemigration.

Man wußte, was man wollte; die Forderung des Tages erschien klar vorgezeichnet. Der deutsche Schriftsteller im Exil sah seine Funktion als eine doppelte: Einerseits ging es darum, die Welt vor dem Dritten Reich zu warnen und über den wahren Charakter des Regimes aufzuklären, gleichzeitig aber mit dem „anderen", „besseren" Deutschland, dem illegalen, heimlich opponierenden also, in Kontakt zu bleiben und die Widerstandsbewegung in der Heimat mit literarischem Material zu versehen; andererseits galt es, die große Tradition des deutschen Geistes und der deutschen Sprache, eine Tradition, für die es im Lande ihrer Herkunft keinen Platz mehr gab, in der Fremde lebendig zu erhalten und durch den eigenen schöpferischen Beitrag weiter zu entwickeln.

Es war nicht leicht, diese beiden Verpflichtungen – die politische und die kulturelle – miteinander zu vereinigen. Eine ungewöhnliche, geistig gewagte, in jedem Sinn extreme Situation forderte die ungewöhnliche Anstrengung, den extremen Einsatz der Kräfte. Die Literaturgeschichte der Zukunft (wenn uns eine Zukunft beschieden ist, die sich noch für dergleichen interessiert!) wird feststellen, daß die exilierten deutschen Schriftsteller Bedeutendes geleistet haben. Fast allen gelang es, ihr Niveau zu halten; manche wuchsen über sich selbst hinaus und gaben gerade jetzt, in der Verbannung, ihr Bestes. Die Emigrationsverlage, die sich damals in Amsterdam, Paris, Prag und anderen europäischen Zentren etablierten, haben eine Produktion von imposanter Fülle und Qualität aufzuweisen. Die literarische Ernte des Exils wurde durch ihren Reichtum zum eindrucksvollsten Protest gegen das Barbaren-Regime, das so viel Talent und Fleiß aus dem Lande getrieben hatte.

Nicht weniger notwendig und wesentlich als dieser indirekte Protest erschien vielen von uns der direkte, das politische Manifest, die enthüllende Analyse, der satirische oder informative Kommentar zum deutschen Drama, das immer wieder neu zu variierende, neu zu begründende *J'accuse* gegen den Hitler-Staat. Deutsche Antifascisten im Ausland durften nicht müde werden, den noch freien, noch nicht gleichgeschalteten oder angeschlossenen Nationen immer wieder zu versichern: „Ihr seid in Gefahr. Hitler ist gefährlich. Hitler ist der Krieg. Glaubt nicht an seine angebliche Friedensliebe! Er lügt. Schließt keine Verträge mit ihm! Er wird sie nicht halten. Laßt euch nicht von ihm einschüchtern! Er ist nicht so stark wie er tut, *noch* nicht! Erlaubt ihm nicht, stärker zu werden! Jetzt würde eine Geste, ein starkes Wort von eurer Seite genügen, um ihn zu stürzen. In ein paar Jahren wird der Preis höher sein, schließlich müßt ihr es euch Millionen Menschenleben kosten lassen. Worauf wartet ihr? Stürzt ihn jetzt, solange es billig ist! Brecht die diplomatischen Beziehungen mit ihm ab! Boykottiert ihn! Isoliert ihn! Erledigt ihn!"

Fehlte es unserem Ruf an Überzeugungskraft? Er überzeugte nicht, er verhallte. Die noch freien, noch unabhängigen Nationen, bei denen wir Emigranten zunächst Unterschlupf fanden, nahmen unsere Kassandra-Schreie mit „realistischer" Skepsis auf. Gewisse Vorkommnisse im Dritten Reich, Bücherverbrennungen, antisemitische Demonstrationen, das Massaker vom 30. Juni 1934, mochten etwas peinlich berühren; indessen waren das nur kleine Schönheitsfehler, die man einer sonst erfolgreichen und in vieler Hinsicht sympathischen Regierung gern verzieh. Hitler war gegen den Kommunismus, was genügte, ihn in feinsten europäischen Kreisen beliebt zu machen. Wenn er Eroberungspläne hatte, so waren sie doch wohl ausschließlich gegen den Osten gerichtet, will sagen, gegen die Sowjetunion. Um so besser! Den feinsten Kreisen konnte das nur recht sein. Für die Warnungen einiger fortgelaufener Literaten hatte man ein mokantes Lächeln oder ein ungeduldiges Achselzucken.

Natürlich gab es in unseren Gastländern Menschen von klarem Verstand und sauberer Gesinnung, die unser Grauen vor der Nazi-Pest durchaus teilten. Aber diese Redlichen waren meist selbst ohne Einfluß und übrigens, gerade aus ihrer Redlichkeit und Rechtlichkeit heraus, oft geneigt, den eigenen Standpunkt und die eigene Argumentation durch gewisse moralische Vorbehalte zu schwächen. Nicht, als ob sie Hitlers Schandtaten hätten verteidigen oder beschönigen wollen! Aber sie hielten es doch für angebracht, uns an Versailles zu erinnern, den ungerechten Frieden, der das deutsche Volk angeblich in die Verzweiflung und damit in die Arme des Demagogen trieb. Ohne Versailles kein Hitler! Und so schlimm dieser auch sein mochte, empfahl es sich nicht trotzdem, in Frieden mit ihm zu leben? Die Redlichen waren Pazifisten. Auch die meisten der emigrierten Schriftsteller, von denen hier die Rede ist, durften diesen Namen für sich in Anspruch nehmen. Um so tiefer ihr Abscheu vor den deutschen Gewaltherren und Gewaltanbetern.

Die kompromißlose Haltung dieser Schriftsteller befremdete, stieß vielfach ab. Man warf ihnen Einseitigkeit, Übertreibung vor; der Haß – so hieß es wohl – mache sie blind; die Schärfe ihres Urteils wurde als typisches Symptom der „Emigrationspsychose" erklärt und abgetan. Wäre das deutsche Regime wirklich so völlig schlecht, wie wir es schilderten, könnte es sich dann halten? So fragten die Realisten, um alsbald zu dem Schluß zu kommen: Die Tatsache, daß das Regime sich hält und sogar floriert, widerlegt die Greuelpropaganda der Exilierten. Das deutsche Volk stöhnt nicht unter dem Hitler-Terror; im Gegenteil, die meisten Leute dort scheinen recht vergnügt, es herrscht Wohlstand, die Arbeitslosigkeit hat aufgehört. Ob die Emigranten es nun zugeben oder nicht, die Diktatur ist populär bei den Massen, das deutsche Volk steht hinter seinem Führer.

Wir gaben es nicht zu. „Hitler ist nicht Deutschland!" Die Exilierten bestanden darauf, wiederholten es immer wieder. Hitler ist nicht Deutschland! Das „eigentliche" Deutschland, das „bessere" war gegen den Tyrannen, wie wir der Welt eigensinnig versicherten. Die deutsche Opposition nahm in unseren Artikeln und Manifesten gewaltige Dimensionen an: es waren Millionen (wir bestanden darauf), die im Kampf gegen das verhaßte System Leben und Freiheit riskierten. Wir flunkerten nicht: wir *glaubten*. Unser echter, wenngleich naiver Glaube an die Stärke und den Heroismus der inner-deutschen Widerstandsbewegung gab uns den moralischen Halt, den Auftrieb, dessen wir in unserer Isoliertheit und Hilflosigkeit so dringend bedurften.

Ja, wir waren tief davon überzeugt, daß wir im Namen aller „besseren Deutschen" sprachen, eben jener Märtyrer und Helden, die der Terror in der Heimat zum Schweigen brachte. Der Jammerlaut, der in den Konzentrationslagern erstickte, die geflüsterte Kritik, der unterdrückte Schrei, die Angst, die Frage, die wachsende Beklommenheit des besseren deutschen Menschen, all dies suchten wir zu artikulieren und zur Kenntnis einer lethargisch-ignoranten Welt zu bringen. Erwarteten wir ein Echo? Es wurde uns gewährt, in Form von wüster Schmähung. Die Goebbels-Presse schleuderte ihre übrigens recht phantasielosen Flüche und Invektiven gegen das „Emigrantenpack", was immerhin eine Art von Resonanz bedeutete. Offenbar, unsere Bemühungen waren nicht ganz vergeblich. Wir irritierten die Herren, man bemerkte uns; die Tatsache, daß es irgendwo in der Welt noch Deutsche gab, die den Mund aufzumachen wagten, wurde vom Berliner Ministerium für Volksaufklärung und Propaganda als unerträglichen Skandal empfunden. Wie stellte man ihn ab? Man konnte unsere Zeitschriften und Bücher, unsere Vorträge und Theaterstücke „draußen" nicht verbieten. Aber man konnte uns die Bürgerrechte nehmen, uns ausstoßen aus der Volksgemeinschaft. Waren wir erst keine Deutschen mehr, wurde unser Protest etwas weniger skandalös. So verfiel man auf die drollige „Ausbürgerungs"-Idee. Männer und Frauen, die ihrer Geburt nach Deutsche waren, auch bis vor kurzem in Deutschland gelebt und sich dort nützlich gemacht hatten, verloren durch einen Federstrich ihre Nationalität.

Der Verlust ließ sich tragen, zumal da man ihn nur für vorläufig hielt. Mit Nazi-Deutschland wollte man ohnedies nichts zu tun haben; nach dem Sturz des Regimes aber hatte das lächerliche Hitler-Dekret keinerlei Geltung mehr. Man kehrte zurück, war Bürger, „ausgebürgert" oder nicht. Dieser Stunde hofften wir entgegen; glaubten wohl auch, sie stünde nahe bevor. Der Aufstand des Volkes gegen die Unterdrücker, die deutsche Revolution, lange konnte sie doch nicht mehr auf sich warten lassen. Und selbst wenn sie durch den Gestapo-Terror eine Weile verzögert würde, schließlich brach sie doch los; wir rechneten fest damit. „Es kommt der Tag!" Einer unserer geistigen Führer hatte es uns versprochen – Heinrich Mann.

Sein Name erschien auf der ersten Ausbürgerungsliste, eine verdiente Ehre! Er hatte der deutschen Reaktion schon seit langem viel zu schaffen gemacht; jetzt aber tat er sich durch besondere Kampflust hervor. Noch nie war sein polemischer Stil so brillant gewesen: er bewährte im Zorn, im Abscheu solche Leidenschaft, daß aus der aktuellen Glosse, dem politischen Pamphlet beinah etwas wie Dichtung wurde. In den Aufsätzen, die unter dem Titel „Der Haß“ schon 1933 als Buch erschienen, gibt es Akzente, die über das Journalistisch-Agitatorische hinaus ins Lyrisch-Inspirierte, fast ins Magisch-Seherische gehen. Kein Wunder, daß die feinfühligen Nazis einen Gegner von solchem Rang zu schätzen wußten und ihn als einen der ersten in ihre „Légion d'Honneur“ aufnahmen.

Unsere Familie wurde überhaupt ausgezeichnet: auf jeder der ersten vier Ausbürgerungslisten war das Haus Mann vertreten. Nach dem berühmten Ohm kam ich an die Reihe. Am 6. November 1934 erfuhr ich durch die Presse, daß ich kein Deutscher mehr war, was mich kaum überraschen konnte. Eine Reihe von anderen nicht ganz unbekannten Kompatrioten wurden zusammen mit mir in Acht und Bann getan. Ich erinnere mich, daß der Dichter Leonhard Frank, der Regisseur Erwin Piscator und der politische Schriftsteller Otto Strasser darunter waren. Besonders machte man uns zum Vorwurf, daß wir einen Aufruf unterzeichnet hatten, in dem der Bevölkerung des Saargebietes geraten wurde, bei dem damals bevorstehenden Plebiszit gegen Hitler-Deutschland zu stimmen. Das war „Hochverrat“, wozu in den meisten Fällen noch andere „staatsfeindliche“ Aktionen kamen.

Was mich betrifft, so gab ich mir redlich Mühe, den Herren des Dritten Reiches auf die Nerven zu gehen. Nicht genug damit, daß meine ketzerischen Verlautbarungen in der gesamten Emigrantenpresse und in anderen freiheitlich gesinnten europäischen Blättern erschienen, ich gründete auch noch meine eigene Zeitschrift, eine literarische (aber doch nicht *rein* literarische!) Revue namens „Die Sammlung“, die ab September 1933 beim Querido-Verlag zu Amsterdam monatlich herauskam. André Gide, Aldus Huxley und Heinrich Mann übernahmen das Patronat; zu den Mitarbeitern gehörten fast alle exilierten deutschen Dichter und Literaten, außerdem aber auch eine ziemlich stattliche Reihe nicht-deutscher Autoren von internationalem Prestige: Romain Rolland, Jean-Richard Bloch und Philippe Soupault, René Crevel und Jean Cocteau, Carlo Sforza, Benedetto Croce und Ignazio Silone, Wickham Steed, Stephen Spender und Christopher Isherwood, Ernest Hemingway und Schalom Asch, Ilja Ehrenburg und Boris Pasternak, der Schwede Pär Lagerkvist und der Holländer Menno ter Braak. Mein Ehrgeiz war, die Talente der Emigration beim europäischen Publikum einzuführen, gleichzeitig aber die Emigranten mit den geistigen Strömungen in ihren Gastländern vertraut zu machen. Dazu kam, als essentielles Element meines redaktionellen Programms, das Politisch-Polemische. „Die Sammlung“ war schöngeistig, dabei aber militant – eine Publikation von Niveau, aber nicht ohne Tendenz. Die Tendenz war gegen die Nazis. Diese ärgerten sich denn auch und sannen auf Rache. Die Strafe, auf die sie in ihrer Unbeholfenheit verfielen – die Ausbürgerung eben –, tat nicht weh. Im Gegenteil, ich fühlte mich geschmeichelt.

Erika kam auf die dritte Liste. Sie hätte es verdient, schon früher dranzukommen; die Nazis waren manchmal launenhaft. Am 1. Oktober 1933 wurde „Die Pfeffermühle“ in

Zürich wieder eröffnet, gepfefferter denn je, amüsanter denn je, mit der prachtvollen Therese Giehse, dem einfallsreichen Magnus Henning und allem Zubehör. Erika war in großer Form, als Textdichterin, Chansonette und Conférencière. Noch dort, wo sie bitter sein mußte, noch in der Anklage, im Protest gewann sie durch den Reiz ihres Lächelns, der Stimme und Gebärde. Ihr moralisch-politischer Appell wirkte, weil er aus dem Herzen kam und mit künstlerischer Phantasie präsentiert wurde. Dieses ungewöhnliche Kabarettprogramm hatte nicht nur sittlichen Ernst und geistige Aktualität, sondern auch Charme, Rhythmus, Laune: Eigenschaften, ohne die keine Gesinnung, sei sie noch so schön, sich bei einem Theaterpublikum durchsetzt.

„Die Pfeffermühle" setzte sich durch: sie gefiel. Die Züricher zeigten sich noch empfänglicher und dankbarer als ein Jahr vorher die Münchener. Es folgte eine Tournee durch die Schweiz, woran sich Gastspiele in der Tschechoslowakei, Holland, Belgien, Luxemburg schlossen. Im nächsten Herbst: ein neues Programm in Zürich, danach wieder die internationale Tour. So ging das weiter; in der Zeit vom Januar 1933 bis zum Sommer 1936 hatte „Die Pfeffermühle" über tausend Vorstellungen. Und da sollte man sich in Berlin nicht fuchsen!

Das tat man denn auch, nicht zu knapp. Erst wurde die Ausbürgerung verhängt, eine Geste, die in diesem Fall besonders sinnlos schien; denn Erika war, durch ihre Heirat mit dem englischen Dichter W. H. Auden, Untertanin Seiner Britischen Majestät.

Störender als der nichtige Bannfluch waren die „spontanen Demonstrationen", die von den Nazis und ihren Schweizer Freunden, den „Fronten", gegen „Die Pfeffermühle" inszeniert wurden. Im Züricher „Kursaal", wo die Truppe damals gastierte, kam es zu einem Skandal, mit dem verglichen die Zwischenfälle anläßlich von Erikas Victor-Hugo-Rezitation, Zauberers „Deutscher Ansprache" und meiner „Geschwister"-Premiere heiteres Kinderspiel waren. Die Schweizer Fascisten, von ihren deutschen Meistern abgerichtet und ausgerüstet, begnügten sich nicht mit den üblichen Stinkbomben und Trillerpfeifen; es wurde mit scharfer Munition geschossen; auch hieß es, eine Zeitbombe sei irgendwo unter der Bühne versteckt. Bis zum Ende des Gastspiels gab es jeden Abend ein Polizeiaufgebot zur Protektion der „Pfeffermühle". Denn die Vorstellungen gingen weiter. Nicht nur Erika legte Wert darauf, sondern auch die Schweizer Behörden. Aus Prestigegründen war man abgeneigt, den Radaumachern nachzugeben, ohne diese andererseits gar zu sehr provozieren zu wollen. Wie verhielt man sich in einem solchen Dilemma? Der Stadtrat und andere Instanzen befaßten sich mit dem Fall, der in der Presse plötzlich aus dem Feuilleton in den politischen Teil aufgerückt war. „Die Pfeffermühle" war eine *cause celèbre*, was aber nichts half: Sie bekam in Zürich keine Spielerlaubnis mehr, und auch in anderen Schweizer Städten gab es bald Schwierigkeiten. –

Während Heinrich Mann, Erika und ich längst offiziell geächtet und verstoßen waren, blieb die Situation meines Vaters noch für eine Weile unentschieden, jedenfalls im technisch-legalen Sinn. Er hatte sich, seit der „Machtübernahme", noch nicht öffentlich über das deutsche Regime geäußert; aber man wußte, daß es ihm greulich war. Er rechnete sich zunächst noch nicht unbedingt zu den Emigranten, dachte aber nicht daran, nach Nazi-Deutschland zurückzukehren. (Nach ein paar Monaten im Tessin und einem längeren Aufenthalt in Südfrankreich ließ er sich im Herbst 1933 in Küsnacht am Zürichsee nieder.) Seine Bücher waren in Deutschland noch nicht offiziell verboten; aber schon im Jahre 1933 hätte niemand es sich einfallen lassen, in einem deutschen Buchladen mit nicht-gesenkter Stimme nach einem Werk von Thomas Mann zu verlangen. Ein unerwünschter, verdächtiger Autor, wenn auch noch nicht völlig diffamiert!

Er war noch nicht ausgebürgert, aber sein abgelaufener deutscher Reisepaß wurde ihm nicht verlängert. Er könne einen neuen Paß bekommen – so lautete der amtliche Bescheid – in Deutschland nämlich! So versuchte man, ihn zurückzulocken. Gleichzeitig aber konfiszierte man sein Hab und Gut, die Bankguthaben, das Münchener Haus mit Bibliothek, Mobiliar, Automobilen, und was es sonst noch zu klauen gab; die gleichgeschaltete Presse machte ihn fast täglich zum Objekt absurder Verleumdungen und Gehässigkeiten; die „Repräsentanten deutscher Geistigkeit", vom Komponisten Richard Strauß bis zum Karikaturisten Olaf Gulbransson, taten sich zusammen, um den Vortrag „Leiden und Größe Richard Wagners", den die meisten der Herren zugegebenermaßen nicht gelesen hatten, als eine „Verunglimpfung des germanischen Genies" anzuklagen.

Zurückkehren, in eine solche Heimat? Er konnte es nicht erwägen. Aber die Trennung war bitter, viel bitterer für ihn, den in deutscher Art und Tradition so tief Verwurzelten, als für seine international akklimatisierten Kinder. Die Vorstellung, von seinem deutschen Publikum endgültig, oder doch bis auf weiteres, abgeschnitten zu sein, quälte und kränkte ihn; er versuchte, das Unvermeidliche so lange wie irgend möglich hinauszuzögern. Erika und ich drängten, ein Fehler wahrscheinlich; das bedächtige Tempo gehört wohl essentiell zu seiner geistig-moralischen Persönlichkeit.

Er mußte sich Zeit lassen, ein Jahr, zwei Jahre; schließlich war er so weit. Im Feuilleton einer Schweizer Zeitung wurde die Emigrantenliteratur herabgesetzt, wobei der Kritiker feststellte, daß Thomas Mann dieser Kategorie nicht zuzurechnen sei. Thomas Mann reagierte mit einem unzweideutigen Bekenntnis zur Emigration. Die Nazis zogen die Konsequenz: der Autor der „Buddenbrooks" war, laut Hitlerscher Verfügung, kein Deutscher mehr. Mit ihm wurden sein Eheweib, Katharina Mann, geborene Pringsheim, und seine vier jüngeren Kinder – Angelus Gottfried Thomas („Golo"), Monika, Elisabeth und Michael Thomas – der deutschen Staatsbürgerschaft verlustig erklärt.

Die Emigration war nicht gut, aber man gewöhnt sich an alles, an die Unbequemlichkeiten, die Erniedrigungen, auch an die Gefahren. Einige Exilanten waren von den Nazis entführt oder ermordet worden, der Philosoph Theodor Lessing, zum Beispiel, und der Schriftsteller Berthold Jacob. Dergleichen konnte jedem von uns geschehen. Es empfahl sich, auf der Hut zu sein.

Man war es. Alles, was mit Deutschland zu tun hatte, wurde unheimlich, beängstigend. Das Gebäude, in dem sich ein deutsches Reisebüro oder gar ein deutsches Konsulat befand, betrat man nicht gern. Es gab dort vielleicht geheime Falltüren, die sich plötzlich vor einem auftaten – und man war gefangen. Um diesen Mercedes mit der deutschen Nummer machte man lieber einen scheuen Bogen. Wagte man sich zu nah heran, so öffnete sich wohl der Wagenschlag, ein Arm kam zum Vorschein, eine klammernde Faust, schon hatte man die Äthermaske vorm Gesicht, und wenn man wieder zu sich kam, war man in Deutschland: in der Hölle also.

Deutschland war die Hölle, das unbetretbare Gebiet, die verfluchte Zone. Manchmal träumte man, daß man in Deutschland sei, es war grauenhaft. Früher hatte man sich wohl im Traume nackt auf einen belebten Boulevard verirrt oder war in großem Kostüm auf eine Bühne getreten, um eine Rolle zu spielen, von der man kein Wort wußte, lauter Situationen von unleugbarer Peinlichkeit. Aber der neue Alb, der Emigranten-Angsttraum, war unvergleichlich ärger.

Es fing harmlos an. Man schlenderte eine Straße entlang, deren Aussehen bekannt anmutete, *zu* bekannt, wie einem allmählich klar wurde, bekannt auf eine bedrohliche, schaurig-intime Art. Es war eine *deutsche* Straße, man befand sich in München oder in Berlin: daher die Bangigkeit, die wachsende Beklemmung. Wie komme ich hierher? Was habe ich hier zu suchen? Und wie komme ich fort von hier? Während man sich dies fragte, versuchte man, möglichst unbekümmert zu erscheinen, ein sorgloser Passant, der das heitere Treiben auf dem Kurfürstendamm oder der Theatinerstraße genießt. Aber was nützt die nonchalante Pose? Du bist erkannt, immer drohender werden die Blicke, mit denen die Vorübergehenden dich mustern. Plötzlich erinnerst du dich, daß du eine der verbotenen Zeitschriften sichtbar unter dem Arm trägst, ein Exemplar der „Neuen Weltbühne“ oder des „Neuen Tagebuch“. Du möchtest dich der kompromittierenden Druckschrift entledigen, sie unbemerkt zu Boden gleiten oder doch mindestens in deiner Tasche verschwinden lassen; aber es ist zu spät: du bist erkannt. Gibt es kein Entrinnen? Nein; denn nicht nur die Menschen sind gegen dich, auch die Häuser, das Pflaster, der feindlich verhüllte Himmel. Magst du immerhin rennen! Die Straße ist lang, du erreichst ihr Ende nicht, und selbst wenn du bis zum Ende der Straße kämest, die Häscher griffen dich, sie sind überall. Du rennst trotzdem, blind vor Angst, in keuchender Panik, ziellos, hoffnungslos. Die infernalische Straße läßt dich rennen, zappeln, springen, da sie weiß, daß du ihrem tödlichen Zugriff doch nicht entrinnen wirst. Du rennst zwischen Mauern,

Fahnen, Menschenmassen, die sich immer näher an dich drängen, immer gefährlicher um dich schließen; du rennst – bis du schweißgebadet erwachst.

Dieser sehr schlimme Traum kam häufig vor in Emigrantenkreisen. Es gab Zeiten, in denen ich diesen sehr schlimmen Traum beinahe jede Nacht träumen mußte.

Deutschland, entfremdete, entstellte, gräßlich gewordene Heimat, die wir nur im Albtraum schauen durften! Die Reichsgrenzen wurden zu einem feurigen Ring, hinter dem es nur die Vernichtung gab. Uns ward beklommen zumute, wenn wir uns der schrecklichen Grenze zu nahe wußten – in Salzburg etwa oder in Basel. Die Reise von Zürich nach Amsterdam, die ich damals sehr häufig machte, war keineswegs unbedenklich. Der Schlafwagen, der mich durch Frankreich, Luxemburg, Belgien nach Holland befördern sollte, konnte umrangiert werden, sei es aus Zufall, sei es nach teuflischem Plan. Plötzlich wäre man jenseits des Feuer-Rings, mitten drin im Gräßlichen. Man blickt aus dem Fenster, und liest: „Köln Hauptbahnhof" … Solche Vorstellungen verursachten physisches Unbehagen.

Indessen verhielt es sich nicht etwa so, daß die Emigranten dauernd in Angst und Schrecken lebten; so darf man sich das nicht denken. Wer die Emigration nicht selber mitgemacht hat, könnte überhaupt geneigt sein, die dramatischen und romantischen Aspekte dieser Existenzform zu überschätzen. Als Junge war ich fasziniert von den russischen Flüchtlingen, die damals in Berlin massenhaft auftraten. Wie interessant es sein mußte, kein Vaterland mehr zu haben, unbehaust durch die Welt zu schweifen, Haß und Heimweh im Herzen! Welch ein Abenteuer, Emigrant zu sein! Nun war ich selber einer, ohne mich über diese Tatsache ständig aufzuregen oder sie als abenteuerlich zu empfinden.

Man ist nicht pausenlos in kämpferischer Laune, auch das Heimweh macht sich nur gelegentlich bemerkbar, und man bringt nicht den ganzen Tag damit zu, die Tyrannen zu hassen, kurz, man ist nicht immer Emigrant „im Hauptberuf". Man vergißt zuweilen, daß man sich im Exil befindet. Sogar in der Verbannung kommen heitere Stunden vor, die übrigens auch in der Heimat selten waren.

Geldsorgen? Die ist man gewöhnt. Man ist nie Kapitalist gewesen, hat sich vielmehr immer plagen müssen. Irgendwie schafft man es, plagt sich freilich im Exil noch weidlicher als zu Hause.

Neu ist das Paß-Problem, nun doch eine sehr ernste Sache. Ohne Paß kann der Mensch nicht leben. Das scheinbar unbedeutende Dokument ist in Wahrheit beinah ebenso kostbar wie der Schatten, dessen Wert der arme Peter Schlemihl erst so recht begriff, als er sich seiner leichtfertigerweise entäußert hatte. Transitvisen, Arbeits- und Aufenthaltserlaubnisse, „cartes d'identité", „titres de voyage"; diese Dinge spielten eine durchaus dominierende und recht quälende Rolle in den Gedanken und Gesprächen deutscher Auswanderer. Aber schließlich fand sich meist irgendein Ausweg. In meinem

Falle war es die freundliche Regierung der Niederlande, die rettend eingriff. Mir wurde ein holländischer „Fremdenpaß“ zur Verfügung gestellt, der dem Staatenlosen einige Bewegungsfreiheit gab. Später machte die Generosität des Präsidenten Benesch uns alle, meine Eltern, Heinrich Mann, meine Geschwister (mit Ausnahme der britischen Erika), zu Bürgern der Tschechoslowakei.

Man lebte in Amsterdam, in Zürich, in Paris, ohne diese schönen Städte als „Exil“ zu empfinden. Paris war einem schon seit langem eine Art von „deuxième patrie“; in Amsterdam gab es Freunde und Arbeit; in Zürich gab es Freunde und das Elternhaus.

Die Villa in Küßnacht bei Zürich konnte es an Stattlichkeit mit dem verlorenen Münchener Heim zwar keineswegs aufnehmen, war aber auf ihre bescheidenere Art ebenso hübsch und freundlich. Übrigens waren es von den sechs Geschwistern nur zwei, die beiden Jüngsten, die jetzt ständig im „Kinderhaus“ logierten. Sie gingen zur Schule in Zürich, später besuchten sie das Konservatorium. Michael wollte Geiger werden, Elisabeth Pianistin. Beide waren Kinder gewesen, als wir Deutschland verließen; von Heimweh konnte bei ihnen keine Rede sein. Medi (Elisabeth) sprach schon mit leicht schweizerischem Akzent, sah auch aus wie ein Schweizer Mädchen, zugleich ernsthaft-gediegen und ein bißchen burschikos, mit klarer, intelligenter Stirn, freundlichem Blick, ungeschminkten Lippen, sportlichem Kostüm: man kennt den Typ, er gehört zu den erfreulichsten. Bibi (Michael) zeigte sich weniger empfänglich für den ortsüblichen Dialekt (auch Golo und ich hatten ja nie die bayerische Mundart beherrscht, in der Erika Meister war), verliebte sich aber in eine veritable Schweizerin, was wahrscheinlich die männliche Art ist, sich dem Gastland zu assimilieren.

Neben den zwei „Kleinen“, die so gar klein nicht mehr waren, gab es im gastlichen „Kinderhaus“ fast immer den einen oder den anderen von uns Älteren, allerdings nur besuchsweise und vorübergehend. Erika stellte sich zwischen anstrengenden „Pfeffermühlen“-Tournées für kurze Rast in Küsnacht ein. Monika kam aus Florenz, wo sie damals lebte und wo sie übrigens die Bekanntschaft des jungen ungarischen Kunsthistorikers Jenö Lanyi machte, der später ihr Mann werden sollte. Golo, Doktor der Philosophie und Geschichte, dem in Deutschland eine bedeutende akademische Karriere sicher gewesen wäre, betätigte sich als Dozent in Frankreich, zunächst an der „École Normale“ zu St. Cloud bei Paris, später an der Universität Rennes; die Ferien aber verbrachte der junge Gelehrte bei den gastlichen Eltern.

Es ging gesellig zu in der Küsnachter Villa, fast ebenso animiert wie einst in der Poschingerstraße. Von den alten Münchener Freunden ließen sich freilich nur noch jene sehen, die, wie wir, die Beziehungen zu Nazi-Deutschland abgebrochen hatten; wer dort noch leben und verdienen wollte, mied unser verrufenes Haus.

Die einzigen, oder beinah einzigen, die sich damals noch aus München zu uns wagten, waren Offi und Ofey, die erstaunlichen Urgreise. Sie ließen es sich nicht nehmen, zweibis dreimal jährlich auf Logierbesuch zu uns zu kommen, verhutzelt, aber von eiserner Vitalität und bemerkenswertem Eigensinn. Das schöne Palais in der Arcisstraße, das fast ein halbes Jahrhundert lang ihr Heim gewesen, hatten sie zwar plötzlich verlassen müssen: es war in der Nähe des Braunen Hauses gelegen und sollte nun niedergerissen werden, um einem neuen Parteigebäude Platz zu machen. Die „Arcissi", Symbol und Zentrum legendärer Erinnerungen, von den Kindheits-Mythen eine der kostbarsten und geliebtesten, war dahin, dem Ehrgeiz eines unbegabten, aber mächtigen Architekten aufgeopfert ...

Offi und Ofey fanden dies bedauerlich, waren aber durchaus abgeneigt, sich von solchen Kleinigkeiten in ihren Entschlüssen beeinflussen zu lassen. Überhaupt ließen sie sich nicht leicht beeinflussen, am wenigstens von uns. Wir beschworen sie, sich zur Emigration zu entschließen und nach Zürich zu ziehen, wo sie, immer noch wohlhabend, wie sie es damals waren, den angenehmsten Lebensabend hätten haben können. Aber nein, Ofey wollte nicht, auch Offi war dagegen. Emigrieren? Warum? Die Urgreise fanden es eine Kateridee. Sie waren der Ansicht, daß die jüngeren Generationen den Ernst der Hitler-Gefahr geradezu lächerlich überschätzten. Was die Urgreise betraf, so waren sie entschlossen, den ganzen Nationalsozialismus glatt zu ignonieren. Anstatt nach Zürich zu ziehen, nahmen sie sich eine hübsche Wohnung in München, nicht weit von ihrem alten Haus. Von dort machten sie sich ganz ungeniert zu ihren regelmäßigen Visiten nach Küsnacht auf.

Es war reizend, sie bei uns zu haben. Die „Arcissi" gab es also nicht mehr, aber solange Offi und Ofey so unverwüstlich vorhanden waren, blieb von den Mythen der Kindheit doch noch etwas lebendig und gegenwärtig. Ofey knärzte, Offi perlte. Sie war immer noch schön, mit silberweißer Rokokofrisur, anmutig beweglichem Mund und ausdrucksstarkem Blick. Eine echte Persönlichkeit, unsere Offi! Welch ein Temperament! Und ihr Widerspruchsgeist hatte mit den Jahren eher noch zugenommen. Wenn jemand von uns auf irgendein gräßliches Ereignis in Deutschland anzuspielen wagte, fragte Offi streng: „Warst du dabei?", was man verneinen mußte. Sie lächelte triumphierend: „Na also!" Und die Sache war abgetan.

Offi und Ofey, die zähen Ahnen, demonstrierten und garantierten die Kontinuität unseres Familienlebens und des Lebens überhaupt, bei sonst gründlich veränderten Verhältnissen. Übrigens gab es auch noch andere Institutionen, auf deren Dauerhaftigkeit man sich verlassen konnte, das väterliche Arbeitszimmer zum Beispiel. Im Küsnachter Haus befand es sich im ersten Stock, während es in der Poschingerstraße zu ebener Erde gelegen war; aber sonst hatte sich nicht viel geändert. Durch irgendeine Kriegslist war es gelungen, den Schreibtisch mit einigem Zubehör aus dem gestohlenen Münchener Haus in die Schweiz zu schaffen. Da waren sie denn wieder, die vertrauten Gegenstände im vertrauten, pedantisch festgelegten Arrangement, Schreibmappe, Briefbeschwerer, Tintenfaß, das Savonarola-Profil, Mieleins Jugendbild – von Kaulbach angefertigt –, die ägyptische Büste. Auch die Atmosphäre im Raum war die gleiche geblieben, die alte aromatische Mischung aus Zigarrenrauch, Eau-de-Cologne und dem Geruch ledergebundener Bücher.

Nach dem Abendessen versammelt man sich in dieser zugleich traulichen und feierlich ernsten Stube, im Exil wie zu Hause. Vielleicht sind Gäste da, der gleichfalls schon seit Urzeiten und Kindertagen gekannte, gern-gemochte Hans Reisiger (er wird nicht mehr lange bei uns verkehren wollen, aber jetzt tut er's noch) oder unsere behaglich-dynamische Giehse oder Annemarie, das lieblich pagenhafte „Schweizerkind“. Es könnte aber auch Annette Kolb sein, die überraschend eingetroffen ist, aus Paris oder Basel kommend; nun sitzt sie in der Sofaecke, das rassig-lange Gesicht animiert unter dem unvermeidlichen schwarzen Hütchen, und plaudert auf angenehm zerstreute Art in ihrem höchst persönlich geprägten, oberbayerisch-pariserischen Jargon. Oder ist der Gast an diesem Abend Erich von Kahler, Kulturphilosoph und Dichter, treuer Freund des Vaters und der Familie? Der gebürtige Prager, lange Zeit bei München seßhaft, wohnt jetzt in Zürich und kommt oft zu uns. Ferdinand Lion käme auch in Frage, ein sensitiver Zuhörer und Kritiker, man hat ihn gern dabei, obwohl seine reizvoll originelle Geistigkeit nicht ganz eines etwas irritierenden Einschlages ins Eibisch-Kapriziöse entbehrt. Und wenn's nicht Lion ist, dann stelle ich mir Franz Beidler vor, den politisch, literarisch und literaturpolitisch sehr tätigen Enkel Richard Wagners, dem er übrigens zum Lachen und Verwundern ähnlich sieht; Franz Beidler also wäre auch willkommen. Mit ihm sind am Ende gar die lieben Oprechts erschienen, Emil und Emmy, das Verlegerpaar, deren Züricher Heim zum lebendigsten Treffpunkt der literarischen Emigration geworden ist ... Kurz, es gibt Besuch, man hat den schwarzen Kaffee drunten im großen Wohnraum getrunken und läßt sich jetzt im Arbeitszimmer nieder. Mielein verteilt noch geschwind Aschenbecher, während der Zauberer sich schon im Lehnstuhl räuspert, Brille auf der Nase, Manuskript in der Hand. Dann wird es stille im Zimmer, und die Erzählung beginnt.

Sie beginnt nicht, sie geht weiter. Der Erzähler fährt fort, wo er sich das vorige Mal unterbrochen. Das vorige Mal – war das in München oder in Lugano oder in Sanary bei Toulon? Gleichviel, die Geschichte nimmt ihren Gang, läuft ab, entwickelt sich nach eigenem Gesetz: die geduldig ausgesponnene, farbig-genaue Geschichte und Gotteserfindung von Joseph und seinen Brüdern. Wie lange wir den anmutigen Rahel-Sproß nun schon kennen! Seine schöne und hübsche Gestalt ist uns ebenso vertraut wie die sonore Stimme, die Vater-Stimme, die den Reiz dieser zeitentrückten, mythisch distanzierten Jugend mit sehr sorgfältig gewählten Adjektiven zu beschwören, uns nahezubringen und gegenwärtig zu machen weiß.

Ja, der immer noch junge, wenn auch nicht mehr so ganz knabenhafte Joseph, dem wir nicht ohne Rührung am Zürichsee wiederbegegnen, ist noch der gleiche, der einst – wielange ist's her? – dem würdig-sinnenden Jakob das bunte Kleid abschwatzte und die

Brüder mit seinen taktlosen Träumen ennuyierte. Inzwischen freilich ist dem Verwöhnten allerlei zugestoßen, sein Schicksal war nicht leichter als das unsere: das Exil – auch ihm blieb es nicht erspart. Erst mußte er in die Grube, dann in die Fremde; dort aber bewährt sich sein Stern, oder vielmehr, seine gewinnenden Eigenschaften helfen ihm aus der Patsche.

Für ein Emigranten-Publikum war es ermutigend zu hören, wie geschwind der zunächst scheinbar völlig ruinierte Joseph sich von seinem tiefen Fall erholt und in exotischem Milieu Karriere macht. Seine Eloquenz, sein Witz und Charme, seine angeborene Artigkeit erweisen sich als ebenso wirkungsvoll, ebenso unwiderstehlich im Hause des ägyptischen Großen wie daheim, im väterlichen Zelt. Selbst die Herrin, Gattin des Potiphar, – weit davon entfernt, über den Hergelaufenen die Nase zu rümpfen – verfällt diesem äußerst angenehmen Lächeln, dieser kindlich-schlauen Beredsamkeit, dem schönen Dunkel der Rahel-Augen. Die mondäne Priesterin und asketisch stolze *grande dame* wirbt um den spröden Sklaven. Wie sie brennt! Wie sie leidet! Wie sie sich verzehrt in bittersüßer Ekstase! Der Erzähler im Küsnachter Arbeitszimmer macht es mit treffend ausgesuchten und geschickt aneinander gereihten Worten so recht anschaulich, durch was für Höllen, was für Verzückungen die Heimgesuchte, Verzauberte geht. Aus ist's mit ihrer vornehmen Selbstdisziplin, der priesterlich eleganten Haltung! Sie streift ihre Würde ab wie eine lästige Maske. Die Liebe bricht ihren Stolz, verdirbt ihren Teint, läßt sie vettelhaft werden, die unmögliche, unerfüllbare, unstatthafte Liebe zum fremden Sklaven, der übrigens ein Aufgesparter und Unberührbarer ist. Potiphars Weib überläßt sich ihrer absurden Leidenschaft mit dem gleichen masochistischen Radikalismus, mit dem sich einst der alternde Romancier Gustav Aschenbach am venezianischen Lido Emotionen sehr verwandter Art überließ. Nun entwürdigt, erniedrigt sich die aristokratische Ägypterin, wie damals der Cholera- und Erosinfizierte Prosaist. Um ihrer tragischen, grotesken Liebe willen riskiert sie alles, Rang, Ansehen, Heim, Vermögen. Die unmögliche Liebe ist ihr Fluch, ihr Himmel, ihr Fieber, ihr Exil.

Dergleichen wird immer wieder durchgemacht, auch in der Verbannung. Von der Liebe könnte ich viel erzählen, tue es aber nicht, oder doch immer nur sehr nebenbei, andeutungsweise, ohne mich auf das schöne und trübe Thema je so recht einzulassen. Warum diese Diskretion? Aus Scham? Aus Vorsicht? Vielleicht. Wahrscheinlicher ist, daß ich mir gerade diesen Gegenstand für künstlerische Gestaltung aufhebe und vorbehalte.

Hier ziehe ich es vor, von der Freundschaft zu sprechen – ein Gefühls- und Erlebniskomplex, der, nach meiner Erfahrung, sich mit der Sphäre des Erotischen oder gar Sexuellen nur sehr selten berührt. Freilich, es gibt Grenzfälle, Übergänge: im Begehren kann der Freundschaftskeim enthalten sein, aus Kameradschaft wird

Zärtlichkeit; aber im allgemeinen scheint es mir ratsam, zwischen Eros und Sympathie, zwischen geschlechtlich-emotioneller Attraktion und moralisch-intellektueller Affinität sauber zu unterscheiden. Liebe ist fast immer einseitig; Freundschaft gibt es nur bei reziproker Neigung. Man liebt, was dem eigenen Wesen fremd und entgegengesetzt ist; man befreundet sich dem Verwandten. Liebe ist Wagnis, Gefahr; Freundschaft ist Sicherheit. Die sexuelle Fixierung, die Sucht nach einem bestimmten menschlichen Körper, einem bestimmten Mund, einer bestimmten Umarmung bereitet Schmerz von solcher Grausamkeit, daß wir ihn ohne den Trost der Freundschaft kaum ertrügen.

Mein Leben war reich an Freundschaft; in dieser fragmentarischen Chronik müssen viele der Namen fehlen, die mir teuer waren oder es noch sind. Die Trennung von Deutschland freilich brachte das Ende herzlicher Kontakte, die man gern für dauerhaft gehalten hätte; aber die Mehrzahl der wirklichen Freunde war mit uns in die Emigration gegangen, und übrigens bildeten sich draußen bald neue Kameradschaften, darunter einige von großer Wärme und Fruchtbarkeit.

Die schönste menschliche Beziehung, die ich diesen ersten Jahren des Exils verdanke, ist die zu dem Verleger Fritz Landshoff. Seit 1933 ist er mein brüderlicher Freund. Bündnisse solcher Art werden meist nur zwischen sehr jungen Menschen geschlossen; um so größer der Glücksfall einer relativ späten Begegnung. Nicht, als ob ich damals alt gewesen wäre! Mit siebenundzwanzig mag man fast noch als Jüngling passieren. Aber ich war doch schon ein ziemlich erfahrener, umgetriebener Jüngling; ich hatte früh angefangen, mit allem, auch mit der Freundschaft. Den besten Freund hatte ich soeben eingebüßt; nach Rickis Tod durfte ich kaum noch hoffen, solche Gleichgestimmtheit und eine solche Treue jemals wiederzufinden. Nun gab es dies noch einmal; und wieder, wie im Falle Rickis, war es eine Freundschaft zu dritt. Erika gehörte dazu. In meinem Leben hat wohl nur das, woran sie Anteil nimmt, so recht eigentlich Bestand und Wirklichkeit.

Landshoff, der in Berlin ein Direktor des Kiepenheuer-Verlages gewesen war, gründete 1933 in Amsterdam den Querido-Verlag, die deutsche Abteilung einer alteingesessenen holländischen „Uitgeversmij". Der Chef der Firma, Emanuel Querido – Niederländer von portugiesisch-jüdischer Abstammung – war ein weißhaariger Mann von kleiner Statur und großem Temperament, humorig-patriarchalisch, mit blitzblauen Kapitänsaugen in einem verwitterten, lustig-klugen Gesicht. Der alte Sozialdemokrat haßte den Fascismus in jeder Form, besonders aber in der deutschen; gerade deshalb war ihm die Betreuung der antifascistischen deutschen Literatur eine Herzenssache. Seine sehr gescheite, übrigens auch sehr attraktive Mitarbeiterin, Alice van Nahuys, nahm sich, zusammen mit Landshoff, der Leitung des neuen deutschsprachigen Verlages an. Die meisten emigrierten Autoren von Bedeutung erschienen bei Querido – Jakob Wassermann, Heinrich Mann, Ernst Toller, Lion Feuchtwanger, Anna Seghers, Arnold Zweig, Vicki Baum, Erich-Maria Remarque, Emil Ludwig, Alfred Döblin, Bruno Frank, Leonhard Frank, Ludwig Marcuse, Joseph Roth, Valeriu Marcu, um nur diese zu nennen. Was mich betrifft, so druckte der Verlag nicht nur meine Bücher, sondern auch meine Revue, „Die Sammlung", bei deren Herausgabe mir Landshoffs organisatorische Erfahrenheit und literarischer Geschmack zugute kamen.

Man verlegte deutsche Bücher und eine deutsche Zeitschrift in Amsterdam, nicht aus ganz freier Wahl, sondern weil es sich zu Hause nicht mehr machen ließ: dort regierte das Scheusal. Dieser unangenehmen Tatsache blieb man eingedenk, was einen aber keineswegs daran hinderte, die neue, nicht ganz freiwillig gewählte Umgebung in vieler Hinsicht äußerst angenehm zu finden. Eine schöne Stadt, Amsterdam, ob nun ein Emigrant sich dieser Schönheit freut oder ein Vergnügungsreisender. Auch der Verbannte bewundert die nobel-schlichte Architektur der alten Patrizierhäuser, spürt den etwas verwunschenen Reiz der Grachten mit ihren venezianischen Gerüchen und Perspektiven. Das stehende Gewässer dieser pittoresken Kanäle hat mich stets auf unheimliche Art fasziniert. Ratten, so hat man mir wohl berichtet, hausen massenhaft in seiner öligen Tiefe. Es ist giftiges Wasser, Todeswasser; fiele man hinein und schluckte reichlich davon, man stürbe an malerisch-gräßlichen Beulen, wie ein Aussätziger im Mittelalter. Die Grachten entlang ziehen arme, aber rüstige Männer mit fahrbaren Drehorgeln – Instrumenten von gewaltigen Dimensionen, oft mit barocker Üppigkeit ausgestattet – und lassen traurige Weisen hören. Sie halten dem Passanten mit fordernder Gebärde die Klapperbüchse hin und empfangen die Münze wie einen Tribut, der ihnen rechtens zusteht. Die engen Gassen wimmeln von Radfahrern, deren lautlos-hurtiges Dahingleiten in der Dämmerung geisterhaft wirken mag. Überall gibt es Porträts der königlichen Frauen, Königin-Mutter, Königin, Kronprinzessin; überall gibt es Tulpen. Die Mädchen aber, die in gewissen Stadtgegenden gastlich am Fenster sitzen und den Vorübergehenden mit derbem Scherzwort locken, bevorzugen künstliche Blumen, Gott weiß warum. Stattlichen Rubensfiguren gleich, thronen sie im Lehnstuhl neben der Vase mit den papierenen Rosen und der traulichen Lampe. Sogar das „Laster" – wenn man es denn so nennen will – präsentiert sich in Amsterdam mit sinnig-altertümlicher Gemütlichkeit.

Altertümlich-gemütlich war auch die Pension, wo Landshoff und ich bescheidene, aber nicht unkomfortable Unterkunft gefunden hatten. Die Tage vergingen mit Arbeit. Wollte man Erholung, so spazierte man im großzügig angelegten, erfreulich soignierten Vondel-Park oder verbrachte eine andächtige Stunde im „Rijksmuseum" vor den erfrischend *wirklichen*, dabei ergreifend inspirierten Landschaften, Porträts, religiösen Szenen, Stilleben, Allegorien und häuslich-heiteren Genrebildern der großen Niederländer. Abends gab es gute Musik im „Concertgebouw". Der große Kapellmeister und seltsame Charakter Willem Mengelberg, der sich später aus politischen Gründen in Mißkredit bringen sollte, dirigierte damals noch das Amsterdamer Orchester, das unter seiner Führung weltberühmt geworden.

Man saß auf der Terrasse des Hotel Américain und trank *oude Genever*, wozu man sich appetitliche Würfelchen aus holländischem Käse oder einen frischen Hering schmecken ließ. Vielleicht gastierte „Die Pfeffermühle" gerade in Amsterdam, wo sie sich besonderer Beliebtheit erfreute; dann hatten wir wohl Erika und die Giehse an unserem Tisch. Wahrscheinlich war auch Landauer mit von der Partie, der feine, grundanständige und grundgescheite, witzig-melancholische Walter Landauer, der mit Landshoff gemeinsam den Kiepenheuer-Verlag in Berlin geleitet hatte und dem jetzt die deutsche Abteilung des Verlages Allert De Lange zu Amsterdam unterstand. Zwischen seinem Unternehmen und Querido bestand eine Art von freundschaftlicher Rivalität, wobei das Beiwort stärker zu akzentuieren ist als das Substantiv. Die literarische Emigration war produktiv genug, um zwei Verlage mit erstklassigem Material zu versorgen.

Hermann Kesten gehörte zu den Autoren des Allert De Lange-Verlages, für den er übrigens auch als Lektor und Berater tätig war. Er lebte in Paris, kam aber häufig nach Amsterdam, immer anregend, amüsant, von unersättlicher intellektueller Neugierde und echter moralischer Leidenschaft, skeptisch bis zum Zynismus und idealistisch bis zum Naiven, reich an paradoxem Witz und eifervollem Glauben, verklatscht und generös, loyal und boshaft, ein grimmiger Humorist und hochgesinnter Verteidiger der Menschenrechte, ein guter Schüler Voltaires, einer aus der geistigen Familie des großen Heinrich Heine, ein guter Schriftsteller, ein guter Kämpfer und ein guter Freund.

Auch sonst fehlte es nicht an Besuchern; viele der Autoren, die einem der zwei Verlage – Querido oder De Lange – nahestanden, ließen sich gelegentlich in Holland sehen. Ernst Toller kam – eine Persönlichkeit von sehr rührenden und liebenswerten Eigenschaften: hilfsbereit und kameradschaftlich bei aller Ich-Erfülltheit, aufrichtig bei aller Neigung zum Rhetorischen, dankbaren Herzens und oft heiteren Sinnes bei übrigens gefährlich sensitiver psychischer Disposition und einer ominösen Tendenz zum Manisch-Depressiven. Leonhard Frank stellte sich ein, die ernste, schöne, holzgeschnittene Miene zugleich abweisend und gewinnend mit dem sonderbar durchdringenden, eisblauen Blick und dem zerstreuten, fremden, dabei wissend-wohlwollenden Lächeln. Egon Erwin Kisch, „Der Rasende Reporter", machte zwischen irgendwelchen abenteuerlichen Fahrten für ein paar Tage in Amsterdam Station, vibrierend von nervöser Vitalität, geplagt von nie ganz erfüllten, vielleicht unerfüllbaren Ambitionen, aggressiv, humorvoll, enthusiastisch, ein echter Weltfreund und Weltverbesserer, fast ein Romantiker, mit marxistisch-materialistischen Grundsätzen.

Die Visiten des österreichischen Dichters Joseph Roth brachten mancherlei Aufregung. Er bestand auf exorbitanten Vorschüssen – sei es von Querido, sei es von De Lange, es kam ihm nicht darauf an – und befremdete die Herren von der Presse durch bizarre politische Theorien, die er mit großer Beredsamkeit und Insistenz vertrat. Die Rettung Europas – Joseph Roth zufolge – konnte nur vom Hause Habsburg kommen, eine andere Hoffnung gab es nicht. Säße erst wieder die gesalbte Majestät in der Wiener

Hofburg, so würde noch alles gut: das Regiment des „Antichrist“ wäre vorüber. Während der Dichter dergleichen auseinandersetzte, konsumierte er erstaunliche Mengen äußerst konzentrierten Alkohols; in meiner Erinnerung waren es meist Getränke von ungewöhnlich dunkler, bräunlichtrüber Färbung und geradezu diabolischer Intensität, die unser Freund aus kleinen Gläsern schlürfte. Glasigen Blicks, aber sonst in würdig-zusammengenommener Haltung, hielt er Cercle in den Kaffeehäusern von Paris, Wien, Amsterdam und anderen Metropolen. Wo er sich auch gerade aufhalten mochte, immer wurde sein Tisch zum Zentrum. Dem Autor des „Hiob“ und des „Radetzkymarsch“, der übrigens keineswegs die Rolle des „Meisters“ spielte, eignete jene kreisbildende Attraktion, die manchmal zu den natürlichen Eigenschaften und Manifestationen des Talents gehört. Kollegen und Bewunderer umgaben ihn, während er mit einer nicht ganz geheueren, vielleicht verzweifelt scherzhaft gemeinten Begeisterung vom kaiserlichen Gedanken schwärmte und dabei ein dunkles Gläschen nach dem anderen kippte. Die Mischungen, an denen er sich erlabte, sahen wie Medizinen aus, waren aber furchtbar unbekömmlich: Der Dichter Roth beging langsamen Selbstmord, trank sich mählich zu Tod, inmitten der Bewunderer und Kollegen.

Etwas bedenklich stand es auch um einen anderen Poeten, der uns zuweilen in Amsterdam besuchte: Ödön von Horvath, den ungarischen Dramatiker und Romancier. Zwar trank er nicht so viel, sprach auch kaum je vom Kaiser; indessen fehlte es seiner Konversation doch nicht ganz an alarmierenden Zügen. Horvath, eine der merkwürdigsten dichterischen Begabungen seiner Generation, plauderte für sein Leben gern über seltsame Unglücksfälle, groteske Krankheiten und Heimsuchungen aller Art. Auch Gespenster, Hellseher, Wahrträume, Halluzinationen, Ahnungen, das Zweite Gesicht und andere spukhafte Phänomene spielten eine Rolle in seinem Gespräch, welches übrigens durchaus nicht in bangen Flüstertönen, sondern mit jovialer, oft recht lauter Heiterkeit geführt wurde. Horvath hatte nichts vom Hysteriker oder vom pedantisch-düsteren Liebhaber des Okkulten; eher zeichnete er sich durch robuste Gesundheit und Genußfähigkeit aus. Er wußte aber viel von der *Angst*, von jenem tiefen, lähmenden Unbehagen, welches Freud als ein zentrales Element unserer Kultur erkannt hat und dessen Überhandnehmen vielleicht das eigentlich entscheidende, verhängnisvolle Ereignis der Epoche bedeutet. „Vor den Nazis habe ich keine so sehr große Angst“, stellte Horvath fest. „Es gibt ärgere Dinge, nämlich die, vor denen man Angst hat, ohne zu wissen, warum. Ich fürchte mich zum Beispiel vor der *Straße*. Straßen können einem übelwollen, können einen vernichten. Straßen machen mir Angst.“

Nach einem Aufenthalt in Amsterdam reiste er nach Paris, wo er mit einer Filmgesellschaft zu verhandeln hatte. Vor der Abfahrt aber ging er noch zu einer Wahrsagerin: von ihr wollte er wissen, ob der einträgliche Filmabschluß zustandekommen würde. Das eingeweihte Frauenzimmer drückte sich vieldeutig aus, nach alter Orakel-Art: „Sie werden, mein Herr, in Paris das größte Abenteuer Ihres Lebens haben!“

Er verhandelte in einem Büro an den Champs Elysées; die Sache schien zu klappen, Horvath glaubte den Kontrakt schon in der Tasche zu haben. So viel Geld! Was für ein Abenteuer! Das größte seines Lebens, ganz wie die Hexe es vorausgesagt ... In animierter Stimmung machte er sich auf den Nachhauseweg. Während er die Champs Elysées hinunterschlenderte, gab es einen kleinen Sturm, nicht einen Orkan gerade, aber doch ein ziemlich heftiges Wehen. Die steife Brise riß einen der vielen Zweige von einem der vielen Bäume, die am Rand des schönen Boulevards stehen. Es war der Baum, in dessen Schatten der Dichter gerade schritt. Der Zweig fiel ihm ins Genick – ein schwerer Ast, er traf den Hals wie ein Beil. Der Poet, der keine Angst vor den Nazis hatte, ward von einem friedliebenden Pariser Baum guillotiniert.

Man starb schnell in der Fremde, geschwinder, plötzlicher als daheim. In dieser Chronik wird noch von einer Reihe jäher Todesfälle zu berichten sein, wobei es sich meist um Emigranten handeln wird. Die große Selbstmord- und Herzschlag-Epidemie sollte freilich erst etwas später so recht in Schwung kommen; aber schon während dieser ersten Jahre des Exils wurde eifrig gestorben. Der berühmte Strafverteidiger und ziemlich erfolgreiche Dramatiker Max Alsberg, mit dem ich gut bekannt gewesen war, hatte von der Emigration sehr bald genug: er brachte sich schon 1933 um. Der Nächste war Kurt Tucholsky. Er tat es in Schweden, nicht ohne vorher seiner Verzweiflung Ausdruck gegeben zu haben. Jakob Wassermann starb eines natürlichen Todes, der ihm aber nicht so sehr unwillkommen gewesen sein dürfte. Der gewaltig fleißige alte Geschichtenerzähler und innig bemühte Denker, er hatte sich seinen Weg als Deutscher und Jude gar sauer werden lassen. Gegen Ende erschien seine Miene, die niemals heiter gewesen war, zerfurcht, zerwühlt von Gram und Müdigkeit. Er wollte seine Ruhe.

Mir am schmerzlichsten war der Verlust von zwei Freunden, deren Namen der Öffentlichkeit nicht viel bedeuten mögen, die ich aber in diesen Seiten schon vorgestellt und eingeführt habe; nun muß ich sie abtreten lassen: meine liebe Gert und meinen lieben Wolfgang. Das Mädchen Gert – man erinnert sich? – gehörte zu meinen Intimen, seit den weitentfernten, schon fast mythisch verklärten Bergschul-Tagen. Damals war sie von so drollig-kolossaler Gestalt, daß wir sie „das Elefantenbaby" nannten; später fiel sie vom Fleische, infolge übertrieben reichlichen Morphium-Genusses. Sie zerstörte sich, wohl nicht ganz ohne Absicht oder doch mit einer Unbedenklichkeit, die auf ein gewisses Nachlassen des Willens zum Leben schließen läßt. Das Ende kam in Paris, im Herbst des Jahres 1933.

Wolfgang Hellmert, der mindestens ebenso erhebliche Quantitäten der holdverderblichen Droge zu sich nahm, wartete noch ein Jährlein, um dann seinerseits, 1934, das Zeitliche zu segnen, gleichfalls in Paris. Vorher hatte der hochbegabte, aber träge und übrigens an seiner Karriere nicht sonderlich interessierte Mensch sich noch zur Niederschrift einiger schöner Einfälle aufgerafft. Die paar Kostbarkeiten, die man in seinem Nachlaß fand – drei oder vier dunkel sanghafte Gedichte, zwei höchst suggestive

Prosaphantasien – erschienen in der „Sammlung“. Da weilte der giftsüchtige, todessüchtige junge Poet schon nicht mehr in diesen Gegenden, hatte sich vielmehr aus dem Staube gemacht, wonach ihm ja, wie schon früher angedeutet, immer der stolze Sinn gestanden.

Indessen sind wir noch hier; es mag ein Vorzug sein oder ein Nachteil. Zuletzt befanden wir uns in Amsterdam, auf der Terrasse des Hotel Américain. Es war von Geselligkeit die Rede. Übrigens beschränkte diese sich keineswegs nur auf das deutsche Emigranten-Milieu. Man freundete sich mit Holländern an; am nächsten kamen mir der literarisch-philosophische Essayist Menno ter Braak, ein passionierter und reiner Geist von durchaus originaler Prägung; der Schriftsteller Jef Last, der damals gerade eines seiner besten Bücher, „Zuidersee“, herausbrachte und mit dem ich übrigens die freundschaftliche Bewunderung für André Gide gemeinsam hatte; das Maler-Ehepaar Karin und Ernst van Leyden, Künstler von Geschmack und Fleiß, Kosmopoliten von bemerkenswerter Bildung und intellektueller Angeregtheit, gastfreundlich liebe Menschen zudem, in deren idyllisch gelegenem Landhaus es sich gut rasten und arbeiten ließ.

René Crevel kam aus Paris, vielleicht mit unserer gemeinsamen Freundin Thea („Mopsa“) Sternheim, oder allein, oder in Begleitung einer eleganten Südamerikanerin, die er sich damals zugelegt hatte. Er schimpfte, scherzte, klagte, betrank sich, las aus neuen Werken vor, war zärtlich, unduldsam, hilfsbereit, manchmal grausam. Er konnte grausam sein, gegen sich selbst wie gegen andere. Die Flamme in seinem weit geöffneten, explosiven Blick kannte weder Kompromiß noch Erbarmen.

Auch aus London gab es wohl Besuch. Mein ältester englischer Freund, Brian Howard, erschien mit gewohntem Temperament und obligatem Gefolge; der junge Romancier Christopher Isherwood, Stilist und Psycholog von außerordentlichen Qualitäten, ließ sich für eine Weile in Amsterdam nieder. Ich hatte ihn schon in Berlin gekannt, aber dort war immer „Betrieb“: man hatte keine Zeit für einander. Im stilleren Amsterdam fehlte es nicht an Muße, sich gründlich mit einem Menschen abzugeben, wenn es lohnend schien. Es lohnte sich im Falle Christophers. Der herzliche Kontakt mit ihm ist mir im Lauf der Jahre immer wertvoller geworden.

Seine Anwesenheit zog andere Briten herbei: Stephen Spender kam, dynamisch, überschwenglich, immer erfüllt von hochfliegenden Ideen und Projekten, der militante Träumer und aktivistische Poet, wie er im Buche steht, zugleich aggressiv und verschwärmt, Dichter-Jüngling mit rigorosen Prinzipien, Ariel, der Karl Marx gelesen hat; und W. H. Auden – Wystan, mein neuer Schwager, der sich um diese Zeit gleichfalls noch in seiner aktivistisch-revolutionären Periode befand. Freilich erschien sein Elan schon damals sehr viel weniger naiv als die rhetorische Sentimentalität oder die pedantische Rechthaberei der meisten links-radikalen Barden. Bei Auden ist alles zusammengesetzter, hintergründiger, stiller, geheimnisvoller, *geistiger*. Ein Mensch von solcher Komplexität wird nie in einer Gesinnung, einer Stimmung völlig aufgehen. Während er die Kameraden in eine gewisse Richtung führt und auf ein bestimmtes Dogma verpflichtet, macht er für sich selbst ironische Vorbehalte. Es war sonderbar, W. H. im Kreise seiner Freunde und Jünger zu beobachten. Was für ein vertrackter, vieldeutiger junger Meister!

Sehr gern erinnere ich mich auch des Tages, den wir, Landshoff, Isherwood, ich und ein paar andere Freunde, mit E. M. Forster in Zandvoort am Meer verbrachten. Der Autor von „A Passage to India“ – ein Roman, der in der englisch-sprechenden Welt allgemein als „a classic“ (klassisches Meisterwerk) anerkannt wird – gehört zwar zu einer wesentlich älteren Generation, erfreut sich aber besonderer Popularität bei der intellektuellen Avantgarde, dem Nachwuchs, der zu dieser Zeit vornehmlich von Auden, Spender und Isherwood repräsentiert wurde. Von allen literarischen Berühmtheiten, die ich im Lauf der Jahre mehr oder minder intim kennengelernt habe (und, Gott weiß, es waren ihrer viele! mehr als genug!), ist Forster eine der charmantesten, gerade weil er sich seines Charmes, seiner Persönlichkeitswirkung durchaus nicht bewußt zu sein scheint. Er ist heiter, anspruchslos, von sublimem Takt als Mensch wie als Schriftsteller. Alles bei ihm ist „understatement“, um mich eines unübersetzbaren englischen Ausdrucks zu bedienen; es gibt keine grellen Töne, keine steile oder kokette Geste. In seiner Gesellschaft kann man lustig sein, kann sich freuen. Wir waren lustig und wir freuten uns, an diesem Sommertag zu Zandvoort; es dürfte 1935 gewesen sein. Wir schwammen, und dann machten wir einen Wettlauf am Strand, und dann lagen wir in der Sonne und waren faul und erzählten uns dumme Geschichten, über die wir viel zu lange lachten. Es war ein richtiger Ferientag. Wir dachten nicht an Hitler. Wir vergaßen, daß es Konzentrationslager gab und wahrscheinlich Krieg geben würde und daß die Weltlage alles in allem durchaus nicht zum Lachen war.

Während dieser ersten Phase der Emigration war Amsterdam mein eigentliches Lebenszentrum und „Hauptquartier“, will sagen: ich verbrachte dort etwa fünf Monate des Jahres. Von den übrigen sieben Monaten gehörte der größere Teil Paris und Zürich; dazu kamen kürzere Aufenthalte an der französischen Riviera, Ausflüge nach Wien, Prag, Budapest, wohl auch einmal ein Besuch in London oder ein paar Sommerwochen auf der Insel Mallorca.

In Zürich gab es das Elternhaus und den elterlichen Freundeskreis, außerdem aber auch noch die zahlreichen Bekannten, mit denen man sich im Café Odéon, in der Oprechtschen Buchhandlung oder im Oprechtschen Heim, im Foyer oder in der Kantine des sehr lebendigen und fortschrittlichen Schauspielhauses am Pfauenplatz traf. A. M. Frey, Erzähler von sehr persönlich geprägtem Stil und Geschichtenerfinder von bizarrer, übrigens bemerkenswert ergiebiger Phantasie, gehörte zu diesem Kreis; Else Lasker-Schüler, genannt „Prinz von Theben“, tauchte huschend in unserer Mitte auf, etwas wunderlich schon, manchmal beängstigend, manchmal von irrer Komik, aber in jeder

Gebärde, jedem scheu geflüsterten oder zornig geraunten Wort die genuine Dichterin, das personifizierte Talent, ein Talent von solcher Intensität und so durchaus eigener Art, daß es in der Tat fast den Namen des Genies verdient. Ignazio Silone, Schicksalsgenosse aus einem anderen Lande, gesellte sich wohl zu uns. Konrad Heiden berichtete über den Fortschritt seiner Arbeit an der Hitler-Biographie, mit der er sich später einen internationalen Namen machen sollte. Stefan Zweig, urban, klug, genießerisch, „eminent pazifistisch", immer hilfsbereit, an den Arbeiten und Sorgen anderer warmherzig interessiert, hospitierte an mancherlei Tischen im „Odéon", im „Terrasse", im „Select" oder wie die Züricher Cafés sonst noch heißen mochten.

Welch geselliges Exil! Welch animierte Verbannung! Ob man nun am Leidsche Plein zu Amsterdam sein Gläschen „Genever" trinkt oder den obligaten „Kaffee-Kirsch" am Bellevue in Zürich – überall die vertrauten Gesichter! Der Figurenbestand war groß, zu groß, als daß im Rahmen dieser Aufzeichnungen an eine komplette Inventaraufnahme zu denken wäre. Immerhin erscheint es mir wichtig, einen Begriff zu geben, ein ungefähres Bild von dem Reichtum und der Vielfältigkeit der deutschen literarischen Produktion im Ausland.

Mit einer Ausnahme kannte ich sie *alle*, die deutschen Schriftsteller im Exil. Nur den Ernst Glaeser, der in den ersten Jahren der Emigration vorgab, zu uns zu gehören, kannte ich nicht. Ja, ich darf sagen, daß ich den wendigen Verfasser von „Jahrgang 1902" nie von Angesicht zu Angesicht gesehen habe. Allzu fest stand von vorneherein, daß es ihm bald genug leid tun würde, „aufs falsche Pferd" gesetzt zu haben, und daß er schließlich den Nazis irgendwo eine Frontzeitung redigieren würde. Man war nicht sehr exklusiv, vielleicht nicht exklusiv genug, in den Emigranten-Cafés; aber es gab doch Grenzen.

Ich fühlte mich wohl unter den Schicksalsgenossen, war auch allen gut, selbst denen, die mir später mit überraschender Infamie in den Rücken fielen. Leopold Schwarzschild, zum Beispiel, ich war ihm zugetan, seine putzige kleine Person gefiel mir, ich bewunderte seinen Stil. Wie brillant er schrieb in diesen ersten Jahren des Exils, des Kampfes! Der gerechte Haß – ja, er *haßte* die Nazis! – beflügelte seine Prosa, machte ihn witzig, einfallsreich, eloquent. Es waren fulminante Anklagen, politische Kommentare und Analysen von außerordentlichem Scharfsinn, die er jede Woche in seiner Zeitschrift, „Das Neue Tagebuch", erscheinen ließ. Die Schwarzschildsche Revue hatte zu dieser Zeit ohne Frage eine sehr vitale Funktion; kein anderes publizistisches Organ der deutschen Emigration wurde international so ernst genommen; kein anderes tat so viel, die Welt über die wahre Natur und die schaurigen Potentialitäten des Nationalsozialismus aufzuklären. Ich war stolz darauf, zu den Mitarbeitern des „Neuen Tagebuch" zu gehören; es müssen viele Dutzende von Aufsätzen und Glossen gewesen sein, die ich während der Zeit von 1933 bis 1937 oder 38 dort veröffentlichte. Und dann, 1939, gab es in demselben „Neuen Tagebuch" plötzlich die tollsten Dinge über mich zu lesen. Schwarzschild hatte die Stirne, mich öffentlich als einen „alten Sowjet-Agenten" zu bezeichnen. Ich schrieb ihm aus New York: „Sind Sie von Sinnen? Sie wissen doch, daß es nicht stimmt. Dementieren Sie!" Er dachte nicht daran, zu dementieren. Wohin hätte das auch geführt? Ich war nicht der einzige, den er verleumdet hatte. Eine ganze Sondernummer der beliebten Wochenschrift, voll von Richtigstellungen und Widerrufen? Das wäre denn doch peinlich aufgefallen. Lieber bleibt man bei der frechen Lüge ... Es war weit gekommen mit dem talentierten Herausgeber des „Neuen Tagebuch". Wie erklärte sich dieser moralische Abstieg? Einst hatte er sich vom gerechten Haß inspirieren lassen. Der Haß, von dem er nun besessen war, wirkte sich weniger günstig aus. War es vielleicht ungerechter Haß? Jedenfalls verführte er zu skrupelloser Ungerechtigkeit, nicht nur in Schwarzschilds Fall ...

Aber ich greife schon wieder vor, eine Unart, die ich mir so selten wie irgend möglich gestatten sollte. Wir schreiben noch nicht 1939, sondern 1935 oder 1936; Schwarzschild hat mich noch nicht als Söldling des Kreml entlarvt, sondern sitzt heiter mit mir beim Déjeuner in einem guten ungarischen Restaurant, nicht weit von seinem Büro in der Rue du Faubourg St. Honoré; in Pariser Emigranten-Kreisen geht es noch relativ friedlich zu, die großen Spaltungen und Zerwürfnisse haben noch nicht begonnen. Georg Bernhard, der brave alte *bonhomme* – früherer Chefredakteur der braven alten „Voß" – redigiert noch die „Pariser Tageszeitung", um die es bald einen ausgewachsenen Skandal und fetten Stunk geben wird. Willy Münzenberg ist noch Kommunist und hat soeben das sehr effektvolle „Braunbuch" herausgebracht. Arthur Koestler ist noch Kommunist und noch nicht weltberühmt. Mein begabter Freund Gustav Regler (ich empfehle seinen Roman „Der verlorene Sohn"!) ist noch derartig kommunistisch, daß einem vor so viel militantem Glaubenseifer etwas ängstlich zumute wird. Die Kommunisten Anna Seghers, Johannes R. Becher, Theodor Plievier, Bodo Uhse, Alfred Kantorowicz treffen sich im Schutzverband Emigrierter Deutscher Schriftsteller mit Liberalen wie Hermann Kesten, Walter Hasenclever, Ernst Weiß, Fritz Walter, Walter Mehring, Klaus Mann, oder gar mit romantischen Monarchisten wie Joseph Roth.

Die beiden Zentren der literarischen Emigration in Südfrankreich sind Nizza und Sanary-sur-mer. In Nizza sitzt Heinrich Mann in einer kleinen Wohnung, nicht weit von der prachtvollen Promenade des Anglais, und arbeitet an seinem „Henri Quatre", zwei starke Bände: erst die „Jugend", dann die „Vollendung". Beim Autor aber scheinen Vollendung und zweite Jugend zusammen zu fallen; nicht seit den Tagen der „Kleinen Stadt" und des „Professor Unrat" ist dieser Schriftsteller in solcher Form gewesen. Nun kommt zur schöpferischen Phantasie und zum erzählerischen Elan die Weisheit, der geistig-moralische Ertrag eines langen, bewußt und leidenschaftlich gelebten Lebens. Der „Henry Quatre" wird sein Meisterwerk.

Beim Onkel Heinrich in Nizza gibt es ein gutes Nachtmahl: dafür sorgt seine (zweite) Gattin, Frau Nelly, geborene Kröger, aus Lübeck. Nach dem Essen geht man in eines der großen Cafés an der Place Masséna, wo die emigrierte Literatur fast ebenso reichlich vertreten ist wie in den „Deux Magots“ am Boulevard St. Germain.

Wen noch gab es in Nizza zu sehen, mit wem Gedanken, Erfahrungen und Pläne auszutauschen?

René Schickele gehörte zu den Ansässigen. Der Elsässer, der zeit seines Lebens zwischen Deutschland und Frankreich geschwankt hat, ist nun endgültig in die westlich-lateinische Sphäre zurückgekehrt. „Le Retour“ wird der Titel des ersten – und übrigens auch letzten – Buches sein, das dieser große deutsche Prosaist auf französisch schreibt.

Valeriu Marcu ist da. Flott und lebemännisch – obgleich natürlich auch er in Geldsorgen steckt –, von etwas balkanhafter Eleganz (er ist in Rumänien geboren), mit weißen Handschuhen, rundem schwarzem Hut, roter Nelke im Knopfloch, wirft er mit provokanten Schnoddrigkeiten und zweideutigen Paradoxen um sich. Als junger Mensch war er mit Lenin befreundet, später spezialisierte er sich auf preußische Generale und schrieb Bücher über große Strategie; im Augenblick hält er es aus irgendwelchen bizarren Gründen mit katholischen Politikern: Marcu ist der einzige Literat meiner Bekanntschaft, der Umgang mit so un-, ja anti-literarischen Herren wie Brüning und Treviranus pflegt.

Wilhelm Speyer, gleich mir nur Gast in dieser Gegend, gehört zur alten Garde, zum vertrauten Kreis, man ist mit seinen Büchern aufgewachsen. „Wie wir einst so glücklich waren ...“, „Der Kampf der Tertia“, „Charlott, etwas verrückt“ – diese Titel sind für mich beladen mit Reiz und Wehmut vieler Erinnerungen. Jetzt aber spreche ich mit Speyer nicht von der Vergangenheit, sondern über seine neuen Sachen. „Gerade habe ich Ihren ›Hof der schönen Mädchen‹ zu Ende gelesen“, sage ich ihm. „Aber hören Sie mal, das ist ja *ausgezeichnet!* Sie werden immer besser. Mes félicitations!“ – Als Valeriu so zweideutig-brillant schwadronierte, sahen wir Speyern schmunzeln; nun wirkt er verlegen, fast etwas gequält. Es gibt Autoren, die physisch aufzublühen scheinen, wenn man lobend ihrer Produktion gedenkt; andere wieder ziehen sich bei Erwähnung ihrer Arbeit irritiert in sich zusammen, sogar wenn sie spüren müssen, daß die preisenden Worte von Herzen kommen. Speyer gehört zu dieser Kategorie, die mir übrigens immer die sympathischere gewesen ist.

Theodor Wolff lebt hier – noch lebt er. Auch Magnus Hirschfeld ist in der Nähe. Sein Institut für Sexualwissenschaft, über das René Crevel sich einst so unbarmherzig lustig machte, haben die Nazis ausgeraubt; er selbst, der tapfere alte Forscher und Menschenfreund, ward „in effigie“ auf öffentlichem Platze zu Berlin verbrannt. Im Fleische aber darf er noch ein Weilchen am Strande des Mittelmeers spazieren, begleitet von einem recht anmutigen chinesischen Famulus. Ich sähe ihn gerne wieder, meinen alten Freund Magnus. Wer weiß, wie lange er uns noch erhalten bleibt! Aber ich fahre morgen früh nach Sanary und sollte also heute abend nicht zu spät ins Bett.

Auf dem Wege nach Sanary mache ich wohl bei Carlo Sforza Station; sein Anwesen liegt nicht weit von Toulon. Ein erfahrener Emigrant, der anti-fascistische Graf! Sein selbstgewähltes Exil dauert nun schon an die zwanzig Jahre; indessen scheint seine Vitalität ebenso ungebrochen wie sein Stolz. Er spricht von der Heimat, auf die er immer vorbereitet ist. Der Duce wird fallen, etwas früher oder etwas später: Sforza bleibt davon überzeugt. Ist die Heimat erst frei, so gibt es dort viel zu tun für den Grafen, der dann unverweilt nach Hause zu reisen gedenkt, mit seiner belgischen Gräfin und dem jungen Sforzino.

Sanary-sur-mer, zwischen Toulon und Marseille gelegen, ist ein malerisches Fischerdorf mit einem Hotel, zwei oder drei Cafés und ein paar schmucken Villen. In der stattlichen Villa haust, wie sich's gehört, Lion Feuchtwanger, ein zäher Arbeiter, dabei immer munter und guter Dinge. Warum sollte er nicht lustig sein? Er glaubt an den Fortschritt und schreitet übrigens seinerseits von einem Erfolg zum anderen. „Die Geschwister Oppenheim", die er gerade bei Querido hat erscheinen lassen, sind die wirkungsvollste, meistgelesene erzählerische Darstellung der deutschen Kalamität. Jetzt ist er wieder mit seiner großen historischen Komposition, dem „Jüdischen Krieg", beschäftigt. Schwere Arbeit! Feuchtwanger berichtet, wie sauer er sich's werden läßt, lacht aber beim Erzählen, Überhaupt lacht er gerne, nicht selten über sich selbst. Zum Beispiel kommt es ihm ulkig vor, daß er unlängst fünfzig geworden ist. Ich brachte zu diesem Anlaß in der „Sammlung" eine Reihe von Glückwünschen und preisenden Äußerungen. Die kürzeste kam von Emil Ludwig: „Talent und Charakter!" – sonst nichts. Es genügt. Feuchtwanger hat sich seine schöne Villa verdient.

Aldous Huxley hat ein weniger großes Haus, aber auch hübsch gelegen. Der berühmte Autor von „Point Counter Point", zweifellos einer der geistvollsten Männer seiner Epoche, ist im persönlichen Umgang eher still, befangen, von jener scheuen Liebenswürdigkeit, hinter der sich Hochmut oder Schüchternheit verbergen können. Sollte Hochmut im Spiele sein, so ist Aldous gewiß eifrig darum bemüht, solche Schwäche in sich zu überwinden. Denn der einst so Frivole, Skeptische, der intellektuelle Jongleur und ausgepichte Artist befindet sich schon im ersten Stadium der religiösen Krise, die ihn im Lauf der nächsten Jahre aufwühlen, verstören, wandeln und verjüngen soll. Der Glaubenslose will gläubig werden; der Agnostiker sucht nach dem Absoluten; der Hirnmensch verlangt nach Erleuchtung und Offenbarung ... Von Politik wird dieser geläuterte Huxley nichts mehr wissen wollen: alles Weltliche gilt dem mystischen Asketen als essentiell böse oder doch uneigentlich, trughaft, schemenhaft, chimärisch. Noch aber macht er gewisse Unterschiede zwischen dem Nicht-ganz-Guten und dem Durchaus-Schlechten. An seinem Tisch, wie bei Feuchtwangers drüben, wird auf Hitler gescholten, wobei Mrs. Huxley (Belgierin von Geburt und daher den Deutschen überhaupt nicht gar zu freundlich gesinnt) ein kräftig Wörtlein mitzusprechen hat.

Auch bei Ludwig Marcuse spreche ich im Laufe des Abends noch vor. Sein großes Gesicht unter der Löwenmähne strahlt von Wohlwollen und Intelligenz. Man geht am Strande spazieren; man plaudert über Menschen, Bücher, Probleme, über die Arbeit. Ich will einen Aufsatz von ihm für die „Sammlung", aber erst muß sein Buch über Ignaz von Loyola abgeschlossen sein, er ist schon beim letzten Kapitel.

Wohin geht es jetzt? Vielleicht nach Barcelona: ... Dort findet ein Kongreß des Internationalen PEN-Clubs statt, auf welchem ich die vertriebene deutsche Literatur repräsentieren soll. Eine ehrenvolle Verpflichtung! Ich bin schon unterwegs.

Oder ist es Sommer und man gönnt sich Ferien? In diesem Fall wäre Salzburg mein nächstes Ziel. Dort gibt es Festspiele und Freunde ohne Zahl. Die Walters sind da, Vater „Kuzi", Mutter „Muzi", Lotte und Gretel: Wenn Erika und ich mit ihnen beisammen sind, kommen wir uns vor wie zurückversetzt in die Vergangenheit, in die Mauerkircherstraße, die räumlich nahe in so unbetretbarer, unvorstellbarer Ferne zu liegen scheint. Ja, und die Franks, Bruno und Liesl, die das Haus in der versunkenen Straße im versunkenen München nach den Walters bewohnten, sie sind jetzt auch in Salzburg, man trifft sich abends bei ihnen. Es ist reizend bei Franks; die Massary ist mit von der Partie, Liesls berühmte Mama, die große Vedette des vor-hitlerschen Deutschland: *grande dame* in jeder Geste, Künstlerin in jedem Blick und Lächeln. Übrigens lächelt sie jetzt nur ausnahmsweise. Es ist noch nicht lange her, daß sie den sehr geliebten Gatten verloren hat: Max Pallenberg, der große Charakterspieler und Komiker, ist bei einem Flugzeugunglück ums Leben gekommen. Offenbar – es fällt Frau Massary nicht ganz leicht, auch nur jetzt und hier, im Kreise der Intimen, ihren Kummer eine Weile zu vergessen. Aber nun lächelt sie doch, weil Alfred Polgar etwas Hübsches gesagt hat. Er ist der Hausfreund, man liebt und bewundert ihn, genießt die pointierte Poesie seiner wehmütig-scherzhaften, nachlässig-eleganten Rede.

Der andere Hausfreund ist weniger eloquent, aber auf seine kuriose Art ebenso attraktiv: Rudolf K. Kommer aus Czernowitz. Weiß man noch? Er ist der geheimnisvolle Kauz mit dem charmant-mürrischen Vollmondgesicht, unter dessen Führung wir das *high life* von New York erforschten; es ist nun beinah schon zehn Jahre her. Rudolf K.'s fabelhaft vermögender Gönner, Otto H. Kahn, der moderne Medici mit silbernem Schnurrbart und Wallstreet-"office", ist längst den Weg allen Fleisches gegangen; auch die Reichen sind sterblich. Aber Max Reinhardt lebt noch und läßt sich von Kommer seine Feste auf Schloß Leopoldskron arrangieren. Wir machen einige mit; man tafelt – bei Kerzenbeleuchtung, natürlich! – mit Erzbischöfen, Lords und Ölmagnaten; Frau Helene Thimig-Reinhardt ist eine *hostess* von gotisch stilisiertem Liebreiz und angestrengt lächelnder Befangenheit; und Max ... Ach, unser großer, einzigartiger, sehr liebenswerter Max Reinhardt! Nun, da ich dies niederschreibe, tut der Gedanke mir weh, daß er nicht mehr unter uns ist. Wie *begabt* er war! Und was für ein *netter* Mensch! Er konnte so gut zuhören – eine seltene Tugend! –; er lachte so gern, war so aufnahmefähig, so hellhörig, neugierig, so naiv im Grunde bei aller Geriebenheit. Eine *Natur!* Goethe, der sich auf dergleichen verstand, hätte seine Freude an ihm gehabt. Wir haben dies gekannt: den sinnlich-klugen Blick, der die Welt mit genießerischer Gastlichkeit in sich aufnahm; das zugleich herzliche und zerstreute Lächeln, die gaumig sonore Stimme, die Autorität, den undefinierbaren Magnetismus der genuinen Persönlichkeit. Die echte Persönlichkeit: der Name Max Reinhardts assoziiert sich mir mit diesem Begriff; viel mehr, als etwa der Gerhart Hauptmanns, an dem mich das Fassadenhafte immer gestört hat und hinter dessen Charme ich ohne die Hilfe Peeperkorns vielleicht nie gekommen wäre. Der Dichter Hauptmann posierte; der Theatermann Reinhardt war echt, faszinierend, erheiternd, unwiderstehlich echt: ob man ihn nun auf einer Probe im Deutschen Theater beobachtete oder inmitten seiner barock prunkvollen, festlich belebten Salzburger Häuslichkeit.

„Die Pfeffermühle" veranstaltete eine Gastvorstellung auf Schloß Leopoldskron; Erika mußte Wert darauf legen, auch von Amerikanern gesehen zu werden. Vielleicht hatte ihr Kabarett Chancen in der neuen Welt. Denn was die alte betraf, so wurde dort der Boden nachgerade beängstigend heiß. In der vorsichtigen Schweiz durfte das anstößige Ensemble sich kaum noch blicken lassen; auch in Holland und in der bedrängten Tschechoslowakei gab es schon Schwierigkeiten. Wien kam erst recht nicht in Frage; das reaktionär-klerikale Schuschnigg-Regime hatte keinerlei Sympathie für antifascistische Kleinkunstbühnen. Übrigens auch nicht für antifascistische Zeitschriften: Meine „Sammlung" war im ultramontanen Österreich ebenso unerwünscht wie Erikas „Pfeffermühle".

Immerhin war Wien noch nicht unbetretbares Terrain, gehörte noch nicht zum Hoheitsgebiet des Teufels; man konnte sich dort noch aufhalten, eine Möglichkeit, von der ich zuweilen Gebrauch machte, trotz inneren Widerständen. Nach Italien ging ich nicht, weil Mussolini mir beinah ebenso greulich war wie sein früherer Schüler und zukünftiger Meister in Deutschland. In Wien hielt ich es gelegentlich ein paar Tage aus; die Atmosphäre dort war stickig, aber noch nicht lebensgefährlich. Übrigens fehlte es nicht an Attraktionen menschlicher und künstlerischer Art. Die Oper und die Konzerte unter Bruno Walter, das Theater unter Max Reinhardt und anderen Regisseuren von Rang, nicht zu reden von der großen Zahl kompetenter oder selbst vorzüglicher Schauspieler, die das deutsche Regime aus Berlin vertrieben hatte und die nun im relativ toleranten Österreich wirkten: es waren Genüsse, um deretwillen ein Ausflug ins Stickige, aber Noch-nicht-Lebensgefährliche sich wohl lohnen mochte.

Aus Berlin hatten sich einige politisch zahme Emigranten eingefunden: „Die Ratten betreten das sinkende Schiff", wie der geniale, übrigens in vieler Hinsicht peinliche und sogar absurde Karl Kraus mit brechender Stimme scherzte. Der einfallreiche Herausgeber der „Fackel", dem zu Hitler nichts einfiel, hatte nicht mehr viel Atem übrig. Es langte gerade noch für ein paar grimmige Witzworte – nicht gegen die Nazis, sondern gegen die Emigranten! – dann ein Achselzucken, eine verzichtend-verächtliche Gebärde („Nachher war's einerlei ...") und der alte Satiriker und Prophet, der Clown und Moralist, der Querulant und Kämpfer, der Dichter Karl Kraus durfte endlich die Augen schließen.

Zu seinem Ärger lebten noch einige von denen, die er mit so übertrieben giftigem Eifer verfolgt und gezüchtigt hatte. Manche florierten sogar unter eben dem Schuschnigg-Regime, welches von dem früher so radikalen Karl Kraus ausdrücklich sanktioniert worden war. Der katholische Bundeskanzler, ohne sich um die etwas paradoxen Huldigungen des „Fackel-Kraus" viel zu kümmern, hielt es lieber mit Werfel, der im damaligen Wien die Rolle des quasi-offiziellen „poeta laureatus" spielte.

Kraus war für Schuschnigg, aber gegen Werfel, während ich, gerade umgekehrt, für Werfel gegen Schuschnigg bin. Schuschnigg machte schlechte Politik; Werfel machte schöne Gedichte. (Auch in seiner Epik gibt es eine Fülle bedeutender und liebenswerter Dinge; aber am bedeutendsten und am liebenswertesten scheint er mir als Lyriker.) Seine Religiosität, dieses zwischen Judentum und Katholizismus sonderbar schwankende, experimentierende Glaubenspathos war echt, ohne jede Frage: ebenso legitim, ebenso spontan und authentisch wie die tiefe, überschwengliche Musikalität, von der sein ganzes Wesen durchtränkt und getragen schien.

Man muß Werfel beim Hören von Musik gesehen haben, um ihn ganz zu kennen. Eine Verdi-Melodie – und er schien verzaubert. Welch strahlender Blick! Welch kennerisch-ergriffenes Lächeln! Welch innige Konzentration im Lauschen und Genießen! Der amerikanische Verleger Ben Hübsch erzählt gern von einem Abendessen, bei dem Franz Werfel und James Joyce seine Gäste waren. Die beiden Dichter hatten sich nicht viel zu sagen, aber mancherlei vorzusingen. Über den Tisch hinweg erinnerten sie einander an geliebte Arien, Chöre und Duette, diskret summend zunächst; dann aber, zum Erstaunen der übrigen Gäste im Restaurant, mit festlich erhobenen Stimmen. Wunderlicher Gedanken- oder vielmehr Gefühlsaustausch zweier verwandter Seelen! Geselligen Szenen ähnlicher Art habe ich in Werfels Wiener Heim mit heiterer Verblüffung beigewohnt. Wenn etwa Bruno Walter dort zu Gaste war, wie da geträllert wurde! Der eine saß am Klavier, der andere sang, beide waren glücklich. Da ihr „Franzl" im siebenten Himmel schien, wurde auch Frau Alma heiter.

Eine imposante Erscheinung im stärksten Sinn des Wortes, Frau Alma Mahler-Werfel, Witwe des großen Komponisten, Gattin des großen Dichters, mit dem ganzen Ruhm Österreichs verwandt, befreundet, verschwägert oder irgendwie liiert. Frauen solchen Formats kommen in unserer Zeit nur noch selten vor; diese Vitalität und Dynamik, diese Verbindung von künstlerischer Sensibilität und gesellschaftlicher Ambition scheinen aus einer anderen, glanzvolleren Epoche: Man denkt an Cosima, an die intellektuellen Musen der deutschen Romantik, an die stolzen und brillanten Damen des französischen *grand siècle*. Frau Alma, die Schuschnigg und seinem Kreise nahestand, machte den Salon, wo *tout Vienne* sich traf: Regierung, Kirche, Diplomatie, Literatur,

Musik, Theater – es war alles da. Die Hausfrau, hochgewachsen, sorgfältig geschmückt, von immer noch schöner Miene und Gestalt, bewegte sich triumphierend vom päpstlichen Nuntius zu Richard Strauß oder Arnold Schönberg, vom Minister zum Heldentenor, vom stilvoll vertrottelten alten Aristokraten zum vielversprechenden jungen Dichter. In einer Ecke des Boudoirs wurde im Flüsterton über die Besetzung eines hohen Regierungsposten verhandelt, während man sich in einer anderen Gruppe über die Besetzung einer neuen Komödie am Burgtheater schlüssig ward.

Im Wien der Schuschnigg-Zeit gab es keinen Arthur Schnitzler, keinen Peter Altenberg, keinen Hugo von Hofmannsthal; aber es fehlte doch nicht an literarischen Figuren von Talent und Originalität. Der liebste unter ihnen war mir Franz Csokor, eine starke dichterische Begabung, ein Mensch von echter Wärme, Generosität und Lauterkeit.

Der zweitliebste, Karl Tschuppik, lebt nicht mehr. Ihn suchte ich immer gleich im „Bristol" auf, wo er ständig logierte, wahrscheinlich ohne jemals zu bezahlen. Zwischen ihm und dem Portier des fashionablen Hotels bestand ein Einverständnis, dessen Geheimnis ich nur zu gern ergründet hätte. Indessen wurde von beiden Partnern vollkommene Diskretion gewahrt. Der Portier nannte den literarischen Dauermieter „Herr Baron" und verneigte sich tief vor ihm, während Tschuppik seinerseits dem Angestellten fast übernatürliche Kräfte zuzutrauen schien. Ob es sich um große Politik oder metaphysische Probleme handelte, Tschuppik verließ sich auf das Urteil des eingeweihten, allwissenden Portiers. Respekt und Zärtlichkeit, Ironie und Angst mischten sich in dem Lächeln, mit dem der Dichter seines Orakels und Protektors Erwähnung tat. Tschuppik war ein Dichter, einer aus der geistigen Familie des wunderbaren Peter Altenberg. Um ihn war poetische Luft. Die Poesie einer Stadt war in seinem humorvoll-melancholischen Blick, seiner nachlässigen Gebärde, seinem versonnenen Spott, der Kadenz seiner zugleich schlampigen und beschwingten Rede.

Auch bei Egon Friedell gab es etwas von diesem spezifischen Reiz, diese bestimmte Nuance der Wehmut und des Witzes. Der Wiener Charme ist keine bloße Erfindung der Operette und des Feuilletons; er existiert, hat Wirklichkeit und Wirkung, selbst dort, wo er sich in verzerrter, denaturierter Form manifestiert. Erinnert man sich noch an Anton Kuh? Sein Name fällt mir ein, da von verzerrtem Wiener Charme die Rede ist. In seinem Falle ging die Verzerrung bis zur krassen Karikatur; in Kuhs fiebrig geistreichen Monologen, seiner äffischen Bosheit, seinem nervösen Elan schien der Wiener Kaffeehaus-Literat sich selbst zu parodieren, den eigenen Stil bewußt ins Makaber-Fratzenhafte zu übertreiben.

Der Stich ins Makabre war charakteristisch für das Wien dieser Epoche. Es ging gemütlich zu, die Kultur florierte, in den Cafés und Salons herrschte das munterste Treiben; aber hinter der gefälligen Fassade bereitete sich die Katastrophe vor. Die Wiener Freunde, die uns heute noch in ihrem gepflegten Heim empfingen, konnten morgen, wie wir, Flüchtlinge und Unbehauste sein. Dies bemerkenswert gute Mittagessen bei Siegfried Trebitsch, dieser Kaffeeklatsch bei Heinrich Eduard Jacob, dies gesprächige Nachtmahl bei Felix Salten, es war vielleicht alles zum letzten Male: in ein paar Monaten befanden die liebenswürdigen Gastgeber sich vielleicht schon im Konzentrationslager oder im Exil …

Wie lange ließ sie sich noch halten, diese prekäre, schon nicht mehr ganz wirkliche österreichische Unabhängigkeit? Würde die katholisch-reaktionäre Regierung auf die Dauer imstande sein, ihren Zweifrontenkrieg gegen Nazis und Sozialisten durchzuführen? Sollte Schuschnigg sich auf Mussolinis Protektion verlassen? Und wenn der „Duce“ seinen Schützling fallen ließe oder Hitler trotz Mussolinis Opposition den Sprung nach Österreich wagte, würden die Westmächte mobilisieren? „Mourir pour Vienne …?“ Lohnte es sich noch? War das Wien, wie es unter Dollfuß und Schuschnigg geworden war, einen Weltkrieg wert?

Die Tschechoslowakei Masaryks und Beneschs hätte verdient, daß man um ihretwillen das Äußerste riskierte. Es war ein gutes Land, eine gute Demokratie, die Tschechoslowakei Masaryks und Beneschs. Ich bin stolz darauf, ein Bürger dieser freien und tapferen Republik gewesen zu sein, sei es auch nur vorübergehend und mehr dem Namen nach. Aber obwohl ich mich nicht in der Tschechoslowakei niederließ (wo hätte ich mich jemals wirklich niedergelassen?), empfand ich meine Zugehörigkeit gerade zu dieser Nation doch als richtig und legitim. Von allen europäischen Völkern waren es die Tschechen, die damals am mutigsten und am klarsten eben die Ideale und Überlieferungen repräsentierten, die in Deutschland mit Füßen getreten wurden und die „der Westen“ aus mißverstandener Friedensliebe oder aus kurzsichtiger Angst vorm Kommunismus zu verraten im Begriffe stand.

Die Reise nach der Tschechoslowakei gehörte zu meinem regelmäßigen Programm; jedes Jahr hielt ich mich mindestens ein paar Wochen dort auf. Ich hielt Vorträge in Prag, Brnó (Brünn), Bratislava (Preßburg) und anderen Städten, auf deutsch natürlich: das Tschechische habe ich, zu meiner Schande, nie erlernt. Die deutsche Sprache (nicht zu verwechseln mit dem Nazi-Jargon!) war zu dieser Zeit dort keineswegs verpönt; es bedurfte mehrerer Jahre brauner Okkupation, um das Idiom Goethes und Hölderlins verhaßt zu machen. Bis zur Krise von 1938 gab es in der Tschechoslowakei ein sehr angeregtes und fruchtbares deutsches Kulturleben, von der Regierung nicht nur toleriert, sondern sogar gefördert.

Es ist wahr, daß dieses deutsche Kulturleben stark unter jüdischem Einfluß stand, besonders in Prag, wo die intellektuelle Elite deutscher Zunge sich fast ausschließlich aus „nicht-arischen“ Elementen zusammensetzte. Ohne finanzielle Unterstützung der jüdischen Geld-Aristokratie hätte das deutsche Theater, hätten deutsche Musik und Literatur nicht bestehen können; ohne den Beitrag jüdischer Talente verlor der deutsch-pragerische Kunstbetrieb seinen sehr einmaligen, sehr attraktiven Charakter. Was für

Namen kommen uns zuerst in den Sinn, wenn wir an die große deutsch-sprachige Literatur der böhmischen Metropole denken? Franz Kafka, Franz Werfel, Egon Erwin Kisch, Max Brod ... Keiner von diesen hätte nach dem Nürnberger Rassegesetz publizieren dürfen.

Die kleine, agile Gestalt Max Brods bleibt in meiner Erinnerung ein Wahrzeichen des literarischen Prag dieser Epoche. Brod war der berühmteste von den deutsch-sprachigen Autoren, die damals noch in der Moldau-Stadt lebten; er war auch der aktivste, der gastlichste, der kameradschaftlichste. Seine ganze Freude war es, junge Begabung zu entdecken, zu leiten, zu propagieren. Er hatte Kafka entdeckt, dessen Ruhm um 1935 noch nicht so modisch laut war wie heutzutage, da man sich beinahe schämen muß, einen Dichter zu lieben, der von so vielen Snobs und Schmöcken gepriesen (wenn auch nicht immer gelesen oder gar verstanden) wird. Es gibt Dinge von Brod, die ich bewundere, den Reübeni-Roman, zum Beispiel, und „Tycho Brahes Weg zu Gott", aber der erste Gedanke, der sich mir mit seinem Namen assoziiert, ist doch immer der an Kafka. Ohne den liebevoll klugen Freund und getreuen Nachlaßverwalter wüßten wir vielleicht nichts vom „Schloß" und vom „Prozeß", diesen unheimlich zwangshaften und zwingenden Visionen, in denen ein individuelles Schicksal, eine tiefpersönliche Problematik sich zum allgemeingültigen, universalen Mythos verdichtet und objektiviert.

Wie Brods Miene sich erhellte, was für Lichter aufgingen in seinem Blick, wenn die Rede auf Kafka kam! „Dem Lehrer, welcher immer lernt – Hat Gott die Augen schön besternt ..." Die zwei Zeilen, die sich mir eingeprägt haben, sind aus einem Huldigungsgedicht für Max Brod, geschrieben (ich weiß nicht mehr, zu welchem Anlaß) von einem seiner Schüler und Protegés, Heinz Politzer. Der junge Dichter, den ich damals in Prag manchmal sah und von dem auch in meiner „Sammlung" einiges erschien, hatte einen sehr eigenen Ton, was unter Lyrikern immer seltener wird. Die meisten schreiben „à la Stefan George", „à la Rilke", „à la Else Lasker-Schüler". Politzer brachte gewisse Ahnungen und Gefühle, die in unserer Luft, der Prager Luft, der Emigrations-Luft lagen, auf sehr präzise, liedhaft schlichte Formeln. Wenn ich jetzt seine Verse – die besten seiner Verse – wiederlese, wird mir die Atmosphäre jener unruhigen, zugleich traurigen und hochgestimmten Tage aufs neue gegenwärtig, so wie man zuweilen beim Hören gewisser Melodien sich auf traumhafte Art in vergangene Situationen zurückversetzt findet.

Neben den Einheimischen machte sich die literarische Emigration bemerkbar. Hermann Budzislawsky redigierte „Die Neue Weltbühne", zu deren gelegentlichen Mitarbeitern ich zählte. Ich schrieb für die anti-stalinistischen „Europäischen Hefte" (Herausgeber Willi Schlamm); aber ich hatte auch Beiträge in der literarischen Monatsschrift „Das Wort", die von dem streng kommunistisch eingestellten Wieland-Herzfelde im Malik-Verlag zu Prag herausgegeben wurde. Ich war mit dem sowjetfeindlichen Kurt Hiller befreundet, bin es übrigens noch. Seine leidenschaftliche Intelligenz und sein echter moralischer Eifer machen ihn mir sympathisch, auch wenn ich seine Meinungen nicht immer teilen kann. Ich stand aber auch auf herzlichem Fuße mit dem bayerischen Volksdichter Oskar Maria Graf, dem deutsch-böhmischen Kritiker und Romancier F. C. Weiskopf, dem Philosophen Ernst Bloch, Schriftsteller, die zum Kreis um den Malik-Verlag gehörten und dem orthodoxen Marxismus nahestanden.

Ich bin kein Kommunist und bin nie einer gewesen. Ich bin auch kein Marxist. Ich glaube, daß die orthodoxen Marxisten viele Fehler auf vielen Gebieten machen, moralische, philosophische, psychologische und politische Fehler. Aber ich glaube nicht, daß der orthodoxe Marxismus die große Gefahr des Jahrhunderts repräsentiert. Die große Gefahr des Jahrhunderts ist der Fascismus, der die leichterregbaren Massen mit dem Gift rassistischen und nationalistischen Größenwahns infiziert. Heiligt der Zweck die Mittel? Der absolute Moralist wird diese Frage verneinen und also die Diktatur des Proletariats ablehnen müssen. Aber doch nicht ebenso unbedingt wie die fascistische Diktatur, die nicht nur in ihren Mitteln, sondern auch in ihren Zwecken, in ihrem Programm, kurz, in ihrem tiefsten Wesen böse ist! Der Fascismus ist die Gefahr – heute, wie zur Zeit von Hitlers ersten Triumphen. Der Fascismus hat seine ruchlose Dynamik, sein unersättliches Expansionsbedürfnis bewiesen, und könnte es wieder tun. Nachdem der dynamisch-expansive Hitler in Deutschland zur Macht gekommen war, mußte jeder realistische Antifascist wissen, daß es nur noch eine Möglichkeit gab, den Frieden zu retten: die Zusammenarbeit mit Rußland. Wenn der demokratische Westen und der sozialistische Osten sich verständigten, hatte der Angreifer in der Mitte keine Chance mehr. Ein kluger Politiker wie der französische Außenminister Louis Barthou wußte dies, weshalb er auf die Allianz zwischen seinem Lande und der Sowjetunion hinarbeitete. Die Fascisten räumten ihn aus dem Wege ...

Ich setze diese Bemerkungen hierher, um die Motive verständlich zu machen, die mich im Juli des Jahres 1934 dazu vermochten, eine Einladung nach Moskau anzunehmen. Ich wurde zur Teilnahme am Ersten Kongreß der Sowjet-Schriftsteller aufgefordert, obwohl ich kein Kommunist war, oder gerade deshalb: Die offizielle „Linie" war damals für die „Volksfront", den „front commun", und die Anwesenheit von „links-bürgerlichen" Elementen (zu denen man mich zählte) mußte den Arrangeuren des Kongresses also willkommen sein.

Es war eine eindrucksvolle Veranstaltung, eine Demonstration großen Stils, fast ein Volksfest, dies pompös aufgezogene Gala-Treffen der Sowjet-Dichter und Sowjet-Kritiker. Nicht nur die Regie imponierte; sie wäre kaum so wirkungsvoll gewesen ohne den Glauben, die Begeisterung bei den Rednern und Hörern. Offenbar, die Literatur war in diesem Lande eine Angelegenheit, für die nicht nur ein paar tausend Eingeweihte sich interessierten; die Massen nahmen Anteil an den Leistungen und Problemen der Schriftsteller. Die Fabrikarbeiter, Bauern, Soldaten und Matrosen, die auf jeder Sitzung in großer Anzahl vertreten waren, zeigten sich lernbegierig und enthusiastisch, dabei anspruchsvoll. Sie mischten sich in die Diskussion, stellten Fragen, brachten Beschwerden vor. Warum gab es noch keinen Roman über die Metallindustrie? Woran lag es, daß nicht mehr Lustspiele geschrieben wurden, über die man wirklich lachen konnte? Eine Bäuerin bestellte sich vaterländische Balladen für ihre Kinder. Eine junge Trambahnschaffnerin wollte mehr über die Liebe lesen, „wie sie wirklich ist".

Der Schriftsteller in der Sowjetunion (will sagen: der offiziell akzeptierte, politisch „einwandfreie" Schriftsteller!) ist in viel stärkerem Grade „nationale Figur" als sein Kollege in irgendeinem westlichen Lande. Es war rührend und ermutigend, Zeuge der spontanen Begeisterung zu sein, mit der Maxim Gorki von den Massen begrüßt und gefeiert wurde. Kein Politiker, kein General, kein Athlet oder Mime, niemand, außer Väterchen Stalin selbst, war so populär wie der Mann, der „Nachtasyl" und „Die Mutter" geschrieben hatte. Er war ein Volksheld; seine Gegenwart bildete die große Attraktion, verlieh dem Kongreß Glanz und Würde.

Nicht, als ob er der effektvollste Redner oder die imposanteste Erscheinung gewesen wäre! Der dänische Delegierte, zum Beispiel, Martin Andersen-Nexö, Verfasser des beliebten Romans „Pelle, der Eroberer", sah viel dekorativer aus mit seiner hochstirnigen, vom Weißhaar schön gerahmten Goethe-Physiognomie. (Oder war es eher Gerhart Hauptmann, dem er ähnlich sah?) Was rhetorische Brillanz betrifft, so konnte niemand mit den Franzosen Louis Aragon und André Malraux konkurrieren: sie donnerten mit dem Pathos eines Danton, scherzten mit dem Witz eines Voltaire, parlierten mit der Eleganz eines Anatole France, während Gorki, Präsident des Kongresses, mit mühsam pfeifendem Fistelstimmchen patriarchalische Plattitüden von sich gab. Was der kosmopolitisch versierte, geistreich wendige – auch etwas windige – Ilja Ehrenburg zu sagen hatte, war viel gescheiter und amüsanter. Der nachdenkliche und noble Dichter Boris Pasternak, der vollblütige Erzähler Alexei Tolstoi, der pedantische, aber hochintelligente und eifervoll bemühte Bucharin, selbst Karl Radek, dieser rotbärtige Intrigant und intellektuelle Jongleur, sie alle trugen mehr zur Klärung literarischer und kulturpolitischer Fragen bei, waren in ihren Äußerungen substantieller und origineller als der müde, schon todesnahe, in seiner Glorie erstarrte Ehrengreis. Indessen war es Gorki, dem die Menge zujubelte. Wenn er sich von seinem Präsidentensitz erhob, gab es rauschende Ovationen; er öffnete den Mund, und es ward stille im Saal. In andachtsvollem Schweigen lauschten die Poeten des Proletariats und die Poesie-beflissenen Proletarier auf das Patriarchengezirp.

Ein solenner Empfang in Gorkis Haus bildete den Höhepunkt und Abschluß des Kongresses. Der Dichter, der die extreme Armut, das düsterste Elend gekannt und geschildert hatte, residierte in fürstlichem Luxus; die Damen seiner Familie empfingen uns in Pariser Toiletten; das Mahl an seinem Tisch war von asiatischer Üppigkeit. Vor dem Essen beantwortete der Hausherr Fragen, die von den ausländischen Delegierten an ihn gerichtet wurden. Wir hörten einiges über Stellung und Aufgabe des Schriftstellers im sozialistischen Staat, Definitionen und Postulate von nicht eben verblüffender Originalität. Dann gab es sehr viel Wodka und Kaviar. Genosse Molotow, Genosse Kaganowitsch und Genosse Marschall Woroschilow repräsentierten die Obrigkeit. Generalissimus Stalin, dessen Erscheinen uns versprochen worden war, ließ sich entschuldigen.

Ich blieb etwa vierzehn Tage im Hotel Metropol zu Moskau und sah so viel oder so wenig vom sowjetrussischen Leben, wie unsere Führer uns sehen ließen. Wir besuchten Theater, Sanatorien, Bildergalerien, den berühmten Moskauer „Kulturpark", ein paar Fabriken, Künstlerklubs, Warenhäuser, Zeitungsredaktionen und die Büros des Staatsverlags. Man versah uns reichlich mit Zigaretten, alkoholischen Getränken und Propagandamaterial. Das Essen war gut. Nach dem Dessert gab es weltanschauliche Diskussionen. Am deutschsprechenden Tisch ging es besonders angeregt zu. Theodor Plievier, Gustav Regler, Andersen-Nexö vertraten das marxistisch-leninistisch-stalinistische Dogma in seiner reinsten und starrsten Form. Ernst Toller, in dessen revolutionärem Pathos das emotionell-humanitäre Element bestimmend war, neigte zu Abweichungen, die von den Strenggläubigen als „kleinbürgerlich-sentimental" gegeißelt wurden. Der relativ tolerante Johannes R. Becher und der weltmännisch humorvolle Egon Erwin Kisch vermittelten zwischen den Orthodoxen und den „ideologisch Unzuverlässigen", zu denen auch ich gerechnet werden mußte.

Vieles, was ich in Moskau und während eines kurzen Aufenthaltes in Leningrad zu sehen bekam, war geeignet, meinen Respekt vor dem Sowjet-Regime zu erhöhen; gleichzeitig fand ich aber auch meine Einwände bestätigt, meine Bedenken verstärkt. Was mich am meisten beunruhigte und abstieß, war nicht der Führer- und Heroenkult, nicht der aufdringliche Militarismus (sogar bei den Sitzungen des Literatur-Kongresses hatte es nicht an militärischen Paraden gefehlt!), nicht die naive nationalistische Selbstgefälligkeit: All diese störenden Züge und Tendenzen ließen sich als Kinderkrankheiten eines jungen Staatswesens, als unvermeidliche Reaktionen gegen die Feindseligkeit der kapitalistischen Welt verstehen und, bis zum gewissen Grad, entschuldigen. Schwerer fiel es mir, mich mit einer amtlich vorgeschriebenen Philosophie abzufinden, die meinem Gefühl nicht zusagt und meinen Verstand unbefriedigt läßt. Eine Weltanschauung, der jede Ahnung vom Metaphysischen fehlt, ein geistiges System, in dem es keinen Platz für die Kategorie des Transzendentalen gibt, bleibt mir Entscheidendes schuldig. Ich werde sie nie als mein absolutes Credo akzeptieren können. Genau dies aber fordert der autoritäre und totalitäre kommunistische Staat vom Intellektuellen: daß er die Marxsche Lehre mit all ihren Prämissen und Konsequenzen als absolut gültig und richtunggebend, als das alleinseligmachende Dogma, als Offenbarung und Evangelium anerkenne und befolge. Es genügt nicht, die Sozialisierung der Produktionsmittel als nützliche oder sogar notwendige Maßnahme zu wünschen und zu propagieren; der Intellektuelle im kommunistischen Staat soll glauben, daß mit eben dieser nützlichen oder sogar notwendigen Maßnahme das Problem des Menschen gelöst, die Tragik unseres irdischen Seins behoben sei. Die Kategorie des Tragischen ist dem orthodoxen Marxismus ebenso anstößig, ebenso verdächtig und verächtlich wie die Kategorie des Jenseitigen, die Sphäre des Geheimnisvollen. Die unleugbare Tatsache, daß der religiöse Impuls, die metaphysische Sehnsucht des Menschenherzen von der herrschenden Klasse jahrhundertelang zynisch mißbraucht worden ist und noch heute zynisch ausgenutzt wird, bringt den orthodoxen Marxisten dazu, diesen Impuls, diese Sehnsucht schlechthin zu leugnen oder als kontra-revolutionären Trick zu verdammen. Ist die Beschäftigung mit dem Mysterium notwendiger- und unvermeidlicherweise Sabotage am sozialen Fortschritt? Ich glaube nicht. Mir scheint, daß man den sozialen Fortschritt wollen und ihm tätig dienen kann, auch wenn einem alles Vergängliche nur als Gleichnis gilt und man unser diesseitiges Drama nur als Episode in einem größeren, unfaßbar großen, jenseitigen Zusammenhang begreift. Man kann, sollte ich meinen, für die Abschaffung oder Linderung der vermeidbaren menschlichen Leiden sein, und doch die Situation des Menschen im All und auf dieser Erde als essentiell tragisch, das menschliche Problem als wesentlich unlösbar, die Qual der individuellen Existenz als letztlich unheilbar empfinden. Ja, es sollte einem reifen und freien Geist möglich sein, Aberglaube und Obskurantismus zu bekämpfen, die Aufklärung zu fördern und sich doch das fromme Schaudern vorm Geheimnis zu bewahren. Die Liebe bleibt Geheimnis, auch im sozialistischen Staat; und was im Tod uns entfernt, auch Marx und Lenin haben es nicht entschleiert. Die Schleier bleiben, die Rätsel sind immer da, das Phänomen des Lebens enthüllt uns nicht seinen Sinn, wir wissen nichts. Wir können die Landwirtschaft kollektivieren und die Saboteure des Fortschritts einsperren und die klassenlose Gesellschaft anstreben; aber wir wissen nicht, warum wir hier sind, woher wir kommen und wohin wir gehen. Aber wir wissen nichts.

Hätte ich dergleichen auf dem Kongreß der Sowjet-Schriftsteller zu Moskau vorgebracht, es wäre zum peinlichsten Skandal gekommen. Es lag mir indessen fern, solcherart den Provokateur zu spielen und die Harmonie der festlichen Zusammenkunft zu gefährden. Wozu auch? Die stranggläubigen Kollegen, die dem Kongreß vorstanden und die mich zur Teilnahme aufgefordert hatten, waren sich ja wohl im klaren darüber, daß ich nicht zu ihrer Kirche gehörte. Trotzdem wollten sie mich dabeihaben, und ich bereute es nicht, ihrer Einladung gefolgt zu sein. Der Besuch in Moskau war mir wichtig und aufschlußreich als Berührung mit einer fremden aber nicht feindlichen Sphäre. Der Kulturbegriff des orthodoxen Marxismus war nicht der meine; aber er war dem meinen doch nicht so diametral entgegengesetzt wie die fascistische Barbarei. Im Kampf gegen den blutrünstig atavistischen Irrationalismus der Hitler und Rosenberg schien mir der militante Rationalismus, die „wissenschaftliche" Fortschrittsgläubigkeit der stalinistischen Schriftsteller ein akzeptabler oder selbst unentbehrlicher Bundesgenosse.

Ich glaubte an die Möglichkeit und Wünschbarkeit einer Zusammenarbeit zwischen Osten und Westen, zwischen Demokratie und Sozialismus – im Dienste, zum Schutz, zur Rettung des unteilbaren Friedens, der unteilbaren, von einem gemeinsamen Feinde bedrohten Zivilisation. Ich glaubte an die Möglichkeit und Wünschbarkeit der Einheitsfront aller progressiven, antifascistischen Intellektuellen.

Der erste Roman, den ich in der Verbannung schrieb, „Flucht in den Norden" (1934), handelt von einem jungen Mädchen deutsch-bürgerlicher Herkunft, die den deutschen Fascismus haßt und im illegalen Kampf gegen Hitler mit dem Kommunismus in Berührung kommt. Sie muß die Heimat verlassen; der Zufall verschlägt sie nach Finnland, wo sie auf dem Landsitz einer gastfreundlichen Familie vorläufige Unterkunft findet. Hier entwickelt sich das emotionelle Dilemma, die moralische Krise. Der junge Gutsherr, an den unsere Heldin ihr Herz verliert, ist reich begabt mit attraktiven Eigenschaften, physiologisch sowohl als auch geistig-charakterlich; indessen fehlt es ihm in beklagenswertem Maße an politischem Ernst und sozialer Ethik. Er lebt für den Tag, in den Tag hinein, durchaus hingegeben an das sinnliche Glück, die Lust, die Melancholie des Augenblicks, der flüchtigen Sekunde. Die empfindsame Amazone aus Nazi-Deutschland vergißt sich in seinen Armen oder ist doch in Gefahr, ist doch versucht, sich und ihre Aufgabe zu vergessen. Ihre Aufgabe ist der Kampf gegen Hitler. Aber warum sollte sie kämpfen, da die Küsse des Geliebten ihr so lieblich sind? Warum sollte sie nach Paris, wo die Genossen sie erwarten, da doch jeder Tag in dieser nordischen Idylle sie mit neuer Seligkeit beschenkt? Der klassische Konflikt zwischen Liebe und Pflicht, hier wird er wieder einmal erlebt, mit einer naiven Vehemenz, einem jugendlichen Einsatz des Gefühls, als wär's zum ersten Male. Ist aber alles schon dagewesen; meine Heldin, das knäbische Mädchen Johanna, steht vor dem gleichen Zwiespalt, mit dem schon mancher Patriot und mancher Revolutionär, mancher Soldat und mancher Priester fertig zu werden hatte. Auch Johanna wird schließlich fertig mit ihrem klassisch ausprobierten und doch immer wieder verwirrenden Problem. Sie entscheidet sich – für die Pflicht natürlich. Vorher gibt es noch eine ausgedehnte Lustpartie mit dem asozialen, aber sonst charmanten Buhlen; eine Autofahrt bis zur Nordspitze von Finnland, also gleichsam bis zum Ende der Welt. In schon beinah polarer Zone trennt das Mädchen Johanna sich endlich von ihrem Ragnar, um dem Ruf der Pflicht nach Paris zu folgen – ohne großen Enthusiasmus, wie sich denken läßt, aber doch mit tapferer Entschlossenheit.

Dorthin begleiten wir sie nicht mehr, sondern lassen sie die graue Straße der Tugend alleine wandeln, nachdem wir doch ihren weniger sittsamen Pfaden mit solch indiskreter Anteilnahme gefolgt. So sind die Geschichtenerfinder! Delektieren sich erst an der moralischen Bedrängnis und sinnlichen Schwäche ihrer Geschöpfe, um die armen, erfundenen Charaktere schnöde im Stich zu lassen, sowie die problematisch-sündige

Eskapade vorüber ist und der Ernst des Lebens beginnt. Die brave Antifascistin Johanna, die in einem muffigen Pariser Hotelzimmer mit den Genossen hungert und konspiriert, ist nicht mehr interessant. Aber die innerlich gespaltene, zerrissene, aufgewühlte Johanna, die wollüstige Amazone und kämpferische Buhlerin, die Liebende mit dem schlechten Gewissen, das Heldenmädchen mit dem Penchant für rauschhaft exzessive Sexualität, die gefiel mir, war mir ein Gegenstand psychologischer Neugier und poetisch-menschlicher Sympathie.

Ich schrieb den Roman „Flucht in den Norden" mit großer Leichtigkeit; alle Figuren und Situationen schienen fertig und bereit in mir: ich brauchte sie nur auf das Papier zu bringen. Die verwunschenen Szenerien, durch die ich mein Liebespaar reisen ließ, diese stillen, weiten See- und Waldlandschaften des hohen Nordens waren mir wohlbekannt: 1932, kurz nach Rickis Tod, hatte ich mit Erika zusammen die Autofahrt von Helsingfors nach Petsamo gemacht. Ich schilderte die großen Panoramen, die mich damals bezaubert hatten; ich beschrieb Menschen, die mir in Finnland begegnet, Stimmungen und Stimmen, Gesichte und Akzente, die in meinem Gedächtnis lebendig geblieben waren. Dem Mädchen Johanna gab ich, in diskret-verspielter Weise, die Züge und Gebärden unserer Schweizer Freundin, der lieben und schönen Annemarie. Die Züricher Patriziertochter, die sich aus freien Stücken den deutschen Exilierten angeschlossen hatte (sie war sogar mit mir nach Moskau gekommen, eine wahrhaft kühne Geste für ein Mädchen von solcher Herkunft!) wußte vielleicht aus eigener Erfahrung manches über den Konflikt, den ihre fiktive Doppelgängerin in meinem nordischen Liebesmärchen zu bestehen hat ...

„Flucht in den Norden", sagte ich, schrieb sich leicht, fast von selber, wie unter Diktat. Ich könnte hinzufügen, daß mir damals, während dieser ersten Phase des Exils, die Arbeit überhaupt besonders flink von der Hand ging. Ich schrieb mit Gusto; ich schrieb schnell und viel, jedes Jahr ein Buch, wozu noch redaktionelle Pflichten, Vorträge, Artikel, Texte für die „Pfeffermühle" und mancherlei andere Nebenarbeiten kamen.

Der zweite Roman, den der Querido-Verlag von mir publizieren konnte, heißt „Symphonie Pathétique" (1935); sein Held ist der russische Komponist Peter Iljitsch Tschaikowsky.

Ich wählte mir diesen Helden, weil ich ihn liebe und weil ich ihn kenne: ich weiß alles von ihm. Ich liebe auch seine Musik, sie spricht mich an, oft ist sie mir so recht aus der Seele gesprochen. Ist es „große" Musik? Ich weiß nur, daß sie mir gefällt. Freilich weiß ich auch, daß der Komponist der gar zu gefälligen „Nußknacker"-Suite und des gar zu effektvollen Tongemäldes „1812" kein Beethoven ist, kein Bach. Aber welcher Erzähler würde sich an diese Titanen wagen? Ich hätte den Mut nicht. Vor Peter Iljitsch indessen war mir nicht bang. Gerade die Fragwürdigkeit seines Genies, die Gebrochenheit seines Charakters, die Schwächen des Künstlers und des Menschen machten ihn mir vertraut, verständlich, liebenswert.

Seine neurotische Unrast, seine Komplexe und seine Ekstasen, seine Ängste und seine Aufschwünge, die fast unerträgliche Einsamkeit, in der er leben mußte, der Schmerz, der immer wieder in Melodie, in Schönheit verwandelt sein wollte, ich konnte es alles beschreiben, nichts davon war mir fremd. Auch wenn es keine Dokumente über die Umstände seines Lebens und die Eigenschaften seiner Person gegeben hätte, die schöne Klage seiner Adagios, die gehetzten Rhythmen seiner Allegros sagten genug: Sache des Erzählers war es nur, diese melodische Konfession zu artikulieren, die sanghafte Beichte in Worte zu fassen.

Wie hätte ich nicht alles von ihm wissen sollen? Die besondere Form der Liebe, die sein Schicksal war, ich kannte sie doch, war nur zu bewandert in den Inspirationen und Erniedrigungen, den langen Qualen und flüchtig kurzen Seligkeiten, welche dieser Eros mit sich bringt. Man huldigt nicht diesem Eros, ohne zum Fremden zu werden in unserer Gesellschaft, wie sie nun einmal ist; man verschreibt sich nicht dieser Liebe, ohne eine tödliche Wunde davonzutragen. „Wer die Schönheit angeschaut mit Augen – Ist dem Tode schon anheimgegeben ..." Platen wußte es; und Herman Bang, der adelige Däne, mit dem ich auf ebenso vertrautem Fuße stand wie mit Peter Iljitsch Tschaikowsky, – der wußte es auch, daß er ein „Vaterlandsloser" war auf dieser Erde.

Ein „Vaterlandsloser", mein großer, rührender Freund Peter Iljitsch war es in mehr als einem Sinn. Nicht nur sein Eros isolierte ihn, machte ihn zum Außenseiter, fast zum Paria; auch die Art seines Talents, sein künstlerischer Stil war zu gemischt, zu schillernd, zu kosmopolitisch, um irgendwo ganz goutiert zu werden. In Rußland galt er als „westlich": die Kritiker vermißten in Tschaikowskys mondäner Melancholie die barbarische Vitalität eines Mussorgsky; die Deutschen warfen ihm „asiatische Wildheit" vor, wozu noch, nach Ansicht der Leipziger und Berliner Kenner, ein störender französischer Einfluß kam. In Paris hingegen fand man ihn zu „germanisch": ein Nachahmer Beethovens, viel weniger „typiquement russe" als der beliebte Rimsky-Korsakow.

Er war ein Emigrant, ein Exilierter, nicht aus politischen Gründen, sondern weil er sich nirgends zu Hause fühlte, nirgends zu Hause war. Er litt überall. Schließlich kam der Ruhm, diese ironische, meist verspätete Kompensation für ein Martyrium, für das es keine Bezahlung gibt und keinen Trost.

Es gibt keinen Trost. Der trostlose, berühmte Peter Iljitsch wird seinen trostlosen, verstohlenen Tod sterben; er begeht Selbstmord, mit listiger Diskretion, als Dreiundfünfzigjähriger. „Kurzes Wallen – wen macht es müd? Mir zu lang schon: Der Schmerz macht müd ..." So heißt es bei Stefan George; auch einer, der um die Heimsuchungen des Eros wußte.

Tschaikowskys Lebenswerk, besonders aber sein letztes Opus, ist nur das Vorspiel zu diesem einsamen Tod. Deshalb liebe ich seine Musik. Deshalb schrieb ich meinen Roman „Symphonie Pathétique".

Warum schrieb ich meinen Roman „Mephisto"? Das dritte Buch, das ich im Exil – 1936 – veröffentlichte, handelt von einer unsympathischen Figur. Der Schauspieler, den ich hier präsentiere, hat zwar Talent, sonst aber nicht viel, was für ihn spräche. Besonders fehlt es ihm an den sittlichen Eigenschaften, die man meist unter dem Begriff „Charakter" zusammenfaßt. Statt des „Charakters" gibt es bei diesem Hendrik Höfgen nur Ehrgeiz, Eitelkeit, Ruhmsucht, Wirkungstrieb. Er ist kein Mensch, nur ein Komödiant.

War es der Mühe wert, über eine solche Figur einen Roman zu schreiben? Ja; denn der Komödiant wird zum Exponenten, zum Symbol eines durchaus komödiantischen, zutiefst unwahren, unwirklichen Regimes. Der Mime triumphiert im Staat der Lügner und Versteller. „Mephisto" ist der Roman einer Karriere im Dritten Reich.

„Vielleicht wollte er (der Autor) dem Schauerstück blutiger Dilettanten das Porträt des echten Komödianten gegenüberstellen", wie Hermann Kesten in einer gescheiten Rezension meines Buches („Das Neue Tagebuch", 1937) mit Recht vermutete. Er fährt fort: „Ihm gelingt mehr, er zeichnet den Typus des Mitläufers, einen aus der Million von kleinsten Mitschuldigen, die nicht die großen Verbrechen begehen, aber vom Brot der Mörder essen, nicht Schuldige sind, aber schuldig werden; nicht töten, aber zum Totschlag schweigen, über ihre Verdienste hinaus verdienen wollen und die Füße der Mächtigen lecken, auch wenn diese Füße im Blute der Unschuldigen waten. Diese Million von kleinen Mitschuldigen haben ›Blut geleckt‹. Darum bilden diese die Stütze der Machthaber."

Genau dieser Typus war es, den ich zeichnen wollte. Ich hätte meine Intention selber nicht besser zu formulieren vermocht. „Mephisto" ist kein „Schlüsselroman", wie man ihn wohl genannt hat. Der ruchlos brillante, zynisch rücksichtslose Karrieremacher, der im Mittelpunkt meiner Satire steht, mag gewisse Züge von einem gewissen Schauspieler haben, den es wirklich gegeben hat und, wie man mir versichert, wirklich immer noch gibt. Ist der Staatsrat und Intendant Hendrik Höfgen, dessen Roman ich schrieb, ein Porträt des Staatsrates und Intendanten Gustaf Gründgens, mit dem ich als junger Mensch gut bekannt war? Doch nicht ganz. Höfgen unterscheidet sich in mancher Hinsicht von meinem früheren Schwager. Aber angenommen sogar, daß die Romanfigur dem Original ähnlicher wäre, als sie es tatsächlich ist, Gründgens könnte darum immer noch nicht als der „Held" des Buches bezeichnet werden. Es geht in diesem zeitkritischen Versuch überhaupt nicht um den Einzelfall, sondern um den Typ. Als Exempel hätte mir genau so gut ein anderer dienen können. Meine Wahl fiel auf Gründgens – nicht, weil ich ihn für besonders schlimm gehalten hätte (er war vielleicht sogar eher besser als manch anderer Würdenträger des Dritten Reiches), sondern einfach, weil ich ihn zufällig besonders genau kannte. Gerade in Anbetracht unserer früheren Vertrautheit erschien mir seine Wandlung, sein Abfall so phantastisch, kurios, unglaubhaft, fabelhaft genug, um einen Roman darüber zu schreiben.

Wie, man hatte mit ihm gelebt, gearbeitet, diskutiert, gespielt, gezecht, Pläne gemacht, gute Freundschaft gehalten, und nun saß er am Tische des monströsen Reichsmarschalls? Und nun zechte, spielte, diskutierte er mit den Mördern? Nicht genug damit, daß er atmen konnte in der verpesteten Luft, daß er es aushielt in jener Sphäre, die uns unbetretbar geworden war, er feierte Triumphe dort. Und man hatte mit ihm gelacht und sich an hübschen Dingen gefreut und auf häßliche Dinge geschimpft. Es war entschieden unheimlich, sich dies vorzustellen.

Unheimlich, ja, so wurde einem zumute, wenn man an die Heimat dachte. Der Gedanke kam in der Nacht zu uns, wie er zu dem Emigranten Heinrich Heine gekommen war und, wie ihn, brachte er auch uns wohl manchmal um den Schlaf. Er war beladen mit Schmerz und Bangigkeit, der Nachtgedanke. Er mahnte uns an die Greuel, die im entfremdeten Vaterland täglich Ereignis wurden, und an die anderen, die noch kommen sollten. Diese würden die schlimmeren sein. Elend und Zerstörung von ungekanntem Ausmaß standen bevor; wir wußten es und konnten nicht umhin, uns darüber Gedanken zu machen in der schlaflosen Nacht. Tagsüber versuchten wir wohl, der Welt von unseren Ahnungen und unserem Wissen etwas mitzuteilen. Aber niemand hörte uns zu. Wir waren nur Emigranten.

Die Emigration war nicht gut. Habe ich in diesem Kapitel den Eindruck erweckt, als hätten wir es im Exil doch alles in allem ganz traulich und animiert gehabt? Das ist nicht die Wahrheit, oder doch gewiß nicht die ganze. Ganz abgesehen von den Tausenden, die in der Fremde hungerten, oft verhungerten, sogar bei den materiell relativ Gesicherten blieben die lebenstechnischen Probleme von quälender Kompliziertheit, wozu der psychologische Druck, die seelische Spannung kam. Da war die Angst, die hilflose, verzweifelte Angst vor einem Verhängnis, das man immer unabwendbarer, immer unentrinnbarer werden sah; und da war der Ekel.

Wie man sich ekelte! Der Anblick einer deutschen Zeitung verursachte Brechreiz. Die Bilder vom Nürnberger Parteitag; ein deutscher Film, den man masochistischerweise über sich ergehen ließ, „Ohm Krüger" oder „Jud Süß"; ein paar Seiten Tiefenschmus von Rosenberg oder einem seiner Adepten; die im feinsten Oxford-Englisch vorgetragene Rede eines „appeasement"-freudigen Abgeordneten im Londoner House of Commons: so viel konnte man gar nicht essen, wie man da hätte kotzen müssen (um den seligen Max Liebermann zu zitieren). Das Schauspiel der deutschen Verwilderung und des europäischen Verfalls war nicht nur beängstigend, sondern auch degoutant.

„Je suis dégouté de tout" ... Mein Freund René Crevel schrieb diese furchtbaren Worte auf ein Stück Papier, ehe er den Gashahn aufdrehte und, um ganz sicher zu gehen, auch noch eine kräftige Dosis Phanodorm schluckte. Das geschah im Sommer des Jahres 1935, etwas über drei Jahre, nachdem mein anderer Herzbruder und liebster Kumpan Selbstmord begangen hatte.

Muß mich's ewig mahnen! Es mahnt mich ewig. Ich vergesse viel; aber die Augenblicke, die mich vom Tode eines meiner Lieben unterrichteten, die bleiben mir gegenwärtig. Jedesmal stirbt ein Stück von mir mit; jedesmal fühle ich mich selbst um einen Grad bereiter werden. Nach so vielen Abschieden wird der eigene leicht. Möge ich gehen dürfen, ehe alle teuren Gesichter mir hier entschwunden sind! Ich ließe gern den einen oder anderen zurück, der vielleicht meiner gedächte.

Ich denke an René. Ich gedenke seiner. Ihm zum Gedächtnis schreibe ich diese Zeilen.

Er war reinen Herzens. Seine Augen waren sehr schön, weit geöffnet, von seltsam gemischter Farbe. Er sprach sehr geschwind, mit einem kindlich weichen, etwas zu dicken, ungeschickten Mund. Er glaubte, seine Eltern zu hassen, besonders seine ehrbare und korrekte Mama. Er war nicht korrekt. Er haßte das Dumme und das Schlechte. Er beklagte sich über das Niederträchtige, obwohl er wissen mußte, daß es das Mächtige ist – „was man dir auch sage". Das mächtige imponierte ihm nicht. Er war ein Rebell.

Der Rebell fand einen Meister: André Breton, Häuptling der Surrealisten-Clique. Der Surrealismus machte den stolzen und empfindsamen Rebellen nicht glücklich; die konfuse Lehre des Meisters Breton konnte ihn auf die Dauer nicht befriedigen. Während seiner letzten Jahre stand mein Freund den Kommunisten ungefähr ebenso nahe wie den Surrealisten oder vielmehr, er stand zwischen diesen beiden Lagern, die einander aufs erbittertste befehdeten. Einige von Bretons Anhängern und Renés Freunden – vor allem Louis Aragon und Paul Éluard – waren schon zu den Stalinisten übergelaufen. René, der loyale, zögerte noch. Immerhin war er 1935 so weit, daß er kommunistisch-geleiteten Organisationen seinen Namen und seine Arbeitskraft zur Verfügung stellte.

Der Schriftsteller-Kongreß „Gegen Krieg und Fascismus", der im Sommer dieses Jahres in Paris tagte, war ein unzweideutig partei-inspiriertes Unternehmen, obwohl zu den Teilnehmern auch Liberale gehörten. René war nicht nur als Redner vorgesehen, sondern saß auch im vorbereitenden Comité, zusammen mit André Malraux, André Gide und anderen, die damals als Säulen des französischen Kommunismus galten. Nicht so André Breton, der *gegen* die demonstrierenden Schriftsteller, wenn auch nicht gerade *für* Krieg und Fascismus war. Aber *so* pazifistisch war er doch wieder nicht, daß er etwa einer guten Rauferei ausgewichen wäre! Es kam zu einem dramatischen Zusammenstoß zwischen dem Surrealisten-Häuptling und einem Vertreter des Kreml, Genosse Ilja Ehrenburg, wobei beide Teile blutige Nasen davontrugen; ganz Paris lachte über die Farce. Aber René-Vagualame lachte nicht. Vagualame, der reine Tor und militante

Parsival, nahm die Komödie ernst. Er nahm alles ernst, die Poesie und die Revolution, den Surrealismus und den Stalinismus, Breton und Ehrenburg. Er wollte weder die Revolution noch die Poesie verraten.

Beging mein Freund Selbstmord, weil André Breton und Ilja Ehrenburg sich prügelten? Er beging Selbstmord, weil er krank war. Er beging Selbstmord, weil er sich vor dem Wahnsinn fürchtete. Er beging Selbstmord, weil er die Welt für wahnsinnig hielt. Warum begeht man Selbstmord? Weil man die nächste halbe Stunde, die nächsten fünf Minuten nicht mehr erleben will, nicht mehr erleben *kann*. Plötzlich ist man am toten Punkt, am Todespunkt. Die Grenze ist erreicht – kein Schritt weiter! Wo ist der Gashahn? Her mit dem Phanodorm! Schmeckt es bitter? Was tut's? Das Leben hat nicht eben süß geschmeckt. *Je suis dégouté de tout* ...

Als wär's gestern gewesen, und ich kann's nicht vergessen ...

Ich fuhr mit Leonhard Frank nach Paris, wahrscheinlich von Zürich, um an dem Kongreß der antifascistischen Literaten teilzunehmen. Es war eine heiße Nacht; Landshoff, der aus Amsterdam gekommen war, erwartete uns an der Bahn – da war René schon tot. Landshoff wußte, daß René tot war, sagte es mir aber nicht; vielleicht sah ich etwas müde aus nach der Reise, und er wollte mir den Schock bis zum Morgen ersparen.

Ich stieg im „Palace" an den Champs Elysées ab – dem luxusfreudigen Leonhard Frank zu Gefallen; mir sind die kleinen Hotels des linken Ufers viel lieber und vertrauter. Ehe wir uns in der Halle verabschiedeten, sagte Landshoff zu mir: „Geh morgen früh nicht aus, ehe du von mir gehört hast!"

Ich schlief nicht gut in dem engen, erstickend heißen Zimmer, das man mir irgendwo unter dem Dach zugewiesen hat. Am Morgen, als ich im Glutstübchen mit Leonhard Frank beim Frühstück saß, läutete das Telephon. Es war einer der Veranstalter des antifascistischen Kongresses, Johannes R. Becher. Wir unterhielten uns über das Programm der kommenden Sitzungen, über die Rede, die ich halten sollte. Schließlich sagte Becher: „Diese Geschichte mit dem armen René Crevel, scheußlich, nicht wahr?"

So erfuhr ich es.

Ich muß wohl ziemlich blaß geworden sein. „Irgend was los?" erkundigte sich Leonhard Frank mit seiner tief schwingenden Cello-Stimme. Sein eisblauer Blick verlangte eine Antwort. Ich erzählte ihm. Er lauschte, wobei sein Lächeln zerstreut und fremd, aber auch voll Wohlwollen und Wissen war.

(„Ist leicht zu verstehen", sollte er mir, viele Jahre später, zu ähnlichem Anlaß schreiben. „Aber ich kann dazu nur sagen, das Leben ist nicht wert, es sich zu nehmen.")

Am gleichen Tage begannen die Sitzungen des Kongresses. Mein Onkel Heinrich sprach gegen Krieg und Fascismus. Mein großer Freund André Gide sprach gegen Krieg und Fascismus. Der gescheite Huxley, der sympathische E. M. Forster, der wirkungsvolle André Malraux: sie sprachen alle gegen Krieg und Fascismus. Und René war tot.

Zwischen den Darbietungen redete ich mit Mopsa Sternheim; sie war seine Freundin gewesen, sie war meine Freundin. Es tat mir gut, sie zu sehen. Wir weinten zusammen; weinend versäumten wir die Rede des Genossen Cachin – gegen Krieg und Fascismus.

„Er war der Beste", sagte Mopsa immer wieder. „Er war der Beste von allen." Kummer und Hitze wirkten zusammen, die Tusche auf ihren Augenwimpern zum Zerfließen zu bringen. Das schwarze Zeug rann ihr in kleinen Bächen über die Wangen. Es war, als ob sie schwarze Tränen weinte um den lieben Freund.

„Er war der Beste", wiederholte sie hartnäckig. „Und lohnt es sich noch zu kämpfen, wenn die Besten gehen? Und lohnt es sich noch?"

„Solange wir da sind ...", sagte ich. „Solange er da war, hat er sich doch auch sehr brav gehalten."

Jemand winkte mir von der Türe zum Versammlungssaal. Ich war an der Reihe: man erwartete mich auf der Rednertribüne.

Ich wischte Mopsa die schwarzen Tränen vom Gesicht. Ich küßte sie. Dann folgte ich dem Herrn mit der roten Armbinde zum Podium.

Ich sprach gegen Krieg und Fascismus.

Zehntes Kapitel.
Der Vulkan

1936–1939

Wir sprachen gegen Krieg und Fascismus. Aber Europa, in seiner Angst vor der eingebildeten Gefahr des Kommunismus, schloß die Augen vor der wirklichen Drohung. Aus blinder, dummer, abergläubischer Angst vor dem sozialen Fortschritt akzeptierte Europa den krassen sozialen Rückschritt, nämlich den Fascismus und damit den Krieg.

Hatte Amerika es besser? Das Land des „New Deal" schien noch frei von der tödlichen Seuche, die unseren Kontinent, den alten, heimsuchte und beschmutzte. Keine verfallenen Schlösser und keine Basalte! Keine Hitlers und keine Mussolinis, auch keine Hindenburgs und Pétains! Eine noch gesunde, noch wachsame öffentliche Meinung sorgte in den Vereinigten Staaten dafür, daß die politischen Abenteurer nicht in den Himmel wuchsen. Der Mann aber, der regierte, hieß F. D. Roosevelt.

Erika und ich beschlossen, im Lande Roosevelts unser Glück zu versuchen.

Nicht, als ob damals, im Herbst des Jahres 1936, der Aufenthalt in Europa für Menschen unserer Art schon völlig unmöglich gewesen wäre! „Die Pfeffermühle" spielte noch vor vollen Häusern in Holland, Belgien, Luxemburg, der Tschechoslowakei; meine Bücher konnten noch erscheinen, für meine journalistische Arbeit gab es noch Abnehmer in Paris, Prag, Amsterdam, Zürich, Basel und einigen anderen Städten. Aber man bewegte sich auf vulkanisch unsicherem Boden. Je mehr Macht und Prestige das Dritte Reich gewann, desto prekärer wurde die Position der deutschen Antifascisten, im Lande selbst und draußen, im Exil. Überall ließ man uns spüren, daß wir nur eben geduldet waren. Wie lange noch? Das hing von Umständen ab, die sich kaum voraussehen und gewiß nicht beeinflussen ließen. Sollte man wieder warten bis zum letzten Augenblick? Morgen wurden wir vielleicht nach Deutschland ausgeliefert, oder die Nazis fielen in unser Gastland ein. Dann wäre es zu spät. Lieber unternahm man rechtzeitig eine Erkundungsfahrt nach dem Erdteil, wo die Demokratie noch stark war und Vertrauen zu sich selber hatte.

Meine Absicht war, mich „drüben" mit Vorträgen und Artikeln einzuführen; einige meiner Bücher waren ja schon in den US erschienen; zuletzt mein kleiner Liebes- und Emigrantenroman *Journey into Freedom* („Flucht in den Norden"). Ich kam also nicht als völlig Unbekannter. Erika hatte vor, ihr zeitkritisch-lyrisches Kabarett-Programm in New York zu präsentieren. Sowie die nötigen Vorbereitungen getroffen waren, sollte „die Truppe" nachkommen: Therese Giehse, Magnus Henning, Sibylle Schloß, die Charaktertänzerin Lotte Goslar, deren witzig-bizarre Bewegungs- und Ausdrucksstudien in letzter Zeit zu einer Hauptattraktion der „Pfeffermühle" geworden waren. Zunächst aber reisten Erika und ich allein. Wir schifften uns Mitte September ein, auf einem holländischen Dampfer, nicht auf einem deutschen, wie damals vor neun Jahren.

Neun Jahre ... Ja, so lange oder etwas länger war es her, seit wir zuletzt den Ozean überquert hatten, zwei neugierige, verwegene Kinder auf ihrer großen Ferien- und Entdeckungsreise „rundherum". Wir waren älter geworden in diesen neun Jahren; noch nicht alt, aber doch wohl etwas reifer und erfahrener, auch skeptischer, nicht mehr ganz so enthusiastisch und zuversichtlich. Aber einen Teil unseres Elans und unseres Optimismus hatten wir uns bewahrt. Es waren neun anstrengende Jahre gewesen, neun Jahre voll von bitterernsten, manchmal traurig-schlimmem Geschehen. Aber wir fühlten uns weder müde noch bitter. Wir hatten Hoffnung. Auch lachen konnten wir noch.

Lachend im vertrauten Gespräch saßen wir uns am kleinen Tisch im prunkvoll weiten, zuweilen lästig schwankenden Speisesaal gegenüber, wie damals vor neun Jahren. Wie damals lagen wir nebeneinander auf den Deckstühlen und schauten aufs Meer – zusammen; und schwiegen und sprachen zusammen und stellten uns zusammen die Zukunft vor – unsere gemeinsame Zukunft im Land Amerika ... Was erwartete uns dort drüben? War es die neue Heimat, der wir entgegenfuhren, oder nur eine neue Station und flüchtige Episode? Aber was immer uns auch beschieden sein mochte auf der anderen Seite des großen Wassers, das große Wasser war schön, schön in seiner besonnten Bläue, im Perlmutterglanz der Dämmerung, in majestätisch wogender Dunkelheit; schön in der Stille, schön im Aufruhr, im Lächeln und im Zorn. Das große Meer war schön, wie damals vor neun Jahren oder vor neunzigtausend. Das große Meer war schön, wie immer, und wir waren zusammen. Bruder und Schwester – zusammen: wie damals, wie immer, schauten auf das ewig große, ewig schöne Meer.

Es hatte sich nichts geändert.

Auch New York hatte sich nicht geändert oder doch nur bis zu dem Grade, in dem Steigerung der eigenen Art, des eigenen Stils und Rhythmus eben Veränderung, Verwandlung mit sich bringt. Wenn das New York von 1927 mich bezaubert hatte, wie hinreißend mußte ich erst das New York von 1936 finden! Die enorme Siedlung, die Hyper-Metropolis und Stadt-der-Städte war jetzt unvergleichlich intensiver und bewußter *sie selbst* geworden; „die Idee New York“ (um mich platonisch auszudrücken) hatte sich nun weitgehend erfüllt und in dynamische Realität umgesetzt.

Ein neues Gebäude, Rockefeller Center, war das massive Symbol dieser neuen, selbstbewußten Identität. Während man in Europa auf Zerstörung sann, war hier, im Herzen von Manhattan, eine Kolossalstruktur von kühner Großartigkeit entstanden, zugleich anmutig und monumental, nüchtern und phantastisch: die größte architektonische Tat des zwanzigsten Jahrhunderts. Die titanische Komposition aus Stein, Beton, Glas und Stahl repräsentiert New York, drückt sein Wesen aus, verkündigt seinen Stolz, so wie die Kathedrale das Wesen der mittelalterlichen Stadtgemeinschaft in festlicher Magnifizenz darstellt und späteren Geschlechtern überliefert.

Das New York der zwanziger Jahre war ein erregendes Versprechen, eine noch ungeformte oder nur halb-geformte Masse, trächtig mit widerspruchsvollen Möglichkeiten. Das New York, das ich nun zum zweiten Male kennenlernte und in das ich mich zum zweiten Male verliebte, war ein fertiger, kompletter Organismus, nicht mehr chaotisch, nicht mehr unartikuliert. Es wußte um seine eigene Größe, seinen Reiz, seine Macht. Es hatte ein Gesicht. Es hatte eine Stimme.

Zur Zeit der „prohibition“ waren die literarischen Repräsentanten der Nation nach Europa ausgewandert. Die besten amerikanischen Schriftsteller jener Epoche gehörten zu den „expatriates“, oder sie versteckten sich in den „speakeasies“ von Greenwich Village. Die „speakeasies“ das waren Orte, wo mit gedämpfter Stimme geredet wurde, Flüster-Clubs, geheime Konventikel. Übrigens wäre der Literaten-Jargon den amerikanischen Massen unverständlich geblieben, selbst wenn er sich aus den leisen Lokalen auf die lärmende Straße gewagt hätte. Die geistige Elite der Nachkriegszeit – „the lost generation“, wie diese Autoren sich selber zu nennen pflegten – war mit Problemen beschäftigt, die dem „Mann von der Straße“, dem robusten

Durchschnittsamerikaner müßig und irreal scheinen mußten. Während im Lande eine „prosperity“ ohnegleichen herrschte und das Volk sich seines Wohlstandes mit naivem Enthusiasmus freute, war in den Büchern der „verlorenen Generation“ vornehmlich von „disillusionment“ die Rede. Und wie dunkel sie sich ausdrückten, diese esoterischen Barden der Glaubenslosigkeit und Verbitterung!

Eine Stimme? Das Amerika der Nachkriegs-Ära hatte sie noch nicht. Während die Poeten in Zungen sprachen, die das Volk nicht verstand, taten die Lieblinge des Volkes sich durch konsequente Schweigsamkeit hervor. Boxer und Fußballspieler bedürfen des Wortes nicht; ihre Eloquenz liegt in der trainierten Faust, in den stählernen Muskeln. Die Girls der Revue und Music Hall, diese disziplinierten Grazien, von denen jede einzelne ihre Individualität aufgegeben zu haben scheint, um mit den anderen als kollektiver Tanzautomat zu funktionieren, werfen die Beine in wortloser Präzision. Und die Schauspieler jener Zeit schwiegen wie die Athleten, wie die Tänzerinnen. Die huschende Pantomime des stummen Films war der gültige Ausdruck der noch nicht artikulierten amerikanischen Seele. Der expressive Schatten des tragikomischen Chaplin, der taciturne Adel des herrlichen Valentino, die verwegenen, aber lautlosen Possen eines Buster Keaton und Harold Lloyd, der beredte Blick, das unsagbare Lächeln einer Lillian Gish, einer Mary Pickford, dies waren die Bilder, in denen die junge Nation das eigene Abenteuer, den eigenen Traum, das eigene, noch unausgesprochene, noch unaussprechliche Wesen mit kindlich amüsierter Dankbarkeit wiedererkannte.

Dann kam das Ende der „prohibition“,das Ende der „prosperity“, das Ende des stummen Films. Die Stars begannen zu reden, wie verzauberte Geschöpfe, denen ein gnädiger – oder grausamer? – Gegenzauber plötzlich die Stimme zurückgibt. Die literarischen „expatriates“ kehrten heim, um ihr Pariser Vokabular zu vergessen und sich ein amerikanisches anzueignen. Die „speakeasies“ schlossen ihre Pforten. Amerika wurde gesprächig. Die große Diskussion, die nun einsetzte, hatte ihr natürliches Zentrum in der größten, geistig angeregtesten Stadt des Landes, in New York.

In den fetten Jahren der „prosperity“ hatte man sich den Luxus des Schweigens und der verspielt-exklusiven Geheimsprachen leisten können; die dürren Jahre der „depression“ trieben den amerikanischen Intellektuellen aus dem Elfenbeinturm, wo er sich mit elektrischem Eisschrank, reichlichen Whisky-Vorräten, kostbar ausgestatteten Avantgarde-Zeitschriften und einigem „disillusionment“ bis dahin recht behaglich gefühlt hatte. Angesichts der ökonomischen Krise entdeckte „the lost generation“ ihr soziales Gewissen. Aus intellektuellen Nihilisten und Anarchisten wurden über Nacht aktive Vorkämpfer des Fortschritts; „social consciousness“ war die große Mode. In den Ateliers und Bars von Greenwich Village, in den geistig ambitiösen Salons der Park Avenue sprach man nicht mehr von Proust, Joyce und Picasso, sondern von Gewerkschaftsführern, Streiks, dem „closed shop“ und „collective bargaining“; von geplanter Wirtschaft, Regierungsaufträgen, Arbeitslosenunterstützung. Kurz, man sprach vom „New Deal“. Die Konversation, die zur Zeit unserer ersten amerikanischen Reise von ästhetischen Fachausdrücken beherrscht gewesen war, wimmelte jetzt von noch geheimnisvolleren Formeln, kryptischen Abkürzungen und Initialen, deren Sinn der Nichteingeweihte erst allmählich erlernen mußte wie ein neues Idiom. Man sprach von WPA, CIO, CCC, SEC und AAA. Man sprach von F. D. R., eine Formel, die wir uns besonders leicht und gerne merkten.

Franklin Delano Roosevelt ging uns alle an. Er war nicht nur der Führer der amerikanischen Demokratie; die Demokraten der Welt, die Antifascisten aller Länder sahen in ihm ihre Hoffnung, den historischen Gegenspieler der Talmi-Cäsaren von Berlin und Rom, den moralischen Exponenten, das politische Genie der guten Sache.

Welch einzigartige Figur! Welch faszinierend reicher und komplexer Charakter! Er war vielschichtig, differenziert, schillernd, widerspruchsvoll, dabei nicht ohne monumental-patriarchalische Züge; aristokratisch, dabei ein wirklicher Demokrat; idealistisch, dabei verschlagen. In seinem Wesen mischten sich Wagemut und Berechnung, Phantasie und List, Güte und Ehrgeiz, Klugheit und Instinkt – ein kostbares Amalgam! Er war ein großer Menschenfreund und ein großer Staatsmann. Er liebte das Volk, aber er liebte auch das politische Spiel, in dem er Meister war. Er liebte die Macht; freilich nicht um ihrer selbst willen, sondern als Mittel zum Zweck. Der Zweck war sittlich: Er wollte das Los der Masse verbessern, den Frieden sichern, die Gesellschaft dem (letztlich unerreichbaren) Ideal vollkommener Freiheit und Gerechtigkeit ein wenig näherbringen. Wer solches anstrebt, verdient die Autorität, die er sich mit zäher Schlauheit verschafft hat und auf die er, nach vier Jahren im Weißen Hause, nun zum zweiten Male Anspruch erhebt.

Würde F. D. R. wiedergewählt werden? Die Frage war aktuell im Herbst des Jahres 1936. Eine Schicksalsfrage – nicht nur für die Vereinigten Staaten von Amerika!

Die ersten Wochen und Monate unseres Aufenthaltes standen im Zeichen der großen Wahlkampagne. Seltsames Spektakel! Die Mehrzahl der Individuen, aus denen die Öffentlichkeit sich zusammensetzt, schienen dem Präsidenten wohlgesinnt; aber die professionellen Wortführer und Interpreten der öffentlichen Meinung zeigten sich fast alle Roosevelt-feindlich. Für den eben erst Eingetroffenen, mit den amerikanischen Zuständen noch nicht Vertrauten hatte dieser Widerspruch etwas Verwirrendes. Warum haßten gerade die Zeitungsschreiber einen Mann, der sich sonst allgemeiner Beliebtheit erfreute? Oder waren die Journalisten gar nicht aus freien Stücken so gehässig, sondern schimpften nur auf Wunsch ihrer Auftraggeber? Diese sogenannte „freie Presse“, wie stand es denn um ihre Unabhängigkeit? Waren die großen Gazetten vielleicht nur Werkzeuge und Sprachrohre der großen Geldleute? Diese hatten etwas gegen den Präsidenten. Der „New Deal“ galt ihnen als erster Schritt zum Bolschewismus. Sie waren zu dumm oder zu sehr „parti-pris“, um das Rooseveltsche Experiment als das zu erkennen, was es wirklich war: ein konstruktiver, geistvoll-kühner Versuch, das veraltete kapitalistische System durch gewisse Reformen zeitgemäß, zeitmöglich zu machen und solcherart vor dem Zusammenbruch zu bewahren.

Hätte das kapitalistische System die „depression“ überlebt, ohne Roosevelts Eingreifen im Jahre 1932? Damals waren sogar die Millionäre für den „New Deal“, der zunächst einmal das Problem der Arbeitslosigkeit zu lösen oder ihm doch den gefährlichen Stachel zu nehmen schien. Keine Hungermärsche mehr! Das Revolutions-Gespenst war gebannt ... Aber dafür gab es nun hohe Steuern und die Einmischung der Ämter in private Geschäfte, Novitäten, die auf ihre Art ebenso lästig waren wie die Demonstrationen unbeschäftigter Kriegsveteranen. Die Reichen, gestern noch ganz klein und häßlich, angesichts der drohenden Revolte, wurden nun schon wieder aggressiv. Der Schock der Wirtschaftskrise hatte nicht lang genug gedauert, um die „economic royalists“ (wie F. D. R. sie gerne nannte) von ihrer Arroganz, ihrer zügellosen Habgier zu kurieren. Mit völlig intakt gebliebener Unverschämtheit fielen sie prompt über eben den Staatsmann her, von dem sie sich gerade hatten retten lassen. Wie, dieser Roosevelt wagte, ihnen Vorschriften zu machen? Ihre heiligen Privilegien sollten angetastet werden? Unerhört! Die Reichen mobilisierten ihr schwerstes Geschütz gegen „that man in the White House“, dessen frevlerisches Regime das Fundament amerikanisch-christlicher Gesittung – „Free Enterprise“ selbst – in Frage stellte. Nur ein Präsident, der das *Laissez-faire*-Prinzip als obersten ökonomischen Grundsatz anerkannte und unbedingt befolgte, war akzeptabel für die Industriellen und Bankiers. Harding und Coolidge, das waren noch Führer gewesen, die um den Wert amerikanischer Ideale und Traditionen wußten. Präsident Hoover hatte Pech gehabt: unter seiner Ägide setzte die Krise ein. Gewiß nicht seine Schuld! Die Bankiers und Industriellen waren ihm trotzdem gut. Der Kandidat aber, den sie jetzt – 1936 – gegen Roosevelt ausspielten und zur Macht zu bringen hofften, war ein Gentleman namens Landon. „Free Enterprise“ hatte nichts von ihm zu befürchten. Die unabhängige Presse setzte sich denn auch mit Nachdruck für den Gentleman namens Landon ein.

Neuankömmlinge und „Greenhorns“, wie wir, beobachteten den Fortgang der Kampagne mit atemloser Spannung. Würde das Volk sich dumm machen lassen von den Reichen, die Presse und Radio beherrschten? Ließen die Millionen sich gängeln von den Millionären? Verriet die Nation ihren besten Mann auf Wunsch einer privilegierten Clique, der eine gefügige Mittelmäßigkeit im Weißen Haus bequemer gewesen wäre?

Das amerikanische Volk beantwortete diese Fragen mit einer imposant eindeutigen, ergreifend spontanen Geste. F.D.R.s Sieg war ein überwältigender, fast beispiellos in der Geschichte der Republik. Der „New Deal“ triumphierte. Die gute Sache triumphierte. Man hatte sie so oft unterliegen sehen, die Sache des Fortschritts, der Freiheit, der Vernunft. Welche Genugtuung, einem ihrer seltenen Siege beizuwohnen!

Freilich mischten sich Bedenken und Besorgnisse auch in diese Freude. Viele der amerikanischen Liberalen, die für Roosevelt stimmten, schienen nichts zu wissen, nichts wissen zu *wollen* von der ungeheuren Gefahr, die der europäische Fascismus für die Demokratie ihres eigenen Landes bedeutete. Ein paar Jahre später sollte ein klarsichtiger und tapferer Amerikaner, Wendell Willkie, den Begriff der *One World* populär machen; um 1936 aber hatte die Erkenntnis, daß wir in „Einer „Welt" leben, sich noch keineswegs durchgesetzt. Nicht nur in reaktionären Kreisen neigte man damals zum „Isolationism"; auch die progressiven Elemente (von löblichen Ausnahmen abgesehen!) zeigten eine ominöse Tendenz, sich an Europa oder am Ausland überhaupt zu desinteressieren, um ihre ganze Aufmerksamkeit inneramerikanischen Problemen, der sozialen Reorganisation des Kontinents, dem großen Abenteuer des „New Deal" zuzuwenden.

Der Fascismus, vor allem in seiner deutschen Form, war unbeliebt. Aber wenn es nur wenige gab, denen die Hitlersche „Neue Ordnung" sympathisch oder nachahmenswert schien, so waren es doch auch nur sehr Vereinzelte, die sich durch die Aggressivität der Achsen-Mächte direkt bedroht oder beunruhigt fühlten. Gestapo-Terror und offene Kriegsvorbereitungen in Deutschland, Hitlers Anspruch auf Österreich und Teile der Tschechoslowakei, der italienische Überfall auf Abessinien, die Generalsrevolte in Spanien, all dies schien, von Amerika aus gesehen, irgendwie unwirklich oder doch irrelevant. Ging die alte Welt moralisch vor die Hunde? Der amerikanische Liberale mochte es bedauerlich finden, „too bad"; aber was sollte er dabei tun? Jeder kehre vor seiner eigenen Tür und kümmere sich um die eigenen Angelegenheiten! „Let's mind our own business ..." Hatten die Gründer der Republik nicht immer wieder vor Einmischung in fremde Händel gewarnt? Angesichts des europäischen Verfalls war dies weise Prinzip erst recht zu beherzigen. Offenbar, es lag im Interesse der Nation, sich von dem hoffnungslosen Durcheinander, der „hopeless mess" jenseits des Meeres möglichst fern zu halten.

Die meisten Amerikaner dankten Gott für den Ozean, der die neue Welt von der alten trennte. Ein breiter Wall, Gott sei Dank! Hinter einer Barriere von solchen Dimensionen fühlte man sich in Sicherheit, auch wenn anderswo die Erde bebte und der Vulkan Feuer spie. Herrschte in Europa eine ansteckende Krankheit, eine moderne Form der schwarzen Pest? Unangenehm für die Europäer! Aber ein *cordon sanitaire* von fünftausend Meilen machte doch wohl immun, auch gegen einen so virulenten Bazillus wie den fascistischen.

Eine fascistische Gefahr in den Vereinigten Staaten, im Lande Washingtons und Lincolns? *Impossible!* "Das ist bei uns nicht möglich ..."

It can't happen here ... Einige aufgeklärte Geister wußten um die Gefährlichkeit dieser Illusion, Sinclair Lewis zum Beispiel, der seine Mitbürger aufs eindruckvollste warnte und ermahnte. In seinem utopischen Roman „It can't happen here" stellte er mit drastischer Ausführlichkeit dar, wie ein amerikanischer Fascismus eben doch möglich werden könnte und auf welche Art er sich manifestieren würde.

Die dramatische Fassung des sensationellen Romans war eines der großen Theaterereignisse der Saison 1936/37. Wir wohnten der Premiere bei, oder vielmehr einer der Premieren; denn das Stück kam gleichzeitig in vier verschiedenen New Yorker Theatern in vier verschiedenen Sprachen heraus: auf englisch, deutsch, jiddisch und italienisch. Der „producer", der sich ein so kostspieliges Experiment leisten konnte, war kein Geringerer als das US Government. Im Rahmen des großen Arbeitsbeschaffungsprogramms finanzierte der Staat nicht nur den Bau von Landstraßen, Hospitälern, Schulen, Parkanlagen und Wasserwerken, sondern auch Unternehmungen geistiger und künstlerischer Art. Die Regierung erteilte Aufträge an Schriftsteller, Maler und Komponisten; Gruppen von jungen Schauspielern und Regisseuren, für die es am Broadway keine Verwendung gab, wurden von der öffentlichen Hand subventioniert. Der stimulierende Effekt einer so generös konzipierten und tatkräftig durchgeführten Hilfsaktion machte sich auf kulturellem Gebiet ebenso bemerkbar wie in der rein ökonomischen Sphäre. Wagnisse wie die vierfache Inszenierung des erzieherisch wichtigen Dramas von Sinclair Lewis waren nur mit offizieller Unterstützung durchführbar. Dank der Rooseveltschen Initiative gab es in Amerika nun etwas, was bisher dort nie vorgekommen war: ein Theater, dessen Repertoire nicht ausschließlich von kommerzieller Spekulation bestimmt wurde; eine Schaubühne, die – sei es auch nur zeitweilig, unter dem Druck wirtschaftlicher Verhältnisse – ihre Mission als moralische Anstalt erfüllen durfte.

Die Eröffnungsvorstellung von „It can't happen here" (englische Version) bleibt mir unvergeßlich. Nicht so sehr wegen ihrer künstlerischen Meriten (es wurde gut, aber nicht aufregend gut gespielt), als um der Atmosphäre willen, die im Saal und auf der Bühne herrschte, die Publikum und Darsteller miteinander verband. Gerade im Kontrast zur blutrünstigen Düsterkeit der fascistischen Welt, die der Dramatiker aus pädagogischen Gründen und zum Zweck der Warnung beschworen hatte, wirkte das Milieu des WPA-Theaters besonders hell, intelligent, menschenfreundlich, gesittet. Man gab sich Mühe, man war guten Willens, auf der Szene wie im Parkett. Man spielte die Tragödie der äußeren Verwilderung oder sah sie sich an, nicht um mit pharisäerhaftem Dünkel dabei zu denken: „Ich danke Dir, Gott, daß ich nicht so bin, wie diese!", sondern um sich wieder einmal zu geloben: „So weit, bis zu solcher Schande dürfen wir es hier keinesfalls kommen lassen! Möglich wäre es wohl auch bei uns – wenn wir es nicht verhindern. Seien wir also wachsam! Sorgen wir dafür, daß die fürchterliche Möglichkeit unerfüllt, unverwirklicht bleibe!" Solcher Art waren die Gefühle und Gedanken der Zuschauer: man konnte es an den Gesichtern sehen. Die Akteure dürften Ähnliches empfunden haben, während sie es sich angelegen sein ließen, das Unglaubliche (denn die äußerste Verwilderung *ist* unglaublich) künstlerisch plausibel zu machen.

Nach dem Theater gab es Geselligkeit im Hause des Autors; ich erinnere mich sehr genau daran, vielleicht weil es eine der ersten großen „parties" war, die ich im „neuen", wiederentdeckten, erwachsen-gewordenen New York mitmachte. Sinclair Lewis –

„Roter" („Red") genannt, eine Anspielung auf seine Haarfarbe, nicht auf seine politische Gesinnung! – war ja ein alter Bekannter aus den Berliner Tagen. Sein Weltruhm hatte seither noch zugenommen und war durch die Verleihung des Nobelpreises gleichsam offiziell sanktioniert worden; er selbst aber war sehnig hager, schlaksig, anspruchslos geblieben; ein lustig verlegener „boy" von über fünfzig Jahren, mit etwas verwitterter, von reichlichem Whisky-Genuß ramponierter Miene. Welcher Europäer von ähnlichem Prestige wäre so unfeierlich, so jungenhaft? Der Typus des „Olympiers", des „cher maître" existiert nicht in Amerika. Ein Schriftsteller, der sich die Allüren eines Stefan George, eines Mallarmé, eines D'Annunzio oder Gerhart Hauptmann anmaßen wollte, in New York würde er ausgelacht.

Das Sakrale liegt den Amerikanern nicht. Ein Bursche wie „Red" Lewis, der waschechte, hundertprozentige „Yank", wie er im Buche (zum Beispiel in den Büchern von Sinclair Lewis) steht, ist kein geeignetes Objekt für kultische Verehrung; auch nach weihevoller Abgeschlossenheit verlangt ihn nicht. Die Tatsache, daß man beim Schreiben meist alleine ist, scheint im Gegenteil eher geeignet, ihm die Existenzform des Schriftstellers zeitweilig zu verleiden und zur Last zu machen; an jenem Premierenabend sprach er sich ausdrücklich in diesem Sinne aus. „The theater is fun", erklärte Red, Whiskyglas in der Hand, mit aggressiver geröteter Miene. „Das Theater ist lustig – teamwork, if you know what I mean: Man arbeitet zusammen, als Gruppe, mit Kameraden, wie es sich gehört. Immer allein am Schreibtisch, mit dem Manuskript als einzige Gesellschaft – it's getting on my nerves! After all, man is a sociable animal, ein Herdentier, wie man im Deutschen sagt ... Don't you agree? Well, anyhow, have another drink!"

Während der Romancier (der sich übrigens bald danach ohne großen Erfolg als Schauspieler versuchen sollte) über „that damned loneliness", „diese verfluchte Einsamkeit" klagte, zu der sein Metier ihn zwinge, wimmelte es um ihn herum von schwatzenden, lachenden, Sandwich-kauenden, Whisky-schlürfenden Kumpanen. Es ging hoch her in diesem komfortablen Dichterheim. Dafür sorgte nicht nur die joviale Gastlichkeit des Hausherrn, sondern auch das dynamische Temperament der Mrs. Sinclair Lewis, weiteren und weitesten Kreisen als Dorothy Thompson bekannt.

Zur Zeit unserer ersten Begegnung – in München, im Hause unserer alten Freundin Christa Hatvany-Winsloe – war Dorothy eine unbekannte junge Zeitungskorrespondentin: sehr ehrgeizig, sehr begabt, sehr attraktiv. Sinclair Lewis, damals schon weltberühmt, war aufs überschwenglichste verliebt in sie. Der große Mann heiratete die kleine Journalistin, die nun ihrerseits so geschwind Karriere machte, daß ihre Popularität der seinen bald gleichkam oder sie beinahe schon übertraf. Die Dorothy Thompson, die wir in New York wiedersahen, stand im Begriffe, eine nationale Figur – „a national figure" zu werden. Ihre regelmäßigen Kommentare zu politischen, kulturellen und allgemein menschlichen Fragen wurden in Hunderten von amerikanischen Blättern abgedruckt; ihr Wort hatte Gewicht, man hörte auf ihren Rat.

Wir waren für sie; denn sie war gegen Hitler. Gegen Roosevelt war sie freilich auch: ihrem puritanischen Konservativismus mußte der „New Deal“ ein Ärgernis sein. Indessen war sie sich der Gefährlichkeit des Nationalsozialismus zu stark und klar bewußt, um dem größten Antagonisten des teutonischen Führers, eben F. D. R., auf die Dauer Opposition zu machen. Bei den nächsten Präsidentenwahlen, 1940, sollte sie die Konsequenz aus ihrer antifascistischen Gesinnung ziehen und sich mit wirkungsvollem Nachdruck für den „third term“ einsetzen. Nun aber schimpft Miß Thompson noch auf Roosevelt – freilich nicht ganz mit der Überzeugung und Intensität, die sie im Kampf gegen die Nazis zeigt. Sie ist eine formidable Kämpferin, unsere vollblütig robuste Dorothy. Wir hören ihr gerne zu, wie sie mit eloquentem Abscheu den Verhaßten schmäht.

In Deutschland hatte sie einmal ein Interview mit ihm, kurz vor seiner „Machtergreifung“. Der Mann mißfiel ihr, besonders natürlich die Nase, aber auch sonst. Sie fand ihn derartig mies, daß sie in ihrem Artikel prophezeien zu dürfen glaubte: Er schafft es nicht! *Nie* wird so einer Diktator werden! – Irren ist menschlich – wie ich aus eigener Erfahrung weiß. Auch ich habe mich in der Carlton-Teestube durch die ordinäre Visage meines Tischnachbarn täuschen lassen. Für Dorothy übrigens machte der Irrtum sich hochbezahlt: mit dem Hitler-Interview begann ihre glanzvolle Karriere. Der dumme Adolf, schließlich also doch zur Macht gekommen, ließ die amerikanische Reporterin prompt aus dem Lande weisen, womit er ihren Ruhm begründete. Erst jetzt legte die begabte Schimpferin so richtig los und zeigte, was sie konnte. Das weiblich emotionelle Pathos und die intelligente Fundiertheit ihres Hasses trugen wesentlich dazu bei, der amerikanischen Öffentlichkeit den Ernst der Nazi-Gefahr bewußt zu machen.

Sie sieht immer noch prachtvoll aus, wenn auch so jung und knusprig nicht mehr wie damals, als der rothaarige Romancier ihren Spuren nach Wien, Berlin und München folgte. Aus dem schlanken und scheuen „girl“ ist eine Matrone von selbstbewußter Stattlichkeit geworden, eine Frau, die es gewohnt ist, bei großen Banketten und Meetings als „Madame Chairman“ (Präsidentin) zu figurieren, auf Cocktailparties den Kreis andächtig lauschender Verehrer mit nachlässiger Autorität um sich zu scharen, an den intimen Zusammenkünften der Mächtigen als Gleichberechtigte teilzunehmen. Sie selbst ist mächtig, in jedem Sinn des Wortes: Busen, Bankguthaben, Verstand, Prestige – alles hat Format. Mit hochgetragenem Haupt und üppig stolzer Miene gleicht sie gewissen römischen Kaiserinnen, deren gebieterische Reize wir an Büsten der dekadenten Epoche nicht ohne respektvolle Beklommenheit bewundern.

Sinclair Lewis und Dorothy Thompson sind nicht die einzigen bekannten Gesichter, denen wir an diesem Abend oder bei anderen Gelegenheiten ähnlicher Art begegnen. Manche der amerikanischen Freunde aus der „Rundherum“-Zeit sind freilich inzwischen abberufen worden, Horace Liveright zum Beispiel, mein erster New Yorker Verleger, der sich damals mit seinem berühmten, auch etwas berüchtigten Charme unserer annahm; mit anderen will der alte Kontakt sich nicht mehr herstellen. H. L. Mencken gehört zu denen, die man jetzt lieber meidet. Anno 27 war er reizend zu uns, weil wir aus Deutschland kamen, einem Land, für das er immer eine Schwäche hatte. Denn was wäre kritiklose, eigensinnige Sympathie, wenn nicht Schwäche? Der schrullige alte Mencken bleibt sogar dem Dritten Reich gewogen, während er für Roosevelt nur Gift und Galle übrig hat. Soviel Originalität grenzt ans Alberne. Wahrscheinlich wäre er kein bißchen reizend mehr, wenn wir uns nun als Emigranten bei ihm meldeten, was wir denn auch lieber bleiben lassen.

In vielen Fällen aber ergibt sich ein erfreuliches Wiedersehen. Thornton Wilder, der vor neun Jahren erst ein „Versprechen" war, hat inzwischen einige seiner schönsten Dinge geschrieben und ist eine „celebrity" geworden, im übrigen aber unverändert: ebenso herzlich, ebenso bescheiden, ebenso humorvoll und gescheit, wie wir ihn einst gekannt. Solche Gelassenheit bei plötzlichem Ruhm ist selten und daher besonders rühmenswert. Die Verkanntheit, selbst das Elend mit Würde zu tragen, das bringt mancher fertig. Aber ein Charakter, der sich vom Erfolg nicht verwirren oder korrumpieren läßt, hat die schwerste Prüfung bestanden.

Frederic Prokosch steht vor derselben Probe: auch er hat jetzt einen Namen. Nicht, als ob er sich schon so glänzend durchgesetzt hätte wie der etwas ältere Wilder! Aber man ist doch auf ihn aufmerksam geworden, es wird von ihm gesprochen: sein Roman „The Asiatics" gilt allgemein als eines der interessantesten und reizvollsten Erzeugnisse der jungen Schriftstellergeneration. Erinnert man sich an das neidische Entzücken, mit dem er uns im Hause seines Vaters über unsere Reisepläne sprechen hörte? Damals war er noch ein halbes Kind, aber doch schon gezeichnet, schon ungewöhnlich, schon umwittert von der Aura kreativer Begabung. Die reizbare Stirn, die sich so leicht nervös verfinsterte; der dunkle Blick, voll von der Verheißung künftiger Visionen; alles wies darauf hin, daß aus dem Jungen etwas werden würde. Nicht ohne Genugtuung stellt man fest, daß ein Talent, von dessen persönlicher Ausstrahlung man früh berührt wurde, nun auch öffentliche Anerkennung findet. Während man Frederic zu seinen ersten Triumphen gratuliert, hätte man wohl Lust, einige mahnende Worte hinzuzufügen: Jetzt aber gearbeitet, junger Mann! Dein Asien-Roman ist gut, darf indessen nicht dein bester bleiben. Du wirst mehr und Besseres zu geben haben, wenn du nur jetzt nicht faul und eitel wirst. Laß dich doch bitte vom Erfolg nicht faul und eitel machen! Es würde die enttäuschen, die eine gewisse Empfänglichkeit für deine Ausstrahlung schon früh bewiesen haben ... Natürlich sagt man durchaus nichts dieser Art, wie käme man auch dazu? Als ob man selber über Faulheit und Eitelkeit erhaben wäre! Aus Gründen der Konvention und der Bescheidenheit verbeißt man sich also die kleine Predigt, die, bei all ihrer Taktlosigkeit, dem jungen Dichter übrigens vielleicht recht wohlgetan haben würde ...

Es gibt Wiedersehen und es gibt neue Begegnungen. Unter den neuen Freunden sind einige, mit deren Namen und Werk man schon seit längerem vertraut gewesen ist, während andere – wie Frederic seinerzeit – nur durch ihre Persönlichkeit wirken und auf ihre künftige Produktion neugierig machen.

Theodore Dreiser ist ein Klassiker, einer der drei großen Pioniere des modernen amerikanischen Romans. Die beiden anderen, Sinclair Lewis und Upton Sinclair, kannte ich schon persönlich; nun kam es zu einem Zusammentreffen mit dem dritten, der vielleicht auch der Größte ist. Dreisers realistische Epen „An American Tragedy", „Sister Carrie", „The Titan" haben einen erzählerischen Atem, eine allgemein menschliche Gültigkeit und plastische Objektivität, kurz, einen „homerischen" Zug, an dem es den journalistisch-tendenziös eingestellten Lewis und Sinclair durchaus gebricht. Im persönlichen Umgang freilich wirkte der Meister-Romancier nicht gerade „objektiv" und abgeklärt; eher tat er sich durch gallige Heftigkeit und eine gewisse bäurisch-grobschlächtige Aggressivität hervor. Es ist ein schlechtgelaunter, zorniger Dreiser, der mir in Erinnerung bleibt. Wenn ich an den Abend zurückdenke, den ich in seiner Gesellschaft verbrachte (man traf sich im Hause des jungen Dichters Selden Rodman, der in längst vergangenen Tagen oft nach München gekommen war), so höre ich eine ewig aufgebrachte, nörgelnde, quengelnde Stimme. Ein schwerer Mann mit weitflächig faltiger Miene sitzt im Lehnstuhl und schimpft. Er schimpft auf alles, mit besonderer Ausführlichkeit aber auf die katholische Kirche. Mag sein, daß mein Gedächtnis mich täuscht; aber mir will scheinen, der große Schriftsteller habe diesen ganzen Abend damit verbracht, den Vatikan zu schmähen. Nicht, als ob seine Argumente durchaus absurd gewesen wären! Im Gegenteil, der alte Freigeist und anarchistisch-marxistische Rebell – übrigens seinerseits in streng katholischer Umgebung aufgewachsen – hatte viel Intelligentes und Überzeugendes gegen das Pfaffenwesen vorzubringen. Aber auch das beste Argument verliert seine Schlagkraft und reizt zum Widerspruch, wenn man es mit gar zu großer Insistenz wiederholt. Mit solcher Hartnäckigkeit betonte Dreiser die obskurantistischen, kultur- und fortschrittsfeindlichen Aspekte der katholischen Tradition, daß ich mich einfach aus Gründen der Gerechtigkeit und des dialektischen Ausgleichs schließlich genötigt fand, auf die kulturellen Großtaten den sittigenden, bewahrenden, völkerverbindenden Einfluß der römischen Hierarchie hinzuweisen. Hätte ich dies doch lieber nicht getan! Denn nun begann der militante Atheist mich für einen Frömmler, wenn nicht gar für einen feilen Agenten des Heiligen Stuhles zu halten, was ihn erst recht angriffslustig machte.

Manchmal – ach wie oft! – ist es besser, die schöpferischen Geister, deren Werk man bewundert, nicht in ihrer menschlich-allzumenschlichen Erscheinungsform kennenzulernen.

War auch die Begegnung mit Thomas Wolfe eine Enttäuschung? Sein erster Roman, „Look Homewards, Angel!", den ich zunächst in der bemerkenswert schönen deutschen

Nachdichtung von Schiebelhut gelesen hatte, war mir lieb und bedeutsam vor allen anderen Hervorbringungen neuer amerikanischer Literatur. Ein boshafter Kritiker hat von Wolfe gesagt: „Er war ein Talent, das sich einbildete, ein Genie zu sein.“ Nach meinem Dafürhalten war er eher ein Genie, dem es an Talent, will sagen, an künstlerischer Disziplin, organisatorischer Gabe, an Geschmack, Zucht, Maß, Leichtigkeit, Selbstkritik, Ironie gebrach. Er hatte die Besessenheit, das tragische Pathos, die monomane Konzentration, das unheimliche Gedächtnis, die sinnlich-übersinnliche Sensitivität des genialen Menschen. Im Gegensatz zu den Repräsentanten der älteren Generation, den nüchternen Chronisten und Gesellschaftskritikern Dreiser, Sinclair Lewis und Upton Sinclair, erscheint Wolfe durchaus lyrisch-bekennerisch gestimmt; sein Stil ist weder journalistisch-tendenziös noch episch-objektiv, sondern primär poetisch; er ist der Visionär, der inspirierte Sänger unter den großen Erzählern des erwachenden, zu-sich-selber-kommenden Kontinents. Seit Whitman hat die amerikanische Seele keinen so eloquenten, so begeisterten Zeugen gehabt.

Nein, ein Dichter von solcher Vitalität und Fülle kann wohl auch im persönlichen Umgang nicht enttäuschend sein. Die Stunde, die ich mit dem Autor von „Schau heimwärts, Engel!“ in seiner New Yorker Wohnung verbringen durfte, bleibt mir unvergeßlich, wie jener zugleich trivialen und geheimnisvollen, sonderbar suggestiven Episoden, aus denen die autobiographischen Romane von Thomas Wolfe sich zusammensetzen.

Er logierte damals in einem ziemlich abgelegenen, wenig eleganten Distrikt der großen Stadt. Treppenhaus und Korridor rochen muffig, aber von seinem Arbeitszimmer hatte man den schönsten Blick über den East-River, dessen Brücken und Schiffe im grauen Dunste eines nebligen Winternachmittags verschwammen. Bei unserem Eintritt stand der Dichter im Rahmen der offenen Balkontür, ein Riese mit seltsam kindlicher und weicher Miene, versunken in den Anblick der geisterhaft vorübergleitenden Frachtkähne und bleichen Boote. Er wandte sich nach uns um, deutete mit großer, sanfter Geste auf das verwunschene, undeutliche Panorama.

„It's glorious isn't it? Den ganzen Tag lang könnte ich hier stehen und schauen.“ In seine Worte hinein klang eine Schiffssirene, ein schwermütig gezogener, klagender, lockender Ruf von den verschleierten Wassern.

Er sprach, wie er schrieb – zugleich beschwingt und bedrängt vom Reichtum der Gefühle und Gesichte, die er alle auf einmal, alle in einem Satz oder doch in einem Atem mitzuteilen suchte. Neigte er zum Stottern? Vielleicht nicht eigentlich; aber seiner Eloquenz, so strömend und gelockert sie auch scheinen mochte, eignete doch ein bedenklicher, beunruhigender, fast beängstigender Zug ins Krampfhafte und Forcierte, als plage diesen gar zu mitteilsamen Titanen die geheime Furcht, daß Zunge und Lippen ihm, noch ehe die Botschaft vollendet, in plötzlicher Lähmung den Dienst versagen könnten.

Immer unterwegs von einem Ende des Raums zum anderen, erzählte er uns mühsam beredten Mundes von der Torheit amerikanischer Buchrezensenten, vom Zauber nächtlicher Eisenbahnfahrten, von der Tragödie der Neger in den Südstaaten, von musikalischen Eindrücken und seltsamen Reiseerlebnissen. Er hatte sich unlängst mehrere Monate lang in Deutschland aufgehalten, um das eingefrorene Mark-Guthaben, das sein Verleger Rowohlt für ihn in Bereitschaft hielt, dort an Ort und Stelle auszugeben. Viele seiner Anekdoten und scheinbar irrelevanten, zusammenhanglosen Reminiszenzen handelten von diesen Berliner Wochen. Wolfe war wohl der Ansicht, daß alles, was mit Deutschland zusammenhing, uns besonders interessieren müsse; ja, er vermutete vielleicht, daß unser Verlangen nach Neuigkeiten aus der alten Heimat das eigentliche Motiv für unsere Visite sei. Und so berichtete er in großartig farbigem Durcheinander von deutschen Juden, deren Verhaftung er im Wartesaal eines Berliner Bahnhofs beigewohnt; von Theaterabenden, gesellschaftlichen Ereignissen und Skandalen, wirtschaftlichen Verhältnissen, offizieller Propaganda und heimlicher Opposition im Dritten Reich; von den Buhlschaften des Ministers Goebbels und den Perversitäten des Führers, von deutschen Dichtern und deutschen Generalen, von deutschen Kriegsvorbereitungen, von den Kapricen des Verlegers Rowohlt und vom gemütlichen Familienleben des amerikanischen Botschafters Dodd, mit dem er – der Erzähler – sich während seines Aufenthaltes herzlich angefreundet.

Als Abschluß und Höhepunkt unseres Besuches gab es noch eine Überraschung, mit der Wolfe uns besonders zu erfreuen dachte. Die Überraschung hatte einen Kropf, Quellaugen, schmutzige Fingernägel und sprach eine gräßliche Mischung aus bayerischem Dialekt und schlechtem Amerikanisch. „Meine Zugehfrau!“ rief der gesprächige Riese mit naivem Stolz. „Sie stammt aus Miesbach! Das ist doch nicht weit von eurer Geburtsstadt München? Ihr könnt in eurer eigenen Sprache mit ihr reden. Nur los! Nehmt keine Rücksicht auf mich!“ Diskret abgewendet, als wolle er die Intimität dieser Begegnung nicht stören, ließ er sich doch keine der verlegenen Phrasen entgehen, die wir mit unserer kropfigen Kompatriotin tauschten. War nicht Heimweh das Leitmotiv, das immer wieder abgewandelte, innig variierte Thema seiner epischen Dichtung? Da ihn jede Botschaft aus der provinziellen Welt seiner Herkunft aufs tiefste rührte und bezauberte, glaubte er wohl gar, daß der Klang einer bayerischen Stimme Empfindungen von ähnlich bittersüßer, schwermütig seliger Art in uns auslösen müsse. „The great forgotten language“,die große verlorene Sprache, das verschollene Kindheitsidiom, dessen Rhythmus er sein Leben lang mit geduldig eifervoller Zärtlichkeit wiedereinzufangen suchte, – im Geschwätze der Magd sollten wir den fremdvertrauten Laut erkennen.

„The best of luck to you!“ wünscht er uns zum Abschied. „Ich hoffe, daß es euch hier gefallen wird. Zunächst wird euch manches in diesem Land ungewohnt, vielleicht sogar häßlich oder feindlich scheinen. Aber ihr werdet euch schon einleben mit der Zeit. Ja, ich glaube, ich bin beinah sicher, daß es euch bei uns gefallen wird.“

Die Prophezeiung des Dichters sollte sich als durchaus richtig erweisen. In der Tat blieb uns die neue Umgebung eine Weile ungewohnt oder wollte uns sogar in mancher Hinsicht feindlich-häßlich scheinen, bis wir uns allmählich einlebten und am amerikanischen Lebensstil Gefallen fanden.

Neuankömmlinge machen Fehler; auch uns blieben bittere Erfahrungen nicht ganz erspart. „Die Pfeffermühle", ohne geradezu ein Mißerfolg zu sein, fand in New York doch relativ wenig Anklang. Erika eröffnete ihre Kleinkunstbühne, vielleicht etwas übereilt, am 29. Dezember 1936 in einem schmucken, aber nicht sehr stimmungsvollen kleinen Theater, das im obersten Stockwerk eines Wolkenkratzers, dem „Chanin Building", nahe dem „Grand Central"-Bahnhof, gelegen war. Ein Teil der Presse und des Publikums zeigte sich durchaus nicht unempfänglich für den besonderen Reiz der Szenen, Lieder und Rezitationen, von denen einige in englischer Übersetzung, andere im deutschen Original zum Vortrag kamen. Aber irgendwie fehlte es doch an Kontakt zwischen Parkett und Bühne; das Programm zündete nicht, schlug nicht ein. Der Enthusiasmus, mit dem die gleichen Nummern in Amsterdam, Zürich, Prag und anderen europäischen Metropolen bejubelt worden waren, hier blieb er aus; vergeblich warteten wir auf die großen „Lacher", das ergriffene Schweigen, den vor Begeisterung fast heiseren Bravoschrei, das vehemente Klatschen.

Warum diese Kühle? Das literarische Kabarett, Spezialität der Pariser Boulevards und der Münchener Bohème, hat in Amerika keine Tradition, keinen Boden. Um diese Kunstform in fremder Sphäre einzuführen und durchzusetzen, hätte es wohl eines größeren finanziellen Aufwandes und gründlicherer Vorbereitung bedurft. Eine „amerikanisierte", dem landesüblichen Geschmack konsequent angepaßte „Pfeffermühle" wäre vielleicht zur Sensation geworden. Oder hätte man das deutsche Tingel-Tangel in seiner ursprünglichen Form als exotische Attraktion präsentieren sollen? Auch diese Taktik, wenngleich nicht ungefährlich, hätte mehr Aussicht auf Erfolg gehabt als der Kompromiß, zu dem wir uns entschlossen. Die New Yorker „Pfeffermühle" mit ihrem zweisprachigen Repertoire und gemischten Ensemble war weder Fleisch noch Fisch: zu „outlandish" für die Masse, nicht „continental", nicht „exotic" genug für die verwöhnten Snobs. Halbheiten, Kompromisse machen sich nie bezahlt, ein Axiom, dessen Gültigkeit sich in jeder Lebenssphäre, in jedem Erdteil bewährt.

Indessen sollte das Experiment sich doch als lohnend erweisen, nicht nur für Erika und einige Mitglieder ihrer Truppe, sondern auch vom amerikanischen Standpunkt aus gesehen. Das Emigranten-Kabarett, selbst noch in etwas reduzierter oder entstellter Form, wirkte doch als anregende Novität; so viel Grazie und Witz bei so echtem, starkem moralisch-politischem Pathos war auf New Yorker Bühnen selten vorgekommen, wie von einigen Kritikern ausdrücklich festgestellt wurde. Erikas anmutig-polemische Conférencen und Gesänge, das klug beherrschte Natur- und Urtalent der Giehse, Lotte

Goslars sehr persönliche, sehr phantasievolle und phantastische Komik, es gab viel zu bewundern und wohl auch manches zu lernen für junge Amerikaner, die sich auf ähnlichem Gebiet versuchen wollten.

Die bedeutende Giehse, der das Züricher Schauspielhaus schon seit einiger Zeit Avancen machte, und Magnus Henning, unser Musikant, kehrten nach Europa zurück, während andere Mitglieder des Ensembles – die drollige Goslar zum Beispiel – in den USA ihr Glück versuchen wollten. Auch Erika entschloß sich zu bleiben. Das Abenteuer im „Chanin Building“, an das sich übrigens noch ein kurzes, erfolgreiches Gastspiel unter den Auspizien der „New School for Social Research“ schloß (leider so spät, daß es die schon aufgegebene, schon in Auflösung begriffene „Pfeffermühle“ nicht mehr zu retten vermochte), war für sie doch auch in mancher Hinsicht ermutigend verlaufen. Ihr Unternehmen mochte fehlgeschlagen oder doch nur ein halber, problematischer Erfolg gewesen sein; sie selbst aber hatte gefallen. Offenbar, das amerikanische Publikum hörte ihr gerne zu, sie wirkte angenehm, man reagierte freundlich auf ihren Blick, ihr Lächeln, ihre Stimme, kurz, auf ihre Persönlichkeit. Dies wußte sie nun und hatte allen Grund, sich dadurch encouragiert zu fühlen. Auf die Persönlichkeitswirkung kommt es an, überall, besonders aber in den Vereinigten Staaten, wo sinnlich-irrationale Sympathien und Antipathien bei der Beurteilung eines Menschen, im öffentlichen wie im privaten Leben, eine viel größere Rolle spielen als irgendwelche Gesichtspunkte abstrakter und prinzipieller Art. Die gewinnende Persönlichkeit ist ein Kapital, mit dem sich wohl Karriere machen läßt, zum Beispiel eine Karriere als „lecturer“.

Die Profession des „lecturer's“ – in anderen Erdteilen so gut wie unbekannt – gehört zu den Besonderheiten des amerikanischen Lebens. Romanciers, Polarforscher, Politiker, exilierte Prinzen, Tennismeister, Religionsstifter, Köche, Medien, Blumenzüchter, Zeitungskorrespondenten, Psychoanalytiker sind im Nebenberuf „lecturers“, während andere sonst überhaupt nichts tun: sie reisen umher und plaudern. Meist sind es Damen der mittleren und hohen Bourgeoisie, Mitglieder der berühmten „womenclubs“, die sich von solchen Wanderrednern zur Lunchzeit oder nach dem Dinner belustigen und belehren lassen; aber auch männliche Vereine zeigen sich „lecture“-freudig, und es kommt selbst vor, daß man von gemischten Gruppen, Studentenorganisationen, schöngeistigen Zirkeln, religiösen Sekten, zu einem Vortrag eingeladen wird.

Vom Vortragenden (der sich übrigens ohne Zuhilfenahme eines Manuskriptes in freier Rede zwanglos äußern soll) erwartet, verlangt das Publikum vor allem eines – *personality*. Auf die Dauer freilich ist es mit der magnetischen Gegenwart nicht getan; der Erfolg hält sich nur dort, wo zur „personality“ auch noch andere Qualitäten kommen, Eigenschaften moralischer und intellektueller Art, deren Vorhandensein das Publikum in Erikas „Pfeffermühlen“-Conférencen und später in ihren „lectures“ doch wohl gespürt haben dürfte. Auch als Schriftstellerin und Journalistin sollte sie sich in Amerika bald einen Namen machen; ihre Spezialität aber blieb der direkte Appell und gesprochene Kommentar, der anekdotisch gewürzte Vortrag, die scheinbar improvisierte, in Wahrheit sorgsam vorbereitete Causerie, die teils durch den Charme der Rednerin, teils durch die Solidität der eigenen Substanz fesselt und überzeugt. Erika konnte eine der begehrtesten „lecturers" des Kontinents werden, weil sie Hörenswertes zu sagen hat („She has a message!") und weil sie das Hörenswerte mit liebenswürdiger Intensität zu Gehör bringt. („She has personality!")

Auch ich versuchte mich auf der Rednertribüne, gleich in diesem ersten New Yorker Winter, und muß wohl eine leidlich gute Figur dabei gemacht haben; denn einer der führenden „lecture agents" (ohne Agenten geht es nicht in Amerika!) offerierte mir einen recht erfreulichen Vertrag für die nächste Saison, 1937/38. Ich durfte also relativ zuversichtlich und mit den Resultaten meiner Erkundungsfahrt halbwegs zufrieden sein, als ich mich, Mitte Februar, wieder nach Europa einschiffte. Nicht, als ob die fünf Monate meines New Yorker Aufenthaltes mich zum reichen Mann oder zum gefeierten Star gemacht hätten! Im Gegenteil, meine finanzielle Lage war am Tag der Abreise ebenso prekär, wie sie bei der Ankunft gewesen war und wie sie es (ich tue gut daran, mich dreinzufinden!) wohl zeit meines Lebens bleiben wird. Was aber den „Ruhm" betrifft, so war ich zu vertraut mit der Fragwürdigkeit oder Nichtigkeit dieses Phänomens, um mir auf seine flüchtigen Manifestationen (ein paar schnell vergessene Zeitungsartikel und schnell verwelkte Sträuße) viel einzubilden oder dergleichen überhaupt so recht ernst zu nehmen. Indessen gab es doch manches, woran ich auf dem Promenadedeck des französischen Dampfers „Champlain" angesichts der sich mählich entfernenden Freiheitsstatue mit Genugtuung denken konnte. Gewisse Kontakte persönlicher und geschäftlich-professioneller Art, die ich diesem ereignis- und arbeitsreichen Aufenthalt verdankte, schienen mir von dauerhaftem Wert; die Berichte über amerikanische Zustände, die ich in der europäischen Presse hatte erscheinen lassen, gehörten vielleicht zu meinen nicht ganz mißglückten journalistischen Versuchen; was ich den Amerikanern über europäische Probleme zu erzählen hatte, war gleichfalls mit einem gewissen Interesse aufgenommen worden, in gesprochener Form sowohl als auch in geschriebener. Freilich, als Redner litt ich unter dem Handicap des fremden Idioms; so kümmerlich stand es damals noch um mein Englisch, daß ich selbst den kürzesten „speech" zunächst in der lieben Muttersprache aufsetzen mußte, um dann die Übersetzung auswendig zu lernen und mit mühsam gespielter Nonchalance vorzutragen. Würde ich jemals dazu imstande sein, mich auf englisch richtig und gefällig auszudrücken? Zur Beherrschung des „small talk", der Umgangssprache brachte man es wohl mit Fleiß und gutem Willen. Aber wie weit wäre man selbst dann noch entfernt von jener Vertrautheit mit der idiomatischen Nuance, jener vollkommenen Kenntnis des Vokabulars, jenem Fingerspitzengefühl für rhythmische und klangliche Valeurs, kurz, von jener unbedingten und intuitiven sprachlichen Sicherheit, deren man als

Schriftsteller bedurfte! Englische Prosa schreiben? Ein amerikanischer Autor werden? Die Idee erschien mir abenteuerlich, gewagt bis zum Absurden …

Aber wie sehr der Gedanke an die sprachliche Umstellung mich auch ängstigen und irritieren mochte, ich verließ Amerika doch mit dem Gefühl, ein neues Wirkungsfeld und einen neuen Hafen, vielleicht gar eine neue Heimat gefunden zu haben. Ich wußte, daß ich wiederkommen würde; nicht nur, weil ich vertraglich dazu verpflichtet war, sondern auch aus einem tieferen Antrieb und Bedürfnis. Zum ersten Male seit Beginn des Exils empfand ich den Wunsch, mich einer bestimmten nationalen Gemeinschaft anzuschließen, wieder einmal, endlich wieder Bürger eines bestimmten Landes zu sein. Kein europäisches Volk akzeptiert den Fremden; man „wird" nicht Franzose, Schweizer, Tscheche oder Brite, wenn man nicht als solcher geboren ist. Amerikaner aber kann man „werden", was wohl mit der besonderen Struktur und Geschichte dieser über-nationalen Nation zusammenhängt. Ja, ich würde wiederkommen, nicht als Tourist, sondern als Einwanderer, als werdender Amerikaner. Noch war es kein Entschluß, keine Gewißheit; eher eine Hoffnung.

„Hoffnung auf Amerika" hieß denn auch der Vortrag, den ich alsbald in Europa hören ließ. Natürlich waren es nicht meine persönlichen kleinen Hoffnungen, von denen ich den Leuten in Holland, Luxemburg, der Schweiz, Österreich, der Tschechoslowakei berichtete; vielmehr ging es mir um die hoffnungsvollen Aspekte und Potenzialitäten der amerikanischen Zivilisation, des amerikanischen Charakters. Die europäischen Demokratien waren nicht verloren – wie ich meinen Hörern klarzumachen suchte –, solange der demokratische Geist sich jenseits des Ozeans mit solcher Vitalität und Macht behauptete. „Das Amerika Roosevelts ist unser Bundesgenosse im Kampf gegen den Weltfascismus": ich stellte es mit Überzeugung fest. „Bei all seinen Fehlern und Schwächen ist es doch im Kern gesund, das Amerika Roosevelts. Mit seiner Hilfe siegt die Demokratie."

Dies klang tröstlich, und des Trostes bedurfte man in Europa von 1937, besonders in den Ländern, die an Deutschland grenzen. Überall die gleiche moralische Gelähmtheit, derselbe Defaitismus angesichts der wachsenden Gefahr! Am schlimmsten war es in Wien, wo man das Wort „Hoffnung" kaum noch auszusprechen wagte: es klang gar zu höhnisch und paradox. Hoffnung, in einem Lande, dessen „Freiheit" von frömmlerischen Bürokraten wie Schuschnigg und brutalen Tröpfen wie Prinz Starhemberg verteidigt wurde? Das schlecht regierte, vom Westen im Stich gelassene Österreich war nicht zu retten. – Ich wußte es, während ich einer kleinen Schar von deprimierten Wiener Intellektuellen mit meinem Amerika-Vortrag Mut zu machen suchte.

Und die Tschechoslowakei? Auch sie war bedroht; indessen durfte man dort noch von Hoffnung reden. Das tschechische Volk, seinerseits bereit, jedem deutschen Angriff aufs entschiedenste Widerstand zu leisten, verließ sich auf sein Bündnis mit der französischen Republik und auf die Freundschaft mit der Sowjetunion. Vor allem durften die Tschechen, im Gegensatz zu ihren österreichischen Nachbarn, Vertrauen in die eigene Führung haben.

Thomas G. Masaryk, der „Befreier-Präsident“, lebte noch zur Zeit meines Besuches, war aber nicht mehr im Amt, sondern residierte in ländlicher Zurückgezogenheit. Sein Freund und Nachfolger, Dr. Eduard Benesch, hatte die Freundlichkeit, mich im Hradschin zu empfangen. Ich verbrachte eine Stunde animierten Gespräches mit dem Manne, dessen Name – zusammen mit dem Namen Masaryks – zum Symbol tschechischer Unabhängigkeit und Demokratie geworden war. Ein Staatsmann – und doch ein Mensch! Ein kluger Politiker – und doch frei von jedem Zynismus! Hätte Europa einem Führer von so seltenen Gaben nur etwas mehr Macht eingeräumt! Hätte der Kontinent nur drei oder vier solcher Figuren gehabt, neben dieser einen und einzigartigen: die Geschichte der letzten Jahrzehnte, *unsere* Geschichte, unsere Gegenwart sähe anders aus!

Ich habe Benesch immer als einen geistigen Vetter Roosevelts empfunden; die eigentümliche Mischung aus Verschlagenheit und Idealismus, spontaner Generosität und berechnender Skepsis, Intuition und Geduld ist ebenso charakteristisch für den großen Tschechen wie für den größeren Amerikaner.

Sind es nur die ungeheuren Dimensionen seines Landes und die ebenso enormen Konsequenzen seiner Tätigkeit, die uns Roosevelt als den Bedeutenderen erscheinen lassen? Das Format einer historischen Gestalt läßt sich wohl kaum absolut bestimmen; es wächst oder schrumpft mit der historischen Funktion, die dem Individuum vom Schicksal aufgetragen. Denn eben dieser Schicksalsauftrag, weit davon entfernt, zufällig oder sekundär zu sein, gehört ja untrennbar, essentiell zum Phänomen der individuellen Größe. Das vitale Genie des Präsidenten Roosevelt wirkt schon deshalb imposanter und erstaunlicher als die sensitive Klugheit des Präsidenten Benesch, weil ja der Regent der Vereinigten Staaten – mächtigster Mann der Welt – es keineswegs nötig gehabt hätte, genial zu sein: ein Mann in solcher Stellung kann sich alles leisten, auch die Mittelmäßigkeit, wie das Beispiel manch eines mediocren Herrschers, in Amerika und anderwärts, nur zu deutlich beweist. Die außerordentliche Begabung F. D. R.s nimmt sich wie ein fürstlicher Luxus aus, während Benesch, immer gefährdet, von einer prekären Situation zur nächsten manövrierend, durchaus auf seine Talente angewiesen war.

„Wenn ich schläfrig oder schlampig wäre, was würde aus meiner armen kleinen Tschechoslowakei?“ Mit dieser rhetorischen Frage beantwortete er meinen Hinweis auf seine Umsicht, seine Wachsamkeit. Er verbreitete sich weiter über diesen Gegenstand, der ihn auf eine etwas wehmütige, vielleicht sogar ein klein wenig bittere Art zu amüsieren schien. „Die großen Herren dürfen Stümper sein“, erklärte er mit einem kurzen Lachen. „Aber um ein zahlenmäßig schwaches, von überlegenen Nachbarn ständig bedrohtes Volk zu regieren, dazu bedarf es einer gewissen Finesse.“ Seine Miene war schlau, und er blinzelte mir beinah schalkhaft zu, während er abschließend feststellte: „Unsereiner ist auf sein Köpfchen angewiesen." Es klang stolz, bei aller Bescheidenheit. Offenbar, er hoffte, daß Intelligenz und Takt genügen würden, die ihm anvertraute Nation vor neuer Heimsuchung, neuer Vergewaltigung zu bewahren.

Ein Optimist – Benesch war es wohl, auch in diesem Punkte Roosevelt ähnlich. Der Herr des Weißen Hauses und der Herr des Hradschin, beide blieben von gelassener, unerschütterlicher Zuversicht, auch bei scheinbar hoffnungsloser Lage. Weder der eine noch der andere zweifelte wohl jemals am Sieg der Sache, die ihm nun einmal, wiederum jenseits jeden Zweifels, als die richtige, gerechte galt. Täuschten sie sich, waren sie in einer Illusion befangen, die zwei weltklugen Moralisten und sittlich inspirierten Taktiker? Ihr Heldentum, ihre List, ihre Kalkulationen und Intuitionen, die Opfer, die sie brachten und verlangten, war alles umsonst? Sollte der ganze Aufwand sich als vergeblich erweisen? Der Sieg, an den Roosevelt und Benesch glaubten, was wurde denn aus ihm, als er endlich kam? Was sie am Schluß erlebten, war es überhaupt Sieg? *Ihr* Sieg? Oder war es nur trügerischer Triumph, in dem künftige Katastrophen sich schon ankündigten und vorbereiteten? Wußten sie dies in ihrer letzten Stunde – die beiden Sieger? Die beiden Optimisten, starben sie in Verzweiflung, als Gescheiterte?

Solche Fragen drängten sich uns wohl auf, angesichts einer Weltsituation, deren Düsterkeit jeden Hoffnungsstrahl und Glaubensschimmer gnadenlos verschlingt. Aber vielleicht – wer wagt es zu entscheiden? – sind wir noch blinder in unserer Verzweiflung, als jene es in ihrem Optimismus waren. Die menschliche Geschichte, rätselhaft, undeutbar, wie das tragisch mysteriöse Geschöpf, der Mensch, von dem sie geschaffen und durchlitten wird, kennt vielleicht weder Sieg noch Niederlage, weder Erfüllung noch Scheitern, sondern im Kampf und Opfer, ewig wiederholtes Spiel der Kräfte, ständige Bewegung – scheinbar ziellos oder doch ohne ein Ziel, das uns erkennbar wäre. Wer an diesem wunderlichen Prozesse teilnimmt mit vollem Einsatz aller seiner Kräfte, der hat doch wohl nicht ganz umsonst gelebt, auch wenn sein irdisch Werk hinfällig ist und scheint umsonst gewesen.

Umsonst? Darauf läuft es wohl stets hinaus in dieser chimärisch uneigentlichen, der Apokalypse verfallenen Welt. Umsonst? Dies Urteil gilt für alle unsere Taten. Was wir auch wollen oder leisten mögen, noch unser Glaube, noch das schönste Werk – es ist Sünde und Irrtum: In der dunklen Stunde, die auch die Stunde der Erleuchtung ist, wird diese Ahnung zur bittersten Gewißheit. Aber wenn nicht mehr gesündigt und geirrt, nicht mehr gehandelt würde, wäre das nicht noch schlimmer? Es wäre noch schlimmer, ungewiß, warum. Aus irgendeinem Grunde – unserer Einsicht durchaus entzogen, aber dennoch zwingend – bleiben wir zur vergeblichen Tat, zum „Umsonst" verpflichtet. Verhält es sich etwa so, daß wir handeln müssen, um die Fragwürdigkeit jeder Aktion immer wieder unter Beweis zu stellen?

... Ich hänge diesen Gedanken nach und bringe sie zu Papier, weil mir besinnlich und bewegt zumute wird bei der Erinnerung an eine Stunde in der Prager Burg. Der Mann mit den freundlich angeregten, gescheiten, freilich auch etwas überanstrengten, gespannten Zügen, der mir hinter dem breiten, schlichten Schreibtisch gegenübersaß, fühlte sich zum Handeln angehalten, bedurfte also wohl des Glaubens an die ethische Legitimität und praktische Erfolgsmöglichkeit seines Tuns. In fließend lebendiger, vielleicht gar zu logisch aufgebauter und daher leicht pedantisch wirkender Rede resümierte und analysierte er die Faktoren, von denen, seiner Ansicht nach, die internationale Situation um diese Zeit – im Frühling des Jahres 1937 – entscheidend beeinflußt wurde. Der Schluß, zu dem er kam, lautete kurz und bündig: „Wir schaffen es!" Die demokratische Seite, die Friedenspartei, zu der er natürlich nicht nur die Westmächte, sondern auch Rußland zählte, sei unvergleichlich stärker als die imperialistisch-fascistische Koalition. Hitler und seine Vasallen würden den Angriff nicht wagen. Der wohl-informierte, wachsame und kluge Mann am Schreibtisch schien fest davon überzeugt. „Es kommt nicht zum Kriege!" versprach er mir, die intelligente Miene freundlich erhellt, dabei ein wenig müde. Und, mit lehrerhaft erhobenem Zeigefinger: „Hören Sie meine Grinde!" In seiner böhmisch gefärbten Aussprache wurde das deutsche „ü" zum „i", eine Eigenheit, derer ich mich gerührt erinnere.

Er legte mir die „Grinde" dar, von denen keiner mir so recht stichhaltig scheinen wollte. Alles, was er zu sagen hatte, war vernünftig; alles war falsch, weil die Vernunft eben nicht Recht behält. Er war ein Optimist, und Optimisten irren. Aber die Pessimisten, irren die etwa nicht? Ich bin kaum geneigt, mir in so heikler Frage ein Urteil anzumaßen.

Mein Urteil ist von der menschlichen Sympathie und vom moralischen Instinkt her bestimmt, nicht von den zugleich grob pragmatischen und schillernd relativen oder wandelbaren Kategorien des „Falsch" und „Richtig". Der zu Irrtümern geneigte Dr. Eduard Benesch war, meinem gefühlten Urteil nach, ein guter Mann – der Besten einer, die ich kennen durfte. Ich bin stolz darauf, daß er mich seines Vertrauens würdigte und alle seine „Grinde" hören ließ, so wenig stichhaltig diese vielleicht auch waren.

Übrigens wußte er wohl im Grunde selbst, daß seine rationalistisch-optimistische Argumentation nicht auf gar zu festen Füßen stand. Zum Abschied – ich stand schon im Rahmen der offenen Tür: zwischen ihm und mir lag eine ziemlich weite Fläche spiegelnden Parketts – rief er, ein wenig überraschend: „Auf Wiedersehen! Und was auch geschehen mag, ich wünsche beste Nerven!" Wobei er mir vom Schreibtisch her flüchtig zuwinkte, als entfernte ich mich auf einem leichten Kahn und ließe ihn, den nicht mehr ganz Jungen (ja, er schien plötzlich beinah alt!) auf gefährlichem Posten zurück. „Beste Nerven" – ja, die brauchte man, um im Zeichen des Vulkans zu leben und gar auch noch produktiv zu bleiben. Wohin wir unsere Schritte wenden mochten – überall gemahnt uns das dumpfe Grollen an die Unabwendbarkeit, die Unentrinnbarkeit der Explosion.

Das ominöse Geräusch blieb mir sehr wohl vernehmlich, während ich den „Grinden" des Dr. Benesch lauschte; beim heiteren Gespräch mit Freunden, in Jazz-durchkreischter Bar, auf der geschäftig lauten oder nächtlich beruhigten Gasse, im Konzertsaal, am Arbeitstisch – immer die quälend monotone Begleitmusik, das warnende Gebrumm aus unheilschwangerer Tiefe. Wann kam der Ausbruch? Die Zeit bis dahin war nur Gnadenfrist.

„Auf Wiedersehen!" hatte Benesch, der Optimist, gesagt, ehe er mir „beste Nerven" wünschte. Auf Wiedersehen – Wo? Wann? Unter Verhältnissen welcher Art? Ich war, wie sich versteht, nicht taktlos genug, die Frage auszusprechen; aber er las sie wohl in meinem bangen Blick, als er – einsame Figur im prunkhaft weiten Raum – so melancholisch winkte. (Das Wiedersehen fand in Chicago statt. Von der Prager Burg wehte das Hakenkreuz.)

„Au revoir!" Auch Karel Čapek, repräsentativer Autor der tschechoslowakischen Republik, Freund und Biograph des Präsidenten Th. G. Masaryk, gebrauchte diese zuversichtliche Formel, als es nach herzlichem Beisammensein zum Abschied kam. – „Au revoir, cher ami. A bientôt!" Ich bemühte mich, meinerseits recht unbesorgt und flott zu klingen, was aber wohl nicht gar zu gut gelang. Das ferne Murren irritierte mich. Wie lange noch …? (Ich sollte den Urbanen, geistvollen und liebenswerten Mann nicht wiedersehen. Er starb, buchstäblich an gebrochenem Herzen, im Herbst des Jahres 1938, kurz nach dem Unheilstag von „München".)

Man nutzte die Gnadenfrist, so gut es gehen wollte. An den Aufenthalt im tragisch umschatteten und doch so tapfer hochgemuten Prag schloß sich ein etwas kürzerer in Budapest, wo ich eigentlich nichts zu suchen hatte. Es war Fascismus, nichts anderes, was ich in Ungarn an der Herrschaft fand; Horthy und Gömbösch unterschieden sich kaum wesentlich von ihren berühmteren Kollegen, Hitler und Mussolini. Aber irgendwie neigte man dazu, eben die Greuel, um deretwillen man Deutschland verlassen hatte und Italien mied, in Budapest nicht ganz ernst zu nehmen. Läßt solche Toleranz auf die essentielle Frivolität meines Charakters schließen oder erklärt sie sich vielleicht aus dem frivolen Charme, dem Operetten-Klima der ungarischen Kapitale? Wie dem auch sei, ich muß beschämt gestehen, mich im sozial rückständigen, korrupt und terroristisch regierten Budapest recht wohl unterhalten zu haben.

Es war eine lustige, belustigende Stadt, greller Balkan mit Resten alt-österreichischer Kultur; smarter Treffpunkt der internationalen Lebewelt, dabei nicht ohne provinziell-idyllische und ehrwürdig-pittoreske Züge; reich an Farben, reich an Gegensätzen, mit krasser Armut neben anrüchiger Eleganz, orientalisch wirkenden Bettlergestalten neben blendend zurechtgemachten Kokotten und Komtessen; ein erotischer Markt von bemerkenswerter Vielfalt und Qualität, ein sexuelles Angebot und Aufgebot, das den Vergleich mit dem Berlin der Inflationsepoche nicht zu scheuen brauchte. Es tat sich was auf den schönen Promenaden am Donaustrand, in den übertrieben schicken

Nachtlokalen, in den türkisch dekorierten Bädern, deren Dämmerung – geil gesättigt vom Dampf der heilsam-heißen Quellen – zur schamlos kollektiven Orgie lud.

Wer wollte da den Spielverderber machen? Nicht ich, dem diese Exzesse einer vulgär-kommerziellen und doch auch wieder großartig elementaren, im antik-asiatischen Stil hypertrophierten Sinnlichkeit durchaus sympathisch waren. Erfüllte, derb ausgelebte Unzucht, auch wo sie sich mit finanziellem Interesse kuppelt, erheitert mich als die einzig unschuldige oder doch relativ harmlose Manifestation unserer tierischen Komponente, die sich nun einmal nicht völlig sublimieren läßt: schon der jetzt erreichte, erzwungene Sublimierungsgrad verursacht in der Kultur ein Unbehagen, das nicht allein dem großen Freud zu denken gibt ...

Freilich, ich weiß – und war auch im frivolen Budapest nicht frivol genug, es je zu vergessen –: vom Animalischen, das ich gerne habe, ist's wohl nicht gar so weit zum Bestialischen, vor dem mir graut. Wenn es sich so verhält, daß die Triebbefriedigung von destruktiven Impulsen ablenkt oder diese ins Positiv-Libidinöse wandelt, so ist doch auch nicht zu leugnen, daß entfesselte Sexualität die fatale Neigung hat, ihrerseits ins Sadistisch-Zerstörerische auszuarten. Die Massenorgie, an der ich mein halb ironisch-bitterliches, halb süß-ordinäres Vergnügen finde, enthält in sich den Keim zum Massenmord; jeder Rausch ist potentieller Blutrausch, eine Konstatierung, mit der ich meine Eulogie der Wollust zwar nicht revozieren, aber doch schicklich modifizieren möchte.

Der Vulkan – ich hörte ihn, ich blieb in seinem Bannkreis, auch während ich im parfümierten Sumpf eines stark osteuropäisch oder schon außereuropäisch gefärbten Lustbetriebs Vergessen suchte. Vergessen, gibt es das? Die Problematik, von welcher unsere Zivilisation zerrissen wird, bleibt immer gegenwärtig, reicht überall hin, umfaßt unser ganzes komplexes, unteilbares Sein. Über Ursprung und Charakter der permanent-akuten Krise, durch die wir gehen, weiß der einseitig-geniale Freud ebensoviel und ebenso Ungenügendes auszusagen wie der einseitig-geniale Marx, was bedeuten will, daß die Wurzeln unserer Bedrängnis gleichzeitig in individueller und sozialer, erotischer und ökonomischer Sphäre zu suchen sind. Die rebellische Libido ist nicht weniger explosiv als der revolutionäre Klassenkampf; die traumesdunkle Mahnung, der kryptische Protest aus den Tiefen des persönlichen Unterbewußtseins vermischt sich mit dem Grollen aus anderer Unterwelt – der gesellschaftlichen.

Vergessen? Dem geistig wachen Menschen ist es wohl nicht vergönnt, im türkisch dekorierten Hurenbad so wenig wie an würdigerem Orte. Übrigens will ich mein Interesse an der Hurerei nicht übertreiben, wie gewisse „Bekenner" es zuweilen mit prahlerischer Zerknirschung tun. Was mich betrifft, so kann von sündigen Exzessen ebensowenig die Rede sein wie von den dazugehörigen Reue-Paroxysmen; schon deshalb nicht, weil ich, bei allem Wissen um die unterschwelligen Zusammenhänge zwischen Geschlechts- und Zerstörungstrieb, auch das ausgiebigste Vergnügen weder als

„exzessiv“ noch als „sündig“ empfinde: weshalb ich denn aus meinen oft etwas wahllosen Umarmungen keineswegs mit einem christlichen Katzenjammer zu erwachen pflege, sondern vielmehr (wenn es eine nette Umarmung war) in heidnisch guter Laune. Aber ein von solchen Späßen völlig ausgefülltes und beherrschtes Leben wäre mir kaum gemäß, und ich habe es denn auch niemals ausprobiert, nicht einmal vorübergehend, auf Ferienbesuch in einem Operetten-Babel.

Übrigens war das Budapest dieser Epoche beileibe nicht nur ein verbuhlter Pfuhl, sondern hatte auch Reize und Anregungen sehr anderer Art zu bieten. Die Horthy-Diktatur – im Prinzip und ihrem Wesen nach ebenso geistfeindlich wie jedes andere fascistische Regime – bewies bei der „Gleichschaltung“, will sagen: Vergewaltigung des intellektuellen Lebens doch nicht die mörderische Konsequenz und Umsicht, mit der etwa der Hitler-Staat zu Werke ging. Im Ungarn von 1937 konnte ein liberal gesinnter Humanist und Kosmopolit wie Baron Ludwig Hatvany immerhin halbwegs ungestört leben und sich sogar, bei einiger Behutsamkeit, literarisch betätigen. Seine Lage, sehr ähnlich jener, die Benedetto Croce so lange im Italien Mussolinis auszuhalten hatte, blieb freilich beängstigend prekär und konnte jederzeit bedrohlich werden.

Hatvany kannte die fascistischen Justizmethoden. Glühender Patriot bei aller Voltaire-Skepsis und internationalen Umgetriebenheit, hatte er das Exil – ein vergleichsweise komfortables Exil, mit reichlich Geld, im vor-hitlerschen Europa – unerträglich gefunden und war freiwillig in die Heimat zurückgekehrt: nicht ohne sich vorher die völlige Unbedenklichkeit eines solchen Schrittes von offizieller ungarischer Seite feierlich garantieren zu lassen. Garantie oder nicht, Hatvany wurde verhaftet, kaum daß er den geliebten magyarischen Boden betreten hatte. Wahrscheinlich wäre er bis zu seinem Lebensende im Loch geblieben, hätte nicht eine damals noch empfindliche und einflußreiche öffentliche Meinung in Deutschland, Frankreich, Österreich und anderen Ländern sich energisch für ihn eingesetzt. Die Proteste ausländischer Prominenz machten Eindruck: Horthy und seine Bande begnügten sich in schöner Mäßigung mit einer teilweisen Konfiskation des Hatvanyschen Vermögens; der ausgeplünderte, aber noch immer nicht arme Baron ward aus der Haft entlassen.

Ich war sein Gast während meines Budapester Aufenthaltes. In dem nobel-schlichten Palais, das er im alten Buda bewohnte, ging es angeregt und gesellig zu; eine intellektuelle und gesellschaftliche Betriebsamkeit, die durch einen gewissen Stich ins Heimlich-Konspiratorische erst recht pikant, aber auch leicht gespenstisch wurde. Die sehr junge Gattin des politisch anrüchigen Grandseigneurs stammte ihrerseits aus schwer kompromittiertem Hause: ihr Vater, ein sozialistischer Abgeordneter, war von den „weißen“ Terroristen ermordet worden. Eine der früheren Gemahlinnen des wiederholt verehelichten, reizvoller Weiblichkeit überhaupt sehr zugetanen Barons – meine alte Freundin Christa Hatvany-Winsloe – hatte sich mit ihrem antimilitaristischen, antipreußischen Erfolgsstück „Mädchen in Uniform“ mißliebig gemacht: was aber die Hatvanys nicht hinderte, sie weiterhin herzlichst bei sich zu empfangen. Es war lauter suspektes Volk, aufsässiges Gesindel, potentielle oder aktive "résistance", was sich in diesem äußerlich so respektabel-opulenten Rahmen zusammenfand. Beim Abendessen sprach man vom Wetter; zwar galt der Butler als vertrauenswürdig, aber Vorsicht blieb doch geraten. Nach Tisch, im Rauchsalon, ließ man die Maske fallen und raunte Ketzerisches; Verschwörer unter sich, Rebellen im korrekten Abendanzug, ein isoliertes Fähnlein aufrechter, wenngleich etwas verschreckter Freiheitskämpfer.

Eine „Innere Emigration" – im Hause meines Freundes Hatvany habe ich erfahren, daß es dergleichen gibt. Man befand sich dort in einer Oase der Geistesfreiheit und des Widerstandes, mitten im Machtbereich des totalitär-autoritären Staates. Wie rührend! Wie imposant! Eine kleine Gruppe von machtlosen Intellektuellen – Schriftstellern und Gelehrten, Bohémiens und Aristokraten –, wagte es, dem allmächtigen Regime Opposition zu machen. Vielleicht kam nichts dabei heraus als ein diskret-riskantes Getuschel im Rauchsalon. Aber das war doch etwas! Ob auch in Deutschland so getuschelt wurde? Fanden sie sich auch dort, die behutsam verwegenen, ängstlich streitbaren Feinde der Tyrannis? Die „Innere Emigration", mit der ich in Ungarn in Berührung kam und von deren Vorhandensein in Italien man mir berichtete, hatte sie ihre Vertreter auch in der unbetretbaren Zone, dem verlorenen Vaterland?

Übrigens war das Palais Hatvany keineswegs nur Treffpunkt magyarischer Konspiratoren; man begegnete dort auch harmlos-mondänem Volk aus aller Herren Länder. Die mir wichtigste und liebste Bekanntschaft, die ich diesem gastlichen Haus verdanke, ist die mit einem jungen Amerikaner irischer Abkunft: Thomas Quinn Curtiss – damals erst zwanzigjährig – hat sich seither in seinem Lande einen Namen als kritischer Schriftsteller, besonders als Theaterkritiker gemacht. Zur Zeit unserer Begegnung lag sein Interesse vor allem auf dem Gebiet des experimentell-avantgardistischen Films. In Moskau war er mit dieser Sphäre als Schüler und Assistent des großen Sergey Eisenstein in Kontakt gekommen. Noch mehr als diesen bewunderte er den österreichisch-amerikanischen Regisseur und Charakterspieler Erich von Stroheim. Curtiss träumte davon, in Budapest einen grotesken Film à la Stroheim herzustellen, eine Art von Operettenparodie voll Kitsch, Satire, Ironie und psychoanalytischer Bedeutung.

Der neue Freund erinnerte mich an einen anderen, den ich verloren hatte. Die kühne Kurve dieser Augenbrauen und der Blick darunter, kindlich geweitet, aufgerissen wie in ständiger Panik oder in stetem Entzücken; all diesem begegnete ich nicht zum erstenmal. Ich kannte die Formung dieser Wangenknochen, dies wilde Haar, diesen etwas zu weichen, etwas zu dicken Mund, den ein heftiges, ja desparates Mitteilungsbedürfnis zu überraschend hurtiger Bewegung zwang. Genau so, oder doch sehr ähnlich, hatte der Erste, Eigentliche, René Crevel, mich angeschaut und zu mir gesprochen.

Das Leben – es besteht aus lauter Seltsamkeit! Je länger ich es kenne, desto geheimnisvoller wird es mir. Freilich, Überraschungen, Neuigkeiten kommen in meinen Jahren kaum noch vor; die Abenteuer wiederholen sich, auf anderer Ebene, unter neuen Zeichen; alles läuft schließlich auf Variation hinaus. Aber wie trivial ist doch der Schock-Effekt der Novität, verglichen mit dem Zauber des geistreich abgewandelten „Noch-Einmal", des erinnerungsbeladenen „Immer-Wieder"! Psychologen sprechen wohl vom *"déjà-vue"*-Gefühl, ein Terminus, mit dem sich, wie mir scheint, beinah alle wesentlichen Eindrücke und Emotionen unserer Reifezeit charakterisieren ließen. Der jugendliche Mensch, dem beim Anblick einer fremden Landschaft oder inmitten einer für ihn tatsächlich noch nie dagewesenen Situation plötzlich zumute wird, als habe er dies alles schon einmal gesehen und mitgemacht, unterliegt wohl einer nervös bedingten Täuschung, oder aber er ahnt Zusammenhänge, die unserem Verstand nicht faßbar sind. Wer aber im Wirklichen (oder doch in der Sphäre, die wir „wirklich" nennen) schon ziemlich viel mitgemacht und gesehen hat, den überkommt vor mancher Szenerie und manchem Antlitz das *"déjà-vue"*-Gefühl, ohne daß krankhafte Kaprice oder okkulte Intuition dabei im Spiele wäre.

Man wird älter, ist nicht mehr ganz jung und bemerkt eines Tages, daß man nun „alles kennt"; im Lauf von drei Jahrzehnten absolviert ein Individuum die ganze Skala der ihm adäquaten Erlebnismöglichkeiten. Und dann? Wie geht es weiter? Es geht nicht weiter: es fängt wieder an: das ganze Stück *da capo*, noch einmal, immer wieder ... Jede Lebensstufe ist variierte Repetition der vorangegangenen.

So stellen auch die hingegangenen Freunde sich wieder ein. Ungefähr ein Jahr nach Rickis Tod hatte ich Landshoff kennengelernt, keine Kopie des Ersten, Eigentlichen, aber ihm doch auf rührende Art verwandt. Und nun, noch nicht ganz zwei Jahre nach Renés jähem Abschied, kam dieser junge Curtiss. Ich erkannte den Blick, die Stimme. Es war ein Wiedersehen.

Freilich, die Variation bringt eigene Motive. Curtiss war nicht Crevel, weniger begnadet, weniger verflucht, lebensfähiger, gesünder als dieser. René hatte, als ich ihm in Paris begegnete, schon viel gelitten, wußte sich krank und wollte vielleicht schon sterben. Er war älter als ich. Der Bewunderte konnte mich vieles lehren, auch den Mut zur Verzweiflung. Im Verhältnis zu Curtiss fiel mir die Rolle des Gebenden, Lehrenden zu. Er war der Jüngere, nicht nur den Jahren nach, sondern auch als Produkt einer jungen, unreif-dynamischen Zivilisation: der amerikanischen. Meine längere Lebenserfahrung und europäische Bildung gaben mir ihm gegenüber eine gewisse Überlegenheit, die allerdings durch seine größere Vitalität, sein Temperament, seinen Charme mehr als aufgewogen wurde.

Wir reisten zusammen; ich zeigte ihm die mannigfachen Stationen meines europäischen Wanderlebens: das temporäre Elternhaus in Küsnacht am Zürichsee (mir lag daran, den neuen Gefährten der Familie vorzuführen); die alten Graubündner

Bauernstuben in Sils-Baseglia, wo unser „Schweizerkind", die treue, schöne Annemarie S., mit ein paar Freunden – der Giehse, Erika – sommerlich residierte; die vertrauten Grachten von Amsterdam, ein paar Pariser Straßen, die alten Lieblingsorte an der azurenen Küste: Villefranche, Cannes, Toulon, Sanary.

Es war ein guter Sommer, ungeachtet der apokalyptischen Drohung, an die jedes politische Gespräch, jede Zeitungslektüre grausam erinnerte. Seltsamer, paradoxer Weise bringen wir es fertig, glücklich zu sein, auch im Schatten der Drohung. Ich war glücklich.

War ich es? Die Erzählung, die ich in jenem Sommer schrieb (den größten Teil davon in Annemaries Engadiner Heim) klingt nicht eben übermütig. „Vergittertes Fenster" handelt vom Tod eines Menschen oder eigentlich von seinem Willen zum Tod, seiner Flucht ins Dunkel. Der tragische Held, den ich mir diesmal wählte, war König Ludwig II. von Bayern, nicht der gelockte Märchenprinz und pittoreske Lohengrin, der von seinem Volk vergöttert ward und dem die Pariser Symbolisten lyrisch huldigten; sondern der Gezeichnete, Verlorene, das Opfer gemeiner Kabale und eigener Hybris, der Psychopath, der Märtyrer, ein Leidensfürst, dem späten Oscar Wilde ähnlicher als einem Wagner-Heros: schon etwas angefault, schon entstellt, mit schlechten Zähnen und gedunsenen Lippen, bei freilich schön-gebliebenem Blick und immer noch sehr majestätischer Gebärde. Diesen also beschrieb ich, seine Erinnerungen (wobei der Lohengrin-Glanz immerhin retrospektiv beschworen werden durfte), seine letzten Ekstasen, seine Würde im Untergang, seine Hellsicht in paranoischer Verfinsterung.

Wenn es auch keine übermütige Geschichte ist, von einer gewissen kecken Degagiertheit, dem Übermut nicht fern, scheint mir die wunderliche Stoffwahl doch zu zeugen. Denn etwas Wunderliches hat es doch, wenn ein Autor, der seine politisch-moralische Verpflichtung kennt und anerkennt, sich plötzlich eine solche Eskapade leistet, einen munteren Ausflug ins Melancholisch-Ästhetizistische, ins liebe, alte, traulich-morbide Märchenland. *Escapism*, das gestrenge Wort, mit dem eine puritanisch-progressive angelsächsische Literaturkritik vielleicht etwas zu häufig operiert, erscheint hier einmal wirklich angebracht. „Vergittertes Fenster" bedeutet in der Tat einen moralisch fragwürdigen (wenn auch, wie mir scheint, künstlerisch nicht ganz reizlosen) Versuch, hinter die Schule zu laufen.

Und was war es, das mich zu meinem übermütig-schwermütigen kleinen Wagnis inspirierte? Das Glück, flüchtigste der Illusionen, die aber doch real, das einzig Reale ist, solange sie eben dauert.

Die vom Glück inspirierte Novelle um den Tod des unglücklichen Königs ist meinem Freund Thomas Quinn Curtiss zugeeignet.

Übrigens war es nur ein kurzer Urlaub, den ich mir gönnte. Dem Feriensommer folgte eine Herbst- und Wintersaison voll anstrengender Pflicht. Im September ging es zurück nach Amerika, wo mein tüchtiger Impresario eine überraschend ausgedehnte Vortragstournée für mich arrangiert hatte. Ich sprach über Deutschland: die deutsche Gefahr, die deutsche Tragödie, das deutsche Rätsel, die deutsche Zukunft. Manchmal war meine Rede trockener Tatsachenbericht, manchmal analytischer Kommentar oder rhetorisches Manifest; bei wieder anderen Gelegenheiten mischte ich mein düsteres Material mit Persönlich-Anekdotischem und präsentierte ein Stück Zeitgeschichte als Erlebnisreferat, als „personal history“: „Wie ich es sah ... Wie wir es erlebten ...“

Dies hatte Erfolg. Je persönlicher, desto besser! In meinem Vortrag „A Family against a Dictatorship“ gab es heitere, auch sentimentale Stellen, um derentwillen die leichtgerührten, leicht-amüsierten „lecture“-Auditorien mir mancherlei verziehen: sogar den Ernst meiner Warnung. In vielen Städten und Städtchen zwischen New York und Los Angeles, zwischen Beverly Hills und Brooklyn wollte man etwas hören über diese gemütliche, dabei streitbare „German family“, die sich da, drollig-verwegener, etwas närrischer Weise, auf den ungleichen Kampf mit einer bösen, großen Diktatur eingelassen hatte. Ich sang meine „Family“-Arie vor den „Rotariern“ in Baltimore, den „Schlaraffen“ in Chicago, den „Elchen“ in Kalamazoo (so etwas gibt es!); die Damen von San Francisco zeigten sich ebenso gefesselt und gerührt wie die Studenten der „University of Ohio“, die feinen jungen Mädchen des „Smith College“ und die politisch interessierten Neger des New Yorker Harlem Distrikts. Ich darf mich rühmen, die Honoratioren der Stadt Richmond im Staat Virginia von Hitlers Garstigkeit überzeugt zu haben, während ich den Juden in Philadelphia, Detroit, Kansas City und andren Zentren nur bestätigte, was ihnen vorher schon bekannt gewesen: daß Antisemitismus keinen Segen bringt, sondern lauter „Zores“, „trouble“ und Unannehmlichkeit. (Wobei ich allerdings hinzuzufügen pflegte, daß die absolute Infamie der Nazis nicht etwa Folge ihres Antisemitismus sei; vielmehr möge man, wie ich gerade in jüdischem Milieu gern betonte, den Antisemitismus als eine der Konsequenzen und Manifestationen der absoluten Infamie verstehen, die übrigens in ihren sämtlichen Erscheinungsformen gleich degoutant und gleich gefährlich bleibe.)

Die Lebensform des „lecturer's“ hat ihre Reize, aber auch ihre Schattenseiten. Gewiß, man kommt herum, sieht Land und Leute, lernt mancherlei, oft ist es unterhaltend. Oft auch nicht! Die monotone Ruhelosigkeit kann lähmend wirken. Ist dies noch Bewegung? Es scheint Stagnation. Nichts verändert sich. Immer, überall die gleichen Reaktionen, Stimmen, Mienen, Phrasen! Der Pullman-Wagen, der dich von Seattle nach Denver bringt, könnte dich auch von Omaha nach Cincinnati tragen, derselbe Geruch, derselbe Lärm, derselbe alte Herr, der mit dir plaudern möchte, derselbe Neger, der dir das Bett macht und den Mantel bürstet. Das Hotel in Boston gleicht dem in Washington. Beim Dinner in Philadelphia setzt man dir wieder das zähe Huhn mit viel zu großen, viel zu grünen Erbsen vor, das du beim Lunch in Newark stehen ließest. (Nachher gibt es Apfelkuchen mit Käse oder Apfelkuchen mit Vanille-Eis, letzterer *Apple Pie à la mode* genannt.) Der joviale Mr. L. B. Smith, der vor deiner „lecture“ in Saltlake City als “chairman“ (Versammlungsleiter) figuriert, ist gewiß ein Vetter, jedenfalls ein Doppelgänger des jovialen Mr. R. P. Brown, von dem du in Buffalo (oder war es in Joplin?) dem Publikum vorgestellt wurdest. Soigniertes Grauhaar, Zwicker, rosiger Teint, Phantasiekrawatte, Akzent, Gebärde, Lächeln, alles haben die zwei gemeinsam; übrigens sind beide gewiß mit Mr. Brooks in Little Rock verwandt: der sprach genau so, sah genau so aus. Brooks und Brown sprachen freilich meinen Namen ungeniert amerikanisch aus: „Ladies and gentlemen! It is my privilege to introduce to you Mr. Kloos Mähn, the distinguished son of a distinguished father ...“ Smith hingegen präsentiert mich, originellerweise, als „Mr. Klaas Monn“, was er für „German pronunciation“ hält ...

So verging mir der Winter 1937/38.

Man wird älter, ist nicht mehr ganz jung und siehe da, die Zeit beschleunigt sich. Ein Jahr, das war doch einmal eine große Sache! Und jetzt? Kaum hat es angefangen, ist's auch schon wieder aus. So hatten also die Erwachsenen recht ...

Die Erwachsenen warnten das Kind, dem drei Wochen, zwei Monate unabsehbar schienen. „Warte nur!“ sprachen die Erwachsenen mit ernster Miene. „Paß nur auf! Je älter man wird, desto schneller vergeht die Zeit. Immer geschwinder, paß nur auf! warte nur!, immer rapider geht's dem Grabe zu ...“

Erwachsenen-Geschwätz, wichtigtuerisches Gerede, man zuckte die Achseln, grinste hinterm Rücken des Kinderfräuleins, der Omama, des Herrn Oberlehrers. Und nun – welche Überraschung! – stellt sich heraus, daß die Erwachsenen ausnahmsweise nicht gelogen haben. Je älter man wird – es ist wahr, ich bezeuge es – desto schneller vergeht die Zeit: dem Grabe zu, immer flüchtiger, immer wesenloser.

Wenn wir besser lebten, mehr in Einklang mit dem mütterlichen All, vielleicht wären uns die Tage, die Jahreszeiten haltbarer, solider, *wirklicher*. „O Seligkeit der *kleinen* Kreatur, – die immer *bleibt* im Schoße, der sie austrug ...“ Rainer Maria Rilke, dessen späte Gedankenlyrik mich so oft mit Trost und Rat versorgt, wußte mehr als irgendein anderer von diesem Glück pflanzenhaften Eingefügtseins, vom verlorenen Paradies des „reinen Raums“, „in den die Blumen unendlich aufgehn“ und dem auch die Mücke, „ *kleine* Kreatur“, noch zugehörig bleibt. Schon der Vogel aber – tragisch-bewußtes, problematisch-unabhängiges Geschöpf, ein Hamlet fast, im Vergleich zur selig eingeordneten Rose – hat keinen ganzen Frieden mehr, nur „halbe Sicherheit“. Und wir?

> Und wir, Zuschauer, immer, überall,
> dem allen zugewandt und nie hinaus!
> Uns überfüllt's. Wir ordnen's. Es zerfällt.
> Wir ordnen's wieder und zerfallen selbst.

Wir ordnen's, jeder auf seine Art, nach seinem Auftrag. Ich muß schreiben. Vielleicht würde ich lieber malen oder tanzen oder Tulpen züchten; aber man hat keine Wahl. Übrigens darf man sich sagen, daß die literarische Form des „Ordnens“ nicht sinnloser und nicht weniger notwendig ist als irgendeine andre. Das Manuskript, an dem ich emsig tippe, vergilbt, verblaßt, zerfällt; aber was wird aus der Statue, dem Blumenbeet, dem Flugzeug, der Kathedrale?

Zur vergeblichen Tat, zum „Umsonst“ verpflichtet, tue ich Dienst an der Schreibmaschine. Seiten füllen sich mit schwarzen Zeichen; die Lade füllt sich mit beschriebenen Seiten. Es wird ein Roman, zum Verfall bestimmt, noch weniger haltbar als der Dom aus bröckligem Gestein, der fragile Propeller, der pflegebedürftige, von Unkraut und Sturm bedrohte Gartenweg. Mein Buch, solange es da ist, heißt „Der Vulkan: Roman unter Emigranten“.

Das Exil hat lange gedauert, länger als erwartet oder für möglich gehalten. Auf irgendeine Art dürfte es demnächst zum Abschluß kommen; entweder das deutsche Volk macht Revolution (eine Hoffnung, von der wir unverständiger, eigensinniger Weise noch immer nicht lassen wollen) oder Hitler macht Krieg. Das apokalyptische Grollen kommt immer näher; die Zeichen mehren sich. In Spanien wird gekämpft, *unser* Kampf: die relativ Braven, Zukunftswilligen und Aufgeweckten gegen die durchaus Finsteren, völlig Bösen. Es ist der Prolog zur Schicksalstragödie, die bald in Szene gehen soll. Oder spielt man in Spanien schon den ersten Akt?

Jedenfalls drängt die Zeit; sie vergeht so hurtig, wenn man älter wird und übrigens in ständiger Erwartung lebt. Der Heimatlose, Entwurzelte, der immer wartet – auf das Wunder der Heimkehr? auf die Katastrophe? –, neigt wohl dazu, sein Dasein als ein Provisorium aufzufassen; die Wanderjahre, die Wartejahre haben für ihn kein Gewicht, er nimmt sie nicht voll. Und doch, wie schwer sie wiegt, wie sie sich mit Erlebnis füllt, diese zu-leicht-befundene, nicht-voll-genommene Zeit! Die Überfülle der Eindrücke und Probleme will geordnet sein, ehe wir selbst zerfallen.

Ich sitze in einem New Yorker Hotelzimmer und bemühe mich, das wirre, reiche, trübe Exil-Erlebnis in epische Form zu bringen. Erinnertes und Geahntes, Traum und Gedanke, Einsicht und Gefühl, der Todestrieb, die Wollust und der Kampf (Kampf, physische Gewalt, Mord und Opfer als paradox-desperate Konsequenz moralischer Entscheidung), Musik und Dialektik, die Entwurzelungsneurose, das Heimweh als Geißel und Stimulans, befreundete Gesichter und geliebte Stimmen, Landschaften meines Lebens (Paris, Prag, Zürich, Amsterdam, das Engadin, New York, die Insel Mallorca, Wien, die Côte d'Azur), die Fratze der Infamie, die Glorie des Erbarmens (warum keine Engel, da es Teufel gibt?), viele Formen der Flucht, des *Escapism* (tödlicher Balsam des Opiats! Ekstase und Qual der Sucht!), viele Formen des Heroismus (Spanien! Und wußte man nicht auch von Beispielen des Heldentums im Dritten Reich?), Begegnungen, Abschiede, Ängste, Einsamkeit, Umarmung und Empfängnis, die Geburt eines Kindes, und wieder

Kampf, und wieder Abschied, wieder Einsamkeit, das Pathos des „Umsonst“, der Entschluß zum „Trotzdem“: all dies galt es erzählerisch zu arrangieren, hineinzuweben in den wortreichen Teppich. Nicht fehlen durfte dem Ganzen die düsterfahle Farbe der Gefahr, schwefliger Reflex nahender Feuerbrände, phosphoreszierende Aura des Verhängnisses.

Komplexes Gespinst! Ehrgeiziges Unterfangen! Es würde meine umfangreichste Arbeit werden, auch meine beste, wie ich mir von mir selbst versprechen ließ. Ich schrieb mit Eifer, freilich auch mit Zweifeln. „Für wen schreibe ich?“ Die Frage blieb mir immer gegenwärtig. „Diese Chronik der vielen Verirrungen und Wanderungen – wer wird sie lesen? Wer wird Anteil nehmen? Wo ist die Gemeinschaft, an die ich mich wenden könnte ... Unser Ruf geht ins Ungewisse – oder stürzt er gar ins Leere? Bleibt ein Echo aus? Irgendetwas wie ein Echo erwarten wir doch und sei es auch nur ein undeutliches, weit entferntes. Ganz stumm darf es nicht bleiben, wo so heftig gerufen wurde.“

Es blieb stumm – oder doch beinahe. Meine umfangreichste Arbeit, vielleicht meine beste – „Der Vulkan: Roman unter Emigranten“ – erschien im Sommer des Jahres 1939, einige Wochen vor Ausbruch des zweiten Weltkrieges. Die Eruption des wirklichen Vulkans übertönte meine stillere Botschaft. Wer hat sie gehört? (Unter den wenigen Äußerungen zu diesem Buch, die ich bewahre, ist mir die kostbarste ein sehr schöner Brief meines Vaters.) Wer wird sie noch hören?

„Für wen schreibe ich?“ Diesmal bin nicht ich es, der seufzt, oder ich seufze doch mit fremdem Atem. Eine meiner Romanfiguren, der junge Emigrant Martin Korella, brütet über dem Emigrantenroman, den ich ihn schreiben lasse und den er übrigens nie vollenden wird. Es ist still im Zimmer. Der Geliebte, Kikjou heißt er, schläft: Nach den langen Gesprächen und den Liebkosungen ohne Ende sind ihm endlich doch die Augen zugefallen. Schon lichtet sich die Dunkelheit hinter dem großen Atelierfenster. Die Dunkelheit erbleicht, wird fahl, hellgraue Töne mischen sich in die Schatten; der neue Tag kommt wohl bald. Die Stunde der Dämmerung ist Martins beste. Er schreibt:

„Für wen schreibe ich? Immer haben Dichter sorgenvoll darüber nachgedacht. Und wenn sie es gar nicht wußten, dann haben sie wohl – hochmütig und resigniert, stolz und verzweifelt – behauptet: Für die Kommenden! Nicht euch, den Zeitgenossen, gehört unser Wort; es gehört der Zukunft, den noch ungeborenen Geschlechtern.

Ach, was weiß man aber von den Kommenden? Welches werden ihre Spiele, ihre Sorgen sein? Wie fremd sind sie uns! Wir wissen nicht, was sie lieben, was sie hassen werden. Trotzdem sind sie es, an die wir uns wenden müssen.

Die Horizonte unseres Daseins sind verfinstert. Die drohend geballten Wolken künden schon lange das Gewitter an. Es könnte ein Gewitter ohnegleichen werden. Die Katastrophen aber sind kein Dauerzustand. Die Himmel, die wir heute so tief verschattet sehen, erhellen sich wohl wieder. Werden wir, die wir jetzt kämpfen und leiden, von diesem neuen Licht noch beschienen werden?

Es sind andere unterwegs: jüngere Kameraden, jüngere Brüder – wir hören schon ihren leichten Schritt. Denken wir an diese, wenn wir ermüden wollen! Lieben wir die noch Namenlosen! Ihre Stirnen sind noch blank von einer Unschuld, die wir längst verloren. Unsere jungen Brüder sollen nicht schuldig werden, wie unsere Väter und wie wir es gewesen sind. Sie sollen sich freier entwickeln, besser und schöner, kühner und frommer, klüger und sanfter werden dürfen, als es uns gestattet war.

Das Lächeln der flüchtigen, zerstreuten Dankbarkeit, mit der die jüngeren Kameraden unser vielleicht gedenken werden, muß des Lohnes genug für uns sein. Irgendwo werden sie, von denen wir uns so gerne vorstellen, daß sie glücklicher sind als wir, auf Spuren stoßen, die von unseren Leiden und Kämpfen zeugen: diesen Leiden und Kämpfen, die uns heute ganz in Anspruch nehmen, von deren Gewicht und Bitterkeit jenen Knaben aber wahrscheinlich die Vorstellung fehlen wird. Dann werden sie, für eine ganz kurze Weile, innehalten in ihren Spielen und in ihrem Werk. Ein paar gerührte Sekunden lang beschattet Nachdenklichkeit ihre Stirn, einer Wolke gleich, die schnell vorüber ist. Sie blättern, nicht ohne Mitleid und vielleicht nicht ganz ohne Achtung, in dieser Chronik von den vielen Wanderungen und den vielen Fragen. Dann kommt ihnen wohl eine Ahnung, was von uns gesündigt und bereut, durchkämpft, gelitten worden ist – und wir sind nicht vergessen."

Keines meiner anderen Bücher hat mich so lange beschäftigt wie „Der Vulkan"; die Arbeit, Herbst 1937 begonnen, wurde erst anderthalb Jahre später, Frühling 1939, zum Abschluß gebracht. Freilich gab es dazwischen mancherlei Nebenpflichten, nicht nur die obligaten „lectures" und Artikel, sondern auch eine Ablenkung größeren Formats. Houghton Mifflin Company, Boston – eines der angesehensten amerikanischen Verlagshäuser – bestellte sich bei Erika und mir ein möglichst umfassendes, möglichst informatives Buch über die künstlerischen, wissenschaftlichen und politischen Repräsentanten der deutschen Emigration, eine Art von „Who's Who in Exile": Lebensabrisse, Charaktersketche, dazu Intim-Anekdotisches, wohl auch Kritik oder doch wertende Analyse. Was dabei herauskam, war ein stattlicher Band mit dem etwas euphemistischen Titel „Escape to Life", 375 Seiten, reich illustriert, opulent ausgestattet; übrigens recht erfolgreich. Die erste Photographie zeigt Professor Einstein im weißen Leinenanzug auf dem „Observation Roof" des Rockefeller Center. Gleich gegenüber, auf der Titelseite, steht als Motto ein Satz von Dorothy Thompson: „Practically everybody who in world opinion had stood for what was currently called German culture prior to 1933 is now a refugee."

Es waren ihrer viele, die wir zu introduzieren und charakterisieren hatten: Romanciers, Poeten und Dramatiker, Komponisten und Virtuosen, Maler und Mediziner, Philosophen und Physiker, Schauspieler, Sänger, Regisseure, Journalisten, frühere Reichskanzler, frühere Minister. Der „Waschzettel", mit dem die Houghton Mifflin Company unser Kompendium schmückte, übertrieb wohl kaum, wenn er dem Leser „the story of a migration unparalleled in history" verhieß – „the story of Albert Einstein and Thomas Mann; of Brüning, Max Reinhardt, Arnold Schönberg, and Ernst Toller; of George Grosz, Lotte Lehmann, Luise Rainer, Bruno Frank, and Lion Feuchtwanger; of Albert Bassermann, Siegmund Freud, Stefan and Arnold Zweig, Bruno Walter, Elisabeth Bergner, and Remarque. Not to mention scores of others."

„Scores of others" ... Viele von ihnen saßen noch in der Schweiz, in Frankreich, Holland, England, Skandinavien, in der bedrohten Tschechoslowakei, sogar in fascistischen Ländern wie Italien, Ungarn, Portugal. Aber je zugespitzter die Situation in Europa wurde, desto mehr Exilanten, berühmte und unberühmte, drängten nach Amerika. Um die Jahreswende 1937/38 war New York schon das wichtigste Zentrum der ausgebürgerten deutschen „intelligentsia".

Im Hotel Bedford, sehr zentral gelegen: in der vergleichsweise stillen vierzigsten Straße, zwischen der geschäftigen Lexington- und der fashionablen Park Avenue, wimmelte es von Schicksalsgenossen, fast wie früher in gewissen Cafés von Zürich und Paris. Erika und ich gehörten zu den „Bedford"-Habitués. Während wir in unserem „apartment" an „Escape to Life" werkelten, trafen sich die im Buch geschilderten Personen, oder doch manche von ihnen, unten in der Bar zur „cocktail party".

Wer ist dabei? Unser Freund Martin Gumpert, Arzt, Dichter, Biograph, Erzähler; ein sehr ruhiger Mann mit runder Buddha-Miene, kleinem Mund und dunklen, starken Augen. Im Blick verrät sich eine Leidenschaft, von der die stoische Fassade sonst nichts merken ließe. Eben deshalb wirkt die Ruhe so suggestiv: sie ist beherrschtes Temperament, diszipliniertes Feuer, nicht Apathie oder Kälte. Die charakteristische Gelassenheit des Dichter-Arztes, der nicht erschrecken kann, soll demnächst episch verewigt werden, nicht von Gumpert selbst, sondern vom Autor der „Joseph"-Tetralogie, in deren letztem Band eine würdig-wohlwollende Figur namens Mai-Sachme unverkennbar die Züge unseres guten Freundes trägt. Was dessen eigene Produktion betrifft, so mag auch hier das Element wohlwollend-würdiger Vernunft und humaner Mäßigung dominierend erscheinen. Indessen gibt es in diesem Oeuvre Augenblicke des stolzen Fluges, Momente von echter Inspiration und heftiger Bewegtheit. Die versteckte Glut des gar zu ruhigen Mannes darf manchmal Flamme werden, sprachlich gebändigt, künstlerisch gereinigt. In einigen Gedichten und, eindrucksvoller noch, im ersten Roman des Fünfzigjährigen, „Der Geburtstag", ist ein Leuchten.

Schon fünfzig? Wieder einmal dies unverantwortlich-ungeduldige Vorwegnehmen, welches dem Chronisten so übel ansteht, besonders wenn es sich um eine keineswegs keck beflügelte, sondern vielmehr gelassen schreitende Figur wie Martin Gumpert handelt. Zur „Bedford“-Zeit ist er vierzig und übrigens gerade erst in New York angekommen; er wird sich auf seine ruhige Art zehn Jahre lang umtun in der großen Stadt, ehe er sie, im „Geburtstag“, mit intim-kennerischer Zärtlichkeit beschreiben kann. Der noch fast junge oder doch erst eben mittelalte Mann will sich zunächst einmal im neuen Land als praktischer Arzt etablieren. Von vorne anfangen, in der Mitte des Lebens: es wird nicht leicht sein, wie dieser Vierzigjährige zugibt, ohne zu erschrecken. Er hat keine Illusionen, aber Hoffnung – Hoffnung auf Amerika …

Andere sind nervöser, aber darum nicht weniger unternehmungslustig. Curt Rieß, im vor-hitlerschen Berlin ein Sport-Reporter, schreibt jetzt französisch für den „Paris-Soir“; er wird auch noch englisch oder vielmehr amerikanisch schreiben, über Boxer, Filmstars, Gangster, Generale, Spione, Rauschgifte, hohe Politik und Hitlers Liebesleben. „Ich werde noch *ganz* groß, verlaßt euch drauf!“ Der Widerspruch, den er zu erwarten scheint, bleibt aus. Niemand zweifelt daran, daß er Karriere machen wird. Aber gibt es so viel Erfolg, wie dieser hungrige, fast wilde Blick verlangt? Curt wandert im Zimmer auf und ab, gockelhaft stolzierend, als habe er schon gesiegt, und doch gehetzten Ganges: ein Verfolgter, der nur noch im ziellosen Lauf eine Art von prekärer Sicherheit und beinah etwas wie Beruhigung findet.

„Ob es sehr schwer ist, sich hier durchzusetzen?“ Dies fragt ein anderer, auch ein „Neuer“, Billy Wilder vielleicht. Der emigrierte Journalist wird in Hollywood als Filmschriftsteller, Regisseur und „producer“ Vortreffliches leisten und viel Geld verdienen, eine Entwicklung, die sich aber im Augenblick kaum voraussehen läßt. Der noch nicht arrivierte Billy wirkt eher sorgenvoll. „Gewiß ist es recht schwer!“ Er seufzt und will getröstet sein.

Der Zuspruch, nach dem er – und nicht er allein! – verlangt, kommt von einer warmherzig klugen Frau, die, als einzige hier im Kreise, schon lange in Amerika zu Hause ist und weiß, wovon sie spricht, wenn sie behauptet: „Nicht schwerer hier als sonstwo! Plagen muß man sich überall.“ Vicki Baum hat sich geplagt und hat sich durchgesetzt. Sie ist Amerikanerin, schreibt ihre Bücher wohl gar schon in der Sprache des neuen Landes. Wäre man erst so weit! Die etwas verstörten „Menschen im Hotel“ (118 East 40th Street) lassen sich gern beraten und ermutigen von einer, die eigentlich nicht mehr in diesen Kreis gehört. Frau Vicki, seltener Gast aus Kalifornien, wo sie mit ihrem Musiker-Gatten und zwei amerikanisch-erzogenen Söhnen stattlich residiert, hat Autorität und Charme, ist kameradschaftlich und welterfahren. Wir lauschen ihr mit Respekt und Dankbarkeit.

Sogar Rolf Nürnberg – ein kritischer Geist von spröder Ungenügsamkeit: an Karl Kraus erzogen – scheint impressioniert. Er schmunzelt, nickt, reibt sich die Hände: eine ihm eigentümliche, drollig-flinke Geste, durch die er Beifall auszudrücken pflegt wie andere durch lautes Händeklatschen. Rolf, in sagenhafter Vorzeit mein Kollege am Berliner

„Zwölfuhr-Mittagsblatt", ist jetzt ohne feste Stellung, aber stets emsig und angeregt. Er weiß viel, möchte alles wissen. Seine exzessive Neugier – vor allem diese! – macht ihn mir sympathisch. Verklatscht und hochgebildet, ist er zugleich wandelnde Enzyklopädie und „chronique scandaleuse" der deutschen Emigration in fünf Kontinenten. Von unserer Vicki aber, der mondän versierten, wohlwollend humanen, kann selbst ein Polyhistor manches lernen; weshalb Rolf denn auch vor Animiertheit kichert und bei geducktem Kopf und hochgezogenen Schultern die Hände zum leisen, hurtigen Applaus regt.

Ein anderes Mitglied der „Bedford"-Brüderschaft, Prinz Hubertus Friedrich zu Löwenstein, bekundet sein Wohlgefallen in würdigerer Form; kicherndes Händereiben wäre nicht seine Sache. Der Prinz legt Wert auf Haltung. Er hat sanfte Herrscheraugen und schönfrisiertes, schütteres Seidenhaar über der rosig gewölbten Stirn. Stefan George ist sein Ideal, was mich traulich anmutet, aber auch irritiert; denn es verdrießt, wenn naiver Enthusiasmus dort unbedenklich weiterliebt, wo das eigene Gefühl (war es nicht einmal Liebe?) längst so quälend ambivalent geworden ist. Dem romantisch-konservativ gefärbten, betont *deutschen* Bildungspathos des Prinzen fehlt es überhaupt nicht an peinlichen Zügen, die später, während des Krieges, provokant ausarten werden. Um das Jahr 1940 wird es denn auch zum Bruch zwischen uns kommen; zunächst aber arbeitet man noch zusammen: ziemlich fruchtbar sogar. Hubertus ist zielstrebig, zäh, geschickt und verfügt, dank seinem schönen Titel und seiner graziös-imperialen Persönlichkeit, über einflußreiche Relationen. Als Gründer und Generalsekretär der „American Guild for German Cultural Freedom", einer Organisation zur Förderung des freien deutschen Geistes, unter dem Patronat hervorragender Amerikaner, nimmt er innerhalb der Emigrations-Hierarchie eine nicht unbedeutende Stellung ein. An den mannigfachen Aktivitäten dieser Gruppe beteiligt sich in der Tat fast alles, was in unseren Kreisen Rang und Namen hat. Und es sind ihrer viele! Es werden immer mehr ...

Die Liste der „Guild"-Mitglieder ist im Wachsen begriffen; der Personenkreis, den wir in „Escape to Life" beschreiben, erweitert sich ständig: aus Österreich soll Nachschub kommen, neue Opfer, neue Flüchtlinge ... Deutsche Truppen marschieren auf Wien. Schuschnigg kapituliert. Das pralle, potente Dritte Reich verschlingt mit heiterer Gier den morschen, müden kleinen Nachbarstaat. Als Triumphator kehrt Hitler in das Land zurück, von dem er einst als räudiger Wicht geschieden. Mußte es nicht so kommen? Die Massenverhaftungen, Selbstmorde, Hinrichtungen, die Orgie des Pogroms, der schrille Lärm der Propaganda-Lüge, der Aufschrei der Gefolterten, auch der Jubel (ja, ein sadistisch aufgekratzter, von Goebbels-Schwatz und Blutgestank berauschter Pöbel frohlockt in frevlerischer Stupidität!), selbst noch die lahme Reaktion der „Welt", die feige Lethargie der westlichen Demokraten: alles gehört dazu, der ganze Spuk verläuft programmgemäß. Trotzdem bleibt das Ereignis irgendwie unglaublich.

Haben wir nicht gewußt, daß Österreich fallen wird? Und sind nun doch wie vor den Kopf geschlagen! Sehr ähnlich ist unsere Reaktion, wenn ein geliebter Mensch nach ausführlicher Agonie an eben der Krankheit stirbt, deren durchaus unheilbarer Charakter uns schon seit längerem bekannt gewesen. In unsere Trauer mischt sich ein Entsetzen, ein Gefühl der *Schuld*. Als wir sagten: „Er stirbt!", da glaubten wir doch nicht, daß er *wirklich* sterben würde. Im Gegenteil, der heimliche Sinn unserer Prophezeiung war, das „Unvermeidliche" hintanzuhalten. Wir sagten: „Es passiert!", damit es nicht passiere. Im Grunde verließen wir uns darauf, daß Gott unseren Pessimismus widerlegen, unseren Kassandra-Spruch ad absurdum führen werde. Recht zu behalten, wo man irren wollte, welch ein Schock!

In der Schiffszeitung des französischen Dampfers „Ile de France" (ich hinwieder einmal unterwegs nach der vulkanisch unterminierten alten Welt) lese ich von der schaurigen Pilgerfahrt, die der österreichische Bundeskanzler nach Berchtesgaden unternehmen mußte. Ich bin konsterniert. Wie, das Unglaubliche, welches man zum Zwecke der Hintanhaltung „unvermeidlich" genannt hat, soll Ereignis werden? Das Schicksal macht ernst, nimmt uns beim Wort, bestätigt unsere Ahnung? Absurd! Unmöglich! Nein, es kann nicht sein ...

Es kann sein. Dies ist die Nacht vom 10. zum 11. März des Jahres 1938. Auf unserem Tisch im Café de Flore häufen sich die Gazetten. Es sind englische Freunde, mit denen ich die Schreckensnachricht diskutiere, der liebe, temperamentvoll treue Brian Howard, Nancy Cunard (exzentrische, im bürgerlichen Sinn fast berüchtigte Erbin der berühmten „Cunard Line"), der junge Romancier und Kritiker James Stern (dem Isherwood-Auden-Spender-Kreis eng verbunden), die gescheite und herzliche Sybil Bedford, frühere Sibylle von Schönebeck (deutschen Ursprungs, aber seit Jahren durchaus „anglisiert") und noch einige. Brian funkelt und flattert, fieberhaft erregt. Er kennt Deutschland, hat auch in Österreich gelebt; er haßt Hitler – im Gegensatz zu der Mehrzahl seiner Kompatrioten, die vom Nationalsozialismus entweder überhaupt nichts wissen oder ihn als „bulwark against Communism" akzeptieren. Selbst Radikale vom Schlage der Nancy Cunard scheinen sich einer „deutschen Gefahr" kaum bewußt zu sein. Nancy interessiert sich für das amerikanische Negerproblem; es ist ihr „hobby", ihre Spezialität. Woran denkt sie jetzt? An die „slums" von Harlem? An die Lynch-Justiz im „Tiefen Süden" der USA? Jedenfalls nicht an Wien. Ihr Gleichmut geht Brian auf die Nerven. „Now, really!" fährt er sie an. „It makes me *rather* impatient, my dear, to watch you eat this horrible Welsh Rabbit, while our friends in Vienna ..." Und plötzlich sehr leise, mit vorgebeugtem Oberkörper und feierlich starrer Miene, erschüttert, überwältigt von jäher Intution: *"This means war, my dear!"*

Krieg? Noch nicht! Mr. Chamberlain, Monsieur Bonnet, die Bank of England, die Herren von Wallstreet, Frankreichs Millionäre, der Vatikan, Henry Ford, Lady Astor,

„The Times of London“, die „Oxford-Bewegung“, kurzsichtige Pazifisten und reaktionäre Intriganten, alles will Frieden mit dem Hitler-Reich. Die Welt will Frieden.

Friede? Nicht mehr! In Spanien wird gekämpft. Prolog oder Erster Akt – es ist der Anfang. *Incipit tragoedia.*

Erika und ich fahren nach Spanien, nicht als Partisanen, sondern als Beobachter und Berichterstatter. Erster Kontakt mit der Realität des modernen Krieges! Die ausgestorbenen Dörfer, Landstraßen, verstopft von Flüchtlingen und Panzerwagen, die camouflierte Limousine des Generalstabsoffiziers, das tote Pferd am Wegrand – aufgeplatzter Bauch, die starren Augen schauerlich belebt von wimmelndem Ungeziefer –, das improvisierte Hauptquartier – ein Stall mit Telephon, Landkarte, Fernstechern, Kaffeemaschine, Zigarettenstummeln – hungrige Kinder, zornige alte Bauern, Scheinwerfer, Lichtsignale, verdunkelter Bahnhof, schwarzer Boulevard, nächtlicher Fliegerangriff (technisch noch unvollkommen, aber vielversprechend), Geknatter der Mitrailleusen, das Radioprogramm mit sieghaften Bulletins und flotter Marschmusik, grelle Plakate an verkohlter Mauer: all dies wird uns im Lauf der nächsten Jahre vertrauter Alltag werden, nun aber erleben wir es zum erstenmal.

Wir sehen Barcelona, die Ebro-Front, Valencia. Wir sehen Madrid – schon fast legendäres Symbol des Widerstandes. Madrid hungert. Madrid blutet. Madrid – seit fast zwei Jahren eine belagerte Festung – erscheint zugleich verfinstert und verklärt in der starren Glorie seines Heldentums. Madrid gibt nicht nach. No Pasaran! Der Wahlspruch der Loyalisten wird zum kategorischen Imperativ einer ganzen Stadtbevölkerung. No Pasaran! Bis hierher und nicht weiter! Der Feind ist nah, buchstäblich vor den Toren; die „Ciudad Universitaria“, am Rand der Kapitale, bleibt ein bequemes Ziel für die Artillerie des aufständischen Generals. Seit zwei Jahren befiehlt Franco, der Söldling Hitlers und Mussolinis, seinen arabisch-italienisch-deutschen Söldnern: „Madrid muß fallen!“ Madrid fällt nicht. Madrid ist zäh. Madrid ist hart und stolz. Ein Felsen ist Madrid.

Die Loyalisten glauben, daß sie siegen werden. „Die Sache, für die wir kämpfen, ist die gute“, sagen die Loyalisten. „Daher unsere Stärke. Die arbeitenden Massen der ganzen Welt sind mit uns in diesem Kampf.“

Wir sprechen mit Juan Negrin und seinem Außenminister, Alvarez del Vayo. „Freilich“, sagt der Minister, ein kluger, guter Mann, mit dem wir uns befreunden, „freilich, es gibt Mächte überall, nicht nur in Rom und Berlin, die uns übelwollen, die unsere Niederlage wünschen und betreiben. Aber die reaktionären Cliquen unterschätzen unsere Entschlossenheit. Franco hat keine Chance. No Pasaran!“

Wir sprechen mit Soldaten, Arbeitern, Hausfrauen, Literaten. Sie glauben an den Sieg. Wir sprechen mit den Männern von der Internationalen Brigade, unter denen es nicht an alten Bekannten fehlt. „Il Commandante“ Ludwig Renn, sehr groß, sehr mager, sehr aristokratisch, hat einen berühmten Roman gegen den Krieg geschrieben, jetzt aber kämpft er wieder: es bleibt keine Wahl. „Werdet ihr siegen?“ Renn, der gerne lacht, wird sofort ernst, da wir ihn dieses fragen. „Siegen? Wir *müssen!* Um der Sache willen!“

Auch General Julius Deutsch zweifelt nicht. Der österreichische Sozialist hat in seiner Heimat den Fascismus triumphieren sehen. Dies darf nicht nochmals zugelassen werden. Spanien kämpft. „Soll all dies umsonst sein?“ fragt der General. Seine zivilistisch weiche Miene scheint plötzlich hart, gestrafft. Er weist auf das zerstörte Dorf, die Flüchtlinge, das tote Pferd, auf eine Kolonne junger Soldaten, die vorbeimarschiert. „Es ist nicht umsonst!“

„Umsonst? Vergeblich? Daran denkt man nicht!“ Auch dieser ist ein Intellektueller, der sich – die Sache will's! – als Soldat maskiert. Man nennt ihn „Oberst Hans“, sein bürgerlicher Name ist Hans Kahle. Seinem Befehl untersteht eine Division an der Ebro-Front. Er gilt als fähiger Stratege; bald wird auch er zum General avancieren. Das Zelt, das wir ein paar Tage lang mit ihm teilen, liegt nicht weit von der zerstörten Stadt Tortosa. Kein schlechtes Quartier! Ein feiner Perserteppich schmückt die Wand, ein Grammophon ist da, Beute aus den Tortosa-Trümmern. Abends sitzen wir um den Apparat, im Dunkel; der Olivenhain, in dem wir uns verbergen, darf durch kein Lichtchen feindliches Interesse auf sich lenken. In schwarzer, milder Nacht – das Zelt ist offen, draußen bewegt sich Laub im sanften Wind – lauschen wir auf die scharfe, geschulte, metallisch helle Stimme eines deutschen Sängers (er heißt Ernst Busch), der die Lieder der Internationalen Brigade sehr wirkungsvoll, sehr gekonnt zum Vortrag bringt. „Die Heimat ist weit – doch wir sind bereit!“ ruft das metallische Organ, zugleich innig und schneidend. „Wir kämpfen und siegen für dich, *Frei-heit!*“ Das letzte Wort wird zum Triumphgeschrei, beinahe klirrend vor Begeisterung.

Wir sprechen mit Verwundeten, mit Ausgebombten (manche haben die Schrecken von Guernica mitgemacht), mit Halbwüchsigen, mit Witwen mit Atheisten und mit Gläubigen, mit Analphabeten und mit Schriftgelehrten. Alle behaupten: „Wir werden siegen, weil wir siegen *müssen!*“

Wir sprechen auch mit Kriegsgefangenen, deutsche darunter. Zwei sächsische Piloten, nicht weit von Barcelona abgeschossen, erweisen sich als devot und mitteilsam. Glauben auch sie an Sieg? Die Frage scheint sie kaum zu beschäftigen; sie zittern um ihr Leben. „Bringt man uns um?“ Sie drängen sich an uns, schluchzend, schwitzend, schwatzend. Wir versichern ihnen: „Es geschieht euch nichts, ihr werdet nicht erschossen. Sowie der Krieg vorbei ist, läßt man euch laufen, ihr dürft heim. – Warum übrigens seid ihr hergekommen?“ Daraufhin neuer Klageausbruch. Ist es *ihre* Schuld, daß sie hier sind? Pflicht! Befehl! Disziplin! Mannesehre! Des Führers Wille, wer fragt nach den Gründen? „Ich bin doch nur ein kleiner Mann, ein Niemand!“ so der größere der beiden, und der andere, der wirklich eher kleinen Wuchses ist, schließt sich eifrig an: „Ein kleiner Mann – ich auch! Ein *ganz* kleiner nur!

Wie oft ich noch dergleichen hören werde, sechs, sieben Jahre später ... Immer die gleiche Formel, der gleiche larmoyante Ton! „Ich kann nichts dafür ... Befehl von oben, von noch höher, von der höchsten Spitze! *Befehl vom Führer* ...“ Womit das Schuld-Problem erledigt ist.

Die Autorität, auf die zwei abgestürzte Fliegertröpfe sich berufen – der deutsche Führer, und hinter ihm die Achse, der Weltfascismus – wird immer mächtiger, immer aggressiver. „Appeasement“ ist die Parole, was bedeuten will: Hitler droht, Hitler erpreßt, Hitler diktiert – und die anderen kuschen.

Die spanische Republik lehnt das „appeasement“ ab und wird aufgeopfert. Madrid, Felsen des Widerstands, muß fallen: Befehl vom Führer, dessen Intentionen sich übrigens, gerade in diesem Falle, mit denen der internationalen *haute finance* und des Vatikans erfreulich decken. Wird der Diktator nun zufrieden sein? Er hätte Grund; denn alles geht nach Wunsch. Lauter Siege! Heute Spanien, gestern die Tschechoslowakei ...

Den Anfang der „München“-Krise erlebte ich noch in Europa, das Ende in New York. Schlimme Tage, die schlimmsten der Epoche; Schandtage, Schmerzenstage: man möchte ihresgleichen nicht noch einmal erleben müssen.

In Paris, wo ich die Woche vom 10. zum 17. September verbrachte, wurde der Krieg erwartet, ohne Begeisterung, aber auch ohne Panik. Hätte Hitler ihn damals riskieren können? War er in der Tat zum Äußersten entschlossen oder bluffte er? Müßige Frage. Sicher ist, daß das Äußerste sich nicht durch Kapitulation vermeiden ließ; es sei denn, man wollte endgültig und bedingungslos kapitulieren. Waren die Demokratien zur definitiven Abdankung bereit? Es mochte so aussehen, für den Augenblick ...

Mr. Chamberlain, wohl kaum der Initiator, aber der historische Exponent der „appeasement“-Politik, schien durchaus willens, den Kontinent der Nazi-Hegemonie auszuliefern: erstens, weil England nicht gerüstet war; zweitens, vielleicht vor allem, weil man in Mr. Chamberlains Kreisen den russischen Kommunismus viel mehr haßte und fürchtete als irgendeinen Fascismus. Diese Hitlersche „Neue Ordnung“, nicht so ganz salonfähig, wie sie in mancher Hinsicht scheinen mochte, konnte sie nicht trotz allem nützlich sein als solides „bulwark against Bolshevism“? Mit den Nazis gegen die Roten! Das gleiche Motiv, das einst die Herren Hugenberg, von Papen und Konsorten zu ihrer fatalen Allianz mit der Gangster-Partei bewogen hatte, gab nun den Ausschlag in London und Paris. Der leutselige „Prime Minister“ mit Regenschirm, Aktentasche und Hasenzähnen handelte nur als konsequenter und loyaler Repräsentant seiner Klasse – wenn auch nicht seiner Nation –, als er sich, friedfertig grinsend, im Flugzeug nach Berchtesgaden begab. Es kam zunächst zu keinem Einverständnis; der intransigente Führer verlangte mehr, als sogar dieser höchst kulante Handelsreisende gewähren konnte. Mr. Chamberlain verließ den pittoresken „Berghof“ ebenso abrupt, wie er gekommen war, mit Hasenzähnen, Aktentasche, Regenschirm und einem freilich etwas fahlen Grinsen. Also doch Krieg?

Ich war schon auf hoher See, irgendwo zwischen Southampton und New York, als der unermüdliche, unerschütterliche Gentleman seinen zweiten Canossa-Flug tat, diesmal nach Godesberg. Wurde der ekle Handel diesmal abgeschlossen? Es klappte wieder nicht. Der Erste Minister Seiner Britischen Majestät mußte noch einmal unverrichteter Dinge abziehen, kaum noch grinsend, aber mit unversehrtem Parapluie.

Am Tage meiner Ankunft in New York – man schrieb den 25. September 1938 – schien der Kriegsausbruch wieder einmal unmittelbar bevorzustehen. Man las in der Presse von Zusammenstößen zwischen tschechischen und deutschen Grenzpatrouillen. Benesch, dem „beste Nerven" sehr zu wünschen waren, zeigte sich geneigt, den militärischen Support der Sowjetunion anzunehmen. Hitler drohte, raste, schäumte, fuchtelte. In Paris und London herrschte würdige Nervosität. Ohne Frage, Frankreich erinnerte sich endlich seiner Bündnispflicht. Der Angriff auf die Tschechoslowakei würde dem Führer teurer zu stehen kommen als der Marsch nach Wien ...

„Es lebe Benesch! Hoch die Tschechoslowakei! Nieder mit Hitler! *Hitler must fall!*" Es waren Amerikaner, von denen diese Rufe kamen, eine Versammlung von Zehntausenden. Das „mass meeting" – eine Demonstration von imposanten Ausmaßen – fand im Madison Square Garden statt; ich kam geradewegs vom Hafen, eben noch zur Zeit, um Dorothy Thompson und meinen Vater zu hören. Dorothy schrie durchs Mikrophon, daß Hitler fallen müsse, Benesch und sein Land aber sollten leben. Zehntausende respondierten, ein Brüllchor von elementarer Macht. Als mein Vater denselben Wunsch mit ruhiger Gebärde und in gewählterer Diktion wiederholte, nahm der Orkan an Vehemenz noch zu. Wie *ein* Mann erhob die Masse sich von den Sitzen – pfeifend, johlend, stampfend, Mützen und Tücher schwenkend. *"Long live Czechoslovakia! Death to Hitler! Down with the Nazi gang!"*

Es sollte nicht sein – *noch* nicht; Chamberlain war dagegen. Wir saßen im Hotel Bedford und dachten: Es ist so weit ... Da kam das Ferngespräch aus Washington. Eine jener Bekannten, die immer alles etwas früher wissen, berichtete animiert: „Der Prime Minister fliegt nach München, mit Monsieur Daladier und Monsieur Bonnet. Mussolini kommt auch. Eine große Konferenz im Braunen Haus! Die Russen, natürlich, sind nicht eingeladen. Ist das nicht herrlich? Es gibt keinen Krieg!"

Kein Krieg! Chamberlain durfte wieder grinsen. Hatte er sich blamiert in Berchtesgaden und in Godesberg? Aus München brachte er etwas Schönes mit. „Peace with Honour!" Und ohne Rußland, natürlich ... „Peace in our time!"

So fasse man sich also in Geduld und warte auf das Ende dieser Zeit! Die Stunde der Bonnets und Chamberlains kann nicht ewig währen. Schließlich kommen die Völker hinter den Betrug. Was die „appeasement"-Politiker „Peace with Honour" nennen, ist nur die ehrlose Verzögerung des Konflikts, der erst jetzt – jetzt erst recht! – unvermeidlich wird. Frieden – mit Hitler? Aber Hitler *ist* der Krieg! Die Dynamik des Nationalsozialismus hat nur diesen einen Antrieb, nur dies eine Ziel: nur im totalen Krieg rechtfertigt und erfüllt sich dieser totale Staat. Der fleischgewordene Zerstörungstrieb, die personifizierte Aggression als Herr Europas – und das sollte gutgehen? Welch barocker Einfall!

Nach „München“ geht es schief und steil hinab. Nach „München“ kommt der Abgrund eines Krieges, der eben durch diesen Aufschub, diesen verräterischen Ausverkauf seines moralischen Sinns beinah beraubt erscheint, noch ehe er beginnt. Nach „München“ kommt der Abgrund. Wünsche beste Nerven! Der Abgrund kommt. Der Abgrund! Wartet nur ...

Und so wartet man. Das bange Wartejahr hat angefangen.

Ein Wartejahr? Nun ja, ganz wörtlich ist das nicht zu nehmen. Man sitzt nicht unentwegt herum und lauscht: Kommt das Grollen näher? Dies tut es wohl: es ist schon furchtbar nah. Indessen geht das Leben trotzdem weiter. Das Leben hat die Tendenz zum Weitergehen, solang es eben geht. Zunächst geht es noch.

Im Herbst des Jahres 1938 bezogen wir ein neues Heim in Princeton, einer kleinen, aber distinguierten Universitätsstadt im Staat New Jersey, etwa zwei Schnellzugstunden von New York City. Das neue Heim war ziemlich alt, eine bejahrte Villa von stattlichen Dimensionen: viel geräumiger als die gerade aufgegebene Häuslichkeit am Zürichsee. Der „living room“ zu ebener Erde, mit Glastüren zum Garten, glich beinah einem Saal: man hätte Feste darin geben können. Dies unterblieb. Gäste traten kaum je in Massen auf, sondern erschienen einzeln oder in kleinen Gruppen; Freunde aus New York, wie Martin Gumpert, W. H. Auden, Tom Curtiss; oder Princeton-Nachbarn, darunter Albert Einstein mit schöner Silbermähne, Kuppelstirn und schalkhaft tiefem Blick. Was für Augen! Er brauchte nichts zu sagen – und was er sagte, war oft unbedeutend –; auch seines Ruhmes hätte er nicht bedurft. Die Augen, sternenhaft, zeugten für seine Größe.

Auch Erich von Kahler war wieder da, des Zauberers getreuer Freund und kluger Kritiker. Mit ihm kam Hermann Broch, der Österreicher, dessen „Schlafwandler-Roman“ bei der anglo-amerikanischen Avantgarde für hochbedeutend gilt. Neue Hörer gesellten sich zu den alten; in Princeton, wie in Küsnacht und vorher in München, fehlte es nicht an verständnisvollem Publikum. Der Zauberer las vor.

So blieb denn also die Kontinuität gewahrt, auch in diesem Jahr des bangen Wartens. Das Leben ging weiter und mit ihm das Vater-Werk. Diesmal führte es uns nicht in mythisch-ferne Landschaft (der vorletzte Band der „Joseph“-Tetralogie war abgeschlossen, der letzte noch nicht begonnen); die neuerdings entstehende, sich geduldig weiterspinnende Geschichte spielte in relativ vertrauter Sphäre. Weimar, das kannte man; in einer Zeit, die nun freilich auch schon mythisch-ferne schien, hatte man sich wohl gelegentlich dort aufgehalten. Und wenn das hochberühmte Musenstädtchen auch zur Zeit ins Unbetretbare und Unvorstellbare entrückt sein mochte, so fühlte man sich doch immer noch recht zu Hause in seiner traulich-erhabenen Vergangenheit. Ja, es fiel gar nicht schwer, das Haus am Frauenplan, die opulenten Gesellschaftsräume sowohl als auch die kargen Schlaf- und Arbeitsstuben mit größter Genauigkeit zu maginieren: auf die sonore Erzähler-Stimme war Verlaß, sie ließ nichts aus, jedes Detail wurde gewissenhaft hervorgehoben.

Ich erinnere mich des Weihnachtsabends (Weihnachten 1938! das Christfest des Wartejahrs!), an dem der Vater uns Teile aus dem siebenten Kapitel der „Lotte in Weimar“ las. Welch sonderbarer Klang erfüllte da unseren etwas gar zu großen, gar zu pompösen „living-room“ in Princeton, New Jersey! Welch geisterhafte Wort-Musik! Welch magisches Geraune! Goethe sprach. Goethe träumte, sinnierte, meditierte. Er saß vor uns, ward uns gegenwärtig, im heilig-nüchternen Licht der Morgenstunde. Sein Arbeitstag begann, einer seiner sehr vielen, fast unzähligen, gesegneten und schweren Arbeitstage. Es kamen der Barbier, der Sohn, der Kammerdiener; er redete zu ihnen; wir hörten, was er sagte, geisterhafter Laut! Er blieb allein; wir durften ihn belauschen; magische Indiskretion enthüllte sein Geheimnis. Goethe vertraute uns seine Sorgen an, auch seine Ahnungen, Fragmente seiner Weisheit, etwas von seinem Glück. Seltsame Konfession unterm Lichterbaum! Wir naschten amerikanisches Gebäck, eine heimatlose Familie in fremdem Land, das Heimat werden sollte. Und der Genius der verlorenen Heimat, der deutsche Mythos sprach ...

Das Leben ging weiter, ein neues Vater-Werk näherte sich der Vollendung. Von neun Uhr morgens bis zur Mittagsstunde wurde im Arbeitszimmer gezaubert, so war man es gewohnt, und dabei blieb es, auch im Wartejahr. Was Mutter Mielein trieb und leistete, nicht nur von neun bis zwölf, sondern den ganzen Tag und jeden Tag aufs neue, hatte wohl gleichfalls mit Zauberei zu tun. Eine Energie, die aus Liebe kommt, bewährt zauberische Kraft und Zähigkeit. Sie läßt nicht nach, sie scheint unerschöpflich, diese vom Herzen inspirierte, von innigem Gefühl gespeiste Energie. Lebensgefährtin eines schwierig-schöpferischen Mannes, Mutter von sechs Kindern, die ihrerseits nicht gar so einfach sind, wieviel praktisch-tätige Anteilnahme, wieviel Rat und Trost, wieviel Nachsicht wird von ihr erwartet! Ihre Pflichten sind ohne Zahl; zahllos die Opfer, die sie bringen muß. Pflichten und Opfer scheinen ihr selbstverständlich: „Dafür bin ich da!“ Sie scherzt auch noch, während sie Wunder tut. Sie, die ihr Amt so ernst nimmt, vermeidet die feierlichen Mienen und Gebärden; denn Heiterkeit gehört zu ihrem Amt. Nur für andere da, denkt sie kaum an sich selber: „Wozu auch? Ich bin nicht so wichtig ...“ Kein zweites Mitglied der Familie ist so anspruchslos. Und doch gäbe es diese Familie nicht ohne diese Frau und diese Mutter. Was wäre aus uns geworden, was würde aus dem schwierig-schöpferischen Mann und den sechs nicht ganz einfachen Kindern, wenn unermüdliche Liebesenergie den kleinen Kreis nicht hütete und wärmte?

Übrigens sind es keineswegs nur die Allernächsten oder nur die gerade Anwesenden, um die das erstaunliche Mielein sich kümmert. Auf ihrem Schreibtisch häufen sich die Hilferufe von Verwandten und Freunden in fünf Kontinenten. Selbst Offi und Ofey werden zu guter Letzt noch Sorgenkinder. Die beiden Hochbejahrten, Ofey fast neunzig, Offi wenig jünger, sind immer noch in München; den Paß hat man ihnen nach der Ausbürgerung des Schwiegersohns strafweise entzogen. Wird Mielein das liebe Greisenpaar je wiedersehen? Aus dem letzten Rendezvous, kurz vor der Abfahrt nach Amerika, war nichts geworden. Jenseits der deutschen Grenze saßen die Uralten, mit einem Papier bewaffnet, welches sie zum Besuch der Schweiz berechtigte. Die Nazi-Wächter ließen es nicht gelten. „Unsere Tochter!" rief der beinah Neunzigjährige. „Sie wartet auf uns in Kreuzlingen, dort drüben, hinterm Schlagbaum. Laßt uns zu ihr, nur eine halbe Stunde!" Aber die Wächter zuckten nur die Achseln: „Soll sie doch kommen, wenn ihr an euch liegt! Sie komme doch nach Deutschland, eure Tochter!" Es wäre Mieleins Ende gewesen. Zu ihrem Glück und unserem, ging sie nicht in die Falle. Aber das traute Geknärz der väterlichen Stimme, den Silberklang des mütterlichen Lachens, das hörte sie wohl nicht mehr: es sei denn, die zwei Alten schaffen es, vor Kriegsausbruch in die Schweiz zu kommen ... Mielein hofft und wartet.

Was die jüngere Generation betrifft, so gibt sie für den Augenblick nicht eben Anlaß zu akutem Gram. Golo fühlt sich recht wohl in seinem geliebten Zürich, wo er als „Redaktor" der Zeitschrift „Maß und Wert" tätig ist. Monika lebt in London mit ihrem Mann, dem ungarischen Kunstgelehrten Jenö Lanyi – es war nicht leicht für sie, den Richtigen zu finden: nun hat sie ihn und darf glücklich sein. Auch Medi-Elisabeth – wer hätte es gedacht! – ist schon so weit, daß sie sich binden möchte. Der Gefährte, für den sie sich entscheidet, heißt Giuseppe Antonio Borgese, italienischer Emigrant, jetzt Amerikaner, Dichter und Forscher von internationalem Ruhm, ein Mann von bedeutenden Gaben und dynamischer Vitalität. Die Hochzeit findet in Princeton statt. Wystan Auden, Erikas Gatte, überrascht die Gesellschaft mit einem zu diesem Anlaß verfaßten „Epithamalion", einem anmutig-anspielungsreichen Gelegenheitsgedicht, in dem die Genien abendländischer Kultur als Schutzheilige des italienisch-deutsch-amerikanischen Paares beschworen werden. Fast alle kommen vor, von Dante, dem Exilierten – „a total failure in an inferior city" – über Mozart und Goethe („ignorant of sin, placing every human wrong") bis zu „Hellas-loving Hölderlin" und jenem späten, schon recht fragwürdigen Heiligen, Richard Wagner, „who ... organised his wish for death into a tremendous cry". Nun mischt seine verdächtige Stimme sich in den Hochzeitschor: *"All wish us joy!"*

Allgemeine Ergriffenheit, teils wegen des sinnig-klugen englischen Kunstgedichts; teils, weil unsere Medi sich nun vermählt und gebunden hat, obwohl sie doch gestern noch das „Kindchen" war, dem in deutschen Hexametern gehuldigt wurde. So geht das Leben also weiter, ziemlich schnell sogar, mit unheimlich zunehmender Geschwindigkeit ...

Und nun auch noch mein kleiner Bruder, Bibi-Michael! Auch er hat sich schon eine ausgesucht, aus der Schweiz ist sie ihm nachgekommen, eine sehr hübsche und angenehme Schweizerin namens Gret: sie wird Bibis Frau, meine Schwägerin. Gerade Michael, der immer als so besonders jung galt, trotz seiner schönen Behendigkeit auf der Violine! Womöglich wird er gar noch Kinder in die Welt setzen! Sein relativ bejahrter, nicht mehr ganz junger Bruder wundert sich und ist übrigens ein bißchen neidisch ...

Von mir kommen keine Kinder, nur Bücher, ein melancholisch-insuffizienter Ersatz. Aber wenn man schon nichts zur Vermehrung der Menschheit tut, so will man die armen Buben kommender Epochen doch wenigstens mit einiger interessanter Lektüre versorgen. „Der Vulkan" wird also abgeschlossen; auch „Escape to Life" – freilich ein Erzeugnis von nicht sehr dauerhafter Substanz – kann endlich in Satz gehen: Houghton Mifflin Company fing schon an, die Geduld zu verlieren. Aber schließlich konnten Erika und ich nichts dafür, daß unsere Emigranten-Galerie sich ständig vergrößerte, während wir sie in präsentable Form zu bringen suchten. Zu den Deutschen und Österreichern kamen nun auch noch die Tschechen. Im März 1939 wurde Prag von den Nazis besetzt.

Dies Ereignis – logische Konsequenz der „appeasement"-Politik und des Verrats von München – brachte immerhin eine gewisse Klärung der stickigen Atmosphäre. Hitler hatte es zu weit getrieben; sein neuester Coup weckte, alarmierte, schockierte die öffentliche Meinung, vor allem in England, wo die Chamberlain-Gruppe endlich an Einfluß zu verlieren schien. Würde nun die große antifascistische Koalition zustandekommen? So wäre der Krieg vielleicht noch zu vermeiden ...

Aber die Vereinigten Staaten blieben starr bei ihrem Neutralitätsprinzip („Keine Einmischung in europäische Händel!"), während die Verhandlungen zwischen London, Paris und Moskau sich ergebnislos weiterschleppten. Warum konnten Ost und West sich nicht verständigen? Was für Mißverständnisse und Rivalitäten hemmten und verwirrten ein diplomatisches Gespräch von so schicksalshafter Wichtigkeit? Warum zögerte der anglo-französische Block, dem sowjetrussischen Partner jene strategische Position im Baltikum einzuräumen, auf die Moskau – gewiß nicht ohne Grund – bestehen zu müssen glaubte? War es möglich, war es vorstellbar, daß der Kreml in seiner Verbitterung, in seiner Angst ein Bündnis oder doch einen Nichtangriffspakt mit Nazi-Deutschland erwog? Gerüchte dieser Art, die schon seit einiger Zeit kursierten, gewannen an Glaubwürdigkeit durch den plötzlichen Rücktritt des russischen Außenministers Litwinow. Er galt als Vorkämpfer der kommunistisch-demokratischen Einheitsfront; wie kein anderer hatte er sich für den „Unteilbaren Frieden", für „Collective Security" eingesetzt – und gerade jetzt trat er ab? Es konnte nichts Gutes zu bedeuten haben.

Was stand bevor? Auf was für Kalamitäten hatten wir uns gefaßt zu machen? Und wo gab es die Autorität, den großen Eingeweihten, auf dessen Rat Verlaß gewesen wäre?

Kommt der Krieg? Und wann? Ich war versucht, die taktlose Frage an den Präsidenten der Vereinigten Staaten, Franklin D. Roosevelt, zu richten, als ich die Ehre hatte, ihm präsentiert zu werden; es geschah am 11. Mai 1939. Der Empfang im Weißen Haus bildete den Höhepunkt eines internationalen Schriftsteller-Kongresses, zu dem die amerikanische Gruppe des PEN-Clubs anläßlich der New Yorker „World's Fair“ eingeladen hatte.

Mrs. Roosevelt, von der die literarischen Gäste begrüßt und bewirtet wurden, bringt es fertig, selbst noch der offiziellen Massenabfütterung eine anmutig-intime Note zu geben. Die gescheite Herzlichkeit ihres Lächelns belebt jede Tafelrunde; ihr guter Blick verbreitet Zuversicht. Mit wem sie auch gerade plaudern mag, sie scheint aufs angelegentlichste interessiert an den Meinungen und Problemen ihres jeweiligen Gegenübers, ein Interesse, welches durchaus nicht serenissimushaft-huldvoll-konventionellen Charakter hat, sondern das durch seine Wärme und Spontaneität Vertrauen einflößt und zur Mitteilung ermutigt. Nur eine Frau von so aristokratischer Rasse und so demokratischem Herzen findet wohl den Mut zu der vollkommenen Einfachheit, mit der diese unfeierlich-heitere „First Lady“ auftritt, spricht und handelt.

Sie ließ wissen, daß der Präsident zu beschäftigt sei, um an unserer Mahlzeit teilzunehmen. Indessen wollte er doch die Schriftsteller willkommen heißen. Wir wurden also in sein Arbeitszimmer geführt; er saß am Schreibtisch, von dem er seinen Armstuhl weggedreht hatte, so daß er den vorbeidefilierenden Schriftstellern das Gesicht zuwendete. Jeder wurde ihm vorgestellt, er reichte jedem die Hand. Sein Lächeln war freundlich, wenngleich etwas zerstreut und müde. Der Blick aber, der das Lächeln begleitete oder der über dem Lächeln stand, hatte eine zugleich prüfende und kordiale Eindringlichkeit, vor der man fast erschrak. Diese Augen, man war irgendwie nicht auf sie vorbereitet. In der übrigens so wohlbekannten Physiognomie war dies die große Neuigkeit, die schöne Überraschung – das starke Blau des Blickes. Der helle Ton wirkte um so frappanter, als er sich abhob von der beinah schwarzen Dunkelheit der ihn umlagernden Schatten. Die tiefen Ringe um die Augen gehörten zu den vertrauten Zügen dieses tausendmal-photographierten Gesichts; aber kein Porträt gibt die lichte Intensität des Schauens wieder.

Die Augen! Wie *blau* sie sind! Und so *hell* ... Erstaunlich hell! Wer hätte das gedacht ... – Dies war mein Gefühl, als ich ihm gegenüberstand und die Hand ergriff, die er mir, mit etwas müd-zerstreutem Lächeln, aber starkem Blick, freundlich entgegenstreckte. Ich fragte ihn nicht nach der Weltlage; es wäre unschicklich gewesen. Hinter mir wartete schon der nächste Schriftsteller.

Der Schriftsteller, der nach mir an die Reihe kam, war Ernst Toller; auf der Fahrt von New York nach Washington hatte ich ihn im Pullman-Wagen neben mir gehabt, wir verbrachten den Tag zusammen. Ein reicher, bunter Fest- und Reisetag! Toller, empfänglichen Herzens, dankbaren Gemüts, schien den Besuch im Weißen Haus zu genießen. Ein paarmal klagte er freilich über Müdigkeit. „Wenn ich nur heute nacht etwas schlafen könnte!" Es war ein leiser Seufzer, nur für mich bestimmt, denn wir waren Freunde. Die Kollegen um uns herum lachten und schwatzten in vielen Zungen, englisch, spanisch, französisch, chinesisch, portugiesisch. Toller sagte zu mir, sehr leise und auf deutsch: „Es ist schlimm, wenn man nicht schlafen kann. Es ist das Schlimmste." Er sah plötzlich verfallen aus; aber bald beteiligte er sich wieder mit etwas zu lauter Munterkeit am allgemeinen Gespräch.

Es war unser letztes Beisammensein. Ein paar Tage später berichteten die Blätter, Ernst Toller habe sich in seinem New Yorker Hotelzimmer erhängt.

Warum? Kein letzter Brief war da, um uns sein Motiv zu erklären. Wer ihn gekannt hatte, verstand ihn wohl, auch ohne schriftliche Unterweisung. Ein alternder Freiheitskämpfer sehnt sich nach dem Schlaf, den keine Nacht hienieden ihm gewährt. Die Nächte bringen nicht Vergessen, sondern Erinnerung ... – Das München von 1919, 1920, die Räterepublik, die Tage der Aktion, der Jugend, des gläubigen Überschwangs; die lange Festungshaft, Arbeit (wie leicht man schreibt!), die Schwalben vor der Zelle (wie zärtlich man sie liebt! wie jung man ist!) dann die Berliner Zeit, Theatererfolge, Ruhm, Frauen, Geld, mehr Aktion, aber kein Schlaf; Kongresse, Versammlungen, Premieren, mehr Frauen, mehr Erfolge, auch Niederlagen (läßt das Talent nach? ist die Kraft dahin?) – und kein Schlaf; immer neue Kämpfe, neue Enttäuschung, man bleibt zur Tat verpflichtet, die doch vergeblich ist; immer neuer Aufschwung, und kein Schlaf; schließlich das Exil – und immer noch der Ruhm, der Kampf, die revolutionäre Geste (und kein Schlaf). Das Leben fällt immer schwerer, auch das Schreiben; zum Reden langt es noch. Die kühne Gebärde, immer wieder, die schöne Versammlungsstimme, der geübte Schrei: „Genossen! Kameraden! Der Fortschritt ... das Proletariat ... unbesiegbar ... nicht aufzuhalten ... Seid einig! Glaubt! Seid stark!" – Ach, man ist's nicht mehr. Kein Schlaf, kein Schlaf ... Die Tat, vergeblich: das große Umsonst, immer wieder – und niemals Schlaf ... Endlich erzwingt man ihn. Die Sekretärin, der man gerade noch etwas diktiert hat, wird zur Lunchzeit listig weggeschickt. Mit dem Strick bewaffnet schleicht der erschöpfte Freiheitskämpfer sich ins Badezimmer. Zwitschern die Schwalben drüben im Central-Park? Selbst sie will man nicht mehr hören.

Ich mußte an seinem Sarge sprechen. Er lag hinter mir, das Würgemal am Hals gnädig verdeckt. Ich wagte nicht, ihm ins Gesicht zu schauen. Ich hatte Angst. Ich schämte mich meiner Tränen. Wem galten sie? Doch nicht ihm, der endlich schlafen durfte?

Im Juni dieses Jahres schifften meine Eltern und Erika sich nach Europa ein. Ich fuhr in entgegengesetzter Richtung, nach Kalifornien, nicht im Zug diesmal, sondern in einem wunderlich antiken Fahrzeug, welches man höchstens im Scherz als Automobil bezeichnen konnte. Ich bin ein schlechter Chauffeur; der Freund, mit dem ich reiste, verstand auch nicht viel von Motoren. Er hieß Jury und war russischer Abstammung, ein großer, träger Mensch mit schläfrigen Kirgisenaugen und schwerem, honigfarbenem Haar. Es ging etwas Beruhigendes von ihm aus, oder war es die ungeheure Weite des Landes, die meinen Nerven wohltat und mir ein Gefühl von Geborgenheit gab? Amerika ist sehr groß und sehr leer. Ich hatte es schon mehrfach festgestellt, aber immer nur aus der Perspektive des Pullman-Wagens. In meinem wackeligen alten Ford erlebte ich diese Größe und diese Leere mit einer neuen Unmittelbarkeit. Europa schien weit entfernt. Eine Kriegsgefahr, gab es das? Existierte irgendwo ein miserabler kleiner Gernegroß, der sich lächerlicherweise vorgenommen hatte, dieses große Land, diese große Welt zu erobern? Zu dumm! Als ob Gebiete von solchem Ausmaß sich erobern ließen! Wozu auch? Es gab Raum genug für alle, enorme Strecken, endlos hingebreitete Flächen unausgenutzten, unbewohnten Landes ...

Die Probleme, die in den Einöden von Missouri, Utah und Nevada keine Relevanz und Realität zu haben schienen, wurden an der Westküste bald wieder aktuell. Machte es die relative Nähe des aggressiven Japan? Auch Europa, gerade noch so gnädig distanziert, schien plötzlich wieder schaurig nah herangerückt.

Das kleine Haus in Santa Monica, wo ich mit meinem schrägäugigen Gefährten diesen Schicksalssommer verbrachte, war mit einem Radio ausgestattet. Von morgens bis Mitternacht unterrichteten uns dramatisch bewegte oder eisig sachliche Stimmen über den Fortgang der internationalen Krise. Die Neuigkeit vom deutsch-russischen Nichtangriffspakt war am schwersten zu fassen. Unvermeidliche Folge der westlichen Politik, die in ihrer Wirkung und wohl auch in ihrer Absicht immer Moskau-feindlich, immer profascistisch gewesen war? Die logische Konsequenz von „appeasement“ und „München“? Gewiß. Aber es erregte trotzdem Brechreiz und Schwindelgefühl, Herrn von Ribbentrop im herzlichen Gespräch mit Stalin und Molotow photographiert zu sehen. Und Hitler hatte schon wieder eine „letzte territoriale Forderung“, an Polen diesmal. Würde er in Warschau einmarschieren wie in Wien und Prag? War Chamberlain schon unterwegs zum „Berghof“? Würdige Nervosität in London und Washington! Erpresserisches Säbelrasseln, drohende Hysterie in Berlin und München! Und in Paris das müde Achselzucken: „Mourir pour Danzig? Ça alors ... après tout ...“

Es fiel nicht ganz leicht, am Schreibtisch auszuharren bei solcher Gewitterspannung. Aber Erika und ich hatten wieder einmal einen Vertrag gezeichnet; das neue Buch, „The Other Germany“, war im Herbst abzuliefern: so mußten wir uns sputen. Während meine Mitarbeiterin, mehrere tausend Meilen von mir entfernt, irgendwo in Schweden an ihrem Pensum kritzelte, plagte ich mich am Stillen Ozean. Das „andere Deutschland“, über das ich schrieb, es war jenes „bessere“, jenes „eigentliche“, von dem wir immer noch erwarteten, daß es irgendwann einmal erwachen, sich erheben werde. Das Äußerste, den extremen Frevel, den Krieg, unser „anderes Deutschland“ ließ es nicht zu! Und käme es doch soweit – der Schrecken wäre kurz: die „besseren“ Deutschen würden nicht für Hitler kämpfen, sondern gegen ihn! Für die Befreiung, gegen den Tyrannen!

So träumten wir, der eine Autor am Nordmeer, der andere am Pazifischen. Da war es soweit. Was die dramatisch-bewegten oder eisig-sachlichen Radio-Stimmen am 3. September mitzuteilen hatten, es bedeutete den Ausbruch des Vulkans, die apokalyptische Verfinsterung.

Der Himmel über Santa Monica blieb hell und milde. Ich fragte Jury, ob er kein blutiges Schwert gesehen habe. Sein schräggestellter, schläfrig verhangener Blick prüfte den Horizont.

Ein blutiges Schwert? Hier noch nicht. – „Aber schließlich werden wir eines haben“, sagte mein Freund Jury, ein Amerikaner russischer Herkunft. Er fügte hinzu – und sah ernst, beinah drohend aus:

„Unless your Other Germany does something about it, pretty soon ...“

Wenn dein anderes Deutschland nicht bald etwas tut!

Elftes Kapitel.
Entscheidung

1940-1942

Aus einem Tagebuch

New York, 14. Juni 1940. Die Nazis in Paris. Deutschland jubelt, auch das „andere“ Deutschland. Hitler führt Freudentänze auf. Ein Albtraum ... Aber so phantastisch, so grauenvoll ist nur die Wirklichkeit.

18. Juni. Die Nachrichten aus Frankreich werden immer abscheulicher. Es ist nun deutlich, daß gewisse sehr einflußreiche französische Kreise die Niederlage des eigenen Landes wünschten und betrieben. „Lieber die deutsche Okkupation als die Herrschaft der sozialistischen Einheitsfront!“ Ich habe solche Äußerungen selbst gehört. Gewiß ist auch Marschall Pétain dieser Meinung. Der Sieger von Verdun als Handlanger des Feindes! Hassenswerter Greis. (Wieviel man hassen muß, heutzutage!)

Wichtig: Extremer Konservatismus führt, wie die Dinge nun einmal liegen, nicht nur zu totaler Verblödung, sondern auch zu völliger Infamie. Armes Frankreich! Von blöder Infamie verraten ...

Einziger Lichtblick: De Gaulle. (Der plötzlich in London auftauchte und heute wirkungsvoll sprach – freilich auch ein Konservativer.)

19. Juni. Wenn die Vereinigten Staaten neutral blieben und England opferten; wenn Hitler in London einmarschieren dürfte wie in Paris, ohne daß Amerika einen Finger rührte, was würde dann aus der amerikanischen Demokratie? Ein Amerika, das den Sieg des Fascismus geduldet hätte, wäre seinerseits für den Fascismus reif. Schrecklicher Gedanke! Statt eines senilen Marschalls würde hier ein fescher Ozeanflieger die Rolle des Quisling spielen. Charles Lindbergh im Weißen Haus ...

Aber nein, dort sitzt F.D.R. *It can't happen here!*

26. Juni. Seltsame neue Bekanntschaft: die junge Carson McCullers, Autorin des schönen Romans „The Heart is a Lonely Hunter“. Frisch aus dem Süden eingetroffen. Sonderbar, die Mischung aus Raffinement und Wildheit, „morbidezza“ und Naivität. Vielleicht sehr begabt. Die Arbeit, mit der sie sich jetzt beschäftigt, soll von einem Neger und einem jüdischen Emigranten handeln: zwei Parias. Könnte interessant werden.

... Arbeit, die ewige Last, ohne die alle übrigen Lasten unerträglich würden. Notizen zu einem Essay über Thomas Masaryk. Tröstlich. Wahrhaft in die Zukunft weisender Typ. Sehr wesentlich, sehr aktuell: seine Debatte mit Tolstoi über Pazifismus, den T. als ein absolutes, unbedingt verpflichtendes Postulat versteht, während M. die Anwendung von Gewalt unter gewissen Umständen (im Kampf gegen das aggressiv Böse) entschuldbar oder selbst notwendig findet. Heiligt der Zweck die Mittel? Fundamentales Problem ...

Und wie viele solcher Fragen sind im Lichte unserer jüngsten Erfahrungen neu zu bedenken, neu zu formulieren! Werte und Prinzipien, an deren Gültigkeit wir nie gezweifelt haben, werden jetzt zweifelhaft. Die Krise verpflichtet zur Diskussion. Diskutieren wir! Was nottut, ist ein allgemeines Gespräch, ein Symposion ernster und ehrlicher Geister, die zur Klärung und Erneuerung unserer moralischen Grundbegriffe beizutragen wünschen.

Am gleichen Tag, später. Eine neue literarische Revue, könnte sie nicht das Forum für eine solche Debatte werden? Ich hätte wohl Lust, es noch einmal zu versuchen ... Die Zeitschrift, die ich jetzt gründen möchte, müßte natürlich in englischer Sprache erscheinen und durchaus internationalen Charakter haben; eine Spezialisierung auf die Problematik der deutschen Emigration, etwa im Stil der „Sammlung“, wäre heute unbefriedigend, ja gefährlich. Ich bin kein Deutscher mehr. Bin ich noch Emigrant? Mein Ehrgeiz ist, ein Weltbürger amerikanischer Nationalität zu werden. In diesem Geiste wäre die Revue zu führen – weltbürgerlich-amerikanisch. (Der Geist Walt Whitmans, den ich wieder lese: mit größerer Freude als je.)

27. Juni. Vor dem Eiffelturm, dem Arc de Triomphe, der Opéra lassen grinsende Nazi-Flegel sich photographieren ... Der Ekel würgt mich, mir wird buchstäblich schlecht, wenn ich dergleichen in der Zeitung lese. Ob die Gestapo-Beamten und SS-Offiziere Glück bei den Pariserinnen haben? Sicher doch. Und der weißhaarige Held von Verdun gibt seinen Segen zu solcher Unzucht. *"O Star of France!"* – wie Whitman prophetisch klagt. *"Star crucified! by traitors sold!"*

Bewunderung für England. Mit welcher Würde es durch den Mund Winston Churchills spricht! Seine Reden haben eine Erhabenheit, die in unserer Zeit fast anachronistisch wirkt. Aber diese naiv-gewaltige, rührend große Renaissance-Figur rettet vielleicht die Zivilisation des zwanzigsten Jahrhunderts.

... Der Gedanke an die neue Zeitschrift läßt mich nicht los. Wie nenne ich sie? Von den Namen, die ich bisher erwogen habe, gefällt *Solidarity* mir am besten.

28. Juni. Das Emigranten-Milieu, zu dem ich so lange gehört habe, wird mir nun immer fremder.

Gestern, bei Curt Rieß, ziemlich quälende Sitzung der „German American Writers". Es sind Fremde darunter, Gumpert, Kesten usw.; aber mit der Mehrzahl weiß ich mich kaum noch zu verständigen. Manche scheinen den Krieg als eine Art von imperialistisch-kapitalistischer Verschwörung aufzufassen, eine Ansicht, die gerade in links-radikalen Kreisen recht verbreitet ist. Dort würde man sich für den Kampf gegen Hitler wohl nur interessieren, wenn die Sowjetunion involviert wäre. Solange Moskau und Berlin sich vertragen, finden die Kommunisten das demokratische England „mindestens ebenso schlimm" wie das fascistische Deutschland. Wie soll man da diskutieren?

Besprechung mit einigen der „Intimen" oder „Gleichgesinnten", nach Abschluß des offiziellen Teils. Ich setzte folgenden Brief auf, der von Gumpert, Kesten, Rieß und ein paar anderen unterzeichnet wird:

„An den Vorstand der *German American Writers Association*

Sehr geehrte Kollegen,

Die *Association of German American Writers* ist als eine unpolitische Organisation gegründet und geleitet worden. Von Anfang an haben einige unter uns Zweifel und Bedenken gehegt, ob es sinnvoll oder auch nur möglich sei, unter den heutigen Umständen eine Vereinigung exilierter deutscher Autoren als ›unpolitische Berufsorganisation‹ funktionieren zu lassen. Seit dem Ausbruch des zweiten Weltkrieges und besonders, seitdem er in sein entscheidendes Stadium eingetreten ist, hat die politische Problematik unserer Situation als Schriftsteller deutscher Abstammung sich noch mehr zugespitzt und fordert von jedem unter uns eine klare, verantwortungsbewußte Stellungnahme.

Jede Organisation von Deutschen in einem demokratischen – und das heißt also: in einem *von den Deutschen bedrohten* – Land, muß heute einen fragwürdigen, ja provokanten Charakter annehmen: es sei denn, daß sie sich auf ein präzises, politisches und kulturpolitisches Programm festzulegen vermag. Eben dieses Programm fehlt unserer ›Association‹, und eben in ihrer – statutenmäßig festgelegten – Selbstbeschränkung auf die ›unpolitische‹ Sphäre sehen wir ihr fatales Manko.

Denn es verhält sich doch keineswegs so, daß die einzelnen Mitglieder des Bundes sich nicht für Politik interessieren; vielmehr beweist das Bekenntnis zum Unpolitischen nur, daß in unserem Kreise die notwendige Übereinstimmung in den moralisch-politischen Grundsätzen und Zielen noch nicht – oder nicht mehr – vorhanden ist.

Obwohl wir uns gerade in diesem Augenblick nicht gerne von einer Gruppe exilierter deutscher Schriftsteller lossagen, haben wir uns doch nach reiflicher Überlegung zu einem solchen Schritt entschließen müssen und erklären hiermit unseren Austritt."

29. Juni. Sorge um Golo, Onkel Heinrich, Mopsa Sternheim und andere, die in Frankreich verschollen sind. Golo, der sich als tschechischer Freiwilliger bei der französischen Armee gemeldet hatte, wurde prompt interniert, als ob Frankreich Krieg gegen die Antifascisten führte, nicht gegen die Fascisten. Die letzte Nachricht von ihm – das war noch vor dem débâcle – kam aus einem Konzentrationslager. Seither kein Wort – weder von ihm noch vom Onkel, der zur Zeit des Zusammenbruchs in Nizza gewesen sein dürfte. An Gerüchten fehlt es freilich nicht. Von Heinrich Mann hieß es schon, er sei den Nazis in die Hände gefallen, zusammen mit Lion Feuchtwanger, um die Sache erst recht schlimm zu machen. Glücklicherweise wurde diese schaurige Geschichte alsbald dementiert. Franz Werfel soll in Frankreich umgekommen sein; hoffentlich auch nur ein Greuelmärchen.

Und André Gide? In Paris wäre er seines Lebens nicht sicher. (Ob die Deutschen auch den südlichen Teil des Landes besetzen werden?) Und Julien Green? Und Cocteau? Es sind ihrer so viele, um die man sich jetzt ängstigt. Auch Selbstmorde wird es wieder geben. Erinnerung an Menno ter Braak, der sich eine Kugel vor den Kopf schoß, als die Nazis in Holland einfielen. Ein nobler und reiner Geist, höchst gesittet; den Triumph der Barbarei ertrug er nicht ... Wie viele Franzosen mögen jetzt den gleichen Schritt erwägen oder schon zu ihm entschlossen sein?

Besonders verzweifelt die (innere und äußere) Lage der französischen Kommunisten. Zu dem Gram, den sie mit allen teilen, dürfte in ihrem Fall ein bitteres Gefühl der Reue kommen. Denn wenn es in erster Linie die extreme Rechte ist, die den Zusammenbruch verschuldet hat, so darf die Mitverantwortung, die Mitschuld der extremen Linken doch nicht übersehen oder vergessen werden. Haben „die Roten", wie eine gehässige Presse sie hier gerne nennt, nicht mit den Lavals und Pétains gemeinsame Sache gemacht, indem sie den Widerstandswillen der Nation unterminieren halfen? Man fragt sich, ob die Dritte Internationale auch jetzt noch, nach dem französischen Fiasko, dabei bleiben wird, einen Krieg zu ignorieren und zu sabotieren, bei dem es doch – trotz allem, malgré tout, after all! – um die Sache der Freiheit geht. Der Kampf gegen Hitler – man sage, was man wolle – ist ein guter Kampf, oder doch ein notwendiger. Auch für Amerika wird es notwendig werden, sich an dieser Auseinandersetzung zu beteiligen: Roosevelt weiß das, wir alle wissen es; warum wollen die amerikanischen Kommunisten es nicht begreifen? Ihre Partei-Organe, „The Daily Worker" und „The New Masses", konzentrieren ihren ganzen Haß auf „die Kriegshetzer in Washington", während sie an den Friedensfürsten in Berlin „revolutionäre Züge" entdecken. Hat Hitler sich nicht für die „Brechung der Zinsknechtschaft" ausgesprochen? Und übrigens gibt es einen deutsch-russischen Nichtangriffspakt ... Verläßt man sich in stalinistischen Kreisen darauf, daß die Nazis gerade *diesen* Pakt nicht brechen werden? Nach allem, was wir erlebt haben, scheint solche Blindheit beinah unverzeihlich!

Am gleichen Tag, später. Unverzeihlich? Ja, die jetzige Haltung der Kreml-Trabanten ist schwer zu verstehen, schwerer noch zu verzeihen. Aber vergessen wir nicht, was alles von „demokratischer" Seite geschehen ist, um die Sowjetunion und ihre Freunde in diese unheilvolle Position zu drängen! Denken wir an Spanien! Denken wir an München! Aus Angst vorm Kommunismus hat man den Fascismus großgezüchtet und nun, da man sich vom eigenen Protégé (dem Fascismus eben) überfallen findet, erwartet man Beistand von den Kommunisten! ... Trotzdem bleibt es natürlich dabei, daß ein deutscher Sieg *die* Katastrophe wäre, auch für die Kommunisten, und gerade für sie. Nach England käme die Sowjetunion an die Reihe.

1. Juli. Den Artikel über Masaryk abgeschlossen – auf englisch! Muß nun durchgesehen, korrigiert werden. Wimmelt gewiß von Fehlern. Quälendes Gefühl der Unsicherheit. Plötzlich ist man wieder ein Anfänger: jeder Satz bereitet Kopfzerbrechen. Immerhin sind wohl gewisse Fortschritte festzustellen.

Notizen zu einer Erzählung („Speed") – auch in der neuen Sprache! Und der Verlag „New Directions" will von mir ein Vorwort zu Franz Kafkas Roman „Amerika". Reizvolle Aufgabe. Freilich habe ich meine Zweifel, ob F. K. hier durchzusetzen sein wird.

Langes Gespräch mit Tomski (Curtiss) über die Zeitschrift, zu der auch er große Lust hat. Das finanzielle Problem. (T. will etwas Geld geben.) Brief an Archibald MacLeish, Chef der Library of Congress, der sich in offiziellen Kreisen für unser Projekt verwenden könnte. Vielleicht, daß auch in Hollywood einige Mäzene zu finden wären ...

Der Name „Solidarity“ gefällt mir nicht mehr. Zu „laut“, zu „propagandistisch“. „Zero Hour“ wäre vielleicht besser. (Wie ließe sich das übersetzen? „In letzter Stunde“? „Eine Minute vor Zwölf“? „Der letzte Augenblick“: Alles gleich unmöglich. Aber glücklicherweise ist es ja kein *deutscher* Name, nach dem ich diesmal suche ...)

Washington, 3. Juli. Erschöpft und recht deprimiert nach einem langen, geschäftigen Tag in dieser glühenden Stadt. Ausführliche Unterhaltungen über „Zero Hour“ mit MacLeish in der Library of Congress, Michael Huxley von der Englischen Botschaft und dem tschechoslowakischen Gesandten, Major Hurban. Alle finden meinen Plan „quite interesting“, aber niemand will helfen. Es muß also ohne offizielle Unterstützung gehen. Statt der Dollars, Pfunde oder Tschechenkronen, die ich nicht kriegen kann, habe ich meine alte, geliebte Unabhängigkeit.

Im Zug, zwischen Kansas City und Los Angeles; 5. Juli. Reisetage. Von Washington nach Chicago; dort Treffen mit Eltern und Erika. Die schon vertraute Fahrt durchs Öde, diesmal „en famille“. (Erinnerung an den vorigen Sommer, an Jury. Er will heiraten, wird Kinder haben. Ich nicht. Und die Jahre vergehen.)

Viel Gespräch. Über den Krieg. Der neue Widerstandswille in England. (E. möchte nach London.) Auch über die Zeitschrift. Ermutigt durch Zauberers herzliches Interesse.

Lektüre. Wieder sehr berührt von Kafkas „Amerika“. Freilich wiegt es leichter als die beiden anderen großen Roman-Fragmente; aber gerade diese Leichtigkeit macht „Amerika“ zu einem einzigartigen Phänomen innerhalb des Kafkaschen Oeuvre. Im „Schloß“ und im „Prozeß“, auch in der kleinen Prosa, mag es Stellen von makabrer Komik geben (ich muß über Kafka oft ebenso bittere Tränen lachen wie über Marcel Proust); aber das Komische wirkt doch immer nur wie die Maske, hinter der ein Antlitz von heillos-unheilbarer Tragik sich stolz und höhnisch verbirgt. Diese Verzweiflung, die sich nicht, wie etwa bei Kierkegaard, im Glauben erlösen darf, sondern die im furchtbarsten, definitiven „Krankheit zum Tode“ ist – nur im „Amerika“-Fragment scheint Kafka von ihr befreit. Befreit? Ach, wohl nicht ganz! Aber in diesem Buch – sonst nirgends – ist doch der Wille zur Befreiung da. Ein Gefangener bricht aus, schweift unter fremden Himmeln, wagt sich in unbekannte Zonen vor. Das Land, das er entdeckt – oder erfindet er's? – ist reich an Schrecken; aber die Lüfte wehen leichter dort. Der Verzweiflungskampf lockert sich; man kann wieder atmen ... Ich schaue durchs Fenster unseres Pullman-Wagens. Draußen ist's wüst und leer. Hätte Franz Kafka dies wirkliche Amerika gekannt, was wäre aus seinem grandios-grotesken Traum geworden? Aber vielleicht ist der Traum des Dichters wahrer, wirklicher als unsere Wirklichkeit. Der Traum lebt und zeugt. Aus dem Traum kommt Hoffnung. Hoffnung auf Amerika ...

„Amerika“ ist Kafkas heiterstes Buch. Im Vorwort zu betonen.

Brentwood (bei Los Angeles, California); 12. Juli. Jetzt gibt es Nachrichten aus Frankreich in überreichlicher Fülle, lauter Hilferufe, desperate Bitten um amerikanische Visen, „affidavits", Geld etc. Alles will in die Vereinigten Staaten. Kabel und Briefe kommen aus Nizza, Marseille, Vichy, Perpignan, Casablanca. Einige der Freunde haben schon Lissabon erreicht und sind also in vorläufiger Sicherheit. Andere sind endgültig geborgen, nämlich tot. Neue Selbstmord-Epidemie. Ernst Weiß gehört zu den Opfern. (Habe ich ihm je gesagt, wie sehr ich seinen letzten Roman, „Der arme Verschwender", bewundere?) Auch Walter Hasenclever hat sich umgebracht, ein alter Freund, den ich gern wiedergesehen hätte. Und Walter Benjamin, mir weniger sympathisch, wenngleich ich seine großen intellektuellen Gaben stets zu schätzen wußte. Wieviel Verluste! Wird die deutsche Literatur sich von diesem grausigen Aderlaß je erholen?

Hier werden Rettungsaktionen beraten und vorbereitet. In New York gibt es schon ein „Emergency Rescue Committee"; Mielein, E., die immer aktive, hilfsbereite Liesl Frank und andere sind dabei, hier eine Filiale zu organisieren. Amerikaner bieten ihre Hilfe an, darunter manche von erheblichem Prestige, wie Frank Kingdon (früher Präsident einer großen Universität, jetzt freier Schriftsteller und „lecturer"), Freda Kirchway (Herausgeberin der liberalen Wochenschrift „The Nation") und George Cukor, der Filmregisseur. Auch prominente Quäker und führende Persönlichkeiten der sehr progressiven, sehr humanen „Unitarian Church" stellen sich zur Verfügung. Große Geldsummen sind aufzutreiben. In unserem Hause (für den Sommer gemietet) soll nächstens eine „money-raising party" stattfinden, eine gesellige Zusammenkunft zum Zweck des Schnorrens, wie es hierzulande üblich ist.

Eine Liste besonders wichtiger und besonders gefährdeter Emigranten wird von uns (mit Hilfe von Bruno Frank und anderen) für das „Committee" zusammengestellt. Natürlich gehört auch Leopold Schwarzschild in diese Kategorie. Ich gebe ihm nie mehr die Hand (er ist ein Verleumder); aber in den Händen der Nazis möchte ich ihn doch nicht wissen.

14. Juli. Ohne Frage, es ist ein Mirakel, was sich in England seit den schrecklichen Tagen von Dünkirchen vollzogen hat. Alle Nachrichten lassen darauf schließen, daß wenigstens diese eine Nation im Willen zum Widerstand geeinigt ist. Und also wird Hitler scheitern! Seine Stärke bestand immer nur darin, daß er die Schwäche anderer auszunutzen wußte. Die moralische Entschlossenheit, die das englische Volk jetzt zeigt, ist ein Faktor, mit dem er nicht gerechnet haben dürfte und der ihm den entscheidenden Strich durch die schmutzige Rechnung macht.

Wie sehr verstehe ich E.'s Wunsch, bald nach London zu fahren! Duff Cooper, der jetzt das „Ministry of Information" unter sich hat, will sie am B.B.C. sprechen lassen.

15. Juli. Heute nachmittag lange Unterhaltung mit Christopher Isherwood. Er ist mir so lieb, so brüderlich vertraut, und doch bringe ich für seine neue Entwicklung kein rechtes Verständnis auf. Zusammen mit Aldous Huxley und dem Philosophen Gerald Heard – oder unter ihrem Einfluß? – gerät er immer tiefer in den Bann einer indischen Mystik, zu deren ethischen Prinzipien die unbedingte Ablehnung der Gewalt gehört: eben jener *absolute Pazifismus* also, gegen den Masaryk sich in seiner Debatte mit Tolstoi wendet. Nicht, als ob ich die Anwendung von Gewalt weniger verwerflich fände als irgendein Isherwood, Huxley oder Heard! Und nun gar der moderne Krieg! Wem graute nicht vor seinem mörderischen Stumpfsinn, seiner apokalyptischen Idiotie? Man muß ein hysterischer Romantiker wie Ernst Jünger sein, um an den öden Schrecken der „Materialschlacht" Gefallen zu finden. Als gesitteter Mensch ist man *natürlich* Pazifist, was denn sonst?

Fragt sich nur, ob wir im vorigen Herbst noch die Wahl zwischen Krieg und Frieden hatten oder ob nicht damals die Entscheidung längst gefallen war. Ein Krieg, der *unvermeidlich* geworden ist, läßt sich nicht mehr „ablehnen", sondern nur noch gewinnen. Warum wurde der Krieg unvermeidlich? Als ob wir es nicht wüßten! Weil die Demokratien dem Fascismus Vorschub leisteten, sei es aus mißverstandenem „Pazifismus", sei es aus weniger vornehmen Motiven ... Indem man Hitler tolerierte, finanzierte und protegierte, verscherzte man sich den Frieden. Nun fehlte nur noch, daß man ihn siegen ließe! Dann wäre der Krieg permanent.

Willst du das, Christopher Isherwood? Nein, natürlich nicht!

Und bestehst doch darauf, daß der Krieg „das schlimmste aller Übel" sei? Es gibt ein schlimmeres, my dear friend. Stelle dir die „Neue Ordnung" vor, die ein siegreicher Hitler etablieren würde, und du weißt, was ich meine.

Der Sieg der Demokratien aber *könnte* den Frieden bringen. (Ich wage nicht zu sagen: *wird* ...)

Am gleichen Tag, später. Als ob ich sie nicht kennte, die Stunden des Zweifels, der Entmutigung! Warum sollte ich es mir nicht eingestehen? Manchmal – ach, nicht gar so selten! – ängstigt mich die Frage, ob es in diesem Krieg denn wirklich um eine moralische Entscheidung geht. Die Tatsache, daß der Kampf überhaupt möglich oder unvermeidlich werden konnte, bedeutet vielleicht an sich schon ein so schmähliches Fiasko *für beide Parteien*, daß es nun, moralisch gesehen, kaum noch einen Unterschied macht, welche Partei gewinnt. Wäre dem so, wie sollte man dann noch leben?

2. August. Das Kafka-Vorwort für „New Directions" abgeschlossen. Nicht ganz unzufrieden. Hätte ich es auf deutsch besser gemacht? Isherwood, dem ich das Manuskript vorlege, findet nur wenig zu korrigieren.

Briefe und Gespräche, „Zero Hour" betreffend. Beratung mit Bruno Frank, warmherzig und gescheit, wie immer. Mein freundschaftliches Gefühl für ihn vertieft sich von Jahr zu Jahr. Sehr schön, seine neue Novelle „16 000 Francs", die ich gern in meiner Zeitschrift bringen würde.

18. August. Der Gedanke an Gretel (Walter), die heute vor einem Jahr in Zürich ums Leben gekommen ist. Wie habe ich sie angebetet, als wir Kinder waren! In meiner puerilen Schwärmerei identifizierte ich sie mit Carmen, der verhängnisvoll attraktiven Zigeunerin. Und wie Carmen mußte sie zugrundegehen ... „Klassische" Tragödien dieser Art scheinen irgendwie absurd, phantastisch, unglaubhaft, wenn sie sich in unserem eigenen Kreis begeben. Der nicht mehr geliebte Gatte tötet erst die geliebte Frau, dann sich selbst. Ihre letzte Auseinandersetzung (sie kam noch einmal zu ihm, freiwillig, auf seine Bitte) muß ähnlich verlaufen sein, wie jener lapidare und finale Dialog zwischen Carmen und Don José: „Du liebst mich also nicht mehr?" – „Nein!" Worauf es eine Antwort nicht gibt, nur noch die klassisch absurde Geste ... (Hat Carmen es anders gewollt? Bei Prosper Mérimée ist sie es, die *femme fatale*, die den verstoßenen Liebhaber zu seiner Untat zwingt. Er möchte es ihr, möchte es sich ersparen. Aber da er fleht: „Carmen! ma Carmen! laisse-moi te sauver et me sauver avec toi!" Was erwidert sie ihm? „José, tu me demandes l'impossible. Je ne t'aime plus; toi, tu m'aimes encore, et c'est pour cela que tu veux me tuer." Vorher aber hat sie schon gesagt: „Tu veux me tuer, je le vois bien; *c'est écrit*.")

Steht es geschrieben, daß wir alle eines gewaltsamen und bitteren Todes sterben müssen? Mit Ricki fing es an ...

Je mehr Freunde man verliert, desto stärker fühlt man sich den überlebenden verbunden. Walters gehören zu den vertrautesten. Die arme Mutter freilich scheint sich von dem grausamen Schock nicht mehr erholen zu wollen. Aber beim Vater darf der Schmerz im gesteigerten musikalischen Gefühl produktiv werden. Als Dirigent, als Künstler ist er ohne Frage noch gewachsen. Herrliche Konzerte in der „Hollywood Bowl"; danach meist Geselligkeit. Überhaupt viel herzlicher Verkehr mit ihnen; Beverly Hills, wo sie jetzt wohnen, ist ja nach kalifornischen Begriffen so nah, daß sie beinah wieder unsere Nachbarn sind. Die Beziehung zu Lotte wird immer inniger.

19. August. Abreise E.'s nach England (über New York, Lissabon). Mit ihr zum Flugplatz. Wie beschreibe ich die Gefühle, die mir das Herz beschweren? Sorge mischt

sich mit Neid, Traurigkeit mit Stolz ... Sie ist mutig, ich bin stolz auf sie. Um so bitterer der Schmerz, die Scham des Zurückbleibens!

21. August. Zum Tee bei den Huxleys. Aldous in großer Form, viel gelockerter, heiterer, freier als früher, in Sanary. Seine Konversation sprüht von jener geistvoll skeptischen Bosheit, die sich mit seiner jetzigen Philosophie eigentlich kaum noch verträgt und die man doch nicht an ihm missen möchte. Ohne Frage, Huxleys „Bekehrung" zur Mystik, seine neue Tendenz zum Religiös-Ethischen ist eine Sache des Willens, des Intellekts, nicht des Instinkts, nicht des Herzens. Ein „geborener" Mystiker wäre kaum so witzig. Wie amüsant er heute nachmittag von seinen Abenteuern in den Filmateliers erzählte! Nicht weniger drollig waren die Anekdoten, die Anita Loos zum besten gab. Sie scheint intim mit den Huxleys kuriose Zusammenstellung! Läßt Aldous sich von ihr über amerikanischen Slang und amerikanische Psychologie belehren? In seinem neuen Roman, „After Many a Summer Dies the Swan", kommt eine Hollywood-Nutte vor – die letzte Liebe des alternden Millionärs –, deren kesser Jargon von „Gentlemen Prefer Blondes" beeinflußt scheint ...

Unterhaltung über Kafka (mit dem H. sich jetzt viel beschäftigt), Joseph Conrad, Dickens und andere literarische Gegenstände. Ich erwähne auch meinen Zeitschriftenplan. H., unter dessen Patronat ja schon „Die Sammlung" erscheinen durfte, stellt sich wieder als Mitarbeiter zur Verfügung.

Kein Wort über den Krieg, wie auf Verabredung. Mrs. Huxley erwähnt die Schrecken, denen ihre Verwandten und Freunde jetzt in Belgien ausgesetzt sind, als handele es sich um die tragischen Folgen eines Erdbebens oder einer Überschwemmung.

6. September. Erika in London. Ihr erstes Kabel klingt zuversichtlich, begeistert. Aber die Nachricht ist mehrere Tage alt und vielleicht überholt. In den Industriestädten der „Midlands" ist die Hölle schon los. Göring schickt seine Geschwader über den Ärmelkanal. Jeden Augenblick kann die Reihe an London sein.

E. hat gewiß keine Angst. Aber ich.

San Francisco, 13. September. Bin hier, um mich bei einigen Reichen einzuschmeicheln, die als Geldgeber für die Zeitschrift in Frage kommen. Und habe doch nichts im Kopf, als London und die infernalischen Bombardements! Buckingham-Palace getroffen. Nicht, als ob ich mir um „His Majesty, the King" besondere Sorgen machte! Aber vielleicht wohnt E. im gleichen Viertel ...

Gestern, in Carmel. Sehr schön am Meer gelegen, nicht weit von San Francisco. Kurzer Besuch bei Bibi, der dort mit Frau und Kind den Sommer verbringt. (Während der

Wintersaison wird er hier im Symphonie-Orchester als Bratschist tätig sein.) Das Kind heißt Fridolin und ist erst einige Monate alt. So hat man also einen Neffen ... Nicht ohne Rührung betrachte ich das greisenhafte Gesichtchen mit großen Ohren, schaumig zarten Wangen. Die unglaublich winzigen Hände und Füße, schon so genau gebildet, sorgfältig geformt, regen sich wie nervöse Fleischblümchen. Was mag *der* nun erleben? Armer Fridolin! Arme Welt ...

14. September. San Francisco hat Reiz; die schönste amerikanische Stadt, ohne Frage; außer New York, das ich am meisten liebe.

Lunch mit dem alten Bender. (Munterer Greis, jüdisch-irischer Abstammung – eine Mischung, der ich, meines Wissens, noch nie begegnet bin. Vielleicht ein „Engel", um mich des drolligen amerikanischen Ausdrucks für „Geldgeber" zu bedienen.)

Mit ihm nach „Treasure Island" zur großen „Fair". (Wie nennt man das auf deutsch? „Ausstellung"? „Jahrmarkt"? Keine Übersetzung scheint ganz zu stimmen ...) Der Eindruck entschieden imposanter als der von der New York Fair. Stärkere Farben. Das sehr blaue Meer. Stolzer Schwung der kolossalen Brücken.

Etwa zwei Stunden lang in der „Art Exhibition", mit intensivem Genuß. Stark berührt von einigen Italienern, eine Madonna des Filippo Lippi, mit goldenem Hintergrund wie aus Brokat; großartige Porträts von Tintoretto; Reiz des Tiepolo. (Aber die glatte, süße Perfektion des Raffael läßt mich wieder ganz kalt.) Am stärksten fasziniert von einem grausig-ausgelassenen, makaber-saftigen Volksfest Brueghels und von einem wunderbaren Cranach: der heilige Hieronymus, mit Eichhörnchen, Vögeln, einem sanftruhenden Löwen, in seiner weiten, mit frommer Genauigkeit abkonterfeiten Gelehrtenstube ... Sehr gefesselt von einem Poussin: Madonna in blauem Faltenwurf. (Das Statuenhafte seiner Figuren. Das Mysterium dieser Klarheit, die unergründliche Tiefe dieser Transparenz ...) Ein paar kleine Rembrandts von ungeheurem Gehalt; trauerndes Haupt des David – ergreifend schön. Ebenbürtig die Dürer-Skizzen. Im neunzehnten Jahrhundert rechnen *nur* die Franzosen: schwach aber reizvoll vertreten durch Zeichnungen von Degas, Redon, Daumier, Cézanne, Renoir usw. Eine hinreißende Kunstreiterin mit kläffendem Pudel von Toulouse-Lautrec. Die modernen Amerikaner fast durchwegs matt. Kaum ein neues, wirklich inspiriertes oder repräsentatives Moment, nichts, was sich dem modernen amerikanischen Roman (Hemingway, Faulkner, Wolfe) an die Seite stellen ließe. Bei den europäischen „contemporains" eine Fülle des Interessanten, auch des Schönen. Freude an Braque, Dufy, Utrillo, Vlaminck. Bewunderung für eine virtuos gemalte, auch sehr innig empfundene Themse-Landschaft von Kokoschka. Von den zeitgenössischen Deutschen kommt nur noch Beckmann für mich in Frage. (Klee, der mir wichtig bleibt, ist kein Deutscher. Und Hofer, Nolde, Dix? „Ça n'existe pas." Auch wenn es Liebermann nicht mehr gäbe, wäre der Verlust nicht gar zu bitter ...) Beckmann, als einziger, hat echtes Pathos, den zwingenden Stil, die originale Vision. Die Verzerrung seiner sadistischen Gotik mag abstoßen, auch die grelle Aggressivität der Palette berührt oft unangenehm („il est très boche"); aber aus jedem seiner Bilder spricht die starke, innig bemühte, ringende Persönlichkeit. Daher die Überzeugungskraft dieser Kunst, die sich in ihrer Einseitigkeit, ihrer Intensität, ihrer Tragik etwa mit der Kunst Rouaults vergleichen ließe. Aber was wird aus einem leidvoll problematischen und limitierten Talent wie Beckmann, oder wie Rouault, neben dem dämonisch wandlungsfähigen, wirklich universalen Schöpfer? Unter den vielen Begabungen der Epoche gibt es nur ein *Genie:* Picasso.

Im Zug (irgendwo im Staat Nevada); 16. September. Picasso läßt mich nicht los. Das Bild von ihm, das mich in San Francisco bezaubert hat – eine sitzende Jünglingsfigur –, stammt aus einer seiner halb-klassizistischen Perioden. Die strenge Anmut und Genauigkeit der Kontur läßt an Ingres denken. Aber wo gäbe es bei diesem oder bei irgendeinem anderen Meister dies zugleich unschuldig heitere und abgefeimte Spiel rosig hingehauchter und purpurn satter Tinten? So etwas kann nur Picasso, der *alles* kann.

Erinnerungen an sein ungeheures, ungeheuerliches Werk stellen sich ein, da ich die Augen schließe. Magisches Kaleidoskop heftig bewegter Farben, wechselnder Figuren! Das gläsern fahle Blau der frühen Zeit mit ihren Absinthtrinkerinnen, fragilen Zirkuskindern, Bettlern am Meeresstrand; die erhabene Lieblichkeit und klassische Würde des Knaben mit dem Pferd, brauner Knabe mit grauem Pferd auf braunem Grund, vor einem grauen Himmel; dann die Verzerrung, der Einbruch Afrikas: aus dem hellenisch edlen Antlitz wird die Kongo-Fratze. Nach dem kubistischen Experiment der Kriegsepoche kommt ein neues Blühen: in der Balkon-Idylle von 1919 löst sich der Krampf, die Farbe leuchtet wieder, das Gitarren-Symbol taucht auf, eine Siegestrophäe, das schöne Zeichen neuer Heiterkeit. Bleiben wir nun in der hellen Sphäre? Die kolossalischen Frauengestalten von 1920 mit den hypertrophierten Händen, Füßen und Brüsten scheinen in ihrer betrübten Massigkeit zwischen Unterwelt und Olymp zu stehen. Aber schon bald danach ist vollkommene Harmonie erreicht; einige Meisterwerke dieser zweiten klassischen Periode sind mir gegenwärtig in ihrer holden Präzision und diskreten Vollkommenheit: die Mutter mit dem Kind, ein römisches Liebespaar, die wunderbar klaren, liebevoll genauen Porträts der Madame Picasso, der gravitätisch ernste Harlekin mit schwarzem Hut. Aber in solcher Ruhe, so majestätischer Gelassenheit bereitet sich schon neues Wagnis vor. Nach der luziden Objektivität, nochmals die Verfratzung, nochmals die Abstraktion! Eine Dynamik, die kein Ermüden, kein Genügen kennt, darf sich manchmal im Brand der Farbe festlich-violent entladen. Der königlich grelle Gockel, den ich im New Yorker Museum of Modern Art bewundert habe, ist reine Glut, ein Farb- und Feuervogel; auch in den wild hingepinselten

„doppelten Profilen", das schauerliche Antlitz von der Seite her gesehen. Aber Nüstern und Augen sind grauenhafterweise doppelt da, scheinen rot, grün, blau, gelb und schwarz selbstherrlich zu triumphieren: Elementen gleich, die nicht zu fesseln sind. In der Guernica-Komposition aber erlischt die Flamme oder verdüstert sich doch zur bleichen Glut. Kein Leuchten mehr! Die apokalyptische Szene ist farblos, trostlos, ganz beherrscht von der Verzweiflungsgeste des gefallenen Menschen, dem Aufschrei der geschundenen Kreatur. Das klagende Pferd in Picassos „Guernica" – seit Grünewald ist solche Qual auf keiner Leinwand ausgedrückt worden.

Ohne Frage, Picasso ist nicht nur der größte Maler der Epoche, sondern der größte *Künstler*. Kein Dichter oder Komponist kann sich mit ihm vergleichen. Seine kreative Potenz wirkt erstaunlich, ja beunruhigend, beinahe *monströs* in einem Jahrhundert der bescheidenen Dimensionen und reduzierten Kräfte. Angesichts dieser sich immer wieder selbst zersetzenden, selbst überbietenden Meisterschaft, dieser zugleich souverän spielerischen und tragisch besessenen Produktivität kann man nicht umhin, sich zu fragen: Wie macht er es? *Das geht doch nicht mit rechten Dingen zu* ...

Immer wieder der Wunsch, über Picasso zu schreiben; einen größeren Essay, vielleicht ein Buch. Aber es ist schon so viel über ihn geschrieben worden. Und es gibt so viele Gegenstände, über die ich schreiben möchte.

New York, 20. September. Endlich Nachricht von E. Nur drei Worte: „Safe so far." Ein ziemlich bedingter Trost.

Golo und Heinrich in Lissabon.

Gerüchte, daß André Gide hierherkommen will.

24. September. Die Novelle „Speed" abgeschlossen, mein erster erzählerischer Versuch in der neuen Sprache. Nicht zufrieden. Der epische Stil scheint unvergleichlich schwerer zu treffen als der kritisch-deutende oder der reportagehaft-berichtende.

25. September. Die Zeitschrift kommt zustande! Große Geldmittel werden mir nicht zur Verfügung stehen; aber wer wagt, gewinnt, und ich habe nun einmal Lust zu der Sache.

Die beiden ersten Manuskripte für die erste Nummer sind eingetroffen, von Aldous Huxley und Bruno Walter. Kein schlechter Anfang! Curtiss wird natürlich unser Theaterkritiker. Die begabte Muriel Rukeyser, mit der ich mich recht angefreundet habe, verspricht Gedichte. Auch Wystan (Auden) will mitarbeiten. Ausführliche Gespräche mit Carson McCullers, Robert Sherwood (der neuerdings als einer der intimen Berater

Roosevelts gilt), Robert Nathan (populärer Name, dabei Schriftsteller von Niveau: kann nützlich sein!), Horace Gregory (Lyriker und Kritiker, sehr angesehen bei der Avantgarde) und anderen. Verwirrende Fülle neuer Bekanntschaften, alle in Zusammenhang mit dem Projekt. Besonders erfreulich die Begegnung mit Christopher Lazare, der Typ des stark europäisch beeinflußten jungen Amerikaners; brillanter Stilist und Causeur, dabei nicht ohne morbid-melancholische Züge. Ähnlichkeit mit Wolfgang Hellmert. So kehrt alles wieder ... Übrigens ist es Lazare, der mich dazu bestimmt, den Namen der Zeitschrift zu ändern. „Zero Hour" klingt zu alarmierend; die Leute mögen das nicht. Von den neuen Namen, die erwogen werden, leuchtet mir „The Cross-Road" am meisten ein. Daß wir uns einer Wegkreuzung nähern – wer von uns spürte es nicht?

26. September. Telegramm von Mielein über das grauenhafte Abenteuer der armen Monika. Sie war mit Lanyi auf dem Dampfer „City of Benares", der – unterwegs von England nach Kanada vor einigen Tagen von einem deutschen Unterseeboot torpediert und versenkt wurde. Lanyi ist ertrunken; mit ihm Hunderte von englischen Kindern, die man in Sicherheit zu bringen gedachte. Monika lebt. Ist wieder in London – „safe so far" ...

13. Oktober. Ankunft des griechischen Dampfers „Nea Hellas" mit einer Ladung emigrierter deutscher Dichter und Literaten, darunter Heinrich Mann mit seiner Frau und Golo; Franz Werfel mit Alma Mahler-Werfel und viele andere bekannte Gesichter. Große Begrüßung am Hafen, zu der auch Zauberer und Mielein sich einfinden. Frank Kingdon, der sich um die Rettungsaktion besonders verdient gemacht hat, darf natürlich nicht fehlen. Ich komme mit Hermann Kesten, der schon seit einiger Zeit in New York. Festliche Stimmung, vielfaches Händeschütteln mit Alfred Polgar, Hermann Budzislawsky usw. Die Flüchtlinge scheinen beinah alle in recht guter Form, ausgeruht und gebräunt nach der langen Seereise. Nur Frau Alma wirkt etwas reduziert, gestürzte Königin jeder Zoll. Übrigens dürfte sie manches durchgemacht haben. Jeder bringt seine schreckliche Geschichte mit. Heinrich berichtet beim Lunch im „Bedford", mit den Eltern, Gumpert, Annemarie S., von seiner nächtlichen Flucht über die französisch-spanische Grenze. Der steile Bergpfad, den es zu erklimmen galt, war, wie der Erzähler mit sanfter Mißbilligung konstatiert, „eigentlich für Ziegen gedacht, nicht für einen Schriftsteller reiferen Alters. Und überhaupt, wie kommt man dazu? Man ist schließlich kein Verbrecher!"

Aber nun sind sie ja hier – „safe so far" ...

Schnelles Wiederanknüpfen abgebrochenen Gespräches mit Golo. Seine große Intelligenz, sein guter Wille und dazu der brüderlich vertraute Ton. Wohltuend, nach so viel konfusen, ziellosen Debatten mit fremdem Volk.

14. Oktober. Teevisite bei H. G. Wells, im Hause des Bankiers Thomas W. Lamont. Merkwürdig dunkles, altertümliches Schlößchen, mit krummbeinigen Dienern, einem viel zu großen, sehr langsamen, chinesisch dekorierten Lift. Wells schläft noch, als ich zur verabredeten Stunde eintreffe: wird vom Butler geweckt. Später gibt es Tee und „muffins“ mit Orangenmarmelade, alles von bemerkenswerter Qualität.

Der Meister zeigt sich in besonders gallig-aggressiver Laune. Der grau verhangene, blasse, böse Blick, mit dem er mich mustert, wird noch eisiger, da ich auf meine Zeitschrift anzuspielen wage. Eine literarische Revue? Wells schüttelt sich vor Mißbilligung und Verachtung. Was für eine kindische Idee! „Ich will mit dergleichen nichts zu schaffen haben!“ Wobei er mir, nicht ohne eine gewisse altväterische „politesse“, Tee und „muffins“ kredenzt. Die Liste meiner Mitarbeiter, die er mit überraschender Sorgfalt studiert, reizt ihn zu neuen Attacken. Zu jedem Namen fällt ihm etwas Nettes ein: „Huxley? What a fool ... Beneš? A complete failure! One of the most depressing characters ...“ In diesem Stil. Das mitleidige Lächeln, mit dem er über „good old Stefan Zweig“ den Kopf schüttelt, ist noch vernichtender als die zornige Geste, die er für seine früheren Landsleute Auden und Isherwood hat: „They're finished, through! Why did they leave their country? They've made a mistake. They'll never return to England.“

Da ich bei all dem wohlgelaunt und gelassen bleibe, wechselt er das Thema und läßt mich seine Ansichten über den deutschen Charakter wissen. *Alle* Deutschen – er besteht darauf, mit zänkischer Fistelstimme – sind Dummköpfe, Prahler, Narren, potentielle Verbrecher. „Auch die Emigranten!“ ruft der streitbare Greis. „Und eine deutsche Kultur gibt es nicht. Was ist deutsche Dichtung im Vergleich mit der englischen? Wer würde euren Goethe in einem Atem mit unserem Shakespeare nennen? Dabei halten diese lächerlichen Deutschen sich für das auserwählte Volk, das Salz der Erde!“

Ich stimme ihm fröhlich zu: „Right you are! Und die größte Albernheit der Deutschen haben Sie sogar noch unerwähnt gelassen. Manche gehen so weit, Bach und Beethoven ernst zu nehmen. Too absurd – isn't it?“

Hierüber muß sogar der grimmige Alte lachen.

Da es ihm nicht gelungen ist, mich zu provozieren, wird er plötzlich ganz nett. Ich bleibe eine Stunde bei ihm. Interessantes Gespräch über die Notwendigkeit einer „Weltrepublik“ nach dem Kriege. Die Idee des „Empire“ scheint diesem englischen Patrioten längst antiquiert. „Und überhaupt,“ versichert er mir – gleichsam triumphierend –, „es *gibt* kein Empire mehr: nur noch eine lockere Föderation von Staaten, die sich leicht in einen universalen Staatenbund eingliedern ließe. The so-called Empire has no reality anymore; it's just a memory, just a dream. The Empire is a hallucination.“

„A grand old man", ein großartiger alter Bursche, bei aller Schrulligkeit! Und er hat Humor, wie alle guten Briten. Zum Abschied wird er schalkhaft und versöhnlich. Ich bin schon an der Türe, da ruft er mir vom Teetisch zu: „Dieser Goethe, von dem ihr Deutschen so viel Wesens macht – vielleicht war er doch nicht so ganz unbegabt. Und was Ihre dumme Zeitschrift betrifft, junger Mann – na, wir werden ja sehen! Wenn ich mal eine Kleinigkeit übrighabe ... Aber es ist und bleibt eine Kateridee. A literary review, of all things!"

1. November. E. aus England zurück. Und schon spricht sie von ihrer nächsten Expedition ins Kriegsgebiet!

Allgemeine Spannung wegen der bevorstehenden Präsidentenwahlen. Wieviel hängt davon ab! Dieser Wendell Willkie mag ein Mann guten Willens sein (er wirkt keineswegs unsympathisch); aber sein Sieg über F. D. R. wäre ein Triumph für Hitler und seine hiesigen Freunde, die „Isolationists", kurz, eine Katastrophe.

Weiter zu viel Menschen. Ausgedehnte Weekends in Princeton, wo ich etwas zur Arbeit komme. Notizen zu einem Essay über Whitman; auch zu einer neuen Erzählung, „Dernier Cri" – die vielleicht ein wenig besser als die vorige werden könnte ... Starke Eindrücke beim Lesen von T. S. Eliot. Der einzige moderne englische Dichter, dessen Melodie mich ebenso innig-unmittelbar berührt wie etwa der Ton des späten Rilke.

Dazwischen Stunden furchtbarer Traurigkeit. Werden sie häufiger? Der Todeswunsch. Eisiger Trost des Nichts.

4. November. Es war amüsant, die Wahlnacht – oder doch ihre ersten Stunden – in einem stockkonservativen, strikt „Republikanischen" Damenclub zu verbringen, wo alles auf einen Willkie-Sieg hoffte. Unser Tisch – E., Golo, Wystan, Gumpert und ich, samt der schöngeistigen Miß C. N., die uns eingeführt hatte – war der einzige, von dem Applaus für Roosevelt kam. Im übrigen wurden die Gesichter im Saal immer länger. Der Lautsprecher teilte Wahlergebnisse mit, die den Mitgliedern des exklusiven „Cosmopolitan Club" das Blut in den Adern erstarren ließen. „That man in the White House" war er nicht loszuwerden? Noch vier Jahre F. D. R.! Unbeherrschtes Seufzen bei den Republikanerinnen, während wir auf das Wohl des Siegers tranken.

Später zum Times Square; ungeheure Menschenmengen, karnevalistisch-festlicher Betrieb mit Papierschlangen, Konfetti, bunten Masken und Mützen, humoristischen Plakaten, Trillerpfeifen, Knallerbsen und sonstigen Kindereien. Waren es nur die Roosevelt-Anhänger, die dort tanzten und jubilierten? Alles schien sich einig im Enthusiasmus.

Sich einmal mit der Masse freuen zu dürfen! Gewöhnlich ist man doch der Außenseiter. Nicht diesmal! Wir schrien mit den anderen.

„Aren't we happy?“ Es war Diana Sheean, englische Gattin des amerikanischen Schriftstellers Vincent Sheean, die mich mit dieser lachenden Frage begrüßte. Zunächst verstand ich ihre Worte nicht bei all dem Lärm. Da wiederholte sie, über die Köpfe einiger johlenden Negerjungen hinweg: „We are *happy*, for a change, aren't we?“

Wir sind zur Abwechslung einmal *glücklich*, nicht wahr?

Es klang rührend, wie sie es mir zurief, mit ihrem feinen englischen Stimmchen, ihrem britischen Akzent, inmitten der turbulenten amerikanischen Menge. Vincent Sheean, genannt „Jimmy“, stand neben ihr, hochgewachsen, athletisch, mit blondem Haar in der erhitzten Stirn, strahlend und leicht beschwipst. Noch ein Glas Whisky, und die kleine Britin wird ihren Riesengatten stützen müssen ...

9. November. Den Namen der Zeitschrift geändert, im letzten Augenblick. Glenway Wescott, auf dessen Urteil ich etwas gebe und an dessen Mitarbeit mir übrigens gelegen ist, fand „The Cross-Road“ zwar „ganz hübsch“, konnte aber doch nicht umhin, mich zu fragen: „Don't you think such a name might suggest a somewhat *undecided* editorial policy?“ *Unentschieden?* Gerade das wollen wir doch nicht sein!

Meine Antwort: „If Cross-Road sounds undecided, why, I'll call it Decision.“

Entscheidung ...? Ja, dabei bleibt es!

14. Dezember. Es wird ernst ... Eine Sekretärin ist engagiert, auch ein „business manager“. Wir haben ein Büro, ein Bankguthaben, recht hübsches Briefpapier. Sogar eine Art von Aktiengesellschaft gibt es schon, „Decision Incorporated“. Merkwürdig, auch etwas beängstigend, die allmähliche Realisierung eines Planes, den man eigentlich für undurchführbar hielt ...

Ich stürze mich in die redaktionelle Arbeit. Immer mehr Besprechungen; Anschwellen der Korrespondenz. Sehr anregender und herzlicher Briefwechsel mit Upton Sinclair, einem jener „alten Kämpfer“, die immer jung bleiben oder vielmehr immer jünger werden (wie Romain Rolland). Stefan Zweig ist natürlich aufs eifrigste bei der Sache. Er soll zu meinem „Board of Editorial Advisors“ gehören, zusammen mit Sherwood Anderson, W. H. Auden, Eduard Benesch (jetzt in Chicago), Julien Green (auch im Lande), Vincent Sheean, Robert E. Sherwood und noch einigen schönen Namen.

Besonders froh bin ich über den Beitrag, den Somerset Maugham für die erste Nummer zur Verfügung stellt: eine sehr gediegene, dabei unterhaltende Studie über Edmund Burke als Stilisten. Wie charmant Maugham ist! Aus irgendeinem Grunde hatte ich erwartet die Bekanntschaft eines etwas eingebildeten und affektierten Herrn zu machen und war daher aufs angenehmste überrascht von seiner behutsam leisen, fast ängstlich bescheidenen Art. Wir sprachen lang über Churchill, nicht den Staatsmann, sondern den Rhetor und Literaten, dessen großartig beschwingte und gestelzte Prosa den Burkeschen Einfluß so sehr spüren läßt. Nachdem wir Churchills mächtige Eloquenz hinlänglich gepriesen hatten, verweilten wir auch ein wenig bei gewissen Schwächen und Maniriertheiten, die für seinen Stil charakteristisch sind, wobei ich leider die taktlose Bemerkung machte: „Nun ja, einem so alten Mann sieht man wohl manches nach!" Niemals vergesse ich das sanft zerstreute, gleichsam um Entschuldigung bittende Lächeln, mit dem Maugham mich darauf hinwies, daß der „Prime Minister" und er beinah genau gleichen Alters seien.

18. Dezember. Die erste Nummer in der Druckerei.

Ich hatte kaum geglaubt, daß Sherwood Anderson uns wirklich eine Erzählung geben würde. Als Curtiss und ich ihm vor zwei Wochen unsere Aufwartung machten, fanden wir ihn freundlich, sogar gütig, aber unverbindlich. Und nun trifft diese schöne Gabe von ihm ein, „Girl by the Stove": eine Geschichte von sublimer Einfachheit und sinnlich-melancholischer Grazie, sehr rührend, sehr gewinnend, „echter Sherwood Anderson". Was für ein liebenswerter Schriftsteller! (In Europa nicht bekannt genug.)

Weiter geselliger Betrieb im Zusammenhang mit der Revue, manchmal amüsant, manchmal ermüdend: immer zeitraubend.

Besuche bei Stephen Vincent Benet (einer meiner „distinguished Sponsors"); bei Alvarez Del Vayo (erstes Wiedersehen seit Barcelona, erfreulich); bei Jules Romains (der jetzt sehr aktiv und intensiv auf „unserer Seite" steht – was keineswegs immer der Fall gewesen ist ...); bei Carlo Sforza (geistvoll, elegant und tapfer, wie stets); bei Jacques Maritain (ehrwürdig fragile Gestalt von wahrhaft priesterlicher Würde, dabei ganz ohne ölig-pfäffische Züge); bei Noel Coward, den ich (angenehm überrascht, wie in Maughams Fall) viel einfacher und netter, viel charmanter finde, als man es von einem professionellen, weltberühmten Charmeur erwarten sollte. Natürlich ist er „eitel"; aber er ist auch taktvoll und intelligent, weshalb seine Eitelkeit nie ins Lästige oder Lächerliche ausartet. Intelligente Gefallsucht ist kein Laster, sondern eine Tugend: sie macht höflich und aufmerksam, sogar ritterlich. Ja, es ist vielleicht vor allem dieser *chevalreske* Zug, der mir an Noel Coward so sympathisch ist. Übrigens hat er genug Rasse und Persönlichkeit, um sich gewisse kleine Posen und Affektationen leisten zu können, die bei seinen Nachahmern, bei den „would-be Noel Cowards" peinlich wirken.

Ungewöhnlich amüsant, freilich auch ungewöhnlich zeitraubend und ermüdend, ein intimes Souper bei Henri Bernstein, dem französischen Dramatiker, in seinem

Appartement im „Waldorf-Astoria“, mit Dorothy Thompson, Robert Sherwood und einem Hollywood-“Producer“. Sherwood, dessen Stück „There shall be no Night“ jetzt am Broadway volle Häuser macht, verhielt sich relativ schweigsam (er hat die etwas ungelenke, befangene Art, die man oft bei sehr großgewachsenen Männern findet). Und was den armen Film-Magnaten betrifft, so ließ man ihn kaum je zu Worte kommen. Es waren Henri und Dorothy, die das Gespräch beherrschten, aber wie! Die beiden sprühten, polemisierten, erzählten, scherzten, schalten um die Wette. Wenn Bernsteins Artikel für meine erste Nummer (noch immer nicht abgefertigt!) nur halb so brillant ist wie sein „small talk“, dann wird „Decision“ eine Sensation. Der alte Komödien-Macher und Komödiant erwies sich als „raconteur“ von großem Erfindungsreichtum und bemerkenswerter Zähigkeit. Um drei Uhr morgens war er immer noch groß in Form. Gegen vier Uhr freilich fing er an nachzulassen, während die formidable Dorothy immer frischer wurde. Am Schluß lag Monsieur irgendwo im Hintergrund auf dem Sofa, ein Erledigter, dem nichts mehr einfallen wollte als ein paar monotone Phrasen, mit denen er seiner fernen Freundin, Mademoiselle Eve Curie, lallend huldigte: „Eve est incomparable! Ah, comme elle est belle! Quelle femme! Elle est *in-com-pa … rable …*“. Miss Thompson aber hielt immer noch beim Champagner aus. Um fünf Uhr morgens beendete sie ihren erstaunlichen Monolog über Krieg und Frieden, Gegenwart und Zukunft mit der knappen Mitteilung, daß sie nun nach Hause gehen müsse: „My secretary is waiting for me. I have to dictate a couple of articles before lunch.“

3. Januar 1941. Tomski (Curtiss) in Uniform! Vor einigen Monaten hat er sich bei der „National Guard“ gemeldet, und nun muß er mit seinem Regiment in ein Trainingslager irgendwo im Süden, im Staate Georgia. Die schweren Stiefel, die Jacke mit den goldenen Knöpfen, das dicke Khaki-Hemd, alles sieht so unwahrscheinlich an ihm aus. Es tut mir weh, ihn in solcher Maskerade zu sehen. Das Militärische paßt nicht zu ihm, er verabscheut den Krieg. Wie viele Pläne er hatte, im Zusammenhang mit „Decision“ zum Beispiel. Ohne seine Hilfe gäbe es die Zeitschrift nicht, und gerade jetzt, ein paar Tage vor Erscheinen der ersten Nummer, muß er nach Georgia. Wozu? Um schießen zu lernen … Beschämender Gedanke: daß der „Furor Teutonicus“ dieses Unheil über die Welt gebracht hat! Darum trägt mein Freund Curtiss, ein amerikanischer Zivilist, nun den Soldatenkittel … Aber dies unselig problematische, schuldbeladene Volk, gehöre ich nicht zu ihm? Ich fühle mich mitschuldig. Ich bitte Tomski um Entschuldigung.

10. Januar. Die erste Nummer der Zeitschrift scheint zu gefallen. Viel schmeichelhafte Briefe und Rezensionen; auch die Abonnenten vermehren sich, was wichtiger ist. Aber ich selbst bin keineswegs ganz zufrieden. „Decision“ darf nicht eine Parade glanzvoller Namen werden. Nicht so viel „Prominente“! Mehr Jugend! Mehr Experiment!

26. Januar. Der Zauberer, Mielein und E. in Washington, als Gäste des Präsidenten und seiner Frau. E. schickt mir einen Brief aus dem Weißen Haus. Einfaches Briefpapier bescheidenen Formats; oben, in kleinen goldenen Buchstaben, der Absender: *The White House, Washington D. C.* Ich kann nicht leugnen, daß dies Stück Papier mich irgendwie beeindruckt, fasziniert. Botschaft aus einem Hause, wo vielleicht eben jetzt, gerade heute über die Zukunft unserer Zivilisation entschieden wird. Von Amerika hängt alles ab. Von Roosevelt hängt alles ab.

2. Februar. Mit E., Gumpen, Lotte Walter, in der Eröffnungsvorstellung des österreichischen Theaters: „Les Parents Terribles“ von Cocteau. Großes Vergnügen, den doppelbödig amüsanten, schlau konstruierten Reißer endlich auf der Bühne zu sehen, freilich nur auf deutsch (Cocteau läßt sich kaum übersetzen), in einer oft peinlich naiven Aufführung und vor einem ziemlich gespenstischen Parkett. Wie eine „große Premiere“ in Wien oder Berlin, vor fünfzehn Jahren! Da sitzt Alfred Polgar mit seiner Frau; dort Kurt Pinthus neben Manfred Georg, der jetzt in New York eine übrigens sehr gut gemachte deutsch-jüdische Wochenschrift, „Aufbau“, redigiert. Curt Rieß ist natürlich dabei, auch Kesten, Ferdinand Bruckner, Franz Schönberner, Oskar Maria Graf ... Wieviel gute Bekannte man hat! Heinrich Eduard Jacob erzählt mir über zwei Parkettreihen hinweg, daß Anton Kuh gestorben ist, vor einigen Tagen schon. Unheimlich, daß sein Verschwinden, selbst in diesem abgeschlossenen Emigrantenzirkel, zunächst überhaupt nicht *bemerkt* worden ist. Und war doch einmal ein fast berühmter Mann!

Wie sang- und klanglos man heutzutage abtritt ...

17. März. Gestern abend mehrere Stunden bei Wystan (Auden); Arbeit an dem „zwanglosen Gespräch“, das wir übermorgen am Rundfunk miteinander führen sollen. Das Thema – „Die Funktion des Schriftstellers in der politischen Krise“ – ist natürlich viel zu komplex, als daß es sich in einer Viertelstunde auch nur annähernd erschöpfen ließe. Trotzdem könnte es ein interessanter Dialog werden, gerade durch die Gegensätzlichkeit unserer Gesichtspunkte. Wystan – früher (noch vor drei oder vier Jahren!) ein viel entschiedenerer politischer Aktivist, als ich es jemals gewesen bin – ist jetzt der Ansicht, daß der Schriftsteller jede Berührung mit der politischen Sphäre meiden sollte. Derselbe W. H. Auden, der 1937 das schöne Kampfgedicht „Spain“ schreiben konnte, läßt sich 1941 folgendermaßen vernehmen: „Wenn ich auf die politischen Aktivitäten der literarischen Welt in den letzten zehn Jahren zurückblicke, kann ich mich des Gefühls nicht erwehren, daß wir bei größerer Zurückhaltung und Mäßigung vielleicht stärker gewirkt, mehr ausgerichtet hätten. Der Künstler, wenn er

auch nur halbwegs erfolgreich ist, nimmt ja in einer modernen, demokratischen Gesellschaft eine Ausnahmestellung ein, da er sich einer viel größeren Bewegungs- und Handlungsfreiheit erfreut als alle übrigen Bürger; weder der Staat noch irgendein anderer Chef haben ihm zu befehlen. Aber gerade diese Unabhängigkeit, diese soziale Losgelöstheit ist es vielleicht, die sein politisches Urteil trübt oder verzerrt; denn der ›freie Künstler‹ hat das Problem der politischen Macht nie am eigenen Leibe erlebt und also wohl nie begriffen. So dürfte die Schwäche zu erklären sein, die der politisierende Künstler für extreme Positionen zeigt, seine bedenkliche Neigung, das Heil entweder in der Anarchie oder aber bei einem ›guten Diktator‹ zu suchen."

Auch werden wir von Auden ermahnt, keine politische Formel, kein soziales Programm jemals für die endgültige, absolute Wahrheit zu halten, woraufhin ich denn doch zu bemerken habe: „Gewiß ist jeder Fanatismus, jeder ›blinde Glaube‹ schädlich und gefährlich; aber eine ebenso große Gefahr liegt in jener lähmenden Skepsis, vor der alle Werte gleich fragwürdig, gleich relativ werden. Freilich enthält kein politisches Dogma die ›absolute Wahrheit‹; aber gewisse Dogmen sind von diesem Ideal noch weiter entfernt als andere: woraus sich für den Intellektuellen, den ›freien Schriftsteller‹ – auch, oder *gerade* für ihn – doch wohl die Verpflichtung zur Wahl ergibt."

Wystan stimmt mir hierin zu, erinnert aber zum Schluß daran, daß die eigentliche Entscheidung des Künstlers und des Intellektuellen sich nicht in der politischen Sphäre zu vollziehen habe, sondern auf der moralischen Ebene. „Vor allem müssen wir den Sinn für absolute ethisch-religiöse Werte wiederfinden. Gelingt uns dies nicht, so werden wir dem Totalitätsanspruch der Macht des Staates auf die Dauer nichts entgegenzusetzen haben."

8. April. Das vierte „Decision"-Heft ist beinah zufriedenstellend. Sehr wesentlich, sehr aktuell der Aufsatz des gescheiten, progressiven Max Lerner über „Democracy for a War Generation" mit seiner Forderung nach genau formulierten, kühnen und realisierbaren demokratischen Kriegszielen. Auch der Artikel von Maurice Samuel, „The Destruction of the Intelligence", scheint mir bemerkenswert. Ausgezeichnetes über Psychologie und Methoden moderner Propaganda, wobei er die Goebbelsche nur als ein extremes Beispiel nimmt. *Jede* Propaganda, auch die gutgemeinte, hat es auf die Verdummung der Massen abgesehen: „The real objective is, always and continuously, the depression of the human intelligence."

Was meinen eigenen (etwas zu langen) Essay über Walt Whitman betrifft, so kann ich nur hoffen, daß wenigstens ein Teil des Gefühls, welches mich beim Schreiben bewegte, in ihm nachschwingen und sich auf den Leser übertragen möge. Gerne wüßte ich, ob Sherwood Anderson, ein amerikanischer Dichter von wirklichem Format, an meinem Versuch Gefallen gefunden hätte ...

Andersons Tod – auf einer Reise, irgendwo weit fort –, „this far-away death" (wie es in Muriel Rukeysers schönem Nachruf heißt) hat mich mehr betrübt, als in Anbetracht unserer kurzen Bekanntschaft vernünftig scheinen könnte. Aber vielleicht ist es gerade dies, was mich so traurig macht: daß ich ihn so wenig kannte, ihm nicht näherzukommen suchte, obwohl er mich mit solcher Freundlichkeit empfing.

Ich erinnere mich der Nachmittagsstunde in seinem ziemlich engen, ziemlich dunklen New Yorker Hotelzimmer; Tomski war auch dabei. Andersons Gesicht gefiel mir auf den ersten Blick; und je länger ich es ansah, desto lieber wurde es mir. Es war ein Gesicht mit weiten, ruhigen Flächen, etwas schlaff schon, etwas gedunsen, aber stark dabei; ein gutes, reiches Gesicht. Das Gesicht eines Mannes, der viel erlebt und viel verstanden hat: alles Menschliche ist ihm vertraut, die ganze Skala der Sehnsüchte und Leidenschaften: nur für das Kleinliche, die Bosheit, das Gemeine hatte er niemals Zeit.

Zum Abschied sagte er uns: „Come again." Aber Tomski mußte nach Georgia, und ich war zu beschäftigt. So wurde der Besuch nicht wiederholt. Und ich hätte doch so viel von ihm lernen können.

20. April. Endlich ein Brief von André Gide! Er ist in Südfrankreich und scheint bis auf weiteres dort bleiben zu wollen; die Gerüchte über seine bevorstehende Amerikareise waren also wieder einmal „without any foundation", aus der Luft gegriffen. Übrigens macht der Ton seines Schreibens es nur zu deutlich, daß er sich in einem Zustand der Depression und Entmutigung befindet. Ob er mir etwas für „Decision" schicken wird? Seine Zusage klingt recht bedingt: „Ich will versuchen, Ihnen möglichst bald ein paar Seiten zukommen zu lassen. Aber ich wage nicht, ein festes Versprechen zu geben; denn von fünf Tagen sind es mindestens vier – wenn nicht gar neun von zehn! –, die mich zur Arbeit völlig außerstande finden. Und zu den inneren Hemmungen kommen die äußeren; all diese ›Rücksichten‹, die zu nehmen sind ..."

Das Wort „Rücksichten" – in Anführungszeichen! – sagt genug. Der Zensor! Vichy! Die Nähe der deutschen Macht!

Gide ist ein Gefangener.

2. Juni. Die Zeitschrift macht viel mehr Mühe, bringt viel mehr Ärger und Aufregung mit sich, als ich jemals für möglich gehalten. Am lästigsten ist natürlich das Geldproblem. War es also doch fehlerhaft, ein solches Unternehmen mit relativ geringen Mitteln zu beginnen? Man hatte mich gewarnt, aber ich wollte nicht hören. Und nun weiß ich nicht, wie ich die nächste Druckerrechnung zahlen soll ... Quälende Verhandlungen mit Geldgebern, die nichts geben wollen. Ach, diese Reichen! Wie launisch sie sind! Wie grausam! Sowie sie merken, daß man Absichten auf ihr geliebtes

Bankkonto hat, ziehen sie sich zurück. Aber freilich, wenn sie nicht geizig wären, sie blieben nicht lange reich. Und wenn sie kein Geld mehr hätten, was würde dann aus ihnen?

Bei all dem habe ich doch Freude an „Decision“ und denke nicht daran, mein Sorgenkind aufzugeben. Gute Zusammenarbeit mit dem begabten und sensitiven, freilich auch etwas kapriziös-schwierigen Christopher Lazare, der jetzt zu meinem „editorial staff“ gehört. Interessante Beiträge von jungen Amerikanern. Wie viel Talent es hier gibt! In der Juni-Nummer, eine entschieden merkwürdige, schwermütig-groteske „short story“ von Eudora Welty, deren Namen man sich merken muß. (Sie kommt aus dem „Tiefen Süden“, wie Carson McCullers, wie Faulkner, von dem beide, Welty und McCullers, beeinflußt sind.) Im kritischen Teil, eine sehr brillante, sehr scharfe, übrigens ziemlich alarmierende Glosse von Martin Gumpert über Lawrence Dennis, „An American Fascist“. („Dennis is unquestionably the brains behind Lindbergh, Anne Morrow, Wheeler, Taft, and all the others who are, knowingly or unkowingly preparing the collapse of democracy.“) Und für das Juli-Heft habe ich Zauberers großen Artikel über „Germany's Guilt and Mission“.

29. Juni. Hitlers Überfall auf die Sowjetunion ist ein Ereignis von so enormer Tragweite, daß ich es kaum zu kommentieren wage, nicht einmal in diesen persönlichen Notizen, geschweige denn öffentlich. Aber dies will ich doch heute aufschreiben: daß in meiner ersten, instinktiven Reaktion auf die ungeheure Neuigkeit das Gefühl der *Erleichterung* überwiegt. Gewiß, man ist entsetzt, empört, erschüttert, auch besorgt. (Wie lange kann Rußland sich halten? Wird das Hakenkreuz bald von den Türmen des Kreml wehen, wie von der Prager Burg und den Pariser Palästen?) Aber man atmet doch auf. Die Luft ist reiner geworden. Der Stalin-Hitler-Pakt, eine der größten Perversitäten und Paradoxe der Weltgeschichte, gehört nun der Vergangenheit an: zusammen mit „München“ und anderen blamablen Erinnerungen ...

Und die Zukunft ...?

Am gleichen Tag, später. Niemand weiß, was geschehen wird. Aber selbst angenommen, die Rote Armee wäre wirklich so schwach, wie man hier allgemein zu glauben scheint, die Invasion der Sowjetunion wird Hitler immer noch teuer genug zu stehen kommen. Er hat einen Fehler gemacht, den entscheidenden. Es ist der Anfang vom Ende.

Ist er toll, dieser Hitler? Er hätte sich mit dem England Chamberlains gegen das kommunistische Rußland verbünden können oder mit dem kommunistischen Rußland gegen die angelsächsisch-kapitalistische Welt. Er aber greift beide an! Ja, er ist toll – Gott sei Dank!

In seiner Tollheit wird er zustande bringen, was keiner Diplomatie gelingen wollte: die Alliance zwischen Ost und West, zwischen Bolschewismus und Demokratie, zwischen Moskau und Paris-London-Washington. Wenn diese Große Koalition sich wirklich bilden und bewähren sollte – nicht nur im Kriege, sondern auch nachher –, unsere bedrohte Zivilisation wäre vielleicht gerettet. Wie dankbar wollten wir dem tollen Hitler sein (der dann schon längst ein toter Hitler wäre ...)

10. August. „Einsamer nie als im August ..."

Die Zeile von Gottfried Benn will mir – trotz allem – nicht aus dem Sinn.

Einsamer nie als im August:
Erfüllungsstunde –, im Gelände
die roten und die goldenen Brände,
doch wo ist deiner Gärten Lust?

Wo alles sich durch Glück beweist
und tauscht den Blick und tauscht die Ringe
im Weingeruch, im Rausch der Dinge,
dienst du dem Gegenglück, dem Geist.

Das „Gegenglück", dem ich zur Zeit diene, heißt „Decision". Die Zeitschrift hält mich fest. Ich bin an New York gebunden.

New York glüht. New York schwitzt. New York trieft und dampft, New York stinkt, New York stöhnt, New York geht aus dem Leim – der New Yorker Asphalt ist schon ganz aufgeweicht, eine zähe Masse ... Die Hitze, die am Tage infernalisch scheint, wird in der Nacht noch schlimmer. Keine Kühlung! Kein Hauch vom Meer! Nur der sengende Atem der Hochhäuser, in deren getürmtem Gemäuer sich die ganze Glut des Tages zu akkumulieren scheint wie in gigantischen Öfen.

„Einsamer nie als im August ..." Ich wandere nachts durch diese heißen, dunklen Straßen, immer in Schweiß gebadet, immer allein. Ich atme diese feuchte, schwere, mit Sinnlichkeit geladene Treibhaus- und Dampfbadluft. Ich bin immer hier. Seit der Auflösung unseres Princeton-Hauses – das dürfte im April gewesen sein – habe ich die Stadt nicht einen Tag verlassen, nicht eine Stunde war ich auf dem Land. Die Stadt gefällt mir. Ich mag Städte. Ich mag diese Stadt. New York gefällt mir, auch mit aufgeweichtem Asphalt. Ich habe keine Sehnsucht nach den Bergen oder nach dem Meer. Auch nach Menschen habe ich kein Bedürfnis.

E. ist in England. Die Eltern sind in Kalifornien, wo sie sich endgültig niederlassen wollen. Von den vielen Bekannten, die ich hier habe, scheinen die meisten, fast alle, in kühlere Regionen geflohen zu sein. Manchmal verbringe ich einen Abend mit Christopher Lazare. Oder mit Landshoff, der seit einiger Zeit hier ist. Oder mit Muriel Rukeyser, die sich neuerdings dem Redaktionsstab von „Decision" angeschlossen hat.

Aber sogar diese wenigen Gefährten verschwinden von Freitag nachmittag bis Montag früh. Ich bleibe, gelähmt, gefesselt vom Dämon dieses gnadenlosen Sommers. Ich kann mich nicht bewegen. Mein Zimmer im „Bedford" wird zum dumpfen Käfig, aus dem es kein Entrinnen für mich gibt ...

Der einzige Trost dieser infernalischen Weekends sind die Anrufe aus der Stadt Savannah im Staate Georgia. Jeden Sonntag kommt Tomskis vertraute Stimme aus dieser fremden, südlichen Stadt, wo es gewiß noch heißer ist als hier. Er hat ein Hotelzimmer dort; für ihn aber ist es kein Käfig, sondern ein kleiner Hafen, eine Zufluchtsstätte, wo er sich nach einer harten Woche in „Camp Stewart" vierundzwanzig Stunden der Erholung gönnt. Er erzählt mir von den Märschen, den Schießübungen, dem groben Sergeanten, wie anstrengend und öde, wie häßlich und wie sinnlos alles ist. Er fragt nach New York – mit welcher Gier erkundigt er sich nach allem, was hier geschieht! Dabei geschieht so wenig ... Er fragt mich nach meiner Arbeit. Und ich bin so faul!

In seiner martialischen Verbannung und Sklaverei beneidet er mich um meine Muße, meine Unabhängigkeit. Wüßte er, wie ich die Zeit vergeude! Wie wenig Genuß und Gewinn meine Freiheit mir bringt!

Ich schäme mich vor ihm. Ich möchte etwas tun, etwas leisten, wovon ich ihm am Telephon erzählen könnte. „Decision" genügt mir nicht mehr. Artikel genügen nicht. Ich will etwas Größeres schreiben, etwas Großes: ein Buch!

Ein Buch, in englischer Sprache ... damit ich dem Tomski etwas zu berichten habe, wenn das Ferngespräch, der „person-to-person call" aus Savannah kommt. „Imagine! The first chapter is practically finished ..."

Ein Buch ...

Am gleichen Tag, später ... Aber was für ein Buch?

Die Stunde ist ernst. Ich weiß um den Ernst der Stunde. Mir ist ernst zumute. Ich will ein ernstes Buch schreiben, ein aufrichtiges Buch.

Kann ein Roman ganz ernst, ganz aufrichtig sein? Vielleicht. Aber ich will keinen schreiben; nicht jetzt, nicht zu dieser Stunde. Ich bin müde aller literarischen Clichés und Tricks. Ich bin müde aller Masken, aller Verstellungskünste. Ist es die Kunst selbst, derer ich müde bin? Ich will nicht mehr lügen. Ich will nicht mehr spielen. Ich will bekennen.

Die ernste Stunde – das ist die Stunde der Konfession.

11. August. Was ich da gestern abend unter dem Einfluß der betäubenden Hitze und einiger Whisky-Sodas hingekritzelt habe, leuchtet es mir noch ein, da ich es nun mit nüchternem Kopf, bei etwas abgekühlter Temperatur bedenke? Ja und nein. Ich war aufgeregt, um nicht zu sagen „aufgewühlt“, und habe wohl den Mund ein wenig voll genommen. „Müde der Kunst“? Was nicht gar! Aber die Idee, gerade jetzt, im Augenblick der Krise, ein „Bekenntnis“ abzulegen – das heißt also: eine Autobiographie zu schreiben –, scheint mir attraktiv und plausibel: auch ohne Alkohol und bei relativ kühlem Wetter.

Jedes ehrliche, genaue Zeugnis zählt und hat Gewicht. Warum sollte meines wertlos sein?

Jedes Menschenleben ist zugleich einzigartig und repräsentativ; in jedem persönlichen Schicksal, jedem individuellen Drama spiegelt und variiert sich das Drama einer Generation, einer Klasse, eines Volkes und einer Zeit.

Was für eine Geschichte ist es denn, die ich zu erzählen habe?

Die Geschichte eines Intellektuellen zwischen zwei Weltkriegen, eines Mannes also, der die entscheidenden Lebensjahre in einem sozialen und geistigen Vakuum verbringen mußte: innig – aber erfolglos – darum bemüht, den Anschluß an irgendeine Gemeinschaft zu finden, sich irgendeiner Ordnung einzufügen: immer schweifend, immer ruhelos, beunruhigt, umgetrieben, immer auf der Suche ...;

die Geschichte eines Deutschen, der zum Europäer, eines Europäers, der zum Weltbürger werden wollte;

die Geschichte eines Individualisten, dem vor der Anarchie fast ebenso sehr graut wie vor der Standardisierung, der „Gleichschaltung“, der „Vermassung“;

die Geschichte eines Schriftstellers, dessen primäre Interessen in der ästhetisch-religiös-erotischen Sphäre liegen, der aber unter dem Druck der Verhältnisse zu einer politisch verantwortungsbewußten, sogar kämpferischen Position gelangt ...

Meine Geschichte – möglichst ehrlich, möglichst genau ist sie aufzuschreiben, mit all ihren zeitbedingten, zeitcharakteristischen Zügen, mit ihrer besonderen und aparten Problematik. (Der Schatten des väterlichen Ruhms auf meinem Weg ..., ja, das gehört auch hinein.)

Ich hätte Lust, gleich mit der Arbeit anzufangen. Will mit Landshoff darüber sprechen. Vielleicht wird es etwas für den amerikanischen Verlag, den er hier mit Bermann Fischer aufgemacht hat?

Am gleichen Tag, später. Aufrichtig sein! Nicht mehr lügen! Den Mut zu sich selber haben! Warum sollte ich mich bemühen, irgendjemandem zu schmeicheln oder Eindruck zu machen? Ich bin allein. Ich bin frei. Ich besitze nichts; ich will keinen Besitz. Warum sollte ich diplomatisch sein? Auf wen sollte ich Rücksicht nehmen? Ich kümmere mich nicht um den Stand der Börse, nicht um die Sexual-Tabus bourgeoiser oder marxistischer Zeloten, nicht um die Phrasen irgendeines Nationalismus. Der Nationalismus, *jeder* Nationalismus gilt mir als die gefährlichste und dümmste Verirrung des modernen Menschen. Ich habe mich von meiner Nation getrennt, weil mir ihre aggressive Prahlerei zum Ekel wurde. Ich glaube an die unteilbare, universale Zivilisation, nach der das Jahrhundert verlangt.

Am gleichen Tag, noch später. Alleine? Frei? Ich bin's. Aber ist es ein Grund zum Frohlocken? Freiheit kann zur Verzweiflung führen.

Angst vor der Verzweiflung.

22. August. Zwei Zitate würde ich gern meiner Autobiographie als Mottos voranstellen. Das eine, aus den Tagebüchern Franz Kafkas:

„Nicht verzweifeln, auch darüber nicht, daß du nicht verzweifelst. Wenn schon alles zu Ende scheint, kommen doch noch neue Kräfte angerückt, das bedeutet eben, daß du lebst.“

Das andere, aus der „Porte étroite“ von André Gide:

„Je me figure la joie céleste non comme une confusion en Dieu, mais comme un rapprochement infini, continu ... et si je ne craignais de jouer sur un mot, je dirais que je ferais fi d'une joie qui ne serait pas *progressive*.“

Ohne Datum: Wenn es Gott nicht gäbe, wir müßten Ihn erfinden. Könnte es dem Schöpfer zugemutet werden, im Nicht-Sein zu verharren, während Seine Schöpfung sich in tausendfacher Wandlung unersättlich selbst genießt? Welch unfaßbares, unerträgliches Leid es für Ihn wäre, nicht mit uns leiden zu dürfen.

Wäre Er nicht – aus Erbarmen müßte die Kreatur Ihn kreieren.

Am gleichen Tag, später. Aber Er ist!

Da wir uns Seine Existenz vorzustellen vermögen, wird Seine Nicht-Existenz unvorstellbar. Die Konzeption des Göttlichen muß göttlichen Ursprungs sein. Die Frage nach Gott, das Suchen nach Gott wird zum Gottesbeweis.

Woher käme unser schöpferischer Impuls, wenn nicht vom Schöpfer?

Und doch verhält es sich so, daß Gott des Menschen bedarf, vom Menschen abhängt. In unserem Gedanken wird Er sich Seiner Selbst bewußt; in unserer Sehnsucht erkennt Er das Eigene Gefühl. Vielleicht – sehr wahrscheinlicherweise – hat Er auch noch andere Instrumente der Selbst-Erkenntnis, der Selbst-Identifizierung; wir sind nicht Sein einziger Spiegel. Aber sogar wenn unser Gottesbegriff nur einer unter unendlich vielen wäre, Er könnte ihn nicht entbehren. Sein unendliches Wesen will unendlich oft geahnt, gedacht, gedeutet sein.

Er braucht uns ...

Diese Einsicht involviert Verantwortungen ungeheurer Art. Gott will, daß wir Ihm gefällig seien, hier und jetzt, auf unserem irdischen Plan. Andere Welten gehen uns nichts an. Ich glaube, daß es andere Welten gibt; aber sie haben keinen Bezug auf unsere hiesige und jetzige Pflicht, unser jetziges, hiesiges Drama. Der Gedanke an diese anderen Welten ist eher geeignet, unseren Geist zu verwirren und von seiner jetzig-hiesigen, einzig relevanten Aufgabe abzulenken.

Da wir das Unendliche nur im Gleichnis des Endlichen erfassen können, wird das Endliche von unendlicher Bedeutung; denn nur über die erfüllte Endlichkeit führt unser Weg zum Unendlichen.

Er braucht uns. Wenn wir uns im Endlichen nicht erfüllen, bleibt auch Seine Unendlichkeit unerfüllt. Unsere Niederlage wäre auch die Seine; unsere Lüge beeinträchtigt Seine Wahrheit; unsere vergängliche Schande entstellt, versehrt Sein unvergängliches Bild.

Je mehr ich an Gott denke, je inniger ich mich mit Ihm beschäftige, desto deutlicher wird mir die enorme Wichtigkeit, die metaphysische Relevanz unserer jetzig-hiesigen Probleme und Affären.

3. September. Sehr beschäftigt mit den Vorarbeiten zur Autobiographie („The Turning Point“) und mit „Decision“. Das September-Heft macht mir Freude, vor allem die „English War-Time Anthology“. Wichtige Beiträge von Harold Laski, Julian Huxley, E. M. Forster, Stephen Spender, Dylan Thomas. Alles, was jetzt aus England kommt, ist von hohem Niveau und zeugt von sittlich-politischer Reife. Es ist eine vornehm gelassene, elegante Entschlossenheit, mit der das bedrohte, beschädigte England sich behauptet. Kein Hurra-Patriotismus! Kein Fahnenschwingen oder Säbelrasseln! Kein Haß! Man bleibt sich der moralischen Werte bewußt, um die es in diesem Kriege geht und die im Prozeß des Kampfes nicht preisgegeben werden dürfen. Man will nicht nur den Krieg gewinnen, sondern auch den Frieden.

Gleichfalls in der September-Nummer – damit wir nicht zu optimistisch werden! – ein Aufsatz mit dem ominösen Titel „Post-War Apocalypse". Der Autor, Henry G. Alsberg (ein literarischer Vorkämpfer der Rooseveltschen „New Deal"-Philosophie) prophezeit eine chaotisch aufgewühlte, tragisch uneinige Nachkriegswelt. „The outlook is dark, whichever way you look at it ..."

16. September. Arbeit an einer deutschen Anthologie für die Oktober-Nummer: „short story" von A. M. Frey; Essays von Frank Kingdon, Heinrich Mann, Hermann Kesten, Gustav Regler; Lyrik von Bert Brecht und – Stefan George, den man hier fast nicht kennt. Unterhaltung über Größe und Gefährlichkeit dieser so sehr deutschen, fragwürdig-liebenswerten Dichterfigur mit Peter Viereck, sympathischer, begabter Sohn des politisch suspekten, literarisch zweitklassigen alten George Sylvester Viereck. Während der anrüchige Papa für Nazi-Deutschland Propaganda macht, untersucht Peter die geistesgeschichtlichen Wurzeln und historischen Hintergründe der gegenwärtigen deutschen Psychose. In seinem Buch „Metapolitics: From the Romantics to Hitler" gibt es viel zu lernen, selbst für mich, der ich mich doch im Labyrinth der germanischen Seele ein wenig auszukennen glaube. Aber dieser junge Amerikaner (teilweise deutscher Abkunft) scheint mit dem Problem des Deutschtums fast ebenso vertraut wie unsereiner – und steht ihm dabei doch mit größerer Distanz gegenüber.

Mit Peter verabredet, daß er den Zyklus von George-Gedichten im Oktober-Heft einleitet. Wollte es erst selber tun, aber mir fehlt die Objektivität: Mein George-Bild würde entweder zu idealisch ausfallen oder zu gehässig. (Oder beides – was das schlimmste wäre!)

Am gleichen Tag, später. Heute nachmittag, in der „Bedford"-Bar, erregten E. und ich den Unwillen eines älteren Gentleman, indem wir deutsch miteinander sprachen. Erst begriffen wir gar nicht, warum er an seinem Tisch so unheilverkündend brummte und knurrte, bis er endlich aufsprang und vor uns hintrat mit purpurner Zornesmiene. „Stop it!" brüllte der cholerische Greis. (Es war recht beängstigend: der Schlag hätte ihn treffen können.) „That damned Nazi talk! Stop it! Shut up! Or speak English!"

Er hätte noch lange getobt, aber E. unterbrach ihn, ganz damenhafte Liebenswürdigkeit. „Delighted to meet you, Sir!" Sie sprach mit ihrem feinsten britischen Akzent, wodurch der aggressive Alte so beeindruckt war, daß ihm der Mund buchstäblich offen stehen blieb. Der Mund blieb offen, während E. mit schöner Würde fortfuhr: „Ich verstehe Ihre Animosität, mein Herr; ich teile Ihren Abscheu vor den Nazi-Greueln. Aber da Amerika sich noch immer nicht entschließt, das greuliche Regime zu bekämpfen oder auch nur zu boykottieren, was soll der Boykott einer Sprache, die übrigens in ihrer richtigen und reinen Form mit dem Nazi-Kauderwelsch kaum irgendeine Verwandtschaft hat?"

17. September. „The Myths of Childhood" (erstes Kapitel des „Turning Point") abgeschlossen. Merkwürdig, diese Beschwörung frühesten Erlebens, in fremder Zunge ...

Und wenn ich den „Turning Point" später einmal, nach dem Kriege, in deutscher Sprache publizieren will – wer soll ihn übersetzen? Ich natürlich – wer sonst? Ich könnte nicht mein Leben von einem anderen *auf deutsch* erzählen lassen. Ich muß es selber tun.

Das ganze Buch noch einmal schreiben! Ein Albtraum ...

(Auch diese Notizen – in englischer Sprache aufs Papier geworfen – werden von meinem „alter ego", meinem deutschen Ich zu übertragen sein.)

Am gleichen Tag, später. Das Sprachproblem – höchst quälend, höchst verwirrend ...

Julien Green, der jetzt auch englisch schreibt (übrigens auch ein Erinnerungsbuch), erzählte mir neulich von seinen Schwierigkeiten. Dabei ist er, der in Frankreich geborene und erzogene Amerikaner, völlig zweisprachig aufgewachsen! Aber gibt es das überhaupt, völlige Zweisprachigkeit? Da Green sich nun einmal für das Französische entschieden hat, fühlt er sich – wie er mir versichert – im Englischen nicht mehr so recht zu Hause: obwohl es doch eigentlich seine „erste Sprache" ist ...

Wenn die linguistische Metamorphose (die in seinem Fall doch nur eine *Rück*verwandlung, eine Heimkehr ist) schon ihm so viel Qual und Mühe macht, wie sollte ich sie zu bestehen hoffen?

Je tiefer ich ins Englische eindringe, desto stärker empfinde ich die eigene Unzulänglichkeit. Wie unendlich reich ist diese Sprache, die Sprache Shakespeares und Burkes, Melvilles und Whitmans! Und wie verschieden ist sie von der unseren!

Der *unseren?* Bin ich dem Deutschen nicht schon halb entfremdet? Vielleicht läuft es darauf hinaus, daß man die Muttersprache verlernt, ohne mit der neuen Zunge jemals ganz vertraut zu werden ...

Aber wenn ich keine Sprache mehr hätte, was bliebe mir ...?

Am gleichen Tag, noch später. Frappiert von diesen Zeilen, die ich bei T. S. Eliot (in seinem Gedicht „Eeast Coker") finde:

> So here I am, in the middle way, having had twenty years –
> Twenty years largely wasted, the years of *l'entre deux guerres* –

Trying to learn to use words, and every attempt
Is a wholly new start, and a different kind of failure ...

Ein Meister, der in seiner eigenen Zunge schreiben darf und kämpft mit dem Wort, um das Wort, wie nur irgendein Anfänger oder wie einer, der sich auf eine neue Sprache umzustellen versucht.

Für ihn, wie für uns, für jeden, dem es ernst mit der Sprache ist und mit dem Leben: immer wieder das Lernen und Umlernen, immer wieder das Scheitern, und dann „the wholly new start", der gänzlich neue Anfang.

„For us", sagt Eliot, *"there is only the trying. The rest is not of our business."*

Für uns gilt allein das Versuchen. Der Rest ist nicht unsere Sache. Gutes, tröstliches Wort!

7. Dezember. Pearl Harbor ...

Meine Reaktion ist ähnlich wie vor einem halben Jahr, bei der Invasion der Sowjetunion; die gleiche Mischung aus Entsetzen und Erleichterung (wobei das Moment der Erleichterung, auch jetzt wieder, überwiegt). Aber diesmal ist alles näher, *wirklicher*. Gefühl direkter, persönlichster Betroffenheit.

12. Dezember. Es ist beinah unmöglich, an irgend etwas zu denken, außer an die „großen Ereignisse".

Amerika ist im Krieg mit Nazi-Deutschland. Ich will in die amerikanische Armee. (Bin aber noch kein „citizen", darf mich also nicht freiwillig melden, sondern muß hübsch warten, bis man mich holt ...)

20. Dezember. Nur die „großen Ereignisse" im Kopf? Aber die Arbeit am „Turning Point" geht weiter und der Kampf um „Decision" auch. Am Tage nach „Pearl Harbor" war mein spontanes Gefühl: Schluß mit der Zeitschrift! Wozu noch „Decision"? Die Entscheidung fällt anderswo ... Aber Tomski und andere Freunde taten alles, um mich umzustimmen. Eine kosmopolitisch-progressiv eingestellte Revue von hohem geistigem Niveau – so wurde mir versichert – habe gerade jetzt eine vitale Funktion und müsse unbedingt gerettet werden. Sei es drum! Aber die Schwierigkeiten häufen sich. Das Geldproblem geht mir immer mehr auf die Nerven.

Trost der Lektüre (immer wieder Gide, Eliot, Thomas Wolfe); Trost der Musik.

Sehr genußreicher Abend in der „Metropolitan Opera“: „Die Zauberflöte“ (unter Bruno Walter). Tiefer denn je berührt von der holden Erhabenheit, der lächelnden Majestät des Werkes. Welch strömender Reichtum der musikalischen Erfindung, der vielfach wechselnden, präzis und innig formulierten Emotion! Das Mozartsche Genie entfaltet, verschenkt sich hier in seiner ganzen Fülle; „Die Zauberflöte“ übertrifft selbst den „Figaro“, ja noch den „Don Giovanni“ an dramatischem Effekt und kühner Inspiration. Auch das Libretto gefällt mir, trotz seinen naiven Fehlern. Sehr reizvoll, sehr suggestiv, die Mischung aus aufklärerischem Freimaurer-Ethos und phantastischer Laune, aus kindlicher Zauberposse und hohem Weihespiel. Die feierliche Vernünftigkeit, der ins Priesterliche gesteigerte *common sense* des Sarastro läßt an den späten Goethe denken; die stupende Vielfalt kontrastierender Stimmungen und Gesichte, dies gewagte Nebeneinander komischer und ernster, burlesker und zärtlicher Elemente gemahnt an Shakespeares universale Gastlichkeit.

Wie brutal und bombastisch, wie indiskret und vulgär, wie *langweilig* erscheint Richard Wagners „Musikdrama“ neben dieser magisch-amüsanten, heiter-profunden Kunst! Die reizende „Zauberflöte“ – nicht die wüste „Götterdämmerung“ – antizipiert den musikalisch-dramatischen Stil der Zukunft: gesetzt, es gibt eine Zukunft mit Drama, mit Musik, mit *Stil* ... Halb humanistisches Lehrstück, halb barocker Mummenschanz, *raisonable* noch in der Kaprice, edel noch im Ulk, in all seiner schillernden Zusammengesetztheit und hohen Unschuld, mit all seinem Glanz, seiner Lieblichkeit, seinen Ahnungen, seiner Anmut möge Mozarts festliches Meisterwerk von künftigen Geschlechtern geliebt, verstanden, nachgeahmt und vielleicht gar übertroffen werden!

14. Januar 1942. Angesichts des Heroismus, mit dem die Rote Armee und das russische Volk die Nazi-Invasion bekämpfen, erscheint unser Urteil über die Sowjetunion in mancher Hinsicht revisionsbedürftig. Gewisse Tendenzen und Aspekte der Kreml-Politik, an denen wir Anstoß zu nehmen pflegten, werden erst jetzt verständlich. Wie steht es etwa, im Licht der heutigen Ereignisse, um jene berüchtigten Prozesse von 1937? Die summarisch-rigorose Liquidierung der militärischen und „trotzkistischen“ Opposition wurde damals in liberalen Kreisen als unerträglicher Skandal empfunden. Auch ich war tief empört und muß mich doch heute fragen, ob die garstigen Massenhinrichtungen vor fünf Jahren nicht doch vielleicht *notwendig* gewesen sind. Was damals in Moskau ausgerottet wurde, war es nicht eben jene „Fünfte Kolonne“, der die Demokratie in Frankreich, Holland, Belgien und anderen Ländern so geschwind zum Opfer fiel? Ohne die Prozesse von 1937 gäbe es heute, 1942, vielleicht keinen russischen Widerstand ... Und Finnland? Wir alle schrien Zeter und Mordio, als dieses kleine und beliebte Land von der großen und unbeliebten Sowjetunion überfallen wurde. Wie aber, wenn wir uns voreilig entrüstet hätten? Nein, Eroberungslust war es wohl nicht, was die Sowjetunion zu ihrem aggressiven Akt bestimmte. Stalin griff an, um dem Angreifer zuvorzukommen. Er wußte, was Hitler plante und wie gefügig das anti-russische, pro-

deutsche Helsingfors diesen Plänen war. Eine strategische Position von solcher Wichtigkeit mußte gesichert werden ...

Die Tatsache, daß Rußland heute unser Bundesgenosse gegen Nazi-Deutschland ist, soll uns nicht blind für die Fehler des Sowjet-Regimes machen. Aber wenn dies Regime wirklich so hassenswert wäre und – wichtiger – wenn es von den russischen Massen wirklich so gehaßt würde, wie eine reaktionäre Presse uns seit über zwanzig Jahren einzureden versucht, wie erklärt sich dann der zähe Heldenmut, mit dem das russische Volk sich jetzt verteidigt? Man sage doch nicht, die Liebe zur „russischen Erde“ sei das einzige Motiv für solche Tapferkeit! Auch 1917 stand der Feind auf diesem heiligen Boden – was die Bauern, Arbeiter und Intellektuellen keineswegs davon abhielt, den Krieg zu sabotieren; denn die Zarenherrschaft war nicht mehr erwünscht, und man gedachte, sie loszuwerden. Auch der kommunistischen Diktatur könnte man sich jetzt entledigen, hätte man es darauf abgesehen. Gerade dies scheint nicht der Fall zu sein. Man sabotiert nicht: man kämpft. Wem gäbe das nicht zu denken?

(Hier ließe sich allerdings der Einwand machen, daß es auch im Hitler-Reich kaum nennenswerte Sabotage gibt. Auch dort steht die Nation „wie ein Mann“ hinter dem Diktator, ohne daß wir ihn darum weniger scheußlich fänden. Worauf aber denn doch zu erwidern wäre, daß der deutsche Tyrann bisher immer nur Siege aufzuweisen hatte und sogar jetzt noch siegt; wenigstens scheint es so. Warten wir einmal ab, was aus der Popularität des Führers wird, wenn die Russen vor Berlin stehen und die westlichen Alliierten im Rheinland! Sollten die Deutschen selbst dann noch ihrem Adolf die Treue halten – nun, so würde es nicht *für* diesen sprechen, sondern *gegen* jene ...)

31. Januar. Man versichert mir allgemein, das soeben erschienene Doppelheft von „Decision“ (die Januar-Februar-Nummer) sei das beste von allen. Schade, daß es auch das letzte ist. Es geht nicht weiter. Schluß! Mit ein paar tausend Dollars wäre das Ding zu retten; aber die sind nicht aufzutreiben ...

Gefühl der Bitterkeit. Mit welcher Hoffnung, welchem Enthusiasmus habe ich dies Unternehmen angefangen! Wieviel Arbeit hat es mich gekostet! (Nicht zu reden von den finanziellen Opfern ...) Umsonst ... immer wieder läuft es darauf hinaus.

Einziger Trost: daß ich mich nun auf die Arbeit am „Turning Point“ konzentrieren kann. Wieviel Zeit bleibt mir noch, um sie abzuschließen? (Ich will in die Armee. Ich will Uniform tragen wie die anderen. Ich will kein Außenseiter, keine Ausnahme mehr sein. Endlich darf ich mich einmal mit der Majorität solidarisch fühlen. Jeder Amerikaner sagt heute: „Let's lick that damned son-of-a-bitch over there, in Berlin!“ Ich habe den gleichen Wunsch.)

23. Februar. Die Nachricht von Stefan Zweigs Selbstmord in Brasilien kam so völlig unerwartet, daß ich sie zunächst kaum glauben konnte. Bei Toller war man auf dergleichen vorbereitet; aber doch nicht bei *ihm*, der so lebensfroh, ja genießerisch, so verwöhnt vom Glück, so ausgeglichen, so *vernünftig* schien! Er hatte Ruhm, Geld, sehr viele Freunde, eine junge Frau – und warf alles fort … Warum? In seinem Abschiedsbrief ist vom Krieg die Rede. Der Krieg, Triumph der Barbarei, Durchbruch zerstörerischer Urinstinkte! Dem Humanisten graut. Ist dies noch seine Welt? Er erkennt sie nicht mehr. „Ich passe nicht in diese Zeit. Diese Zeit mißfällt mir …" Und greift zum Gift. Ruhm, Geld und Freunde läßt er hier zurück; die junge Frau aber wird mitgenommen.

Ist es so einfach? Ach, was wissen wir …

Ich lese seine Briefe aus den letzten Jahren wieder durch. Hier dankt er für ein Buch, dort übt er Kritik, gibt Ratschläge, verspricht einen Artikel, erzählt von einer Reise, einem Theaterabend. Sonst nichts? Doch, manchmal gibt es wohl ein Wort der bitteren Ironie oder Müdigkeit, gedämpfte Seufzer und diskrete Klagen. Mir fiel nichts auf. Ich verstand ihn nicht. Ich hielt ihn für den genäschig-weltoffenen Literaten, dem nichts nahegeht. Und er war ein Verzweifelter!

Als ich ihn zuletzt sah, hier in New York – es ist nicht lange her: fünf oder sechs Monate, vielleicht sieben –, da war er gewiß schon der Verzweiflung nah. Er ließ sich aber nichts merken, sondern gab eine „cocktail-party". Die „party" verlief ganz munter; es waren fast nur Literaten da. Er war ja selbst mit Leib und Seele Literat, der Literatur verfallen und verschworen, „good old Stefan Zweig"!

Nach dem Cocktail-Klatsch begegnete ich ihm nur noch einmal, auf der Straße. Er kam mir auf der Fifth Avenue entgegen, ohne mich übrigens gleich zu bemerken. Er war „in Gedanken", wie man wohl sagt; es dürften keine sehr vergnügten Gedanken gewesen sein. Die Sonne schien, der Himmel lächelte; nicht aber „good old Stez", der eher düster wirkte. Da er sich unbeobachtet glaubte, gestattete er seinem Blick, starr und gramvoll zu werden. Keine Spur mehr von der heiteren Miene, die man sonst an ihm kannte. Übrigens war er an diesem Morgen unrasiert, wodurch sein Gesicht erst recht verfremdet und verwildert schien.

Ich sah ihn an, das Stoppelkinn, die blicklos finsteren Augen, und dachte mir: ›Nanu! Was ist los mit ihm?‹ Dann ging ich auf ihn zu: „Wohin des Weges? Und warum so eilig?" Er fuhr zusammen, wie ein Schlafwandler, der seinen Namen hört. Eine Sekunde später hatte er sich gefaßt und konnte wieder lächeln, plaudern, scherzen, verbindlich, angeregt wie eh und je: der weltmännisch gesittete und elegante, etwas zu glatte, etwas zu liebenswürdige *homme de lettres* mit wienerisch nasaler Stimme und von unzweifelhaft „eminent pazifistischer Gesinnung".

Aber das wildfremde Bartgesicht, das er mir erst gezeigt, hätte mir doch zu denken geben sollen. Ich dachte: ›Nanu?‹ Und er war ein Verzweifelter …

13. März. E. macht mich darauf aufmerksam, daß heute das zehnte Jahr unseres Exils beginnt. Ein Jubiläum!

Werden wir – werde ich jemals wieder in Deutschland leben? Wohl kaum. Übrigens scheint mir die Frage, was mich betrifft, eigentlich nicht mehr von großer Wichtigkeit.

Ich bin weit gegangen, *zu* weit, als daß an Rückkehr noch zu denken wäre. Ich muß weitergehen – vorwärts, nicht zurück! – oder ich verliere den Weg und gehe in die Irre.

Die alte Heimat findest du nicht mehr, auch eine neue ist dir nicht beschieden. Die Welt ist deine Heimat: eine andre hast du nicht.

Die ganze Welt wird meine Heimat sein: gesetzt, es gibt noch eine ganze Welt nach diesem Kriege ...

Heimkehr oder Exil? Falsche Problemstellung! Überholte Alternative! Die einzig aktuelle, einzig relevante Frage ist: Wird aus diesem Kriege eine Welt erstehen, in der Menschen meiner Art leben und wirken können? Menschen meiner Art, Kosmopoliten aus Instinkt und Notwendigkeit, geistige Mittler, Vorläufer und Wegbereiter einer universalen Zivilisation werden entweder *überall* zu Hause sein oder *nirgends*. In einer Welt des gesicherten Friedens und der internationalen Zusammenarbeit wird man uns brauchen; in einer Welt des Chauvinismus, der Dummheit, der Gewalt gäbe es keinen Platz, keine Funktion für uns. Wenn ich das Kommen einer solchen Welt für unvermeidlich hielte, ich folgte noch heute dem Beispiel des entmutigten Humanisten Stefan Zweig ...

Aber warum sollte das Schlimmste immer unvermeidlich sein? Ich bin nicht ohne Hoffnung. (Hoffnung als Pflicht. Hoffnungslosigkeit als Schwäche.)

15. März. Den Nachruf auf Stefan Zweig für „Free World“ abgeschlossen. Nun wieder zum „Turning Point“! Bin schon bei „Anja und Esther“, beim „Frommen Tanz“. Das Englische macht mir kaum noch Schwierigkeiten.

Wenig Menschen; viel Lektüre, vor allem Gide, der mir immer wieder neue Überraschungen bereitet. Lebhaftes Vergnügen an „Les Caves du Vatican“.

26. März. Ein Abend bei der (ziemlich radikal links eingestellten) „League of American Writers“. Harry Slochower (Literaturkritiker und Germanist, Autor eines sehr soliden Buches über Richard Dehmel) liest ein Kapitel aus seiner neuen Arbeit „Literature in War-Time“, über Ernst Toller, Stefan Zweig, Richard Wright. Nachher Diskussion, bei der F. C. Weiskopf (immer sehr sympathisch) und ein junger Neger-Schriftsteller (Namen vergessen) sich hervortun. Auch ich muß etwas sagen, bin aber in schlechter

Form. Wie behindert, wie *hilflos* fühle ich mich in einem Kreis von Intellektuellen, die das Marxsche Dogma als Evangelium akzeptieren! Slochower, Weiskopf und der junge Neger scheinen sich darüber einig zu sein, daß Toller und Zweig sich nicht umgebracht hätten, wären sie nur bessere Marxisten gewesen. Macht die Philosophie des dialektischen Materialismus den Menschen immun gegen manisch-depressive Zustände und Schlaflosigkeit, immun gegen das „taedium vitae", gegen den „Todestrieb"? Oder muß man aufhören, Mensch zu sein, um Marxist werden zu können?

10. April. Beim tschechoslowakischen Konsul. Interessante Mitteilungen über das Wachsen der Widerstandsbewegung in „unserem" Lande. (Ich bin ja noch immer Bürger der Tschechoslowakei und immer noch stolz darauf!) Der Konsul erzählt mir von Sabotage-Akten in der Rüstungsindustrie, im Verkehrswesen, in den Kasernen, von illegalen Rundfunksendungen und Flugblättern, von Attentaten.

Und diese Dinge geschehen nicht nur in der Tschechoslowakei, sondern auch in Frankreich, Holland, Norwegen, Dänemark. In allen besetzten Ländern!

Skeptiker ermahnen uns, die strategische und politische Bedeutung dieser weitverbreiteten, aber desorganisierten und hilflosen Opposition nicht zu überschätzen. Gewiß, die tollkühnen Verschwörergruppen und heroischen Individuen, die irgendwo zwischen Spitzbergen und Athen der Hitler-Macht heimlich trotzen, mögen heute als politisch-strategischer Faktor noch nicht in Frage kommen. Aber morgen? Wenn unsere Armeen erst in Europa stehen, auf wen werden wir uns dann stützen? Wer ist unser Bundesgenosse? Eben jenes Fähnlein der Aufrechten, jene desperaten Freiheitskämpfer, über die man jetzt die Achseln zuckt. In der europäischen „résistance" bereitet sich eine Volksbewegung vor, die nicht nur in der letzten Phase des Krieges, sondern auch bei der Gestaltung des Friedens eine sehr entscheidende Rolle spielen wird.

21. April. Amerikanischer Luftangriff auf Tokio; Lübeck von der RAF bombardiert. *Gut so!*

... Ich schreibe dies hin, und erschrecke. Wie, ist man schon so verhärtet, so entmenscht, daß man der Apokalypse Beifall klatscht? Denn apokalyptisch geht es ja wohl zu beim Bombardement einer modernen Stadt ... Die Agonie unschuldiger Kinder, die Panik der Massen, das gehäufte Elend, die Zerstörung von Kathedralen und Krankenhäusern, Tempeln und Theatern, Gärten, Schulen, Arbeiterwohnungen und Bibliotheken – ist das „gut"?

Nicht gut, aber unvermeidlich! Hitler muß fallen. Alles, was ihn schwächt und seine Niederlage näher bringt, hat meinen Beifall. Die Bombardements schwächen Hitler. Ich bin für die Bombardements.

Am gleichen Tag, später. Aber was würde der Sieg über das Nazi-Regime nützen, wenn die Sieger sich vom Nazi-Geist infizieren ließen? Im Kampf gegen die äußerste Brutalität mögen brutale Mittel statthaft oder selbst notwendig sein. Indessen geziemt es sich, daß wir solche Mittel nur *mit schlechtem Gewissen* verwenden und akzeptieren. Die Skrupellosigkeit des Feindes darf uns nicht skrupellos machen. Gefahr der Ansteckung! Seien wir auf der Hut!

23. April. Gute Arbeit am „Turning Point". Es geht schneller, leichter, als ich erwartet hatte.

Weitere Beschäftigung mit André Gide (das Tagebuch; essayistische Prosa: über Montaigne, über Dostojewski); gleichzeitig sehr innige und dankbare Wiederbegegnung mit deutschen Mystikern: Mechthild von Magdeburg, Jakob Böhme, Meister Eckhart, Angelus Silesius, Franz von Baader, Novalis ... Zauberhafte Sphäre! Das „andere Deutschland" ... ja, hier offenbart es sich in seiner reinsten und schönsten Form!

24. April. Brief von der Militärbehörde („Local Board No. 15-23 of the Selective Service") des Inhalts, daß „der Fall K. M." neu geprüft werden soll. „The board intends to make a new determination of the registrant's classification."

Mein Antwortschreiben (es ist schon unterwegs!) schließt mit den folgenden Sätzen: „Wollen Sie bitte zur Kenntnis nehmen, daß ich bereit, ja begierig bin, der amerikanischen Armee beizutreten, auch schon *vor* meiner Naturalisation. Es ist mein aufrichtiger Wunsch, Ihrem Lande und unserer Sache zu dienen ... Ich hoffe, es wird Ihnen möglich sein, meine Klassifizierung sofort zu ändern."

28. Mai. Gestern, das letzte Kapitel des „Turning Point" abgeschlossen. Heute, zur militärischen Untersuchung.

Ich möchte, daß sie mich nehmen. Ich will dabei sein. Endlich einmal dabei sein!

2. Juni. Ungewißheit. Verzögerung. Warten ...

Der sommerliche Tag ist lang und drückend. Ich habe zu viel Zeit, ein ungewohnter Zustand. Die Autobiographie ist fertig. Ich fühle mich ausgepumpt, erschöpft, unfähig zu neuer Arbeit. Übrigens wäre es riskant, gerade jetzt etwas Größeres anzufangen. Jeden Tag kann ich ja „zu den Fahnen gerufen" werden. Ich wünschte, es wäre soweit!

Überdrüssig der Freiheit; überdrüssig der Einsamkeit. Sehnsucht nach Gemeinschaft. Der Wunsch, mich einzuordnen, *zu dienen!*

4. Juni. Der Militärarzt ist nicht mit mir zufrieden. „Vorläufig abgewiesen." Ich beantrage eine neue „physical examination". Aber darüber können Monate vergehen ...

Und inzwischen?

In diesem Zimmer halte ich es nicht mehr aus. Seit September 1940 – seit einundzwanzig Monaten also – habe ich noch keine fünf Nächte außerhalb New Yorks, außerhalb des „Bedford" verbracht. Eine Luftveränderung! Etwas anderes!

Ich erwäge eine Reise nach Kalifornien, zu den Eltern, die ich so lange nicht gesehen habe. Es wird doch Zeit, daß ich unserem neuen Heim in Pacific Palisades endlich einmal einen Besuch abstatte. Dort fände ich vielleicht sogar etwas Ruhe zur Arbeit.

15. Juni. Notizen zu einer Jakob Böhme-Biographie und zu einem Buch über André Gide. Ich weiß nicht, welcher der beiden Pläne mich mehr reizt. Aber vielleicht werde ich weder zum einen noch zum anderen kommen. Denn während ich mit dem Verlag („Creative Age Press") über den alten deutschen Propheten und den modernen französischen Proteus verhandle, bin ich auch in Kontakt mit einer etwas geheimnisvollen Organisation, die der Army irgendwie nahezustehen scheint, ohne übrigens ganz zu ihr zu gehören; eine sogenannte „Liaison-Elite-Truppe", die wahrscheinlich mit Sabotage oder Spionage im besetzten Europa, oder gar in Deutschland selbst, zu tun hat. Dergleichen könnte abenteuerlich, gefährlich sein. Ich bin dabei! Zunächst freilich bleibt es beim Ausfüllen von Fragebögen. Die Offiziere, bei denen ich mich vorstelle (alle in Zivil!) sind von unverbindlicher Höflichkeit, sehr vage, sehr geheimnistuerisch.

29. Juni. Den Vertrag mit „Creative Age Press" unterschrieben. Es läuft also auf den „Gide" hinaus.

Meine „Elite"-Organisation wird immer vager, immer geheimnisvoller. Nicht auf sie zu rechnen.

Ich sage mich in Kalifornien an.

Pacific Palisades, Calif.; 8. Juli. Wiedersehen mit der Familie. Auch E. ist hier. Reizendes Haus, schöner Garten. Von meinem Zimmer geht der Blick über Palmen- und Orangenhaine bis zum Pazifischen Meer. Auf der anderen Seite liegt Los Angeles, dekorativ hingebreitet. Abends, großer Effekt der Lichter, lebhaft und festlich glitzernd in der trocken-windstillen Luft.

Ich freue mich auf die Arbeit. Auf der langen Zugfahrt, „Les Nourritures Terrestres" und „Les Faux-Monnayeurs" nochmals durchgenommen. Das erste Kapitel („Legend and Reality") skizziert.

15. August. Arbeit, zehn, zwölf Stunden am Tag ... Zum „Gide" kommen jetzt auch noch die „Turning Point"-Korrekturen. Das Buch soll im Herbst erscheinen.

30. August. Heute Brief von der Army: ich bin zu einer neuen Untersuchung vorgeladen. Mache mich also zu schleuniger Abreise nach New York bereit. Wird es diesmal klappen ...?

Vom „Gide" fehlen nur noch das letzte Kapitel und der Epilog.

New York, 7. September. Gestern, den ganzen Tag in „Governor's Island". Endloses Schlange-Stehen mit anderen Rekruten (meistens nackt); sehr ausführliche „physical examination". Wieder abgewiesen! Sehr traurig, sehr entmutigt.

6. Oktober. „André Gide: And the Crisis of Modern Thought" ist abgeschlossen, zur Zufriedenheit des Verlags. „The Turning Point: Thirty-Five Years in this Century" ist erschienen und wird viel gelobt. Schöne Briefe, glänzende Kritiken. Trotzdem bleibe ich deprimiert. Lähmendes Gefühl des Ausgeschlossen-Seins.

Neues Gesuch an die Army. Beantrage Wiederaufnahme meines Falles. (Wie man sich aufdrängen muß! Und so viele würden sich gerne drücken ...)

15. Oktober. Immer mehr Rezensionen des „Turning Point" (in den „Sunday Times", der „Herald Tribune" etc). Alle äußerst schmeichelhaft.

Depression hält an.

20. Oktober. Besprechung mit Landshoff über eine große europäische Anthologie, die ich, vielleicht in Zusammenarbeit mit Hermann Kesten, für „L. B. Fischer Publishers" redigieren soll. Ein Querschnitt durch die literarische Produktion *aller* europäischen Völker „entre les deux guerres".

Interessante Idee, aber ich bin nur halb interessiert.

Traurigkeit.

24. Oktober. Furchtbare Traurigkeit – alles überschattend.

Der Todeswunsch.

25. Oktober. Der Todeswunsch – sonst nichts.

26. Oktober. Der Todeswunsch ... (Wie lang erträgt man das?)

27. Oktober. Der Todeswunsch.

Ich wünsche mir den Tod. Der Tod wäre mir sehr erwünscht. Ich möchte gerne sterben. Das Leben ist mir unangenehm. Ich mag nicht mehr leben. Es wäre mir äußerst lieb, nicht mehr leben zu müssen. Der Tod wäre mir entschieden angenehm. Ich wünsche mir den Tod.

1. November. Immer noch am Leben ...

Die Arbeit hilft – ein wenig.

Artikel über Virginia Woolf (für die „Chicago Sun").

Notizen zu „Heart of Europe" (die Anthologie). Gespräche mit Kesten – dessen standhafte Vitalität und tapferer Optimismus erfrischend auf mich wirken.

12. November. Brief von der spröden, exklusiven Army. Ich soll „demnächst" wieder untersucht werden. (Hoffentlich ehe der Krieg zu Ende ist ...)

2. Dezember. Arbeit an „Heart of Europe" – teils allein, teils mit Kesten.

Druckbogen des „Gide"-Buches. Korrekturen.

Buchbesprechungen für die „Chicago Sun".

14. Dezember. Die schon vertraute Fahrt zu „Governor's Island". Untersuchung.

Accepted!

Genommen ...

(Noch zwei Wochen „Galgenfrist", um meine Angelegenheiten in Ordnung zu bringen.)

20. Dezember. Arbeit: „Heart of Europe". Notizen zur Einleitung. Nächtliche Sitzung mit Kesten.

27. Dezember. Packen. Abschiedsvisiten. Der Abend mit E.

Morgen früh habe ich vorm „Grand Central Palace", Lexington Avenue, anzutreten – als Soldat.

Zwölftes Kapitel.
Der Wendepunkt

1943-1945

An Mrs. Thomas Mann, Pacific Palisades (Calif.)

Fort Dix (bei New York), den 6. I. 1943

Soldatenmutter!

Es ist nur, damit Du weißt, wo ich stecke. Lange freilich wird hier meines Bleibens nicht sein. Dies ist ein „Induction Center", was bedeuten will, daß die neuen Rekruten hier herumsitzen und warten, bis sie einer bestimmten Waffengattung zugeteilt und irgendwohin zum „Basic Training" verfrachtet werden. Ich kann nur hoffen, daß dieses „Herumsitzen" – ein ziemlich euphemistischer Ausdruck! – sich in meinem Fall nicht gar zu sehr in die Länge ziehen möge; denn, unter uns gesagt, das Leben hier ist nicht gerade lustig.

Die ersten zwei, drei Tage gingen noch. Zunächst gab es die Einkleidungszeremonie (Uniform, Stiefel, Windjacke, Overalls zur Arbeit, sogenannte „fatigues", Regenmantel, Wintermantel, Handschuhe, Hemden, Socken, Unterwäsche, sogar Toilettengegenstände: alles von prächtiger Qualität; aber noch keine Waffen ...); dann kamen allerlei Interviews mit „classification officers" und die berühmte Intelligenz-Prüfung, bei der ich übrigens nur knapp mittelgut abschnitt. (Angeborene Blödigkeit? Oder sollte der „test" nicht unbedingt zuverlässig sein?) Außerdem wurden wir gegen die verschiedensten Seuchen geimpft und mußten eine Reihe von Ansprachen – teils religiös erbaulicher, teils wissenschaftlich aufklärender Art – über uns ergehen lassen. Am besten gefiel mir der Vortrag „Wie hüte ich mich vor Geschlechtskrankheiten?", besonders wegen des sehr realistischen Films, der nachher zur Vorführung kam. Nun weiß ich *alles*. Dein Sohn ist gewarnt.

Also, wie gesagt, diese ersten Tage waren noch leidlich angeregt. Dann fing der Stumpfsinn an. Die Herren Sergeanten und Korporale lassen uns die wunderlichsten Dinge tun. Ein beliebter Sport ist das Aufheben von Zigarettenstummeln und Papierfetzen. Heute früh, gleich nach dem Bett-Machen (Du solltest sehen, wie gut ich das schon kann!), mußte unsere Kompanie zu einem Marsch durch das ganze Lager antreten, wobei es sich nicht etwa um eine militärische Übung handelte, sondern um eine Säuberungsaktion großen Stils. Ich sammelte im Lauf des Morgens so viele „cigarette butts“, daß der Feldwebel ganz beeindruckt war und mich gnädig auf die Schulter klopfte: „Good work, Soldier! Keep it up!“ Nachmittags hatte ich dann ein relativ leichtes Amt: vier Stunden lang Wache-Stehen vor dem Klosett im Clubhaus der Offiziere. Das Klosett ist nämlich kaputt und soll zur Zeit nicht benutzt werden, ein mißlicher Umstand, auf den ein großes Plakat an der Türe ausdrücklich und eindeutig hinweist. Aber irgendein zerstreuter Oberst oder mutwilliger General könnte es sich ja einfallen lassen, die lädierte Toilette (warum man sie wohl nicht abschließt?) trotzdem zu benutzen. Um dies zu verhindern, ist die Wache da. Hätte der Commanding Officer von Fort Dix sich an mir vorbei in den verbotenen Lokus drängen wollen, ich wäre berechtigt, ja verpflichtet gewesen, ihm mit höflicher Entschiedenheit entgegenzutreten: „Sorry, Sir! But this latrine happens to be out of order.“ Glücklicherweise kam es nicht so weit. Die vier Stunden verliefen ohne Zwischenfall.

Morgen habe ich den ganzen Tag „K. P.“, was allgemein als das Schlimmste gilt ... Aber Du weißt womöglich gar nicht, was „K. P.“ bedeutet? „Kitchen Police“ natürlich, was denn sonst? Küchendienst von fünf Uhr morgens bis zehn Uhr abends! Deine schwarze Magd würde Dir schön kommen, wenn Du ihr dergleichen zumuten wolltest.

Ich bin trotz alledem guter Dinge. Die Leute in meiner (sehr provisorischen) Kompanie sind ganz nett; meistens italienischer Abstammung und in Brooklyn gebürtig. Ziemlich rührend war das Wiedersehen mit einem Liftboy aus dem Bedford-Hotel: er schlief just in dem Bett über meinem. – Wie der Zufall doch spielt! Da ich ihm in zivilen Tagen generöse Trinkgelder zu geben pflegte, zeigte er sich recht huldvoll und unterwies mich in der Kunst des Stiefel-Putzens. Heute früh bekam er seine „travel orders“ und ist jetzt schon unterwegs – „destination unknown“. (Kein G. I. darf je wissen, wohin er verschickt wird! Alles ist „militärisches Geheimnis“!) Der Junge, der nun das Bett des Liftboys übernommen hat, scheint auch ganz brav, wenngleich ein bißchen wortkarg. Der einzige, dem er sich anvertraut, ist sein lieber Herrgott im Himmel. Vor dem Schlafengehen kniete er ein paar Minuten lang auf dem kalten Boden, gleich neben unserem Lager, mit gefalteten Händen und gesenkter Stirn. Es war noch hell im Saal, so daß alle ihn sehen konnten. Hat aber keiner über ihn gelacht.

Ich kritzle und kritzle, beim Schein meiner Taschenlampe, was natürlich streng verboten ist. Wenn der Sergeant mich erwischt, muß ich auch übermorgen noch „K. P.“

machen. Ein gräßliches Risiko! Du gestattest also, daß ich hastig-herzlich schließe. Mit Kratzfüßen für Vater Zauberer ...

An Miss Erika Mann, New York

Camp Joseph T. Robinson (Arkansas), den 14. II. 1943

Ich bin heute nacht „C. Q." („in charge of quarters") was heißen will, daß ich bis zum „reveille" (hier seltsamerweise „révelli" ausgesprochen) im „Orderly Room" (anderswo „Schreibstube" genannt) zu sitzen habe. Sollte das Telephon läuten, so würde ich mit schneidiger Stimme sagen: „B Company Orderly Room – Private Mann speaking!" Und wenn ein „enemy agent" sich einzuschleichen versuchte, müßte ich ihn mit meinem Gewehr in Schach halten, bis die M.P.'s (Military Police) kommen, um ihn festzunehmen. Das Telephon läutet aber nicht, und kein Spion läßt sich sehen. Ich habe also reichlich Zeit, Dir auf der schönen Schreibmaschine des First Sergeant ein Ausführliches hinzutippen.

Wo magst Du Dich aufhalten? Ich hatte alle Deine „lecture"-Engagements fein säuberlich auf einem Zettel: der mir denn auch prompt abhanden kam. Nun weiß ich nicht, in welcher Gegend des Landes Du Dich derzeit produzierst, und schreibe Dir also ins „Bedford": hoffentlich schickt man Dir's nach. Wenn aber Deine Tournée Dich in diese südliche Regionen führen sollte, so denkst Du gewiß daran, daß die Stadt Little Rock – Kapitale des Staates Arkansas – ganz in der Nähe unseres Camp gelegen und per Schnellzug, Flugzeug oder Autobus sehr bequem zu erreichen ist. Das wäre doch *gar* zu schön, wenn Du plötzlich mal kämest! Einen Abend würde man mir hier schon Urlaub geben, obwohl der First Sergeant – so ein Dicker mit mürrischen Hängebacken und bösen Metzgerhundaugen – im allgemeinen eher zum Sadismus neigt. Aber schlimmstenfalls gehe ich halt zur höheren Instanz und appelliere an die Menschlichkeit des Commanding Officer, ein recht fideler Herr, der seine Leute gern bei guter Laune hält.

Ich habe überhaupt Glück mit den Vorgesetzten (der Oberfeldwebel ist eine häßliche Ausnahme) und mit den Kameraden komme ich auch gut aus. Die meisten sind jünger als ich, rüstige Fußballspieler zwischen achtzehn und fünfundzwanzig, weshalb ich denn nicht gerade zu den besten Soldaten der Kompanie gehöre. Das Exerzieren fällt mir ziemlich schwer, die langen Märsche machen mich recht müde, und mit der Flinte weiß ich noch immer nicht viel anzufangen. Du kennst ja meine manuelle Ungeschicklichkeit. Da läge es doch nahe, daß die Fußballspieler meiner spotteten, zumal ich ja auch sonst ein wenig aus dem Rahmen falle. Mein Akzent ist fremd, ich lese Bücher, soll sogar selbst welche geschrieben haben: alles sehr zum Kichern! Man kichert aber nicht, sondern schmunzelt höchstens und nennt mich „the professor". Das ist gutmütige Ironie – nicht ohne Wohlwollen, ja nicht ohne einen gewissen humoristischen Respekt ... Ob europäische Soldaten einen Kauz meiner Art mit ebensoviel Takt und Toleranz behandeln würden? Der Durchschnittsamerikaner mag noch unwissender und naiver sein als der durchschnittliche Europäer; aber gerade diese Naivität macht ihn freundlicher, generöser. Unter den Münchener Buben im Wilhelmsgymnasium habe ich mich fremder und einsamer gefühlt als jetzt bei den G. I.'s.

Über ernste Dinge freilich unterhält man sich wohl besser nicht mit ihnen. Es kommt auch fast nie dazu. Der bevorzugte Gesprächsgegenstand sind Mädchen. Wenn ausnahmsweise niemand eine Weibergeschichte zu erzählen oder ein attraktives Bild zu zeigen hat, so wird auf die Armee geschimpft; es gehört zum guten Ton, alles Militärische zu hassen und zu verachten. Dabei tut man aber doch seine Pflicht und legt Wert darauf, sich als Soldat auszuzeichnen. Daß Amerika den Krieg gewinnen wird, gilt allgemein als selbstverständlich; was aber die Probleme und Umstände betrifft, die zum Kriege geführt haben, so herrscht eine erstaunliche Ahnungslosigkeit. Diejenigen G. I.'s, die sich für solche Fragen überhaupt interessieren – es sind ihrer nicht viele! –, scheinen zu glauben, die Vereinigten Staaten seien von einem selbstsüchtig schlauen, dabei erbärmlich reduzierten England in den Kampf gegen Hitler gehetzt worden. Neulich gab es hier im Camp eine Vorführung des sehr eindrucksvollen und informativen Films „What we are fighting for“. – Alle mußten ihn sehen, und alle hätten bei dieser Gelegenheit manches lernen können. Denn, wenn der Film auch vielleicht nicht ganz deutlich machte, *wofür* wir kämpfen, so zeigte er doch mit drastischer Genauigkeit, was es für Mächte sind, *gegen* die wir uns zu wehren haben. Und die Reaktion des soldatischen Publikums? Ein Achselzucken! *“Propaganda“*. Mit diesem Wort läßt sich alles erledigen, alles beiseite schieben. Skeptische Ignoranz ist nicht zu überzeugen, nicht zu beunruhigen, nicht zu erschüttern. Konzentrationslager? Gestapo-Terror? Überfälle auf schwache Nachbarn? Vertragsbruch? Massenmord? Welteroberungspläne? Der ignorante Skeptiker grinst und hebt die Schulter: „That's just propaganda ...“ Der ignorante Skeptiker amüsiert sich über Hitler und Mussolini – zwei harmlose Clowns, die zum Vergnügen der G. I.'s auf der Leinwand gestikulieren und schwadronieren. Der ignorante Skeptiker findet den Nürnberger Parteitag „a pretty good show“, die Bücherverbrennungen „a lot of fun“. Pfui-Rufe gab es nur für die Japaner, die man wirklich nicht besonders gerne hat: „Pearl Harbor“ wird ihnen doch ein wenig nachgetragen, und übrigens sind sie „farbig“, was als verächtlich gilt.

Ja, das Rassen-Problem ... Vorhin habe ich von der „Toleranz“ der G. I.'s gesprochen. Ich bleibe dabei: sie sind im ganzen duldsam und generös, ohne Vorurteil, ohne Hochmut und Tücke. Aber es kann nicht geleugnet werden, daß diese Toleranz in vielen Fällen eben doch nur eine begrenzte und bedingte ist; an einem gewissen Punkte hört sie auf. Die Schwarzen und die Gelben sind „Untermenschen“. Man nennt sie nicht so, sondern „nigger“ und „yellow-belly“: es läuft aufs gleiche hinaus.

Wir haben uns über diesen melancholischen Aspekt des amerikanischen Lebens, die Neger-Frage, ja schon des öfteren miteinander Gedanken gemacht. Aber seitdem ich hier im Süden bin – Arkansas gehört beinahe schon zum „Deep South“ –, ist mir das Problem doch erst in seiner ganzen Dringlichkeit und Bitterkeit bewußt geworden. Von den vier Burschen, mit denen ich mein Zelt oder „Bungalow“ teile, stammt einer aus dem Staate Alabama. Johnny heißt er, ein recht lieber Mensch, kaum zwanzig Jahre alt, sanft von Gesicht und Wesen. Aber Du solltest ihn über die „f......niggers“ reden hören! Kein Nazi kann schlimmer sein. Ich glaube, so ein Alabama-Johnny würde Hungers sterben, ehe er sich mit Schwarzen an einen Tisch setzte. Lieber im Regen schlafen, als in einem Raum mit Negern! „Those bastards stink!“ Johnny bleibt dabei.

Ist das nicht schrecklich? Mich erschreckt es sehr.

Was man so fein „segregation“ nennt – die konsequente, starre Trennung zwischen Weiß und Schwarz – wird gerade hier, in der Armee, zum unerträglichen Skandal. Glaubst Du, wir kämen jemals in Kontakt mit unseren dunklen Kameraden? In „Camp Joseph T. Robinson“ sind auch Neger-Truppen stationiert. Aber sie leben ganz für sich, in einem besonderen Distrikt des Lagers, einer Art von „schwarzem Ghetto“ mit eigener Kirche, eigenem Kino, eigenem „P. X.“ (Post-Exchange oder Kantine). Im Autobus, der uns nach Little Rock befördert, gibt es eine eigene Abteilung „For Colored People“. Das *geht* doch einfach nicht! Das ist doch nicht in Ordnung! Wenn diese Leute gut genug sind, für unser Land zu kämpfen und zu sterben, dann können sie doch nicht zu schlecht sein für unseren „Service Club“ und unsere Kapelle! Mit was für Gefühlen diese „colored people“ wohl in den Krieg ziehen mögen? Die Frage *What are we fighting for?*, für diese Parias dürfte sie nicht leicht zu beantworten sein ...

Das sind so Nachtgedanken – „rather disturbing“, nicht wahr? Aber nun wird es schon hell draußen, die Trompete wird gleich zum „Révelli“ blasen. Wir haben eine Bajonett-Übung heute morgen, nachmittags einen Zwölf-Kilometer-Marsch. Da werde ich wohl wieder etwas stöhnen und schwitzen. Du kannst Dir nicht vorstellen, wie schwer so ein vollgepackter Tornister ist, wenn man ihn drei, vier Stunden lang schleppen muß! Aber ich schaff es schon. Und wenn ich wirklich gar nicht mehr weiter kann, wird der brave Alabama-Johnny sich meiner erbarmen und den Tornister eine Weile für mich tragen.

Let me hear from you!

Und komm nach Little Rock!

An Hermann Kesten, New York

Camp Joseph T. Robinson (Arkansas), den 31. III. 1943

Ihr Brief war Labsal. Intelligentes Lob wird immer gern gehört, und was Sie mir über meinen „Gide“ schreiben, ist von großer Klugheit und Sensivität, wenngleich gewiß zu freundlich. Mein bestes Buch? Vielleicht. Aber deshalb brauchte es noch immer nicht gut zu sein. Jedenfalls sieht es hübsch aus, darin stimme ich mit Ihnen überein. Die „Creative Age“-Leute haben sich Mühe gegeben. Übrigens klingen die ersten Kritiken ermutigend.

All dies scheint merkwürdig entfernt, entrückt, irgendwie irreal. Man lebt hier so völlig in der Wildnis, von der Welt abgeschnitten, besonders von der literarischen. Seit Wochen besteht mein Leben nur noch aus staubigen Märschen, Exerzieren, Schießübungen, Bajonett-Training, „Obstacle Course“ (wobei man über breite Gräben springen und auf hohe Bäume klettern muß), Gewehr-Putzen (besonders schwierig!), Stiefel-Putzen (nicht so schlimm), dazwischen ab und zu der mit Recht so unbeliebte Küchendienst. All dies gehört zum „Basic Training“; ich bin jetzt bald fertig damit. Keine Ahnung, was die unberechenbaren, unergründlichen Autoritäten dann über mich verfügen werden. (Die Army-Hierarchie erinnert mich immer mehr an jene schaurig kapriziösen, anonymen Mächte, die im Kafkaschen „Schloß“ und „Prozeß“ ihr Wesen treiben ...) Vielleicht schickt man mich „overseas“, nach England oder zum Pazifischen Kriegsschauplatz (welch seltsame „contradictio in adjecto“); vielleicht werde ich in ein anderes Camp versetzt und bekomme ein „special training“. In Anbetracht meiner Sprachkenntnisse läge es nahe, daß man mich irgendwie im „Intelligence“-Dienst verwendete, etwa zum Verhören deutscher Kriegsgefangener. Aber man erzählt mir, daß die mysteriöse Army eine Neigung hat, Universitätsprofessoren als Lastwagenführer einzusetzen und Analphabeten mit der Abfassung wichtiger Memoranden zu betrauen; jedenfalls soll es im vorigen Kriege so gewesen sein ... Nun, man wird ja da sehen, und mir ist alles recht. Ich *wollte* Soldat sein, und darf mich nun nicht beklagen. (Tue es auch nicht!)

Was immer übrigens mit mir geschehen möge, ich hoffe doch sehr, daß ich noch Zeit finden werde, die überfällige Einleitung zu „Heart of Europe“ endlich abzuschließen. Das kurze Vorwort sollte von einem repräsentativen Amerikaner sein – Archibald MacLeish wäre nicht schlecht oder vielleicht die alte Willa Cather; auch Dorothy Canfield Fisher – weniger glänzend, aber von solider Popularität – wäre in Betracht zu ziehen.

Mein Gewissen tut etwas weh, wenn ich an unsere „Anthology“ denke, wozu ich nicht häufig komme, aber doch zuweilen. Ich habe Sie da etwas hereingelegt, lieber Freund. Ein schöner „co-editor“, der plötzlich zum Militärdienst desertiert! Während ich mich mit dem Schießgewehr amüsiere, bleibt Ihnen all die garstige Plage mit der Auswahl portugiesischer und finnischer Autoren. Die kleinen Nationen dürften noch einiges Kopfzerbrechen machen. (What about Yugoslavia? What about Greece?) Was die großen betrifft, so sind wir uns wohl so ziemlich einig und im klaren. Die italienische Gruppe rundet sich ganz artig, mit dem schönen Balzac-Essay von Benedetto Croce als Anfang und Borgeses brillantem „D'Annunzio“ als Finale. Auch mit den Franzosen bin ich nicht unzufrieden. Die „introduction“ von Iwan Goll wird sicher gut; die Zusammenstellung der Texte scheint mir repräsentativ und glücklich. Valéry, Rolland, Gide, Proust, Martin du Gard, Claudel, Larbaud, Romains, Duhamel, Montherlant, Green, Mauriac, Aragon, Malraux, Eluard, Giraudoux, Saint-Exupéry, Maritain, Cocteau, Bernanos – kein ganz Wichtiger ist ausgelassen: es sei denn Sartre und Breton. Aber für *alle* ist nun mal nicht Platz. (Weshalb ich auch auf René Crevel schweren Herzens verzichte ...) Montherlant ist freilich nicht unbedenklich: er soll *vorzüglich* mit den Nazis stehen, wohl nicht nur aus Opportunismus, sondern auch aus Überzeugung: im Grunde seines Herzens dürfte dieser ästhetizistisch-sadistische Barde des Stierkampfes stets ein Fascist gewesen sein. Trotzdem ist nicht zu leugnen, daß er Talent hat – ziemlich viel sogar! – und daß sein Beitrag sehr wesentlich, sehr charakteristisch zur französischen Literatur unserer Zeit gehört. Wenn wir aber den suspekten Montherlant dulden, warum dann nicht gleich Céline? Der ist auch begabt – wenngleich ein bösartiger Verrückter. Nein, Céline ginge zu weit. Irgendwo muß eine Grenze sein.

Aber die Grenze ist nicht leicht zu ziehen. Norwegen ohne Hamsun? Selbstverständlich! Trotzdem ist es schade.

Das kurze Gedicht von Stefan George lassen Sie mir bitte! Ich weiß, was dagegen spricht. Aber mir liegt daran.

Annette Kolb und René Schickele kommen doch zu den Deutschen, obwohl sie beide halb-französisch sind? Und Hermann Hesse? Nein, ihn müssen wir wohl als Schweizer präsentieren; er will es so, und die Schweiz ist stolz auf ihn.

Überhaupt das Nationalitäten-Problem! Was machen wir mit Kafka und Rilke? Zwei deutsche Dichter – aber doch Böhmen ihrer Herkunft nach, und übrigens auch in ihrer künstlerischen Art, ihrer ästhetisch-moralischen Haltung entschieden slawisch beeinflußt. Wenn unsere Sammlung schon in nationale „départements“ eingeteilt wird, so geht es wohl nicht an, daß wir Kafka und Rilke für Deutschland reklamieren. Das sähe ja fast so aus, als ob wir den Hitlerschen Imperialismus billigten! Prag gehört nun einmal nicht zum Reich.

Mancherlei Probleme! Und es gibt noch mehr. Ich bespräche sie gern mit Ihnen; hoffentlich ergibt sich die Gelegenheit. Bleiben Sie mir inzwischen gewogen, obwohl ich Ihnen das „Herz Europas“ aufgeladen habe ...

An Mrs. Thomas Mann, Pacific Palisades (Calif.)

Camp Ritchie (Maryland), den 27. IV. 1943

Zunächst meine zwei Neuigkeiten, beide entschieden nett: Erstens, ich bin zum Staff-Sergeant (vier Streifen!) befördert worden; zweitens, laut amtlicher Mitteilung habe ich am nächsten Freitag, den 30. April, in Baltimore, Maryland, vor dem Richter zu erscheinen, um mich dortselbst zum US Citizen schlagen zu lassen. Wenn ich erst einmal

Bürger bin, so steht meiner Verschickung nach „overseas" nichts mehr im Wege; sei also darauf gefaßt, nächstens aus fernen Landen von mir zu hören. Oder aus der „Officers' Candidate School"? Als „citizen" könnte ich es vielleicht gar zum Leutnant bringen! Aber wozu? Staff-Sergeant ist mir reichlich fein genug.

Der Spaß ist um so größer, als alles so geschwind gekommen ist, gar nicht im Stil der Army, die sonst nicht zu hurtigen Improvisationen neigt. Vom „Private" avanciert man eigentlich zunächst zum „Pfc" (Private-First-Class), dann zum Korporal, dann zum ordinären, drei-streifigen Sergeanten. Ich bin also von der untersten Stufe direkt zur vierten gehüpft, eine kecke Leistung! In einem gewöhnlichen „outfit" – bei der Infanterie etwa – käme das natürlich nicht in Frage. Aber dieses Camp hier ist ja, wie neulich schon angedeutet, in mancher Hinsicht eher ungewöhnlich – „somewhat on the unusual side", um mich vorsichtig auszudrücken.

Vorsichtige Diktion ist am Platze; denn alles, was wir hier tun, hat ganz-ganz-ganz geheim zu bleiben. Immer wieder werden wir zur äußersten Diskretion ermahnt. *Don't talk! The enemy listens!* Plakate, auf denen ein seltsam im Raume schwebendes, innerlich behaartes Ohr recht widrig dargestellt ist, erinnern uns an die diabolische Neugier und Hellhörigkeit des Feindes. Gut, ich sage nichts.

Aber ich darf wohl erzählen, daß es in diesem Lager auffallend viele Europäer gibt, auch Amerikaner, die lange „drüben" waren und fremde Sprachen können. In den Baracken, in der „mess hall", im „P. X." wird italienisch, deutsch, französisch, polnisch, tschechisch, norwegisch geredet; korrektes Amerikanisch hört man nur ausnahmsweise. Und so viel bekannte Gesichter! Es wimmelt von alten Freunden aus Berlin, Wien, Paris, Budapest; man kommt sich vor wie in einem Club oder Stammcafe. Zu meiner Kompanie gehören Hans Wallenberg (Sohn des alten Wallenberg, Du weißt schon: der mal bei Ullstein ziemlich wichtig war) und Hans Habe. (Du hast doch sein Buch „A thousand must fall" gelesen? Sehr informativ und obendrein unterhaltend.) Ja, und Hans Busch ist da, Sohn des Dirigenten, Neffe des Violinisten, ein sehr freundlicher und hilfsbereiter Kamerad. Und Sforzino Sforza ... Erinnerst Du Dich noch, wie bildhübsch er war, als Sechzehnjähriger, damals in Toulon? Er sieht immer noch reizend aus – wie ein Jünglingsbild des Bronzino: von adlig strenger Anmut, sehr gescheit, sehr liebenswürdig, dabei etwas traurig. Wer sonst noch? Peter Viereck, der unsoldatischste Soldat, den ich je gesehen habe: *noch* salopper, *noch* zivilistischer als ich! Übrigens entdecke ich an ihm immer mehr interessante und attraktive Eigenschaften; auch seine Gedichte werden immer besser. Meinen alten Gespielen, Bubi Koplowitz, jetzt Oscar Seidlin (remember?) darf ich gleichfalls nicht unerwähnt lassen – und Tomski! Das war die größte Freude und die größte Überraschung, Sergeant Thomas Quinn Curtiss in diesem kuriosen Milieu wiederzusehen!

Dies ist nur eine kleine Auswahl. Ich sage Dir: *es wimmelt!* Über Einsamkeit kann ich mich im Camp Ritchie nicht beklagen.

Trotzdem war mir recht trüb zumute, als ich mich neulich – am vorigen Samstag – in Philadelphia von E. trennen mußte. Wir hatten nur ein paar Stunden miteinander; abends ging ihr Schiff nach Lissabon, ein komischer kleiner Frachtkahn, für eine so weite Fahrt kaum geeignet. Hoffentlich hat sie ein ruhiges Meer und macht drüben keine *zu* tollen Sachen! Sie schien gesundheitlich in guter Form, auch bei sehr guter Laune. Gott sei mit ihr!

Von Philadelphia fuhr ich nach New York weiter, wo ich einen sehr netten Sonntag hatte: Vormittags mit Kesten (Besprechung über die Anthologie); Lunch mit Landshoff, sehr animiert und herzlich; nachmittags, in der „Carnegie-Hall", herrliche Aufführung der Matthäuspassion unter Bruno Walter; Abendessen mit Tomski, äußerst schick bei „Voisin"; dann noch zu einer „party" bei Carson McCullers, die John Steinbeck als Ehrengast bei sich hatte. Ein Riese von einem Mann (gewiß ebenso groß wie Robert Sherwood), etwas ungelenk, von freundlich stiller Art. Er gefällt mir.

Enough! It's bed-time, the lights will go out any moment. Ich lasse hören, sowie ich von Baltimore zurück bin – as an American citizen, let's hope!

An Mrs. Thomas Mann, Pacific Palisades (Calif.)

Camp Ritchie (Maryland), den 1. V. 1943

Es hat nicht geklappt. Ich stand schon im feierlichen Saal zu Baltimore vor der amerikanischen Flagge und dem George-Washington-Bildnis, bereit, den Eid zu leisten: als ein Beamter mir etwas jählings eröffnete, daß meine „naturalization" verschoben werden müsse. Liegt es an Schwierigkeiten technisch-bürokratischer Art? Steckt etwas anderes dahinter? Ich weiß es nicht, werde es wohl auch nie erfahren.

Nun, ich will mich's nicht anfechten lassen. „That's just one of those things", wie die G. I.'s mit männlicher Resignation zu sagen pflegen, wenn ihnen etwas schief geht. Übrigens dürfte die Sache bald in Ordnung kommen.

Zunächst freilich fühle ich mich etwas verloren und verwirrt. Meine Kompanie ist heute abgedampft – „destination unknown". Ich durfte nicht mit. Die Frage meiner Naturalisation ist erst zu klären ...

An Prof. Thomas Mann, Pacific Palisades (Calif.)

Camp Ritchie (Maryland), den 2. VI. 1943

Dies wird nur ein ganz kurzer Geburtstagsgruß. Das neue Lebensjahr wird vielleicht eines Deiner interessantesten sein. Alles, was mir über das begonnene Buch zu Ohren kommt, klingt höchst sonderbar und vielversprechend. Du mischest also „musicam", die Dir allzeit lieb gewesen, mit Medizin und leider auch Theologie? Das wird ein Tränklein geben! Inspiration durch Krankheit? Pathologie des Genies? Künstlertum als Pakt mit dem Teufel? Ich wittere Reize sehr neuer, kühner, dabei aber auch anheimelnd vertrauter Art. Anklänge an den „Tod in Venedig" – if I am not mistaken? Aber alles größer und geisterhafter, ins Gotisch-Magische stilisiert ... Vorzüglich! I am all for it! und wäre nicht erstaunt, wenn dieser „Faustus" sich als Dein merkwürdigstes Gespinst erweisen sollte.

Von mir nicht viel Neues. Ich bin immer noch hier, immer noch ein unbeschäftigter Sergeant, immer noch kein Bürger. Man muß viel Geduld haben, besonders in der Army.

An Mrs. Thomas Mann, Pacific Palisades (Calif.)

Camp Crowder (Missouri), den 18. VI. 1943

Ja, wieso *hör* ich denn nichts von Dir? Schon gut: es ist wohl etwas unterwegs und läßt nur für meinen Geschmack zu lange auf sich warten, weil ich doch halt so „lonesome" und in der Verbannung bin.

Meine Verschickung hierher ist in der Tat ein Stück aus der Tollkiste; die Offiziere geben es selbst, nicht ohne Bestürzung, zu, daß ich eben leider „misplaced" worden bin. Dieses Camp gehört nämlich zum „Signal Corps", was bedeuten will, daß hier Telephonisten, Funker und andere Spezialisten des Nachrichtendienstes ausgebildet werden. Da nun aber die Organisation, zu der ich in „Ritchie" gehörte, „First Mobile Radio Broadcasting Company" heißt, lag es wohl nahe, mich für einen Radio-Techniker zu halten: obwohl ich – wie Dir nur zu wohl bekannt – von technischen Dingen weniger verstehe als irgendein amerikanischer „high-school boy". Da sitze ich nun also und niemand weiß etwas mit mir anzufangen. Aus lauter Verlegenheit läßt man mich jetzt die „Company History" schreiben, eine genaue Chronik der Märsche, Geburtstagsfeiern, Schießübungen, Urlaube, Hochzeiten, Skandale, Avancements etc. („Am 17. April wurde Captain H. B. McCowley zum Major befördert, während Second Lieutenant L. R. Fuchs zum First Lieutenant aufrückte. Die ganze Kompanie bracht den zwei Offizieren, die sich allgemeiner Beliebtheit erfreuen, in Form eines Ständchens ihre herzlichsten Glückwünsche dar." In diesem Stil.)

„Welch quälende und lächerliche Zeitverschwendung! Natürlich hoffe ich, nicht lang zu bleiben, und spinne überallhin meine Fäden. Wenn gar nichts andres klappt, kann ich wohl nach „Ritchie" zurück, um dort auf die „Intelligence School" zu gehen. Aber bis dahin mögen Wochen vergehen, vielleicht Monate ...

An Miss Erika Mann, War Correspondent; US Headquarters in the Middle East

Camp Crowder (Missouri), den 25. VIII. 1943

Dein Brief aus Kairo klang animiert, beinah glücklich. Es macht mich froh, Dich in so froher Form zu wissen. Wo bist Du jetzt? Wirklich in Teheran? Es klingt märchenhaft unglaublich. Weil ich doch immer in Missouri sitze ...

Du weißt ja wohl, daß ich versehentlich hierher geraten bin und sinnloserweise festgehalten werde. Es sieht so aus, als sollte ich „for the duration" – bis zum Kriegsende also – in dieser Einöde bleiben. Aber vielleicht ändert sich etwas, wenn ich erst einmal eingebürgert bin. Man versichert mir, meine „naturalization" sei fällig und könne nicht mehr lange auf sich warten lassen. Darf ich es glauben? Trübe Erfahrungen haben mich skeptisch gemacht. Aber ich zwinge mich zu einem gewissen Optimismus (oder Fatalismus?) und nutze die öde Wartezeit, so gut es eben geht.

Übrigens ist festzustellen und zuzugeben, daß ich dann auch wieder Glück im Unglück habe; denn nach einer Periode ziemlich unwürdiger und irritierender Untätigkeit bin ich jetzt leidlich angenehm und konstruktiv beschäftigt, im „Public Relations Office" nämlich, als Mitherausgeber und regelmäßiger Mitarbeiter der Camp-Zeitung „The Message". Das ist kein übler „job", zumal mein Vorgesetzter, ein weißhaariger Oberst namens Pratt, von gutmütigem Charakter, gar nicht dumm und mir herzlich wohlgesinnt ist. So dichte ich denn meine Artikelchen, teils über interne Camp-Angelegenheiten (das neu-eröffnete Krankenhaus, unsere Brieftauben-Zucht, die Visite eines Generals aus Washington), teils über den Stand des Krieges. Da gab es ja nun letzthin einiges Erfreuliche zu berichten. In Sizilien kommen wir wohl eher schneller voran, als zu erwarten war; die Nachrichten aus Rom sind ermutigend. Nicht, als ob dieser verkalkte alte Badoglio mir sympathisch wäre. (Erinnert er nicht an Pétain? Wir haben eine Neigung, mit der schwärzesten Reaktion zu flirten! Erst der fragwürdige Monsieur Darlan, jetzt der Herzog von Addis Abeba ...) Immerhin, den „Duce" sind wir los, das ist schon etwas, oder sogar viel: nun wird es auch mit dem Berliner Partner in absehbarer Zeit zu Ende sein. Aber je sicherer und näher der militärische Sieg erscheint, mit desto größerer Besorgnis denkt man an die Probleme, ohne deren Lösung es keinen dauerhaften Frieden gibt. Die Gerüchte über Unstimmigkeiten zwischen der Sowjetunion und den angelsächsischen Mächten mehren sich. Der Rücktritt Litwinows von seinem Botschafterposten in Washington dürfte nichts Gutes zu bedeuten haben ... Das sind freilich Dinge, die ich in der „Camp Crowder Message" nicht diskutieren kann.

Ich spreche also vom Sieg und tue was für die Stimmung, übrigens nicht nur in unserem G. I.-Wochenblättchen, sondern gelegentlich auch bei den Zivilisten. Bist Du jemals in Neosho gewesen? Oder in Carthage? Niemand kennt diese Missouri-Städtchen; ich aber trete dort als Redner auf; der gutmütige Herr Oberst sieht es gern, und irgendwie muß man sich nützlich machen.

Aber mein wirkungsvollster Coup im Dienst der guten Sache soll noch kommen. „War Bonds" – Du weißt es ja – spielen jetzt hier eine ebenso große Rolle wie die „Kriegsanleihe" in Deutschland anno 1916 und 1917. Immerzu muß etwas aufgestellt werden, um die Leute zum Kauf dieser „Bonds“ zu bewegen. Im Rahmen eines solchen „War-Bond Drive“ will ich nun eine Auktion veranstalten – irgendwo hier in der Gegend: vielleicht in Kansas City –, wobei signierte Bücher, Manuskripte (auch Noten), Filmstar-Bilder mit echtem Autogramm und andere Herrlichkeiten zur Versteigerung kommen sollen: nicht für Geld natürlich, sondern eben für „Kriegsanleihe“. Kein schlechter Ausdach – wie? Die Handschriften und Porträts erschnorre ich mir im „prominenten“ Freundeskreis.

Auf solche Scherze verfällt man, wenn man sonst nichts zu tun hat – oder doch nichts Rechtes – und seine besten Jahre in Missouri vertrauern muß.

Hoffentlich wird es dem Golo besser ergehen in der Army. Du hast gewiß gehört, daß er nun auch bald an die Reihe kommt. Ich beneide ihn nicht um das „Basic Training“, das er vor sich hat. Es ist (believe me!) keine Kleinigkeit. Aber er wird's schon schaffen. Sind im Grunde doch eine zähe Familie.

An Mr. und Mrs. Thomas Mann, Pacific Palisades (Calif.)

(Telegramm)

Camp Crowder (Missouri), den 25. IX. 1943

Endlich naturalisiert stop Zeremonie verlief recht würdig auf großem Paradefeld bei strahlendem Wetter stop bin stolz und froh ...

An Commanding Officer, First Mobile Radio Broadcasting Company, Italien (Kabel)

Camp Crowder (Missouri), den 25. IX. 1943

Bin amerikanischer Bürger stop hoffe daß mich anfordern und nachkommen lassen werdet

An Private Golo Mann, Fort McClellan (Alabama)

Camp Crowder (Missouri), den 2. XI. 1943

Zunächst meine Glückwünsche zu Deiner „naturalization“. Ist wohl ein nettes Gefühl – wie? Ich, als alter „citizen“, kann mir's natürlich kaum vorstellen.

Und das „Basic Training“? Auch ganz nett, wenn ich mich recht erinnere. Aber die Einzelheiten sind mir altem Sergeanten längst entfallen. Ausgedehnte Wanderungen mit sinnlos beschwertem Tornister? Nächtliches Biwakieren auf bloßer Erde? Schießübungen bei rauhem Wetter? Keckes Fuchteln mit dem Bajonett? Ja, auf dergleichen läuft es wohl hinaus ... (Ob ihr auch zum *Grunzen* angehalten werdet, wenn ihr die Strohpuppe mit dem Stahl durchbohrt? Wir mußten grunzen, unser Captain legte Wert darauf. Denn die Strohpuppe – nicht wahr? – ist doch der Feind, den zu massakrieren Lust bereitet. Wer Lust empfindet, grunzt; bei sadistisch betonter Libido soll es zu wahren Grunzkonzerten kommen. Dieser Hauptmann in „Camp Joseph Robinson" war gar nicht so blöd, wie er vielleicht manchmal aussah!)

Also, dann halte nur immer Dein Gewehr recht sauber („your rifle is your best friend", wie Du wohl weißt) und mache mir überhaupt Ehre! Diese ersten Wochen sind eine Schinderei, dauern aber nicht ewig, was immerhin ein tröstlicher Gedanke ist. Nachher wird's manchmal besser. (Manchmal auch nicht.)

Was mich betrifft, so warte ich auf meine „travel orders", auch eine Beschäftigung! Meine alte „First Mobile" – irgendwo in Italien – hat mich reklamiert; irgendwann einmal werde ich also wohl den Marschbefehl erhalten. Aber die Army läßt sich Zeit ... Grundgütiger Himmel, wie viel *Zeit* sich unsere Army läßt!

Inzwischen geht hier alles den gewohnten Gang: Ich schreibe jede Woche mein kleines Stück für die „Camp Crowder Message", halte mal einen „orientation speech" für die G. I.'s hier im Lager oder eine „lecture" im Nachbarstädtchen. Der gute Colonel Pratt ist recht mit mir zufrieden, besonders seit dem sensationellen Erfolg meiner „War Bond"-Auktion. Du lasest wohl darüber in den Blättern? War ja ein groß Geschrei, mir viel zu laut (wie ich mit scheußlich künstlicher Bescheidenheit betonen möchte). Eine Million Dollars – was ist das schon? Diese Summe – Du lasest es gewiß – ist ja bei der Versteigerung eingekommen. Ein Gentleman namens W. T. Grant, Direktor einer Versicherungsgesellschaft, kaufte für eine Million „War Bonds" und erwarb solcherart meine Kollektion, um sie dann der Universitätsbibliothek in Kansas City als Stiftung zu überlassen. (Schauplatz der schönen Handlung war – wie Dir aus den Gazetten sicherlich bekannt – das sehr feine Haus der sehr-sehr feinen „President of Kansas City University", Dr. Clarence D. Decker.)

Die von mir mühsam erbettelte Sammlung konnte sich aber auch wirklich sehen lassen; mit plötzlich ungehemmt hervorbrechender Eitelkeit sei es festgestellt! Lauter Leckerbissen! Handgeschriebene Noten von Schönberg und Strawinsky, ein dickes Manuskript von Vater Zauberer, sehr säuberliche Briefe von John Steinbeck, Albert Einstein, Hendrik Willem van Loon und manchem anderen, Bücher mit schöner Widmung von Pearl Buck, Thornton Wilder, Pierre van Paassen, Walter Lippmann, Wendell Willkie, Henry A. Wallace, Carlo Sforza, Geneviève Tabouis, Archibald MacLeish, Franz Werfel, Lion Feuchtwanger – kurz, von *allen*, die gut und daher teuer sind! Und dann stelle Dir noch die Bilder vor, diese glanzvolle Galerie von Vedetten und Virtuosen! Der ganze Ruhm von Broadway und Hollywood, nicht einmal Garbo fehlte. Für so gehäuften „glamour" ist ein Milliönchen wahrlich nicht zu viel!

... Genug des Unsinns! Ich wünschte, ich wäre, wo der Pfeffer wächst, oder vielmehr, wo die Kanonen schießen. Warum wünscht man sich das eigentlich? Ganz gleich, warum – ich wünsch' mir's nun einmal.

An Mr. und Mrs. Thomas Mann, Pacific Palisades (Calif.)

Camp Crowder (Missouri), den 5. XII. 1943

Unser Wiedersehen in Kansas City war doch sehr schön, liebe Elterlein. Und daß E. sich auch dazu gesellen konnte! Quite a family re-union! I enjoyed every minute of it ...

Besonders stark bleibt mir die Vorlesung des Zauberers im Gedächtnis. Diese nicht ganz geheuren, nicht ganz erlaubten Experimente des alten Leverkühn prägen sich sehr tief ein. Und das schlimme Gelächter, von dem der kleine Adrian angesichts der spukhaften Phänomene geschüttelt wird, das läßt sich auch nicht vergessen ... Was für ein wunderliches Buch da im Entstehen ist! Dein wunderlichstes, verehrter Zauberer, ich muß dabei bleiben.

Eure Visite hat mir Glück gebracht. Bei meiner Rückkehr wurde ich hier, gleich am Bahnhof, mit der Neuigkeit empfangen, daß meine „Orders" endlich eingelaufen. Ich weiß noch nicht das genaue Datum, aber wahrscheinlich werde ich schon vor Ende der nächsten Woche von hier aufbrechen. Es scheint alles ziemlich geschwind gehen zu sollen. Ich bin freudig erregt ...

An Mrs. Thomas Mann, Pacific Palisades (Calif.)

United States Army, den 23. XII. 1943

Etwas lächerlich, Dir auf englisch zu schreiben; aber daran werden wir uns nun gewöhnen müssen: der Zensor besteht darauf.

Ich bin noch nicht „drüben" und doch auch nicht mehr „hier". Es ist eine Art von Niemandsland, wo ich mich jetzt befinde; in der militärischen Sprache nennt man das „Camp of Embarkation".

Natürlich darf ich Dir nicht verraten, wie lange ich mich in dieser sonderbaren Zwischenzone aufzuhalten gedenke; es dürfte sich indessen nur um Tage handeln.

Morgen abend werde ich an Euch denken. Hoffentlich habt Ihr eine leidlich hübsche Weihnachtsfeier. Auf die drei abwesenden Kinder in Uniform möge immerhin ein wehmütiger Champagner-Toast ausgebracht werden; im übrigen aber sollt Ihr Euch, bitte, keine Sorgen machen! Es geht schon alles gut, ich bin des ganz gewiß: weil wir halt eben doch eine zähe kleine Familie sind. Paß auf, das nächste Christfest sieht uns alle wieder vereinigt, und beim Gänsebraten werden martialische Abenteuer erzählt. (Oder gibt es keine Gänse in California? Dann renommiere ich eben beim Truthahn – *faute de mieux!*)

Ich würde gern allen schreiben, komme aber wohl nicht mehr dazu. Grüße mir also den lieben Zauberer, auch die Borgeses und Bibi nebst Gemahlin und niedlicher Nachkommenschaft. Bruno und Liesl (Frank) habe ich noch aus „Crowder" Nachricht gegeben, möchte ihnen aber nichts-desto-trotz nochmals empfohlen sein. Die Walterschen nicht zu vergessen! Und Eva Herrmann! Und Marcuses! Und Alfred Neumanns! Und was es in eurer Gegend sonst noch an freundlichen Gesichtern geben mag!

Von Dir erbitte ich mir als Weihnachtsgabe, daß Du sehr auf Dich achtgibst *(auch beim Autofahren!)* und mich lieb behältst.

An Mrs. Thomas Mann, Pacific Palisades (Calif.)

Nordafrika, den 15. I. 1944

Grüßgott, wie geht's, mir ganz gut. Die Überfahrt war *scheußlich*, ein richtiger Albtraum, bei weitem das Garstigste, was ich in der Army – und überhaupt – je durchgemacht. Achttausend Soldaten auf einem Schiff, das eigentlich nur Platz für etwa dreitausend hat! Und mindestens die Hälfte des zur Verfügung stehenden Raumes für ein paar hundert Offiziere reserviert! Das Loch, das mir und fünfzig anderen als Quartier diente – irgendwo ganz unten, im Bauch des Dampfers –, war von fünf Uhr nachmittags bis acht Uhr morgens stockfinster. Als einzig erleuchteter Raum stand uns die Latrine zur Verfügung; dort verbrachte ich denn auch jeden Tag viele Stunden – aufrecht stehend, mit dem Buch in der Hand, eingepfercht zwischen lauter fremde, mißgestimmte, unentwegt schimpfende „soldier boys" (viele davon auch noch seekrank). Welch ein Weihnachtsabend, in der überfüllten Toilette! Auch das neue Jahr wurde von mir dort begrüßt ... Ich könnte noch lange jammern, zum Beispiel über das Essen, von dem einem selbst bei stiller See spei-übel geworden wäre, unterlasse es aber. Denn jetzt bin ich ja hier und je mieser mir auf dem unfreundlichen Meer zumute war, desto vergnügter befinde ich mich auf dem lieben Festland.

Übrigens lebe ich weiterhin unter äußerst primitiven Bedingungen, in einem sogenannten „Replacement Depot", und habe noch nichts Vernünftiges zu tun. Aber das wird anders, wenn ich erst zu meiner Kompanie gestoßen bin, wahrscheinlich in Sizilien oder Süditalien. Inzwischen freue ich mich an altvertrauten und doch exotischen Szenerien, in der marokkanischen Hafenstadt nämlich, an deren Peripherie unser „Depot" gelegen ist und die ich beinah jeden Tag besuchen darf. Die Mischung aus französischen und arabischen Elementen hat für mich ihren ganzen Zauber behalten. Ich bin ebenso entzückt, ebenso dankbar wie als Neunzehnjähriger. Stundenlang könnte ich vor einem dieser etwas schmutzigen Cafés am Marmortischchen auf der Straße sitzen, zwischen einem würdig starren Scheich im weißen Burnus und einem nicht minder vornehmen Monsieur im seltsam altfränkischen schwarzen Habit, mit Pincenez, soigniertem Spitzbart und rot-geschmücktem Knopfloch. Der Kaffee ist freilich miserabel, und was man in den Restaurants vorgesetzt bekommt, taugt auch nicht viel. Überhaupt scheint die wirtschaftliche Lage hier recht prekär; man sieht viel Elend, hört viel bittere Klagen. Dabei hat Marokko doch vom Kriege nur relativ wenig mitgemacht! Tunis muß unvergleichlich schlimmer zugerichtet sein. Von der ausgehungerten, zerbombten, zerbröckelnden „Festung Europa" gar nicht erst zu reden ...

An André Gide, durch „Éditions E. Charlot", Algier

Tunis, den 8. II. 1944

So eine Enttäuschung! Die amerikanische Presse hat unlängst mitgeteilt, Sie seien hier in Tunis – und nun ist es schon nicht mehr wahr! Sie sind abgereist, wie ich gestern hier in Erfahrung brachte, und halten sich jetzt „irgendwo in Marokko" auf. (Die genaue Adresse war nicht festzustellen: weshalb ich Ihnen über das Verlagshaus schreibe.)

In Marokko! Und gerade von dort komme ich! Zwei Wochen lang war ich in Casablanca, oder doch ganz in der Nähe. Auch in Rabat, Fez und Oran habe ich – „en route" nach Algier – kurz Station gemacht. In irgendeiner dieser Städte müssen Sie doch sein? Hätte ich nur eine *Ahnung* davon gehabt ... Je suis navré. Es ist ewig-schade.

Ob mein Brief aus dem Army-Camp in Missouri Sie je erreicht hat? Kaum. (Obwohl „André Gide, Afrique du Nord" als Anschrift genügen sollte ...) Auch mein Buch ist Ihnen wahrscheinlich noch nicht zu Gesicht gekommen; ich meine den ziemlich dicken Wälzer, den ich über Sie und Ihr Werk geschrieben habe. In Amerika hat man das Ding recht freundlich aufgenommen. Werden auch Sie es tun? Sie können sich denken, mit welcher Spannung und mit wieviel Sorge ich auf Ihr Urteil warte. Hoffentlich kommt das Exemplar bald an, das ich Ihnen aus New York nach Algier schicken lasse.

Wie viel es zu erzählen, zu besprechen gäbe! Nun muß ich mich mit der Lektüre Ihrer neuen Schriften trösten; in dem Sammelband "Attendu que ..." gibt es wohl manches, was ich noch nicht kenne, und die erste Nummer Ihrer Zeitschrift „L'Arche" sieht vielversprechend aus. Aber für die versäumte Begegnung ist all dies kein völliger Ersatz. Wäre ich ein freier Mann, ich ließe mir's nicht nehmen, nach Marokko zurückzureisen. Aber ich bin nicht frei. Ich trage Uniform.

Trotz allem ist es gut, Sie in der Nähe zu wissen. Bleiben Sie gesund! Sie werden gebraucht, von vielen. Auch von mir.

An Mrs. Thomas Mann, Pacific Palisades (Calif.)

Italien, den 22. III. 1944

Ich bin in einer Stadt, deren Namen Du nie erraten wirst. Ich arbeite für eine Organisation, von deren Tätigkeit Du Dir keinerlei Vorstellung machen kannst. Die Organisation heißt „Psychological Warfare Branch" – so viel darf ich sagen.

Es geht mir gut. Ich bin guten Mutes.

Zwar habe ich schon einiges sehr Arge und Wüste gesehen – erst in Nordafrika (das zerstörte Bizerta!), dann in Sizilien und hier in der Gegend; aber auch an schönen Eindrücken fehlt es nicht. Die Stadt, deren Namen Du nie errätst, hat immer noch großen Reiz, obwohl sie ziemlich schwer beschädigt ist und übrigens auch weiterhin lästige Visiten empfängt: wir haben oft unruhige Nächte. Bedrohlicher aber als die etwas reduzierte deutsche Luftwaffe wirkt im Augenblick jener vulkanische Berg, der nicht weit von hier gelegen ist (Du ahnst natürlich nicht, welchen Berg ich etwa meinen könnte!) und der seit einigen Tagen eine höchst ungewöhnliche Aktivität entwickelt. Er speit allen Ernstes Feuer oder vielmehr die feurige Lava-Masse, die wir aus den „Letzten Tagen von Pompeji" kennen. Es ist ein rechtes Spektakel, zumal abends, wenn die ungeheure Rauchwolke um den eruptiven Gipfel von gewittrigen Flammen durchzuckt und erleuchtet wird. Ich kann nicht umhin, zu vermuten, daß dieser großartig-gräßliche Ausbruch irgendwie mit unserem eigenen frevelhaften Tun, mit dem Kriege also, zusammenhängt. Die Elemente, die das Gebild von Menschenhand ohnedies hassen, benutzen mit düsterer Wollust die Gelegenheit, sich in einen apokalyptischen Prozeß einzuschalten, der allerdings seinerseits von Menschenhand begonnen worden ist. Die eifersüchtige Natur will uns das Zerstörungswerk nicht allein vollenden lassen. Und in der Tat scheint der zornige Vesuv mindestens ebenso leistungsfähig wie ein Geschwader von erstklassigen Bombern. Mehrere Ortschaften am Fuß des Berges mußten schon evakuiert werden. Auch hier, in den Straßen der nicht-zu-erratenden Stadt, macht sich der Aschenregen bemerkbar. „Psychological Warfare Branch" sollte den ungebärdigen Vulkan zur Raison bringen.

Von ominösen Naturspielen und gelegentlichen Luftangriffen abgesehen, geht es hier übrigens recht friedlich zu. Armut und Korruption sind in Italien freilich noch krasser als in Nordafrika; trotzdem scheinen die Massen sich ihrer Befreiung aufrichtig zu freuen. Die „Tedeschi" sind allgemein unbeliebt. Jedenfalls wird allgemein auf sie geschimpft: vielleicht teilweise aus Liebedienerei (man versucht, ich bei uns einzuschmeicheln), teilweise gewiß von Herzen. Geschimpft wird allerdings auch sonst, über den Schwarzen Markt, zum Beispiel, der immer frecher wuchert (leider auch unter Beteiligung und zum Profit unserer eigenen Truppen!) und über die wahrhaft stupenden Preise. Die hübschen Dinge, die man in den Läden sieht, sind für neunundneunzig Prozent der Bevölkerung durchaus unerschwinglich. Aber trotz dieser Übelstände – und manchen anderen, auf die ich lieber nicht eingehe – ist man offenbar froh, die Nazis los zu sein, und zeigt herzliche Sympathie für die Alliierten – die doch nun einmal den Krieg gewinnen ... Obwohl wir vor Cassino und am „Landekopf“ nicht so schnell vorwärtskommen, wie zunächst erwartet, zweifelt hier niemand an unserem Sieg, zumal die Nachrichten aus dem Osten günstig bleiben und aus Deutschland Ermutigendes über die Wirkung unserer Bombardements gemeldet wird.

Ich spreche viel mit Italienern über Kriegs- und Nachkriegsprobleme; die Leute hier sind zutraulich und eloquent; jeder Fremde im Café oder in der Straßenbahn ist für eine nette kleine Diskussion zu haben. Auch alte Freunde habe ich wiedergesehen, vor allem die Sforzas, père et fils, die ja sehr bald nach der Befreiung hierher zurückgekehrt sind. Über die politischen Aktivitäten und Aspirationen des Papa dürftest Du durch die Presse unterrichtet sein. Er ist groß in Form, brillanter, provokanter, triumphaler denn je: der letzte Grandseigneur (oder doch einer der letzten) in jedem Wort, jeder Geste. Mit Sforzino, dem ich seit den Tagen von Camp Ritchie herzlich zugetan bin, komme ich oft zusammen. Neulich nahm er mich über das Weekend zu Benedetto Croce, der mit seiner Familie nicht weit von hier – ich darf nicht sagen, wo – sehr schön am Meere wohnt. Ein merkwürdiger Fall, dieser Croce! Die schlaue Zähigkeit, die er im intellektuellen Kampf gegen den Fascismus zwei Jahrzehnte lang bewiesen hat – nicht im Exil, sondern *hier im Lande* – nun macht sie sich bezahlt. Sein Prestige ist ungeheuer; der alte Philosoph hat heute mehr moralische Autorität, mehr Einfluß, ja mehr *Macht* als irgendeiner der Politiker, Sforza nicht ausgenommen. Sforza war Emigrant; zwar hatte er es mit der Heimkehr eilig, aber er ist doch nun einmal weggewesen. Croce nicht! Deshalb ist Croce stärker. Interessant – nicht wahr? ... Übrigens war er reizend. Zunächst fürchtete ich, ihn senil zu finden; er ist beinah achtzig und sieht nicht jünger aus. Aber im Gespräch belebte sich sein pergamentenes Gesicht; plötzlich erschien er jung oder doch alterslos – ein agiles Heinzelmännchen voll Weisheit und Humor. Er sprach viel von Deutschland, oft mit Bitterkeit, dann aber auch wieder mit Bewunderung. Wie intim er deutsche Dichtung kennt! Er rezitierte mir Goethe, mit seltsamem Akzent, aber fehlerfrei. Sehr herzlich erinnerte er sich einer Begegnung, die er vor tausend Jahren irgendwo mit Euch gehabt, in München, bei Hans Feist, wenn ich nicht irre. Und mindestens dreimal hat er mich ermahnt, ich möge in meinem nächsten Brief erwähnen, daß er Euch grüßen läßt.

Ich meinerseits darf Dich bitten, der lieben Medi und ihrem Borgese (von dem hier natürlich oft die Rede ist) meine Gratulation zum zweiten Töchterchen auszurichten. Ich schreibe ihnen auch noch direkt, sobald ich dazu komme.

Glückwünsche auch dem Zauberer zum Erfolg von „Joseph, the Provider“ – ich lese gerade in unserer Soldatenzeitung, „The Stars and Stripes“, daß der „Book of the Month Club“ den Roman akzeptiert hat. Prächtig, prächtig! So wird unser Joseph also wirklich noch zum „Ernährer“, wenigstens für eine bedürftige Familie ... Wächst der „Faustus“? Schreib mir noch darüber!

Ob der Golo noch in den Staaten ist oder schon „overseas“? Und E.? – Ich denke an Euch alle.

An Mrs. Thomas Mann, Pacific Palisades (Calif.)

Italien, den 15. V. 1944

Kein Grund, sich um mich zu sorgen! Ich bin „vorne“ – „im Einsatz“, wie man das jetzt bei der deutschen Wehrmacht nennt –, mit dem „Combat Team“ der „First Mobile Radio Broadcasting Company“; aber so *ganz* vorne doch wieder nicht. Zu Deiner Beruhigung kann ich Dir erzählen, daß von meinen zwei Zeltgenossen der eine ein *Zivilist* ist, Jim Clark: ein sehr netter und begabter Mensch; der andere ein Offizier: eben jener Captain Martin Herz, mein besonderer Gönner, der mich aus Missouri hierher berufen hat. Du kannst Dir denken, daß man einen Zivilisten – wie tapfer er auch immer sein mag – nicht gerade in exponierter Stellung unterbringen würde. Übrigens hat dieses Arrangement für mich auch seine Nachteile. Schließlich bin ich doch ein gewöhnlicher „enlisted man“, dem es eigentlich keineswegs zukommt, mit einem „Mister“ (der Majorsrang hat) und einem Hauptmann zusammen zu kampieren. Wenn meine Zeltgenossen Besuch von ihresgleichen, von Offizieren also, bei sich empfangen, so ziehe ich mich immer gleich zurück. Da ich aber mit den G. I.'s meiner eigenen Klasse jetzt nur wenig in Berührung komme, bin ich recht isoliert, in einem sozialen Vakuum, sozusagen, was freilich kein ungewohnter Zustand für mich ist. Nur, daß die „Standesunterschiede“ in der Armee eben doch wohl noch starrere, unbedingtere Gültigkeit haben als im zivilen Leben. Die militärische Hierarchie ist eine Realität, die sich nicht ignorieren läßt.

Bin aber trotzdem zufrieden und zuversichtlich. Die Situation an dieser Front hat sich neuerdings sehr gebessert: ihr werdet bald schöne Neuigkeiten lesen – und wohl nicht nur Italien betreffend. Auch in anderen Teilen Europas sind große Ereignisse fällig. Sehr möglich, daß „es“ (Du errätst, was ich meine) schon geschehen ist, wenn dieser Brief in Deine Hände kommt ...

Schade, daß ich Dir nichts über meine Tätigkeit erzählen darf! Sie ist oft interessant. Gerade in den letzten Wochen gab es reichlich zu tun; je mehr Gefangene wir machen, desto beschäftigter bin ich. Zu literarischer Arbeit habe ich kaum Zeit; ein Artikel, den ich über Sforza und Croce – „Two Great Italians“ – schreiben will, muß zunächst liegenbleiben. Dabei wäre ich eben jetzt in produktiver Laune, ermutigt, angeregt durch einen überraschend warmen, fast überschwenglichen Brief von André Gide, der mein Buch endlich bekommen und – wie es scheint – nicht ohne Freude gelesen hat. Ich habe ihm (so schreibt er) „Trost und Stärkung“ gegeben – „courage, récomfort, réconciliation avec moi-même et avec mes écrits. Comme vous les expliquez bien, et motivez! J'aurais été bien empêché si, cette conscience et clairvoyance que vous m'apportez aujourd'hui, je l'avais eue d'abord; mais combien profitable m'est aujourd'hui cet éclaircissement de ma vie! J'en arrive presque, grâce à vous, à me comprendre, à me supporter, tant votre présentation de mon être, de ma raison d'être, de mes efforts, de mes erreurs même, comportent de l'intelligence et de sympathie. Je reçois votre livre comme une récompense ...“

An Miss Erika Mann, US War Correspondent, London

Italien, den 22. VI. 1944.

Ob Du noch in England bist oder schon irgendwo in der Gegend von Cherbourg? Ach, wie ich Dich kenne, warst Du unter den ersten, die gelandet sind ...

Nun ja, auch ich bin unter den ersten in Rom gewesen – was allerdings nicht so gefährlich war. Aber schön! Die Stadt – übrigens beinah unbeschädigt – präsentierte sich im Festesglanz. Was für ein Empfang! Die Leute waren außer Rand und Band. Jubel, Blumen, Musik, Hochrufe, Tränen der Rührung, Umarmungen, wo immer wir uns zeigten! So huldigt man nicht Siegern, nur Befreiern. *Evviva i liberatori!!* Überall der gleiche Schrei ... Dazwischen freilich manchmal auch die Frage: „Warum hat es so lang gedauert? Ihr habt uns warten lassen ...“

Aber jetzt geht es schnell. Rom (ich war nur ein paar Tage dort) liegt schon weit zurück, zeitlich und räumlich. Wir bleiben in Bewegung – auf die Alpen zu, die gar nicht mehr so sehr entfernt erscheinen. Übrigens ist es, bei allem Hochgefühl, nicht gerade eine Vergnügungsreise. Auch ein Siegesmarsch bringt Strapazen mit sich. Je rapider wir vorwärtskommen, desto mehr Anstrengung und Unbequemlichkeit! Wenn die italienischen Landstraßen nur nicht so staubig wären! So was an Staub! Den ganzen Tag läuft man mit weiß-gepudertem Haar herum, das Gesicht mit einer Kruste aus Dreck und Schweiß bedeckt. Denn jetzt wird es heiß. Nachdem wir in unseren Zelten so lang unter Nässe und Frost gelitten haben, ist es nun die Sonne, die uns nicht minder lästig zusetzt. Überhaupt diese Zelte! Ich gäbe viel darum, einmal wieder in einem Hause schlafen zu dürfen. Aber sogar in Rom wurde unter freiem Himmel kampiert, im Park der „Villa Savoia“, am Rand der Stadt. Und seither habe ich kaum ein Haus gesehen, in dem sich schlafen ließe. Die Dörfer, durch die wir kommen, sind Trümmerhaufen ...

Du siehst, das Leben der „liberatori“ hat auch seine trüben Seiten. Aber in der Normandie – wüßte ich nur, ob Du dort bist! – geht es wohl schlimmer zu. Die Hauptsache ist, daß wir siegen; lange kann's nicht mehr dauern: das Ende des Kriegs scheint in Sicht. Hier, bei der Fünften Armee, gibt es Optimisten, die glauben – und sogar wetten! –, daß wir vor dem Herbst in Wien und München sind. Das dürfte wohl ein bißchen übertrieben sein; aber man kann nie wissen ...

Nur die Deutschen wollen noch immer nicht merken, daß sie erledigt sind. Das ist jedenfalls der Eindruck, den man von den Kriegsgefangenen bekommt. Die Truppen des

Herrn Marschall Kesselring scheinen nach wie vor überzeugt, daß Deutschland schließlich doch noch irgendwie gewinnen werde, sei es durch diese eklige „Vergeltungswaffe“ (stört sie Euch sehr?), sei es durch irgendeine andere mirakulöse Fügung. Ein besonders schlauer „Landser“ (dieses neudeutsche Wort ist Dir doch schon bekannt?) überraschte mich neulich mit folgender Offenbarung: „Wenn die Russen erst in Preußen stehen, werdet ihr Amerikaner Angst bekommen und einen Separatfrieden mit uns schließen. Dann gibt es ein Bündnis zwischen Anglo-Amerikanern und Deutschen gegen die Sowjets – unter deutscher Führung natürlich!“ Drollig sieht es aus in solchen Köpfen!

Neben den Sturen und Arroganten finden sich unter den Kriegsgefangenen freilich auch andere, die klar denken können und mit denen man sich gerne unterhält. Gerade vor ein paar Tagen, in Civitavecchia, wurde mir ein besonders netter und intelligenter „P. W.“ zum Verhör geschickt, ein junger Münchener übrigens, Schauspieler seines Standes: er war lange bei Otto Falckenberg an den „Kammerspielen“. Komisch, wie? – So eine Begegnung im Gefangenenlager! Wir plauderten über gemeinsame Bekannte, fast-vergessene Gestalten aus der Münchener Literatur- und Theaterwelt. Der Junge – Hans Reiser heißt er – erzählte sehr amüsant: auch über die Wehrmacht, von der er sich in Rom nicht ohne Gefahr getrennt. Er haßt die Nazis; selbst in unseren Kreisen habe ich so fulminante Worte der Anklage, des Zornes kaum je gehört. Sein Abscheu vor dem schuldbeladenen Regime war echt, des bin ich ganz gewiß; echt auch sein Glaube an die Erneuerungsfähigkeit, die Zukunft des deutschen Volkes. Ich sah ihn an, während er redete, den entflammten Blick, die helle Stirn, das trotzig starke Kinn. Ich dachte: ›Gibt es viele wie dich? Wenn ich wüßte, daß es in Deutschland eurer viele sind, ich teilte deinen Glauben.‹

Hoffentlich wird es mir möglich sein, dem Kriegsgefangenen Hans Reiser irgendwie zu helfen.

An Mrs. Thomas Mann, Pacific Palisades (Calif.)

Italien, den 1. IX. 1944

Um einmal ganz apart zu sein, schreibe ich Dir aus einem kanadischen Feldlazarett. Nein, man hat mir keine kostbaren Glieder abgeschossen! Es ist nur ein bißchen Malaria, ein ziemlich leichter Anfall übrigens: das Fieber, gestern noch etwas heftig, ist heute schon im Heruntergehen, dank dem vortrefflichen Chinin, das ich in rauhen Mengen konsumiere. Ich bin ein wenig taub, was auf den Chinin-Genuß zurückzuführen sein dürfte; aber auch das wird sich geben.

Die Malaria-Infektion muß ich mir irgendwie, irgendwo auf der langen, staubigen Autofahrt (im offenen „jeep“!) von Florenz nach Rimini zugezogen haben. Wie in meinem vorigen Brief schon angekündigt, bin ich ja zeitweilig – wohl nur für ein paar

Wochen – an die englische Achte Armee „ausgeliehen“ worden. „Psychological Warfare Branch“ ist eine inter-alliierte oder, um genau zu sein, eine britisch-amerikanische Organisation, und wenn den Psychologen von der „Eighth Army“ ein Mann mit bestimmten Qualifikationen fehlt, so können sie ihn von unserer „Fifth“ bekommen. Für mich ist es übrigens eine nette Abwechslung; die Reise quer durch Italien bis zur adriatischen Küste, hatte bei aller Unbequemlichkeit ihre Reize; es gab Aufenthalte in Perugia und Assisi, zwei Herrlichkeiten, die mir noch unbekannt gewesen. Eindrücke solcher Art sind mit ein bißchen Sumpffieber nicht zu hoch bezahlt.

Von den Briten habe ich noch nicht viel gesehen, außer ein paar kanadischen Doktoren und Krankenschwestern. Bei der „P. W. B.“-Gruppe, die sehr nahe der Front stationiert ist, hielt ich mich nur zwei Tage auf, ehe man mich ins Hospital transportierte. Die erste Impression war angenehm; es scheint mir, daß die Tommies in etwas höflicheren, zivilisierteren Formen miteinander verkehren als unsere ungehobelten G. I.'s. Sollte die alte europäische Kultur doch ihre Vorteile haben? Nachteile hat sie freilich auch, wie mir im Gespräch mit englischen Offizieren wieder so recht klargeworden ist. Diese Herren sind von einer Arroganz, die gerade durch ihre Diskretion, ihre kühle und korrekte Nonchalance erst recht aufreizend wirkt. Habe ich nicht neulich in einem Brief an Dich Bemerkungen über die „Standesunterschiede“ in unserer Army gemacht? Nun, wenn bei uns zwischen „enlisted men“ und „commissioned officers“ eine Kluft besteht, hier bei den Engländern gibt es einen Abgrund! Übrigens ist die britische Hierarchie komplizierter und nuancierter als die amerikanische: statt des einfachen Zweiklassen-System hat man hier drei soziale Kategorien: zwischen den „Privates“ und den Offizieren bilden die „Sergeants“ eine doch schon halb-privilegierte Mittelschicht. Meine vier dummen Streifen, die bei uns niemandem Eindruck machen, gereichen mir hier zum Vorteil. Ich speise mit den Feldwebeln in ihrer besonderen „mess“, wo es manierlich zugeht: man läßt sich sogar bedienen. Du siehst also, wenn Dein Sohn auch nicht gerade zur Aristokratie gehört, so darf er sich doch zur gehobenen Bourgeoisie zählen.

A propos „Aristokratie“: kurz ehe ich das Hauptquartier der Fünften Armee verließ, gab es dort höchst adligen Besuch: Winston Churchill war da, ich hatte die Ehre, für ihn Spalier zu stehen. Eine *Ehre* war es mir in der Tat. Du weißt ja, wie sehr ich den Mann bewundere: der größte Redner unserer Epoche, eine Figur von starker Menschlichkeit und imposantem Format, nicht ohne geniale Züge. Von seinem physischen Format übrigens war ich enttäuscht: er wirkte recht klein und gedrungen, wie er da neben unserem hühnenhaften General Clark die Front abschritt, mit seiner unvermeidlichen langen Zigarre und alkoholisch gerötetem Bulldoggengesicht. Aber es war doch rührend, ihn so aus der Nähe zu sehen, nickend und brummend, auch ein wenig schnaufend im mühsam-stolzen Schreiten, die rechte Hand mit zwei gespreizten Fingern erhoben zum Siegeszeichen. Ja, seinen Sieg, nun wird er ihn bald haben! Aber dann ...? Ein Friedensführer ist er wohl nicht. Gut, daß wir Roosevelt haben!

Kann Roosevelt allein es schaffen? Manchmal ist mir bang. Unleugbar, es gibt Augenblicke, da der Gedanke an das nahe Ende des Krieges mich mit *Angst* erfüllt ... Aber das ist das Fieber. Ich hätte nicht so lange schreiben sollen. Schluß!

Gruß dem Vater und den Freunden, besonders dem lieben Bruno (Frank). Was Du mir über sein Befinden mitzuteilen hattest, klang recht alarmierend. Ob es ihm besser geht? Ich muß oft an ihn denken. Und auch Werfel ist krank? Gerade jetzt, wo er mit seiner „Bernadette" soviel Erfolg hat und genießen könnte! Es sieht fast so aus, als ob das Leben in Kalifornien gefahrenreicher wäre, als hier „im Einsatz".

An F. H. Landshoff, New York

Italien, den 20. XII. 1944

Leutnant X, der von hier aus direkt nach New York fliegt, wird so freundlich sein, diesen Brief an Dich mitzunehmen, was natürlich einen Verstoß gegen „Army regulations" bedeutet und also nicht herumgeschwatzt werden darf. Indessen sah ich keinen Grund, das gefällige Angebot abzulehnen; denn obwohl ich dir keine militärischen Geheimnisse verraten will, ist es doch angenehm, einmal „unzensuriert" zu schreiben, und übrigens lag mir daran, meinen kleinen Beitrag für „Die Neue Rundschau" auf möglichst sichere und schnelle Art zu expedieren. Du weißt ja wohl, daß Gottfried (Bermann Fischer), den ich zu grüßen bitte, in der „Sonderausgabe zu Th. M.'s 70. Geburtstag" gern ein paar Seiten von mir bringen will. Hier sind sie also, „pas grand' chose", aber von Herzen. (Manuskript liegt bei.)

Du fragst mich, was ich treibe. Ich sitze im Dreck, wate im Schlamm, spaziere durch Schnee und Regen. Nach einem kurzen Gastspiel bei der englischen Achten bin ich zu unserer lieben alten Fünften zurückgekehrt und hause nun schon seit bald drei Monaten irgendwo hoch oben im Apennin, wo es am wildesten und unwegsamsten ist. Wie Du ja wohl aus den Gazetten weißt, ist unser Vormarsch an dieser Front irgendwie ins Stocken geraten, ungewiß, warum: aber General Clark könnt' es vermutlich erklären. Statt Bologna und Milano im Sturm zu nehmen, haben wir uns nun nördlich von Florenz – nicht sehr weit nördlich! – vorläufig zur Ruhe gesetzt: wenn man den Aufenthalt in so rauher Berglandschaft als „Ruhe" bezeichnen will. Es ist eher lästig, zumal man doch im August und September den Krieg eigentlich schon für beendigt gehalten hatte. Und nun machen diese wahnsinnigen Deutschen im Westen eine Gegenoffensive und halten uns hier in den Apenninen fest! Was soll's? Sogar die Dümmsten unter ihnen müssen nun doch wohl begriffen haben, daß der Kampf für sie verloren ist. Warum hören sie nicht endlich auf? Worauf warten sie, die Unglückseligen? Dies die Frage, die ich nicht nur Dir und mir, sondern auch jenen immer wieder stelle.

Im Augenblick ist es vor allem der „Volkssturm", der uns beschäftigt: „ Volkssturm – Volksmord!" *"Weil die Herren Hitler, Himmler, Goebbels und Konsorten wissen, daß ihr schuldbeladenes Leben verwirkt ist, wollen sie die deutsche Nation zum Selbstmord zwingen!"* Ist doch auch wahr!

Überhaupt möchte ich betonen, daß wir bei aller „Berechnung" durchaus nicht verlogen sind. Keinerlei Versprechungen, die Zukunft des deutschen Volkes betreffend, dürfen je in unseren Texten vorkommen: Befehl aus Washington! Die Deutschen werden nachher nicht behaupten können, wir hätten sie mit gleißnerischer Rede in die Niederlage geschwatzt (sie werden es trotzdem behaupten, aber sehr zu Unrecht.) Unsere Front-Propaganda verträgt sich vollkommen mit der *Unconditional-Surrender*-Formel, an der von Roosevelt festgehalten wird. „Wir geben uns dem deutschen Soldaten gegenüber nicht als „Befreier", sondern treten als *Sieger* auf. Die Essenz unserer Botschaft ist immer wieder: „Ihr habt verloren, wozu kämpft ihr noch?"

Neben den Flugblättern, die ich im Schweiße meines Angesichts, dabei oft mit frosterstarrten Fingern dutzendweise herstelle, spielen natürlich Radio und Lautsprecher die wichtigste Rolle in unserer psychologischen Kampagne. Vor allem mit den Lautsprechern hatten wir letzthin gute Erfolge, an denen ich nicht ganz unbeteiligt bin. Aufrichtigsten Herzens rede ich durch das Mikrophon direkt auf die deutschen Soldaten ein: „Kommt rüber! Macht schnell! Der Krieg ist sowieso gleich aus, wozu wollt ihr noch in letzter Minute euer Leben riskieren?" Ich aber riskiere das meine, während ich mein Bestes tue, den „Landsern" drüben die simple Wahrheit einzutrichtern; denn das Mikrophon steht sehr weit vorn, ganz nah am Schuß ...

Seltsamerweise bin ich überhaupt nicht nervös bei solchen Gelegenheiten. Oder vielleicht ist es gar nicht so besonders seltsam? Ich hänge nicht am Leben. Mit Heroismus hat diese Ruhe nichts zu tun. De facto ist mir ganz einfach wohler an der Front als im Hauptquartier der Fünften Armee, wo ich „eigentlich" stationiert bin. Dort hört man die Kanonen nur wie ein entferntes Donnergrollen. Die Tage vergehen in trübem Einerlei. Immer der Nebel! Immer der Dreck! Immer der kalte Regen oder der feuchte Schnee! Und das Essen ist miserabel.

Übrigens sieht es im Augenblick so aus, als ob meine persönlichen Verhältnisse sich demnächst ändern sollten. Die Soldatenzeitung „The Stars and Stripes (Mediterranean Edition)" will mich als „staff writer". Ich bin nicht abgeneigt. Es wäre mir lieb, wieder englisch schreiben zu dürfen. Außerdem würde ich nach Rom versetzt. Es klingt fast zu schön, um wahr zu sein – oder auch nur wahrscheinlich. Die große Frage ist, ob „P. W. B." mich gehen lassen wird.

Und Du? Erzähl mir von Deinen Tätigkeiten und Plänen! Verdienst Du goldene Berge mit „Heart of Europe" oder trägt das Buch, im Gegenteil, zu Deinem finanziellen Ruin bei? Wird die Wiedereröffnung des Amsterdamer Querido-Verlages schon vorbereitet? Bedenke, daß der Friede über Nacht ausbrechen kann, und dann wollen alle wieder in deutscher Sprache erscheinen! Ich selbst werde wohl freilich beim Englischen bleiben; aber es gibt ja gute Übersetzer …

Grüße mir den Kesten. Ist sein Roman von den Nürnberger Zwillingen schon abgeschlossen? Ich beneide ihn um seine Produktivität! Mir fällt gar nichts mehr ein, nur noch Slogans für Flugblätter und biedere Trivialitäten für die Soldatenzeitung. Je älter man wird, je mehr man erlebt hat, desto schwieriger wird das Schreiben. Sogar dieses Geburtstags-Artikelchen für Vater Zauberer hat mir Mühe gemacht – und ist dabei recht dürftig ausgefallen.

Beilage (für „Die Neue Rundschau"):
Feierlich bewegt

Mit der amerikanischen Armee in Italien, Weihnachten 1944

„Joseph, der Ernährer" ist das einzige deutsche Buch im Gepäck eines amerikanischen Soldaten. Ich bin der amerikanische Soldat. Das Buch ist mir ein sehr tröstlicher und stärkender, in der Tat, ein väterlicher Freund gewesen in einer Zeit, da ich des Trostes und der Stärkung zuweilen bedürftig war. Ja, gerade unter den harten, unerfreulichen Bedingungen meines jetzigen kriegerischen Lebens hat sich mein Gemüt als besonders empfänglich und dankbar erwiesen für den Zuspruch dieses feierlichen Witzes und dieser geistvollen Frömmigkeit.

Es waren merkwürdige Umstände, unter denen ich mir die schöne Geschichte und kunstvolle Gotteserfindung zu Gemüte führte. Meistens las ich nachts, beim Licht eines Kerzenstummels, in einem eisigen Zelt, durch dessen Leinwand der italienische Winterregen sickerte. Das Buch begleitete mich auf meinen Fahrten durch das zerstörte Land. Ich hatte es bei mir, als ich im Speicher eines verödeten und zerschossenen italienischen Bauernhauses einquartiert war. Während ich mich an Josephs tiefsinnigen Schelmenstücken ergötzte, gingen in meiner unmittelbaren Nähe die sonderbarsten und beunruhigendsten Dinge vor sich. Die schwere Artillerie – unsere sowohl als die feindliche – vollführte einen wahren Höllenlärm. Manchmal mußte ich meine Lektüre unterbrechen, um mich vor den Granaten in Sicherheit zu bringen. So stieg ich denn aus meinem Speicher in den Keller hinunter, mit dem Buch unterm Arm.

Ich ließ mich durch den Radau nicht in meinem Spaß und meiner Andacht stören. Wenn ich mich bei einer leichten Nervosität ertappte, so gedachte ich Mai-Sachmes, des ruhigen Amtsmannes über das Gefängnis, der – eher zu seinem Leidwesen – beim besten Willen nicht erschrecken konnte. Daraufhin fiel es mir leichter, die eigene Schreckhaftigkeit beinah völlig zu überwinden, wie erschrecklich der Feind auch immer toben mochte.

Der Feind – das sind die Deutschen. Das Buch aber, in das ich so innig vertieft war, daß es mich sogar die Angst vor dem Feind vergessen ließ, dieses Buch ist in deutscher Sprache von einem Deutschen geschrieben. All dies ist entschieden wunderlich.

Tagsüber hatte ich oft mit deutschen Kriegsgefangenen zu tun. Was für ein Kauderwelsch redeten denn diese Burschen? War das deutsch? Es klang nicht wie die Sprache, die mein Vater mich zu sprechen und zu lieben lehrte. Würden diese Fallschirmspringer und SS-Leute für die archaisch-ironischen Finessen des „Joseph"-Stils irgendwelches Verständnis haben? Was für Gesichter sie wohl machen würden, wenn ich es mir einfallen ließe, ihnen ein paar Abschnitte aus dem biblischen Roman vorzutragen?

Indessen gab es unter meinen Kameraden einen, dem sehr daran gelegen schien, das Buch im deutschen Original zu studieren. Der junge Mensch, der sich den „Joseph" bei mir ausleihen wollte, war von Geburt ein Deutscher, hatte aber schon seit einer Reihe von Jahren in Amerika gelebt und sich dort völlig akklimatisiert. Er war besonders beliebt und angesehen bei seiner Einheit: ein tüchtiger Soldat und obendrein ein herzensguter Junge, hilfsbereit und lustig, begabt mit natürlichem Charme und anspruchloser Anmut.

Eines Morgens beim Frühstück sagte ich zu ihm: „Du, übrigens, ich bin fertig mit dem dicken Buch, du kannst es haben."

Er sagte: „That's fine. Ich hole mir's abends ab."

Damit trennten wir uns. Fünf Minuten später ging er über die Dorfstraße, gerade als das feindliche Feuer wieder einsetzte. Er wurde in den Rücken getroffen. Lange kann er nicht gelitten haben.

Ich will den Namen meines jungen Freundes hierher setzen. Er hieß Johnnie Löwenthal. Er war einer aus Josephs alter, leiderfahrener Familie.

Man sagt wohl, daß Menschen in kritischen Situationen die Zuverlässigkeit und Stärke ihres Charakters beweisen können. Das trifft auch auf Bücher zu. Ein Buch, das seine Gültigkeit und seine Anziehungskraft im Kanonenfeuer, inmitten von Tod und Zerstörung bewährt, muß von echter, kraftvoller Substanz sein. Es hat die Feuerprobe bestanden.

Wenn ich mich der schlimmen Tage in dem beschossenen italienischen Dorf erinnere, ist es zuerst und vor allem Joseph, der Ernährer, der mir in den Sinn kommt. Die wüsten Gesichte des Krieges verblassen, werden schattenhaft, während die Figuren der schönen Gotteserfindung an plastischer Wirklichkeit eindrucksvoll gewinnen. Seht, da sind sie wieder, sorgfältig ausgestattet mit ihren einmaligen und doch menschlich typischen Eigenschaften! Da sind die alten Freunde: Joseph, der sich vom inspirierten Lamm aufs natürlichste und erfreulichste zum obersten Schattenspender und Herrn des Brotes entwickelt; Jaakob, der Feierliche, der im Fortschreiten der Erzählung zusehends geschichtenreicher und erinnerungsschwerer wird; und Josephs Brüder, die ihrerseits Kinder zeugen und ihr Lebenspensum verrichten, während die Geschichte, Sandkorn für Sandkorn, still und stetig durch die gläserne Enge läuft. Ja, und da sind neue Gesichter: Mai-Sachme, der gelassene Verwaltungsbeamte, Physikus und Literat; der oberste Bäcker und der oberste Mundschenk, zwei unvergeßliche Chargen, eigens zu dem Zwecke eingeführt, daß Josephs prophetisches Talent sich an ihnen erstmalig bewähren möge; Amenhotep, der zärtliche und verzärtelte Gottsucher, der mit Joseph in der kretischen Laube das große Göttergespräch führt; Thamar, diese faszinierende Person, die sich mit verblüffender Entschlossenheit auf die Bahn zu bringen versteht, und Serach, die kindliche Musikantin, deren schlaue und holde Lied-Improvisation in meiner Erinnerung den Donner der schwerkalibrigen Geschütze übertönt. Immer höre ich ihre rührende Stimme:

> Gott kann Striemen und lindern.
> Ach, wie wunderlich ist er mit seinem Tun
> unter den Menschenkindern.

Ach, wie wunderlich ist er mit seinem Tun! ... Ja, auch mir ist wunderlich zumut. Ich bin tief und feierlich bewegt. Alles kommt mir etwas traumhaft vor – die Umgebung, in der ich diese Zeilen zu Papier bringe, und auch der Anlaß, für den ich sie schreibe.

Ist mein Vater wirklich siebzig Jahre alt? Das klingt mir doch äußerst traumhaft! Dann wäre es ja zwanzig Jahre her, daß wir im Rathaussaal zu München seinen Fünfzigsten mit behäbig-offiziellem Aufwand begingen ...

Was für zwanzig Jahre! Wenn das alles nur ein „Gottesscherz" gewesen ist – wie Serach es von Josephs diversen Brunnenfahrten und Auferstehungen behauptet –, dann sind Gottes Scherze in der Tat ganz unbegreiflich grimmiger Natur. Er hat uns wahrlich bewiesen, daß Er imstande ist, uns gehörig zu striemen. Eine kleine Linderung erscheint überfällig.

Oder sind in der Züchtigung schon Elemente einer kommenden Haupterhebung und Weltversöhnung enthalten? Der geduldig schöpferische Siebzigjährige, den die literarische Weltöffentlichkeit am 6. Juni 1945 feiern wird, scheint dergleichen Ahnungen in seinem geschichtenreichen, erinnerungsschweren Herzen zu tragen. Er versteht sich auf Ahnungen, Andeutungen und Antizipationen. Die scheinbar absurden Fügungen göttlicher Launenhaftigkeit werden weniger unverständlich und weniger schwer zu ertragen, wenn er sie lächelnd betrachtet und gestalterisch deutet.

An Sergeant Thomas Quinn, US Army, Paris

Rom, den 20. III. 1945

Noch immer in Paris? Ich wäre neidisch, hätte ich nicht meinerseits solches Glück gehabt! Seit etwa vier Wochen bin ich hier, bei den „Stars and Stripes", – einem ausgezeichneten Blatt, nebenbei gesagt: viel lebendiger, viel liberaler als die Pariser Konkurrenz. Unser Chef, Bob Neville, früher in New York, bei „P. M.", dann bei „Time", ist ein sehr erfahrener, sehr begabter Journalist; unter den Mitarbeitern (lauter „enlisted men"! gar keine Offiziere), gibt es ein paar starke Talente. Die Karikaturen „Up Front" von Bill Mauldin werden wohl auch jenseits der Alpen nachgedruckt? Ein phantastischer Junge! Erst zweiundzwanzig ist er und sieht noch jünger aus, wie ein „high-school boy", ein Pennäler, mit frecher Stubsnase und abstehenden Ohren. Aber schon ein Meister! Was mich betrifft, so schreibe ich hauptsächlich für die Sonntagsbeilage, relativ ernsthafte und gründliche Artikel, meist über deutsche Probleme. Eine Stellung, wie ich sie mir sogar im Zivilleben nicht besser wünschen könnte!

Nach den Monaten in der Schlamm- und Felsen-Wildnis fühle ich mich hier wie im Paradies. Wir sind in einem richtigen Hotel untergebracht, drei Mann in einer großen, komfortablen Stube (mit fließendem Wasser!). So gut wirst Du's wohl in Paris nicht haben.

Und die Stadt! Ich hatte sie ja bisher kaum gekannt. Rom war mir verleidet, solang es hier diesen grotesken „Duce" gab. Im vorigen Juni dann sah ich zum ersten Male das freie Rom, nur ein paar traumhaft turbulente Tage lang; aber es war genug, um mir die Sehnsucht nach einem Wiedersehen mit auf den Weg zu geben. Und jetzt, da ich bleiben darf, wird mir allmählich klar, wie recht ich hatte, mich hierher zu sehnen. Rom ist viel reicher an geheimen Kostbarkeiten als etwa Paris, das seine ganze Pracht mit gefallsüchtiger Generosität hinbreitet und dem ersten Blick nichts vorenthält. Rom aber will erforscht, erobert sein. Freilich, es gibt hier keine Avenue, die sich an Glanz und Weite mit den Champs Elysées messen könnte; auch eine Place de la Concorde hat das vergleichsweise enge, provinzielle Rom nicht zu bieten. Aber wo fänden sich in Paris diese versteckten Schätze, das fürstliche Barock in abgelegenen Winkeln, die stillen Seitenstraßen mit diskret-grandiosen Renaissancepalästen?

Übrigens wäre es sehr dumm und undankbar, wenn ich im Hochgefühl neuer Liebe eine ältere verleugnen wollte. Paris ist unvergleichlich, und ein *bißchen* neidisch bin ich natürlich doch auf Dich, der Du dort sein darfst. Aber unvergleichlich ist auch diese Stadt. Welch ein Glück, daß die zwei Königinnen verschont geblieben sind und noch immer strahlen!

Im Gegensatz zu Neapel und Florenz, die beide doch recht mitgenommen sind, wirkt Rom beinah unverschämt wohlerhalten und wohlhabend. Dies ist privilegierter Boden, dank einem Ruhm von beinahe drei Jahrtausenden und dank der Anwesenheit des Heiligen Stuhles, in dessen Schatten sich's gut leben läßt. Die Römer leben gut, lauter

Lebenskünstler! Gewiß gibt es auch Arme, aber sie machen sich unsichtbar oder bleiben doch im Hintergrund. Um so mehr fallen die Reichen auf. Auf dem Corso, in den schönen Gärten der Villa Medici, in den Cafés und Theatern bemerkt man Frauen, deren Eleganz selbst in Hollywood und New York Bewunderung erregen würde. Die dazugehörigen Kavaliere sehen freilich meist ein wenig billig aus: gar zu taillenschlank, das Schnurrbärtchen ridikül gezwirbelt, mit übertrieben glänzendem Pomadehaar und übertrieben blanken, spitzen Schuhen.

Im Theater habe ich schon einiges gesehen, was Dich interessieren würde, vor allem eine Schauspielerin von starkem Temperament und echter Persönlichkeit: Anna Magnani heißt sie. Ihr Talent dürfte bald internationales Aufsehen machen – nämlich in einem Film, „Roma, Città Aperta", dessen erste Hälfte neulich einem geladenen Publikum vorgeführt wurde. Außerordentlich! Das Drama der „résistance" wird mit einem künstlerisch gebändigten Realismus dargestellt, der an die besten Leistungen der Russen denken läßt. Der Regisseur, Roberto Rosselini, hat unter dem Fascismus nur Mittelmäßiges hervorgebracht. Und nun, nach der Befreiung, gelingt ihm dieser Wurf!

Überhaupt hat man den Eindruck, daß sich hier in kulturell-kreativer Sphäre mancherlei vorbereitet. Ich treffe ziemlich viel Menschen, Schriftsteller, Maler, Theaterleute, auch Politiker. Besonders erfreulich ist mir der Kontakt mit Leonor Fini. Kennst Du ihre Bilder? In Paris dürften Arbeiten von ihr zu finden sein: sie hat lang dort gelebt, was ihrer Malerei anzusehen ist: der Einfluß der Surrealisten fällt sofort ins Auge. Indessen hat alles, was von ihr kommt, sehr eigenen Stil, eine Mischung aus Zartheit und Vitalität, weiblich-sinnlicher Grazie und männlicher Kraft, die es weder bei Max Ernst noch bei Dali gibt. Da Chirico, dessen Anfänge so faszinierend waren, seit geraumer Zeit nicht mehr in Frage kommt (er scheint völlig verkalkt und produziert veritable Scheußlichkeiten!), ist Leonor Fini heute wohl die stärkste und originellste Begabung unter den italienischen Malern.

Und ihr persönlicher Charme kommt mindestens dem ihrer Bilder gleich. Sie ist dynamisch, sehr intelligent, auch schön oder doch attraktiv, mit üppig stolzem Mund und weiten, goldgrün phosphoreszierenden Katzenaugen. Ich verbringe meine Abende gerne in ihrem Atelier, wo man oft interessante Leute trifft. Dem Romancier Moravia, zum Beispiel, bin ich dort begegnet – als Schriftsteller beachtenswert, als Mensch freilich etwas sauertöpfisch und unergiebig –; auch der Choreograph und Tänzer Aurel Milloss – ungarischer Abstimmung, aber seit Jahren in Italien tätig – gehört zu Leonors intimem Kreis. Wenn Du einmal hierher kommst, darfst Du nicht versäumen, Dir in der Oper ein Ballett von ihm anzuschauen. Wo er „klassisch" sein will, wird er manchmal konventionell; aber auf das Phantastische, Bizarr-Makabre versteht er sich und leistet vorzügliches in diesem Genre.

Merkwürdig war das Wiedersehen mit Ignazio Silone, einem alten Bekannten aus Züricher Vorkriegs-Tagen. Er und seine Frau, eine Irin, entschieden reizvoll, baten mich zum Essen in das „Albergo", wo sie seit ihrer Rückkehr provisorisch hausen. Es ist ein ziemlich elegantes Hotel, von den Franzosen requiriert und verwaltet. Die Silones leben also als Gäste der Besatzungsmacht, *"vorläufig"*, wie Madame mehrfach versicherte. „Bis wir etwas anderes finden! Aber es gibt ja keine Wohnungen hier in Rom ..."

Übrigens machte er einen präokkupierten, fast verstörten Eindruck. Wenn er im Exil Heimweh nach seinem Italien hatte, jetzt scheint er sich ins Exil zurückzusehnen. Wir sprachen viel von der Schweiz. Dort ging es ihm gut, trotz der Nostalgie, von der er sich zu schönen Büchern inspirieren ließ. In Rom aber findet er sich vielfach in Anspruch genommen und abgelenkt; die Politik frißt ihn auf; zum Schreiben kommt er beinah gar nicht mehr.

Oder fehlt es ihm an schöpferischer Initiative? Es wäre nicht erstaunlich, wenn sein Selbstvertrauen gelitten hätte, und damit seine Schaffensfreude. „Fontamara" – außerhalb Italiens schon so lang berühmt – ist nun endlich auch hier erschienen. Die fast gehässige Reserviertheit, mit der die römische Kritik das Buch bespricht, muß den Autor kränken und enttäuschen. Auch das Publikum zeigt wenig Enthusiasmus. Sonderbar! Ein Werk, das sonst überall als gültiger und reiner Ausdruck des italienischen Wesens gilt, wird gerade hier, in Italien, nicht verstanden oder doch nicht gebilligt. Die Italiener sagen: „Silone kennt uns nicht mehr, ist uns fremd geworden. Sein Stil hat fremden Rhythmus; die Bilder und Akzente, mit denen er operiert, sind hier nicht üblich; alles an ihm mutet exotisch an. Im Ausland mag er italienisch wirken, nicht hier! Hier hat er keine Wurzeln. Sein Ruf klingt falsch, weshalb er ohne Echo bleiben wird."

Bitter ist die Verbannung. Bitterer noch die Heimkehr.

Auch Sforza dürfte dies erfahren haben; aber sein robuster Ehrgeiz, sein sieghafter Elan triumphieren über alle Hindernisse. Gerade in letzter Zeit ist er sehr populär geworden, dank Winston Churchill. Der englische Protest gegen die Berufung Sforzas ins Außenministerium war ein diplomatischer und psychologischer „faux-pas" von solcher Kraßheit, daß er dem Betroffenen – Sforza eben – nur nützen konnte. War er bisher als früherer Emigrant scheel angesehen und verdächtigt worden, so arrivierte er nun über Nacht zum nationalen Märtyrer, fast zum Heros. Wie, Mr. Churchill mischt sich in die internen Angelegenheiten des befreiten Italien? Graf Sforza ist dem britischen Premier nicht royalistisch, nicht reaktionär genug und soll deshalb nicht Minister werden? Welch ein Affront! Bei nächster Gelegenheit – ich bin ziemlich sicher – wird Sforza das gewünschte Amt bekommen: *obwohl* er im Exil gewesen ist!

... Aber ich vergesse, daß Politik Dich langweilt. Mich im Grunde auch. Könnte man sich's nur leisten, diese schmutzig-öde Sphäre einfach zu ignorieren! Leider geht es nicht.

Du findest ein neues Stück von O'Neill oder Shaw wichtiger als die Yalta-Konferenz der „Großen Drei"? Wenn man sich aber in Yalta nicht geeinigt hat, so kommt es vielleicht nicht mehr zur Shaw-Premiere.

Du bist unpolitisch, anti-politisch? Indessen wäre es doch auch für Dich verdrießlich, wenn es nach diesem Kriege (der ja nun *wirklich* fast zu Ende ist!) gleich wieder einen gäbe ...

An Christopher Lazare, New York

Rom, den 14. IV. 1945

Dein letzter Brief klang traurig, fast verzweifelt. Was Du über die schwierige und verfahrene internationale Lage schreibst – schwierig und verfahren *trotz unseres Sieges!* – hat mich sehr beschäftigt. Noch mehr frappiert war ich von Deinen Bemerkungen zur problematischen oder, wie Du Dich ausdrückst, „hoffnungslosen" Situation des liberalen Intellektuellen in der heutigen Welt, besonders im heutigen Amerika. Hoffnungslos? Ich wollte Dir widersprechen. Meine Absicht war, Dir eine ausführliche Epistel hinzulegen, voll ermutigender Hinweise auf den Zusammenbruch des Hitler-Reiches und die moralischen Konsequenzen, die von diesem Ereignis zu erwarten seien. Mit dem Ende des Krieges, so wollte ich Dir versichern, beginnt eine Ära der universalen Solidarität, der geistig-sittlichen Erneuerung, des guten Willens. Die „Atlantic-Charta", Yalta, die Vereinten Nationen, die kommende Weltrepublik, alles sollte gegen Deinen Pessimismus mobilisiert werden.

Und nun kann ich meine tröstliche kleine Predigt nicht halten. Die schönen Worte, die ich für Dich in Bereitschaft hatte, würden jetzt hohl und unwahr klingen. Seit vorgestern abend, seit der Radio-Nachricht aus Warm Springs, Georgia, sieht die Welt anders aus. Plötzlich ist es dunkel.

Roosevelts Tod ist ein fürchterlicher Verlust, ein fürchterliches Zeichen. Wenn *einer* berufen schien, unsere zerrüttete Zivilisation zu retten, *dieser* ist's gewesen, und nun gibt es ihn nicht mehr! Er hatte genug Weisheit und Wendigkeit, genug Geduld, genug Autorität, auch Güte; er wurde geliebt, flößte Vertrauen ein, die Bösen aber wußte er einzuschüchtern. Er hätte den Frieden organisiert – wer tut es jetzt? Er war der rechte Mann. Kein anderer in Sicht, der ihn ersetzen könnte! Welch böswillig destruktive Macht hat uns den Unersetzlichen genommen?

Diese Todesnachricht verursacht einen Schock, in welchem Überlegungen sehr rationaler Art sich mit fast abergläubisch düsteren Angstgefühlen sonderbar vermischen. Man weiß, vorüber man sich grämt: der objektiven Gründe gibt es nur zu viele; trotzdem erscheint die subjektive Reaktion fast unbegreiflich heftig. Gram ist plausibel; doch woher das *Grauen?*

Mir graut bei dem Gedanken, daß eine böswillige Instanz uns solches antun durfte. Den *einen* zu entfernen, auf den Verlaß gewesen wäre! Den Friedensplaner aus dem Weg zu räumen, gerade jetzt, da er benötigt würde! Wird höheren Orts gewünscht, daß wir verderben sollen? Ist unser Untergang beschlossene Sache? Die „Atlantic Charta" und die „United Nations", Yalta und Teheran, das massenhafte Sterben, die Invasionen und die Bombardements, das viele Blut, der viele Schweiß, die gar zu vielen Tränen – alles umsonst? Umsonst ... Ein Wort, vor dem mir graut.

Es hat eine schlimme Bewandtnis mit diesem Tod. Ich bin voll schlimmer Ahnung.

Übrigens scheint die Betroffenheit, der Kummer allgemein. Noch nie habe ich die G. I.'s so bestürzt und betrübt gesehen. In unserem Redaktionsbüro und in der Druckerei, im „Red-Cross-Club", im „P. X.", auf der Straße – überall Trauermienen! Sogar die Lautesten sprechen seit vorgestern mit gedämpfter Stimme. Wahrscheinlich werden sie morgen um so roher lärmen; aber schon diese vorübergehende Gedämpftheit ist rührend und bedeutungsvoll, eine Demonstration sehr seltener, fast unerhörter Art.

Rom ist still. Auch die Italiener wissen, daß seit dem 12. April etwas weniger Hoffnung in der Welt ist als vorher.

Aber ist diese große, allgemeine Trauer um F. D. R. nicht doch auch wieder tröstlich? Er war ein Mann der Einsicht und des guten Willens. Die Massen, die ihn beweinen, können ihrerseits nicht ohne guten Willen und auch nicht völlig ohne Einsicht sein.

An Prof. Thomas Mann, New York

US Press Camp, Rosenheim (Bayern), den 16. V. 1945.

Dies ist ein Geburtstagsbrief, mein feierlich bewegter Gruß zu Deinem Siebzigsten. Der Gruß kommt aus Bayern, beinah aus München, wo durch seine Feierlichkeit bis ins Wunderliche und Wunderbare gesteigert wird. Ich habe auch unser Haus gesehen, ich war in der Poschingerstraße.

Aber noch die wunderlichsten und wunderbarsten Abenteuer wollen fein ordentlich, der Reihe nach berichtet sein.

Also, die Sache ist die, daß mein ausgezeichneter Vorgesetzter, Oberst Neville, Herausgeber der „Stars and Stripes" in Rom, auf die bemerkenswert gute Idee gekommen ist, mich als Sonderberichterstatter oder „special correspondent" nach Deutschland zu schicken. Am 2. Mai ergaben sich die deutschen Truppen in Italien; drei Tage später, am 5., zog ich los, begleitet von einem tüchtigen und wohlgelaunten Photographen namens Tewksbury. (Er hat auch die Bilder von unserem Haus gemacht, die ich diesem Brief beilege.)

Wir reisten in einem „jeep", Tewksbury natürlich am Steuer; denn chauffieren kann ich immer noch nicht. Es war eine schöne Fahrt, eine rechte Frühlings- und Ferienreise: von Rom nach Florenz, und weiter, über Bologna und Verona, nach Bolzano. Je mehr wir uns den Alpen näherten, desto häufiger wurden die Begegnungen mit deutschen

Soldaten, wobei es sich nicht etwa um abgesprengte kleine Gruppen oder isolierte Individuen handelte, sondern um völlig intakte, wohlausgerüstete, ziemlich starke Truppeneinheiten unter der kompetenten Aufsicht von deutschen Offizieren. Keine Spur von Panik oder Meuterei! Wenn die Wehrmacht vor Stalingrad, in Tunis, auch in Frankreich einen moralisch-militärischen Kollaps erlitten hat – hier, in Italien, kann von dergleichen kaum die Rede sein. Die Armee des Marschall Kesselring, von der wir uns so lang den Weg zur Po-Ebene versperren ließen, wirkt immer noch formidabel – „im Feld unbesiegt", wie die Deutschen nach ihrem vorigen Debakel mit charakteristischer Arroganz von sich zu sagen pflegten. Diese Arroganz bleibt auch diesmal wieder ungebrochen.

In Deutschland selber freilich kann man jetzt viel zerknirschte Reden hören; die Niederlage ist zu eklatant: man gibt sie zu, geleugnet wird nur noch die eigene Schuld. Nicht so die „Landser" in Norditalien und Südtirol! Die halten den deutschen Zusammenbruch für einen Trick und können es kaum erwarten, Seite an Seite mit uns nach Moskau zu marschieren.

„Die Deutschen und die Anglo-Amerikaner gehören zusammen", versicherte mir ein ziemlich prominenter Häuptling der SS in einem Gefangenenlager, nicht weit von Trento. (Die SS-Formationen sind die einzigen, die, mindestens im Prinzip, von uns interniert werden, während alle übrigen deutschen Regimenter, teilweise noch bewaffnet, ganz unbehelligt ihres Weges ziehen.) „Und *warum* gehören wir zusammen?" fragte rhetorisch der Häuptling, um alsbald triumphierend festzustellen: „Weil wir rassische Verwandte sind! Klar, Mensch! Der Deutsche und der Anglo-Amerikaner hat nordisches Blut und nordische Kultur, im Gegensatz zum Russen, der überhaupt keine Kultur besitzt. Ich war doch selber dort, ich weiß Bescheid. Der Russe wäscht sich nicht, der Russe hat kein Familienleben. So was von Unkultur! Bildung? Disziplin? Gemüt? Beim Russen nicht vorhanden! Und dieser Barbar will über Europa herrschen! Euch Anglo-Amerikanern paßt das genau so wenig in den Kram wie uns. Da aber der Russe angeblich euer Alliierter ist, hat man sich einen Schwindel ausgedacht. Unsere Niederlage – ha ha ha! Ein Witz! Alles abgekartet! Nächste Woche geht es wieder los, wir Deutsche mit euch Amerikanern gegen die Bolschewisten! Der Goebbels hat immer gewußt, daß es so kommen wird. Ein Schlaumeier, unser Goebbels! Sie glauben doch nicht, daß der wirklich tot ist? Lauter Greuelmärchen! Russische Propaganda! Und was den Führer betrifft ..." Hier dämpfte der Räuberhauptmann seine Stimme zum geheimnisvollen Raunen. „Na, da gibt es wohl nicht den geringsten Zweifel: *Hitler lebt!* Klar, Mensch!" In seinem Blick mischte sich feuchte Innigkeit mit kalter Tücke, eine nicht sehr angenehme Kombination, der man gerade bei Nazis ziemlich oft begegnet.

Das Gerücht, daß Adolf Hitler noch am Leben sei und sich irgendwo „in Bereitschaft" halte, wird überall diskutiert. Die meisten Deutschen, auch solche, die angeblich immer gegen den „Führer" gewesen sind, scheinen dieses Märchen durchaus ernst zu nehmen.

„Ist Hitler tot?" Immer wieder stelle ich die Frage, und immer ist die Reaktion die gleiche: ein schlaues Blinzeln, ein verlegenes Achselzucken. Nur ein einziger, Hermann Göring, antwortet mir mit einem klaren, festen „Ja". Aber davon später.

Am Abend des 7. Mai kamen wir in Innsbruck an, dessen dunkle Gassen schaurig verödet schienen. Um sieben Uhr ist Polizeistunde, wie ein amerikanischer „MP" (Military Police) uns erklärte; kein Zivilist darf ohne besondere Erlaubnis auf die Straße. Um so animierter nahm sich die Stadt am nächsten Morgen aus. War es eine befreite Stadt oder eine eroberte? In Österreich weiß man das nicht so genau. Unsere Truppen dürfen mit der Bevölkerung nicht „fraternisieren": was darauf schließen läßt, daß wir auch hier, wie in Deutschland, als Sieger – nicht als „Befreier" – kommen. Trotzdem fand ich die Stimmung in Innsbruck hoffnungsvoll angeregt von einer freilich etwas hektisch-turbulenten Festlichkeit. Wir kamen kaum von der Stelle in unserem „jeep", so dicht war das Gedränge. Ortsansässige Bürger, ländliches Volk in pittoresker Tracht, Evakuierte aus allen Gegenden „Großdeutschlands", befreite Häftlinge aus den Konzentrationslagern und befreite Zwangsarbeiter: Polen, Italiener, Russen, Holländer, Franzosen, alles wimmelte durcheinander, lärmte, schimpfte, lachte, schwatzte in vielerlei Zungen, wollte Auskünfte, bestürmte die hilflosen G.I.'s mit absurden Fragen und Bitten. Ziel und Zentrum der chaotischen Massenwanderung war das sogenannte „Landhaus", wo ein paar verwirrte österreichische Beamte, ihrerseits beaufsichtigt von ebenso konfusen amerikanischen Offizieren, sich verzweifelt bemühten, etwas wie einen administrativen Apparat in Funktion zu halten. Der provisorische Chef dieser äußerst provisorischen Verwaltungsbehörde, ein noch ziemlich junger, sympathisch robuster und intelligenter Mann namens Dr. Karl Gruber, empfing uns inmitten eines Wirrwarrs, den ich kaum eine Stunde lang ertragen hätte. Dem rüstigen Gruber aber schienen Lärm und Unordnung nichts anzuhaben. Mit humorvoller Gelassenheit und ruhiger Autorität dirigierte er die Schar der aufgeregten Sekretärinnen, fertigte Bittsteller ab, zeichnete Dokumente, durchflog Telegramme, beschwichtigte hysterische Kollegen. Zwischen all diesen Obliegenheiten fand er noch Zeit, sich von Tewksbury photographieren zu lassen und mir einiges über die österreichische Widerstandsbewegung mitzuteilen. Die Innsbrucker „résistance", die von Gruber befehligt wurde, soll in den letzten Tagen recht Erhebliches geleistet haben. Sehr anschaulich, mit Enthusiasmus, aber ohne jemals prahlerisch zu werden, berichtete der ehemalige Untergrund-Kämpfer von allerlei gefährlichen Abenteuern: wie er einmal schon fast in den Klauen der Gestapo gewesen, um im letzten Augenblick doch wieder zu entwischen, und wie am Schluß eine ganze deutsche Division, irgendwo in den Alpen, sich einem kleinen Trupp von schlechtbewaffneten Tirolern feige ergeben habe.

Er gefällt mir, dieser Mann Gruber. Man sollte gar nicht denken, daß er zur katholisch-konservativen Partei gehört. Sehen die Klerikalen neuerdings so aus, von sehnig hohem Wuchs und braungebrannter Miene, sportlich, lustig, zugleich verwegen und zivilisiert? Das wäre eine angenehme Novität.

Von Innsbruck fuhren wir nach Berchtesgaden weiter. Das Gewimmel von alliierten Truppen, größtenteils Franzosen und „displaced persons“ jeder Nationalität, war dort noch dichter, auch noch lärmender, von karnevalistisch wilder Ausgelassenheit. Zahlreiche Betrunkene fielen durch besonders entfesselte Manieren auf; der Wein, an dem sie sich derart angeheitert hatten, stammte aus Hitlers Keller. Zwei Tage lang war der „Berghof“ von unseren Soldaten – G.I.'s und Poilus – systematisch geplündert worden; es muß eine Raub- und Siegesorgie großartig-wüsten Stils gewesen sein. Leider kamen Freund Tewksbury und ich zu spät, um dies noch mitzumachen. Wir fanden den berühmten Landsitz von militärischer Polizei bewacht – recht überflüssiger Weise. Nach den Bomben, die hier schon früher gräßlich aufgeräumt, hatten die Plünderer gewissenhaft gewütet. Geborstene Mauern und verkohlte Balken, tiefe Trichter voller Schutt und Asche, zerbrochenes Mobiliar, Scherben und Dreck, ein Trümmerhaufen. Sonst ist nichts mehr da. In den Ruinen des Hauptgebäudes erkennt man noch die Struktur des enormen Fensters, auf das der Hausherr so besonders stolz gewesen sein soll. Hier pflegte er sich mit seinen Gästen, seinen Schranzen und Opfern am Anblick des alpinen Panoramas zu ergötzen. Das Panorama ist noch immer eindrucksvoll; aber die häßlichen Überbleibsel des „Berghof“ stören das schöne Bild. Die mannigfachen Baulichkeiten für Gäste, Dienerschaft, Journalisten und Gestapo-Beamte, die Villa Martin Bormanns, Görings Pavillon, lauter schwarze Höhlen, schwarze Haufen: lauter Schmutzflecke und Schandmale in sonst reiner Landschaft. Von dem ganzen mächtigen Komplex, der einst Hitlers Lustschloß und feste Burg gewesen, steht nur noch ein relativ bescheidener Seitenflügel, auch dieser ausgebrannt und ausgeraubt. Eine blau-weiß-rote Flagge schmückt das lädierte Dach. Die Trikolore!

Bei unserer Ankunft in Salzburg, am Abend des gleichen Tages, sahen wir an den Kiosken die Extra-Ausgabe der „Stars and Stripes“ mit der großen Überschrift: „ It's all over here! Victory in Europe is ours ...“

„It's all over ...“ Vorbei! Geschafft! Erledigt! Man denkt nicht an das Kommende, nicht heute! Heute denkt und fühlt man nur: *Uff* ...

Und die Pazifische Front? Dort gibt es noch kein solches Aufatmen. Pessimisten sagen, der Krieg mit Japan werde sich noch viele Monate, vielleicht Jahre lang hinziehen. Ich kann's nicht glauben. Freilich hätte ich auch nie für möglich gehalten, daß die Deutschen ihren selbstmörderisch-frevelhaften Kampf erst am 8. Mai 1945 beenden würden.

Von Salzburg, das glücklicherweise ziemlich heil geblieben ist, ging es am nächsten Morgen auf der ambitiös angelegten, übrigens stark beschädigten Reichsautobahn nach München. Unterwegs erzählte ich meinem Gefährten von unserem schönen Haus an der Isar, das ich in gutem Zustand vorzufinden hoffte. Hieß es nicht in der Presse, alliierte Bomber hätten die Außenbezirke und Villenvororte der deutschen Städte beinah ganz verschont? Warum also sollte gerade der ländlich stillen Poschingerstraße im Herzogspark etwas zugestoßen sein? Tewksbury und ich amüsierten uns beim Gedanken an die Nazi-Bonzen, die wir im „Kinderhaus“ wahrscheinlich vorfinden würden, freche Diebe, behaglich eingenistet! Welch ein Spaß, dem Gesindel mit kalter Höflichkeit die Tür zu weisen! „Wollen Herr Obersturmführer bitte zur Kenntnis nehmen, daß diese Villa rechtmäßiges Eigentum meines Vaters ist! Herr Obersturmführer haben das Haus sogleich zu räumen. Ich gebe Herrn Obersturmführer zwei-ein-halb Minuten ...“ – Das Haus, befreit und gründlich ausgeräuchert, könnte irgendwie verwendet werden: vielleicht als Münchener Hauptquartier der „Stars and Stripes“. Es war lustig, solche Pläne zu schmieden. Wir unterhielten uns gut auf der Fahrt von Salzburg nach München.

Indessen verging mir das Lachen angesichts der zerstörten Stadt. Ich hatte mir's schlimm vorgestellt, aber es war noch schlimmer. München ist nicht mehr da. Das ganze Zentrum, vom Hauptbahnhof bis zum Odeonsplatz, besteht nur noch aus Trümmern. Ich konnte kaum den Weg zum Englischen Garten finden, so schauerlich entfremdet und entstellt waren die Straßen, in denen ich jedes Haus gekannt. War dies die Heimkehr? Alles fremd, fremd, fremd ...

Und doch auch wieder nicht! Fremd und vertraut zugleich ... Die ur-vertraute Landschaft wild-fremd geworden; das Wild-Fremde mit Spuren von Ur-Vertrautheit: dies kommt nur in bangen Träumen vor.

Die Stadtmitte ist am ärgsten zugerichtet; weiter draußen, am Isar-Ufer, gibt es noch wohlerhaltene Gebäude und Monumente. Je mehr wir uns der Poschingerstraße näherten, desto heimatlicher wurde die Szenerie. Die Prinzregentenstraße wo die Wedekinds ihre Wohnung hatten – auch Tante Lülchen selig hauste ja dort –, ist ramponiert, aber läßt sich doch noch erkennen. Sieh da, die Friedenssäule, dekorativ und schlank, vom Kriege unberührt! Der goldene Engel auf der Spitze trägt noch den dunklen Camouflage-Kittel, soll aber darunter in tadelloser Form geblieben sein. Die Anlagen am Fluß – unser täglicher Spaziergang und Spielplatz in mythisch fernen Kindheitstagen – wirken gleichfalls konserviert. Und die Max-Joseph-Brücke – auch noch da! Sie scheint kleiner geworden, was aber nichts mit den Bombardements zu tun hat. Die Dinge schrumpfen mit der Zeit – oder vergrößern sich in unserer Erinnerung und erscheinen deshalb vergleichsweise winzig, wenn wir sie nach Jahren wiedersehen? Wie dem auch sei: die Max-Joseph-Brücke, einst so stattlich, hat sich in unserer Abwesenheit, hinter unserem Rücken, spielzeughaft verniedlicht und verringert. Auch der Fluß ist reduziert, ein schmales Rinnsal: unser „jeep“ hopste nur so hinüber.

Nun nach links, in die Föhringer Allee eingebogen, ur-vertraute, wildfremde Perspektive! Hier scheint einiges an Format zugenommen zu haben; Bäume und Gebüsch sind jetzt viel üppiger als in unseren Tagen, verwahrlost wuchernd, von irgendwie bedrohlicher Dynamik. Eine dunkle, verwilderte Allee, erstaunlich kurz übrigens: unser Kriegswagen legte sie im Nu zurück! Da war schon das Hallgartensche Haus – Rickis Haus: es steht noch! Und das unsere?

Ja, auch unseres steht. Zunächst hielt ich es für unbeschädigt. Auf den ersten Blick nimmt sich das alte Ding gar nicht so übel aus. Der reine Bluff! – wie ich bei näherem Hinschauen alsbald konstatieren mußte. Das Gerüst hat standgehalten, aber nur als Attrappe und hohle Form. Drinnen ist alles wüst und ausgebrannt, wie in Hitlers „Berghof".

Über zerborstene Stufen kletterte ich zum Portal und schlüpfte durch ein Rußgeschwärztes Loch – wohin? Wo befand ich mich? Doch nicht in unserer Diele? Die war größer gewesen, mindestens doppelt so groß, und überhaupt ganz anders. Durch Schutt und Asche tastete ich mich weiter ins Haus hinein. Fremd, fremd, fremd – und doch auch wieder nicht! Hier, dieser Fensterbogen schien urvertraut, auch der Kamin hatte die alte Form. Es war also doch die Diele? Aber dann läge Mieleins Salon zur rechten Hand und dort drüben, links, müßte das Eßzimmer sein. Statt dessen gab es dort durchaus unbekannte Räumlichkeiten.

Hier stimmte etwas nicht. Man hatte neue Wände eingebaut: aus vier großen Räumen waren sechs kleinere geworden. Das Schrumpfungs-Phänomen beruhte diesmal nicht auf Täuschung, sondern war objektiv vorhanden.

Ob es auch in den oberen Stockwerken geschrumpfte Zimmer gab? Ich hätte gern nachgeschaut, mußte aber mangels einer Treppe darauf verzichten.

Nachdem wir uns noch ein wenig in den öden Parterre-Stuben umgetan, riskierten wir eine Expedition in den halb-verschütteten Keller und fanden von dort aus schließlich den Weg zurück ins Freie, Tewksbury, der fleißig Interieur-Aufnahmen gemacht hatte, wollte nun die Front des Hauses – diese scheinbar solide Bluff-Fassade – von der Straße her photographieren.

Während mein Begleiter mit der Kamera beschäftigt war, schlenderte ich durch den Garten, wo Unkraut und Blütenbüsche sich ebenso provokant-hypertrophisch entwickelt hatten wie draußen in der Föhringer Allee. Mir war seltsam zumute, wunderlich und verwunschen. Verwilderter, wildfremder Garten mit zugewachsenen Pfaden und zerstörter Mauer! Und doch war dies die vertraute Hecke, der immergekannte, nie-vergessene Kastanienbaum, der Fliederstrauch traumferner Frühlingsnächte ...

Das Haus, vom Garten her gesehen, wollte wieder recht schmuck und gediegen scheinen, mit Efeu-umrankter Terrasse, grünen Fensterläden und dem hübschgeschwungenen Balkon vor Mieleins Schlafzimmer im ersten Stock. Alles Lug und Trug! Foppende Kulisse, hinter der es nichts gibt, nicht einmal eine Treppe, auf der man in die oberen Stockwerke gelangen könnte!

Im zweiten Stock liegt mein Zimmer, gleichfalls mit Balkon – Du erinnerst Dich? Auch dieser Balkon ist wohlerhalten. Ich spähte hinauf – nicht ganz ohne Wehmut. Es wäre doch nett gewesen, das Zimmer wiederzusehen, mochte es gleich geschrumpft sein. Wie schade, daß es keine Treppe gab!

Da entdeckte ich das fremde Mädchen.

Das fremde Mädchen stand auf dem Balkon vor meinem Zimmer, bewegungslos, ein wenig geduckt hinter der Ballustrade. Wahrscheinlich hatte sie sich schon die ganze Zeit dort aufgehalten und meiner träumerischen Promenade zugeschaut. Ich winkte ihr zu, aber sie reagierte nicht, sondern blieb völlig starr, als glaubte sie sich noch immer unbemerkt. Hatte sie Angst vor mir? Freilich, ich trug die Uniform des Feindes ...

„Was machen denn Sie da oben?"

Keine Antwort.

Da ich meine Frage wiederholte, zuckte sie die Achseln: „Ich wohne hier. Haben Sie was dagegen?"

Hatte ich was dagegen? Kaum. Nicht eigentlich. Ich war nur überrascht. Wo wohnte sie? In meinem alten Zimmer?

Dies verneinte sie; das Zimmer sei kaputt. „Auf dem Balkon hab ich mich eing'richt. Solang's nicht regnet, ist es soweit ganz gemütlich hier."

Aber wie kam sie hinauf? Es gab doch keine Treppe.

„Helfen muß man sich können!" schrie sie mir zu, immer noch mit mißtrauisch verkniffener Miene. Sie hatte etwas konstruiert, eine Art von Leiter an der Rückseite des Hauses. „Nicht sehr bequem", wie sie mit einem gewissen Nachdruck konstatierte, wahrscheinlich, um mich von einem Besuch abzuschrecken. „Aber für mich tut's es. Ich bin nämlich Alpinistin, wissen's? Eine Bergsteigerin bin ich."

Nun lächelte sie sogar ein bißchen; indessen wurde ihr Gesicht gleich wieder böse und verkniffen, als ich erklärte, daß ich zu ihr wolle – trotz der Unbequemlichkeit. „Es wird Ihnen nichts geschehen", fügte ich begütigend hinzu. „Sie sollen nicht von Ihrem gemütlichen Balkon vertrieben werden. Zeigen Sie mir die Leiter!"

Es war eine halsbrecherische Kletterpartie; aber ich schaffte es, dank den kundigen Ratschlägen und Anweisungen, die mir das Mädchen – hilfreich, bei aller Mürrischkeit – durch die Dachluke zurief. Schließlich standen wir uns gegenüber.

„No, jetzt sehen Sie's ja selber, daß hier nix zum requirieren gibt!" So begrüßte sie mich, wobei sie mit nachlässig-verächtlicher Gebärde zur Decke wies, durch deren weite Löcher und Risse der Nachmittagshimmel leuchtete. „Kaputt!" Sie wiederholte das Wort, in der Annahme wohl, daß ich des Deutschen nicht recht mächtig sei. „Alles kaputt! Nix gut! Understand?"

Sie war wohl kaum älter als fünf- oder sechsundzwanzig, aber schon irgendwie verblüht, mit unreiner, fahler Haut und einer verdrossen eigensinnigen Stirn unter dem straffen Scheitel. Ohne zu lächeln, mit feindlich verschlossener Miene geleitete sie mich durch eine Flucht von Dachkammern, die in unseren Speicher eingebaut worden sind und auf deren lamentablen Zustand meine Führerin mich immer wieder hinweisen zu müssen glaubte. „Kaputt! Nix gut!“ Sie blieb dabei. Auch in „meinem“ Zimmer – wild-wildfremd: mit makabren Resten von Urvertrautheit – deutete sie, nicht ohne Schadenfreude, zum zerrissenen Plafond: „Nix gut! Understand?“

Draußen auf dem Balkon aber sah es in der Tat fast „gemütlich“ aus. Das Matratzenlager, mit Kissen und Decken reichlich ausstaffiert, wirkte recht komfortabel; auf dem niedrigen Tisch daneben gab es sogar Blumen und ein Buch; auch Weckeruhr, Stuhl und Waschgeschirr waren vorhanden.

Ich lobte das Arrangement, gab aber meiner Befürchtung Ausdruck, daß es nachts, unter freiem Himmel, doch wohl um diese Jahreszeit noch etwas frostig sei. Das Mädchen, durch Lob und Anteilnahme zutraulicher gemacht, verteidigte ihren Balkon und das Münchener Wetter. Das bißchen Kälte! Eine Alpinistin war Schlimmeres gewohnt. Und überhaupt, wer wollte wählerisch sein, heutzutage! Sie sei dreimal ausgebombt worden; zuletzt im Hause einer Schwägerin, die ihrerseits nicht mehr lebe: „Verbrannt – vor meinen Aug'n!“ Die Stimme des Mädchens bebte bei diesen Worten, klang aber gleich wieder ruhig und gelassen, etwas trotzig vielleicht, aber nicht eigentlich bitter oder schmerzbewegt. Mit monotoner Sachlichkeit zählte sie ihre Verluste auf: Die Eltern tot, vom Herzschlag hingerafft, aus Gram über das Bombardement der Wohnung; der Bräutigam, in russischer Gefangenschaft verschollen; ein Bruder, kriegsverletzt – „beide Beine hin“; der andere gefallen – vor Stalingrad. Und nun die Schwägerin!

„Man ist halt ganz alleinig“, stellte das Mädchen fest, nicht klagend, eher trotzig. „Ka Verwandten mehr und ka Bräutigam! Ka Geld und ka Wohnung! Durchzwazzeln muß man sich halt; und ein bisserl Glück muß der Mensch haben. Nehmen's den Balkon, zum Beispiel, das ist doch direkt ein Glücksfall!“

Ich wollte wissen, wie sie denn gerade auf dieses Haus gekommen sei – „auf *unser Haus*“, hätte ich fast gesagt.

„Freunde“, erklärte sie mir, etwas vage. „Ein bekannter Herr hat früher hier gewohnt.“

Es ist fehlerhaft, einen Herr, mit dem man bekannt ist, als „bekannten Herrn“ zu bezeichnen; aber auf solche Feinheiten deutscher Grammatik läßt man sich als amerikanischer Soldat nicht ein. Ich fragte also nur: „Können Sie mir vielleicht zufällig sagen, wem das Haus gehört?“

Nein, das konnte sie nicht: *“leider Gottes“*, wie sie spitz betonte. „Leider Gottes bin ich da nicht so genau orientiert.“

Immerhin wußte sie zu berichten, daß die Villa „durch viele Hände" gegangen sei; zuletzt hätten fünf oder sechs Familien – „sehr feine Leute wirklich" – sich in die drei Etagen geteilt. „Wegen dem ist ja hier alles umgebaut worden" sagte sie verständig. „Wegen der Wohnungsnot. Vor dem Krieg hat's hier große Räumlichkeiten gegeben – das Studierzimmer im Parterre hätten's sehen sollen! Direkt luxuriös!"

Sie war stolz auf die vergangene Pracht des Studierzimmers im Parterre, wo sie mit dem „bekannten Herrn" heitere Stunden verlebt haben mochte. Ganz ursprünglich aber – auch dies fiel ihr noch ein – war das Luxus-Studio von einem Schriftsteller benutzt worden, der dann außer Landes gegangen war und dort, nach Ansicht des Mädchens, längst eines elenden Todes gestorben sein dürfte. "Wahrscheinlich ein Nicht-Arier", vermutete sie achselzuckend. „Oder sogar Volljude. Auf alle Fälle hat er sich mit unserer Regierung nicht vertragen." Woraufhin sie noch einmal bemerkte, daß sie eben „leider Gottes nicht genau orientiert" sei.

„Das Haus gehört also einem Schriftsteller, der sich mit der Regierung nicht vertragen konnte?"

Meine direkte Frage war ihr nicht angenehm; sie wich aus: „Wie man's nimmt. Wenn der Schriftsteller ein Jud war oder 's hat sonst was nicht gestimmt mit ihm, dann ist sein Eigentum natürlich konfisziert worden, das Haus auch." Nach kurzem Sinnen kam sie zu dem Schluß: „Das Haus gehört dem Staat. Sonst hätt's doch keinen Lebensborn hier gegeben!"

Keinen „Lebensborn"? Das klang interessant. Ich bat das Mädchen, sich deutlicher zu erklären.

„Ja, wissen Sie denn wirklich nicht, was das heißt?" Sie schüttelte mißbilligend den Kopf, setzte mir dann aber aufs geduldigste auseinander, was für eine Bewandtnis es mit dem „Lebensborn" in unserem Hause hatte. „Stramme Burschen von der SS waren hier einquartiert, sehr feine Leute wirklich: die reinsten Bullen. No, und als Bullen oder Hengste sind's dann auch benützt worden, zwegen der Rasse, verstehen's. So ein Lebensborn – mir ham ja viele g'habt, überall im Land – war für die rassischen Belange da, für die Züchtung nordischen Geblütes, für den deutschen Nachwuchs. Die Mädeln ham natürlich rassisch auch einwandfrei sein müssen, der Schädel, das Becken: alles is ausg'messen worden mit'n Zentimetermaß. Wenn's g'stimmt hat und nix war zu lang oder zu kurz oder zu dick oder zu mager, dann sind's begattet worden dahier und ham bleiben dürfen bis nach'm Kindbett. Der Lebensborn war nicht nur Züchtungsstelle, sondern auch Mütterheim." – Den letzten Satz, wie übrigens alles, was die Funktionen des „Lebensborn" quasi gelehrt bezeichnete, sprach sie sehr „hochdeutsch", mit einer gewissen leiernden Andacht, wie ein Sprüchlein aus dem Katechismus.

Ich hätte gern noch einiges erfahren, nicht nur über den Lebensborn im allgemeinen, sondern auch über die besonderen Zusammenhänge, die es zwischen dieser pikanten

Institution und meinem auffallend gut-informierten Balkon-Fräulein vielleicht einst gegeben hatte. Leider wurde unsere Konversation unterbrochen, als sie gerade nett zu werden versprach: Tewksbury, in übrigens nicht unverständlicher Unruhe oder Ungeduld, rief nach mir aus dem Garten. Ich erklärte dem Mädchen, daß ich nun leider schleunigst gehen müsse, was sie zu enttäuschen und sogar ein wenig zu verletzen schien. – „Bitte sehr!" Dies war wieder ihr pikierter Ton. Aber ihr Lächeln wurde beinahe rührend, da sie mit weicherer Stimme hinzufügte: „Ich hätt Sie gern noch da behalten, die ganze Nacht, eventuell. So gemütlich wie's hier ist! Beinah wie daheim ..."

Tewksbury kam heraufgeklettert und knipste. Dann fuhren er und ich noch eine Weile im Herzogspark herum. Die meisten Häuser in dieser Gegend sind unverletzt: wir haben ganz besonderes Pech gehabt. Übrigens suchte ich vergeblich nach einem bekannten Namen an irgendeiner dieser intakten Villen. Alle haben den Besitzer gewechselt. Von unseren Freunden scheint keiner mehr da.

Wohin mit uns? Es wurde spät; wir hatten keine Lust, nach Rosenheim zum „US Press Camp" zu fahren. Vor einem besonders feinen Haus, nicht weit von unserem, in der Mauerkircher Straße, ließ ich halten. Kräftig angeklopft! Noch einmal, und kräftiger! Endlich läßt eine erschreckte Stimme sich hinter der Haustür hören: „Sie wünschen?" Meine Antwort ist kurz und bündig: „Betten!" – Klingt es amerikanisch? Mit noch stärkerem Akzent, zugleich mühsam und autoritativ, wiederholte ich: „Betten für zwei Soldaten! Aufgemacht! Sofort! Wir wollen Betten!"

Dies wirkt. Ein dicker Mann im Schlafrock läßt uns ein, dienernd und schwatzend: „Aber natürlich ... bitte sehr ... mit Vergnügen ... Wenn die Herren vorliebnehmen wollen ... Alles sehr bescheiden – nicht so bequem, selbstverständlich, wie bei Ihnen in Amerika ..."

Es war ein großes, elegantes Zimmer, das uns der Dicke zur Verfügung stellte. Auch einen Imbiß offerierte er in seiner Angst, aber wir zogen unsere Rationen vor. „Natürlich", jammerte der Wohlbeleibte. „Amerikanische Rationen! Die sind freilich besser! Unsereins hat nichts zu bieten, man schämt sich ja, nicht einmal ein Bier, so ein Elend, gerade die Unschuldigen trifft's immer, kein Stückerl Wurst im Haus, dabei war ich immer dagegen, immer schon gegen den Hitler, konsequent, unerbittlich ..."

Er erging sich in weiteren Beteuerungen, seine politische Integrität betreffend: „Ich bin Demokrat – durch und durch! Schon wegen meiner Frau, mit ihrer nicht-arischen Schwägerin. Sowieso sind wir alle sehr international eingestellt, die ganze Familie; englisch hab ich auch sprechen können, als junger Mann."

Wir baten ihn, uns dies jetzt nicht vorzuführen, da wir müde seien. So zog er sich zurück. Wir schliefen ausgezeichnet.

Am nächsten Morgen fand ich im Bücherschrank ein schön-gebundenes Exemplar von „Mein Kampf", nebst mehreren Bänden Rosenberg und Goebbels, alles diskret beiseitegerückt, aber doch noch auf dem Ehrenplatz mit Schillers Gesammelten Werken. Ich nahm die ganze Schmutz- und Schundliteratur vom Simse und schichtete sie fein säuberlich zu einem Haufen, mit dem ich den runden Tisch in der Mitte des Zimmers schmückte. Dazu legte ich einen Zettel mit der Aufschrift „ Garstig Nazi-Zeug! Pfui, weg damit!“ Ich kann nur hoffen, daß unserem fetten Gastfreund, der immer schon gegen Hitler war, bei diesem ominösen Gruß etwas unbehaglich zumute wurde. Wir verließen das feine Haus, ohne den Herrn nochmals gesehen zu haben.

... Dieser Brief wird unanständig lang – ich muß um Entschuldigung bitten. Gerade jetzt, so kurz vor Deinem Ehrentag, hast Du gewiß ohnedies mehr Post zu lesen, als Dir bekömmlich und erwünscht sein kann. Um so tadelnswerter meine Verschwatztheit! Aber es ist ja bekannt, daß bei vollem Herzen der Mund zum Übergehen neigt. Mein Herz ist voll. Es gibt viel zu erzählen. Trotzdem will ich mich nun kurz fassen und bald zum Ende kommen. Sollten dabei interessante Details unter den Tisch fallen, so mögt Ihr sie später in den Artikeln nachlesen, die ich von hier aus an die „Stars and Stripes“ depeschiere und von denen Euch, nach Abschluß meiner Reise, eine Kollektion zugehen wird.

Ich habe über Dachau geschrieben – wie schon andere vor mir; aber man kann es nicht oft genug tun. Zur Zeit meiner Visite, am 11. Mai, war das Schreckenslager nicht mehr ganz in seinem infernalischen Urzustand, aber noch immer von bemerkenswerter Gräßlichkeit. Durch die kräftigen Gerüche der Desinfektionsmittel hindurch erkannte man, nicht ohne Schaudern und leichte Übelkeit, jenes andere Aroma, das süßlich-faulige, mit dem die Toten sich in Erinnerung zu bringen lieben. Folterkammern, Öfen und Galgen wurden als makabre Sehenswürdigkeiten inspiziert, wie die Eiserne Jungfrau und das Rad im Museum. Dieser ganze Mordapparat, wenngleich hochmodern in seiner technischen Ausführung, machte irgendwie den Eindruck des Unwirklichen, Phantastischen oder doch Historisch-Distanzierten. Gibt es dergleichen in unseren Tagen, die wir für gesittet halten wollten? Dergleichen gibt es. Von den Unseligen, Verfluchten, die noch vor einem Monat an jenen atavistisch-obszönen Greueln teilgenommen haben, ist gleichfalls eine Anzahl in Dachau zu besichtigen. Nicht weit von der museumhaft erhaltenen Prügelstube sitzen sie hinter Stacheldraht, die Folterknechte der Neuen Ordnung, die Stützen der Hitlerschen Gesellschaft, Stolz und Elite einer verblendeten Nation. Unter diesen SS-Verbrechern gab es vielleicht diesen oder jenen, der sich einst bei den Züchtungs-Orgien in unserem Hause mannhaft hervorgetan ...

Der gleiche Tag, an dem ich das Dachauer Konzentrationslager besuchte und dort ein paar hundert relativ harmloser oder doch unwichtiger Lumpen wie Raubtiere im Käfig hocken sah, brachte mir auch die Begegnung mit einem der großen Schuldigen und Oberschurken – Hermann Göring. Wie Dir aus den Journalen bekannt, durfte er nur einmal interviewt werden – an diesem Tage eben: dem 11. März –, um dann, zusammen mit den übrigen Hauptkriminellen, unter alliierter Obhut bis auf weiteres zu verschwinden. Schauplatz der kuriosen Veranstaltung war eine abgelegene Villa in Augsburg oder vielmehr der dazugehörige Garten, auf dessen soigniertem Rasen zwanzig bis dreißig amerikanische, französische und englische Reporter nebst einigen hohen Offizieren sich neugierig um den berühmten oder doch sensationell berüchtigten Gefangenen drängten. Göring saß – recht unbequem, aber doch dekorativ, auf einem kleinen, harten Stuhl im Schatten einer Linde. (Oder war es ein Kastanienbaum?) Die taubengraue Uniform, in der er sich präsentierte, übrigens ohne Orden und Epauletten, war sicher eine seiner unscheinbarsten, aber doch sehr hübsch. Enttäuschenderweise fand ich ihn viel weniger unförmig als erwartet, ein knapp mittelgroßer Mann mit Bauch und Doppelkinn, aber ganz ohne monströse Züge. Man kann nicht einmal sagen, daß er besonders unsympathisch wirkt, eher im Gegenteil. Eine gewisse Brutalität ist seiner Miene freilich anzumerken; auch hat der Blick oft ein recht böses Glitzern. Aber die Stimme klingt beinahe angenehm, markig und hell, wenngleich ein wenig fett, und das Gesicht erscheint nicht schlecht geschnitten. Die Gesamterscheinung läßt an den Typ des Condottiere denken, dem es bei aller Grausamkeit doch nicht ganz an Bonhommie gebricht.

Übrigens war es Göring sichtlich darum zu tun, einen guten Eindruck zu machen. Hofft er auf Vergebung? Rechnet er mit der Langmut und Ignoranz der Sieger? Absurde Illusion! Und doch vielleicht nicht so *durchaus* absurd, wenn man bedenkt, mit welch unpassender Höflichkeit der alte Halunke von unseren militärischen Würdenträgern zunächst behandelt worden ist. Unter dem Druck der öffentlichen Meinung hat man sich freilich eines Besseren besonnen. Der Göring, den die Journalisten zu Augsburg hechelten, war kein Selbstgewisser, kein Verwöhnter mehr. Aber wenn er seine Arroganz zu cachieren wußte, auch nach Zerknirschung sah er wenig aus. Vielmehr glich er einem großen Herrn, der Pech gehabt hat und nun versucht, sich mit Charme und Schlauheit irgendwie aus der Affäre zu ziehen.

Dem großen Herrn war etwas unbehaglich; sein Lachen klang forciert, auch fiel auf, daß er das Schnupftuch oft zur Stirne führte. Er schwitzte, obwohl er doch im Schatten saß. Schwitzend bat er den Interpreten, uns darauf hinzuweisen, daß er – der Reichsmarschall – mit dem Führer schon seit geraumer Weile total verkracht gewesen sei. „Völlig auseinander!" betonte er mit erhobenem Zeigefinger. „Ich bitte, dies zu unterstreichen! Es ist wichtig!" – Während die Botschaft auf englisch und französisch ausgerichtet wurde, beobachtete der Reichsmarschall besorgten Blickes unsere Reaktion.

Die Konzentrationslager? Er hatte nie geahnt, was dort vor sich ging. Alles Himmlers Schuld! „Wären solche Abscheulichkeiten mir bekannt gewesen, ich hätte protestiert, hätte durchgegriffen!" Wobei er sich nervös die Stirne tupfte.

Der Reichstagsbrand? Hier wurde er fast schelmisch. „Ich hatte nichts damit zu tun!" Dazu ein Grinsen – „spitzbübisch", sozusagen.

„Ist Hitler tot?"

Ich war es, der diese Frage an ihn richtete, auf deutsch natürlich, was ihn etwas zusammenfahren ließ. Indessen kam die Antwort mit größter Promptheit und besonderem Nachdruck: „Ja! Hitler ist tot. Unbedingt! Kein Zweifel!"

Dies also war das Göring-Interview im Frühlingsgarten. Kurios, nicht wahr? Wenn ich nichts Drolliges zu berichten hätte, der Umfang dieser Epistel wäre ja in der Tat durchaus unverzeihlich.

Eines anderen Gespräches von erstaunlicher Drolligkeit möchte ich schließlich noch Erwähnung tun. Gestern war ich bei Richard Strauß in Garmisch, mit Curt Rieß zusammen, der hier als ein „US Correspondent" tätig ist. Wir ließen uns als zwei amerikanische Reporter melden; der Meister empfing uns mit großer Herzlichkeit, ohne mich zu erkennen natürlich, und ohne daß ich ihm irgendwelche Aufschlüsse über meine Identität gegeben hätte. Auch diese Unterhaltung fand vor einer Villa im blühenden Garten statt, freilich in sehr viel intimerer Form als die Entrevue mit dem Reichsmarschall. Bei Strauß gab es kein militärisches Zeremoniell, keinen Massenandrang internationaler Berichterstatter; vielmehr waren Curt und ich die einzigen, oder doch die ersten journalistischen Besucher, nicht nur an diesem Tage, sondern überhaupt, seit dem Ende des Krieges. Sonderbarerweise war noch nicht *einer* von unseren sonst so findigen Kollegen auf die Idee verfallen, den Komponisten der „Salomé" und des „Rosenkavalier" zu interviewen. Um so größer seine Mitteilsamkeit, die durch keinerlei Scham oder Takt gehemmt erscheint.

Scham und Takt sind seine Sache nicht. Die Naivität, mit der er sich zu einem völlig ruchlosen, völlig amoralischen Egoismus bekennt, könnte entwaffnend, fast erheiternd sein, wenn sie nicht als Symptom sittlich-geistigen Tiefstandes so erschreckend wäre. *Erschreckend* ist das Wort. Ein Künstler von solcher Sensivität – und dabei stumpf wie der Letzte, wenn es um Fragen der Gesinnung, des Gewissens geht! Ein Talent von solcher Originalität und Kraft, ein Genie beinah – und weiß nicht, wozu seine Gaben ihn verpflichten! Ein großer Mann – so völlig ohne Größe! Ich kann nicht umhin, dies Phänomen erschreckend und auch ein wenig degoutant zu finden.

Sein hohes Alter ist keine Entschuldigung, kaum ein mildernder Umstand. Zwar erklärte er uns, daß er keine „künstlerischen Pläne" mehr habe. („Fünfzehn Opern, dazu die Lieder, die symphonischen Stücke und andere Kleinigkeiten: es genügt: Mein Oeuvre ist abgeschlossen.") Aber für einen Mann von einundachtzig ist er in ungewöhnlich guter Form; die rosige Miene hat nichts Greisenhaftes, ebensowenig wie der sichere Gang und die süddeutsch weiche, sanft-sonore Stimme.

Mit sanft-sonorer Stimme teilte er uns mit, daß die Nazi-Diktatur auch für ihn in mancher Beziehung lästig gewesen sei. Da war zum Beispiel, kürzlich erst, der höchst ärgerliche Zwischenfall mit den Ausgebombten, die in seinem – des Meisters – Haus einquartiert werden sollten. Ihm schwoll die Zornesader, wenn er nur daran dachte. „Man stelle sich das vor!" rief er, sehr aufgebracht. „Fremde – hier, in *meinem* Heim!" Mit einer Hand, die etwas zitterte, nicht von Altersschwäche, sondern vor Wut, wies er auf das Haus: ein ländlich-eleganter Bau von stattlichen Dimensionen.

„Beruhige dich doch, Papa!" Des Meisters Schwiegertochter, die mit uns im Garten saß, redete dem cholerischen Alten zärtlich-vernünftig zu. „Es war eine scheußliche Idee, ein Affront, äußerst ungehörig; aber Gott sei Dank ist es doch bei der Idee geblieben. Man hat dir keine Ausgebombten zugemutet, nicht wahr, Papa?"

„Gewiß! Weil der Krieg zu Ende ging!" Der Alte grollte immer noch, nur halb besänftigt. „Aber was wäre sonst passiert? Mein Appell an Hitler hatte keine Wirkung. Er bestand darauf, daß auch ich Opfer bringen müsse. Einquartierung! Eine Unverschämtheit!"

Und sonst gab es nichts, was er Hitler übelnahm?

Doch, noch das und dies, noch mancherlei! Der musikalische Geschmack des Führers war, nach Straußens Ansicht, denn doch etwas einseitig und speziell gewesen. Richard Wagner in allen Ehren, aber schließlich waren auch noch andere da. „Meine letzte Oper, ›Die Liebe der Danaë‹, ist einfach ignoriert worden", stellte der Komponist beleidigt fest. „Und Sie wissen ja, was für Schwierigkeiten ich wegen des Librettos von Stefan Zweig hatte. Dabei ist ›Die schweigsame Frau‹ wirklich ein sehr geschickt gemachter Text – und übrigens konnte ich ja 1933 nicht ahnen, daß die Rassengesetze kommen würden."

Ob er jemals daran gedacht habe, Nazi-Deutschland zu verlassen?

Meine Frage überraschte ihn; er musterte mich unter hochgezogenen Augenbrauen. Warum hätte er wohl Deutschland verlassen sollen? „Ich habe doch meine Einkünfte hier, ziemlich große sogar." Die Schwiegertochter, eine nicht sehr „arisch" wirkende Dame, nickte eifrig, während der rosige Alte nicht ohne Stolz konstatierte: „Schließlich gibt es bei uns mindestens achtzig Opernhäuser."

„Es *gab*!" Ich konnte diesen Einwand nicht unterdrücken. „Sie wollen wohl sagen, daß es in Deutschland einmal achtzig Opernhäuser gegeben hat."

Er verstand mich nicht. Vollauf beschäftigt mit seinen eigenen Affären, hatte er wohl noch keine Zeit gehabt, eine Bagatelle wie die Zerstörung deutscher Städte (und deutscher Opernhäuser) auch nur zur Kenntnis zu nehmen.

„Mindestens achtzig", insistierte er streng, um dann mit leicht besorgtem Kopf schütteln fortzufahren: „Natürlich, wenn die Lebensmittelversorgung hier noch schlechter werden sollte, würde ich vielleicht doch noch auswandern müssen, in die Schweiz etwa. Aber bis jetzt hat man sich ja immer noch irgendwie durchgewurschtelt."

Ja, so einer „wurschtelt" sich durch, ganz gleich, unter welchem Regime. Haben die Nazis einen sinnlosen und mörderischen Krieg verschuldet? Sind Millionen Unschuldiger in Gaskammern zugrundegegangen? Liegt Deutschland in Schutt und Asche? Was kümmert es Richard Strauß?!

Richard Strauß sagt: „Auswandern? Ja, wenn das Essen schlecht wird! Im Dritten Reich gab es sehr gut zu essen, besonders wenn man Tantiemen aus mindestens achtzig Opernhäusern scheffelte. Von ein paar dummen Zwischenfällen abgesehen, hatte ich nicht zu klagen."

Manche der Nazi-Häuptlinge – sagt Richard Strauß – waren famose Menschen: Hans Frank, zum Beispiel, der Fronherr des Polenlandes („Sehr fein! Sehr kultiviert! Er schätzt meine Opern!") und Baldur von Schirach, der über die „Ostmark" (sonst Österreich genannt) zu gebieten hatte. Dank seiner Protektion genoß die Familie Strauß in Wien eine Vorzugsstellung – und dies, obwohl der Sohn des Komponisten eine rassisch nicht einwandfreie Gattin hat! „Ich darf wohl behaupten, daß meine Schwiegertochter die einzige freie Jüdin in Großdeutschland war."

„Frei? Nicht doch, Papa! Oder doch nicht so ganz!" Es war Frau Strauß „junior", geborene Grab, die kokett-wehleidig protestierte. „Meine Freiheit ließ zu wünschen übrig. Du vergißt, was ich auszustehen hatte. Durfte ich etwa jagen gehen? Nein! Sogar das Reiten war mir zeitweise verboten ..."

Ich schwöre es, dies waren ihre Worte! Die Nürnberger Gesetze sind gewesen; Auschwitz ist gewesen; eine Massaker ohne Beispiel hat stattgehabt; das infamste Regierungssystem der Weltgeschichte hat die Juden zum Freiwild degradiert. All dies ist bekannt. Und die Schwiegertochter des Komponisten Richard Strauß beklagt sich, weil sie nicht *jagen* durfte. Zeitweise war ihr sogar das Reiten untersagt ...

Ich fand es an der Zeit, das empörende Gespräch zu beenden.

„Sie gehen schon?" Der Meister und die geborene Grab hätten uns gern zum Essen dabehalten. Ich lehnte ab. Curt erklärte, gleichfalls eine Verabredung in der Stadt zu haben, konnte aber doch nicht umhin, Herrn Strauß um eine signierte Photographie zu bitten. "Gewiß doch! Mit Vergnügen!" Der Alte strahlte. Und zu mir gewendet: „„Wünschen auch Sie ein Bild?"

„Danke. Ich sammle nicht."

Meine Antwort muß ziemlich eisig geklungen haben. Die weißen Augenbrauen stiegen höher denn je, mehr verblüfft als gekränkt. Dann kam ein Achselzucken, ein überlegenes Lächeln. Diese Amerikaner! Man weiß ja, wie ungebildet und vulgär sie sind.

Ein Autogramm des Meisters zu verschmähen! So ein blöder „Yank“ kennt eben nichts als Boxer und „movie stars“ …

… Und nun wirklich Schluß! Ich adressiere diesen unförmig angeschwollenen Brief nach New York, wo Ihr ja – laut Mieleins letztem Bericht – den Geburtstag feiert. Du wirst die Güte haben, Frau Mutter und Frau Schwester von mir zu umarmen; natürlich sind die hier aufnotierten Schnurren für diese beiden Lieben mitbestimmt. Ob Bruno und Liesl mit Euch sind? Die alten Freunde sollten nicht fehlen, bei so hoch-solenner Gelegenheit. Sind sie aber in California geblieben, so telephoniert Ihr gewiß mit ihnen. Richte bitte meine Grüße aus! Übrigens habe ich vor, auch ihnen bald einen ausführlichen „Deutschland-Report“ zukommen zu lassen. Wobei mir einfällt, daß mein nächster Brief wahrscheinlich gar nicht aus Deutschland sein wird, sondern aus der Tschechoslowakei. Ich fahre morgen nach Prag, nur eine kleine Spritztour.

An Mrs. Liesl Frank, Beverly Hills (Calif.)

Paris, den 30. VI. 1945

Du hast mein Kabel bekommen. So kann ich nur wiederholen, was ich neulich, im ersten Schrecken und im ersten Schmerz, schon zu sagen versuchte: daß Brunos Tod mir einen bitteren Verlust bedeutet. Ich habe ihn sehr gern gehabt, das weißt Du. Er wird mir fehlen, uns allen wird er fehlen, wir sind alle ärmer geworden. Diese warme, reiche Menschlichkeit, diese intellektuelle *honnêteté*, diese Treue, diese Generosität, dies urbane Lächeln bei solchem Wissen um die dunkelsten und schwersten Dinge – wo finden wir es wieder? Dergleichen wird immer seltener. Die schönen Eigenschaften, die sich in Brunos prekär-komplexer und doch so liebenswürdig balancierter Natur begegneten, sie scheinen einem gröberen Geschlecht, das nun heranwächst, kaum noch dem Namen nach bekannt zu sein …

Gerade die Vornehmsten und Besten scheinen jetzt geneigt, sich von uns zurückzuziehen – oder werden sie abberufen von einer Instanz, die uns nicht wohlgesinnt sein kann?

Ich weiß, für Dich gibt es jetzt keinen „Trost“. Hat nicht aber doch – selbst und gerade für Dich – der Gedanke etwas Versöhnendes, daß seine letzte Stunde frei von Qualen war? Im Schlaf zu sterben, mit entspannten Zügen, ohne Kampf und Krampf, so paßte es sich wohl für diese gesittete, vom Glück trotz allem begünstigte Individualität. Daß Leid vorausgegangen war und mit zivilisierter Tapferkeit ertragen wurde – wir wissen es oder vermögen es doch zu ahnen. Doch die heiter entspannte Miene am Schluß bleibt charakteristisch.

Bitte empfiehl mich Deiner lieben Mutter Fritzi. Und nimm die ganze fühlende und mitfühlende Freundschaft

Deines

An Miß Eva Herrmann, Santa Monica (Calif.)

Paris, den 1. VII. 1945

Ich weiß nicht genau, wie nahe Bruno Frank Dir gestanden hat und ob Du ihn in diesen letzten Wochen oder gar Tagen noch gesehen. Wenn Du kannst, so schreib ein Wort. Die Meinen sind im Osten; ich erfuhr nur das Dürftigste und mag die arme Liesl nicht mit Fragen quälen. Wer hat an seinem Grabe gesprochen? Plant Ihr eine Trauerfeier? Kann ich von hier aus irgend helfen, ein paar Seiten schicken, die man verläse?

Unsere Freunde gehen, einer nach dem anderen, und es ist des Abschiednehmens kein Ende.

Annemarie, zum Beispiel, das liebe „Schweizerkind" ... Du weißt ja, daß auch sie sich zurückgezogen hat: leider nicht ohne Krampf und Qual. Es war ein Radunfall, wie man mir jetzt berichtet. Ja, ein ordinäres Fahrrad ging mit ihr durch wie ein wildes Pferd. Im Engadin gibt es sehr steile Straßen mit vielen Kurven – so geschah es denn. Das ungebärdige Vehikel schleuderte unser Schweizerkind gegen einen Schweizerbaum, daran ihr Kopf – ihr schöner, lieber Kopf: „son beau visage d'ange inconsolable" – gräßlich zu Schaden kam. Sie war nicht gleich tot, sondern lebte noch wochenlang in reduziertem Zustand. Makaber-ausgefallenes Martyrium, verhängt von schaurig unergründlicher Instanz! Als ob es auf den Schlachtfeldern, in den Vernichtungslagern und Folterkellern nicht genug der grausam langwierigen Agonie gegeben hätte!

Beinah jeder Tag, den ich in diesem geschundenen und zerrissenen Nachkriegs-Europa verbringe, überrascht mich mit einer neuen Schreckensnachricht. Oder ist das Schreckliche so an der Tagesordnung, daß man es nicht mehr überraschend nennen darf? Aus Amsterdam etwa erfahre ich, daß mein Freund Walter Landauer, der Verleger, dort den Deutschen in die Hände gefallen und zu Tode gequält worden ist. Auch er hat zu den Guten und Vornehmen gehört. Und so verarmen wir und werden immer ärmer.

Vornehm und gut auf seine verschmitzte Art war auch der Holländer Emanuel Querido, ein dynamischer alter Knabe mit blitzblauen Kapitänsaugen und breitem Grinsen. Den haben sie, samt der Gattin, nach Polen deportiert. Das greise Paar – beide schon über Siebzig – ist dort zugrunde gegangen: fragen wir nicht, *wie* ...

Einem Mädchen, mit dem ich in der Odenwaldschule befreundet war, haben sie den Kopf abgeschlagen. Oda Schottmüller hieß sie, eine Malerin und Zeichnerin von barock eigenwilliger Phantasie. Vom „rassischen" Standpunkt war sie einwandfrei, aber sonst verdächtig. Sie haßte das Regime und bekämpfte es, in Deutschland selbst; auch das ist vorgekommen. Deswegen schlug man ihr den Kopf ab – mit dem Beil. Meine Freundin Oda ist von den Nationalsozialisten enthauptet worden.

Gleichfalls hingerichtet: meine Freundin Christa Hatvany-Winsloe (Du kanntest sie doch auch?); diese von der französischen „résistance". In ihrem Riviera-Haus sollen deutsche Offiziere versteckt gewesen sein. So wurde ihr denn der Prozeß gemacht, ein sehr kurzer Prozeß, der mit standrechtlicher Erschießung endete. War dies ungerecht? Vielleicht; denn für die Nazis hatte unsere Christa gewiß nichts übrig. Aber sie war wohl gar zu großzügig und unbedenklich, gar zu tolerant, tolerant bis zur Schlampigkeit. Wenn man nichts für die Nazis übrig hat, tut man gut daran, den Umgang mit Nazi-Offizieren zu meiden, besonders in einem noch besetzten, fast schon befreiten Land. Die Unterdrückten verstehen keinen Spaß, wenn ihre Stunde kommt. Trotzdem tut es mir leid um unsere Christa, braves altes Stück. Es tut mir ganz entschieden leid um sie.

Noch schlimmer als die übertrieben zahlreichen Todesnachrichten sind die Begegnungen mit gewissen Überlebenden, die eigentlich nicht mehr ganz am Leben sind. Wer aus der Hölle kommt, der trägt ein Mal. Wer das Mal trägt, der nimmt sich gespenstisch aus in unserer Mitte.

Erinnerst Du Dich an Tante Mimi, Onkel Heinrichs geschiedene Frau? Eine Pragerin – Du weißt schon noch, so eine Dicke, Bunte, Muntere. Nun, ich habe sie wiedergesehen, vor vierzehn Tagen etwa, in einer böhmischen Ortschaft namens Theresienstadt. Dort hatte Tante Mimi zeitweilig logiert, mehrere Jahre lang; nicht ganz aus freien Stücken übrigens. Die böhmische Ortschaft namens Theresienstadt war ein Konzentrationslager, und Tante Mimi ist Jüdin. Zu ihrem Glück (das Wort klingt paradox und zynisch, in solchem Zusammenhang!) hatte sie ein „halb-arisches" Töchterlein aufzuweisen, Kind des politisch suspekten, aber nicht-jüdischen Heinrich Mann, weshalb Auschwitz und die Gaskammer ihr erspart geblieben sind. Theresienstadt galt als „Vorzugslager".

Ich habe es mir also angeschaut, dies vergleichsweise privilegierte Ghetto. Es ist die Hölle. Der heuchlerische Anstrich von „Ordnung" und „Korrektheit" (keine Galgen! – oder doch nicht sichtbar ...) macht das Inferno erst recht mesquin, erst recht infernalisch.

Ich habe mir die Tante Mimi angeschaut. Wie sieht sie aus, nach fünf Jahren „Vorzugslager"? Nicht mehr dick und bunt, auch nicht mehr munter! Ein Schatten ihrer selbst ist Tante Mimi, vom Fleisch gefallen, halb gelähmt, gebückt, verhutzelt, eingeschnurrt, mit dünnem weißem Haar, zittrigen Krallenfingern, die fahle Miene grimassenhaft verzerrt mit schiefem Mund und starrem Leidensblick.

Eine Gerettete? Nein, ein Gespenst. Sie trägt das Zeichen.

Indessen sind mir auch Menschen vorgekommen, Charaktere von besonderer Vitalität und Zähigkeit, die das Furchtbare in guter Form überstanden haben. In der Tschechoslowakei, auch in Deutschland und Österreich sitzen viele frühere Häftlinge jetzt in hohen Ämtern; manche, wie der Regierungspräsident von Thüringen, Hermann Louis Brill, mit dem ich in Weimar eine ausführliche Unterhaltung hatte, sind sieben, acht, ja zehn Jahre lang durch die Schrecken von Dachau, Buchenwald, Oranienburg gegangen.

Das Phänomen einer solchen Widerstandskraft wirkt am erstaunlichsten, wenn wir ihm bei einem sehr nahen Freund begegnen, bei einem Menschen also, den wir nicht nur mit seinem imposanten und attraktiven Zügen, sondern auch mit seinen Schwächen kennen.

Gestern traf ich hier meine sehr liebe, sehr alte Freundin Mopsa Sternheim. Woher kam sie? Aus Ravensbrück, dem Frauenlager. Achtzehn Monate lang ist sie dort gewesen, nach fürchterlichen Tagen im Folterkeller der Pariser Gestapo. Sie hatte es mit der französischen „résistance" gehalten, weshalb ihr von den Deutschen sämtliche Zähne ausgeschlagen wurden. Aber lachen kann sie immer noch – oder schon wieder –: vorläufig ohne Zähne. So stark ist sie! Und hat doch ihre Schwächen, die ich kenne. Ihre Kräfte aber hatte ich wohl nicht ganz richtig eingeschätzt. Achtzehn Monate im Höllischen! Wem würde da das Lachen nicht vergehen? Mir ist's schon fast vergangen, obwohl ich nie in Ravensbrück gewesen ...

Dabei ist es keineswegs nur Arges, was ich so mitmache. Laß Dir etwa erzählen, wie festlich-aufgeregt es zuging im befreiten Prag und von meinem Gespräch mit Benesch. Am 19. Mai war ich bei ihm, mit einem Kollegen von den Pariser „Stars und Stripes", zwei Tage nach seiner triumphalen Heimkehr. Wie rührend, ihm wiederzubegegnen, ebenso wohlerhalten und unverändert wie sein schönes Arbeitszimmer im Hradschin, wo ich ihn vor acht Jahren zuletzt gesehen. Seither ist ihm manches widerfahren; erst Bitteres, zuletzt auch Schönes. Nach der Verbannung und dem langen Kampf empfängt er nun die Huldigung, den tief-bewegten, tief-bewegenden Dank seines freien und stolzen Volkes. Nicht einmal der Gründer der Republik, Thomas G. Masaryk, ist, wie man mir versichert, mit solchem Überschwang empfangen worden.

Kein Wunder, daß Benesch strahlt. Sein Optimismus hat recht behalten – bis auf weiteres ... Mit charakteristischer, innig-gefühlter Zuversicht sprach er uns von der „Einigkeit" der tschechoslowakischen Nation. „Und die Slowaken, sind die auch loyal?" Meine Frage berührte ihn wohl nicht ganz angenehm; indessen gab er mir nach kurzem Zögern zu, daß in der Slowakei „gewisse Widerstände" festzustellen seien. „Das wird sich geben!" Er lächelte schon wieder. „Wir brauchen Zeit. Erst muß das Land sich wirtschaftlich erholen ..."

Damit ging er zu ökonomischen Problemen über, wobei auch der geplanten Sozialisierung der Schwerindustrie ausführlich gedacht wurde: „eine *teilweise* Sozialisierung!" wie der Präsident betonte. „Nichts soll übereilt werden. Die notwendigen Maßnahmen sind allmählich, mit Behutsamkeit und Vorsicht durchzuführen. Der eindeutig und unbedingt *demokratische* Charakter unseres Staatswesens bleibt jedenfalls erhalten."

Demokratie – er spricht das Wort nicht aus, ohne dabei feierlich zu werden. „Jedermann in diesem Lande weiß“, erklärte Benesch, „daß die Demokratie Basis und Voraussetzung unserer nationalen Unabhängigkeit, unserer nationalen Würde, ja unserer nationalen *Existenz* ist und bleiben muß!“

Auch vom Verhältnis der Tschechoslowakei zur Sowjetunion war die Rede; der Präsident äußerte sich mit Respekt und Wärme über seinen „großen Freund Stalin“, pries die Leistungen der Roten Armee und lobte mit besonderem Nachdruck die „unbedingte Korrektheit“ der russischen Militär- und Zivilbehörden. „Der Kreml hält, was er verspricht“ Benesch kam mehrere Male auf diesen Punkt zurück. „Ich bitte zu beachten“, sagte er, „daß die Sowjets in ihrer Beziehung zur Tschechoslowakei bisher von außerordentlicher Zuverlässigkeit gewesen sind: jede Vereinbarung ist aufs gewissenhafteste respektiert worden. Ich habe keinen Grund, am guten Willen meiner russischen Freunde zu zweifeln.“

Von entscheidender, primärer Wichtigkeit sei das Weiterbestehen und die Konsolidierung der angelsächsisch-russischen Allianz. Diese Bemerkung, von Benesch mit großem Ernst vorgebracht, bildete den Abschluß unserer langen Unterhaltung. „Davon hängt alles ab – für unser Land, für unseren Kontinent, für die Menschheit. Ohne die Zusammenarbeit zwischen Ost und West gibt es keinen Frieden, nicht für die Tschechoslowakei, nicht für die Welt. *Davon hängt alles ab!*“ Er wiederholte es, mit warnend erhobenem Zeigefinger.

Warum ich so viel erzähle? Vielleicht, weil derjenigen, die zuhören, immer weniger werden.

Was Deutschland angeht, so interessieren Dich vermutlich vor allem die Überlebenden unter den alten Bekannten. Gerade von ihnen jedoch halte ich mich im ganzen fern. Um so willkommener muß mir – schon aus journalistischen Gründen – der Kontakt mit möglichst vielen Fremden sein. Die Gesichter und Stimmen wechseln; die Worte aber scheinen stets dieselben. Alle Deutschen bestehen darauf, „nichts gewußt“ zu haben (was sich auf die Gaskammern bezieht); alle sagen, daß sie „von Anfang an dagegen“ waren, gegen Hitler nämlich. Und wenn er nun den Krieg gewonnen hätte? Aber lassen wir diese Fragen. Da er doch nun einmal verloren hat, „verspielt“, wie man hier sagt, will niemand sein Freund gewesen sein. Dies muß nicht so bleiben: schon in ein paar Jahren vielleicht ist Hitlers Name wieder hochgeehrt. Auch halte ich für gar nicht ausgeschlossen, daß es selbst heute Deutsche gibt, die ihrem Führer im stillen Kämmerlein die Treue halten oder ihn sogar im vertrauten Kreise rühmen. Öffentlich aber hält man sich noch zurück, besonders in amerikanischer Gesellschaft ...

Nazis, so stellt sich jetzt heraus, hat es in Deutschland nie gegeben; selbst Hermann Göring war im Grunde keiner. Lauter „Innere Emigration“! Plötzlich entdecken alle ihre demokratische Vergangenheit und, wenn irgend möglich, ihre „nicht-arische“

Großmama. Jüdische Ahnen sind enorm gefragt. Die feinsten Leute – Emil Jannings zum Beispiel – haben sich über Nacht ein wenig semitisches Blut zugelegt.

Jannings übrigens gehört zu den sehr wenigen alten Bekannten, denen ich bisher meine Aufwartung gemacht, nicht aus purer Freundschaft wohlgemerkt, sondern aus beruflichem Interesse. Von Salzburg aus fuhr ich eines Tages zum Wolfgang-See, wo ich in seinem schönen, reichen Haus alles wie früher fand: Chow-Hund und Papagei, Frau Gussy, Fräulein Ruth und Emil selber, dick und jovial, ein Biedermann mit falschen, kleinen Augen und schweren, hängenden, dabei beweglichen und expressiven Zügen. – „Ich – ein Nazi?" Die Idee schien ihm belustigend, aber zugleich empörend. „Ha ha, mein Junge! Da kennst du aber deinen Emil nicht!" Woraufhin er ernst, fast innig wurde. „Nun laß dir mal erzählen ..." Den Arm auf meiner Schulter, die großflächige und ausdrucksstarke Mimen-Physiognomie sehr nah an mich herangerückt ließ er mich seine tragische Geschichte wissen. Ein Verfolgter war er gewesen! Ein Märtyrer – Goebbels hatte ihn gehaßt – vor allem wegen der schlechtrassigen Großmama, aber auch, weil unser Emil die demokratischen Ideale nicht verleugnen wollte. „Du weißt ja, wie ich bin!" Sein Gesicht, gar zu nah dem meinen, war von einer Redlichkeit, wie man sie höchstens bei sehr alten Hunden findet. „Ich kann den Mund nicht halten." Jetzt auch noch feuchte Augen! Offenbar, er hatte nichts verlernt, war schauspielerisch in großer Form geblieben. Man sähe gerne seine neuen Filme, den „Ohm Krüger" etwa ...

Ohm Krüger? Er wehrte ab, wollte nichts davon hören. „Ein *schlechter* Film!" rief er aus, wobei er täppisch-brav durchs Zimmer stapfte. „Ein Scheißfilm!" rief er markig. „So ein Nazi-Dreck! Hätte ich mich doch nie drauf eingelassen! Aber was sollt ich tun? Ich bin *gezwungen* worden! Nicht, als ob meine eigene Freiheit, mein eigenes Leben mir so wichtig wären! Aber man ist Familienvater, hat Weib und Kind ... Sollte ich meine Auguste darben lassen?" (In dramatisch bewegten oder rührseligen Augenblicken wird aus der mondänen Gussy eine matronenhaft schlichte, gleichsam altdeutsch-holzgeschnitzte „Auguste".) „Und mein Kind hier, meine kleine Ruth?" Seine Gebärde und der nasse Blick schienen einem sehr jungen, höchst gebrechlichen Geschöpf zu gelten, während Fräulein Ruth doch eher stämmig und übrigens schon an die Vierzig ist. „Was wäre aus ihr geworden?"

So hatte er also, Weib und Kind zuliebe, die Hauptrolle im Nazi-Film akzeptiert, mitsamt der fetten Gage. Aber ein Nazi? Nein! „Von Anfang an dagegen ..."

Unter den vielen Menschen, mit denen ich mich in Deutschland unterhalten habe, gab es nur *einen*, der den Mut oder die immerhin eindrucksvolle Frechheit hatte, für Hitler einzutreten. Diese originelle Persönlichkeit war eine Frau, und übrigens keine Deutsche. Winifred Wagner, geborene Williams, Adoptivtochter des Musikers Klingworth, ist englischer Herkunft. Ich besuchte die Dame in ihrem Landhaus bei Bayreuth. Wir sprachen über Hitler. „Ob wir befreundet waren? Aber gewiß doch! Certainly! And how!" Sie schien auch noch stolz darauf! Hocherhobenen Hauptes, üppig und blond saß sie mir gegenüber, eine Walküre von imposantem Format und imposanter Unverfrorenheit. „Er war *reizend*", sagte sie aggressiv. „Von Politik verstehe ich nicht viel, aber von Männern eine ganze Menge. Hitler war charmant. Ein echter Österreicher, wissen Sie! Gemütvoll und gemütlich! Und sein Humor war einfach wundervoll ..." Auch eine Charakterisierung!

War aber doch erfrischend, die Begegnung mit der unverschämt unverlogenen Schwiegertochter des deutschen Genius.

Genug und mehr als genug!

Sei sehr gegrüßt und – bitte, wo irgend möglich – beantworte mir meine Fragen.

An Miss Erika Mann, US War Correspondent, München (Germany, US Zone)

Rom, den 27. VII. 1945

So haben wir uns also verfehlt! Du bist nun, wo ich noch vor kurzem war, und ich bin wieder hier, ein emsiger „Staff-Writer" bei meinen lieben (*wirklich* sehr lieben!) „Stars and Stripes". Ich schreibe Artikel über die Japaner, die rätselhafterweise noch immer kämpfen; über den General Franco, den es rätselhafterweise noch immer gibt; auch über Deutschland, das mir noch immer in vieler Hinsicht rätselhaft erscheint. Gerade habe ich ein ziemlich langes Stück mit dem Titel *Are all Germans Nazis?* für unsere Sonntagsbeilage abgeschlossen. Meine Antwort: Nein, nicht alle Deutschen sind Nazis oder waren es. Das Regime hatte Feinde: sie sollten heute unsere Freunde sein. Sind sie es nicht, so liegt die Schuld bei uns. Dies darf ich schreiben, in einem militärisch-offiziellen Blatt! Ich darf schreiben: „German anti-Nazis – the real, reliable ones – could be very useful to us, if we only wanted to use them. But we don't. We just tell them that they have no right to demand anything. But can Nazism be eliminated in Germany, once and for all, without the help of the German Anti-Nazis?"

Und: „Die bittersten Klagen in unserer Besatzungszone kommen heute von jenen Deutschen, die früher zu liberalen oder linksgerichteten politischen Parteien gehört haben. Charakteristisch ist der Fall eines gewissen Dr. Brisch, einziger Sozialdemokrat im Kölner Stadtrat, der, laut Reuter-Meldung, kürzlich von seinem Amt als Personalchef zurücktrat, ›da alle seine Vorschläge, die Anstellung oder Entlassung von Beamten betreffend, von der katholischen Majorität sabotiert wurden‹. Zahlreiche ›linke‹ oder doch liberale Regierungsangestellte in Weimar, Frankfurt, München und anderen Städten haben erklärt, daß sie sich genötigt sehen werden, dem Beispiel ihres Kölner Kollegen zu folgen. ›Unsere Dienste scheinen überflüssig oder selbst unerwünscht‹, stellen diese Männer mit Erbitterung fest. ›Frühere Nazis bekommen die verantwortungsvollsten Posten im Stadtrat und in der Landesverwaltung; uns aber wird nicht einmal gestattet, die wahrhaft demokratischen Elemente der Bevölkerung politisch zu organisieren.‹ Freilich, wir sollten uns hüten, die Stärke und den Einfluß dieser ›wahrhaft demokratischen Elemente‹ im deutschen Volk zu überschätzen. Indessen empfiehlt es sich doch, eben diese Elemente – hat man ihre Zuverlässigkeit erst einmal festgestellt – auf jede Art zu ermutigen und sie zur Mitarbeit heranzuziehen. Ohne den guten Willen, ohne die Hilfe freiheitlich gesinnter Deutscher dürfte es schwierig, ja unmöglich sein, aus dem Trümmerfeld, das Deutschland heute ist, wieder ein zivilisiertes Land und endlich eine Demokratie zu machen."

Damit schließt mein Artikel, der übrigens auch in anderen Passagen gewisse Maßnahmen und Tendenzen unseres „Military Government" in recht scharfer Form kritisiert. Daß ich dergleichen in den „Stars and Stripes" aussprechen darf, ist an sich erfreulich bis zum Überraschenden. Aber die Situation, mit der ich mich in meinem Aufsatz befasse, bleibt trotzdem unerfreulich oder doch konfus und problematisch. *Was wollen wir in Deutschland?* Oder – um die Frage präziser zu formulieren –: *Wie wollen wir Deutschland?* Ist überhaupt ein Programm da, nach dem das geschlagene, zerschlagene Reich wiederaufzubauen, physisch und moralisch zu erneuern wäre? Manchmal sieht es in der Tat so aus, als ob ein solcher Plan schlechthin *nicht existierte*. Welche Erklärung gäbe es wohl sonst für den widerspruchsvollen, launisch paradoxen Charakter unserer Politik? Kein Wunder, daß die Deutschen diese merkwürdige Unentschlossenheit oder Richtungslosigkeit der westlichen Alliierten auf ihre Art deuten und zu den erstaunlichsten Konklusionen kommen. Immer wieder bin ich in Deutschland gefragt worden, ob es denn wahr sei, daß die „Anglo-Amerikaner" demnächst der Sowjetunion den Krieg erklären würden, eine Entwicklung, die das ruinierte Herrenvolk mit düsterem Schmunzeln zu antizipieren scheint. Einige besonders Eingeweihte verrieten mir sogar, daß deutsche Kriegsgefangene in den Vereinigten Staaten schon jetzt zum „Kreuzzug" gegen Moskau trainiert werden. Jeder deutsche Landser – so wurde mir zugeflüstert –, der unter General Eisenhowers Führung nach Rußland zu marschieren wünsche, erwerbe sich damit das Recht auf „US citizenship" ... Was Eisenhower zu solchen Phantasien sagen mag? Ich war dabei, als er sich am 10. Juni im I. G.-Farben-Gebäude zu Frankfurt vom Sowjet-Marschall Zhukow einen hohen Orden um den Hals hängen ließ. Auch Montgomery wurde von den Russen ausgezeichnet. Nachher gab es mehrere Tischreden, wobei Ambassador Murphy, oberster politischer Berater unserer Militärregierung, und Herr Wischinsky sich durch besondere Herzlichkeit, auch durch besonderen Witz hervortaten ...

Laß mich Deine Eindrücke wissen! Man sollte sich sehen, es gibt so viel zu sprechen. Kommst Du nach Rom? Es ist reizend hier. Oder man trifft sich in Deutschland. Wohl möglich, daß ich von meinem Blatt noch einmal hingeschickt werde.

Der überwältigende „Labour"-Sieg in England macht doch Spaß! Das erste wirklich lustige Ereignis seit Hitlers Selbstmord. Und so wollen wir denn der Zukunft ebenso getrost ins Auge blicken, wie Freund Benesch es immer tut. Wünsche beste Nerven.

An Mrs. Thomas Mann, Pacific Palisades (Calif.)

Rom, den 17. VIII. 1945

So wäre also dieser Krieg vorbei. Vom nächsten ist viel die Rede, weshalb denn zu irgendwelchem Freudentaumel kaum ein Anlaß besteht. Vernunft und Güte sind nicht einflußreich genug, um weiteres Unheil hintanzuhalten. Ob die Angst vor der Atombombe erreichen wird, was guter Wille und Einsicht nie vermochten, die überfällige Einigung und Befriedung des Planeten? Da wir nun die Macht haben, ihn mittels apokalyptischer „Kettenreaktionen“ in die Luft – oder vielmehr in den luftleeren Raum – zu sprengen, werden wir vielleicht doch den *common sense* aufbringen, uns halbwegs brüderlich-manierlich auf ihm einzurichten ...

Was meine eigene kleine Situation betrifft, so rechne ich damit, in einigen Wochen oder wenigen Monaten aus der Army entlassen zu werden. Bin nun lang genug Soldat gewesen, letzthin freilich ein Soldat in sehr bevorzugter, fast zivilistisch komfortabler Stellung. Bei den „Stars and Stripes“ ist es mir in der Tat derartig gut gegangen, daß ich mich schämen müßte, hätte ich's nicht vorher zuweilen recht gefährlich und strapaziös gehabt. Aber auch die Strapazen und Gefahren möchte ich nicht versäumt haben; vom „Basic Training“ im Staate Arkansas bis zu den riskanten Lautsprecher-Vorträgen an der apenninischen Front: es war alles sehr lohnend, manchmal sogar schön. Merkwürdig, nicht wahr? Ich bin doch gewiß keine militärische oder gar militaristische Natur, eher das Gegenteil: ein alter Individualist und Vagabund, nicht ohne exzentrisch-anarchistische Tendenzen. Und doch hat mir die Army nicht wehgetan; ich war gern dabei. Warum? Weil diese Army einer guten Sache diente – dem Kampfe gegen Hitler – und weil es eine gute Army ist.

Die US Army, die ich gekannt habe und zu der ich mit Stolz gehöre, ist eine gute Armee. Nicht vollkommen, nicht ohne Fehl – keineswegs! Aber doch wohl eine der liberalsten, intelligentesten Armeen, die es je gegeben hat, und die liberalste, intelligenteste, die es jetzt irgendwo gibt. Möge sie so bleiben!

Übrigens will ich versuchen, mich hier, in Italien, „demobilisieren“ zu lassen, was manche Vorteile hätte. Erstens bliebe mir der umständliche und quälende Rücktransport erspart; auch in unserer relativ humanen Army ist eine Überseereise für den „enlisted man“ keine Lustbarkeit ... zweitens könnte ich mich als Zivilist noch etwas gründlicher im lieben alten Europa umschauen: ein längerer Aufenthalt in Paris wäre mir angenehm, auch Holland und die Schweiz würde ich gern besuchen. Ja, und Deutschland, ich will mehr von Deutschland sehen. Nicht, als ob es mich reizte, dort jahrelang zu verweilen; in amerikanischen Diensten etwa, wie viele meiner Freunde und Kriegskameraden dies jetzt tun. Als Privilegierter, als „Sieger“, mit amerikanischen Konserven und Zigaretten unter meinen früheren Landsleuten zu leben, die ihrerseits nicht viel zu essen haben –

nein, ich stelle es mir doch peinlich vor! Aber da unsereiner von den deutschen Problemen oder vielmehr: von dem Problem „Deutschland“ doch nicht loszukommen vermag, sollte man es an Ort und Stelle so genau wie möglich studieren.

Als mein „Hauptquartier“ würde ich zunächst Rom beibehalten, auch wegen dieses Film-Projekts, das ich wohl schon gelegentlich erwähnt habe und um dessentwillen mir besonders daran gelegen ist, hier in Europa aus der Armee entlassen zu werden. Schon seit einiger Zeit ist ja davon die Rede, daß ich an dem Drehbuch der neuen Rosselini-Produktion, „Paisan“, mitarbeiten soll, und gerade gestern hat man mir nun einen Vertrag angeboten; nichts Großartiges nach Hollywood-Begriffen, aber für meine bescheidenen Ansprüche gut genug. Übrigens gibt man sich gern mit einem relativ geringen Honorar zufrieden, wenn es sich um ein Unternehmen von künstlerischem Reiz und Rang handelt. Roberto Rosselini ist ohne Frage ein Regisseur bedeutenden Formats. Ihr werdet seinen glänzenden Film „Rom, Offene Stadt“ ja auch in den Staaten bald zu sehen bekommen. Nach diesem Wurf darf man sich von „Paisan“ viel versprechen, zumal der Stoff sehr große Möglichkeiten hat. Es sind fünf oder sechs Episoden aus der italienischen Kampagne, von Sizilien bis zur Po-Ebene, die Rosselini zum dramatischen Organismus verbinden will, wobei in jeder Episode ein bestimmter Aspekt des menschlichen Verhältnisses zwischen „Befreiern“ und „Befreiten“, zwischen amerikanischem Militär und der italienischen Zivilbevölkerung, aufzuzeigen und zu beleuchten ist. Daraus ließe sich etwas sehr Merkwürdiges, sehr Schönes machen, und ich hätte wohl Lust, bei einem solchen Experiment schriftstellerisch mitzutun.

Auch fände ich es irgendwie pikant und passend, wenn ich mich gerade hier zum erstenmal als Film-Autor versuchte, so weit weg von Hollywood, wo ich so oft und lang gewesen bin, ohne mich jemals um die „movies“ zu kümmern. Man sollte sich aber durch die miserablen Hollywood-Filme nicht den Glauben an eine Kunstform nehmen lassen, die immer noch in einer frühen Entwicklungsphase und immer noch voll großer Versprechen ist.

Die Arbeit an „Paisan“ könnte für mich eine wichtige Erfahrung sein. So bringt das Leben immer wieder etwas Neues heran, wodurch es uns, auf seine listige Art, zu verstärkter Lebensneugier, auch zur Hoffnung, anhält und verpflichtet.

An Hans Reiser, German Prisoner of War, Camp X, USA

Neapel, den 28. IX. 1945

Es war mir sehr lieb, endlich wieder von Ihnen zu hören und zu erfahren, daß Sie sich wohlbefinden. Sie rechnen also mit Ihrer baldigen Heimkehr? Auch dies ist erfreulich – *trotz allem …*

Ob ich mich Ihrer noch erinnere? Diese Frage, mit der Sie Ihren Brief an mich beginnen, kann wohl nur rhetorisch gemeint sein. Sie wissen, *müssen* wissen, daß unsere Begegnung sich mir eingeprägt hat und mir wichtig bleibt. Sie haben mir damals von Ihrem Haß und von Ihrer Hoffnung gesprochen. Von Ihrem Haß auf ein Regime, das um jene Zeit gerade noch an der Macht war; von Ihrer Hoffnung auf ein Volk, das sich nun neu bewähren soll. In Ihren Worten war ein Gefühl – so echt und stark – daß es sich, einem Funken gleich, übertragen konnte. Sie teilten mir etwas mit von dem Glauben, zu dem Sie sich bekannten.

Nein, ich habe Sie nicht vergessen, sondern bin in Gedanken viel bei Ihnen gewesen und habe mir vorzustellen versucht, was für eine Art von Leben Sie wohl führen mochten, als Kriegsgefangener in Amerika. Diese sehr lange Zeit im Lager hätte Ihnen eigentlich erspart bleiben sollen. Ich habe mich ja im Sommer 44, nach unserem Gespräch in Civitavecchia, sehr bemüht, Ihre Entlassung bei den Militärbehörden durchzusetzen und Sie für unsere Front-Propaganda, besonders für unsere deutsche Funkstation, zu reklamieren. Aber wer vermag etwas gegen die Schwerfälligkeit und Widerspenstigkeit eines großen bürokratischen Apparates? Meine Anstrengungen blieben ohne Erfolg.

Vielleicht war es besser so; denn nun schreiben Sie mir, daß Sie „mancherlei gelernt“ haben in den letzten vierzehn Monaten. Sie sind gut behandelt worden. (Unsere Flugblätter haben also nicht zu viel versprochen!) Der Status eines „politisch zuverlässigen“ Kriegsgefangenen wurde Ihnen zugebilligt und brachte Vorteile. Sie waren in einem „Vorzugslager“. Ich mag das Wort nicht, weil es auch im Nazi-Vokabular eine Rolle spielte; aber das Lager, von dem Sie mir erzählen, mag in der Tat einigermaßen vorzüglich gewesen sein. Es gab dort also Vorträge über das Wesen der Demokratie und Kurse in amerikanischer Geschichte? Gut so! Wichtiger noch waren vielleicht die direkten Kontakte mit amerikanischen Menschen, innerhalb des Lagers und draußen, bei der Arbeit in den Werkstätten und Bauernhöfen. Sie haben ein Stück amerikanischen Lebens gesehen, ein Stück *demokratischen* Lebens. Es überrascht mich nicht zu hören, daß Sie dabei manches lernen konnten.

Nun kehren Sie nach Deutschland zurück – aus dem freien Amerika, wo Sie allerdings ein Gefangener waren, in die amerikanische Besatzungszone, wo Sie wieder als freier Mann leben sollen: soweit eben Freiheit in einem besiegten und besetzten Lande möglich ist ...

Es wird nicht leicht für Sie sein. Sie werden es zuweilen schwierig finden, die demokratischen Ideale, die Ihnen im „Vorzugslager“ gepredigt worden sind, in der neudeutschen Wirklichkeit wiederzuerkennen; ja, selbst Ihr *Glaube* an diese Ideale könnte erschüttert werden, angesichts einer so düster problematischen Wirklichkeit.

Wann sind Sie zuletzt in München gewesen? Sollten Sie es in seinem jetzigen Zustand noch nicht gesehen haben, so steht Ihnen wohl ein Schock bevor. Die Stadt liegt in Trümmern, unsere schöne Stadt! Leider aber sind es nicht nur Zerstörungen materieller Art, die dort schockieren. Schmerzlicher noch als der Anblick der verwüsteten Straßen ist das Schauspiel sittlichen und geistigen Verfalls. Sie werden mit Ihrem Enthusiasmus, Ihrer Zuversicht, mit Haß und Hoffnung recht allein sein. Nicht *ganz* allein – das nicht! Kameraden, Gleichgestimmte stellen sich immer ein, sei es auch nur in sehr geringer Zahl, und übrigens wirkt das starke, echte Gefühl ansteckend: es überträgt sich, ich habe es erfahren … Freilich zündet der Funke wohl nur dort, wo Bereitschaft ist und Empfänglichkeit. Daran fehlt es oft. Viele der Menschen, mit denen ich in Deutschland gesprochen habe, scheinen entweder völlig zynisch und opportunistisch, oder aber durchaus verzweifelt, von einer sterilen Verzagtheit, einem Nihilismus, der von konstruktiver Reue ebenso weit entfernt ist, wie die Wollust des Masochisten von der Ekstase des Märtyrers.

Aber Sie werden ja sehen. Die Korruption, das Elend und die Lüge, Bosheit und Heuchelei, das Selbst-Mitleid, das sich oft mit Härte gegen andere verbindet, Sie werden es mit eigenen Augen sehen und bitteren, bitteren Anstoß daran nehmen. Die horrende Dummheit – auch bei den Siegern, die sich zuweilen fast unverzeihlich grobe Schnitzer leisten – könnte entmutigen. Aber Ihr Mut ist jung und zuverlässig. Er besteht die Probe.

In Deutschland also habe ich an Sie gedacht, an Sie und Ihren Mut, der eine so harte Probe wird bestehen müssen. Ich war im Mai und Juni dort, als Berichterstatter der „Stars and Stripes“, und dann noch einmal, im September, ein paar Tage nur. Gleich nach meiner Ankunft in Berlin (noch wüster zugerichtet als München, noch konfuser und apokalyptischer) erreichte mich die Nachricht, daß ich mich am 28. IX. – das ist heute – hier in Neapel beim „Seventh Replacement Depot“ zu melden hätte. Zu welchem Zweck? Um mich von der US Army zu verabschieden! Ich komme gerade von dieser Zeremonie – mit meinem „Honorable Discharge“ in der Tasche: ein Zivilist, ein freier Bürger – wie auch Sie es bald wieder sein sollen …

Dies also ist für mich ein „großer Tag“, obwohl es in meinem Leben zunächst kaum drastische Veränderungen geben wird. Morgen fahre ich nach Rom zurück, um dort die schon begonnene Arbeit an einem Film-Manuskript fortzusetzen. Für den späteren Teil des Winters sind journalistische Reisen geplant, nicht mehr im Auftrag des Soldatenblattes, sondern unter den Auspizien einer New Yorker Revue: Es läuft auf dasselbe hinaus … (Nur, daß die zivilen Redakteure wahrscheinlich mäkliger und weniger tolerant sein werden als meine Freunde von den „Stars and Stripes“!)

Keine drastischen Veränderungen, sogar die Uniform muß ich bis auf weiteres anbehalten, mangels irgendwelcher Zivilgarderobe. Und trotzdem ist es ein großer Tag, ein Wendepunkt. Erst jetzt, erst heute spüre ich so recht, daß der Krieg zu Ende ist. Nun geht es weiter, nächste Episode! Fragt sich nur, in welcher Richtung es weitergeht. Dies hängt von uns ab; an jedem Wendepunkt hat man die Wahl. Wir können uns für die richtige Richtung entscheiden oder für die falsche. Die falsche wird immer falscher, immer gefährlicher. Von einem Wendepunkt zum nächsten wächst die Gefahr. Noch ein paar Schritte auf den Abgrund zu, und wir stürzen hinein, kopfüber. Dann hätten wir gewählt, ein für allemal. Der finale Wendepunkt wäre erreicht, das episodenreiche Drama abgeschlossen.

So weit sind wir noch nicht. Die Krise, deren universaler und permanenter Charakter immer deutlicher wird, die weltweite Dauerkrise also tritt in eine neue Phase ein. Nirgends steht geschrieben, daß der nun beginnende Abschnitt katastrophal verlaufen oder gar zur total-finalen Katastrophe führen müsse. Im Gegenteil, es ist eine ermutigende Konstellation, in deren Zeichen wir uns jetzt befinden. Das Bündnis zwischen Ost und West, zwischen Sozialismus und Demokratie, noch besteht es und könnte von Dauer sein. Aus der Waffenbrüderschaft, die den zwei großen Rivalen und Anatonisten – Russen und Angelsachsen – von Adolf Hitler aufgezwungen wurde, muß die Zusammenarbeit im Dienst des Friedens werden: und wir sind gerettet! Alle übrigen Probleme, auch das deutsche, wären relativ leicht zu lösen. Einigen sich die westlichen Alliierten mit der Sowjetunion, eine Weltordnung müßte zustandekommen oder würde sich fast von selbst ergeben, in deren Rahmen auch Deutschland, dies hochbegabte, gefährlich-gefährdete Sorgenkind Europas, seinen Platz und seine Würde hätte. Die aufrichtige Verständigung zwischen Ost und West ist die *conditio sine qua non:* ohne sie geht es nicht. Jeder Schritt, der diese Verständigung näher bringt oder sie konsolidiert, ist ein Schritt in der guten Richtung. Jeder Schritt, der uns von diesem Ziel entfernt, tendiert zum Abgrund.

Die Tendenz entscheidet. Am Wendepunkt bedarf es der Orientierung; ein klarer Kurs tut not. Was wollen wir, die geeinte Welt oder die zerstörte? Sollen in zehn Jahren alle Städte so aussehen, wie jetzt Berlin und München oder besteht die Absicht, Berlin und München wieder aufzubauen als friedliche Zentren eines endlich befriedeten Reiches? Die Absicht entscheidet, besonders die Absichten der Russen und Amerikaner; aber auch Deutschland zählt, wenngleich zunächst nur als passiver Faktor im großen Spiel.

Hofft Deutschland, daß es vom Zerwürfnis der Sieger profitieren könnte? So ist seine Absicht böse. Mag sein, daß eine zunächst ausgeschaltete, zur weltpolitischen Passivität verurteilte Nation auf absehbare Zeit kaum in der Lage ist, das Verhältnis zwischen den großen Mächten zu beeinflussen oder gar zu bestimmen. Aber die Tendenz, die Absicht, davon hängt alles ab! Gerade dem Besiegten – in materieller Sphäre ohne Macht und Responsibilität – geziemt ein gesteigertes moralisches Gefühl, eine besondere Sensitivität und Entschiedenheit in sittlich-geistigen Fragen. Gerade Deutschland, das sich am weitesten vorgewagt hat in der schlimmen Richtung, sollte nun das Beispiel der Umkehr und Einkehr geben. Dies tut es nicht, wenn es die etwa vorhandenen Gegensätze, den potentiellen Konflikt zwischen Moskau und Washington mit düsterem

Schmunzeln beobachtet und hämisch schürt. Das Land der Mitte möge seine Funktion und „raison d'être" darin sehen, zu verbinden und zu versöhnen. Entschlösse Deutschland sich zu einer Haltung, die durchaus vom Moralischen her determiniert wäre – es hätte sich auch zu einer *klugen* Haltung entschlossen. Ein ethisch-räsonables Arrangement der Welt ist dem Besiegten günstig, er profitiert davon, *nur davon*, nicht vom Streit der Sieger, der ihn zur Schachfigur, zum Spielball, dann zum Landsknecht und schließlich gar zum Opfer degradiert. Sieht man dies ein? So verzichte man endlich auf einen „Machiavellismus", der längst veraltet, längst untauglich und unpraktisch geworden ist! So lasse man die Schlauheit und die Heuchelei! War Goebbels nicht schlau genug? Und hat ihm doch nichts geholfen! Man versuche es zur Abwechslung mit Ehrlichkeit und Vernunft, mit gutem Willen! Es wäre schicklicher und obendrein gescheiter.

Die Veränderungen, die nach dem Wendepunkt kommen, mögen zunächst nicht sehr drastisch sein, werden es aber im Lauf der Zeit, immer drastischer, von Monat zu Monat, von Jahr zu Jahr: im Guten oder im Bösen. Ich prophezeie, daß wir um 1965 eine Welt haben werden, die sehr viel schlechter sein wird als die heutige – oder entschieden besser. Es gibt nur noch die universale Ordnung oder das universale Chaos, nichts dazwischen. Das *Entweder-Oder*, zu dem Kierkegaard uns auf religiöser Ebene verpflichtet – nun konfrontiert es uns auch in der politisch-sozialen Sphäre. Wir haben den Punkt erreicht, von dem aus nur noch *ein* Schritt möglich ist: zum allgemeinen Verderb oder zur allgemeinen Rettung. Jeder von uns ist mit-verantwortlich für die Wahl. Keine Neutralität im Zeichen des *Entweder-Oder!*

Deshalb schreibe ich diesen Brief an Sie – gerade heute: an einem Tage also, der in meinem Leben nicht ohne feierliche Bedeutung ist. Etwas liegt hinter mir, hinter *uns*, der Kampf gegen einen Tyrannen. Ich habe im Laufe dieses Kampfes mein Deutschtum aufgegeben und bin Amerikaner geworden, schließlich sogar amerikanischer Soldat. Sie haben Ihre angeborene Nationalität behalten und mußten also in der Armee des Verhaßten dienen, was Sie aber nicht hinderte, ihn weiter zu hassen und weiter zu bekämpfen. Am Ende ließen Sie sich freiwillig gefangennehmen, Ihre letzte Kampfhandlung gegen unseren gemeinsamen Feind.

All dies ist nun Vergangenheit. Mein Gedanke ist auf die Zukunft gerichtet, auf Ihre sowohl wie auf meine. Denn es ist die gleiche.

Der große F. D. Roosevelt hat einmal gesagt, die gegenwärtige Generation von Amerikanern sei zu einem *Rendezvous with Destiny* ausersehen. Aber das Schicksal bittet nicht mehr bestimmte Rassen oder Völker zum Stelldichein. Der Appell gilt sämtlichen Nationen. Sie, der Deutsche, sind ebenso dringlich aufgerufen wie irgendein Russe, irgendein Amerikaner. Dies Jahrhundert, welches nicht „das deutsche" geworden ist, soll auch nicht „das amerikanische" oder „das russische" werden. Es wird das Jahrhundert der beginnenden Welt-Zivilisation oder es wird das Jahrhundert der beginnenden Welt-Barbarei – wenn nicht gar schon der vollendeten. Der Zusammenbruch käme plötzlich und könnte kompletten, endgültigen Charakter haben. Die positive Entwicklung nimmt sich Zeit und bleibt unvollkommen.

Bewährt sich unsere Generation, so hätten wir noch lange nicht das Paradies auf Erden. Aber der historische Prozeß dürfte weitergehen, mit neuen Krisen, neuen Wendepunkten ... Es ginge weiter, und das ist schon viel. Der Kampf, die Ungewißheit, die Angst, der Irrtum, alles würde fortgesetzt. Wir kämen nicht zur Ruhe. Ruhe gibt es nicht, bis zum Schluß.

Und dann? Auch am Schluß steht noch ein Fragezeichen.

Nachbemerkung

Im Herbst des Jahres 1942 erschien in New York mein autobiographisches Buch „The Turning Point, Thirty-Five Years in this Century“ von dessen Entstehung im elften Kapitel des „Wendepunkt“ die Rede ist.

Es wäre falsch, den Zusammenhang zwischen den beiden Büchern, „The Turning Point“ und „Der Wendepunkt“ leugnen zu wollen; aber es wäre ebenso unrichtig, oder sogar noch irrtümlicher, die deutsche Version als eine „Übersetzung aus dem Amerikanischen“ zu präsentieren. Denn es verhält sich nicht etwa so, daß ich meinen englischen Text einfach ins Deutsche übertragen hätte; vielmehr habe ich ein neues deutsches Buch geschrieben, wobei ich einiges Material aus der ursprünglichen amerikanischen Fassung verwenden konnte.

„Der Wendepunkt“ ist wesentlich umfangreicher als „The Turning Point“. Während dieser mit einer Tagebuchnotiz aus dem Juni 1942 schließt, endet jener mit einem Brief vom 28. September 1945. Die letzten Seiten des elften Kapitels und das ganze zwölfte fehlen im amerikanischen Original. Auch sonst wurde mancherlei hinzugefügt, besonders im Kapitel über das Exil. Andererseits habe ich hier und dort in der deutschen Fassung gewisse Details weggelassen, die mir für den nicht-amerikanischen Leser ohne Bedeutung oder schwer verständlich schienen.

Die erste Hälfte des Buches hält sich etwas enger an das amerikanische Vorbild als die zweite. Bei der Arbeit an diesen ersten sechs Kapiteln kam mir eine Rohübersetzung zustatten, für die ich der Übersetzerin, meiner Schwester Monika Lanyi-Mann, auch an dieser Stelle herzlich danken möchte.

K. M.

Cannes (Alpes Maritimes), April 1949